중국 근현대사를 새로 쓰는
관념사란 무엇인가

| 1. 이론과 방법 |

金觀濤·劉靑峰 — 觀念史硏究: 中國現代重要政治術語的形成
by
金觀濤·劉靑峰
Copyright© 金觀濤·劉靑峰 2008
All rights reserved.

Korean Translation copyright ⓒ 2010 Prunyoksa Publishing., Seoul.
The Korean edition was published by arrangement with Jin Guantao and Liu
Qingfeng, Taiwan through Literary Agency Greenbook, Korea

이 책의 한국어판 저작권과 판권은 저작권에이전시 그린북을 통한 저작권자와의 독점 계약으로 푸른역사에 있습니다. 저작권법에 의해 한국 내에서 보호를 받는 저작물이므로 무단 전재와 무단 복제, 전송, 배포 등을 금합니다.

중국 근현대사를 새로 쓰는

관념사란 무엇인가

1 이론과 방법

진관타오 · 류칭펑 지음
양일모 · 송인재 · 한지은 · 강중기 · 이상돈 옮김

푸른역사

일러두기

○ 외국 인명과 지명은 외래어표기법에 따랐다. 단, 1840년 이전 중국 인명은 한국식 발음으로 표기했다. 역사적 인물의 인명은 원어를 병기하고 ( ) 안에 생몰연대를 표기했다.
○ 독자의 이해를 돕기 위해 필요하다고 판단되는 부분에 옮긴이의 주석을 첨부했다. 옮긴이 주석은 해당 부분 뒤의 [ ] 안에 '옮긴이'라는 표시와 함께 했다.
○ 한자는 필요한 경우 병기했고, 독음이 다르거나 번역자의 해석인 경우는 [ ]로 표시했다.
○ 주요 서양 개념, 프로젝트명, 각주의 서양 인명은 원어를 노출했다.
○ 책, 잡지, 신문은 《 》로 표기했고, 논문, 기사 등은 〈 〉로 표기했다.
○ 직접 인용은 " "로 표시했고 간접 인용과 강조는 ' '로 표시했다.
○ 표와 부록의 예문은 자료적 가치를 보존하기 위해 교감을 거쳐 원문을 그대로 실었다. 단, 표의 서명과 잡지명은 한글로 표기했다.
○ 그림은 중국어판에 수록된 그림을 그대로 사용했다.
○ 서문과 제1권 1장은 양일모, 제1권 2장과 3장, 제2권 6~8장은 송인재, 제2권 1~3장은 강중기, 제2권 4~5장은 이상돈, 제1권 4~5장은 한지은이 각각 번역했고, 부록은 이상돈·한지은이 의미를 번역하고 예문을 교감했다.

"이 저서는 2007년 정부(교육과학기술부)의 재원으로 한국연구재단의 지원을 받아 수행된 연구임(KRF-2007-361-AM0001)"

"This work was supported by National Research Foundation of Korea Grant funded by the Korean Government(KRF-2007-361-AM0001)"

옮긴이의 | 글

　1987년의 6월 항쟁이 한국 사회의 민주화에 초석을 놓았다고 한다면, 1988년 6월 중국중앙방송에서 방영한 〈하상河殤〉은 중국의 민주화를 촉발하는 계기가 되었다. 중국을 상징하는 황하黃河가 이제는 죽었다는 제목의 이 다큐멘터리는 황색 황하문명의 폐해를 적출하면서 쪽빛의 해양문화를 학습해야 한다는 내용을 담았다. 〈하상〉은 농업 중심의 대륙문명을 벗어나 과학과 민주, 자본주의로 표상되는 서양세계를 배우자는 메시지를 전하면서 사회주의체제의 위기가 노정되고 있던 당시의 중국에서 폭발적인 반향을 불러일으켰다. 이 방송이 나가자 공산당 지도부는 문화적 허무주의를 조장한다고 비난하면서 방송을 금지했다. 자오쯔양趙紫陽이 개입하면서 방송은 재개되었지만 공산당중앙위원회가 다시 방송금시 처분을 내렸다. 그리고 1년 뒤 1989년 6월 4일 톈안먼 광장에서 민주화의 함성이 울려 퍼졌다. 민주화의 상징이자 자본주의의 기치를 선명하게 내건 〈하상〉에 이론적 근거를 제공한 것이 바로 이 책의 저자 진관타오金觀濤의 처녀작인 《흥성과 위기 — 중국 사회의 초안정구조를 논함》(후난인민출판사, 1984)이었다.
　1947년 저장성浙江省에서 태어난 진관타오는 1970년에 베이징대학 화학과를 졸업한 뒤 중국의 계몽을 위해 아낌없이 청춘을 불살랐다. 40대에는 톈안먼사태로 말미암아 홍콩으로 이주하여 연구와 사색에 매진하였고, 60대 이후에는 다시 타이완에서 후진 양성에 힘쓰고 있는, 현대 중국이 만들어 낸 유목적 지식인의 전형이라고 할 수 있다. 그는 대략 10년 단위로 중국 사상사 분야에서 묵직한 저술을 간행해 왔다. 중국의 흥성 속에는 언제나 위기가 도사리고 있다고 주장한 《흥성과 위기》의 속편으로 《개방 중의 변천 — 중국사회의 초안정구조 재론》(홍콩중문대학출판사, 1993)을 출간했고, 다시 자신의 거대 담론에 대한 중국 철학 및 정치사상적 근기를 탐색힌 《중국 현대사상의 기원 — 초안정구조와 중국 정치문화의 변천》(홍콩중문대학출판사, 2000)을 세상에 내놓았다. 그리고 2년 전에 《21세기》의 주편을 담당한 부인 류칭펑과 함께 《관념사 연구: 중국 현대 주요 정치용어의 형성》이라는 대저大著를 간행하여 근현대 중국 연구의 새로운 이정표를 선보였다.

　중국을 떠난 지 20년째에 해당하는 지난 2009년에는 진관타오와 류칭펑의 책이 베이징의 법률출판사에서 간체자로 간행되어, 1980년대 《주향미래走向未來》 잡지와 총서를 발간하면서 계몽운동의 선두에 섰던 그들의 이름을 기억하는 중국의 독자들을 기쁘게 했다. 10여 년 동안 〈중국 근현대사상사 전문 데이터베이스(1830~1930)〉를 구축해 가면서 이를 바탕으로 새로운 방법으로 중국의 근현대를 조명한 이 책은 일단 중국의 언론계로부터 '경전'이라는 평을 받았고, 식견과 기백 그리고 사상적 충격으로 '대작'이라 불리기도 했다. '권리', '개인', '사회' 등 중국의 근현대를 만들어낸 10여 개의 주요 관념들의 변화를 연구한 본문과 100개의 중국 근현대 정치용어의 용례를 수록한 부록까지 합해서 약 70만 자에 이르는 분량의 연구서는 분명 역작이다. 공동 연구를 통해 구축한 1억 2천만 자에 달하는 〈데이터베이스〉 또한 더할 나위 없이 귀중한 학문적 보고이다. 중국을 떠나 홍콩에서 사색하고 번민했던 그들의 몸은 비록 타이완에 있지만 그들이 사유한 결실은 다시 대륙으로 돌아왔다. 급속한 경제성장으로 세계의 공장이 되고 사회주의 시장경제라는 미증유의 실험을 펼치고 있는 중국이 개혁개방의 씨앗을 뿌린 저자들과 또다시 학문적 대화를 진지하게 나눌 수 있게 된 것이다.

이 책은 중국의 역사를 돌이켜보면서 중국의 앞날을 열어가야 할 중국인뿐만 아니라 동아시아의 현대성modernity을 사색하는 세계의 독자들에게도 귀중한 시각을 제공하고 있다. 이 책을 포함한 저자들의 지난 30여 년에 걸쳐 간행된 일련의 저작은 베이징대학 학생 시절에 겪었던 문화대혁명의 아픈 충격과 슬픈 기억을 극복하기 위한 학문적 역정의 산물이다. 중국 근현대사의 파노라마 속에서 개인의 경험이 학문적으로 승화되어 있는 만큼, 이 책은 진지하고도 숭고한 목표를 지니고 있다. 그것은 1919년에 전개되었던 "신문화운동의 계몽적 임무는 중국에서 지금도 완성되지 않았다"는 저자들의 목소리에서 배어 나오는 계몽의 근대이며, 계몽의 역사적 사명이다.

진관타오는 초기 저작에서부터 1980년대 중국에서 유행한 시스템이론(《중국문화의 시스템론적 해석》, 천지, 1994 참조)에 근거하여 중국의 전통사회를 '초안정구조'라고 분석했으며, 이러한 관점은 이 책에서도 일관되고 있다. 진한제국 성립 이래 19세기 말까지 중국은 '봉건'의 늪에 빠져 있었으며, 이러한 역사의 정체를 빚어낸 것이 바로 소농경제·유교적 지식인의 관료정치·유교이데올로기라는 경제·정치·사상의 세 하위 시스템이 총체적으로 결합된 '중국사회의 초안정구조'라는 것이다. 중국에서는 300년을 주기로 대동란이 발생하여 왕조가 교체되는 변화가 있었지만, 결국 초안정구조의 상태로 돌아가는 순환만이 끊임없이 되풀이 되었다는 것이다. 20세기에 들어와서도 국민혁명과 공산혁명이라는 현대적modern 혁명이 전개되었지만, 여전히 그들은 전통사회에 붙어살던 초안정구조라는 유령의 출현을 경계하고자 한다.

저자들은 이처럼 중국사에 내재하는 초안정 시스템을 중심으로 중국사상사에 관한 거대 담론을 전개하여 왔다. 이러한 가설은 중국의 역사해석에서 정체성停滯性을 강조하는 오리엔탈리즘의 변주곡이라는 비판을 받을 수도 있다. 거대 담론은 매력적이지만 때로는 공허하다. 따라서 그들의 주장은 논거의 허약성과 실증적인 면에서 제기되는 여러 비판에서 자유로울 수 없다. 그렇지만 이 책의 특징은 이전의 저서들과는 달리 이와 같은 비판에 대응하는 차원에서 찾아볼 수 있다. 저자들은 '관념사'와 '어휘통계학'이라는 새로운 연구방법론을 통해 그들에게 날아온 종래의 비판에 답하고자 한다. 이 책의 원래 제목은 '관념사 연구'이고, 〈데이터베이스〉를 토대로 현대 중국의 주요 관념들의 형성 과정과 그 함의를 밝힌다는 의미에서 '중국 현대 정치용어의 형성'이라는 부제를 달고 있다.

여기에서 말하는 '관념사'는 'The History of Ideas'라는 영문 표기가 부기되어 있지만, 일반적인 의미의 사상사와는 구별된다. 저자들의 설명에 따르면, '관념사 연구'는 '키워드key word를 연구하는 데이터 분석 방법'에 의거한 것이다. 즉, 데이터베이스로 키워드를 검색하여 연대별 사용빈도를 통계 처리하고, 키워드와 관련된 예문들을 추출하여 해당 키워드가 시기별로 사용된 의미의 유형과 변화를 파악하고, 이를 근거로 해당 관념의 역사적 의미를 분석해내는 일종의 '역사의미론'이다. 이러한 방법론을 타이완의 노장학자 왕얼민王爾民은 "오늘날 철학계의 통계학파"라고 부르기도 했다.

이 책에서 내세우고 있는 관념사는 기본적으로 관념, 넓게는 언어의 분석에 초점을 맞추는 연구이다. 이 책은 종래의 사상사 연구가 주로 인물·저작 혹은 유파의 분석을 기초로 삼아왔고 동일한 텍스트에 대한 연구자들의 해석이 종종 서로 다른 결론으로 나타날 수 있었다는 점을 비판한다. 그리고 중국 근현대 시기에 나타난 관념의 기원·사회화·변화를 고찰하기 위해 의미 통계방식을 통해 이러한 관념에 상응하는 키워드의 기원·전파·의미변화를 추적하고 있다. 저자들은 자신들의 '관념사' 연구가 사상사의 주관적 성격을 수정할 수 있는 객관적인 방법이라고 주장한다.

그렇지만 관념사가 사상사의 대안이라고 주장하는 것은 아니다. 데이터베이스에 담을 문헌사료를 계속해서 확장하고 컴퓨터의 검색 시스템 기능을 개선하는 것은 어디까지나 연구를 위한 보조적 수단일 뿐이다. 대량의 데이터베이스를 운용하는 저자들의 관념사는 사상사가 안고 있는 연구 범위의 한계를 돌파하고 이를 경험적·미시적 차원까지 확장시켜 사상사 연구가 검증될 수 있도록 하고자 하는 의도를 갖고 있다. 한편으로는 통계분석 결과를 보다 정치하게 판독하여 관념 변화의 실마리를 파악하는 것은 여전히 연구자의 창조와 종합 능력에 달려 있다는 것이다. 실제로 이 책은 통계분석을 통해 '유교적 공공영역', '초안정구조', '상식이성' 등 중국 사상에 내재하는 심층구조와 문법을 읽어내고 있다. 즉 그들의 작업은 방법론적으로는 관념사를 표방하지만 여전히 사상사, 정치사 내지 역사철학 분야에 속하는 작업이라고 할 수 있다.

이 책에서 제시한 관념사 연구는 단지 하나의 실증적 방법을 내세우는 데 그치지 않고, 주요 관념의 형성·변화·정착 과정을 밝히면서 중국 근현대사의 시기 구분에 새로운 견해를 제기하고 있다. 통설에 의하면, 근대 이후 중국사의 전개 과정은 서양으로부터 기물器物을 학습하는 단계(양무운동), 제도를 학습하는 단계(무술변법에서 입헌공화정까지), 그리고 가치를 학습하는 단계(신문화운동)로 구분된다. 저자들은 이와 같은 시기 구분은 학습대상이 변화하는 과정만 보여줄 뿐 학습 과정에 참여한 주체의 역할과 그로 인한 학습 내용의 변화 내지 변질을 보여주지 못한다고 비판한다. 이 책에서는 유교적 경세치용의 틀에서 현대화를 시행한 '근대pre-modern'(1830~1895), 서양의 현대적 제도를 학습하여 민족국가를 건립하는 '현대modern'(1895~1915), 학습의 실패와 관념의 새 구성을 시도한 '당대contemporary'(1915~1930)로 중국 근현대 사상사의 3단계를 새롭게 설정했다.

바꾸어 말하면, 이는 중국이 기존의 정치문화 관념에 근거하여 서양의 근대 관념들을 선택적으로 흡수하는 단계, 학습하는 단계, 외래 관념을 소화·종합·재구성하여 중국 특유의 현대 관념을 형성하는 단계로 설명될 수 있다. 따라서 저자들은 중국 사상사에서 '현대'의 기점을 1895년으로 잡는다. 유럽에서 16세기 이래 약 200여 년 동안 숙성되었던 과학과 계몽의 정신이 프랑스혁명으로 분출되었다고 한다면, 중국은 1895년 이래 30여 년 동안에 서양의 근대적 사유를 경험하면서 이를 학습하고 나아가 비판하면서 마침내 중국식의 현대를 창출했다는 것이다. 저자들은 중국사회가 전통에서 현대로 전환하는 과정에서 서양의 근대적 이성과는 다른 '천리天理' 관념에 의거한 '상식이성', 하버마스의 공공영역과는 다른 가족을 본위로 하는 '유교적 공공영역'이 작동하고 있는 기제를 밝히면서, 중국의 현대성modernity을 찾고자 한다. 그러나 신문화운동과 5·4운동이 짊어진 계몽의 임무는 아직도 끝나지 않은 영구 과제라는 점을 잊지 않고 강조하고 있다.

중국의 개혁개방은 사회·경제적인 영역에서 변화를 가져왔을 뿐만 아니라 인문사회과학 분야에도 종래의 혁명사관을 대신할 새로운 글쓰기를 요청해 왔다. 이 책 또한 비록 홍콩에서 간행되었지만, 중국 근현대사 상사의 새로 쓰기 작업의 일환으로 평가될 수 있을 것이다. 물론 이 책에서 제시한 중국 근현대사의 시기 구분, 신문화운동과 5·4운동에 관한 평가 등은 학계에서 더 많은 논의를 필요로 하는 문제이다. 현대 중국에서 거의 모든 정치 관념의 형성이 선택적 흡수, 학습, 창조적 재구성이라는 세 단계를 거친다는 것을 10여 개의 관념을 통해 직접 논증하고 있지만, 이러한 3단계설의 반증 가능성에 대한 이론적 논의도 보강되어야 할 것이다. 관념의 창조적 재구성에 영향을 미친 중국사상의 심층구조에 관한 논의는 거대 담론에서 내려와 각 학문 영역에서 엄밀하게 논증되어야 할 문제이다. 또한 데이터베이스를 이용한 통계적 분석은 시대와 분량에 있어 한계가 있는 텍스트들에 대한 질적 고려를 배제하기 쉬운 난제를 스스로 안고 있다.

그럼에도 불구하고 이 책은 다음과 같은 유익한 지식을 전해주고 있다. 21세기의 전환점을 전후하여 동아시아에 대한 세계의 인식이 달라지면서 동아시아의 현대성에 대한 논의가 활발해지고 있다. 이 책은 중국 현대 관념에 대한 통계적·실증적 연구를 통해 서양과는 다른 중국의, 복수의 현대성을 주장하고 있다. 더구나 최근 10여 년 동안 중국을 비롯한 동아시아학계에서는 정치사상에서 언어적 맥락을 중시하는 스키너Q. Skinner를 중심으로 하는 캠브리지학파의 사상사 연구, 유럽의 근대를 개념으로 밝히고자 한 코젤렉R. Koselleck의 개념사 연구, 혹은 문화 연구에서 중시되는 번역의 문제 등에 관심이 높아지면서, 언어의 형성·유포·번역을 통한 새로운 어휘의 형성 등에 관한 연구가 활발해지고 있다. 이 책에서 다루고 있는 현대 중국의 키워드 연구 또한 기존의 한자문화권에서 배태된 용어가 서양과의 만남 속에서 의미가 변용되거나 혹은 번역을 통해 새롭게 만들어진 어휘들이다. 이러한 시대적 학문적 풍토에서 현대 중국의 키워드 분석에 착목한 이 책은 중국의 현대, 나아가 동아시아의 현대성과 동서문화의 번역과 소통을 바라보는 하나의 귀중한 실험이라고 할 수 있을 것이다.

한림대학교 한림과학원은 지난 2007년부터 교육과학기술부의 HK사업에 참여하여 '동아시아 기본 개념의 소통 연구' 프로젝트를 진행하고 있다. 이 책의 번역은 한국을 비롯한 동아시아의 근현대를 개념사 연구라는 방법으로 접근할 뿐만 아니라 개념 소통의 관점에서 제국의 지배와 전쟁의 얼룩으로 점철된 동아시아의 근대를 넘어서기 위해 시도된 이 프로젝트의 사업 가운데 하나로 진행되었다. 이 책의 번역을 위해 홍콩중문대학 당대중국문화연구센터를 찾아가 진관타오 교수와 류칭펑 교수를 찾아뵙고 번역 승낙을 받은 지 어느덧 2년 반이 훌쩍 지나갔다. 이 책의 한국어 번역을 기쁘게 승낙하고 번역 과정에서 원저의 오류와 오자에 대한 질의에도 성심성의로 답변해주면서 한국어판에서 오류를 정정하도록 허락해 준 저자들에게 진심으로 감사를 드린다. 무엇보다도 방대한 분량의 번역과 교차 검토라는 고난의 장정을 넉넉한 마음으로 묵묵히 걸어와 준 한림과학원의 HK연구교수들, 중국철학 전공의 선후배들에게 감사와 미안한 마음을 전하지 않을 수 없다. 아울러 더운 여름날 어려운 도표 작성과 한문 원문 입력을 도와준 한림대학교 대학원의 유영아, 서병철, 김혜경, 그리고 이제 막 졸업을 앞두고 있는 유미리에게도 이 책을 꼭 선물하고 싶다. 마지막으로 이 책의 가치를 감지하고 흔쾌히 출판을 허락해준 도서출판 푸른역사에 고마움을 감출 수 없다. 여러 차례에 걸친 공동 검토와 교차 교정을 통하여 번역상의 오류를 줄이기 위해 노력했지만, 그래도 남아 있을 오류에 대해서는 강호 제현의 질정을 기다린다. 끝으로 이 책의 출간이 중국 근현대, 나아가 동아시아 근현대 연구에 새로운 활력을 불어넣는 계기가 되기를 희망한다.

2010년 8월 봉의산 중턱 다인재에서 역자들과 함께
양일모 씀

한국어판 | 서문

올해 1월 20일, 당시 힌림대학교 한림과학원 부원장 오수창 교수가 양일모 교수와 함께 홍콩중문대학의 산 중턱에 위치한 우리 연구실로 찾아와 한국에서 개최될 학술대회 참가를 요청하면서 출판된 지 반 년 밖에 안 된 졸저《관념사 연구 — 중국 현대 주요 정치용어의 형성》을 번역하겠다고 하였다. 말하기 부끄러운 일이지만, 이때 우리는 처음으로 춘천이라는 도시를 알았고 번역에 대해서도 반신반의했다. 본서는 글자수만 해도 60여 만 자나 되는 데다 내용도 어렵고 텍스트를 주로 다룬 학술서로 많은 독자들이 읽기에 쉽지 않아 중국어판도 겨우 몇 백 권을 찍었을 뿐이다. 뜻밖에 한국어판을 출판한다고 했을 때, 우리는 설령 전문가가 번역한다 하더라도 상당한 시일이 걸릴 것이라고 생각했다. 8개월이 지난 9월 24일 오후 우리는 삼팔선으로부터 자동차로 30분 정도 걸리는 아름다운 도시 춘천에 도착하여, 한림과학원이 주최한 "개념사 국제학술대회 — 동아시아 개념의 절합과 횡단"에 참석했다. 거기서 오랜 친구 팡웨이구이方維規 박사와 함께 고요하고 평화로운 춘천의 가을 강변 풍경을 감상했다. 그날 밤 학술회의 참가자 및 한림과학원 동인들과 함께 정원식 음식점에서 한국 갈비를 맛보는 만찬이 마련되었다. 그 자리에서 양일모 한림과학원 부원장은 5명의 학자가 졸저의 번역에 참가하고 있는데 금년 혹은 내년 초 쯤에 한국어 번역본이 출간될 예정이라고 알려주었다. 우리는 참으로 놀라지 않을 수 없었다.

9월 25일 학술회의 석상에서 김용구 원장은 한림과학원의 '동아시아 기본 개념의 상호소통'이라는 10년에 걸친 대형 프로젝트를 다음과 같이 소개했다.

이 프로젝트는 한국의 인문학 및 사회과학의 기초를 마련하고자 하는 깊은 생각에서 나온 것이며, 〈한국 인문·사회과학 기본 개념의 역사·철학 사전〉을 편찬하고자 한다. 이 프로젝트는 당연히 관련된 기본 개념과 어휘, 그리고 한·중·일 삼국 사이의 소통과 영향을 다룰 것이다. 이 연구프로젝트는 10년에 걸친 안정된 재정 지원으로 인해 성급한 결과에 급급해 할 필요가 없으며, 역사의미론적인 개념사의 연구방법을 채택하면서 과제 연구에 견실하고 신뢰할 수 있는 기초를 다지고자 한다. 이 거대한 목표를 더욱 알차게 달성하기 위하여 한림과학원은 영어, 중국어, 일본어, 프랑스어, 독일어에 능통한 13~4명의 전문 연구자를 불러 모았는데, 이들은 각 전문 분야에서 뛰어난 능력을 가지고 있으며 젊고 활기차다.

이러한 소개를 듣고서야 우리는 한림과학원의 '동아시아 기본 개념의 상호소통' 프로젝트의 일환으로 졸저의 한국어 번역이 기획되었다는 것을 알 수 있었다. 즉 근대 중국문화가 서양의 현대적 관념을 어떻게 흡수하고 소화했는지를 이해하려는 것이다. 더욱이 졸저에서 채택한 키워드인 역사의미론적 분석방법 또한 한림과학원 학술 동인의 연구 취지와도 부합한다.

사실 1997년 우리가 이 연구를 시작했을 때만 해도 한림과학원의 연구와 같은 출발선상에 있었다. 19, 20세기의 100여 년에 걸쳐 중국에서 발생한 일련의 중대한 역사적 사건과 사회적 변혁을 이해하기 위해서는 이러한 역사에 참여했던 중국인의 사상 관념의 변화와 더불어 한·중·일 삼국 간의 문화·사상·정치의 상호작용을 추적해야 할 것이다. 10여 년 동안 진행된 일련의 프로젝트 지원 아래 우리는 '중국 근현대사상사 전문 데이터베이스(1830~1930)'를 개발하였고, 아울러 이를 도구로 삼아 키워드 연구를 중심으로 하는 새로운 분석방법을 제시하였다. 우리는 10개에 이르는 중국의 주요 관념 — 권리, 개인, 사회, 공화·민주, 과학, 혁명, 천리·공리·진리, 천하·만국, 경제, 공공영역 — 을 연구하였다. 서양의 현대적 관념의 충격 속에서 중국 전통문화가 이러한 관념들을 어떻게 수용하고 소화하여 당대 중국의 정치 관념을 형성하였는지 탐구했으며, 아울러 이러한 10개의 단어와 관련된 약 100여 개의 정치용어를 초보적으로 고찰했다. 이것이 바로 졸저 《관념사 연구 — 중국 현대 주요 정치용어의 형성》의 중심 내용이다.

우리의 연구는 중국 현대 정치 관념의 기원이 어떻게 형성되었는가에 집중했으며, 한국과 일본에서 이러한 현대적 관념의 기원과 변화, 삼국 간 관념의 전파와 상호작용과 같은 복잡한 문제는 다루지 않았다. 그러나 우리는 연구의 초기 단계부터 한·중·일 삼국 간의 사상문화적 상호작용으로 이루어진 보다 거대한 역사적 그림이 없다면 우리의 연구가 완전할 수 없다는 점을 알고 있었다. 우리가 중국 연구를 먼저 선택한 이유는 먼저 자기 나라에서 형성된 현대 관념의 기원과 변화를 이해해야 비로소 그 기초 위에서 삼국 간의 상호영향을 고찰할 수 있다고 생각했기 때문이다. 한편으로 우리는 동아시아 연구에 필요한 언어 능력을 갖추고 있지 않으며, 동시에 연구단의 장기적 지원이 부족하기도 했다. 따라서 우리는 2001년 일본 도쿄東京대학에서 거행된 "동아시아의 공공지

公共知'' 국제회의에 참가한 이후로 일본 아이치愛知대학의 학술회의에 몇 차례 참석하면서 중국과 일본의 근대 관념을 비교하는 연구를 중시하자고 호소했다. 2005년 12월 처음으로 서울을 방문해서는 한국학중앙연구원이 개최한 "2005 Global Forum on Civilization and Peace"에 참가하여 동아시아 사상에서 한국과 중국 간의 대화를 제안하기도 했다. 2006년 5월에는 성균관대학교와 연세대학교를 방문하여 동아시아 한문 데이터베이스의 구축 가능성을 논의했다. 기회 있을 때마다 우리는 각종 학술 교류 장소에서 한·중·일 삼국 간 현대적 관념의 상호작용에 주목하고 이를 연구하자고 호소했다.

한림대학교 한림과학원의 10년 프로젝트를 접하고서야 이제 국가적 경계를 넘어선 공동연구프로젝트가 마침내 시작되었다는 것을 알았다. 이에 우리는 흥분을 감출 수 없고, 아울러 이 프로젝트의 성공을 축원한다. 우리는 이 책의 한국어판 출판으로 데이터베이스를 활용한 한국의 근대적 관념의 기원과 정형定型에 대한 분석과 연구가 촉진되기를 희망하며, 아울러 일본에서도 이러한 프로젝트가 시작되기를 기대한다. 세 나라가 각자 자기 나라의 현대 관념의 연구를 잘 수행해야 비로소 한·중·일 삼국 사상문화의 상호작용을 한 걸음 더 발전시켜 보다 큰 역사상을 종합해낼 수 있을 것이다. 국가적 경계를 넘어서는 공동 연구를 통한 동아시아 관념사 연구의 중요성은 장차 사상사·관념사의 전문 영역을 뛰어넘어 동양에서 현대성의 기원과 특색, 그리고 그것이 함축하고 있는 새로운 의미를 이해하는 데 도움이 된다는 데 있다.

관념사는 줄곧 서양에서 인문학 연구의 대전통이었다. 1930년대 러브조이Athur O. Lovejoy(1873~1962)가 이 학문 분야를 창립한 이래로, 서양 학자는 관념사 연구를 통하여 장기간 동안 변하지 않는 심층적 사유방식을 드러내고자 노력했다. 현대적 관념의 기원과 변화를 탐구하는 관념사 연구는 역사·철학·사회와 인문 연구의 여러 분야를 횡단할 뿐만 아니라, 동시에 정치철학·사상사·문화사 연구의 핵심 주제이기도 하다. 1960년대부터 독일의 철학자 리터Joachim Ritter와 역사학자 코젤렉 Reinhart Koselleck(1923~2006)은 어휘에 대한 역사의미론적 고찰을 사변적 관념사 연구에 도입할 것을 제기하면서 개념사라는 새로운 유파를 형성하였다. 1970년대부터 1980년대까지 영국의 문화사학자 윌리엄스 Raymond Williams는 키워드를 중심으로 장기간에 걸친 영국 문화사의 변화 과정을 고찰하였다. 이러한 연구는 모두 새로운 연구를 지향하고 있다. 즉 역사상 각 시기의 문헌에 나오는 주요 어휘의 의미 분석과 통계를 통하여 사상의 흐름과 변화를 파악하고, 아울러 사상 관념의 변화와 중대한 역사적 사건 및 사회적 사실을 종합하여 역사와 사회 연구의 새로운 시각을 만들어내는 것이다. 1990년대 컴퓨터 데이터베이스의 출현에 따른 대량의 역사 문헌에 대한 전산화는 이러한 연구 경향에 새로운 도구를 제공하면서 새로운 방법을 시도할 수 있는 가능성을 열어놓았다. 1997년부터 유럽과 아시아의 학자들이 거의 동시에 이러한 방향을 탐색하기 시작했다. 우리는 데이터베이스 분석방법을 이용하여 중국에서 현대적 관념의 기원과 형성에 대해 역사의미론적 통계 분석을 수행하였고, 이를 집성한 이 책은 바로 이러한 연구방식에 입각한 성과 중의 하나이다.

우리가 컴퓨터 데이터베이스를 응용한 관념사 연구를 특별히 중시하는 것은 결코 우연이 아니다. 이는 중국어 문헌의 분석에서 이러한 새로운 방법이 장점을 지니고 있다고 보기 때문이다. 첫째, 중국을 포함한 동아시아 사회가 현대로 전환하는 기간은 비교적 짧은 편으로 19세기 중엽에서 시작하여 20세기 중엽에 이르는 100여 년 동안에 이루어졌고, 또한 여기에서 다루어지는 역사 문헌의 어휘 종류가 상대적으로 단순하다. 그러므로 전환 기간이 시간적으로 길고 어휘의 종류가 많은 서양에 비해 동아시아에서는 전문全文 데이터베이스의 구축이 더 용이하다. 둘째, 좀 더 중요한 것으로 기원에서부터 형성 과정에 이르기까지 가장 분석하기 어려운 것은 현대적 관념과 각국의 문화 대전통과의 관계이다. 서양의 경우 현대적 관념이 기독교문명으로부터 기원하여 수백 년간 서로 영향을 주고받으면서 전파되는 복잡한 여러 측면을 다루게 된다. 동아시아 삼국의 경우에는 이들이 공동으로 갖고 있는 여러 유형의 유교적 정치문화의 대전통이 서양의 현대적 관념을 흡수·학습·재구성하는 과정을 다루어야 한다. 특히 각각 천 년에 이르는 동아시아 삼국의 전통문화의 주요 관념의 차이까지 소급해야 한다. 현대적 전환 과정에서 삼국이 직면한 정치·경제 발전의 단계가 다르고 전통문화의 관념이 다르다. 이처럼 서로 다른 전통 관념이 서양의 현대적 관념과 상호작용하면서 동아시아 삼국의 현대적 전환 과정에 중대한 영향을 주었고 비로소 한·중·일 삼국의 독자적 특색을 형성할 수 있었던 것이다.

그 밖에 유학은 경전의 주소注疏와 어휘의 의미 분석을 통해 의리를 천명하며, 우리들이 제시한 컴퓨터 데이터베이스 분석방법의 핵심은 키워드를 포함하는 예문을 분석의 대상으로 삼지만, 키워드의 의미를 분석한다는 점에서는 두 방법 사이에 접합점이 있다. 물론 관념사 연구의 취지는 전혀 새로운 것이며, 데이터베이스 분석방법은 역사의미론적 어휘 분석을 기초로 하는 비교 관념사의 연구에 중요한 도구가 될 수 있다. 우리는 동아시아 삼국의 관념사 연구가 상대적인 장점을 가지고 있기 때문에, 19세기 이래 한·중·일의 사상 문헌의 원자료를 포괄하는 통합

데이터베이스를 구축하여 삼국의 학자들에게 공동연구에 유용한 도구와 논의의 토대를 제공할 수 있는 가능성이 서양보다 크다고 믿으며 이를 기대한다. 동아시아 삼국의 근현대 관념의 기원과 변화에 관한 연구는 21세기의 인문사회과학을 위한 절호의 공간을 제공할 뿐만 아니라, 삼국 사상 관념사의 공동 연구를 통해 동아시아 역사를 새롭게 정리할 수 있을 것이다. 이는 장차 삼국의 현실과 미래에 대한 상호 이해에 도움이 될 것이다.

관념사 연구자는 "역사 지식은 특정 관념에 침전되어incapsulated 있다"고 즐겨 말한다. 실제로 사건과 보편관념의 상호작용 속에는 역사 전개의 법칙이 감추어져 있다. 따라서 관념사 연구자는 역사 의미의 발견자일 뿐만 아니라 대역사의 사색가이기도 하다. 동아시아 관념사 연구는 바로 이러한 21세기의 연구자들을 끌어들이는 새로운 영역이 되고 있다.

2009년 10월 26일 타이베이 무자木柵의 정치대학 화난신춘化南新村에서
진관타오 · 류칭펑

감사의 | 글

이 책의 출판에 즈음하여 참으로 감개무량하다. 이 책은 우리가 10년 동안 '중국 근현대사상사 전문 데이터베이스(1830~1930)'(이하 〈데이터베이스〉로 약칭함)를 이용하여 중국 근현대사에서 관념의 변화를 연구해온 주요 논문을 엮은 것이다. 우리가 여러 곳에서 몇 차례 말했듯이, 이는 모색의 성격이 강한 연구 작업이다. 만일 연구 지원비가 지속적으로 투입되지 않았거나, 여러 시기에 걸쳐 서로 다른 인원들로 조직된 연구팀의 공동 노력이 없었다면, 이 책이 완성되고 출판되는 일은 거의 불가능했을 것이다. 따라서 아래에 실은 감사의 글은 매우 길지만 여전히 빠뜨린 부분이 있을 것이다.

먼저, 다음과 같은 일련의 연구프로젝트 기관으로부터 받은 도움에 감사하고자 한다.

- 1997년 홍콩연구지원국RGC 지원: A Quantitative Study of the Formation of Certain Modern Chinese Political Concepts(CUHK 4001/97H)
- 2000년 장징궈蔣經國 국제학술교류기금회 지원: An Intellectual Historical Study on the Origins and Development of Liberalism in Modern China, 1736~1927(RG 018-D-99)
- 2002년 4월 홍콩중문대학 지원: Data Mining for the Quantitative

Database of La Jeunesse: Research of the Interactions between the Changes in Political Concepts and Important Incidents during the New Culture Movement

○ 2002년 홍콩연구지원국 지원: A Quantitative Study of China's Selective Absorption of Modern Western Ideas and the Origins of Certain Key Concepts(1840~1915) (CUHK4006/02H)

○ 2004년 장징궈 국제학술교류기금회 지원: Confucian Traditions and Politico-cultural Transformation of China, Japan and Korean in the Nineteenth Century: A Comparative Study(RG 019-P-03)

○ 2004 홍콩중문대학 Direct Grant for Research(2004~2005) 지원: The Formation and Transformation of Chinese Nationalism in the Perspective of History of Ideas(1840~1924)

○ 2006년 홍콩연구지원국 2년간 특별 지원: A Computer-Aided Quantitative Study of the Interaction between Social Events and the Transformation of Modern Chinese Political Concepts(1830~1924) (CUHK 4554/06H)

이 책은 이러한 연구프로젝트의 마지막 성과라고 할 수 있다. 모든 연구프로젝트에서는 진관타오가 연구책임자principal investigator를 맡았고 류칭펑은 주요 협력자였다. 그 밖에 이 프로젝트에 참여한 협력자로는 상하이사회과학원 슝위에즈熊月之 교수, 일본 간사이關西대학 선궈웨이沈國威 교수, 타이완 국립지난曁南대학 저우창룽周昌龍 교수, 타이완 중앙연구원 근대사연구소 장서우안張壽安 교수, 일본 교토京都대학 모리 도키히코森時彦 교수, 한국 연세대학교 백영서 교수가 있다. 앞에서 거론한 지원 기관의 지속적인 지원과 협력자들의 사심 없는 헌신에 다시 한 번 감사의 뜻을 표한다.

1997년 홍콩연구지원국의 지원을 받게 된 후, 우리는 곧장 푸단復旦대학 역사학과의 장칭章淸 교수와 연구팀을 조직하여 제1단계의 연구를 시작했다. 신문화운동에서 가장 대표성을 지닌 사상 유파, 단체 혹은 정당과 관련된 12종의 잡지를 선별하여, 통일된 규격에 따라 각 간행물에 대한 규범적 의미 분석을 시도했다. 당시 간행물 연구를 담당한 푸단대학의 교수와 학생으로는 장첸張謙 — 《갑인》, 쑨칭孫淸 — 《신조》, 탕윈쑹唐雲松 — 《매주평론》, 왕간밍汪乾明 — 《향도주보》, 장훙章虹 — 《건설》, 리젠쥔黎建軍 — 《성기평론星期評論》, 진옌金燕 — 《소년중국》, 자오원빈趙文斌 — 《노력주보》, 쑨칭孫靑·취웨이曲偉 — 《현대평론》, 추융취안楚永全 — 《해방과 개조》, 위안쉐우苑學武 — 《성사醒獅》 등이 있으며, 홍콩중문대학에서는 당대중국문화연구센터의 치리황戚立煌과 우자이吳嘉儀가 《신청년新靑年》의 분석을 담당했다. 이 단계에서 저우청하이周成海, 쥐다청屈大成이 단기간 문헌 조사에 참가했으며, 또한 황팅위黃庭鈺는 우자이에 이어 연구조교로서 큰 힘이 되었다. 초기에 연구프로젝트에 참여해 준 이상의 모든 분들에게 감사드리며, 특별히 치리황 교수를 언급하지 않을 수 없다. 치리황은 대륙에서 오랫동안 문학과 역사 연구에 종사해 왔으며, 퇴직 후에는 홍콩에 와서 우리들의 연구프로젝트에 능동적으로 참여를 신청하였다. 당시 〈데이터베이스〉가 아직 만들어지지 않았거나 혹은 처음 만들어서 사용할 수 없을 때였는데, 치리황은 문학과 역사에 대한 깊은 이해와 진지한 책임감으로 연구팀의 젊은 동료들을 이끌면서 전통적 방법으로 일사분란하게 예문을 분석했다. 독자들이 이 책에서 볼 수 있듯이 《신청년》에 관한 분석과 통계는 거의 모두 치리황이 작업한 성과이다. 2005년 70세에 가까운 나이에도 그는 여전히 중문대학 농구팀의 활발한 일원이었는데, 불의의 의료사고로 인해 세상을 뜨게 되었다. 너무나 뜻밖의 일에 아픈 마음을 감출 수 없다.

먼저, 시스템 설계에 관해 언급하고자 한다. 2001년 〈데이터베이스〉를 만들기로 결정했을 때, 마침 베이징北京공업대학 컴퓨터 전공 멍다즈孟大志 교수의 중국문화연구소 고문헌 전산화 프로젝트에 참여하게 되었고, 〈데이터베이스〉의 최초 프로젝트는 그와 상의하여 결정하였다. 그의 학생인 징빙치張丙奇와 루웨이陸薇가 프로그램 작성 업무를 담당하였다. 당시의 추산으로는 〈데이터베이스〉에 담을 문헌은 많아야 수천 만자였지만, 2003년에 와서는 최초의 설계가 거의 쓸모없게 되고 검색 속도와 문헌의 추가 입력에 문제가 발생하였다. 시스템 설계가 프로젝트를 진행하는 데 관건이 되었다. 마침 그해 여름 우리는 허베이河北 중국과기대학의 황용黃勇·황레이黃磊 형제를 알게 되었고, 그때부터 지금까지 황용이 〈데이터베이스〉 시스템의 설계 책임을 맡았다. 황용은 컴퓨터 응용프로그램 설계에 관한 풍부한 경험을 갖추었지만, 역사 연구자의 요구를 이해하고 그에 따른 프로그램을 만든다는 것은 그에게는 매우 모험적 성격을 띠는 일이었다. 그때부터 황용은 설계의 갱신, 시스템 기능의 업데이트, 그리고 시스템 운영 중에 발생하는 각종 문제의 해결 등에 관한 책임을 맡아왔다. 중국문화연구소의 컴퓨터 기술 담당자 리제李潔 또한 시스템 설계의 각 단계마다 줄곧 우리들의 기술 소통과 시험 가동 문제 해결에 친절하게 도움을 주면서 묵묵히 공헌하였다.

다음으로, 〈데이터베이스〉에 수록한 문헌 선택에 관해 언급하고자 한다. 1999년 여름 우퉁푸吳通福가 진관타오와 함께 철학과 협동전공의 대학원생으로 중문대학에 왔다. 1970년대에 출생한 사람들 가운데 그는 어릴 적부터 전통 경전을 익히 읽고 명청시대 유교 문헌을 잘 알고 있는 매우 보기 드문 젊은이였다. 2001년 데이터베이스 작업이 시작된 이후 우퉁푸가 문헌 수집과 색인 작업을 맡게 된 것은 더할 나위 없이 잘된 일이었다. 일차로 약 7백만 자의 문헌 목록을 결정했을 때, 푸단대학의 주웨이정朱維錚 교수와 장이화姜義華 교수가 각각 귀중한 의견을 제시하였다. 2002년 우퉁푸는 박사논문심사를 무사히 통과했고, 그 이후로 중국문화연구소에 2년 동안 머물면서 연구조교와 박사후 연구원을 맡았다. 2004년 여름 우퉁푸 박사는 장시江西재경대학의 교수로 부임했지만 계속해서 문헌 수집과 분석 작업에 참여하였다. 또한 같은 해 봄 우연한 기회로 위훙량魚宏亮 박사를 알게 되었다. 위 박사는 베이징대학 역사학과에서 고대 문헌을 전공하고 있었다. 일반적으로 이러한 전공을 택한 사람은 하이테크 기술에 흥미를 가질 수 없는데, 뜻밖에도 위 박사는 예외였다. 2004년 여름부터 위 박사는 고문헌과 데이터베이스 두 방면에 걸친 지식을 두루 갖추고 데이터베이스 작업에 참여하면서 연구팀의 중요한 일원이 되어, 문헌과 시스템 관리 두 작업의 책임을 맡았다. 황용과 위훙량의 절묘한 협력관계 속에서 두 차례에 걸쳐 시스템 기능을 대폭적으로 수정하였다.

데이터베이스 작업 과정에서는 시스템 설계와 문헌의 수집과 처리 이외에도 소소하고 번잡한 행정 사무가 있었다. 예컨대, 여러 도시에 분산되어 있는 협동연구자와 기관, 회사 사이의 협약의 체결과 이행, 일상적인 연락의 유지, 대량으로 주고받는 데이터와 그림 파일의 발송과 접수 및 관리, 과제 보고의 준비와 정리 등등이다. 이러한 사무는 당대중국문화연구센터의 황딩위黃庭鈺, 천메이전陳美眞, 예쯔칭葉子菁 등이 차례로 담당해 주었다. 그들의 진지하고 세심한 업무 태도 덕분에 데이터베이스 작업이 순조롭게 진행되었다. 그 밖에 린리웨이林立偉는 뛰어난 중국어와 영어 능력으로 대량의 번역 작업을 도왔다. 마스다 마유코増田眞結子는 일본 문헌의 연구조사에 도움을 주었다. 린취잉林翠盈과 천루쥔陳露君은 문헌 비서로서 도움을 주었다. 예쯔칭은 지금도 여전히 〈데이터베이스〉의 행정 관리 업무를 맡고 있지만, 이미 전직한 이상의 여러 동료들을 잊을 수 없으며 또한 감사드리지 않을 수 없다.

  2006년 9월, 새로운 연구프로젝트를 시작했을 때 우리는 1억 2천만 자나 되는 방대한 〈데이터베이스〉를 이용하여 초기와 중기에 발표했던 논문들을 검증하고 새로 점검하기로 결정하였고, 동시에 〈데이터베이스〉를 운용하여 이미 진행해 온 중국 근현대사 10대 관념 연구에서 다룬 근 100년 간의 정치용어에 대해 간단히 정리하기로 했다. 이 두 가지 일은 이 과제를 완성하기 위한 필요에서 시작된 것일 뿐만 아니라, 우리들이 초보적으로 결정한 방법론을 이용하여 연구 업무를 검증하는 것이었다. 1년 동안 가오차오췬高超群과 위훙량 박사가 우리와 연구팀을 구성하여 험난한 작업에 도전하였다. 가오차오췬은 예문 분석과 통계를 맡았으며, 매일 〈데이터베이스〉에서 얻은 수천 혹은 심지어 만 가지도 넘는 키워드를 포함한 예문을 처리해야 했다. 위 박사는 일상 문헌과 시스템 관리 업무 외에도 문제가 발생할 때마다 〈데이터베이스〉를 이용하거나 원자료를 찾아서 해결했다. 이들은 날마다 이처럼 단조롭지만 가장 기본적인 데이터 분석과 정리 작업에 종사했다. 이들의 노력 덕분에 우리는 이러한 기초 위에서 일련의 논문들을 새로 쓸 수 있었다. 더불어 가오차오췬은 90여 개의 정치 관련용어의 의미 분석을 서술하였으며, 이는 이 책의 〈부록 1〉에 실려 있다.

  마지막으로, 이 책의 편집과 출판을 맡아 준 당대중국문화연구센터의 여러 동료들에게 특별히 감사의 말을 올리지 않을 수 없다. 이 책이 다루고 있는 문헌의 양이 방대하고 그림과 표도 매우 많기 때문에, 교열과 편집, 배판 작업량은 일반적인 글과는 비교할 수 없을 것이다. 우리가 한 편의 글을 수정할 때마다 주민링朱敏翎과 장즈웨이張志偉가 세심하게 편집하고, 이어서 장수펀張素芬이 일사분란하게 판과 도안을 짰다. 이처럼 물이 흐르듯 매끄러운 작업 방식으로 그들은 《21세기》 매 호 원고를 편집하고 남은 시간에 이 책의 편집을 완성하였다. 따라서 이 책은 우리가 당대중국문화연구센터에서 연구하던 시절에 협력자들과의 공동 연구를 통해 깨닫고, 동시에 지금까지 우리의 연구에 참여해 준 동료들과 함께 했던 아름다운 기억을 응축해 놓은 것이라 할 수 있다.

2008년 4월 홍콩중문대학에서

진관타오·류칭펑

차례

옮긴이의 글 5
한국어판 서문 14
감사의 글 21

서론: 왜 사상사에서 관념사로 전환했는가? 33

이론적 탐색

1. '천리'·'공리'·'진리'
 : 중국 문화의 합리성 논증과 정당성 기준에 관한 사상사적 연구 79
2. 유교적 공공영역에 대한 시론
 : 중국사회의 현대적 전환에 대한 사상사적 연구 147

방법론

3. 5·4《신청년》지식인 집단은 왜 '자유주의'를 폐기했는가?
 : 중대 사건과 관념 변천의 상호작용에 대한 연구 199

4. '과거'와 '과학'
  : 중대한 사회 사건과 관념의 변화에 관한 사례 연구 231
5. 역사의 진실성
  : 새로운 데이터베이스 분석방법의 역사 연구 응용에 관한 시론 255

부록 1. 근현대 정치용어 100선 329
부록 2. 통계 분석에 관한 논의 523
부록 3. 〈중국 근현대사상사 전문 데이터베이스(1830~1930)〉 문헌목록 530
주석 547
참고문헌 582
찾아보기 603

서론

왜 사상사에서 관념사로 전환했는가?

사상사가 경험의 검증을 받아들여야 한다면, 관념사를 자신의 기초로 삼을 수밖에 없다. 관념이란 무엇인가? 관념사 연구방법은 사상사와 어떤 차이가 있는가? 이 책은 당대 중국의 관념 형성에 대한 고찰을 통해 다음과 같은 신념을 밝힌다. "우리는 언어의 숲을 통과하면서 역사의 거센 흐름 속에서 변천하는 사상을 파악한다."

부서진 만화경: 중국 당대 사상의 수수께끼

오늘날 중국인은 어디로 가야 할지 모르는 일종의 문화적 혼돈에 빠져 있다. 문화적 상실감을 초래한 주요 원인은 우리 자신이 어디서 왔는지 모르기 때문이다. 우리가 당대 중국의 사상적 상황을 이해하기 위해서는 반드시 그것이 형성되는 과정을 이해해야 한다. 그렇지만 당대 중국 문화의 특수성은 오히려 그것이 일련의 이데올로기가 변천하고 해체되면서 만들어진 것이라는 데 있다. 오늘날 유행하는 가치체계는 본래 1980년대 계몽사상의 발생과 퇴조 위에 세워진 것이다. 1980년대 계몽사상의 흥기는 20세기 혁명이데올로기에 대한 비판과 반성에 기원하고 있으며, 또한 1970년대 마오쩌둥사상이 해체된 결과이기도 하다. 20세기의 중국을 뒤돌아보면, 쩌우룽鄒容(1885~1905)이 혁명의 나팔을 불어 역사의 장막을 연 이후 혁명이데올로기가 장장 80년 동안 중국을 통치했다. 중국에서는 '국민혁명', '공산주의혁명' 그리고 '프롤레타리아 문화대혁명'을 거친 뒤에야 마침내 혁명이데올로기가 해체되었다. 오늘날 젊은이들은 할아버지 세대가 공산주의 이상의 환멸로 인해 고통을 겪었던 일이나 아버지 세대가 계급투쟁과 문화대혁명 후에 침통하게 반성했던 일에 대해서는 거의 아무런 느낌을 갖고 있지 않다. 대다수의 젊은이들은 전문직업을 찾는 데 만족하거나 혹은 소비사회 안에서 자극을 찾는 일에 빠져 있으며, 더 이상 역사의 무거운 짐에 매여 있지 않다. 분명 장기간에 걸쳐 모든 사회생활 영역을 뒤덮고 있던 거대한 사상체계가 해체된 때에, 사상에 대한 사회의 일반적 무관심 속에서 사람들은 사상 문화가 어떻게 내적으로 변화하는가 혹은 전체 구조가 와해한 이후에 잔존하는 형태는 무엇인가에 대해 관심과 흥미를 갖지 않는다.

위에서 서술한 과정에 대해 사상사 연구자는 언제나 "성 꼭대기에 새 왕조의 깃발이 걸렸구나!"[루쉰의 시 〈夢裏依稀慈母淚, 城頭變幻大王旗〉에서 유래한 말 — 옮긴이]라고 감격하지만, 우리는 찬란한 만화경으로 비유하기를 더 좋아한다. 어린 시절 만화경을 보면, 각도를 바꿀 때마다 변화무쌍하고 휘황찬란한 그림이 나타나지만 만화경을 깨트리게 되면 한 무더기의 파편이 쏟아져 나온다. 반면에 혁명이데올로기가 유효할 때에는 마치 거대한 만화경이 돌고 있는 것처럼 온갖 그림이 장관을 이루며 끊임없이 매력적인 세계를 만들어낸다. 혁명이데올로기와 고별한 뒤에는 마치 만화경이 깨어진 것처럼 매력적인 세계는 사라지고, 사람들은 가치와 이념에 흥미를 잃게 된다. 그렇지만 사상사 연구자는 만화경 속의 그림이 어떻게 해서 나타나는 것인지 살펴보지 않을 수 없다. 만화경 속의 그림은 비록 아름답기는 하지만 일련의 고정된 파편의 조합으로 생겨난 것이다. 이러한 파편이 없으면, 이데올로기를 세울 수 없으며 또한 이데올로기의 신속한 변화도 발생할 수 없다. 혁명이데올로기가 해체된 뒤의 사상 형태를 이해하기 위한 가장 손쉬운 방법은 사상체계를 구성하고 있는 기본 요소, 즉 이데올로기의 성립과 해체의 반복 속에서도 여전히 남아 있는 상대적으로 안정된 사상의 파편들을 고찰하는 것이다. 중국 당대 문화 속에 확실히 이런 것이 있을까? 만일 있다고 한다면 그것은 무엇인가?

우리는 이데올로기가 와해된 뒤에도 사상적 파편이 남아 있을 뿐만 아니라 그 형태가 매우 안정적이며 다만 너무 익숙해서 보이지 않고 일상적 습관처럼 되어 있다는 것을 발견했다. 이것이야말로 당대 중국인이 현대세계와 사회를 이해하는 데 사용하는 기본 관념이다. 이데올로기는 기본 관념 위에 세워진 사상체계이며, 바로 이러한 기본 관념이 20세기 국민당과 공산당의 이데올로기를 건립하였고, 아울러 1920년대 이후에 중국인의 대규모적인 사회적 실천을 지휘하였다. 이데올로기의 해체가 결코 체계를 구성하고 있는 기본 관념의 소멸을 의미하는 것은 아니다. 몇 가지 예를 들어 보자. '혁명과의 고별'이라는 담론은 현실 생활에서 혁명의 중요성(사람들의 마음속에 점유하는 지위)에 커다란 변화(이는 혁명 이데올로기가 해체된 결과이다)가 발생했다는 것을 반영하는 데 불과하다. 그렇지만 혁명이란 관념(혁명에 대한 이해) 자체는 지금이나 20세기 전반기나 그리 큰 차이가 없다. 그 밖에 중국인이 잘 알고 있는 관념, 예를 들면 개인·권리·사회 등도 이와 같지 않을까?

물론 이데올로기의 해체로 인해 어떤 관념에 대한 당시의 가치평가(중요성)가 180도로 크게 바뀔 수 있다고 말할 수 있을 것이다. 그렇지만 이로 인해 해당 관념의 핵심적 의미와 기능에 대한 이해가 크게 바뀌지는 않는다. 과학이라는 관념을 보자면, 오늘날 중국의 지도자들이 말하는 과학발전관은 과학으로 경제 발전의 정당성을 논증하는 것이다. 이는 마르크스주의와 마오쩌둥사상이 과학으로 혁명의 정당성을 논하는 것이나 1920년대 신지식인이 과학적 인생관을 정립한 것과 서로 비교해 보면, 과학으로 논증하는 대상이 바뀌었을 뿐 과학 그 자체의 내용과 기능에 대한 이해가 바뀐 것은 아니다. 위에서 서술한 몇 가지 주요 관념의 핵심적 가치와 기능은 신문화운동으로부터 지금에 이르기까지 상대적 안정성을 유지하고 있다고 말할 수 있다.

요컨대, 사회제도의 정당성을 마련해주는 기초이자 사회적 행위를 지도하는 강령이기도 한 이데올로기는 보편관념 위에 세워진다. 이데올로기의 해체는 총체적 의미의 상실(때로는 물론 관념의 변화를 포함한다)을 의미하지만, 그것을 구성하는 요소는 대부분 그대로 존재한다. 엄밀하게 말하자면, 관념체계의 해체란 단지 이데올로기를 구성하는 기본 관념의 중요노와 그들 사이의 관계가 변화한 것이며, 이러한 관계에 의거하여 논증하는 의미체계가 상실된 것을 말할 뿐이다. 구성 요소로서의 관념은 이데올로기로부터 유리된 채 생활 속에서 계속하여 주요한 작용을 하고 있다. 이데올로기의 형성과 그것이 해체된 뒤의 당대 중국 사상의 현황을 이해하기 위해서는 이러한 관념의 파편들을 이해할 필요가 있다. 이와 같이 우리는 연구 시야를 전환할 필요가 있다. — 이것이 바로 사상사로부터 관념사로의 전향이다.

관념이란 무엇인가?

관념사 연구는 글자 그대로 보면 관념의 출현과 그 의미의 변화 과정을 대상으로 한다. 그렇다면 관념idea은 또 무엇인가? '관념'은 일찍이 그리스어 '보다'와 '이해'에서 유래한 것이며, 15세기 서양에서는 이 단어로 사물과 가치의 이념형ideal type을 나타내고 또한 사물의 외관적 형태에 대한 인간의 인식을 가리켰으며, 17세기 이후로는 구상하는 과정과 관련되어 사용되었다.[1] 실제로 서양의 플라톤주의Platonism와 독일관념론German Idealism이 만들어낸 신비한 외투를 벗겨내면, '관념'은 결코 정의하기 어렵지 않다. 간단히 말해서 관념은 사람이 어떤 하나의(혹은 몇 개의) 키워드를 사용하여 표현하는 사상이다. 좀 더 상세하게 말하자면, 관념은 키워드 혹은 키워드를 포함하는 구문으로 드러낼 수 있다. 사람들은 이러한 관념을 통해 어떤 의미를 표현하고 사유를 전개하고 대화하고 텍스트를 쓰며, 아울러 타인과 소통하면서 그것을 사회화하고 공인된 보편적 의미를 만들어내고, 나아가 복잡한 언설과 사상체계를 세워간다.

일단 관념이 사회화되면 사회적 행위와 연계될 수 있다. 어떤 사회적 행위도 보편적 목적과 합치될 수 있으며 많은 사람들에게 가치와 수단의 소통을 요구한다. 보편관념이 없다면, 개인의 행동으로부터 사회적 행위가 형성되는 것은 생각할 수도 없다. 푸이에Fouillé(1838~1912)는 일찍이 관념과 사회적 행위의 관계를 다음과 같이 서술했다. 관념은 "우리의 감각과 충동이 드러내는 지각 형식이며, 각 관념은 일종의 지적 행위를 포함할 뿐만 아니라 지각과 행위의 어떤 특정한 방향을 포함하고 있다. 따라서 사회에 대해서는 개체에 대한 것과 마찬가지로 각 관념은 모두 일종의 힘이며, 이러한 힘은 점차 자신의 목적을 실현하는 방향으로 나아간다."[2] 다양한 사람들이 자신의 목적(행동의 동기)을 실현하기 위해 조직하고 통합하는 데 불가결한 기능을 하는 것이 보편관념이라는 것이다. 어떤 의미에서는 사회적 행위는 관념의 실현이라고 볼 수 있다.

이상을 종합하면, 다음과 같이 두 측면에서 '관념'의 정의를 좀 더 명확히 할 수 있다. 첫째, 관념은 고정된 키워드를 사용하여 표현된 사상이기 때문에, 관념은 사상보다 더 확정적이며 보다 명확한 가치지향을 지닐 수 있다. 관념과 비교하면, 사상은 보다 추상적이고 복합적이며, 사상가의 순수한 체험이자 깊고 심오한 사유이다. 관념은 반드시 상응하는 키워드 혹은 이를 포함하는 구문으로 표현된다. 따라서 어떤 관념의 기원·사회화·변화는 곧 이 관념에 상응하는 키워드의 기원·전파·의미 변화를 보여 준다. 물론 사상은 언어를 떠날 수 없지만, 사상과 언어(특히 키워드)의 관계는 관념과 언어의 그것만큼 명확하고 단순하지는 않다. 종래의 사상사 연구는 주로 인물·저작 혹은 유파의 분석을 기초로 삼아 왔고 또한 사상과 언어의 관계도 그다지 명확하지 않았기 때문에, 동일한 텍스트에 대한 연구자들의 분석이 종종 매우 다른 결론으로 나타날 수 있었다. 이와 달리 관념은 사회화를 거친 이후에는 보편적 의미의 확정성을 지니고 있다. 따라서 사람들은 약간의 관념을 근거로 사회화한 이데올로기를 건립할 수 있다.

둘째, 관념은 사상보다 명확한 가치(행동)지향을 지니고 있기 때문에, 관념과 사회적 행위의 관계는 사상의 경우보다 더 직접적이다. 혁명·개량·입헌·계몽과 같은 수많은 사회적 행위는 하나 혹은 몇 개 관념의 지도 아래 산출된 것으로 볼 수 있을 것이다. 혹자는 사회적 행위 속에서 관념은 사전에 행위자에 의해 상상(심리적 예상 혹은 계획)되거나 혹은 사후에 이해되는 것이기 때문에, 적지 않은 관념이 사회적 행위를 구성하는 부분으로 간주될 수 있다고 한다.

일단, '관념'의 정의가 명료해지면, 관념과 이데올로기의 관계를 논할 수 있을 것이다. 정치사상 연구에서는 사회제도가 가진 정당성의 근거와 사회적 행위를 지도하는 사상체계를 통상 '이데올로기'라고 부른다. 인간의 생활 가운데 사회적 행위는 매우 복잡하다. 각종 사회적 행위가 서로 협력하도록 하여 전체적으로 사회를 개조하는 행동을 만들어내는데, 그 전제는 갖가지 서로 다른 사회적 행위의 관념을 통합하여 서로 협력하도록 해서 통합적 구조를 갖춘 관념체계를 형성하는 것이다. 이러한 관념체계가 곧 이데올로기이다. 통합적 구조를 갖춘 이데올로기는 보다 높은 차원의 목표를 지향하고 대규모로 사회를 개조하는 행동으로 전화될 수 있다. 이러한 관점에서 볼 때 비로소 이데올로기의 형성, 이데올로기와 사회를 개조하는 사회적 행위 사이의 관계를 이해할 수 있다.

이로부터 관념이 사상체계(이데올로기)를 구성하는 기본 요소라는 것을 알 수 있다. 이러한 측면은 '이데올로기'의 어원으로부터도 증명할 수 있다. 단어의 조합을 보면, '이데올로기ideology'의 본래 의미는 관념학, 즉 관념체계의 형성이나 상관 관념의 추리논리를 다루는 학문이다. 따라서 어떤 정치 이데올로기를 연구하기 위해서는 먼저 그 이데올로기가 어떤 기본 관념으로 구성되어 있는지 분석해야 한다. 그 다음에 그 이데올로기에서 각종 관념 사이의 독특한 관련 방식을 인식하고, 또한 이데올로기의 내용과 구조 및 정당성 논증 모델을 이해해야 한다. 이데올로기의 해체는 그것을 구성하는 각종 관념이 분리되어 각자 독립된 파편이 되는 것을 의미한다.

널리 알려져 있듯이, 중국인은 신문화운동 후기에 마르크스주의를 받아들였으며, 나아가 마르크스레닌주의를 중국화하였고, 그 다음에는 마오쩌둥사상으로 바꾸었다. 1976년 마오쩌둥이 사망하고 문화대혁명이 끝나면서 마오쩌둥사상은 해체되기 시작했다. 당시 중국인이 어떤 주요 관념에 의거하여 마르크스레닌주의와 마오쩌둥사상이라는 중국의 현대 이데올로기를 구축하였는지 이해해야 비로소 이러한 이데올로기의 변천과 해체 이후 중국사상의 상황을 이해할 수 있을 것이다. 그렇다면 그와 같은 이데올로기를 구성하는 주요 관념은 무엇인가? 사람들은 각자 다른 견해를 가질 수 있지만, 우리는 다음과 같은 관념이 중국 현대 정치사상에서 가장 기본적인 관념이라고 생각한다. 과학·민주·진리·진보·사회·권리·개인·경제·민족·세계·국가·계급·혁명·개량·입헌 등이 그것이다. 끊임없이 변하는 세계 안에서 어떻게 이러한 관념을 파악할 것인가 하는 곤란한 문제가 제기된다. 특히 이러한 관념이 어떻게 생성·변화되면서 결국에는 서로 통합되어 거대한 혁명이데올로기를 형성하였는가 하는 문제가 있다.

키워드 연구와 데이터베이스 분석방법

관념은 이데올로기의 구성 요소이며 이데올로기보다 더 기본적이다. 관념의 기원을 분명히 파악해야 비로소 이데올로기의 형성과 변화를 이해할 수 있다. 관념은 키워드를 통해 표현되어 사회화될 수 있는 사상이므로, 관념의 형성을 연구하기 위해서는 반드시 해당 관념을 표현하는 키워드의 출현을 검토하고, 아울러 서로 다른 시기에 사용된 그 의미를 분석해야 한다. 이는 매우 기초적인 경험적 연구이다. 기존의 연구에서 연구자들은 주로 사상사를 통해 관념을 인식하였으며, 대체로 공인된 주요 문건(주로 개별 사상가와 대표적인 저작)에 의거하여 특정 시기 특정 관념의 형태를 분석하였다. 따라서 관념사는 단지 사상사의 일부일 뿐이었다. 1990년대에 이르러 역사 문헌의 디지털화가 발달하면서 상황이 크게 변하였다. 이론적으로 과거의 모든 문헌을 포함하는 전문 데이터베이스를 구축함으로써 연구자는 데이터마이닝data mining 방법을 이용하여 어떤 관념을 표현하기 위해 사용된 모든 키워드를 찾아내고, 다시 주요 키워드의 의미 통계분석을 통해 관념의 기원과 변화를 드러낼 수 있게 되었다. 따라서 관념사는 사상사 연구로부터 분리되어 사상사 연구를 위한 경험적 기초가 될 수 있다. 지난 10년 동안 우리는 줄곧 관념사 연구를 시험해 왔으며, 이러한 연구는 다음과 같은 점에서 기존의 사상사와 구분된다.

첫째, 연구의 기본 단위는 이제 한 편의 글과 인물이 아니라 구절이다. 기존의 사상사 연구에서는 대표적 인물의 대표 저작을 어떻게 선택할지, 텍스트를 어떻게 정확하게 해독할지, 그 안에서 관념(사상)의 이념형을 어떻게 추출할 것인지에 따라 견해차가 존재했다. 대표적 인물의 대표 저작을 선정하는 데 차이가 있고 더구나 텍스트 해독 자체가 복잡하므로, 연구자가 역사 텍스트를 어떻게 이해할 것인가 하는 점에서 매우 큰 분기점이 있게 되고, 이러한 해석은 상대적으로 임의적일 수 있었다. 또한 기존의 연구방법은 판정 불가능한 성질을 지니고 있다고도 할 수 있다. 현재 우리가 연구하는 기본 단위는 한 편의 글이 아니라, 한 편의 글 가운데 키워드를 포함한 구절이다. 비록 많은 경우 어떤 구절 속에서 키워드가 지니는 의미를 판단할 때 위아래 문장을 살펴보아야 하지만, 구절에 의거하여 키워드의 의미를 판단하는 방법은 상당한 객관성을 지닌다. 더구나 구절을 통해 키워드가 지니는 여러 종류의 의미 유형을 구분하는 방법은 대표적 인물의 대표 저작으로부터 관념의 형태를 비교하는 것보다 훨씬 더 정확하다. 이것이 바로 구절을 중심으로 하는 관념사 연구의 신뢰성을 크게 제고시켜 준다.

둘째, 인물과 대표 저작을 연구의 기본 단위로 삼는 종전의 방법은 토론의 범위를 제한하며 해당 관념의 기원, 보편성 여부, 유행 여부를 검증하기가 매우 어렵다. 구절을 기본 단위로 하는 방법은 데이터베이스에서 어떤 역사 시기에 해당 키워드가 사용된 모든 구절을 찾아내고, 수천 심지어 수만이나 되는 구절을 분석하여 키워드의 의미 유형을 추출하고, 나아가 이러한 의미 유형에서 어떤 것이 어떤 시기에 보편적으로 사용되고 어떻게 변화했는지를 분석할 수 있다. 분석대상이 확정된 구절이므로 관념의 변화가 검증될 수 있다. 비록 사용하는 문헌의 양과 구절을 판독하는 연구자의 이해 등의 문제로 인해 오차가 발생할 수 있지만, 대체적으로 보면 연구자가 다르다고 해서 연구 결과에 매우 큰 차이가 발생하지는 않을 것이라는 점을 지적할 필요가 있다.

앞에서 서술한 두 가지 간단한 전제를 인정한다면, 기존의 사상사(관념사) 연구와는 다른, 키워드 분석을 중심으로 하는 연구방법이 초보적으로 확립될 수 있다. 우리의 경험에 의하면 이러한 방법은 다음과 같이 몇 단계로 나눌 수 있다.

먼저, 어떤 관념을 표현하는 키워드를 찾아서 모으고[3] 데이터베이스를 이용하여 이러한 어휘를 검색하여 연대별로 사용빈도를 통계 처리한다. 이어서, 모든 상관 예문을 추출하고, 다시 연구자가 각각의 예문을 해독하여 해당 키워드가 연대별로 분포되는 각종 의미 유형과 변화를 확정한다. 세 번째 단계는 연구자가 이를 소재로 새롭게 분석 연구를 시도하는 것이다. 관념이 다른 문화로 전파되는 것을 다룰 때는, 원래 문화 속에서 해당 관념의 키워드가 갖는 의미와 변화에 유의해야 할 뿐만 아니라 중국어에서 외래 관념을 표현하기 위해 사용된 키워드의 원의를 분석하고 사람들이 언제부터 왜 해당 단어를 사용하여 새로운 관념을 표현했는지 연구해야 한다. 만일 해당 단어가 번역어로 새롭게 만들어진 어휘라면, 해당 관념이 전래되고 번역어로 결정되는 시기와 보급되는 과정을 분석해야 한다. 외래 관념을 표현하는 키워드를 연구할 때는, 중국어에 원래 있던 어휘를 사용하든 혹은 새로 만든 어휘를 사용하든 해당 키워드의 의미가 역사적으로 변화하는 과정을 비교하고, 어떤 특정 단계에서 나타난 주요 의미를 확정하고 그것들과 관련된 전통 관념과의 차이를 분석해야 한다. 그 밖에도 텍스트를 심도 있게 처리해 낸 기타 데이터들, 예를 들면 인물·사건·학설·인용 문헌 등을 통하여 규범적 의미 분석의 데이터베이스를 구축하여 위에서 서술한 변항이 관념 변화에 미치는 영향을 연구할 수 있다.

염두에 둘 점은 위에서 서술한 몇 가지 연구 단계에서 컴퓨터는 다만 앞의 두 가지 기술 부문에서 능력을 발휘하는데, 대량의 문헌 가운데 연구자가 필요로 하는 예문을 연대별로 신속하게 찾아낼 수 있다는 점이다. 모든 연구 과정에서 가장 중요한 것은 여전히 연구자가 검색된 대량의 데이터베이스를 효과적으로 이용하여 역사적 배경과 텍스트의 구조 분석을 결합하고, 특정 시대 특정 보편관념의 이념형을 개괄하는 것이다. 이것 역시 사상사 연구의 기본 방법이다. 바꾸어 말하면, 통계 분석 결과에 대해 보다 치밀하고 깊이 있게 해석하고 이해하여 관념 변화의 실마리를 파악하는 것은 여전히 연구자의 창조와 종합 능력에 달려 있다는 것이다. 데이터베이스 문헌의 총량을 계속해서 확장하고 시스템 기능을 개선하는 것은 언제나 연구의 보조도구일 뿐이다. 데이터베이스를 운용하는 방법이 공헌할 수 있는 것은, 이로 인해 개별적인 대표 인물과 대표 저작을 다루던 기존의 관념사 연구의 한계를 돌파하고 사상사 연구가 검증될 수 있게 한 점이다.

실증 연구의 성과: 당대 관념 형성의 3단계

1993년 《개방 중의 변천 — 중국사회의 초안정구조 재론》을 출판한 이후로 우리는 중국 근현대사상사 연구로 전환했으며, 2000년에 《중국 현대사상의 기원 — 초안정구조와 중국 정치문화의 변화》(제1권)를 완성했는데 이 책에서 다룬 범위는 단지 1895년까지였다. 이 책을 쓰는 동안 우리는 중국 현대사상을 이해하고자 할 때 현대사상을 구성하는 기본 관념을 분명하게 이해하지 않으면 건물만 보고 기초를 보지 못하는 것과 같다는 사실을 의식하게 되었다. 1894년 이후 중국사상의 변천, 특별히 5·4신문화운동 중의 마르크스레닌주의와 삼민주의라는 두 이데올로기의 형성을 이해하기 위해서는, 먼저 혁명이데올로기의 요소로서 당대의 기본적인 정치 관념의 형성을 분명히 정리해야 한다. 그래서 우리는 키워드를 중심으로 하는 중국 근현대 정치용어 연구에 힘을 쏟기 시작했다.

1997년 우리가 제출한 〈중국 현대 정치 관념의 기원에 관한 계량적 연구〉 프로젝트가 홍콩연구지원국RGC의 지원을 받게 되었다. 이때부터 일련의 연구프로젝트를 추진해 가는 중에 우리는 데이터베이스 연구방법을 이용하기 시작했고, 키워드를 중심으로 하는 중국 근현대 관념의 기원과 변화를 연구하기 시작했다.[4] 지난 10년 동안 우리는 청말에서 신문화운동까지에 이르는 약 1억 2천만 자의 문헌을 포함하는 〈중국 근현대사상사 전문 데이터베이스(1830~1930)〉를 구축하였고, 과학·민주·권리·사회·공리·경제·혁명 등의 키워드를 포괄하는 상관 관념의 연구 결과를 발표하였다.[5] 이러한 일련의 실증 연구에서 우리는 다음과 같은 두 가지 사실을 발견하였다.

첫째, 이데올로기의 형성과 해체를 차치하고 개개의 정치 관념의 내포만을 고찰하였을 때, 현재 중국인이 이해하고 있는 이들 정치 관념의 의미는 신문화운동 후기에 형성된 관념과 거의 변화가 없다. 따라서 우리는 이것들을 당대 중국의 정치 관념으로 부를 수 있다. 이는 이 책에서 처음부터 지적한 것을 의심의 여지없이 증명하고 있는데, 그것은 당대 중국인의 관념은 마르크스레닌주의와 삼민주의라는 두 종류의 이데올로기가 신비에서 벗어나고 해체된 뒤에 분리되어 나온 파편에 불과하다는 것이다. 그러나 신문화운동 이전까지 이러한 현대적 관념의 전래와 의미 변화 과정을 추적해 보면, 다음에서 말하고자 하는 두 번째의 발견에 다가갈 수 있다.

둘째, 당대 중국 정치 관념의 형성은 거의 모두 세 단계를 거친다. 제1단계는 19세기 중엽 이후의 양무운동 시기이며, 그 특징은 중국에 원래부터 있던 정치문화 관념을 이용하여 서양 현대 관념의 의미를 선택적으로 흡수하는 것이다. 예를 들면, 서양의 현대적 관념이 중국의 전통적 관념과 의미상 서로 중첩되는 점이 없다면 해당 관념은 완전히 새로운 것이며, 따라서 이러한 관념에 대한 배척이 발생한다. 제2단계는 청일전쟁에서 신문화운동 이전까지의 20년(1895~1915)이며, 중국인이 가장 개방된 마음으로 서양의 현대 관념을 받아들인 시기이다. 중국 전통문화 가운데 원래는 없었던 대량의 새로운 현대적 관념들은 모두 이 단계에 전래된 것이다. 그 전까지 선택적으로 흡수되었던 현대 관념은 이 시기에 이르러 19세기 도입 시기보다 서양의 원래 의미에 더 근접하는데, 우리는 이 시기를 학습 단계라고 부른다. 제3단계는 신문화운동 시기, 특히 1919년 이후로 중국인이 모든 외래 관념을 소화·종합·재구성하면서 이를 당대 중국의 관념 형태로 만들어갔다. 이러한 관념은 정형화되면서 중국 특유의 현대적 의미를 형성하였으며, 그 의미는 제2단계와 같지 않다. 어떤 관념은 심지어 제1단계에 가까운 의미와 구조로 되돌아갔으며, 또한 중국식의 현대적 관념을 새롭게 재구성하여 만들어 내고 이와 같은 관념의 기초 위에 현대 중국의 주요 이데올로기를 구축했다고 말할 수도 있다.

우리는 여러 키워드 연구를 통해 이와 같은 두 가지 사실을 단계별로 발견하고 하나씩 확인하였다. 이 책에 수록된 논문과 90여 개의 관련된 정치용어의 의미 분석을 통해 이루어진 검증에 의거하여 이와 같은 세 단계가 존재함을 증명할 수 있다. 우리가 새로운 발견이라고 말하는 까닭은 이것이 기존에 오랫동안 관용적으로 사용되어 온 사상사의 시기 구분과 다르기 때문이다. 이전의 학자들은 항상 중국의 현대화 과정을 기물 측면에서 서양 학습(양무운동), 제도 측면에서 서양 학습(무술변법에서 입헌공화까지), 가치 측면에서 서양 학습(신문화운동)의 세 단계로 구분해 왔다. 그러나 우리의 연구는 서양 현대 관념의 전래가 19세기 중엽부터 시작되어 세 단계의 변화를 거쳤다는 것을 말하고자 한다. 현대성은 서양에 기원을 두고 있으며, 현대화 과정에서 서양 현대 관념(현대성)을 학습하는 것은 매우 중요하다. 그러나 중국에서의 학습은 3단계의 중간에 끼여 있는 하나의 고리에 불과하다. 오늘날에 이르기까지 신문화운동이 중국의 20세기 사상 변화에 끼친 결정적 의의를 인정하지 않는 사람은 아무도 없으며, 이는 마치 서양의 현대성 연구가 계몽운동과 프랑스대혁명을 벗어나지 않는 것과 마찬가지이다. 더욱 중요한 것은 계몽으로서의 신문화운동의 진정한 의미는 원래부터 상상된 가치 측면의 전반적 서양화가 아니라, 학습 결과의 재구성을 통해 중국식 현대 관념으로 변화시키고, 나아가 이러한 관념을 이용하여 새로운 도덕 이데올로기를 구축했다는 점에 있다. 이상의 연구를 통해 우리는 중국 당대 관념의 형성을 이해하기 위해서는 보다 거시적인 역사적 시각이 필요하다고 생각하게 되었다.

흥미롭게도 우리는 《중국 현대사상의 기원》에서 일찍이 중국에는 역사상 두 차례에 걸친 외래문화에 대한 대규모 융합이 있었고, 아울러 위진남북조시대와 청말이라는 두 차례에 걸친 외래문화의 충격을 비교하면서 두 번 모두 "외래의 충격이 원래의 도덕이데올로기의 폐기를 초래", "이데올로기의 교체", "사회 통합을 위한 이데올로기의 형성"이라는 세 단계를 거쳤다고 지적했다.[6] 현대 키워드 연구를 통해 우리는 제2차 융합과 제1차 융합 사이에 놓인 가장 큰 차이점은 현대성의 학습을 포함하느냐 그렇지 않느냐에 있다는 것을 발견했다. 당대 중국 정치 관념 형성의 세 단계는 바로 현대성 학습과 이데올로기 교체 사이의 연계를 분명하게 보여 준다. 키워드를 중심으로 하는 관념사 연구는 미시적·경험적 태도로써 《중국 현대사상의 기원》의 거시적 분석을 검증하는 것이라고 말할 수 있다. 또한 이러한 연구에 기초해야 비로소 우리는 신문화운동에 대해 새로운 위상을 부여할 수 있다.

'권리'·'개인'의 사례로 본 3단계설

대표적인 관념의 변천을 예로 들어 앞에서 말한 세 단계를 설명하는 것이 비교적 이해하기 쉬울 것이다. 널리 알려져 있듯이, 권리rights 관념은 현대성의 기초이며, 또한 중국 전통문화에는 없던 것이다. 따라서 이것은 서양에서 들어온 완전히 새로운 관념이다. 이 관념이 양무운동 시기 중국에 전래되었을 때, 그밖의 여러 외래 관념과 마찬가지로 처음에 중국인은 선택적 흡수를 통해 rights의 의미를 이해했다. 이는 기존에 있던 '권리'라는 용어를 사용하여 right의 의미를 표현했다는 사실에 전형적으로 나타난다.

　널리 알려져 있듯이, 서양의 현대적 권리 관념은 그 함의가 풍부하며, 법률적으로 규정된 권익 이외에 주된 의미는 자주성을 정당화하는 것으로, 주체는 대부분 개인이다. 중국어에서 '권리'는 일찍이 선진시대에 사용되었으며, 원래의 의미는 권력, 이익 혹은 권형權衡이었다. 이는 서양의 '정확함', '이치상 이렇게 해야 한다' 등과 같이 정당성을 의미하는 right와는 차이가 매우 크다. 왜 중국인은 처음부터 rights의 번역어로 '권리'를 선택하였는가? '권리'라는 키워드는 총리아문이 간행한 《만국공법萬國公法Elements of International law》에서 최초로 rights와 관련된 의미로 사용되어, 현대적 의미를 띠면서 중국의 정치어휘에 들어오게 되었다. 이는 선택적 흡수 기제를 잘 보여 준다. 19세기 중엽 세계 자본주의의 전지구화가 동아시아로 확장되면서 중국은 견고한 함선과 예리한 대포[堅船利砲]의 충격에 직면하였다. 두 차례의 아편전쟁을 거친 뒤에는 곧이어 변경에 전면적인 위기가 발생하였다. 청 조정은 양무운동을 추진하도록 압박을 받았고, 1864년에는 외국과의 교섭을 위해 《만국공법》을 끌어들이지 않을 수 없었다.

　《만국공법》의 영어 원문과 대조해보면, 영어본에는 개인의 자주성을 정당화하고 국가의 권리가 개인의 권리에 기초한다는 많은 논증이 있는 데 반해, 중국어 번역본에는 그와 같은 논의가 완전히 빠져 있다. 중국어 번역본 《만국공법》에서 '권리'의 의미는 주로 국가의 합법적 권력과 이익을 지칭하고 있으며 개인의 자주성과는 전혀 관련되어 있지 않다. 이는 중국의 관리가 외국과 교섭할 때 중국의 이익과 권리를 보호하기 위해 《만국공법》을 번역·간행했기 때문이다. 행위의 주체는 국가이고 개인이란 관념을 끌어들일 필요가 없었기 때문에 rights에서 다만 법률상의 권리와 이익이라는 함의만을 선택한 것이다. 아마도 이는 중국의 전통적 권리관이 서양의 현대적 관념을 '격의' 혹은 선택적으로 흡수한 결과일 것이다.[7]

'권리'라는 키워드는 청일전쟁 이후에 빈번하게 사용되었다. 예문 통계 분석에 따르면, '권리'라는 키워드를 포함한 모든 예문에서 언급된 권리의 주체는 절대 다수가 국가와 관변 기구이며, 기타 사영기업이 소수를 차지하고 있다. '권리'는 여전히 국가의 권력과 이익이라는 영역에 한정되어 있다. 그렇다면 '권리'는 언제부터 법률의 범위를 넘어서 개인의 자주성을 정당화하는 의미를 띠게 되었을까? 이러한 전환은 1900년 전후에 일어났으며, 이는 개인이라는 관념과 같이 전적으로 새로운 외래 관념이 중국에 수용되는 것과 연계되어 있다.

앞에서 말했듯이, 어떤 새로운 관념의 의미가 전통 중국에 전혀 없었거나 심지어 가치전도로 상상조차 할 수 없을 때, 선택적 흡수 기제는 해당 관념을 무시하게 되며, 오로지 학습 단계가 시작될 때에 이르러서야 비로소 중국어 세계 속에 나타난다. 이 단계에 수용된 개인 관념이 그 전형적인 예이다. '개인'은 중국어에서 일찍부터 사용되었지만, 그것은 정치어휘가 아니었으며 또한 오늘날과 같은 의미로 이해된 것도 아니었다. '개인'이 새로운 정치용어로 된 것은 일대 사건이며, 서양 현대 가치의 핵심인 individual이 중국에 수용된 것을 의미한다. individual은 원래 전체를 분할해서 나오는 최소 단위(더 이상 분할할 수 없는 것)를 의미한다. 이러한 키워드로 개인을 가리킨다는 것은 사회유기체 관념의 와해를 의미한다. 오직 개인만이 자연권의 최후 소유자이며, 개인이 사회를 조직하는 기본 단위가 되어 사회계약론이 성립한다.[8] individual이라는 이념은 사회를 가국家國 동형구조[국가를 가족의 확대로 보아 가족과 동일한 유형으로 파악하는 것 — 옮긴이]를 지닌 유기체로 간주하는 유학에서는 이해할 수 없는 것이었으며, 따라서 19세기 중국어에는 이에 상응하는 키워드가 있을 수 없었다.

  1900년을 전후하여 중국의 지식인들은 '개인'을 individual의 번역어로 받아들이기 시작했으며, 이는 학습 단계의 도래를 의미한다. 바로 이 시기에 개인이 권리의 주체가 되고, 개인의 자주가 정당한 것으로 간주되고, 또한 국가의 독립이 자주의 전제가 되었다.[9] 예를 들면, "부분의 권리는 합치면 곧 전체의 권리가 된다. 사인私人의 권리라는 생각을 모으면 곧 국가의 권리라는 생각이 된다"[10]라는 말은 이를 분명하게 보여 준다. 이 말은 이 시기에 중국인이 이해한 권리 관념이 서양에서 rights의 원래 의미에 상당히 접근했다는 것을 나타낸다. 통계에서는 심지어 '권리'와 '개인'의 사용빈도와 분포가 1901년에서 1909년까지 유사하게 그리고 함께 나타난다는 것을 직접 보여주고 있다(〈그림 1.3〉 참조). 바꾸어 말하면, 중국이 개인 관념을 받아들였기 때문에 비로소 서양의 자연권 관념을 학습하고 받아들일 수 있었던 것이다.

  그렇지만 서양의 권리 주체와 유사한 이러한 개인 관념의 전파는 결코 오랫동안 지속되지 못했다. 신문화운동 시기 일원론적 사유방식의 주도 하에 중국인은 권리 관념과 개인 관념을 새롭게 해석하였으며, 따라서 개인·권리 관념은 서양과 분리되어 중국식으로 바뀌었다. 권리 관념의 재구성 과정을 거치면서 1919년 이후 당대 중국의 권리 관념의 선명한 특징은 군체群體의 권리가 개인의 권리를 압도하고 개인의 권리가 일정한 상황 하에 부정적인 함의를 지니게 된 것이다. 권리 관념에서 가장 핵심적인 개인의 자주성을 정당한 것으로 간주하는 이념이 억압을 받아, 당대 중국의 권리 관념은 어떤 점에서는 19세기 하반기의 의미로 되돌아가 권력과 이익을 가리키면서, 의심할 나위 없는 정당성의 의미를 다시는 포함하지 않게 되었다. 그러나 권리 관념이 도덕과 관련될 때는 의무를 이행해야 비로소 권리를 누릴 수 있다는 유학의 구조가 부여되었다. 이러한 권리 관념이 20세기 말까지 줄곧 유지되었기 때문에, 오늘날 중국인의 마음속에서 권리는 개인이 의무를 다해야만 향유할 수 있는 권익으로 이해되고 있다. 권리 관념이 줄곧 개인의 능력과 연계되었기 때문에, 오늘날까지도 여전히 중국인은 권리와 권력이라는 두 관념을 분명하게 구별하지 못하는 경우가 있다.[11] 권리 관념과 보조를 같이 하면서 변화해 온 개인 관념 역시 새롭게 해석되었다. 권리를 영유하는 개인은 이데올로기적 혹은 관계를 만들어가는 개인으로 전화되었다. 이것이 바로 오늘날 중국인이 잘 알고 있는 개인 관념이다.[12]

사회 관념 또한 이와 같지 않은가? 서양에서 society가 사람이 그 안에서 살아가는 조직을 가리킨 것은 근대의 일이며, 이는 공공영역과 보조를 같이하고 있다. 사회는 일종의 현대적 관념으로, 사회는 개인이 계약에 의거하여 스스로 조직한 것이라는 것을 사람들이 의식하게 되면서 출현한 것이다.[13] 1900년 이전 사회 관념이 중국에 전래되었을 때 '군群'으로 불린 것은 중국의 전통(예컨대 금문경학)이 서양의 현대 관념을 선택적으로 흡수한 사실을 대표적으로 보여 준다.[14] '사회'가 '군'을 압도하고 마침내 그것을 대신하여 society를 가리킨 것은 학습 과정이 선택적 흡수를 대체한 것을 의미하며, 이는 1904년 전후에 일어났다. 당시 '사회'는 인류가 그 안에서 생활하는 조직을 총칭할 뿐만 아니라, 개인이 각종 계약을 통해 만들어 낸 조직을 지칭하는 개별적인 명칭이었다. 따라서 1905년부터 1915년은 역시 중국의 사회 관념이 서양적 의미에 가장 접근한 시기였다.[15] 신문화운동 기간에 흥기한 사회주의 사조는 학습 기제를 통해 받아들인 앞 단계의 서양의 현대적 사회 관념을 재구성하게 하였다. 신문화운동 이후에 '사회'는 더 이상 협회(개인이 어떤 목적에 의거하여 스스로 만드는 조직)를 의미하지 않게 되었다.[16] 이러한 예는 하나하나 열거할 수 있다. 우리가 연구한 당대 중국의 주요 정치 관념의 형성은 거의 모두 '선택적 흡수', '학습', '창조적 재구성'이라는 세 단계를 거쳤다고 할 수 있다.

언어상의 증거: 신조어 현상

'세 단계'가 보편적으로 존재한다는 것은 당대 중국어의 형성 과정에 흔적을 남기기까지 하였다. 최근 몇 년 동안 우리는 중국의 당대 정치용어의 기원을 연구하면서 많은 언어 현상이 관념 변천의 모형과 관련이 있다는 것을 언제나 실감하게 되었다. 그 가운데 가장 분명한 것은 중국이 서양의 현대적 관념을 수용할 때 음역으로 된 신조어가 상당히 적고 대다수가 중국문화 속에 원래부터 있었던 어휘에 새로운 의미를 주입하여 외래 관념을 표현했다는 사실이다. 이러한 현상은 옛 단어에 새로운 의미를 부여한 것이라고 볼 수 있다.

일반적으로 수용자의 문화 안에 있던 어휘로 외래 관념을 정확하게 표현하는 것은 매우 어려운 일이며, 가장 간단한 방법은 음역한 단어를 사용하는 것이다. 실제로 음역한 단어로 서양의 관념을 표현하는 것은 이미 명대 말기부터 시작되었다.[17] 1885년에 출판된 《좌치추언佐治芻言 Political Economy》이라는 자유주의 경제학을 소개하는 저작 가운데 economy는 직접 '이거뉘미[伊哥挪謎]'로 음역되었다.[18] 그밖의 많은 음역 단어와 마찬가지로 이 단어는 끝내 중국인에게 받아들여지지 않았다. 과학사학자들은 자연과학용어에서 여타의 비서양문명권과는 다른 중국적 특징에 주목하였다. 우리가 묻고자 하는 것은 중국 전통문화가 정명正名과 명실상부名實相符를 특히 중시하는데 왜 외래 관념의 경우 처음부터 사용된 음역 명사의 대다수가 중국에 뿌리를 내리지 못하고 결국 대부분 중국어에 원래부터 있던 어휘로 명칭이 정해지게 되었는가 하는 점이다.

　이러한 현상에 관한 언어학자들의 연구는 적지 않다. 사상사의 관점에서 보면, 이는 중국이 서양의 현대적 관념을 받아들이면서 거치게 된 세 단계와 관련이 있다. 앞에서 이미 설명했듯이 제1단계에서는 주로 중국에 원래부터 있던 관념에 대한 격의를 통해 선택적으로 서양 근현대 관념의 부분적 의미에 다가간다. 이 경우 가장 편리한 방법은 중국어에 원래부터 있던 단어로 서양의 근현대 관념을 지칭하는 것이다.

　그 가운데 가장 전형적인 예는 democracy를 '민주'로 지칭한 것이다. 이 번역은 마틴W. A. P Martin(1827~1916)의 주도 하에 1864년에 번역된 《만국공법》에 처음으로 나타난다. 중국어 번역본에서 democratic republic은 '민주지국民主之國'으로 번역되었다.[19] 중국어에서 복합어 '민주'는 '민'과 '주' 두 글자로 구성되어 있으며, 서로 다른 조어법에서 보면 의미가 전혀 같지 않다. 하나는 수식 구조로 민의 주인이라는 의미이며, 다른 하나는 주어 술어 구조로 '민이 주인이다' 혹은 '민이 주인이 된다'는 의미이다. 조어법이 다르면, 단어의 의미가 서로 반대가 된다.[20] 고대 문헌에서 '민주'는 모두 첫째 조어법의 의미, 즉 민의 주인이며, '민주'는 제왕의 별칭이었다.[21] 유교윤리가 규정하는 등급윤리에서 황제는 민의 주인이다. 민이 주인이 되면, 이는 윤상倫常 등급을 어기는 것이다. 분명 《만국공법》에서 '민주'는 democracy를 가리키는데, 이는 번역과 교열을 맡은 자가 창조한 것이다. 단지 '민주'에서 '민'과 '주'가 주술 구조로 바뀜으로써 '민주'는 '민의 주인'이라는 의미에서 '민이 주인이 된다'로 바뀌어 원래의 의미와 정반대가 되었다. '민주'가 전통적 의미에서 현대적 의미로 전환된 것이다. 배후의 기제는 분명한데, 그것은 서양의 현대적 정치제도가 중국의 전통적 정치제도와 완전히 상반된다고 이해한 것이다.

주목할 만한 것은 19세기에 '민주'는 '민의 주인'과 '민이 주인이 된다'라는 두 가지 의미 이외에 민선의 최고통치자라는 제3의 의미가 있었다는 사실이다. 이러한 제3의 용법은 '민의 주인'과 '민이 주인이 된다'라는 것 사이에 있으며, 조어법은 전통적인 수식 구조에 속하지만 의미는 현대적으로 '민이 주인이 된다'라는 것이다. 예컨대 "미국이 민주를 교체하는 시기에 미국의 상인들은 대통령 두 사람을 추대하였다. 한 사람은 금본위제를 주장하고 또 한 사람은 금은을 같이 사용하자고 주장하는데, 대권이 누구의 손으로 돌아갈지 알 수 없다"[22]라는 용례가 있다. 이는 매우 특이한 용법이다. 중국의 전통적 도덕가치의 일원론적 사유 방식 안에서 가치전도를 통해 중국의 전통적 세습군주제와 상반되는 것을 상상한다면, 그것은 곧 '민이 주인이 된다'라는 것이다. 이렇게 해서 서양의 민주제 또한 인민이 최고통치자를 선출하는 것으로 상상되었다. 민이 지도자를 선출하는 제도를 갖춘 국가는 19세기에 대체로 '민주국'으로 불렸다. 이 단계에서는 서양 관념에 대한 인식이 부정확했기 때문에 이때는 하나의 단어가 동일한 유형의 몇 개의 서양 관념에 대응하는 현상이 나타나기도 하였다. 예를 들면, 19세기에 '민주'가 사용될 때 'democracy'와 'republic'이라는 서로 다른 두 의미를 포괄하였다. 또 다른 예를 들면, 19세기 말 '격치'는 science와 technology를 동시에 지칭했는데, 이러한 예는 모두 하나의 단어가 여러 가지 의미를 나타낸 것이다.

20세기 초 서양 현대 정치사상을 대량으로 번역하고 도입하는 과정에서 학습 단계가 도래한 이후에야 비로소 사람들은 옛날부터 중국어에 있던 명사를 사용하여 서양의 관념을 지칭하게 되면 불가피하게 중국어의 원래 의미가 서양의 관념에 투사되어 때때로 글자를 보고도 엉뚱하게 이해하는 문제가 생겨날 수밖에 없다는 것을 널리 의식하게 되었다. 제2단계에서는 여러 개의 중국어 어휘를 사용하여 하나의 서양 근현대 관념을 번역하거나 해당 관념의 몇 가지 측면의 함의를 구별하는 현상이 나타났다. 즉 여러 단어로 하나의 의미를 나타낸 것이다. 예를 들면, '민주'와 '공화'가 동시에 사용되어 서양의 현대 정치제도를 지칭하였다. 또 '격치'와 '과학'이 다 같이 science를 가리키고, '민직民直'과 '권리'가 함께 사용되는 예도 있었다. 이러한 현상은 economy의 번역에서 두드러지게 나타난다. 제1단계에서 그것은 부강에 포함되었지만, '부강'은 economy의 정확한 함의를 표현할 수 없었다. 따라서 제2단계에서는 '생계生計'·'국계國計'·'재경財經'·'재정財政'·'경제經濟' 등과 같은 여러 어휘를 사용하여 이에 해당하는 서양의 관념을 번역하였다.[23] 이 가운데 '재정'은 옛날부터 있던 단어로 economy와 차이가 크다. 1902년 《신민총보》에서 '재정학'이라 번역한 데 대해 질문을 제기한 자가 있었는데, 편집자는 다음과 같이 대답하였다. "만일 옛날부터 중국에 있던 명사를 이용하여 현재 서양의 사리事理를 지칭하고자 한다면 아마도 유감이 없을 정도로 정확하게 옮기지는 못할 것이다"라고 하면서, "우리 중국에서 그것을 포괄할 고유한 명사가 없다면, 신조어를 창안해도 무방할 것이다. 예컨대 서양에서 최근 새로 발명된 이치라면, 새로운 글자를 창안해서 그것을 지칭하는 것이다"[24]라고 주장했다.

제2단계에서 일단 여러 다른 어휘가 하나의 서양 근현대 관념을 표현하게 되자, 언어 상에는 필연적으로 대량의 신명사가 나타나게 된다(그 중에는 일본으로부터 온 신어가 적지 않다). '신명사新名詞'라는 키워드가 출현한 것 또한 세기의 전환기였으며, 이는 학습 단계가 전개되었다는 증거이다. 여러 단어가 하나의 의미에 대응하는 것은 당연히 서양의 현대적 관념을 정확하게 표현하는 데 유리하지만, 단어 사용의 혼란으로 인해 사람들이 관념을 정확하게 파악하지 못하게 되는 새로운 문제를 초래할 수 있다.[25] 사실 이러한 문제는 제3단계에 이르러서야 비로소 극복된다. 왜냐하면 제2단계에서 학습한 결과를 재구성하고 해당하는 서양의 관념을 여러 방면에서 처리하여 중국식의 신관념으로 융합해야 다음과 같은 두 결과를 만들어 낼 수 있기 때문이다. 첫째, 다시 어떤 확정된 키워드를 사용하여 현대적 이념을 표현하는 것이다. 둘째, 해당 키워드의 본래 의미가 새로운 세대들에게는 망각된다는 것이다.

실제 바로 이와 같지 않은가? 5·4 이후 '민주'가 '공화'를 대체하고 '경제'가 '생계'를 압도한 것 등은 분명한 예이다. 제3단계와 그 이후에는 여러 단어를 하나의 현대적 관념에 대응시키는 제2단계의 현상은 더 이상 나타나지 않는다. 제3단계에서는 이러한 관념이 명확하게 새로운 함의를 지니게 됨으로써 용어의 고정화 현상이 발생한다. 오늘날 중국인이 숙지하고 있는 서양의 현대적 관념을 표현하는 어휘는 대다수가 신문화운동 시기에 서양의 현대적 관념을 재구성한 결과이며, 이러한 정치용어는 지금까지 여전히 사용되고 있다. 다만 그 가운데 적지 않은 어휘는 중국어의 본래 의미가 완전히 잊혀졌다. 오늘날 '민주'가 중국어에서 황제를 가리키고, '주권'이 황제의 권력을 가리키고, '과학'의 원래 의미가 과거학교의 약칭이라는 것을 아는 사람이 얼마나 있을까? 한어대사전을 찾아보아야 비로소 '경제'가 유학에서 말하는 경세제민의 능력이고 '혁명'이 왕조의 교체이며 '개인'이 당신이 좋아하는 사람을 가리킨다는 것을 알 수 있을 것이다.

관념의 통합: '과학'과 '진리'

우리들이 지금까지 해온 연구에 의하면, 거의 모든 당대 정치 관념의 형성이 선택적 흡수, 학습, 창조적 재구성이라는 세 단계를 거쳤지만, 중국 당대 사상 안에서 모든 관념이 동일하게 작용한 것은 아니다. 그중 대다수는 새로운 이데올로기를 위해 관념의 요소를 제공할 뿐이지만, 어떤 관념은 새로운 이데올로기 형성에 매우 중요하다. 이들은 중국인의 상식이성 및 합리적 판단 기준과 관련되므로, 다른 관념들을 통합하고 새로운 이데올로기를 건립하는 데 중요한 역할을 맡게 된다. '과학'과 '진리'라는 두 단어에 대응하는 관념이 그러하다.

과학 관념과 새로운 이데올로기의 관계에 관해 학계에서는 많은 논쟁이 있었다. 이러한 연구는 모두 1920년대 사회주의 논쟁, 1923년의 과학과 현학 논쟁, 혹은 1930년대 사회사 논쟁을 막론하고 이론이 성립할 수 있는지를 검증하는 최후의 판단 근거가 과학이라는 것을 밝혀주었다. 20세기 중국의 정치 발전을 주도한 이데올로기, 특히 마르크스주의는 모두 과학을 기초로 한다고 부르짖었다. 사상사 연구자는 때로 중국 당대 문화가 과학을 중시한 것을 과학주의scientism라고 부른다.[26] 그렇지만 신문화운동 중에 과학 관념이 도덕이데올로기를 구축한 기능을 단지 과학주의로만 해석할 수는 없다. 예를 들면, 서양에서는 유물론적 과학주의와 경험론적 과학주의를 구별하면서 이를 각각 마르크스주의와 자유주의에 대응시킬 수 있지만,[27] 중국에서는 후스胡適(1891~1962)를 대표로 하는 자유주의도 역시 유물론이며 현학玄學을 비판하면서 과학적·물질적 인생관을 건립하고자 시도했다.[28] 중국식 자유주의자는 마르크스주의자와 마찬가지로 모두 유물론적 과학주의를 믿고 있었다고 할 수 있다.

중국과 서양의 과학관의 차이를 이해하기 위해서는 합리성의 최종적 판단의 차이를 둘러싼 중국과 서양의 이성관을 추적해 보아야 한다. 우리는 《중국 현대사상의 기원》에서 "송명이학이 흥기한 이후로 유교윤리는 '리理'[이하 '리'로 표기한다 — 옮긴이]의 서술 안으로 수용되어 '리'가 사회적 행위의 정당성 근거였다. 조리條理로서의 '리'이든 천리天理 혹은 실리實理로서의 '리'이든, 모두 상식합리常識合理와 인지상정人之常情 위에 건립된 것이었다"[29]라고 지적했다. 우리는 서양의 이성과는 다른 중국 전통사회의 이러한 이성정신을 상식이성이라 불렀다.[30] 이후로 유학자가 무엇이 천리인지 곤란을 겪을 때는 언제나 상식을 핵심으로 하는 지식 추구 활동으로 돌아갔는데, 즉 '격물치지(격치)'가 천리를 체득하는 첫걸음이었으며, 따라서 격치가 보편적으로 중시되었다. 명말청초에 서양의 과학이 중국에 막 전래되었을 때 그것은 '격치'로 불렸으며 줄곧 유학에서의 격치의 기능을 담당했다."[31]

'과학'이란 단어는 중국에 오래전부터 있었으며, 그 의미는 '분과 학문'이었다. 전통사회에서 '분과 학문'은 팔고문으로 관리를 선발하는 것과 관련되어 있었다. '과학'은 과거학교의 약칭이며, 서양의 science와는 관계가 없었다. 명말부터 청말에 이르는 300년 동안 서양의 과학기술이 전래된 이래 거의 예외 없이 '격치'로 불렸다. 이는 중국문화가 서양의 과학기술 관념을 선택적으로 흡수한 대표적인 사례이다. 그렇다면 언제부터, 왜 중국인은 '격치' 대신 '과학'으로 science를 가리키게 되었을까? 우리는 이것이 1900년 전후에 발생했다는 사실을 발견했다. 1905년 마침내 '과학'이 '격치'를 압도했다. 이러한 교체가 발생한 원인은, 제도적으로는 과거가 폐지되고 신식학당이 만들어지며,[32] 사상적으로는 학습 단계가 전개되었기 때문이다.[33]

'리'에 대한 서술의 변화도 과학 관념과 거의 보조를 같이하였다. 1900년 이후 정당성의 근거로 광범하게 사용된 신어는 '공리公理'이다. '공리'는 이중의 의미를 지니고 있는데, 하나는 보편적 원리요 또 하나는 공적 영역의 원리이다. 중국 전통사회에서 유교윤리는 보편적 원리이지만 공적 영역의 원리는 아니었기 때문에, '공리'는 거의 사용되지 않았다. 20세기 초 '공리'가 대량으로 사용된 것은 공적 영역과 사적 영역이 분리되었음을 의미하며, 또한 서양의 도구적 이성에 대한 학습을 상징한다.

그렇지만 바로 신문화운동 시기에 우리는 다시 이성을 표현하는 키워드의 전환을 보게 된다. 대략 1920년 이후에 '공리'가 사용되는 영역은 수학과 자연과학의 범위로 축소되고, 일반적으로 사회적 행위의 정당성과는 무관하게 된다. 사회적 행위의 정당성의 근거는 다른 단어인 '진리'였다. 진리와 공리는 다르다. 진리는 단지 공적 영역의 원리일 뿐 아니라 공적 영역과 사적 영역 모두에 적용되는 원리이다. '공리'는 만고불변이지만, '진리'는 구체적이고 유동적이다. '진리'가 '공리'를 대체한 것은 공적 영역과 사적 영역이 다시 소통하는 것을 보여주며, 궁극적 관심과 분리된 '리'가 전통적 일원론 구조로 회귀하는 것을 나타낸다.

우리는 이를 현대적 상식이성의 형성이라고 부른다.[34] 이와 동시에 과학 관념 역시 재구성되어 유학에서의 격치와 같은 지위를 획득하면서 사회 정의와 도덕을 인식하는 기초로 간주되었다. 즉 과학 관념이 도덕이데올로기를 구축하는 기능을 구비하게 되었다고 할 수 있다. 구조적으로 과학은 천리를 체득한다는 점에서는 격치와 같지만, 현대적 내용을 갖추고 있다는 점에서 다르다.

'과학'이 격치의 기능을 갖는 것은 '진리'가 '공리'를 대체한 것과 보조를 같이하였다. 이러한 현상은 중국의 현대적 상식이성이 형성되고 아울러 당대 중국문화의 심층구조가 되었다는 것을 의미한다. 이 점에 대한 인식은 당대 중국 사상문화의 총체적인 면모를 이해하는 데 지극히 중요하다. 왜냐하면 신문화운동 후기에 가장 큰 영향을 끼친 몇 가지 이데올로기, 예컨대 마르크스레닌주의, 삼민주의, 마오쩌둥사상, 중국식 자유주의는 모두 중국의 현대적 상식이성에 의거하여 구축된 당대의 관념체계이며, 아울러 현대적 상식(과학적 해석을 거친 상식)과 현대인의 일상 감정을 통해 이러한 관념체계의 합리성을 논증한 것이다.

《중국 현대사상의 기원》에서 우리는 전통문화에서 상식이성을 통해 도덕이데올로기를 새롭게 구축하는 네 가지 기본 모델이 있다고 지적하였는데, 이는 정주이학程朱理學, 육왕심학陸王心學, 송명이학의 세 계통과 대진戴震의 철학으로 구별된다.[35] 20세기에 현대적 상식이성으로 새로운 도덕이데올로기를 구축한 것도 역시 전통과 동일한 구조의 네 가지 기본 양식인데, 마르크스레닌주의·삼민주의·마오쩌둥사상·신자유주의가 그것이다. 신문화운동 후기에 지식인들이 마르크스레닌주의를 수용하는 과정에서 현대적 과학 상식과 경전 서적은 이데올로기의 정당성을 논증하는 데 모두 결정적인 작용을 했다. 즉 정주이학의 내적 구조와 유사한 면이 있다. 5·4 이후의 신자유주의자는 마르크스레닌주의자와 마찬가지로 현대적 상식과 서적의 지식을 중시하고 과학으로부터 인생관을 도출하자고 주장하였지만, 보편적 법칙[理]의 존재를 부정하였기 때문에 상식적 개인주의자가 되었고, 사유의 심층양식은 대진의 철학과 비슷하였다. 국공 양당 밖에서 배회한 중국식 자유주의자의 신상에서든 도덕이데올로기가 해체된 이후 성행한 상식적 개인주의 사조에서든 간에 모두 대진과 같은 양식의 상식적 구체주의의 그림자를 볼 수 있다.[36]

사회적 행위: '공화'·'민주'·'혁명'

관념은 통상적으로 사상과 사회적 행위를 연계시키는 고리이지만, 개개의 관념을 서로 통합한 관념체계(이데올로기)는 사회적 행위를 인도하고 협조하게 만드는 기능을 발휘하여 사회적 행위가 이데올로기가 규정한 목표를 실현하도록 한다. 중국 근현대 관념 변천의 세 단계에서는 대체로 각각 서로 다른 사회적 주류 관념이 사회적 행위를 주도하였다.

19세기 후반에 중국인은 자신들이 잘 알고 있는 관념체계를 이용하여 서양 현대사상을 선택적으로 흡수함으로써, 서양의 현대적 관념이 때때로 유학의 틀 속으로 들어왔다. 이렇게 들어온 서양의 현대적 관념은 반드시 유교적 이데올로기를 거쳐야 비로소 사회적 행위와 연계될 수 있었다. 양무운동 시기에 사회적 행위와 관련된 만국·부강 등의 관념이 모두 그러하다. 이것은 양무가 바로 유교적 경세치용의 함의 안으로 들어온 것을 의미한다.

1894년에서 1895년까지 청일전쟁은 중국인이 현대성을 유교적 실천

안으로 끌어들이는 것을 분쇄하였고, 무술변법과 의화단운동의 침통한 교훈을 거친 뒤 1901년에 이르러 청 조정은 개혁을 선포하였다. 이때 우리가 중서이분이원론中西二分二元論[중국과 서양을 이분법적으로 파악하는 논의 — 옮긴이]이라고 부르는 이데올로기가 형성되었고, 유학은 마침내 상당한 정도로 공적 영역에서 물러났다. 한편으로는 가족 내부와 고유한 사회체제 안에서 유교윤리가 여전히 유효했으며 신사에 의한 향촌과 가족의 통치, 그리고 군신관계가 유지되었다. 다른 한편으로는 공적 영역에서 서양의 현대적 가치가 정당성의 기초가 되었다. 이것이 서양을 학습하는 단계가 도래한 원인이다. 이로 인해 제2단계에 서양으로부터 들어온 현대적 관념은 공적 영역에서 직접적으로 사회적 행위와 연계되었다. 예를 들면, 경제 관념이 중상주의를 추동하여 수많은 민영경제의 실체가 출현하였고, 사회 관념의 보급으로 결사와 집회가 합리적 의미를 지니게 되었다. 이 시기 신사 공공영역이 급속도로 발전하여 수많은 정치·경제·문화단체가 출현하였다. 과거제도가 폐지되면서 신식학당이 세워지고 과학 관념이 수용되었다. 민족 관념은 중화제국이 현대적 민족국가로 전환하도록 하였다.

민주와 공화라는 두 개의 현대적 정치 관념과 사회적 행위와의 관계는 이러한 변화를 잘 반영하고 있다. 양무운동 시기, 즉 제1단계에서 '민주'는 democracy와 republic이라는 두 관념에 대응하였고, 사회적 행위와 직접적으로 연계되지 않았다. 학습 단계에 이르자 '민주'와 '공화'의 차이를 이해하게 되었다. 사대부의 보편적인 사회적 행위와 연계된 것은 '입헌'·'공화'였지, '민주'가 아니었다. 왜 이렇게 되었을까?

서양에서 democracy는 그리스어 demokratia에 기원을 두고 있으며, 이는 demos(인민)와 kratos(권력·통치)라는 두 단어가 합해진 것으로 인민의 지배 혹은 통치를 뜻하였다. 그렇지만 '공화'는 라틴어 res publica에서 온 것으로 원래의 의미는 공공의 일(사물)이었다. 17세기 이전에는 언제나 국가(state 혹은 commonwealth)를 가리키는 말로 사용되었으며, 이후로는 세습군주의 정치제도와 구별되는 의미로 사용되었다.[37] 공화정치 혹은 공화주의republicanism는 국가의 사무가 군주 집안의 사적인 일에서 벗어나 공공의 사무가 되었다는 것을 의미했다. 바꾸어 말하면, '민주'는 인민이 주인이 되거나 대중이 지배할 것을 주장하고, '공화'는 참정자의 도덕을 강조하여 사적 영역과 공적 영역의 분리를 주장했다. 중서이분이원론에서 도덕 엘리트로서 신사계층은 전체 인민이 정치에 참여하는 '민주'에는 거의 흥미가 없었다. 그들의 관점에서 보면, 청 조정의 예비입헌은 공적 영역으로서의 현대적 정치를 황제의 사적인 일에서 분리시켜 그들로 하여금 공화주의적 입헌과 대의제도의 구축에 적극적으로 참여하도록 할 수 있었다. 이로부터 왜 신사계층이 일반적으로 민주를 배척하고 공화에 열중했는지 이해할 수 있다.

바로 이러한 의미에서 신해혁명은 혁명이 아니라 공화주의의 실현이라고 말할 수 있다. 1912년 아시아에서 최초의 공화국 — 중화민국이 성립되어 중국에서는 체계적으로 서양의 민주헌정을 수용하고 실험하였다. 당시 중국에서는 네 차례에 걸쳐 헌법이 제정되었고, 2개의 큰 정당과 300여 개의 작은 정당이 있었다. 서양의 정치제도에 대한 학습이 일시적으로 성행하였다. 이 모든 것은 공화주의의 기치 아래 진행되었다. 그렇지만 민국 초기 공화정치의 실험은 실패하였고, 오히려 중국은 사회 전체의 심각한 위기에 처했다. 중서이분이원론 이데올로기는 분명 민국 초기의 정치적 무질서와 군벌의 할거에 책임이 있다. 학습 단계가 끝나면서 근현대 관념 변화의 제3단계인 신문화운동이 도래하였다.

공화주의를 부정하게 되자, 대의제 공화정치에 대한 요구는 프롤레타리아 대중의 정치 참여를 요구하는 민주제로 대체되었다. 어휘상으로 보면, 신문화운동 중에 서양 현대 정치제도를 가리키는 키워드의 변화가 발생하였는데, '민주'가 표면화되면서 '공화'를 대체하였다. 그 배후에는 신문화운동 시기에 중국인이 서양의 민주 관념을 재구성한 일이 있었다.[38] 따라서 '민주'는 서양의 민주관과 급속히 거리가 멀어지게 되었고, 필연석으로 더 이상 헌법·대의제와 서로 연계될 수 없었다. 민수주의民粹主義, 선거주의, '민주 독재'를 막론하고 모두 문화대혁명 시대의 대大민주와 같이 성왕을 숭배하였다. 우리는 19세기 '민주'의 함의 안에 그 그림자가 드리워져 있는 것을 볼 수 있다. 19세기에 출판된 메더스트Walter H. Medhurst(1797~1857)의 《영한자전English and Chinese Dictionary》의 중국어 해석에는 "중인衆人의 국통國統, 중인의 통치, 다수의 난동, 소인小人의 농권弄權"으로 되어 있다.[39] 당시 사대부는 '민주'로 중국의 전통적 정치와 상반되는 제도를 표현하였고, 동시에 이 제도는 중국에서 시행될 수 없다고 간주하여 일반적으로 부정적 태도를 취하였다. 19세기 민주에 대한 평가를 전도시켜야만, 즉 부정적 측면을 긍정적 평가로 전환시켜야만, 비로소 당대 중국의 민주관이 형성되는 기제를 볼 수 있다. 중국의 전통적 사유의 심층양식이 일목요연하게 서양의 현대적 정치사상을 재구성한 것이다.

민주가 공화 관념을 대체했다고 해서 그것이 곧장 사회적 행위로 전환되었다는 것을 의미하는 것은 결코 아니다. 민주 관념이 국공 양당의 이데올로기와 통합되는 가운데 각각 서로 다른 위상을 가졌기 때문이다. 공산당 이데올로기에서는 민주가 계급적인 것으로 정의되어, 단도직입적으로 말해, 우선 프롤레타리아 정권을 탈취하는 것이었다. 국민당의 삼민주의에서 민주는 군정軍政·훈정訓政·헌정憲政의 3단계 중에서 최후의 단계로 추정되었다. 국공 양당의 입장에서 말하면, 가장 중요한 사회적 행위는 모두 동원혁명이었다. 20세기는 중국이 전에 없이 혁명에 열광한 시대이다. 1924년 '국민혁명'이 일어난 이후 국민당은 삼민주의 정당국가를 건립하였다. 중국공산당은 공산혁명을 거쳐 마침내 1949년 중국사회의 통합을 실현하였다. 왜 20세기의 혁명 사조를 관념체계의 통합 이후 이에 대응한 사회적 행위라고 말하는가? 이는 혁명 관념의 의미 재구성을 통해 설명할 수 있다.

어원적으로 고찰하면, 고문의 '혁革' 자에서 위는 '삽卅'이요 아래는 '십十'이며, 그 의미는 '30년을 한 세대로 하여 도가 바뀐다'는 것이다. 즉 '혁'은 일정한 시간에 이르면 반드시 모종의 (주기적) 교체가 발생한다는 것을 가리킨다.[40] '명'의 의미는 (군주가) 입으로 명령을 내려 모종의 질서를 형성한다는 것이다.[41] 즉 '명'의 의미는 어떤 점에서는 영어의 order에 해당한다. '혁'과 '명' 두 글자의 합성은 모종의 질서 혹은 천명의 주기적 변화를 나타낸다.[42] 천인합일의 사유방식에 근거하여 유학이 주장하는 윤상등급은 우주질서로부터 도출되며, 천명의 주기적 변화는 인간의 등급제 도덕질서에 대응하여 반복적으로 일어난다. 그러므로 천도의 주기적 변화는 왕조 교체의 불가항력적인 특성을 의미한다.

'혁명'이 천도순환에 따라서 부패하고 부도덕한 정부를 전복하여 유교이데올로기에 부합하는 정치질서를 새롭게 건립하는 것이었으므로, 전통 중국사회에서 '탕무혁명湯武革命'의 의미는 이러한 왕조 교체의 정당성에서 도출되었다. 중국 근현대 사조에서 혁명 관념은 무술변법의 실패와 그 이후에 발생한 일련의 사건으로부터 분출되기 시작했으며, 청 왕조의 부패와 무능을 드러내고 왕조의 교체를 요구하게 되었다.

1903년 소년 쩌우룽이 기세등등하게 《혁명군》을 저술하여 사회적으로 커다란 반향을 불러일으킨 것은 급진적 지식인에게 있어 청 조정은 부패·무능·매국의 상징이 되었고 중국은 먼저 왕조를 교체해야 비로소 서양의 충격에 대항할 수 있다고 생각하게 되었다는 것을 의미한다. 혁명은 마침내 급진적 지식인의 공통적 인식이 되었다. 천톈화陳天華(1875~1905)가 "현 정부와는 더불어 일할 수 없다는 것은 이미 거의 철칙이 되었다. ······ 혁명 없이 개혁할 수 있다는 것은 까마귀 머리를 희게 하는 것이요 말에 뿔이 생기는 일이어서 결코 있을 수 없다"[43]라고 말한 것이 대표적이다.

혁명의 함성이 민간에서 일어나는 시기에 바로 학습 단계가 도래하였고, 청 조정은 신정新政[서태후를 중심으로 한 청말의 제도개혁정책 — 옮긴이]을 추진하기 시작했다. 청 조정이 예비입헌을 시행하는 몇년 간 '혁명'이 거의 사용되지 않았을 뿐만 아니라 상류사회에서는 부정적인 의미를 띠게 되었다는 사실은 깊이 생각해볼 만한 점이다.[44] 중서이분이원론의 틀 안에서 '혁명'이라는 말은 왕조의 교체를 의미하는 것 이외에 서양의 revolution이 가지고 있던 여러 의미를 배우기 시작했다. 신문화운동 시기에 이르러서도 마찬가지로 학습을 거친 뒤 혁명 관념의 재구성이 나타났다. 국민당과 공산당의 새로운 도덕이데올로기에서 벗어나 혁명은 마침내 사회 개조라는 새로운 도덕이데올로기의 상징이 되었고 최고의 정당성을 갖게 되었다.

바로 신문화운동이 혁명 관념을 재구성함으로써 한편으로 혁명 관념은 왕조의 교체라는 전통적인 구조를 내재적으로 지니게 되었다. 이는 국공 양당이 중국에서 정권 쟁탈을 벌일 때 드러났는데, 상대방의 도덕적 부패를 대신할 이론적 근거로 삼았던 것이다. 다른 한편으로는 두 당의 혁명 목표가 모두 평등을 추구하고 차별을 제거하는(이는 중국의 대동 이상과 내재적인 연관이 있다) 새로운 도덕이었지만, 국공 양당의 이데올로기적 주장의 차이로 말미암아 양당에서 혁명은 서로 다른 사회적 실천으로 전개되었다. 중국공산당은 혁명에 성공하여 정권을 장악한 이후에도 여전히 계속 혁명을 강조했고, 마침내 프롤레타리아 문화대혁명으로 이어졌다.

앞에서 말했듯이, 중국식의 당대 혁명 관념이 갖추고 있는 의미 안에는, 왕조를 타도하든 도의에 부합하는 신사회를 건립하든 아니면 투쟁으로 일체의 차별이 없는 도덕적 신세계에 도달하든, 모두 중국 전통문화의 각인이 새겨져 있으며 이는 서양에서 완전한 공산주의 사회로 여기는 것과는 다르다. 마오쩌둥이 프롤레타리아 문화대혁명을 발동한 것은 바로 대약진과 삼면홍기三面紅旗[1958년 중국공산당이 내건 구호로 총노선·대약진·인민공사를 말한다 — 옮긴이]를 견지하는 것이었다. 그는 개개의 인민이 "영혼의 깊은 곳에서 혁명을 발발시켜" 도덕 이상에 대한 수정주의적 파괴를 방지할 필요가 있다고 생각했다. 실제로는 바로 문화대혁명의 재난으로 인해 도덕적 유토피아를 추구하는 중국인의 이상이 파멸되었고, 이에 따라 혁명적 인생관도 매력을 잃어버렸다. 이후 20세기 중국사회의 동원과 행동을 주재하는 기능을 지닌 혁명은 개혁에 자리를 물려주었다. 혁명이데올로기가 해체된 뒤 그것을 구성하는 요소로서의 당대 관념이 분리되어 나와 독립적으로 사회적 행위와 관련을 맺으면서 중국의 당대 사상문화의 경관을 조성하였다.

신문화운동의 재평가

　지금까지의 서술은 주로 중국 현대사상 형성의 단계를 다루었으며, 앞으로는 제3단계인 신문화운동을 선택적 흡수와 학습 단계를 거친 소화와 재구성으로 위치지우는 것이 어떤 의미가 있는지에 관해 논하고자 한다. 신문화운동의 성격을 계몽으로 설명하든 전반적 반전통주의로 설명하든, 이전의 견해는 모두 이를 중국문화 대전통의 단절이라고 주장했다. 그러나 우리의 연구에 의하면 이러한 평가는 결코 그렇게 정확한 것이 아니다. 우리가 제출한 3단계설은 중국 현대사상 형성의 과정에서 전통은 결코 단절되지 않았다는 것을 잘 보여 준다. 물론 이는 관념이 전혀 바뀌지 않았다는 것이 아니다. 중국의 현대적 관념은 전통과 매우 큰 차이가 있다. 중국인은 특유한 이성 구조의 지배 아래 외래의 현대적 관념을 재구성할 때 전통적 요소를 주입하여 그것을 중국식의 현대적 관념으로 바꾸었다는 것을 우리의 연구는 보여 준다. 재구성설은 단절설과의 차이를 두드러지게 보여줄 수 있다.

　재구성설의 또 다른 의미는 신문화운동의 전반적 반전통주의가 주로 반대한 것은 결코 송명이학도 청대 실학도 아닌 중서이분이원론 이데올로기였다는 점을 지적하는 것이다. 청일전쟁의 패배로부터 5·4운동에 이르는 20여 년 동안 청 조정이 시도한 신정이나 예비입헌이든 민국 초기의 공화이든 이러한 이원론은 서양의 도구적 이성과 현대사상을 학습하고 전통문화의 현대적 전환을 실행하는 기본틀이었다. 민국 초기 공화의 실험은 오히려 정치적 질서의 대혼란을 가져왔으며, 서양 정치제도 도입의 실패에 대한 사상적 책임을 찾아내고 반성할 때, 필연적으로 사적 영역에서 구 신사계층의 정치문화 권력과 도덕 엘리트라는 지위를 보호한 이원론에 비판의 창끝이 향해졌다.

　신문화운동이 전통을 반대한 전제는 이원론을 깨트리고 일원론을 제창하는 것이었지만, 중국 전통문화는 오히려 일원론이었다. 이는 곧 사상의 구조와 내용이 서로 모순되는 현상을 불러일으켰다. 신문화운동은 사상의 내용상으로는 전반적으로 전통을 반대하고 계몽을 진행하였지만, 사상의 형식은 오히려 전통적 도덕가치의 일원론을 회복하는 것이었다. 중국의 현대적 상식이성이 형성된 이후, 서양에서 수용된 현대적 관념은 대부분 중국의 전통적인 일원론적 사유형식에 의해 재구성되어 중국식의 현대적 관념을 형성하였다. 이것이 곧 우리가 말하는 당대 중국의 정치 관념이다. 따라서 우리는 신문화운동이 결코 중국문화 대전통의 단절을 만들어낸 것이 아니라 단지 옛 병에 새 술을 부은 것이라고 주장한다. 외래 관념은 새 술이고, 중국 전통문화의 구조는 옛 병이다.

　이에 근거하여 우리는 신문화운동을 새롭게 평가한다. 신문화운동은 당대 중국 사상을 만들어낸 중요한 사상문화운동으로 중국이 두 번째로 외래문화를 대규모로 융합하는 과정에서 비롯된 필수적 단계이다. 대역사의 관점에서 보면, 위진시대로부터 수당까지 불교의 융합을 완성함으로써 불교가 중국문화에 의해 소화되고 재구성되었던 것과 마찬가지이다. 이 기본 형식은 중국이 현대사회를 향해 나아간, 외래문화에 대한 제2차 대규모 융합에서 재현되었다. 이는 중국문명의 자체적 발전의 독특성과 연속성을 다시 한 번 드러낸 것으로 인류문명사에서 상당히 드문 일이며, 다원적 현대성의 존재를 의미할 수 있다. 제1차 융합이 수백 년을 거쳤다는 점에서 보자면, 19세기 중엽에 시작된 제2차 융합은 아직 100년에 불과하다. 신문화운동은 이러한 과정 속에서 하나의 중요한 단계이며, 이에 대한 성격 규정은 아직 시기상조일 수 있다.

그러나 계몽의 기치로서 신문화운동은 현대적 가치를 수용하고 재구성함으로써 중국의 사회와 문화의 현대적 전환에 있어 더할 나위 없는 중요성을 지니고 있다. 현대화 과정에서 장애에 부딪힐 때마다 사람들은 모두 신문화운동을 새롭게 검토한다. 이야말로 왜 신문화운동이 무궁한 매력을 지닌 영구과제인지를 말해 준다. 한편 지금까지 우리의 연구는 중국식의 현대적 관념 자체에 대해 맹목적이며 반성의식이 결핍되어 있고, 중국문화의 심층적 사유방식을 어떻게 현대적 관념으로 재구성할 것인가에 대해 당연히 해야 할 연구와 정리가 결핍되어 있다는 것을 보여 준다. 바로 이러한 이유로 신문화운동의 계몽적 임무는 중국에서 지금도 여전히 완성되지 않았다.

이 책에 관하여

마지막으로, 우리는 우리의 연구 역정과 관련하여 이 책에 대해 말하고자 한다.

문화대혁명이 발생했을 때, 우리는 모두 베이징대학의 학생이었다. 현실에서의 잔혹한 투쟁과 이상과의 괴리로 우리는 심각한 환멸과 고뇌에 빠졌다. 당시의 언어로 말하자면, 중국 봉건 전제사회의 모든 병폐가 현실 생활에서 드러났다. 신문화운동 시기에 우리의 할아버지들은 일찍이 계몽의 기치를 높이 드날리며 아무 것도 두려워하지 않고 중국 전통문화를 비판하였다. 그들은 그만큼 위대한 세대였다. 그러나 그들은 결코 계몽의 역사적 사명을 완성하지 못했으며, 우리들로 하여금 청춘시대에 다시 한 번 '봉건' 사상이 그처럼 완고하게 현대 중국인의 사상과 행위를 지배하고 있다는 사실을 통절하게 체험하도록 하였다. 바로 이러한 침통함을 겪으면서 도달한 사회의 공통 인식이 있었기 때문에 비로소 1980년대 중국에서 제2차 계몽이 있을 수 있었다. 신문화운동 정신의 추종자로서 우리는 1980년대 두 번째의 계몽을 자신의 임무로 삼고 문화 건설 사업에 투신하였다. 그렇지만 불행하게도 20세기 중국에서 두 차례의 위대한 사상계몽운동은 미완성으로 중단되지 않을 수 없었다. 우리의 젊은 시절의 사유로부터 계산해 보면 지금까지 30여 년이 흘렀다. 우리가 완성한 세 권의 주요 저작, 즉《흥성과 위기 — 중국 봉건사회의 초안정구조》(1984),《개방 중의 변천》(1993),《중국 현대사상의 기원》(2000)은 모두 우리가 문화대혁명 시기에 시작했던 사색에 대한 해답을 추구한 것이다. 지금 또 10년의 세월이 흘렀다. 이는 길고도 고독한 탐색의 과정이며, 아직까지 끝나지 않았다. 표면적으로 보면 10년 동안 우리는 문자에 천착하는 지적 고고학에 머물렀지만, 우리에게는 내내 문화대혁명 시기에 발생한 중국문화 자체에 대한 곤혹감을 해결할 대답을 분명히 하기 위한 일이었다.

  지난 10년의 탐색 과정은 긴장되고 혼란스러웠고, 연구는 아직도 초보적이다. 우리는 또한 우리가 관념군觀念群의 변천 방식에 근거하여 제시한 중국 근현대사상사의 시기 구분이 정확한 것일까 스스로에게 반문하고 있다. 여기에는 더 많은 증거가 필요하다. 그렇지만 한 가지 의심할 수 없는 사실은 대량의 문헌을 처리하는 컴퓨터가 제공하는 풍부한 정보와 기술의 진전에 따라 21세기에 이르러 관념사라는 어둡고도 매우 혼란스러운 역사학 영역에서 중대한 혁신이 나타났다는 것이다. 부단히 확장되는 데이터베이스 검증을 수용한다는 점에서 관념사는 처음으로 사회사상 연구에 과학적 가설의 성격을 갖추게 되었다. 실제로 이 책의 편집은 그 자체로 하나의 검증 과정이다.

　최초의 논문은 당시 겨우 2천만 자 정도의 〈데이터베이스〉를 이용하여 쓰인 것이며, 중기의 논문은 3천에서 7천만에 이르는 〈데이터베이스〉에 의거하여 씌어졌다. 이 책의 편집을 결정했을 때, 〈데이터베이스〉는 이미 1억 2천만 자로 확대되었다.[45] 〈데이터베이스〉 문헌이 몇 배 확대된 이후에 우리는 2천여 만 자의 문헌 분석으로 얻은 결론을 다시 살펴보지 않을 수 없었다. 1년여 동안 우리는 가오차오췬과 위훙량으로 연구팀을 조직하여 확장된 〈데이터베이스〉를 이용해서 기존의 논문을 새로 살펴보았다. 《신청년》의 부분 도표 이외에 우리는 갱신된 〈데이터베이스〉를 이용하여 키워드에 대해 통계와 분석표를 새로 작성했고, 또한 이러한 데이터를 이용하여 논문의 관점과 분석이 정확한지 점검했다. 고맙게도 우리는 이들 논문의 주요 관점과 서술이 여전히 성립한다는 것을 알았고, 우리가 제기한 3단계설이 근거가 있다고 더욱 확신하게 되었다. 이는 이들 논문이 현재 이미 초보적인 검증을 거쳤다는 것을 말해 준다.

　흥미를 가진 독자들이 점검할 수 있도록 각 논문이 처음 발표된 출처를 일일이 밝혀 둔다. 이 책과 논문이 최초로 발표되었을 때의 원래 원고와 비교해 보면, 독자는 〈데이터베이스〉가 확대된 흔적을 찾을 수 있을 것이다. 우리는 대량의 새로운 예문과 통계 분석에 의거하여 이전에 소략하게 다루어진 현상이나 국부적 오류를 수정하고 또 새로운 발견을 보충했다. 예를 들면, 이전에 우리는 '민정民政'이 19세기에는 democracy에 대응하였다는 것에 주목하지 못했는데, 이번에 수정하면서 이를 추가했다. 이 밖에도 이 책을 편집할 때, 〈데이터베이스〉를 이용하여 이 책이 다루고 있는 10개의 주요 관념과 상관된 100여 개 키워드의 의미 변천 궤적을 추적하였다. 이 작업은 가오차오췬이 담당하였다. 이는 이 책의 기본 관점을 다시 한 번 살펴보기 위한 것일 뿐만 아니라 중국사상사 연구자에게도 매우 유용한 참고 자료가 될 것이라고 믿기 때문이다.[46]

이 책 맨 앞쪽의 〈감사의 글〉에서 독자들은 길게 나열한 명단을 볼 수 있을 것이다. 사실상 일련의 연구프로젝트의 지원이 없고 부단히 유동적이었지만 계속해서 유지되어 온 연구팀이 없었다면, 그리고 단지 개인이 연구자였다면, 우리는 데이터베이스 방법을 채용하여 중국 당대 관념의 기원을 추적할 수 없었을 것이다. 따라서 이 책은 어떤 의미에서는 집단 연구의 공동 성과이다. 데이터베이스 연구방법을 관념사 연구에 끌어들인 의미는 분명하지 못한 분석과 진술을 검증할 수 있도록 한 것이다. 이러한 의미에서 보면, 앞으로 이러한 방향의 연구는, 우리의 관점을 심화시키거나 혹은 도전해오거나 심지어 우리의 견해를 뒤집는다 해도, 모두 이러한 방법을 개척한 것에 대한 응용이다. 이러한 의미에서 이 책의 출판은 단지 하나의 시작일 뿐이며, 우리는 후학들의 더 많은 연구가 계속되기를 기대한다.

마지막으로, 만일 연구자가 연구대상에 대해 자신의 특유한 문제의식이 없다면 이러한 연구는 창백하고 무미하게 될 것이다. 오늘날 중국문화의 건설 방향에 대한 미망은, 많든 적든 자각적이든 무자각적이든, 사상적 활력과 반성의식에 대한 억압과 관련되어 있다. 따라서 우리는 매우 구체적으로 보이는 이러한 연구 작업이 중국문화의 자기반성 의식의 성장에 도움이 되기를 기대한다.

이론적 탐색

1. '천리'·'공리'·'진리'
2. 유교적 공공영역에 대한 시론

막스 베버Max Weber(1864~1920)는 현대화를 합리화라 부르고, 하버마스Jürgen Habermas(1929~)는 전통사회의 현대적 전환이 공공영역의 출현과 관련되어 있다고 보았다. 이 책의 1~2장에서는 관념사 연구의 관점에서 중국 전통사회의 현대적 전환 과정에서 서양의 합리화와는 다른 유교적 공공영역이 출현하였다는 것을 주장하고, 아울러 베버와 하버마스 이론의 보편성을 살펴본다.

첫 번째 글은 중국에서 '리'와 '이성'의 기원 및 의미의 역사적 변천을 연구한 것이다. 예로부터 중국문화에서 정당성의 최고 근거인 '리'는 서양과는 다르며 줄곧 상식이성(즉 상식과 인지상정)을 합리성의 기준과 정당성의 논증 구조로 삼아왔다는 것을 우리는 발견하였다. 19세기 말부터 1915년까지 일찍이 서양의 도구적 이성과 유사한 이원론적 합리주의가 출현하였지만, 이는 결코 안정적인 것이 아니었다. 신문화운동 중에 전통적 상식이성이 현대적 상식이성으로 바뀌어, 정치제도와 사회적 행위의 합법성을 논증하는 근거로서 당대 중국사회에서 정당성의 기준이 되었다.

두 번째 글은 유학을 정치문화로 하고 있는 중국 전통사회가 현대를 지향하는 전환 과정에서 공공영역의 형태가 개인을 본위(사적 기본 단위)로 삼는 서양의 형태와 상당히 큰 차이가 있다고 주장한다. 우리는 그것을 가족(혹은 가부장제 가정)을 본위로 하는 유교적 공공영역이라고 부르며, 유교적 공공영역이 19세기 말에 흥기하고 1920년대에 쇠락하는 과정을 간략하게 서술한다. 우리는 유교적 공공영역이라는 이론적 가설을 통하여 중국사상 전환의 3단계를 주장한다. 즉 '근대'는 유교적 경세치용의 틀 안에서 현대화를 시행한 시기(1830~1895), '현대'는 서양의 현대적 제도를 학습하여 민족국가를 건립하는 시기(1895~1915), '당대'는 학습의 실패와 관념의 재구성 시기(1915~1930)를 말한다. 이 가운데 '당대 사상'은 현대적 사유방식에 대한 비판이며, 또한 서양에서 수용한 현대적 관념의 재구성이다. 유교적 공공영역이라는 가설은 동아시아사회의 현대화가 지니는 몇 가지 특징, 특히 중국 당대사회와 사유방식의 형성을 이해하는 데 도움을 줄 수 있을 것이다.

1

'천리'·'공리'·'진리'

중국 문화의 합리성 논증과 정당성 기준에 관한 사상사적 연구한 세기 남짓 현대성 연구가 심화될 수 없었던 이유 가운데 중요한 요인은 우리가 서양의 합리주의를 벗어나서 합리성과 정당성 문제를 탐구할 수 없었기 때문이다. 마치 머리카락을 당겨서 자신을 들어 올릴 수 없듯이, 새로운 기점이 존재하지 않는다면, 우리는 또 하나의 합리주의 및 서양과는 다른 합리성 논증 방식을 알 수 없을 것이다.

1—1. 중국어에서 합리성을 가리키는 어휘의 변화

1918년 제1차 세계대전이 끝났다. 연합국이 독일에 승리했다는 소식이 베이징에 전해지자, 중국의 지식인들은 거리로 나와 행진하며 "공리公理가 강권强權에 승리했다"고 환호했다. 이러한 역사적 사건의 배후에 깔린 사상사적 의미를 자세히 들여다보면, 5·4 시기 지식인들의 어휘 사용이 조금 이상하며 20세기 초와 비교해서 매우 큰 변화가 생겼다는 것을 발견할 수 있을 것이다. 널리 알려져 있듯이, 19세기와 20세기가 교차하는 시기를 맞이하여 중국 사상계에는 진화론이 풍미하였다. '공리'는 언제나 물경천택物競天澤[생존경쟁과 자연선택 — 옮긴이]과 약육강식의 진화론을 가리켰으며, 사회다윈주의의 주류적 담론 안에서는 강자가 살아남는 것이며 강권 그 자체가 곧 공리를 대표했다. 5·4 시기 강권과 공리의 대립은 당시 '공리'의 의미가 어느덧 변해 있다는 것을 보여 준다.[1] '공리'의 사용례를 추적해 보면, 매우 주목할 만한 문화 현상을 발견할 수 있다. 즉 1920년대 말 '공리'는 잡지상의 정치적 논의에서 점차로 사용되지 않고 순수 자연과학과 수학에서 상용되는 어휘가 되었으며, 정치와 사회 생활에서는 또 하나의 단어 — '진리'가 '공리'를 대신하여 권력의 정당성의 기원과 보편적 도리의 대명사가 되었다. '진리'는 불교용어에서 유래하였는데, "진리는 허적虛寂하며, 미혹된 마음

1. '천리'·'공리'·'진리'

은 풀리지 않는다"라고 하였다.[2] 중국 전통문화에서는 불교 관념 안에서만 '리'에 진짜와 가짜의 구분이 있다. 신문화운동 시기까지도 차이위안페이蔡元培(1868~1940)와 후스 등의 지식인들은 여전히 '진리'를 사용하여 종교 영역 안의 논설을 가리켰다.[3] 그렇다면 왜 신문화운동 이후에 '진리'가 '공리'를 대체할 수 있었을까? 그 배후의 사상사적 함의는 무엇일까?

실제로 비교사상사의 관점에서 분석하면, 중국어에서 '리'를 정당성과 합리성의 대명사로 삼는 것 자체가 의미심장한 일이다. 서양에서 정당성을 표현하기 위해 사용하는 단어 legitimacy는 라틴어 legitimus에 기원하며, 그 의미는 법에 의거한 일의 실행 혹은 법제적 근거이다. 법률의 배후에 놓인 정신은 이성reason이다. 이성과 합리성rationality이라는 두 단어는 모두 라틴어 ratio에서 나왔으며, 그 의미는 사람이 개념·판단·추리 능력을 사용하는 것으로 감각·의지·정서 등의 심리 활동과 구별되는 것이다.[4] '합리성'이라는 말의 라틴어 rationari는 원래 생각과 계산을 의미하며, 통상적으로는 어떤 목적에 도달하는 과정 중에 선택하는 이유 및 논리(혹은 계산)와 관련된 영역에 사용된다.[5]

그러나 중국어에서 '리'는 역사상 위에서 서술한 것과 같은 함의를 지닌 적이 없다. 일찍이 춘추전국시대의 문헌에서 '리'는 빈번하게 사용되었다. 중국어에서 '리'자의 본래 의미는 물질의 조직과 무늬였다. 《설문해자》에서 "리는 옥을 다듬는 것이다"라고 하였다. 서개徐鍇는 《설문해자계전說文解字繫傳》에서 "사물의 맥리脈理는 옥이 가장 치밀하므로, 옥을 따른다"라고 말했다. 리理라는 글자는 사람들이 옥의 결을 관찰하면서 얻은 것이며, 일반 물질의 무늬에도 사용되었다. 《주역》〈계사전〉에는 "천문天文을 우러러보고 지리地理를 굽어본다"라는 표현도 있다. 공영달의 소疏에서는 "땅에는 산과 내, 들과 습지가 있으며 각각 조리條理가 있기 때문에 리理라고 칭한다"라고 하였다. '조리', '무늬'는 또한 관리나 정리 내지는 경계를 구분하는 의미로 확대되었다. 《모시毛詩》에서는 "강리천하疆理天下", "아강아리我疆我理"라고 하였는데, 정현의 전箋에서는 "강疆은 경계를 구획하는 것이고, 리理는 지리를 구분하는 것이다"라고 하였다. 《주역》〈계사전〉에서는 "재화를 처리하고[理] 말을 바르게 하며, 백성이 잘못을 저지르지 못하도록 금지하는 것을 의義라고 한다"라고 했다. '리' 자가 동사로 사용될 때는 주로 정리整理를 의미하며, 대체로 혼란된 사물을 질서 있게 바꾼다는 의미로 사용되고 있음을 알 수 있다. '정리'는 사물의 조리화條理化이며, 조리화라는 것은 역시 소통과 화순和順을 의미한다. 《주역》〈설괘〉에서는 일찍이 "강유剛柔에서 발휘되어 효爻가 생기고 도덕과 조화를 이루어 의에 통한다[理]"라는 논증이 있다. 여기서 '리'의 의미는 '순順'과 같은데, '순'은 소통의 의미이다. '조리'와 '정리'로부터 치료·통치·법률기강·도덕질서·명분·몸가짐·도리를 도출할 수 있고, 소통과 관련된 의미에서 돌보다, 복습하다 등의 용법까지 확대될 수 있다.

중국어 '리' 자가 지닌 20여 종류의 의미 가운데[6] 목적에 도달하는 이유, 계산과 같은 서양의 ratio의 의미에 가까운 것이 하나도 없다는 것은 주목할 만한 일이다. 여기에서 자연스럽게 왜 중국인은 '리'라는 글자를 사용하여 합리성을 대표하도록 했을까 하는 의문이 생겨난다. 더 나아가 '리'를 정당성의 판단 근거로 삼아 합리성 논증을 진행한다는 것은 중국문화의 합리화 과정이 서양과 다르다는 것을 의미하는가?

서양에서 이성을 정당성의 근거로 삼는 과정에는 기나긴 역사가 있다. 일찍이 키케로Marcus T. Cicero와 고대 로마의 법전은 법률을 "개인과 무관한 이성impersonal reason"[7]으로 간주했다. 이후로 이러한 견해는 기독교와 관련된 자연법의 전통 안으로 흡수되었다. 이성을 정치권력과 일체의 사회적 행위의 정당성과 합리성의 근거로 삼은 것은 비교적 근대의 일이며, 사람들은 이 과정을 합리화rationalization라고 부른다. 파레토 Vifredo Pareto(1848~1923)가 말했듯이, 합리화는 실제로 "인간이 자기 행위의 정당성을 논증하는 것"이며, 어떠한 합리성 논증에서도 반드시 합리성의 근거(사람들은 이를 정당성 논증을 위한 전제라고 부른다)와 규칙의 도출이라는 두 가지 공약 불가능한 요소가 있다.[8] 따라서 합리화란 실제로 어떤 합리성 기준과 보편 규칙을 이용하여 사회제도와 행위규범의 정당성을 논증하는 것이며, 아울러 우주질서를 해석하는 것이다.

베버는 일찍이 사회학의 관점에서 합리화를 논했는데, 그는 합리화를 근대 합리주의의 형성과 동일하게 보면서 아울러 세 가지 합리주의를 구분했다. 먼저, 합리주의는 계산을 통해 사물을 지배하는 능력이다. 이러한 합리주의는 곧 경험과 기능의 결과이며, 넓은 의미의 과학기술적 합리주의라고 말할 수 있다. 다음으로, 합리주의는 사상적 차원에서 의미와 관련된 체계화이며, 이는 또한 형이상학 — 윤리주의적 합리주의라고 부를 수 있다. 마지막으로, 합리주의는 일종의 체계적인 생활태도를 대표하는데, 이는 의미 관련과 이해관계를 제도화한 결과로서 실제적 합리주의라고 할 수 있다.[9] 분명 베버가 합리주의의 가장 중요한 의미로 본 것은 바로 사회적 행위에서 합리성의 기준을 확립하는 것이다. 베버는 서양의 ratio의 원래 의미를 이용하여 근대 이래로 계산과 과학이 사회적 행위를 돌아보는 기준이 되는 현상을 개괄하였다. 두 번째와 세 번째의 합리주의가 말하는 것은 바로 위에서 서술한 합리성의 기준을 사상과 사회의 차원에 적용하여 사람들이 어떤 추리 규칙을 다른 사상의 영역에까지 관철시켜 생활방식과 제도의 정당성을 논증하는 것이다. 바로 이러한 이유로 베버의 합리화는 현대화와 거의 같다고 할 수 있다. 하버마스는 이러한 측면의 의미를 더욱 분명히 하였다. 그는 합리화를 문화 측면과 사회제도 측면에서 전혀 다른 합리성 기준들의 상호작용과 통합으로 보았는데,[10] 이는 합리성의 기준을 문화·경제·정치제도와 모든 사회적 행위 과정에까지 확대한 것이다.

이상의 서술을 종합해 보면, 합리화를 두 가지 기본고리로 나누어 살펴볼 수 있다. 첫째 고리는 합리성 기준의 형성이다. 이는 정당성 논증 가운데 보편적 의미를 지닌 공통의 전제를 발견하는 것과 이러한 논증의 전제가 보편적으로 받아들여지는 것을 포괄한다. 통상적으로 사회제도와 정치권력의 정당성에 대한 논증은 이데올로기의 기능이다. 그래서 합리화는 사람들이 어떤 기준을 사용해서 이데올로기의 정당성 여부를 고찰할 수 있다는 것을 의미한다. 따라서 합리화의 첫째 고리는 이데올로기를 초월하는 합리성 기준의 형성이라고 부를 수 있다. 두 번째 고리는 사람들이 이러한 합리성의 기준을 사회적 행위와 제도의 정당성 논증에 관철시켜 관념체계(이데올로기)를 반성적으로 고찰하고 재구성하는 보편적 동력이 된다. 이는 어떤 보편적 규칙과 합리성 기준을 사용하여 관념체계의 각 영역을 논증해가는 과정이며, 또한 인류의 사상과 행동의 각 영역의 합리성 기준을 통일하는 것이다. 이상의 두 가지 측면에서 합리화를 이해한다면, 다음과 같은 가능성을 내포하고 있다고 할 수 있다. 즉 서로 다른 문화체계에서는 관념과 행위의 합리성 기준이 다르며, 이데올로기를 초월하는 합리성 기준을 세우고 아울러 자족적으로 사회적 행위와 제도 안에 관철시키고자 한다면, 모두 합리화의 실현으로 간주할 수 있다. 즉 서로 다른 문명에는 서로 다른 합리화 과정이 있다고

1. '천리' · '공리' · '진리'

할 수 있다.

오랫동안 일부 사회학자들은 합리화를 현대화와 동일시하고 또한 서양사회의 현대화 기제가 있어야만 철저하게 연구될 수 있다고 주장했기 때문에, 대다수의 학자들은 합리화라고 할 때 곧 ratio와 관련된 합리성 기준의 확립과 확장을 떠올리게 되었다. 문화연구자들은 각각 다른 문화에서는 다른 합리성 기준이 있을 수 있다고 인정하지만, 서양의 합리화와 다른 과정은 결코 충분한 연구가 이루어지 않았다.

역사적으로 중국에서는 춘추전국시대에 이미 '리'가 사회적 행위(와 언론)의 정당성 여부를 판단하는 데 사용되기 시작하였다. 진한시대 이후로 '리'는 관리나 통치의 정당성과 보편질서를 표현하는 대명사가 되었다. 송명이학의 탄생으로 인해 '리'는 한 걸음 더 나아가 우주론, 사회질서, 개인도덕 등 모든 영역을 관통하는 최종적인 합리성의 대명사가 되었다. 이는 문화적 합리성의 기준이며 또한 정치제도의 합법성의 근거였다. 춘추전국시대로부터 송명시대에 이르기까지 중국문화는 서양의 합리화와는 다른 과정을 거쳤다. 이렇게 본다면 중국문화의 합리화에 관한 연구는 합리화 과정이 문화 가치에 의거한다는 측면을 보여줄 뿐만 아니라, 다른 문화의 합리화 과정이 어떻게 상호영향을 미치는지 이해하는 데 도움이 될 것이다. 19세기 중엽 이후에 이르러 중국사회는 서양의 충격 속에서 현대적 전환을 시작하였고, 현대화 과정에서 서양적 의미의 합리화가 중국문화가 원래 갖고 있던 합리성 구조 안에 부단히 침투하기 시작했다. 언어 면에서 이것은 합리성을 지칭하는 어휘의 부단한 변화로 나타난다. 본래 송명이학에서 합리성의 최종적 기준으로 사용된 말은 '천리天理'인데, 19세기 말에 이르러 이는 '공리'에 압도되었고 5·4 시기에 '공리'는 또 '진리'로 교체되었다. 이 글은 각 역사 시기에 보이는 '리'의 의미 변화, 특히 중국 근현대의 '천리'·'공리'·'진리'라는 세 단어의 의미 통계분석을 통해 중국문화의 합리화와 현대적 전환에서 합리성 기준의 변화를 보여 주고, 아울러 이러한 변화와 5·4 시기 중국 좌익 지식인의 마르크스레닌주의 수용 사이의 내재적 관련성을 탐구한다.

1—2. '리' : 조리 · 도리에서 형이상학적 원리로

서양에서 이성은 정당성 논증의 전제로서 법률의 기초를 탐구하는 것에서 비롯되었다. 중국에서 정당성 논증의 기준이 확립된 것은 서양과는 달랐다. 앞 절에서 이미 지적하였듯이, 일찍이 춘추시대에 물질의 조직과 결을 뜻하는 '리'가 질서와 소통을 설명하기 위하여 사용되었다. 조리는 혼란 속에서 질서를 찾아내는 것으로 이해되었다. 이를 약간 추상화하면 사람의 행동을 설명하는 것으로 바뀔 수 있는데, 그 의미는 두 방향으로 전개될 수 있다. 하나는 사람이 사물에 질서를 부여하는 능력과 과정을 가리킨다. '리'는 동사로서 정리·관리·통치를 의미하며, 심지어 병을 치료하는 것을 의미하기도 한다. 또 하나의 방향은 순順과 통通이다. 《초사》〈이소〉에는 "노리개를 풀어 언약을 맺고 나는 건수蹇脩로 하여금 중매쟁이[理]로 삼고자 하네"라는 구절이 있다. 여기에서 '리'는 소통을 만들어내는 중매쟁이를 가리킨다. 언어문자는 대표적으로 소통을 조리 있게 하는 것이며, 이것이 곧 '순'으로 대화의 맥락이 순조롭게 통하는 것을 말한다. 이로부터 우리는 '리' 자가 특수한 기원으로 말미암아 중국에서 합리성을 표현하기 이전에 이미 소통의 의미를 지니고 있었음을 알 수 있다. 서양에서 소통의 관점에서 합리성을 논증한 것은 20세기에 이르러서야 비로소 나타났다. 이는 중국문화에서 합리성의 근거로서 '리'가 처음부터 서양과 매우 다르다는 것을 말해 준다.

문자의 순통順通으로부터 한 걸음 더 나아가면 이해와 논술의 전후일치를 쉽게 이끌어낼 수 있다. 주의해야 할 것은 중국어에서 '언지성리言之成理'라는 숙어는 문자가 순조롭게 통한다는 것과 서술이 상호 모순되지 않는다는 두 가지 의미를 포괄하며, 언설이 논리적이라는 것을 가리킨다. 춘추전국시대의 문헌에서 '리'는 조리, 정리整理 그리고 어떤 질서를 의미하는 것 이외에 이미 논설이 일리가 있다는 것을 말하는 데 사용되었고 도리道理를 가리키기도 한다. 예를 들면, 《주역》〈곤괘·문언전〉에는 "군자황중통리君子黃中通理"라는 구절이 있다. 공영달의 소에는 "황중통리'는 황색이 가운데 있어서 사방의 색을 겸한 것으로 신하가 직분을 받드는 것이니, 이는 사물의 이치를 통달하여 환하게 아는 것이다"라고 주석하였다. 이 구절은 구체적인 사물의 이치를 이해한다는 의미의 통리通理로 전환된 것을 보여 준다.

춘추전국시대에 '리'는 '질서' 및 언설이 '조리'에 부합한다는 의미를 다 같이 표현하는 데 사용되고, 심지어 '도리'를 가리키는 때도 있지만, '리'자는 아직도 정당성과 합리성의 최종 근거가 되지는 않았다는 것을 지적할 필요가 있다. 춘추전국시대로부터 중국문화는 도덕을 궁극적 관심사로 보기 시작하였고, 도덕이 점차로 인간의 행위와 사회적 행위의 정당성 여부를 판별하는 근거가 되어 갔다. 도덕규범의 확립은 사회질서의 형성에 유리하기 때문에, 질서를 대변하는 '리'가 쉽게 도덕의 확립과 연계되었다. 그렇지만 당시 정치질서는 아직 도덕의 연장이라고는 널리 인식되지 않았으며, 도덕을 근거로 정치권력의 정당성을 논증하는 것은 단지 유가 철학자에 한정되었다. 따라서 춘추전국시대에 '리'가 '도리'로 사용되었을 때, 그것은 오늘날 중국어에서 합리성을 판단하는 것과는 같지 않고 대체로 말에 조리가 있고 소통이 된다는 의미였다. 가장 전형적인 예는 제자백가에 대한 순자의 비판이다. 순자는 다음과 같이 논증했다.

성정性情에 맡기고 방자하고 방탕하게 구는 데 물들어 금수의 행동을 하는 것은 예의의 교화에 부합하지 않고 올바른 통치와도 통하지 않지만, 주장에 근거가 있고 말에 조리가 있어서 어리석은 사람들을 속일 수 있으니, 타효它囂와 위모魏牟가 그러하다. 성정을 참아가며 세상과 다른 행동을 하면서 남과 다른 것을 고상하게 여기는 것은 대중과 합치되지 못하고 대의명분을 밝힐 수 없지만 주장에 근거가 있고 말에 조리가 있어서 어리석은 사람들을 속일 수 있으니, 진중陳仲과 사추史鰌가 그러하다. 천하를 통일하고 국가를 건설하는 방도는 모르면서 공용功用을 숭상하고 검약을 중시하며 차등을 무시하는 것은 구분을 수용하고 군신 간의 위계를 드러내기에 부족하지만 주장에 근거가 있고 말에 조리가 있어서 어리석은 사람들을 속일 수 있으니, 묵적墨翟과 송견宋鈃이 그러하다.[11]

여기서 유의할 점은 순자가 타효·위모·진중·사추·묵적·송견을 비판할 때, 여러 차례 "주장에 근거가 있고 말에 조리가 있다持之有故, 言之成理"라는 구절을 사용하고 있지만, 오늘날 '말에 조리가 있다'는 말이 일반적으로 찬성과 긍정을 표시하는 데 사용되는 것과는 그 용법이 다르다는 것이다. 순자의 의미는 부정적이며, "어리석은 사람들을 속일 수 있다"를 가리키고 있다. 당시 '말에 조리가 있다'는 것은 대다수가 언설이 조리에 부합한다는 것을 말해주지만, 그것이 정확하다는 것을 증명하기에는 부족하다.[12] 한대 이후로 유교는 관변이데올로기가 되었고 정치질서가 보편적으로 도덕질서의 연장으로 간주되었다. '백가를 몰아내고 유가의 학술만을 받들게' 됨에 따라 사대부들은 빈번하게 도덕적 합리성을 이용하여 정치권력의 합법성을 논증하였다. 그래서 본래 질서와 소통의 의미를 가졌던 '리'에 도덕적 함의가 부여되었다. 한편으로 질서로서의 '리'는 리분理分[개별적인 이치 — 옮긴이]·예·윤리규범의 의미를 갖게 되었다. 다른 한편으로 언설과 소통에서 '도리'는 갈수록 도덕 논증과 연관되었고, '리' 또한 중국문화에서 합리성의 근거가 되었다. 예를 들면, 가의賈誼는 "덕에는 육리六理가 있다. 육리란 무엇인가? 도道·덕德·성性·신神·명明·명命 여섯 가지가 덕의 원리이다"[13] 라고 말했다. 《회남자》에서는 아예 무형의 것을 '일지리一之理'로 칭하였고, 아울러 이것을 이용하여 '천리天理'·'지리地理'·'인리人理'를 통칭하였다.[14]

춘추전국시대에서 진한시대에 이르기까지 '리' 자의 의미 변화를 분석해 보면, '리'가 질서와 소통을 대표하다가 예와 윤리도덕가치를 대표하는 것으로 바뀌었다는 것을 알 수 있다. 〈표 1.1〉에는 한대와 한 이전의 가장 중요한 경전과 문헌에서 '리' 자를 포함하고 있는 전형적인 예문을 수록하였는데, '리' 자의 의미를 대체로 13종의 기본 유형으로 나눌 수 있다. 〈표 1.2〉는 13종의 기본 의미 유형이 이러한 주요 경전에 사용된 빈도를 보여 준다.

○ 〈표 1.1〉 한대 및 한대 이전 문헌에서 '리理' 자의 전형적인 용법 ○

문헌	예문	의미
《역전》	窮理盡性以至於命	도리
	俯以察於地理	결
《상서》	燮理陰陽	조화 조리調理
《모시》	洒疆洒理	정리 구분
	止基洒理	
	則陰陽失其道理矣……則萬物失其道理矣(《毛詩》《六月·序》)	조리 질서
《주례》	陽也者積理而堅……陰也者疏理而柔 軸有三理 三色不失理	결
	水屬不失理	물 흐름의 통순通順
《예기》	使親疏貴賤長幼男女之理皆形見於樂	도덕윤리와 관련
	百工咸理	조작, 종사
	必絕其理	결(고기의 결)
	始理男事	옥을 다듬는 것에서 다스림, 요리 등으로 확대
	天子理陽道……國家理治	정리, 다스림
	星辰理焉	조리 질서
	理發諸外	행동, 외모
	命理瞻傷察創視折審(斷)決	법률과 관련(법관)
	人之所以群居和壹之理盡矣	도리
《춘추좌씨전》	行理之命無月不至	도덕과 관련
	叔魚攝理	법률과 관련(법관)
	先王疆理天下……今吾子疆理諸侯	정리, 정확하게 하다
《효경》	居家理	도덕과 관련
《맹자》	稽大不理於口	의거
	金聲也者, 始條理也, 玉振之也者, 終條理也. 始條理者, 智之事也,	조리 질서

1. '천리'·'공리'·'진리'

	終條理者, 聖之事也	
	謂理也, 義也, 故理義之悅我心	도리
《순자》	然後出於辭讓, 合於文理而歸於治 井井兮其有理也	조리 질서
	情性者, 所以理然不取舍也	구분
	有益於理者立之, 無益於理者廢之…… 有益於理者爲之, 無益於理者舍之	옥을 다듬는 것에서 다스림, 요리로 확대
	福事至則和而理, 禍事至則靜而理	도리
	則足以見鬚眉而察[膚]理矣 形體, 色理以目異	결
《장자》	德, 和也, 道, 理也	도리
	夫子貪生失理 順之以天理	조리 질서
	萬物殊理, 道不私	만물지리(형이상학적)
《여씨춘추》	命理瞻傷察創	법률과 관련(법관)
	理(寒)[塞]則氣不達	결, 순順
	理奚由至	옥을 다듬는 것에서 다스림, 요리 등
	理勝義立則位尊矣	시비를 밝힘
	將[以] 教民平好惡, 行理義也	도덕과 관련
《가의신서》	人主義而境內理矣 爲人臣者(功)[助] 君理之	옥을 다듬는 것에서 다스림, 요리
	德生於道而有理, 守理則合於道, 與道理密而弗離也	도덕과 관련
	調和而成理謂之音	조화 질서
《회남자》	生氣乃理	조화, 조리
	動靜循理	도리
	精神盛而氣不散則理	조리 질서
《춘추번로》	在於說仁義而理之	분별
	若元氣之流皮毛腠理也 體有空竅理脈……而人乃爛然有其文理	결
	故聖人異治同理也	도리

《염철론》	是故內治反理以正身	도덕과 관련
	萬物靡不得其理矣	조리 질서
	功大而理順	행동, 외모
	統理六國	옥을 다듬는 것에서 다스림, 요리 등
	夫拙醫不知脈理之腠 扁鵲攻於腠理 屠者解分中理	결
	度功業而無(斷)[繼]成之理	조리 질서
	不能伏節死理	도리

* 자료 출처: 《漢達古文獻資料庫》(香港: 香港中文大學中國文化硏究所古文資料庫中心, 1998)

〈표 1.1〉과 〈표 1.2〉로부터 진한시대 이전의 문헌에서는 '리' 자가 상용되지 않았다는 사실을 알 수 있다. 유교 경전인 '오경'에서는 '리' 자가 거의 사용되지 않았다.[15] 《맹자》에서는 '리' 자가 일곱 번 나오지만 그중에서 도덕과 관련된 것은 두 번뿐이다. 이는 당시에 '리'가 '예'를 대표하지 않고, 또한 도덕 논증의 시야에 들어오지 않았다는 것을 말해 준다. 《순자》에서는 '리' 자가 105회로 가장 많이 사용되었다. 그중에 윤리도덕과 관련된 것은 13회로 전체의 12퍼센트를 차지한다. '리'의 가장 중요한 의미는 조리와 질서로, 37회이며 35퍼센트를 차지한다. 《여씨춘추》에서는 윤리도덕과 관련된 '리' 자가 증가하기 시작하여 20회로 전체의 28퍼센트를 차지하고, '리'는 갈수록 명확하게 정당성의 의미를 지니게 된다. 예를 들면, 《여씨춘추》〈이위離謂〉에서는 "리理라는 것은 시비의 기준이다"라고 하였다. 《여씨춘추》〈지분知分〉에서는 심지어 "이것은 모두 하늘이 사물의 이치를 받아들이는 것이며 그렇지 않을 수 없

○ 〈표 1.2〉 한대 및 한대 이전 문헌에서 '리理' 자의 의미 분류 통계 ○

빈도 문헌	결	옥을 다듬는 것에서 다스림·요리 등으로 확대	조리 질서	구분·분별·정리·정확하게 함	법률과 관련	소통과 관련	도덕과 관련	조화·조리 調理	행동·외모	도리	조작·종사	순 順	의거	총계
《주역》	2	3	0	0	0	0	0	0	0	3	0	0	0	8
《상서》	0	0	0	0	0	0	0	1	0	0	0	0	0	1
《모시》	0	0	2	5	0	0	0	0	0	0	0	0	0	7
《주례》	5	0	0	0	0	0	0	0	0	0	0	1	0	6
《의례》	0	0	0	0	0	0	0	0	0	0	0	0	0	0
《예기》	1	5	2	2	1	0	12	0	1	8	1	0	0	33
《춘추좌씨전》	0	0	0	3	1	1	0	0	0	0	0	0	0	5
《춘추공양전》	0	0	0	0	0	0	0	0	0	0	0	0	0	0
《춘추곡량전》	0	0	0	0	0	0	0	0	0	0	0	0	0	0
《효경》	0	0	0	0	0	0	1	0	0	0	0	0	0	1
《이아》	0	0	0	0	0	0	0	0	0	0	0	0	0	0
《논어》	0	0	0	0	0	0	0	0	0	0	0	0	0	0
《맹자》	0	0	4	0	0	0	2	0	0	0	0	0	1	7
《노자》	0	2	1	0	0	0	0	0	0	1	0	0	0	4
《순자》	3	18	37	1	0	0	13	0	0	33	0	0	0	105
《장자》	1	0	7	0	0	0	7	1	0	21	0	0	0	37
《여씨춘추》	4	4	0	0	2	0	20	0	0	42	0	0	0	72
《가의신서》	0	19	4	0	0	0	48	0	0	23	0	0	0	94
《회남자》	1	18	14	4	7	0	7	4	0	39	0	0	0	94
《춘추번로》	5	9	9	1	2	0	6	0	0	46	0	0	0	78
《염철론》	3	15	5	0	4	0	0	1	1	11	0	0	0	40

* 자료 출처: 《漢達古文獻資料庫》

는 법칙이다"라고 한다. '리'는 모종의 필연성으로서 사람들이 어기거나 저항할 수 없는 것이라는 뜻을 지니기 시작한 것이다.

한대에 이르러 '리' 자는 광범하게 운용되었을 뿐만 아니라 유교 문헌에서도 빈번하게 나타난다. 이때 '리' 자는 질서, 소통, 물질의 결 등을 나타내는 초기의 여러 의미들을 지니고 있지만, 도리를 가리키거나 윤리와 관련된 용법이 급격히 증가하여 '리'의 주된 의미가 되었다. 예를 들면, 《가의신서賈誼新書》에는 '리'가 94회 나오는데, 그 가운데 48회가 윤리도덕과 관련되어 있고 23회는 논의 중에 특히 도덕적 함의를 지닌 도리를 가리키므로 이 두 가지를 합하면 76퍼센트나 차지한다. 《춘추번로》에서는 '리'가 78회 나오지만 윤리도덕과 관련된 것은 6회에 불과하며, 도덕 논증을 포함하는 도리의 의미로 사용된 것은 도리어 마흔여섯 번이다. 이러한 추세는 '리'가 질서와 소통을 나타내는 글자로부터 사회질서의 합법성 논증에서 도덕과 상관된 단어로 변해가는 과정을 구체적으로 보여 주고 있다. 한대에는 도덕이 정권 합법성의 기초가 되었으며, 가장 분명한 예는 '정통'의 출현이다. 통치자의 정당한 계승이라는 의미로서의 '정통'은 통치권력의 정당성을 대변한다. 일부 연구자들은 '정통'을 legitimacy로 번역한다. 그러나 천쉐린陳學霖이 지적하였듯이, 중국과 서양에서 권력의 정당성의 기준은 같지 않다. 서양의 legitimacy의 배후에는 법리法理가 있지만, 중국에서 '정통'의 배후에 있는 이론적 근거는 도덕이다. 따라서 정통은 실제로 합도성合道性이다.[16]

한대에 '리'가 도덕화하고 보편적으로 정당성의 대명사로 된 것은 사회질서가 도덕질서와 합치되었기 때문이다. '리'는 질서를 대표하고 또한 윤리도덕과 중첩되어 정당성의 근거가 될 수 있었다. 그렇지만 양자를 겹쳐놓고 비교해 보면, 결코 한 쪽이 다른 한 쪽에서 도출된다는 것을 의미하지는 않는다. 즉 '리'가 도덕적 함의를 획득했다는 것은 결코 리理가 도덕보다 더 기본적이라는 것과는 다르다. 도덕이 질서를 생성하기 때문에 도덕을 리理와 같은 것으로 볼 수 있지만, 도덕이데올로기 자체는 결코 리理로부터 도출되지 않는다. 즉 리理가 아직 이데올로기를 초월하는 정당성의 최종적 근원이 된 것은 아니다. 도덕 논증의 기초는 형이상학이다. '리'로부터 도덕을 도출하고자 한다면, '리'는 반드시 형이상학적 의미를 지녀야 한다. 한대 이전에는 단지 장자의 논술에서 '리'가 비로소 형이상학적 의미를 지녔지만, 윤리도덕과는 관련이 없었다.[17] 한대의 관변이데올로기는 우주론적 유학이었으며, 천인감응설이 그 대표이다. 천인감응의 우주질서 안에서 천과 인간은 동일한 구조로 대응한다. 인간은 천의 도덕을 본받아 천자를 위해 복무해야 한다. 다만 천의 도덕은 인간의 도덕 의지를 천상에 투영시킨 것이며, 결코 우주론적 유학(관변이데올로기)을 초월한 형이상학으로부터 기원한 것은 아니다. 따라서 한대에 '리'가 정당성과 도덕성의 대명사가 되었지만, 앞에서 서술한 합리화의 두 고리에서 분석해 보면, 한대문화에서는 결코 진정한 합리화가 실현되지 않았다.[18] '리'가 이데올로기를 초월한 반성적 사고의 기준이 된 것은 위진남북조 이후의 일이다.

  탕이제湯一介의 연구에 의하면, 한대에서 위진시대까지 중국철학은 우주론에서 본체론으로 전환되었다.[19] 위진남북조로부터 형이상학은 도덕의 기초가 되기 시작하였다.[20] 위진남북조시대에 우주론적 유학이 해체되면서 노장을 숭상하는 현학玄學이 사회의 주류 사상이 되었다. 이 시기에 사회질서와 문벌정치의 합법성의 기초는 비록 여전히 강상명교綱常名敎였지만, 도덕의 기초와 궁극적 관심은 도리어 노장철학이었다. 사대부가 '현학과 예학을 함께 닦는다'는 것은 관변이데올로기에 유사 이원론적 분열이 생기기 시작하였다는 것을 의미한다. 즉 명교가 정치제도의 합법성의 기초로서 여전히 이데올로기의 기능을 지니고 있었지만, 도덕의 무위자연이 명교와 공존하였고 심지어는 명교보다 고차원의 초월적 층위를 이루었다. 일찍이 장자가 '천리'로 '천도'를 서술했을 때, 우주질서로서의 '천리'는 이미 구체적 현상을 초월하는 형이상학적 차원으로 격상되었다. 위진남북조시대에 이르러 '자연'과 '명교'는 두 층위로 나뉘어졌다. 이로 인해 '리'가 도덕이데올로기로부터 분리되었고, 마침내 이데올로기를 초월한 합리성의 근거가 출현하였다.

1—3. '천리'와 중국 문화의 상식이성

《중국 현대사상의 기원》에서 우리는 일찍이 도덕이데올로기를 초월한 합리성의 판단 근거로서의 상식이성이 위진남북조시대에 출현하였지만, 이러한 합리성을 최종적 판단 근거로 삼아 모든 도덕이데올로기를 반성하고 재구성한 것은 송명이학의 성숙을 기다려야 했다고 지적하였다.[21] 즉 위진시대에서 송명시대에 이르는 동안 중국문화는 서양의 현대화와는 다른 합리화 과정을 거쳤다. 이는 형이상학적 '리'가 정당성의 최종 기준으로 확립되고 '리'를 통해 관념체계와 사회제도의 정당성을 논증하는 것으로 나타난다. 위진남북조시대에 '리'가 이미 도덕이데올로기를 초월한 의미를 지녔고 정당성의 최고 근거가 되었다고 설명할 수 있는 근거는 무엇인가? 통상적으로 어떤 관념의 중대한 변화는 언어에 흔적을 남긴다. 위진남북조시대의 문헌에 나타난 '리'자의 용법을 분석해 보면, 그 의미가 한대 이전과 다름을 알 수 있다. 그러므로 우리는 당시의 대표적 문헌 — 곽상郭象의 《장자주》를 선정하여 통계적 연구를 시도하고, 아울러 송대 주희朱熹의 《사서집주》와 비교해 보았다.

〈표 1.2〉의 의미 분류 방법을 이용하여 곽상의 《장자주》와 주희의 《사서집주》에 사용된 '리' 자의 각종 의미를 통계적으로 처리하여 〈표 1.3〉을 얻었는데, 그 결과가 매우 흥미롭다. 먼저, 《장자주》에서 '리' 자는 152회 나오는데, 《장자》에서 '리' 자가 사용된 것보다 훨씬 많다(《장자》에서 '리' 자는 단지 37회 나온다). 〈표 1.3〉의 왼쪽 부분으로부터 《장자주》에서 '리' 자의 용법이 기본적으로 언설, 즉 도리라는 항목에 집중되어 있고, 조리條理 · 질서 · 조리調理에 사용된 '리' 자의 용법은 단지 7회 뿐이며, 무늬 · 정리 등과 같이 구체적인 것을 지적하는 용법은 거의 없음을 알 수 있다. 이는 한대 혹은 그 이전에 '리'의 구체성(즉 주로 조리 · 정리 · 질서의 의미로 사용되었다)과는 큰 차이를 보여 준다. 즉 '리'의 의미가 추상화되고 또한 주로 합리성 논증에 집중된 것이다.

'리'의 추상화는 합리성 기준의 형이상학화를 의미한다. 도리라는 항목의 의미를 다시 세분해 보면 이러한 차이가 더 분명해진다. 《장자주》에서 도리 항목의 '리' 자에서 형이상학적 의미를 가리키는 것은 94회로 전체 빈도의 62퍼센트를 차지하고, 도덕과 관련된 것은 겨우 13회로서 전체 빈도의 8.6퍼센트이며, 형이상학적 의미와 도덕 논증과 관련된 것을 겸하고 있는 것은 20회로 전체 빈도의 13퍼센트를 차지한다. 이는 '리'가 기본적으로 형이상학적 의미로 사용되었으며, 이에 근거하여 도덕윤리를 도출하는 경향이 이미 출현하였지만 결코 보편적이지는 않았다는 것을 말해 준다. 장자의 저작에서 '리'는 형이상학적 의미를 지니고 있지만, 도덕 논증과는 무관하다. 이러한 통계분석은 합리성의 근거가 어떻게 메타 이데올로기의 차원에서 형성되었는지를 매우 구체적으

○ 〈표 1.3〉《장자주》와 《사서장자집주》에서 '리理' 자의 용법 ○

의미	위진시대 곽상 《장자주》			송대 주희 《사서장구집주》			
	내편	외편	잡편	대학장구	중용장구	논어집주	맹자집주
옥을 다듬는 것에서 다스림·요리 등으로 확대	0	0	1회 예문:理錐刀之末也	0	0	3회 예문:非有所存而自不亡,非有所理而自不亂	2회 예문:凡治字而理物之義者,平聲;爲己理之義者,去聲
조리·질서	6회 예문:天下之物未必皆自成也,自然之理,衆有須冶鍛而爲器者耳	0	0	1회 예문:凡傳文雜引經傳,若無統紀,然文理接續,血脈貫通	1회 예문:淡簡溫綱之襲於外也,不厭而文且理焉	2회 예문:其聞夫子之言,默識心融,觸處洞然,自有條理	3회 예문:條理,猶言脈絡,指衆音而言也
이해	0	0	0	0	0	1회 예문:凡看《論語》,非但欲理會文字,須要識得聖賢氣象	0
조화·조리	1회 예문:音急情盡,則和聲不至而氣息不理	0	0	0	0	1회 예문:《詩》以理性情	0
천지만물의 이치(형이상)	46회 예문:依乎天理,推己性命	25회 예문:神順物而動,天隨理而行	23회 예문:物理無窮,故知言無窮然後與物同理也	6회 예문:所謂致知在格物者,言欲致吾之知,在卽物而窮其理也	3회 예문:子思引此詩以明化育流行,上下昭著,莫非此理之用	29회 예문:義者,天理之所宜;利者,人情之所欲	30회 예문:人物之生,同得天地之理以爲性,同得天地之氣以爲形

1. '천리'·'공리'·'진리'

		4회	6회	3회	1회	4회	40회	41회
도리	사회도덕윤리 (의리 사리)	예문:雖死生窮達千變萬化,淡然自若,而和理在身矣	예문:故五親六族,賢愚遠近,不失分於天下者,理自然也	예문:夫事由理發,故不覺	예문:至善,則事理當然之極也	예문:以天下之大聖行天下之大事,而其授受之際,丁寧告戒不過如此,則天下之理,豈有以加於此哉	예문:故不好犯,豈有逆理亂常之事	예문:仁者,心之德,愛之理
	말이 조리 있음 (사상과 주장의 근거)	12회 예문:推理直前而自然與吉會	1회 예문:泯然與正理俱往	4회 예문:反守我理,我理自通	0	1회 예문:擇乎中庸,辨別衆理,以求所謂中庸	10회 예문:程子日,佛氏之言,比之楊墨,尤爲近理	7회 예문:似也,言所爲近有理,可以言
	상식합리 (자연의 이치)	0	0	0	0	2회 예문:而平常之理,乃天命所當然,精微之極致也	1회 예문:蓋貴人賤畜,理當如此	4회 예문:天下之理,其善者必可欲.其惡者必可惡
	형이상의 이치와 도덕윤리를 겸함	10회 예문:則理雖萬殊而性同得,故日《道通爲一也》	8회 예문:令萬理皆當者,非爲義也,而義功見焉	2회 예문:而窮理至命,因所以爲至人之道	0	9회 예문:知天知人知其理也	47회 예문:凡言道者,皆謂事物當然之理,人之所共由者也	49회 예문:所謂率性,循天理是也
	의거	0	0	0	0	0	0	1회 예문:理,賴也.今按《漢書》無俚,《方言》亦訓賴
	총계	79	40	33	8	20	134	137

로 보여 준다.

우리는 《중국 현대사상의 기원》에서 일찍이 위진시대로부터 수당에 이르기까지 '자연합리'가 어떻게 도덕이데올로기에서 분리되어 우주질서와 사회적 행위를 반성적으로 사고하는 최후의 근거가 되었는지 상세하게 논한 바 있다. '자연합리'가 우주질서의 해석에 표현될 때에는 상식을 더 이상 의심할 수 없는 합리성의 판단 근거로 삼고 있으며, 인간의 사회행동에 표현될 때는 인지상정과 합리성을 긍정하고 나아가 그것을 도덕감정의 기초로 삼고 있다. 우리는 이것을 중국문화 속의 상식합리정신 혹은 상식이성의 건립이라고 부른다.[22] 문화체계 안에서 이데올로기를 초월한 합리성의 최종적 기준이 출현하고, 이를 이용해 관념체계를 반성하면, 도덕이데올로기를 재구성하는 것은 막을 수 없는 추세가 된다. 일찍이 위진남북조시대에 '자연합리'가 출현하자 명교를 개조하자는 요구가 출현하였는데, 당시 "정에 따라 예를 정한다[緣情制禮]"라는 것이 그것이다.[23] 그런데 '리'를 통해 유교의 도덕이데올로기를 다시 반성하는 것, 곧 '형이상학적 리理'와 '상식합리'가 이데올로기를 대규모로 재구성하고 발전시키는 것은 수당 이후 송명이학의 흥기를 기다려야 했다.

정명도程明道와 정이천程伊川은 전체 도덕철학을 리理의 기초 위에 건립하고자 기도하였으며, 이러한 노력은 마침내 주희의 방대한 이학理學 체계 안에서 실현되었다. 이학이 관변이데올로기가 된 것은 유교의 도덕철학과 윤리규범이 전부 형이상학적 천리로부터 도출됨을 의미할 뿐만이 아니다. 천리세계의 확립은 또한 우주질서의 합리성 기준과 사회적 행위의 합리적 기준을 통일하였다. 〈표 1.3〉에서 제시한 위진시대와 송대의 두 권의 주요 저작에서 '리'자와 관련된 용법을 연구해 보면, '리'의 의미에 미묘한 변화가 발생했다는 것을 발견할 수 있다. 이러한 의미 변화는 상식합리와 형이상학적 합리성 판단 근거가 어떻게 도덕이데올로기를 논증하였는지에 관한 언어상의 증거를 제시해준다.

〈표 1.3〉의 오른쪽 부분은 주희의 《사서집주》에서 '리' 자의 출현빈도 통계이다. 유학의 초기 경전인 사서에서 '리' 자가 사용된 예는 매우 적지만, 주희의 주석에서 '리' 자는 뜻밖에도 299회나 사용되었다. 주희는 '리'에 근거하여 거의 모든 것을 논증한 것이다. 《사서집주》와 《장자주》에서 '리' 자의 각종 의미를 대조해 보면, 무늬·조리·질서 등 구체적 사물을 표현하는 용법이 이미 매우 적다는 하나의 공통점을 볼 수 있다. 이는 '리'가 추상화되고 이데올로기 논증에서 정당성의 근거가 되었음을 가리킨다. 《사서집주》에서 '리' 자의 용법이 《장자주》와 가장 다른 점은 '도리' 항목을 세분하면 더욱 분명해진다. 《장자주》에서 '도리'는 대체로 형이상학적 의미에 속하며 도덕을 합리화하기 위한 논증의 용법은 다수를 차지하지 않는다. 그런데 《사서집주》에서는 순수하게 형이상학적인 '리'가 68회 나오며 단지 23퍼센트에 불과하다. 도덕 논증, 특히 형이상학적 근거에서 도덕을 논증하는 용법은 130회로 전체의 43.5퍼센트를 차지하며, 또한 이 가운데 7회는 직접적으로 상식(이는 《장자주》에는 없다)을 가리킨다. 이는 주자의 언설에서 '리'가 도덕이데올로기를 초월하는 합리성의 최종 기준이라는 의미(이 점은 《장자주》와 동일하다)를 가질 뿐만 아니라, 그것이 상식을 가리키는 데 사용되고 '리'가 상식합리의 의미를 갖추고 있음을 나타낸다.

더 중요한 것은 《사서집주》에서 '리'의 주된 의미가 형이상학적이며, 그것이 도덕이데올로기의 정당성의 근거라는 점이다. 송명이학에서 도덕이데올로기를 초월하는 합리성 기준이 이미 형성되었고 이를 통해 모든 관념체계와 사회제도의 정당성을 반성(논증)하는 두 개의 고리가 이미 실현되었다. 문화체계의 합리화에 관한 정의에 근거하면, 이학의 보급은 중국문화의 합리화를 나타낸다. 이로부터 '천리'는 중국 전통문화에서 정당성의 대명사가 되었다. 주희의 《사서집주》에는 '천리'와 '인욕'을 구별하는 수많은 언설이 있으며, 아울러 "천리와 인욕은 병립할 수 없다"는 것을 증명하고자 하였다. 주희는 '천리'로 유교의 몇몇 핵심 도덕을 새롭게 정의하였다. 예를 들면, 다음과 같은 구절들이 있다. "예는 천리의 절문節文이요 인사의 의칙儀則이다." "인仁은 사심이 없고 천리에 부합하는 것을 말한다." "의義는 천리의 마땅한 것이다." "도는 천리의 마땅히 그러한 바로서 중中일 뿐이다." "성性은 인간이 품수한 천리요, 천도는 천리 자연의 본체로, 실제로는 하나의 원리이다." "성性은 곧 천리이며 선하지 않은 것이 없다." "법은 천리의 마땅히 그러한 바이다."[24]

상식이성이 주도하는 합리화는 송명이학의 형성 이후 중국문화에 나타난 각종의 특징을 설명할 수 있을 뿐만 아니라[25] 서양의 현대화와는 다른 합리화의 사례를 보여 준다. 송명이학과 서양 근대의 합리주의를 대비해 보면, 합리성의 최고 기준이나 논증 구조의 두 측면에서 다음과 같은 중대한 차이가 있다는 것을 알 수 있다.

먼저, 서양에서 합리주의적 합리성의 기준은 형식법규·법률·계산을 강조하지만, 송명이학은 상식과 인지상정의 합리성을 중시한다. 전자는 과학법칙으로 자연현상을 해석하고 세계를 개조하여 법치와 관료제 조직을 확립하게 된다. 후자는 대표적으로 천하의 교화를 중시한다. 우주 질서에 대한 태도에서 중국인의 이성은, 베버가 말하였듯이, 세계에 순응할 것을 주장하며 자연을 개조하는 것이 아니다. 둘째, 서양의 합리주의는 기독교의 궁극적 관심에 대해서 단지 도구적 의미를 지닐 뿐이며, 합리화는 도구적 이성의 확장을 불러일으킨다. 중국에서 합리성의 최종 기준은 비록 형이상학적 층위에 속하지만, 그것은 도덕의 기초이며 처음부터 끝까지 궁극적 관심 — 도덕과 긴밀하게 관련되어 있다. 오늘날까지도 중국인은 모두 왜 현대화와 합리화가 단지 도구적 이성에 속하는지를 이해하기가 매우 어렵다. 셋째, 합리성의 논증 과정에서 보자면 서양의 합리화는 이원론적 합리주의가 서양 근대문화의 주류가 되었음을 의미하며, 그것은 현대화의 거대한 추동력이었다. 이원론적 합리주의 중에서 유럽 대륙의 일부에서는 일원론적 이데올로기를 건립할 수 있는 가능성이 있었지만, 그것은 도덕이데올로기와 직접적으로 연계되지는 않았다(19세기 말, 20세기 초 서양의 파시즘과 마르크스레닌주의의 흥기는 다만 이원론적 합리주의가 위기에 직면한 결과이다). 중국문화의 합리화는 현대화와 직접적으로 관련이 없고, 처음부터 끝까지 도덕이데올로기를 재구성하는 심층적 동력이었다.

중국문화의 상식이성 정신과 서양 합리주의의 차이를 비교하는 것은 이 글의 과제가 아니므로 흥미를 가진 독자는 이와 관련된 전문적 논문을 참고하면 될 것이다.[26] 이 글의 핵심은 중국문화에 독특한 이성 구조와 서양의 현대적 합리주의 사이의 상호영향을 연구하는 것이다. 중국과 서양의 이러한 두 가지의 합리주의가 만났을 때 충격을 받은 중국은 자신의 합리성 논증 구조를 통해 서양의 합리주의를 이해할 수밖에 없었다. 이로 인해 서양의 현대적 합리주의가 또 다른 한 쪽의 문명에 전래될 때, 수용되는 정도와 형태는 필연적으로 고유문화의 합리성 논증 구조의 제약을 받게 될 것이다. 현대화는 서양적 의미의 합리화와 밀접한 관련을 지닌다. 따라서 우리는 서양의 합리주의와 중국의 전통적 상식이성 구조의 상호 영향으로부터 중국 현대화의 독특한 과정과 중국문화의 현대적 전환이라는 의미 구조를 살펴볼 수 있을 것이다.

1—4. 양무운동 시기 공공의 원리에 대한 경시

19세기 중엽 서양의 충격 아래 중국은 방위 현대화를 시작하게 되는데, 이것이 바로 30여 년 동안이나 진행된 양무운동으로, 자강운동이라고도 불린다. '방위 현대화'는 서양문명의 침입으로부터 방어하는 것을 목적으로 삼고, 국방의 현대화를 기점으로 삼아 점차 서양의 현대적 과학기술과 정치경제제도를 수용하는 과정을 가리킨다. 쉽게 알 수 있는 것이지만, 서양의 문물과 제도가 중국에서 뿌리를 내리기 위해서는 반드시 그것이 정당성을 갖추고 있다는 것을 증명해야 한다. 세계의 역사에는 국방 현대화의 필요에 의해 사회를 전통에서 현대로 전환시킨 사례로 최소한 네 가지를 들 수 있는데, 곧 프러시아, 일본, 중국, 오스만 투르크 제국이 그것이다.[27] 역사상 비교적 성공한 국방 현대화로서는 일반적으로 프러시아와 일본의 두 사례를 든다. 현대화에 뒤늦게 뛰어든 이들 두 국가는 서양의 기물과 제도를 수용함과 동시에 비교적 순리적으로 상응하는 합리성 논증을 건립하고 문화의 현대적 전환을 완성하였다. 그렇지만 중국의 양무운동까지 포함해서 살펴보면, 또 하나의 현상을 찾을 수 있다. 중국도 군수공장을 세우고 현대적 해군을 건립하면서 서양의 기술과 문물을 수용했지만, 합리주의를 특징으로 하는 서양의 합리성 논증 구조를 받아들이는 것은 매우 곤란한 일이었다.

중국문화의 정당성 논증이 이미 '리'를 합리성의 기준으로 삼고 있었다면, 서양 학습은 합리성을 갖추어야 하는 것이다. 이는 중국에 고유한 합리성의 최종 기준 — 천리를 넘어서 중국과 서양에 공통적인 보편적 원리를 찾고 아울러 이를 승인해야 함을 의미한다. 중국어에서 공공의 보편적인 원리는 '공리公理'라는 말로 표현된다. 서양의 합리주의를 수용한다는 것은 당연히 공리에 대한 추숭일 것이다. 따라서 이와 관련된 현상의 언어적 증거를 찾기 위해서, 우리는 〈데이터베이스〉 문헌 안에서 '공리'가 사용된 상황을 조사할 수 있었다. 이러한 조사 결과에 의하면, 양무운동 시기에는 주로 서양 선교사가 서양의 과학기술 지식을 소개한 중국어 저술에서 비로소 '공리'가 사용되었고, 사대부의 문헌에 사용된 예는 매우 적었다. 즉 사대부는 아직 중국과 서양에 두루 적용될 수 있는 또 하나의 보편적 원리가 있다고는 의식하지 못했다고 할 수 있다.

그러나 좀 더 심층적으로 분석해 보면, 어떤 상황에서 사람들이 국가의 경계와 문화를 초월하는 공공의 원리를 찾지 않을 수 없을 때는 대부분 '공리'라는 말을 사용하지 않는다. 가장 전형적인 예가 1864년에 번역된 《만국공법》이다. 이는 국제법에 관한 최초의 중국어 번역이다. 이 책은 서두에서부터 국제법의 근거를 논하면서, 국가의 경계를 초월하는 어떤 법률이 정당하기 위해서는 국가의 경계와 종족을 넘어서는 합리성의 기준을 전제로 삼지 않을 수 없다고 지적하였다. 《만국공법》은 서양 법리학의 각 학파의 관점을 서술하면서 국제법(공법)의 기원은 다만 두 가지, 즉 하나는 상제로부터 주어진 자연법이요 또 하나는 각국의 조약과 공인에 기초한 협의라고 주장했다. 매우 주의해야 할 것은 이 책이 실제로는 공공의 원리를 공법의 기초로 삼고 있지만, 문자상으로는 '공리'를 사용하지 않았다는 점이다. 이 책에서는 상제로부터 주어진 자연법을 '천리天理'·'성리性理'·'자연지리自然之理'로, 각국의 공인에 기초한 협의는 '상례常例'로 칭하고, "공법은 상례로부터 나온다"[28] 라고 했다. '상례'는 실제로 '공례公例'·'공리公理'를 가리키지만, 윌리엄 마틴과 중국어 번역 및 교열을 맡은 자는 왜 이 두 단어를 사용하지 않았을까?

그 원인이 의미심장하다. 이것은 중국문화에서 합리성 논증 구조와 직접 상관되어 있는데, 중국의 전통적 상식이성 구조에서 가장 보편적인 원리인 천리가 공리와 서로 모순된다는 것이다. 먼저, 의미론의 관점에서 보자면, '공공'은 두 가지 측면의 의미를 갖고 있다. 하나는 공동·보편적인 것을 대표하며, 또 다른 의미는 개인과 가정 밖의 영역을 가리킨다. 통상적으로 이 두 의미는 상호교차하며, '공공'이라는 말 속에 모두 포함되어 있다. '공공'의 첫 번째 의미에서 '보편'은 때때로 개인과 가정을 넘어선 그 외부를 가리키며 모든 사람에 대해 적용된다. 그래서 '공리'는 공공 보편의 원리이며, 또한 개인과 가정을 넘어선 그 바깥 영역의 원리이다. 유교문화에서 가장 보편적이고 중요한 것은 부자관계인데, 정이천은 "부자 사이의 사랑은 본래 공公이다"라고 말했다.[29] 주희도 또한 "부자 사이에 서로 감추어 주는 것이 천리와 인정의 지극함이다"[30]라고 말했다. 여기에는 잠재적 모순이 놓여 있다. 즉 공사 영역의 구분에서 말하자면, 부자관계는 '사'적 범위에 속하지만, 그것은 모든 인륜도덕과 사회질서의 기초이기 때문에 가장 보편적인 도덕적 질서를 대표한다. 따라서 부자관계는 또한 중국문화에서 공공의 보편적 원리의 기초이다. 중국문화의 합리성 논증 구조에서 사회질서는 가족관계의 연장으로 간주되기 때문에, 사회정의가 개인도덕·가정윤리로부터 도출된다고 할 수 있다. 이렇게 공공의 원리를 대표하는 또 다른 '공리'의 수용은 곧 천리를 전복시킬 수 있는 것이다.

단어의 의미에서 보면, '공'의 이러한 내재적 모순이 매우 분명히 드러난다. 중국어에서 '공'이라는 글자는 공공을 대표하는 것 이외에 또한 공정·공평·평등의 함의를 지니고 있다. 《설문해자》에서는 《한비

1. '천리'·'공리'·'진리'

자》〈오두〉를 인용하여, "스스로 둘러싸는 것을 사라고 하고 사와 반대되는 것을 공이라고 한다"라고 하였다(현행 판본 《설문》에서는 '사厶' 자 아래에 한비자를 인용하여 "자영自營을 사라고 이른다"라고 하고, '공公' 자 아래에 한비자를 인용하여 "사厶와 반대되는 것이 공이다"라고 하였는데, 이는 《한비자》의 원문과는 약간 다르다). '공' 자는 '공평한 분배'로 해석되고 '사' 자는 '간악함'으로 이해되어, 그 의미에 좋고 나쁨의 가치평가가 선명하게 들어 있다. 즉 공은 사에 대한 부정으로서 균등한 분배와 평등이라는 가치지향을 지니고 있다. 그래서 공공의 원리는 또한 평등·평균의 원리를 대표할 수 있다. 똑같이 한문의 '공' 자를 사용하더라도, 중국어와 일본어의 의미 및 이에 대응하는 관념은 같지 않으며, 이는 우리가 중국문화의 현대적 전환을 이해하는 데 매우 중요하다는 것을 지적하지 않을 수 없다. 미조구치 유조는 일본의 '공' 관념에는 평등·평균의 의미가 포함되어 있지 않고 다만 개인과 가정을 넘어선 그밖의 영역을 대표한다는 것을 논증하였다.[31]

이상에서 서술한 두 측면의 의미를 종합하면, 중국 정치문화의 주류적 가치를 대표하는 유교적 관념에서 '공'은 공정·공평·대공무사 등등 매우 긍정적인 의미를 갖고 있다. 그렇지만 공정·공평에 대한 유교의 이해는 곧 분배가 윤상등급에 부합해야 한다는 것이지 평등은 아니다(고대 문헌에서 '공'의 의미 분석에 대해서는 〈표 2.1〉 참조). 반대로 사회공공의 원리와 개인가정의 원리 사이의 차이를 강조한다면, 통상적으로는 가치상 가정의 해체와 윤상등급의 반대를 인정하는 것을 그 전제로 삼게 된다. 이것은 곧 유교를 반대한 노장과 도가학설에서 '공'을 '천도'와 '천리'로 간주하는 이유이다. 중국 전통문화에서 공적 영역의 원리를 강조하는 것은 이미 고유한 사회질서와 주류 가치에 반대하는 의미를 가질 수 있기 때문에, '공리'는 어떤 상황에서는 사랑에 차등이 있고 어른과 어린이 사이에 질서가 있다고 주장하는 유교의 '천리'와는 대립상태에 놓일 수 있다. 그래서 사대부들은 이 단어를 거의 사용하지 않게 되었다. 19세기 양무운동 시기에 이르러서도 사대부들의 저술 가운데 '공리'의 출현은 매우 드물다. 이 시기 사대부들은 특정 사회제도의 정당성이란 반드시 개인도덕과 가정윤리에서 도출되어야 한다는 생각을 견지하였고, 법률과 공적 영역의 각도에서 현대적 정치경제제도의 합리성을 확립하는 것에는 동의하지 않았다.

양무운동은 이미 양무라고 명명된 이상, 서양 사물의 수용이 정당성을 확보하기 위해서는 중국의 전통적 상식이성 속에 기생하지 않을 수 없었다. 당시 서양의 자유주의에 대한 소개를 통해 이러한 현상을 분석해 볼 수 있다. 1860년대 서양의 자유주의 정치경제학설이 중국에 전래되었는데, 그 가운데 영국의 선교사 프라이어John Fryer(1839~1928, 중국명 傅蘭雅)가 번역한 《좌치추언佐治芻言》(1885)이 가장 대표적이다. 이 책은 청일전쟁 시기 가장 중요한 사상가인 캉유웨이康有爲(1858~1927), 량치차오梁啓超(1873~1929), 장타이옌章太炎(1869~1936) 등에게 모두 많은 영향을 주었다.[32] 이 책은 사람에게는 누구에게나 자주지권自主之權이 있다는 서양 현대사회의 기본 원칙에서 출발하여 시장경제와 이에 상응하는 정치제도의 합리성을 논증하고자 했다. 내용상으로 보면 《좌치추언》은 서양의 민주정치와 자치를 말하고 있을 뿐만 아니라, 많은 지면에서 자본·공사公司·주식을 언급하면서 사유제와 시장의 조절을 논의하였다. 이 책에서는 정부가 경제에 간여해서는 안 된다는 이야기가 한두 차례에 그치지 않으며, 상업 중시가 국가 부강의 기초임을 주장하고, 서양 현대 경제학을 음역한 '이거눠미伊哥挪謎'라는 말을 사용하기도 하였다.[33]

그렇지만 서양 자유주의 정치경제제도의 합리성을 논증하는 이 저작이 중국어로 번역될 때 사용된 어휘는 사대부들의 이해에 영합하기 위해 때때로 원의로부터 멀어지게 되었다. 《좌치추언》 전체가 마치 중국 전통 사회의 시장경제와 인정仁政을 서술하는 것과 같고 이를 통해 상응하는 제도가 합리적이라는 것을 증명하고 있으며, 모든 것을 중국인이 잘 알고 있는 '자연지리自然之理'로 돌리고 있다. 〈표 1.4〉는 《좌치추언》에서 '리' 자의 용법이다. 여기에서 '자연지리'는 거의 예외 없이 경제 생활에서 상식과 인지상정을 가리킨다. 《좌치추언》은 중국인이 받아들인 상식과 인지상정을 통해 각종 합리성(사람들이 개인 이익을 쟁취하는 합리성과 국가가 경제에 간여할 필요가 없다는 것을 포함한다)을 설명하였다. 이는 서양의 현대적 경제·정치제도의 합리성이 중국문화의 상식이성 구조에 기생한 전형적인 사례이다.

사실상 상식이성에 종속된 중국의 경제윤리 구조가 비록 이익 추구 동기의 합리성을 승인하고 또한 상당한 정도로 사유재산제와 시장경제를 지지한다고 하더라도, 그 전제는 유교의 윤상등급과 서로 모순되지 않아야 한다는 것이다. 전통적 상식과 인지상정의 합리성이 지니는 가장 중요한 기능은 삼강오상을 위주로 하는 도덕질서의 합리성을 논증하고, 아울러 어떤 경제적 분배와 제도적 안배라 하더라도 반드시 윤상등급과 서로 일치할 것을 강조하는 것이었다. 이러한 논증 구조에서 개인의 이익 추구와 시장경제는 단지 하나의 보조 역할만 담당하며, 각종 새로운 제도는 기껏해야 전통적 인정仁政의 일부분이 된다.[34] 양무운동 시기에 수용된 서양 사물이 단지 기물 차원에 국한된 것은 바로 사대부들이 이러한 서양의 기물이 인정을 추동하는 도구일 수 있다고 생각했기 때문이다. 바꾸어 말하면, 국방 현대화가 단지 전통유학의 경세치용의 일부

○ 〈표 1.4〉《좌치추언》에서 '리理' 자의 용법 ○

예문	의미
可見國家酬庸之典, 與斯人貴貴之情, 皆天地間自然之理也.	인지상정으로 국가 포상의 전례를 추리
使之世守餘業, 弗墜家聲, 世世相傳, 自然之理也.	인지상정으로 유산의 합리성을 증명
擄掠人民, 以爲奴僕, 若此者皆非自然取利之理也.	인지상정으로 인민 착취가 불합리하다고 비판
於此可見作事爭先之理, 皆由人之本性而來, 凡事之假借, 而不本自然之理者, 止能行於暫時, 不能經久.	인지상정을 사회의 기초로 함
凡國內百姓, 其精力强壯, 知識明白者, 不能不出己力, 以爲衣食居處之資, …… 此天性自然之理也.	인지상정으로 노동에 따른 분배와 사유제를 논증
尤出天理人情之外, 皆非本學問所敢與知也. 往往專求利己, 不顧其事有害於人, 旣能求得錢財, 終非天理人情之正. 必先明其天然之理, ……	천리와 인정은 모든 학문의 기초
不能明萬物公共之理, 或明知其理又故犯其章程, 亦與禽獸無異.	공공의 원리가 장정장정章程의 기초이며, 인간이 원리를 인식할 수 있는 것은 금수와 다름
凡做工之人, 所得工資, 卽歸本人享用, 此爲自然之理.	인지상정으로 사유제와 국가의 시장에 대한 불간섭이 합리적임을 증명
人應得産業所生之利, 此爲天然之理. 此種租錢, 不必由國家律法所定, 其理出於自然, 如水之就下也.	자연지리로 사유제와 국가의 시장에 대한 불간섭이 합리적임을 증명
其言似乎不均, 然仔細思之, 亦是自然之理.	자연지리가 합리성의 최종 근거임
故工人多而工價亦賤, 此自然之理也.	자연지리로 시장 조절을 설명
以來求利, 皆有自然之理, 非立法所能預定也.	인지상정으로 인간의 이익 추구가 합리적임을 설명
貿易以取利, 自然之理也.	자연지리로 무역의 합리성을 증명
振作商務, 可使國中當饒, 此爲自然之理.	자연지리로 상업 장려가 국가 부강의 길임을 증명

1. '천리'·'공리'·'진리'

분으로 간주된 것이다. 서양의 물질문명이 의거하고 있는 정치제도와 가치 관념을 수용하고자 한다면, 곧 유교윤리가 중시한 전통적 사회 구조와 서로 충돌할 것이며, 양무운동 또한 폭풍우와 같은 반대에 직면하여 전개되기 어려울 것이다.[35]

서양의 합리주의적 논증이 전통적 상식이성에 스며든 또 하나의 예는 서양의 과학기술에 대한 평가이다. 과학은 서양의 현대적 합리주의의 중요한 합리성 기준이지만, 20세기 이전에 중국에 전래된 서양의 과학기술 지식은 줄곧 '격치'로 불렸다. '격치'는 '격물치지'의 약칭이며, 유학의 '8조목'인 '격물·치지·성의·정심·수신·제가·치국·평천하'에서 앞의 두 조목이다. 합리성 논증 구조에서 보자면, '8조목'은 인간이 도덕을 인식하는 합리성을 종합하고, 아울러 그것을 가정과 사회, 그리고 세계로까지 확대해가는 연쇄 과정이다. 격물치지의 목적은 천지만물의 이치로부터 도덕윤리를 인식하는 것이며, 이를 통해 자신을 수양하고 경세치용을 추진하는 것이다. 도덕윤리의 내용이 확립되면, 격치의 기능은 인지認知를 통해 유교적 천리에 대한 깨달음을 강화하고 선을 향한 의지와 도덕 목표를 실현하는 능력을 순화한다. 유교윤리와 사회질서가 아직 해체되지 않았을 때, 격치로서의 과학은 다만 주변적 가치만 가질 뿐이었다. 과학의 학습은 결코 세계를 인식하고 개조하기 위한 것이 아니라 경세치용의 일부분이었다. 이것이 곧 양무운동 시기에 중국 사대부의 의식에서 서양의 과학기술이 차지한 위상이다. 뒤편의 글에서 우리는 이 문제를 더 깊이 논할 것이다.

국방 현대화 과정에서 서양의 사물과 제도를 수용하기 위한 합리성 논증을 배척한 것은 양무운동이 제도 차원을 다루지 못하고 실패로 끝나게 된 내재적 원인의 하나이다. 1894년에 발발한 청일전쟁에서 중국의 참패는 양무운동의 파산을 선고하는 것이었다. 심각한 망국의 위협 하에서 청 조정과 수많은 지식인들은 마침내 전력을 다해 서양의 정치경제제도를 수용하지 않으면 중국은 망국으로 가는 길밖에 없다고 생각하게 되었다. 정치경제제도의 현대화 개혁을 위한 전제는 그 정당성을 논증하는 것이다. 이때 서양의 현대적 합리주의의 합리성 논증이 비로소 중국문화에 들어오기 시작하였으며, 서양의 현대적 합리주의가 중국의 전통적 상식이성에 서로 영향을 끼치면서 제2단계로 진입하였다. 이 단계에서 사대부들은 중국의 전통적 천리관을 넘어서 보다 보편적이고 중국과 서양에 공통적인 이치를 확인하고 수용하였으며, 이를 변법의 기초로 삼고자 노력하였다. 1896년 '공리'는 마침내 사회사상의 전면에 나서게 되었다(〈그림 1.1〉 참고).

1—5. '공리'의 발흥·의미 유형 및 그 불안정성

'공리'라는 말은 고대 이래로 있었다. 예를 들면, 《삼국지》〈오서吳書〉에서는 "염豔과 선조랑 서표徐彪는 오직 사적인 감정에 따르고 애증이 공리에서 나온 것이 아니라고 사람들이 다투어 말을 했다"[36]와 같은 용법이 있다. 우리가 이미 논증하였듯이, 공공의 원리와 천리 사이에는 잠재적 모순이 있기 때문에 역사적으로 유학을 신봉하는 사대부들은 이 단어를 거의 사용하지 않았다. 우리는 《한달고적자료 데이터베이스》[홍콩 중문대학 중국문화연구소가 만든 중국고전 데이터베이스 — 옮긴이]에 수록된 선진·양한시대부터 위진남북조시대에 이르는 26종의 문헌자료를 검색하였는데, 그 가운데 '공' 자가 사용된 빈도는 매우 많았지만, '공리'는 거의 보이지 않았다.

  1895년 이전에 '공리'는 거의 사용되지 않았다. 《격치휘편》에서 주로 등장한 것은 자연계의 보편 원리를 가리키는 것으로서, 자연과학의 일정한 법칙을 표현하는 데 사용되고 가끔은 경제 사무에도 사용되었다. 이 단어를 사용한 것은 대부분 선교사였으며,[37] 중국 사대부가 가끔 이 단어를 사용하기도 했지만 매우 드물었다. 이는 유학이 사적 영역과 공적 영역(즉 사회정치제도)에서 동시에 정당성의 기초가 될 때는 '공리'가 광범하게 사용될 수 없다는 것을 보여주고 있다. 청일전쟁에서 패한 뒤로 '공리'가 빈번하게 사용되었는데, 주로 중국과 서양의 공공의 원리를 가리키며 상유上諭[황제의 조서 — 옮긴이]와 대신들의 상소문에도 빈번하게 등장했다.[38] 1900년부터 1915년까지 '공리'가 내포하는 의미는 진화론과 개인의 권리로 더욱 구체화되었다. 이는 분명 사적 영역의 유교윤리와는 다른 종류의 원리이다.

  '공례公例'는 '공리'와 동의어로, 보편적 원리와 공적 영역의 원리를 표현하는 또 하나의 단어이다. '공례'의 의미는 두 가지가 있다. 하나는 '공리'와 같이 자연계의 보편적 법칙을 가리키는 것으로서 청일전쟁 이전에는 주로 《격치휘편》에 나타나며,[39] 또 하나는 국제법의 조례를 가리킨다.[40] 이들 두 어휘의 미묘한 차이는 다만 '공례'가 사안으로부터 보편적 원리(예컨대 법규)를 귀납적으로 도출한다는 의미에 있다.[41] '공리'와 마찬가지로 유교윤리가 공사 두 영역을 점하고 있을 때 '공례'는 거의 사용되지 않았다. '공례'는 국제법을 따라서 공리로 변하였고, 특히 《천연론天演論Evolution and Ethics》(1897)에 의해 유행되고 보급되었다.

  '공리'가 사대부들이 쓰는 말에 두드러지게 나타난 것은 대략 1895년 청일전쟁에서 패한 이후의 일이다. 우리가 본 자료에 의하면, 프로테스 탄트 선교사 이외에 사대부의 정치 어휘에 '공리'를 끌어들인 것은 허치 何啓(1859~1914)·후리위안胡禮垣(1847~1916)·량치차오·캉유웨이·쑹수 宋恕(1862~1910) 등이었다.[42] 캉유웨이는 《실리공법전서實理公法全書》에서 '기하공리'를 제시하고 그것을 통해 인류사회의 보편적 공법을 도출하 고자 노력하였다. 캉유웨이는 《실리공법전서》에서 다음과 같이 '공'과 '공법'을 해석하였다.

> 공중公衆의 공이 있다. 이 책은 곧 공중의 책이라고 하는 경우가 그것이다. 한 사람의 책이 아니기 때문이다. …… 기하공리의 공이 있다. 1, 2, 4, 8, 16, 32 와 같은 것이 그것으로, 일정한 법칙이 있다. 기하공리로부터 일정한 법칙을 도출한 것이 곧 공법의 일단이다. …… 공추公推의 공이 있다. 천하의 제도는 기하공리가 미칠 수 없는 것이 많기 때문이다. 기하공리로부터 도출된 법칙이 없어서 사람에 의거하여 세운 법은 본래 일정하지는 않으니, 인도人道에 가장 유익한 것을 추출하여 공법으로 간주할 뿐이다. 그렇지만 여러 사람이 공동으로 추론한 것이기 때문에 공추라고 한다.[43]

여기에서 캉유웨이는 명확하게 '공'의 이중적 의미를 구분하였다. 하나는 개인을 초월하는 보편성을 가리키고, 다른 하나는 공공이다. 위의 글에서 제시한 "공적으로 추출한다는 공", "여러 사람이 공동으로 추론한 것이므로 공이라고 한다"라는 것은 모두 공공영역과 직접 관련된다. 우리가 본 문헌에 의하면, 이는 사대부가 처음으로 공공의 원리를 이용하여 사회제도와 법률의 정당성을 논증한 것 같다.[44] 오늘날 학계에서는 《실리공법전서》가 언제 쓰인 것인지 단정할 수 없지만, 원문에서 1891

년 프랑스의 인구통계 데이터를 제시하고 있기 때문에 일반적으로 1891년 이후, 청일전쟁 이전이어야 한다고 간주하고 있다.[45] 캉유웨이는 이 책에서 비록 기하공리를 인류 공법의 최종적 기초로 간주하고 있지만, 동시에 기하공리로부터 도출될 수 있는 공법이 매우 적다는 것을 인정하였다. 그는 최종적으로는 실리實理를 인류사회의 이상적 제도의 근거로 삼았다. 사실 일종의 보편 사조로서 '공리'가 상소문과 신문잡지의 언론에 급격히 출현하여 정치사회제도의 합법성의 근거가 된 것은 당연히 청일전쟁 이후이다.[46]

량치차오의 《변법통의》는 '공리'를 변법의 근거로 삼았다. 그는 일찍이 '공리'가 서양 근세의 개념으로서 그리스·로마의 학술 전통을 계승하였다고 지적하면서, 서양에서 이학理學에서 공리로 발전한 역사를 다음과 같이 개괄하였다.

서양에서 그리스가 강성했을 때 문물이 이미 크게 발전하였고, 탈레스 등 일곱 사람이 7현으로 불리면서 전적으로 궁리격물의 학문으로 일세를 풍미하였다. 헤라클레이토스·소크라테스·플라톤·키닉학파 안티스테네스·디오게네스·아리스토클레스·데모크리토스·조로아스터 등이 차례로 나와 이학理學으로 이름을 떨쳤다. 아리스토텔레스·피타고라스·유클리드·티마이오스 등은 사물의 이치를 밝혔으며, 그들의 각 저술은 깊고 오묘하여 근세 격치가들은 모두 그들의 저작을 조술한 것이다. 이후로 그로티우스·푸펜도르프 등이 필부의 몸으로 공리를 발명하여, 후세 공법의 시조로 간주되었다. 그러므로 서양의 학문에 통달하고자 한다면 반드시 그리스·로마의 명리名理에 관한 서적에 기초해야 한다.[47]

이 밖에 량치차오는 또 "공리는 본래 그러한 것이며 사람이 만든 것이 아니다"라고 강조하였다.[48] '공리'는 공공과 보편의 원리로서 객관적 근거가 있으며 인위적으로 구상된 것이 아니라는 것이다. 한 걸음 더 나아가 량치차오는 '공리'는 중국의 윤리 문제를 포괄하며 심지어 천리라고 생각했다. 그는 "예의가 있는 것을 중국이라 하고 예의가 없는 것을 이적이라고 한다"라는 구절을 해석할 때, "예란 무엇인가, 공리일 뿐이다"라고 지적하면서, 예로써 리理를 대신한다는 청대 초순焦循(1763~1820, 里堂은 字)·능정감凌廷堪(1755~1809, 次仲은 字)의 주장을 인용하여 논증하였다.[49] 량치차오는 예를 공리에 귀착시켰고, 이때 공리는 중서고금을 포괄하는 보다 보편적이고 포괄적인 도덕이었다.

'공리'라는 말에 대한 캉유웨이와 량치차오의 용법은 1894년 이후 '천리'가 보다 보편적인 공공의 원리로 도약한 것을 보여 준다. 그렇지만 《변법통의》와 《실리공법전서》에서 제시된 '공리'는 실제로는 삼세설三世說에 근거를 두고 있으며, 이는 금문경학의 유기적 구성이 창조적으로 전환된 부분이다. 정당성 논증 구조에서 볼 때, '천리'를 중국과 서양의 공공의 원리로 치환한다면, 결코 서양제도의 정당성 논증으로 그것을 유효하게 끌어올 수 없을 것이다. 무술변법이 실패함에 따라 캉유웨이의 금문경학은 신속하게 쇠퇴하고 변법의 이론적 근거가 되지 못했다. 여기에 캉유웨이와 량치차오가 사상적으로 극복하지 못한 하나의 장애를 지적하지 않을 수 없다. 중국의 전통적 정치문화는 유교의 도덕철학을 기초로 삼고 있지만, 서양 근대 정치경제제도의 정당성을 담보해 주는 근거는 도덕에만 그치는 것이 아니다. 서양 현대성의 배후에 있는 가장 중요한 가치 — 개인의 권리는 도덕과는 전혀 다른 정당성이며, 선을 향한 의지로는 논증할 수 없는 것이다.[50] 도덕의 합리성으로서는 약육강식의 경쟁, 시장경제 중의 사유재산권, 형식법규가 도덕가치의 합리성보다 상위라는 것을 이해하기는 매우 어렵다. 따라서 중국의 전통적 리理를 아무리 확대하더라도 그것은 단지 도덕적일 수밖에 없으며, 서양의 현대적 정치경제제도의 정당성 논증을 포용할 수 없다. 합리성 논증의 도덕적 속성을 벗어나기 위해서는 도덕을 핵심으로 하고 있는 중국의 전통적 상식이성의 논증 구조를 타파해야 하는 것이다. 이러한 조건은 의화단운동 이후에야 비로소 갖추어진다.

'공리'가 진정으로 도덕적 의미와는 다른 정당성을 얻게 된 것은 옌푸 嚴復(1854~1921)가 번역한 《천연론》에서 시작되었다. 그렇지만 옌푸 본인은 '공리'라는 말을 즐겨 사용하지 않았고, 《천연론》에서 '공리'라는 말이 사용된 것은 매우 적다. 예를 들면, 연역법을 이야기할 때 "외류外籒[deduction에 대한 옌푸의 중국어 번역 — 옮긴이]라는 것은 공리에 의거하여 모든 일을 판단하는 것이다"[51]라고 언급하였는데, 공리는 연역의 근거였다. 그리고 책의 말미에서 "대체로 중국과 외국, 옛날과 지금 원리를 말하는 것은 두 가지 계통이 있는데, 하나는 학문에서 나오고 다른 하나는 종교에서 나온 것이다. 종교에서는 공리를 하늘에 귀속시키고 사욕을 인간에게 귀속시키고자 한다"[52]라고 서술하였다. 이는 옌푸가 생존경쟁과 자연선택을 '공리'로 말하는 것을 피하고 있음을 말해 준다. 그는 진화론의 원리를 언급할 때 '공례'라는 말을 사용하기를 더 원했다.[53]

옌푸가 진화론을 '공례'로 지칭하였기 때문에 '공례'는 매우 많은 경우에 '공리'의 대명사가 되었다. 1898년에 출판된 《천연론》에서 변화를 추구하는 보편적 원리로서 '공례'는 또한 공리의 함의를 가지면서 도덕적 위상에서 상당히 이탈하여 개인의 독립, 이기적인 경쟁, 개인의 권리,

강권 등의 의미를 포함하게 되었다. 이는 국가의 부강, 개인의 자주, 시장경제의 정당성을 논증하는 데 사용되었다. 이는 또한 '생존경쟁, 자연선택, 적자생존'의 사회다윈주의로 단순화되었다. 의화단사건 이후 청조정은 1901년 신정을 추진했고, 1905년 예비입헌을 선포하였다. 서양의 헌정과 각종 정치 관례가 청 조정이 고찰하고 수용할 대상이 되면서, 서양제도의 합리성 논증은 바로 그것이 공리임을 가리키는 것이었다. 당시 '공리'는 급격히 해외 유학생들의 구호가 되었을 뿐만 아니라, 또한 청 조정의 입헌이 의거해야 할 이론적 근거였다. 1908년 장타이옌은 일찍이 '공리'가 관과 민간이 상하 일치하여 떠받들던 상황을 이렇게 표현했다. "옛날에 신성불가침이던 것은 명분이었다. 오늘날 사람들이 신성불가침으로 생각하는 것은 첫째 공리요, 둘째 진화요, 셋째 유물惟物이요, 넷째 자연이다"[54]

종합하자면 '공리'·'공례'는 1895년부터 1915년까지의 문헌에서 대체로 네 가지 전형적인 의미 유형이 있으며,[55] 간략히 서술하면 다음과 같다.

첫째 유형은 '공리'가 공공의 보편적 원리를 대표하는 것이다. 이는 천리와 같은 중국 고유의 보편 원리를 넘어 중국과 서양에 공통하는 원리이다. '공리'는 서양이 고대 그리스·로마문화를 계승하여 이루어낸 근대의 발명품이다. 이 점은 우리가 앞에서 거론한 량치차오의 《변법통의》가 대표적이다. 1895년 이후에는 서양 학문의 수용이 정당성을 획득하였고, '공리'의 의미는 바로 중국과 서양에 보편적으로 통하는 원리였다. 예를 들면, 1897년 《시무보》에 실린 〈부국책 중역〉이라는 글에서는 서양의 경제학을 "역시 천하고금의 공리이다"[56]라고 언급하였다. 당시 문헌에서 이러한 서술방법은 매우 일반적이었다.

둘째 유형은 중국의 전통적 천리를 이용하여 '공리'를 논하는 것이다.

예를 들면, 량치차오는 다음과 같이 서술하였다.

> 예의가 있는 것을 중국이라 하고, 예의가 없는 것을 이적이라 한다. 예란 무엇인가? 공리일 뿐이다(리理를 예로 해석하는 것은 곧 한대 유가의 훈고이며, 청대에 초순과 능정감이 이 학설을 크게 발전시켰다). 의란 무엇인가? 권한일 따름이다(번우番禺 한공암韓孔菴 선생의 의에 관한 주장은 전적으로 이 이치를 밝힌 것이다). 지금 우리 중국은 공리를 모르고 권한을 모르는 4억의 사람들이 모여서 서양의 나라와 함께 살고 있다.[57]

이 유형은 '천리'를 개조한 것과 개조하지 않은 두 가지 경우를 포함한다. 군주에 반대하고 변혁을 주장한 탕차이창唐才常은 1897년 "공리는 요순 3대에 군주와 민이 공유한 권형이다"[58]라고 말했다. 불변을 강조한 경우는 어떤 자가 솔직하게 말했듯이 "공자가 곧 공리이다"[59]와 같은 것이다. 이 두 가지 경우에 '공리'는 모두 중국의 '천리'가 원래 갖고 있었던 논증 구조를 갖고 있으며 객관적인 도덕적 윤리 속성을 구비하고 있는데, 이는 상식으로부터 귀납적으로 얻은 것이다.

셋째 유형은 '공리'와 '공례'가 도덕의 영역을 벗어나 '생존경쟁, 자연선택, 적자생존'의 사회다원주의를 가리키는 데 사용되거나 혹은 강권, 개인의 권리, 군체群體의 자주성, 자치 등을 대표하는 것이다. '공리'는 더 이상 도덕적 정당성과 같지 않다. 예를 들면, 탕차이창은 1898년에 "변화를 잘하는 것이 국가를 다스리는 공리이고, 날로 새로워지는 것이 종족을 발전시키는 출발점이다"[60]라고 말했다. 또 량치차오는 다음과 같이 말했다.

약육강식과 우승열패는 천연天演의 공례이다. …… '자유'의 쾌락은 노예가 알 수 없으니, 지금 바꾸어 말하면 민권의 공리는 노예가 감히 말할 수 없는 것이다.[61]

넷째 유형은 '공리가 새로운 도덕 혹은 도덕적 성격이 매우 강한 사회주의를 대표하는 데 사용된 것이다. 예를 들면, 평등을 공리로 간주하고 혁명을 공리로 칭하는 경우이다. 이러한 유형에서 대다수의 '공리'는 파괴, 절대자유, 모든 장애를 제거함 등과 같이 유교의 본래적인 윤리를 부정하거나 가치를 전도시킨 것이다. 예를 들면, "온갖 종류의 불평등, 온갖 종류의 공리에 반하는 것은 인간 세상에 모든 고뇌를 초래한다"[62]라는 것이다. 또 예컨대 20세기 초 민족주의는 일종의 새로운 도덕이었으며, 또한 '공리'로 불렸다. 양두성楊篤生은 《신호남》에 실은 글에서 사회다윈주의를 이용하여 제국주의를 민족주의의 뿌리로 지칭하고, 이어서 민족주의를 인생의 공리와 천하의 정의에 부합하는 새로운 도의로 보았다.

오늘날 지구의 여러 나라에서 가장 기세가 강한 것은 제국주의이다. 이 제국주의는 실로 민족주의를 그 뿌리로 하고 있다. …… 그러므로 민족주의는 인생의 공리요 천하의 정의이다. 이 주의를 막고서 나아가지 못하게 하는 것은 와신상담하고 창과 칼을 갈고 닦아 대적하려는 것일 뿐이다. 공리가 그러하고 정의가 그러한 것이다.[63]

물론 이상과 같은 네 가지 '공리'의 의미 유형은 결코 절대적인 것이 아니며, 언제나 의미가 혼합된 중간 유형이 있지만, 이 글에서 일일이 예를 들지는 않겠다.

 사상사의 내재적 맥락에서 분석하면, '공리'가 1901년 이후 청 조정이 신정과 예비입헌을 추진할 때 서양의 정치경제제도를 수용하는 근거가 된 까닭은, 사회다원주의가 도덕과는 완전히 다른 내용을 거기에 부여한 것 이외에, 더 중요한 요인으로 의화단사건 이후 중서이분이원론이 관변이데올로기가 되었기 때문이다. 결과적으로 전통적 상식이성의 논증 구조가 단절되었고, 따라서 서양의 현대적 합리주의가 부분적으로 확립될 수 있었다. 이원론 이데올로기란, 전통적 개인도덕·유교윤리와 (우주질서를 포함하여) 공적 영역의 원리가 서로 침투할 수 없는 영역으로 분리되어 사회 영역의 '리'가 개인과 가정윤리로부터 도출되는 구조를 타파하는 것이다. 이는 청 조정이 자신의 권력을 유지하고자 하면서 한편으로는 개혁을 추진하려 한 데서 비롯된 의도하지 않은 결과였다. 전통적 상식이성의 구조에서는 사회의 공적 영역의 원리가 유교의 도덕으로부터 추출되므로, 서양의 공공영역의 원리는 유가의 윤상등급과 서로 모순된다. 이러한 내재적 충돌을 극복하고자 한다면, 오직 사회의 공공영역과 개인의 가정윤리를 서로 간여할 수 없는 두 영역으로 구분하는 것뿐이었다. 그래서 사적 영역의 전통윤리는 여전히 군권君權·신권紳權·족권族權의 합법성을 지지하고, 사회의 공적 영역에서는 서양의 원리로 신정과 입헌을 지지할 수 있었다. 우리는 《중국 현대사상의 기원》에서 의화단사건 이후 관변이데올로기는 중국의 학문과 서양의 학문을 서로 간여할 수 없는 것으로 간주하는 이원론이며 그것이 사회사상에 끼친 각종 영향에 관해 상세하게 논하였다.[64] 정당성 논증의 관점에서 보자면, 이러한 이분법은 의심할 여지없이 서양의 현대적 합리주의를 수용하는 데 도움이 되며, 공리가 마침내 서양으로부터 현대화 개혁을 학습하는 이론적 근거가 된다. 위스마이于式枚(1853~1916)는 당시 조정에서 상하가 서양의 법제를 모방하고자 경쟁하는 모습을 매우 생동적으로 그리고 있는데, 이는 양무운동 시기 '공리'를 배척하던 것과는 완전히 상반되는 모습이다.

광서 초년에 전 시랑 궈슝타오郭嵩燾(1818~1891)가 서양의 법제를 이야기했을 때 사람들은 괴이해 하고 놀라면서 중국의 고유한 것은 의심할 수 없다고 생각했다. 지금은 그렇지 않다. 요순·문무·주공·공자의 도, 한·당·송·명의 현명한 군주와 지혜로운 재상의 치세를 말하면 모두 부족하다고 생각하거나 혹은 그런 사람이 있었는지도 모른다. 최근 남쪽 지방에서 헌법을 반포했는데, 입헌이라는 송사頌詞는 4천 년 역사를 쓸어버리는 말이 되었다. 영국·독일·프랑스·미국의 제도는 나폴레옹과 워싱턴이 창조한 것이요, 루소·벤담·몽테스키외의 주장인데 일본이 이를 본받아 이토伊藤와 아오키靑木 등이 직접 찾아가서 배웠으니, 마음으로 기뻐하며 당연히 실행해야 한다고 생각한다. 전후 20여 년 사이에 풍기가 이처럼 변했다.[65]

신정 시기 개혁에 관한 관원과 신사의 많은 주장을 보면, 중체서용에서 서학의 용用은 궁극적 관심인 체體에 크게 간여하지 않고 서양의 현대화는 단지 일종의 도구일 뿐이었다.[66] 당시 사대부만이 '공리'를 말한 것이 아니라 심지어 고관대신·지방관원·관변 문서에서도 모두 '공리'를 빌어 서양의 정치제도를 수용하는 근거로 삼고자 했다. 이쾅奕劻(1838~1917)은 "각 독무督撫 대신들이 국가에 충성하면서 어려운 공무를 힘써 맡고 있다"라고 칭찬하면서, 그들이 "모든 일을 공리에 비추어 처리하면서 상하의 정을 소통시키고자 한다"[67]라고 했다. 장런푸張仁黼(1848~

1908)는 상소문에서 "동서 각국의 삼권분립에서 입법의 권한은 의원에 맡기지 않을 수 없다. 그러므로 민정을 따르고 공리에 부합한다. 재가하는 권리는 여전히 군주에게 있지만, 여론의 공론을 채택할 뿐만 아니라 전횡하는 폐단도 없다"[68]라고 말했다. 그렇지만 그들은 아직 이러한 이원론적 관변이데올로기의 출현이 중국의 전통적 상식이성 구조와 합리성 논증의 단절을 불러올 것이라는 사실을 의식하지 못하였다.

주목해야 할 점은 이러한 단절이 어떤 영향과 변화를 초래하였는가 하는 것이다. '공리'라는 말은 중국의 정치문화 용어로는 다만 과도적인 어휘이며, 또한 불안정한 것이라고도 말할 수 있다.

이제 '공리'·'공례'가 이 시기에 사용된 빈도의 변화 상황을 살펴보기로 하겠다. 우리는 〈데이터베이스〉에 의거하여 아래와 같은 분포도를 얻었다.[69] 〈그림 1.1〉은 '공리'·'공례'라는 두 단어의 사용빈도가 1895년 이후 신속하게 고점에 도달했다는 사실을 보여 준다. 이는 청일전쟁이 중국에서 조야朝野의 사상적 대전환에 거대한 영향을 끼쳤고, 중국이 대변혁을 위해서 새로운 합리성의 논증 기초를 찾아야 했다는 것을 보여 준다. 1894년 이후 변법의 경향을 보이는 지식인들은 주로 중국과 서양에 공통적인 원리를 통해 서양의 현대적 정치경제제도를 수용하는 근거로 삼았다. 19, 20세기의 교차기에 흥기한 사회다윈주의, 러일전쟁의 충격, 신정의 실시에 따른 입헌의 전개에 수반하여 1904년부터 1906년까지 또 한 번 고점이 나타나지만, 1911년 이후에는 신속하게 하강하였다. 또한 이상의 통계 추세는 중국어에서 '공리'가 매우 짧은 기간 동안 사용된 이후로는 별로 사용되지 않는 어휘가 되었다는 것을 구체적으로 보여주고 있다고 할 수 있다.

사실상 이원론 이데올로기는 청 조정과 신사계층이 서양의 제도를 수

○ 〈그림 1.1〉 '공리'·'공례'의 사용빈도(1860~1915) ○

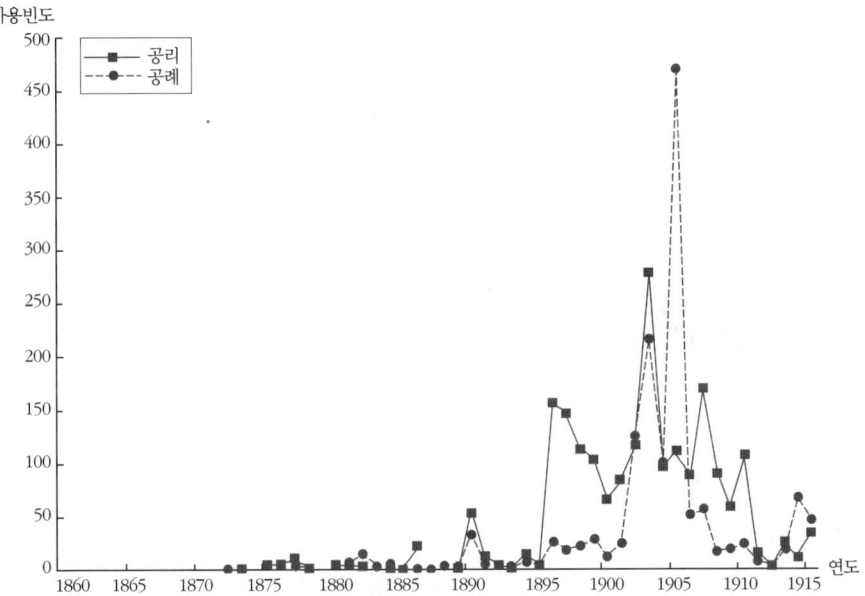

용하지 않을 수 없는 상황에서 또한 자신들의 정치적 특권을 유지하려 한 데서 비롯된 산물이다. 중서이분이원론이든 혹은 '공리'를 도덕과는 완전히 동일하지 않은 위치에 두든 간에 모두 의식적인 것은 아니었다. 그래서 혁명파와 급진적 지식인이 모두 이원론 이데올로기를 인정하지 않았을 뿐만 아니라, 입헌파가 '공리'에 대해 합리성 논증을 할 때에도 자신도 모르게 전통적 상식이성 구조를 사용하였다. '공리'에 잠재된 도덕화 경향 때문에 사회다원주의나 권리 관념에 대해서도 사람들은 모두 언제나 도덕 합리성을 통해 논증하였고, 평등과 혁명 등 새로운 도의에 대해서도 그 논증 방식은 거의 예외 없이 중국인이 익히 알고 있던 상식 합리성 구조를 따랐다. 예를 들면, 왕징웨이汪精衛(1883~1944)는 종족혁명이 필요한가를 둘러싼 논쟁을 벌였을 때, 일찍이 먼저 귀납법을 이용하여 민족 동화라는 '공례'를 얻고 나서, 이 '공례'로부터 만주를 배척하는 민족혁명의 정당성을 도출하였다.[70] 분명 왕징웨이가 귀납한 대상은 사회 상식에 속했고, 얻어낸 '공리'는 새로운 도의(도덕)에 속한 것이다. 이와 같이 상식으로부터 '공례'를 구하는 추리는 바로 중국의 전통이 상식합리로부터 도덕적 합리성을 논증하는 기본 구조이다. 이를 통해 우리는 다음과 같이 추론할 수 있다. 청 조정과 정치경제적 특권을 가진 입헌파가 타도되고, 중국 지식인들이 진화론과 각종의 새로운 과학지식을 현대 상식으로 삼고 서양의 이원론적 합리주의와 유사한 합리성 논증 구조가 더 이상 존재하지 않고 나서야, 중국은 또다시 현대화의 정당성 논증에서 전적으로 새로운 국면에 직면하지 않을 수 없었다는 것이다.

　이 밖에 지적하지 않을 수 없는 것은 사회의 공공영역과 유교윤리를 서로 간여할 수 없는 영역으로 구분하는 것은 단지 청 조정과 입헌파의 관점이었고, 반만주족을 주장한 혁명파와 해외로 나간 수많은 유학생들이 중서이분이원론을 반드시 인정한 것은 아니라는 사실이다. 당시 '공리'는 사회다원주의 및 중국과 서양에 공통적인 원리를 의미했을 뿐만 아니라, 더 복잡한 함의를 지니고 있었다. 위에서 서술하였듯이, '공리'는 본래 유교의 윤상, 평등과 균등을 주장하는 전통적 내용을 전복시키는 의미를 지니고 있었다. 혁명파가 이미 현재의 정치사회 질서를 전복시키는 것이 중국 현대화의 전제라고 인정한 이상, 그들은 자연스럽게 '공리'가 지닌 유교윤리에 반대하는 내용을 받아들였다. 즉 그들이 생각한 '공리'는 보편적 공공의 원리였으며, 진화론 이외에도 또한 평등이나 모든 장애를 제거하자는 혁명 등의 의미가 갖추어져 있었다. 예를 들면, 쩌우룽은 "혁명은 천연의 공례요, 혁명은 세계의 공리이다"[71]라고 주장하였다. 이와 유사하게 모든 장애를 걷어내자는 혁명이 천연과 함께 공리가 되었고, 차별이 없고 절대적으로 균등하며 도덕적으로 고상한 사회인 대동 또한 천연, 공리와 서로 연계되어, "일을 맡은 자는 오직 천연의 공례를 따라서 대동의 공리에 도달할 뿐이다"[72]라고 하였다. 평등이든 모든 장애를 걷어내는 혁명이든 모두 일종의 도덕적 경지를 대표하며, 대동은 숭고한 도덕적 이상이 세계에 실현되는 것을 의미하였다. 무정부주의를 주장하는 자들마저도 모두 공리를 말하는 데 매우 열중하였다.

위에서 서술한 분석은 서양의 합리주의가 중국의 근대 사회제도개혁의 정당성 논증 구조 안으로 들어올 수 있었고, 그 중요한 전제는 중서이분이원론 이데올로기가 공적 영역과 유교윤리를 서로 간여할 수 없는 두 영역으로 구분하는 것이었음을 말해 준다. 즉 공적 영역의 원리가 비로소 전통적 상식이성의 합리성 구조의 인력장引力場에서 벗어나고, 도덕과는 전혀 다른 서양의 정당성(예컨대 개인 권리)이 비로소 합리성의 기준이 되었다는 것이다. 이처럼 사적 영역에서는 유교윤리를 논증하는 판단 근거가 여전히 전통적 상식과 인지상정이었지만, 공적 영역에서 서양 정치경제제도와 개인 권리의 정당성의 수용은 전통적 상식과는 동일하지 않은 서양의 새로운 지식에 기초한 것이다. 서양의 현대적 합리주의적 합리성이 전통적 상식이성 구조에서 벗어난 표지 중 하나는 '과학'과 '격치'가 분명하게 구별되었다는 점이다. 바로 이 시기에 사대부들은 더 이상 '과학'을 '격치'로 부르지 않았고, 분과 학문으로서의 '과학'이 독립적 지위를 획득하였다. 그렇지만 이원론 이데올로기는 결코 중국 전통문화가 의식적으로 합리화한 산물이 아니라, 청 조정과 보수적 사대부들이 자신의 권력을 견지하고 이익을 얻기 위하여 부득이하게 시행한 개혁으로부터 만들어진 비의도적 결과라는 점을 지적해 두지 않을 수 없다. 이 이원론은 결코 중국인의 전통적 추리 방식에 부합하지 않았기 때문에 또 다른 잠재적 결과를 초래하였다. 즉 서양의 현대적 합리주의의 수용이 불안정하였다는 것이다. 아래의 분석을 통해 우리는 일원론적 사유방식을 이용하여 공리를 일종의 새로운 도덕 역량으로 간주하는 사고방식이 공리를 도덕과는 다른 정당성으로 보는 방식에 비해 훨씬 더 큰 역량을 가졌으며, 동시에 정당성은 또 다시 일원론적 논증 구조로 들어가게 되었음을 알게 되었다.

1—6. '진리'의 의미: 현대적 상식의 '리'에 대한 이해

1915년 신문화운동의 서막이 열렸다. 지식사회학의 입장에서 분석하면 신문화운동과 지식인단체의 변화는 밀접하게 관련되어 있다. 1915년은 바로 청 조정이 과거제도를 폐지하고 서양의 현대적 교육을 수용한 지 10년이 된 해이고, 신세대 지식인이 성장하여 문화의 주체가 된 시기였다.[73] 신지식인의 숫자는 전통적 신사계층의 10배였으며, 그들은 청 조정의 통치나 전통적 신사계층의 여러 특권과는 전혀 관련이 없었다. 그들은 유교윤리와 사회 공공의 원리를 서로 간여할 수 없는 영역으로 구분할 필요성을 느끼지 않았다. 우리는《중국 현대사상의 기원》에서 일찍이 신지식인들의 전면적 반전통의 전제가 신정 시기 이원론 이데올로기에 대한 부정이었다고 주장하였다.[74] 천두슈陳獨秀(1879~1942)의 "윤리적 자각이 우리의 최후의 각오이다"라든지 아니면 우위吳虞(1874~1939)

가 충은 효의 연장이며 황제의 전제는 가부장제와 동일한 구조라고 한 것은 모두 지식인들이 개인도덕·가정·사회 영역·우주론을 새롭게 파악하고 있음을 말해 준다. 이원론이 쇠퇴함에 따라 서양의 현대적 이성의 논증 구조 또한 존재할 수 없게 되었고, 그 결과 공리·권리 등 일련의 관념에서 도덕적 내용이 계속해서 강화되었다.

청 조정에서 신정과 예비입헌을 추진하던 시기에 공리에 잠재된 도덕화 경향이 확대되었지만, 끝내 약육강식의 세상에서 개인이 권리를 다투는 사회다원주의를 도덕 영역에 끌어들일 수는 없었다. 1911년 이후 서양 민주정치의 도입이 실패하고 사회다원주의가 또다시 유행하지 못함에 따라, '공리'는 신속하게 도덕의 대명사로 변했다. 우리는 《신청년新青年》·《신조新潮》·《매주평론每週評論》·《향도주보向導週報》·《소년중국少年中國》 등에서 '공리'와 '공례'의 용법을 검토하여, '공리'라는 말에 네 가지 의미가 있다는 것을 발견하였다. 첫째, 물경천택과 적자생존이다. 둘째, 수리와 기하논리의 원리에서 비롯된 것이다. 셋째, 도덕과 정의이며, 자유와 평등을 주장하며 강권과 대립하는 것이다. 넷째, 서양의 보편적 공공의 원리에서 온 것이다. 이 네 가지 의미 가운데 어느 것이 주도적 지위를 차지하였는가? 〈표 1.5〉는 이 다섯 잡지에서 '공리'의 여러 용법에 대한 빈도를 통계한 것이다. 《신청년》에서 사회다원주의와 관련된 '공리'는 단지 전체의 21퍼센트를 차지하며, 그밖의 함의는 기본적으로 도덕(서양에서 온 원리를 포함)이다. 《신조》에서 '공리'의 등장은 매우 적고, 주된 의미는 수학·기하논리·도덕이며, 물경천택을 지칭하는 것은 겨우 세 번이다. 《매주평론》·《향도주보》에서 '공리'는 거의 모두 도덕적 정의를 가리킨다. 《소년중국》의 경향 또한 완전히 똑같다. 이는 신문화운동 시기 '공리'의 주된 의미가 도덕과 사회 정의를 지칭하는 데

○ 〈표 1.5〉《신청년》 등 5종 잡지에서 '공리'의 의미 분류 통계 ○

잡지 \ 유형	도덕과는 전혀 다른 정당성 천연·사회 다윈주의 등	수리·기하·논리	도덕(자유·평등·강권과 대립)	서양의 보편적 원리에서 온 것, 일반적 의미
《소년중국》				
권1	0	1	5	1
권2	1	1	5	0
권3	1	0	4	0
권4	0	2	5	3
소계	2	4	19	4
《향도주보》	0	0	4	0
	0	0	4	0
	0	0	11	0
	0	0	2	0
소계	0	0	21	0
《매주평론》	0	0	10	0
	0	0	22	0
	0	0	37	1
소계	0	0	69	1
《신조》	1	8	5	0
	2	0	1	0
소계	3	8	6	0
《신청년》				
권1	0	0	1	1
권2	3	0	3	1
권3	5	0	7	0
권4	2	0	1	1
권5	0	0	6	5
권6	0	0	9	2
권7	3	0	3	8
권8	0	0	2	1
권9	0	0	1	0
계간	0	0	0	0
부정기간	1	0	1	0
소계	14	0	34	19

사용되었다는 것을 말해 준다.

신지식인들이 '공리'를 새로운 도덕과 동일하게 사용하는 것 이외에도, 전통적인 신사계층과 다른 점은 그들이 어릴 때부터 서양의 현대적 과학 교육을 받았다는 점이다. 뉴턴의 역학, 진화론, 물질의 원자분자설 등의 서양 과학은 전통적 신사계층에게는 전통적 상식과 다른 것으로 간주되는 새로운 지식이었지만, 신지식인들에게 이러한 과학지식은 완전히 현대적 상식이었다. 현대적 상식이 도덕을 구축하는 기제가 그들에게 또다시 나타났다. 신문화운동에서 '과학'의 의미를 분석해 보면, 이들 개념은 상당히 많은 경우 현대적 상식과 같았고, 유교윤리를 부정하고 군벌과 신사를 비판하는 데 이러한 개념이 사용될 때에는 바로 그들이 현대적 상식을 이해하지 못한다는 사실에 의거하였다.[75]

이와 관련하여 재미있는 예는 신문화운동 시기 '공례'와 '공리'라는 두 단어가 담론의 영역에서 완전히 동일하지 않았다는 것이다. 지식인들은 '공례'를 사용할 때 구체적 사례를 생각하는 경우가 더 많았고 경험적 사실에서 일반 원리를 귀납하는 방법을 더 중시했다. 즉 '공례'는 '공리'보다 상식을 통한 '리'의 논증을 더 중시했다는 것이다. 이는 신문화운동 시기에 이미 현대적 상식을 합리성 논증의 근거로 삼고 있었고 이로 인해 '공례'와 '공리'의 의미가 서로 분리되었다는 점을 보여 준다. '공례'는 일반적으로 추상적 혹은 도덕 원칙을 표현하는 '공리'와 다르며, 구체적 사례로부터 얻어낸 보편성의 원칙을 지칭하는 데 무게를 두었다. 〈표 1.6〉은 신문화운동 기간에 앞에서 서술한 5종의 잡지에서 '공례'의 몇 가지 다른 유형의 의미가 출현하는 빈도를 나타낸 것이다. '공례'라는 말은 사회다원주의를 지칭하는 것 이외에 대다수의 함의는 구체적 인사, 물리, 과학에서 도출된 일반적인 규칙이다. 이는 '리'

에 대한 현대적 상식의 논증이 이미 시작되었다는 것을 분명히 보여주고 있다.

일단 '공리'가 주로 도덕과 정의를 가리키고 또한 특정한 '리'의 정당성 여부가 현대적 상식에서 논증될 때, '리'가 현대적 상식과 일치하는지 여부는 매우 중요하다. 하나의 '리' 이상이 존재할 때, '리'에 대한 현대적 상식의 감별 과정은 반드시 정당성 논증 안에서 이루어진다. 본래 '리'는 정당성의 최종 근거이지만, 이제 현대적 상식과의 부합 여부가 정당성의 근거가 된다. '리'에 대해 이렇게 제한할 내재적 요구는 바로 당시의 세계 조류와 맥락을 같이 한다. 1918년 제1차 세계대전이 마무리되고 자본주의의 심각한 위기로 인해 지식인은 일반적으로 19세기 공공의 원리 — 사회다윈주의, 시장경제와 자유주의 — 의 합리성을 의심하였으며, 이에 신지식인들은 현대적 상식을 운용하여 '리'를 감별하고 다시 논증하였다. 이는 합리성의 지칭이 변화하였음을 보여 주는데, 서양의 공공의 원리를 대표하는 '공리'는 더 이상 최종적 합리성을 갖지 못하게 되었다. 현대적 상식과 부합하는 신조어가 급작스레 출현하여 합리성의 최종적 판단 근거가 되었는데, 그것이 바로 '진리'이다.

중국에서 '진리'는 이미 옛날부터 있었고, 이는 '진'과 '리' 두 글자로 구성되어 있다. 《설문해자》에서는 '진' 자를 사람의 형체가 변한 모습으로 보는데, 이는 사람이 신선이 되고 득도하는 것과 관련되어 있다.[76] '진' 자는 춘추전국시대에 이미 사상사적 함의를 획득하였는데, 《장자》〈추수〉에서는 "삼가 지키면서도 반드시 잃어버리는 것을 진眞과 상반된다고 한다"라고 되어 있다. '진' 자는 인위적인 간섭을 받지 않은 자연상태를 가리키는 데 사용되었으며, 특히 작위하지 않는 심령을 가

○ 〈표 1.6〉《신청년》 등 5종 잡지에서 '공례'의 의미 분류 통계○

잡지 \ 유형	도덕과는 전혀 다른 정당성		도덕(자유·평등과 강권의 대립)	서양의 보편적 원리에서 온 것, 일반적 의미
	천연·사회 다윈주의 등	수리·기하·논리		
《소년중국》				
권1	3	6	3	2
권2	0	1	0	2
권3	0	0	0	6
권4	0	0	1	0
소계	3	7	4	10
《향도주보》	0	0	0	2
	0	0	2	0
소계	0	0	2	2
《매주평론》	3	0	0	0
소계	3	0	0	0
《신조》				
권1	2	1	1	2
권2	0	2	0	1
권3	0	5	0	1
소계	2	8	1	4
《신청년》				
권1	3	1	2	2
권2	3	4	0	4
권3	6	2	2	0
권4	3	0	0	0
권5	4	1	0	0
권6	3	5	0	9
권7	0	1	0	6
권8	2	1	0	2
권9	0	0	2	1
계간	0	4	0	11
부정기간	0	0	0	0
소계	24	19	6	35

1. '천리'·'공리'·'진리'

리키는데, 이는 도가가 주장하는 자연지리自然之理의 또 다른 이름이었다. '리'가 중국문화에서 합리성의 표지가 된 이래로 자연지리는 도덕적 합리성과 대립하지 않았다. 송명이학에서 '천리'의 적확한 의미는 자연의 합리를 포함한다.[77] '진리'의 함의가 이미 '천리'에 의해 포괄된다면, 특별히 그것을 강조할 필요는 없다. 그래서 '진리'는 가장 먼저 불교에서 널리 사용되어 유교의 천리와는 다른 허적공환虛寂空幻의 원리를 나타냈다. 바로 이와 같은 이유로 청대에 이르기까지 정통적 유학자는 도덕적 합리성 논증에서 결코 이 단어를 상용하지 않았고, 비교적 상용된 단어는 '사실'·'진정' 등이었다. 이들은 사실에 부합하고 도덕과 어긋나지 않고 명실상부하다는 등의 의미를 나타내는 데 사용되었다. 사실 신문화운동 초기에 이르기까지 '진리'라는 말은 종교 이념이나 문학작품이 생활의 진상을 반영하는지 여부를 나타내는 데 사용되었고, '공리'에 비해 사용빈도가 적었다(〈그림 1.2〉 참조). 신문화운동 중에 합리성의 기준이 변하면서 비로소 '진리'가 오늘날과 같은 함의를 지니게 되었다.

 신문화운동 중에 '진리'라는 말은 정당성을 지칭하는 이외에도 여섯 가지 의미를 지니고 있었다. 첫째는 과학과 논리의 원리로부터 온 것이다. 둘째는 문학, 미학에서 대표되는 생활의 진실이다. 셋째는 종교의 원리이다. 넷째는 신문화, 문명이다. 다섯째는 자유, 평등, 인도, 인권 등이다. 여섯째는 사회제도상 신도덕의 투사 ― 사회주의와 공산주의 ― 이다. 이 여섯 유형은 실제로는 진실·진상의 원리와 도덕정의의 두 가지로 크게 분류할 수 있다. 우리는 앞에서 서술한 5종의 잡지에서 여러 의미를 지닌 '진리'의 사용빈도를 검색하였는데, 재미있는 결과를 얻었다.

〈표 1.7〉에서 볼 수 있듯이, 《신청년》 제3권까지 나오는 '진리'의 의미에서는 '진리'가 종교적 의리, 문학적 미학적 용법, 과학적 논리를 나타내는 데 사용된 빈도가 서로 엇비슷하다. 1918년(제4권) 이후에는 상황이 완전히 달라진다. '진리'는 도덕과 일반적 정당성의 최종 근거를 나타내는 데 사용된 것 이외에, 진실의 원리라는 항목에서 주로 과학과 논리라는 항목을 가리키는 데 사용되었다. 이러한 경향은 《신조》, 《매주평론》, 《소년중국》에서 더 분명하게 나타난다. 직접 과학적 논리적인 것을 지칭하는 데 사용된 '진리'가 진실의 원리라는 함의를 지니는 항목에서 절대다수를 차지하여, 현대적 상식이 진리를 긍정하는 것을 보여 준다. 본래 '천리'와 다른 또 하나의 '리'를 표현하기 위해 사용된 '진리'라는 어휘는 마침내 생활의 진상眞象이나 종교적 의리라는 전통적 함의에서 벗어나 과학적 상식이 긍정하는 진실의 원리를 가리키는 대명사로 바뀌었다.

○ 〈표 1.7〉 《신청년》 등 5종 잡지에서 '진리'의 의미 분류 통계 ○

빈도 의미 잡지	진실 · 진상의 원리				도덕 정의			정당한 원리
	일반	문학·논리	종교	문학·미학	진화·신문명	자유·평등·인도·인권	사회(공산)주의	
《소년중국》								
권1	14	14	3	33	5	3	6	34
권2	7	13	22	4	6	2	4	68
권3	1	8	10	1	1	8	10	21
권4	2	21	0	15	2	5	1	14
소계	24	56	35	53	14	18	21	137

《향도주보》		0	0	0	0	0	1	0	1
		0	0	1	0	0	1	0	1
		0	0	0	0	0	3	1	2
		0	0	1	0	0	0	1	5
		1	0	0	0	0	0	1	4
	소계	1	0	2	0	0	5	3	13
《매주평론》		0	2	0	1	0	1	0	11
		1	3	0	0	0	0	0	4
	소계	1	5	0	1	0	1	0	15
《신조》									
	권1	1	44	2	4	20	5	0	69
	권2	6	11	8	0	17	6	0	38
	권3	2	13	1	0	1	0	0	9
	소계	9	68	11	4	38	11	0	116
《신청년》									
	권1	0	2	2	2	1	2	0	3
	권2	5	1	3	1	1	0	0	10
	권3	2	4	2	4	2	3	0	8
	권4	7	6	2	0	0	1	0	12
	권5	11	5	1	0	1	24	3	20
	권6	11	11	0	4	3	9	2	66
	권7	2	0	0	0	2	8	5	29
	권8	7	1	0	1	2	5	1	13
	권9	11	4	5	0	1	1	1	24
	계간	10	8	1	0	0	2	1	36
	부정기간	1	0	0	0	0	1	5	7
	소계	67	42	16	12	13	56	18	228

○〈그림 1.2〉'공리' + '공례' 및 '진리'의 사용빈도(1860~1930)○

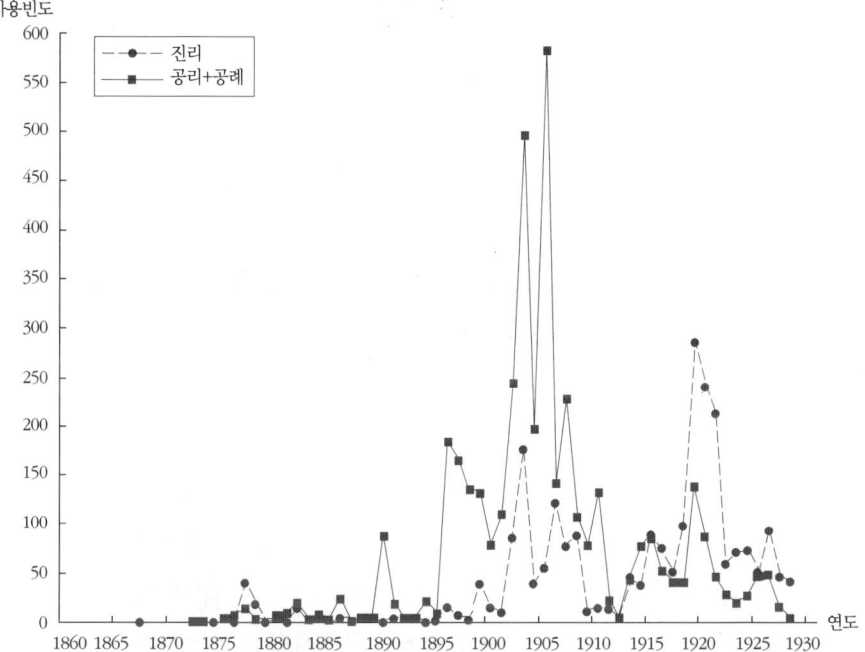

〈그림 1.2〉는 '공리' + '공례' 와 '진리'가 〈데이터베이스〉에 나타난 빈도의 통계이다. 이 그림에서 분명히 알 수 있듯이, 1910년 전에는 '진리'의 사용빈도가 '공리' · '공례' 라는 두 단어의 전체 빈도보다 적다. 그러나 1918년 이후에는 '진리'의 사용빈도가 '공리' · '공례' 의 합을 훨씬 넘어서 정당성의 원리를 가리키는 대명사가 되었다.

1—7. 실천은 진리를 검증하는 유일한 기준이며 당대 중국의 정당성 논증구조이다

합리성의 최종 근거로서 '진리'·'리'·'공리' 사이에는 미묘한 차이가 있다. 보편적인 원리를 강조하는 '진리'는 과학적 사실에 의해 증명되어야 하는데, 상식을 기준으로 '진리'의 내포 안에서 '리'의 특징을 감별해내는 것이 매우 중요하다. 지식과 공인된 과학적 사실은 변화 속에 놓여 있으며, 시대의 변화에 따라 사람들이 인정하는 상식 또한 같지 않다.[78] 그러므로 영원불변의 진리는 없다. 전통사회에서 '천리'는 비록 상식으로부터 도출되지만(반드시 상식에 부합해야 하지만), 전통적 상식은 불변하는 것이었고, 따라서 전통적 천리는 "천은 변하지 않으며, 도 역시 변하지 않는다[天不變, 道亦不變]"(《한서》〈동중서전〉)라고 강조했다. '공리'는 공공의 원리이며 근대적 발명으로 간주되는데, 인류의 세계 인식의 진보에 근거한 것이다. 공리가 발견되고 나서는 때때로 영원의 의미를 지니기도 한다. '변화'를 '진리'로 보는 것과 '진리'를 가변적으로 보는 것, 이 둘은 전혀 다른 의미라는 것에 주의해야 한다. 예를 들면, 1894년 이후에 '일신日新'과 '변화[變]'가 '공리'로 되면서, '공리'는 변법의 이론적 기초요 '변화'는 '공리'의 내용이었다. 이러한 내용을 특징으로 하는 '공리'는 천연의 진화 그 자체와 같이 영원하고 불변하는 것이었다. 그런데 진리가 가변적이라고 한다면, 그 자체 또한 가변적이라는 것을 강조한다. 신문화운동 시기에 진보는 진리로 간주되었다. 진리는 시대의 변화에 따라 변한다는 것이 또한 사람들의 공통 인식이 되었다. 즉 '리'의 가변성이 처음으로 강조되었다. '천리'·'공리'와 비교하면, '진리'는 가변성과 부단히 객관적 사실(변동하는 상식)의 검증을 수용한다는 두 가지 특징을 지니고 있다고 할 수 있다. '진리'의 이러한 두 가지 특징은 그것이 합리성의 최종적 판단 근거로 수용되는 과정에 분명하게 나타나 있다. 〈그림 1.2〉를 살펴보면, 1916년 이후 '진리'는 '공리'보다 더 많이 나타난다. 〈표 1.7〉에 근거해서 보면, 《신청년》에서 '진리'의 사용빈도는 두 번의 고점이 있는데, 첫 번째 고점은 1916년(제6권)이고 또 한 번의 고점은 1923~1924년(계간)이다. 이 두 번의 고점은 신문화운동 시기 진리를 둘러싼 두 번의 논쟁과 관련된 것이다.

첫 번째 논쟁은 진리는 변화한다는 관점의 확립이다. 《신청년》에서 진리가 가변적이라는 것을 강조한 예문은 대부분 1919년 이후에 나타난다. 실제로 진리의 가변성이 지식인에게 널리 받아들여진 것은 그들이 서양의 실험주의에 동조한 것에서 처음으로 나타난다. 후스는 실험주의 진리관을 소개한 대표적 인물이다. 그는 다음과 같이 논증했다.

> 실험주의에서는 우리가 말하는 '진리'가 영원불변한 천리라는 것을 절대로 인정하지 않는다. '진리'는 모두 응용적 가설이라는 것만을 인정한다. 가설의 참과 거짓은 전적으로 그것이 발생시켜야 하는 결과를 발생시킬 수 있는지 여부에 달려 있다. …… '진리'는 환경에 대처하는 도구에 불과하며, 환경이 변하면 진리도 수시로 변한다.[79]

실험주의 진리관은 진리의 가변성을 부각시켜 그것을 '가설'이라 불렀다. 후스는 도덕의 속성조차도 '효과'로 정의하여 가설로서의 진리와 같은 것으로 보았다. 분명 도덕적 속성을 지닌 진리설을 효과와 유용성으로 만들게 되면, 의심할 의지 없이 마땅히 그래야 할 본질로서의 도덕과 멀어지게 된다. 두 번째 고점은 이러한 편차에 대한 교정이다. 이는 마르크스주의자들이 실험주의 진리관을 비판한 것이 대표적이다. 취추바이瞿秋白(1899~1935)는 진리의 객관성과 도덕으로서의 계급 속성을 강조했다. 그는 비록 사실이 변한다고 하더라도 진리가 반드시 사실에 부합해야 한다는 것은 도리어 항구불변하다고 지적했다. 그는 다음과 같이 논증했다.

> 어떤 의견이 진리라고 하는 것 — 결코 그것이 우리에게 유익하기 때문이 아니다. 어떤 의견이 우리에게 유익한 것은 오히려 그것이 진리이기 때문이다. 바꾸어 말하면, 객관적 현실세계와 합치하기 때문이다. 객관적 현실세계는 확실히 끊임없이 변하며, 그 때문에 우리는 과학적 진리 — 확정된 진리를 찾아야 하며, 이러한 변역變易 속에서 '불역不易'을 찾아야 한다.[80]

여기에서 취추바이는 '실천이 진리를 검증한다'는 구절을 사용하지 않았지만, 20세기 대다수 중국의 지식인이 신봉하는 진리관이 초보적으로 드러나고 있다. 취추바이가 말한 '진리'는 변화하고 있는 객관적 세계와 반드시 부합하는 것이며, 자연과학이론이 실천적 검증을 받아들여 부단히 발전해야 한다는 것을 가리킬 뿐만 아니라 사회의 도덕적 이상까지 포괄하고 있다. 즉 도덕적 이상의 가변성은 부단히 사실의 검증을 받아들여야 하며 실천은 진리를 검증하는 기준이라는 것이 생생하게 드러나 있다.

바로 이러한 일원론적인 현대적 상식이성의 논증 사유방식으로 인하여 중국 지식인들이 마르크스주의에 친화감을 갖게 되었다. 내용상으로 보면, 세계가 물질로 구성된다는 현대적 상식이성과 짝을 이루도록 하기 위해서는 유물론과 유물사관이 역사적 사실에 부합하는 진리이며,

거기에 상응하는 정당한 정치경제제도는 자유주의가 포괄할 수 있는 것이 아니라는 점이 증명되어야 한다. 이는 당시 소련 레닌주의의 일당독재와 계획경제를 학습하는 것으로 나타났다. 동시에 진리에 구비된 '일체의 불평등과 특권을 반대함', '혁명' 등의 새로운 도덕적 내포와 상응하면서, 과학과 새로운 사실이 시대적 진리를 긍정한다는 것은 현대적 상식과 현대인의 인지상정을 통해 도덕적 정당성을 논증하는 구조가 형성되었다는 것을 의미한다. 1923년의 과학과 현학 논쟁은 과학적 진리를 합리성의 최종적 기준으로 삼는 합리성 논증이 사회적 행위의 각 영역(정치·경제·인생관)에까지 관철되기 시작하였다는 것을 보여 준다. 이로부터 얼마 지나지 않아 마르크스레닌주의와 삼민주의라는 두 가지 이데올로기가 정치와 사회적 행위에서 정당성의 근거가 되었다. 도덕을 핵심으로 하는 합리성 구조를 지닌 이러한 일원론은 서양의 이원론적 합리주의와는 전적으로 다르며, 중국 현대의 합리주의는 근대이래 서양의 합리주의로 귀착될 수 없다!

당시의 신문과 잡지에서 '이성'이라는 말을 분석하는 것이 5·4 시기 이후 중국과 서양의 합리주의가 다른 발전 경로를 거쳤다고 주장하기 위한 언어상의 증거가 될 수 있을까? 현대 중국어에서 '이성'은 감정·감각·직관·본능과 대립하는 이지理智를 표현하기 위해 사용되었다. 5·4 시기 '이성'이 사용된 전형적인 예문에 관한 통계를 내보면, '이성'에는 세 가지 의미가 있다. 첫째, 감정·감각·본능과 구별(심지어 대립)되는 이지理智이다. 둘째, 과학(수리와 논리)을 가리킨다. 셋째, 종교·양지良知·도덕의 기초로 사용된다. 서양의 합리주의도 세 가지 의미를 가지고 있지만, 중국에서는 어떠한가? 〈표 1.8〉은 《신청년》, 《향도주보》, 《매주평론》, 《소년중국》, 《신조》 등 5종의 잡지에서 '이성'을 앞에서와 같은 세 가지 의미로 분류한 통계이다. 《향도주보》와 《매주평론》과 같이 정치·시사평론의 성격을 지닌 두 잡지에서 '이성'이 사용된 예는 매우 드물다. 《소년중국》, 《신조》, 《신청년》 세 잡지에 나타나는 빈도는 모두 200회 정도이며, 서로 다른 이데올로기적 경향 때문에 그 의미 내용은 크게 차이가 난다. 마르크스주의 진영에 속하는 《신청년》은 거의 감정·본능과 대립할 때만 '이성'을 사용하고, 과학·도덕의 기초를 논의할 때 '이성'이 사용된 것은 많지 않다. '이성'의 의미는 기본적으로 감정·직관과 대립하는 것을 주장하는 데 집중되어 있다. 마르크스주의와는 다른 경향을 지닌 《소년중국》과 《신조》에서는 '이성'이 두 가지 비교적 보편적 의미를 지니고 있다. 특히 서양의 자유주의를 인정하는 《신조》에서 '이성'의 용법은 기본적으로 서양 유럽 대륙의 합리주의 사조와 유사하며, 이성을 도덕·종교·양지의 기초로 간주한다(이것이 전체의 61퍼센트를 차지한다). 이러한 계보 분포는 중국 지식인이 마르크스주의를 인정한 이후 감정·본능과 다르다는 의미에서 이성을 받아들였고, 이성을 도덕과 과학의 기초로 간주하지 않게 되면서 자연스럽게 서양의 합리주의를 배척하게 되었다는 것을 설명해 준다. 따라서 5·4 이후 이데올로기 패권이 확립됨으로써 서양의 현대화로서의 합리주의 논증은 중국에서 소실되었다

중국의 진리관이 지니는 상식합리성 구조는 1920년대 새로운 이데올로기 확립에 도움을 주었을 뿐만 아니라, 20세기 의식의 내용이 변화하고 심지어 해체되는 과정에서 내재적 힘이 되었다. 이 방면에서 가장 분명한 예로는 마오쩌둥사상이 5·4 시기에 전래된 마르크스주의를 대체한 것을 들 수 있다. 1942년 중국공산당은 옌안정풍운동[주관주의·종파주의·형식주의 극복을 내세우며 당내 기풍을 쇄신하기 위해 일으킨 정치문화

○ 〈표 1.8〉《신청년》 등 5종 잡지에서 '이성'의 의미 분류 통계○

빈도 유형 잡지	서양적 의미의 이성			총계
	감정·감각·본능과 대립	과학 (수리·논리)	종교·양지·도덕의 기초	
《소년중국》				
1권	17	3	0	
2권	38	2	53	
3권	41	1	18	
4권	12	15	16	
소계	108(50%)	21(10%)	87(40%)	216
《향도주보》	5(100%)	0	0	5
《매주평론》	11(73%)	0	4(27%)	15
《신조》				
권1	45	8	8	
권2	11	3	95	
권3	11	1	18	
소계	67(34%)	12(6%)	121(61%)	200
《신청년》				
권1	10	5	4	
권2	8	0	2	
권3	8	1	1	
권4	2	3	2	
권5	0	0	2	
권6	17	2	13	
권7	18	5	18	
권8	11	3	6	
권9	18	7	4	
계간	8	0	2	
부정기간	16	0	0	
소계	116(59%)	26(13%)	54(28%)	196

1. '천리'·'공리'·'진리'

운동 — 옮긴이]을 거치면서 마오쩌둥사상의 권위를 수립하였다. 이때 사상정풍운동의 한 가지 강조점은 진리의 기준에 대한 천명이었다. 즉 5·4 후기 중국공산당은 소련 유학생들의 마르크스레닌주의에 대한 해석을 물리치고 중국화한 마르크스레닌주의를 건립하고자 했다. 주의할 점은, 진리의 가변성을 강조하고 진리는 부단히 객관적 사실(상식)의 검증을 받아야 한다는 것이 바로 마오쩌둥이 자신의 이론을 정당화하는 기본 구조였다는 사실이다. 마오쩌둥은 《실천론》에서 "진리의 기준은 오직 사회적 실천이다"라고 재삼 강조하였다. 그는 "인류가 인식해 온 역사는 우리에게 수많은 이론의 진리성이 불완전하며, 실천적 경험을 거쳐 그 불완전성을 바로잡아야 할 것을 알려 준다"[81]라고 논증하였다. 이에 따르면 왕밍王明(1904~1974)을 대표로 하는 소련 유학생이 받아들인 마르크스레닌주의는 불완전하고 교조적일 뿐만 아니라 여러 방면에서 잘못된 것이다. 《실천론》과 《모순론》을 철학의 기초로 삼음으로써 마오쩌둥은 중국 대륙을 통치하는 이데올로기 체계를 건립할 수 있었다.

이 글의 초점은 마오쩌둥사상의 구조 및 1950년대 후반 중국의 폭풍우와 같은 사상개조운동과의 관계를 분석하는 것이 아니다. 우리가 지적하고자 하는 것은, 마오쩌둥이 진리의 가변성 및 진리는 부단히 스스로 자신의 형태를 변화시키면서 인류사회의 실천적 경험과 부합해야 한다는 주장을 통해 소련 유학생이 주장하는 마르크스레닌주의의 교조적 측면을 물리쳤지만, 이러한 논증 구조 또한 마오쩌둥사상 자체를 전복시킬 가능성을 안고 있다는 것이다. 문혁 이후, 중국 대륙에서는 진리 기준에 관한 대토론이 등장하였다. 1978년 실천이 진리를 검증하는 유일한 기준이라는 것은 경화된 마오쩌둥사상의 교조적 측면을 물리치고 개혁개방의 합리성을 논증하는 데 사용되었다. 당시의 글에서는 "어떤 사상이나 이론이든지, 설령 일정한 실천 단계에서 이미 진리로 증명된 것이라 하더라도, 발전 과정에서 여전히 새로운 실천적 검증을 받아들여 보충되고 풍부해지고 혹은 규정되어야 한다"[82]라고 선언하였다. 이에 따라서 마오쩌둥사상의 "두 개의 무릇兩個凡是"[1977년 화궈펑華國鋒이 제시한 '무릇 마오 주석의 결정은 우리가 굳건히 옹호해야 하며, 무릇 마오쩌둥 주석의 지시는 우리가 언제나 변함없이 따라야 한다' 라는 주장이다 — 옮긴이]은 비판을 받았다. 이러한 진리의 발전관은 문화대혁명을 부정하고, 또한 개혁개방의 합리성을 긍정한다. 진리 기준을 둘러싼 대토론은 중국의 80년대 사상해방운동과 계몽사조의 시작이었다. 사실상, 당대 중국문화 안에서 진리의 가변성은 반드시 변화된 상식과 부합해야 하는 특징이 있었기 때문에, 80년대 중국의 지식인은 비로소 반증주의 과학관 및 쿤 Thomas S. Kuhn의 과학적 패러다임과 관련된 관념을 받아들일 수 있었다. 오늘날에 이르기까지 1978년의 진리 기준 논쟁에서 확립된 진리관은 여전히 덩샤오핑鄧小平의 이론과 중국사회주의 시장경제가 가진 정당성의 기초가 되고 있다.

근현대 중국의 변천 과정에서, 특히 양무운동, 청조의 신정, 예비입헌, 5·4운동 이후에 확립된 당대 중국의 정당성 논증 구조라는 100여 년에 걸친 역사에서 '리' 의 함의를 살펴보면, 놀랄 만한 결론을 얻을 수 있다. 우리는 일찍이 송명이학에서 전개한 정당성과 합리성 논증이 서양의 합리화와 다르다는 것을 분석하였는데, 이는 중국문화에는 독특한 이성 구조가 있다는 것을 보여 준다. '천리'·'공리'·'진리' 라는 세 어휘에 대한 분석을 통해, 이러한 합리성 논증 구조가 현대화의 충격 아래 매우 중대한 내적 안정성을 지니고 있다는 것을 볼 수 있다. 양무운동 시기에는 가능한 한 서양의 사물을 스스로의 논증 구조로 받아들이는 것이었으며, 청말 신정과 예비입헌 시기에는 표면적으로는 거대한 외부의 충격이 이러한 구조를 파괴하는 듯 하였으며 중국과 서양을 이분하는 방법으로 서양의 합리주의를 끌어들이지 않을 수 없었다. 그렇지만 서양의 충격이 가일층 커짐에 따라 중국의 지식인에게 현대적 상식이 형성되었고, 전통적 상식이성이 현대적 상식이성에 의해 대체된 이후에는 현대적 상식이성 또한 중국 현대화 사업에서 합리성의 기초가 되었다. 즉 서양 현대화의 충격 속에서 중국문화는 자신의 정당성 논증의 추리구조를 바꾼 적이 없다고 할 수 있다. 정당성 논증에 사용되는 어휘가 부단히 변화했음은, '천리'와 '공리'에서 '진리'에 이르는 몇 개의 의미 변화와 교체에서 볼 수 있지만, 중국문화의 현대적 전환은 전통적 논증 구조와 유사한 현대적 상식이성 구조의 확립을 통해 정치경제와 사회제도의 정당성 논증을 실현한 것이었다.

따라서 우리는 또 하나의 문제를 끌어낼 수 있다. 현대화가 어떤 의미에서 합리화이고 합리화가 또한 정당성 논증 구조와 관련된 것이라면, 중국문화에서 전통의 현대적 전환 과정에 나타난 서양의 합리주의와는 다른 정당성 논증 구조를 다원적 현대성의 표현으로 볼 수 있을까? 우리가 연구한 범위와 척도가 매우 좁기 때문에 아직은 이 명제에 대해 판단을 내리기는 어렵다. 그렇지만 결코 의심할 수 없는 점은 문화 가치가 날로 개인화되고 경제학·사회학·정치학이 사회 연구의 주류가 된 오늘날 사상사 연구는 여전히 대체 불가능한 의미를 지니고 있다는 것이다.

2

유교적 공공영역에 대한 시론
중국사회의 현대적 전환에 대한 사상사적 연구

어느 추운 겨울날 한 무리의 고슴도치가 달라붙어서 서로의 체온에 의지하여 추위를 이기려 하지만, 곧 몸에 돋아 있는 가시 때문에 서로 통증을 느끼고 떨어진다. 따뜻해지려 다시 달라붙지만 몸의 가시는 다시 서로에게 상처를 준다. 그들은 추위에 떨다 가시에 찔려 아파하기를 반복하다가, 서로가 적당한 거리를 유지하고 있어야 비로소 서로를 인정하게 되어 서로 안전하고 무사할 수 있다는 것을 발견했다.

— 쇼펜하우어 —

2—1. 공공영역과 중국사회의 현대적 전환

1989년부터 1990년대 초까지 세계를 뒤흔든 중국의 학생 민주화운동이 일어났고 뒤이어 사회주의 진영이 해체되었다. 당시 어떤 서양 학자는 시민사회가 동유럽 당대 사회정치제도의 민주화 과정에서 중요한 역할을 했다는 사실에 주목했다. 이에 따라 중국사회에도 공공영역이 존재하느냐에 관한 격렬한 학술적 논쟁이 일어났다.[1] 서양에서 공공영역은 시민사회가 형성되면서 성장했고, 이것이 민주정치의 기원이었다.[2] 그러나 공공영역 이론을 중국사회의 변천을 연구하는 데 적용하면서 역사학자들은 자신이 아주 난감한 상황에 놓여 있음을 발견했다.

윌리엄 로는 18·19세기 한커우漢口 지역의 신사·상인이 스스로 조직한 여러 단체들을 연구한 뒤, 이들 조직이 서양 전근대의 공공영역과 유사하지만 중국에는 일찍부터 '공론'과 '공의'가 있었고 이는 하버마스의 공공이성이론과 아주 가깝다고 주장했다.[3] 랜킨Mary B. Rankin은 저장浙江 지역의 사례를 통해 중국 공공영역의 기원, 특히 19세기 후반 그것의 확장에 대해서 연구했다.[4] 그러나 웨이크먼Frederic Wakeman, Jr.(1937~2006)은 이런 관점에 동의하지 않는다. 그는 중국의 전근대 민간조직의 성격과 사회적 기능을 분석한 후에 명청시대부터 신사와 상인이 형성한 다양한 민간사회에서는 서양 전근대의 공공영역이 국가에 저항하면서 보인 자주독립성이 없을 뿐더러 도리어 국가와 정권에 의존했으므로, 19세기 후반 태평천국 이후에 신사와 상인이 주체가 된 민간조직은 중국에서 공공영역이 발전한 것이라고 볼 수 없다고 했다.[5] 중국역사에서 민간사회가 가진 특수성을 근거로 황종즈黃宗智 역시 하버마스가 제기한 공공영역 개념이 중국에는 맞지 않다고 판단했다. 그는 또 다른 견해를 제시했다. 즉 명청시대부터 신사가 주체가 된 현縣 이하의 자치조직과 신상紳商이 조직한 각종 단체를 국가와 사회 사이에 있는 제3영역이라 불렀다. 또한 서양의 공공영역과 다른 이 제3영역의 변천을 통해 중국 근현대사회를 설명하였다. 이를테면 20세기 후반의 농업합작화와 집단소유기업 등의 발생과 특징이 그것이다.[6]

황종즈의 해석은 아주 시사점이 크지만, 중국사회의 현대적 전환 기제에 관한 문제에는 여전히 답할 수 없다. 그 문제는 궁극적으로 '서양을 학습하는 과정인가, 아니면 중국사회와 문화 자체 구조에 의한 지배인가?', 즉 '중국 현대사회 형태의 중국적 기원을 어떤 의미로 볼 것인가?'라는 문제이다. 사실상 서양을 학습하는 기제를 무시하고 넘어간다면 100년에 걸친 중국 근현대사의 과정을 완벽하고도 일관성 있게 해석할 수 없다. 황종즈의 제3영역설이 안고 있는 가장 큰 이론적 난점은 20세기 초 청 조정의 예비입헌 시행 선포 때부터 5·4 이전까지 중국사회의 변천을 해석할 수 없다는 것이다. 왜냐하면 당시 서양의 사회제도를 체계적으로 학습하던 과정에서 중국에 현대적 민족국가가 건설되었고, 분명히 서양과 유사한 공공영역이 형성되었기 때문이다.

이상의 내용들은 공공영역 이론을 적용하여 중국사회의 현대적 전환을 해석할 때 직면하는 방법론적 난점을 보여 준다. 한편으로 역사학자들이 발견한 것처럼 서양의 공공영역 개념을 기계적으로 적용하면 중국 전근대 민간사회의 성격을 분석하여 그것과 중국사회의 현대적 전환의 관계를 설명할 수 없고, 또한 우리가 현대 중국의 민간사회를 인식하는 데도 도움이 되지 않음을 말해 준다. 다른 한편으로 만약 현대사회가 서양에서 기원했음을 인정한다면 중국사회의 현대적 전환을 포함한 비서양 전통사회의 현대화 역시 외래의 충격 속에서 서양을 배우면서 시작한 것이다. 황종즈가 제시한 제3영역이나 중국중심 역사관처럼 일부 해석이 중국의 실상에 더욱 근접하지만 중국 전통사회가 현대적으로 전환하는 과정에서 서양을 학습하는 기제를 회피하거나 등한히 한다면 역시 설득력이 부족하게 된다.

중국사회의 현대적 전환에서 서양에 대한 학습은 본토문화와의 끊임없는 상호작용 과정 속에 일어났다. 사실상 바로 이 양자가 중국사회의 현대적 전환을 공동으로 지배한 것이다. 앞에서 서술한 이론적 난점을 극복하기 위해서는 반드시 중국문화와 사회의 특수성에 근거해서 연구하고 이에 해당하는 서양이론의 유효성의 한계를 검증해야 할 것이다. 또한 서양과 중국의 경험을 동시에 아우르는, 공공영역에 관한 더욱 보편적인 모델을 제시할 수 있는가 생각해야 할 것이다.

공공영역이론에 따르면, 공공영역의 형성은 개체 사이의 이성적 공공토론과 사적인 것을 공적인 것으로 만드는 기제에 근거한다. 이처럼 중국 문제를 연구할 때는 다음과 같은 문제를 해결하는 것이 난점을 극복하는 관건이다. 즉 중국의 전근대사회에 서양과 유사한 공공의식이 있었는가? 서양의 사적 관념과 이성주의가 어떻게 중국으로 들어왔는가? 이들이 유입되는 과정에서 중국 전통문화에 의해 재구성되지는 않았는가? 분명히 이는 제도적 차원에서 서양을 학습하는 과정을 분석하는 것보다 더 어려운 문제이다. 윌리엄 로는 논쟁 과정에서 이 점을 알게 되었다.[7] 달리 말해서, 10여 년 전의 논의가 더 깊이 들어가지 못한 주된 난점은 사상사 영역에 있었다.

이 글에서는 〈데이터베이스〉에 있는 '공론公論'·'공의公議'·'공리公理'·'국민國民'·'사회社會' 등과 관련된 키워드 통계분석과 의미 변화에 대한 계량적 연구를 통해서, 중국에 공공영역이 존재했는지 재검토하고, 서양의 근대적 정치이념과 중국의 전통적 정치문화의 상호관계를 실마리로 삼아서 유교의 기본 가치에 근거한 유교적 공공영역이 19세기 말과 20세기 초에 어떻게 형성되었는지를 논하고, 이를 통해 유교적 공공영역의 발생 및 쇠퇴와 중국사회의 현대적 전환과의 관계를 규명하고자 한다.

이 글에서는 다음 세 측면에서 관련 논의를 단계적으로 전개하고자 한다. 첫째, 중국의 전통적 정치 문헌에 나타난 '공公'이라는 글자의 의미 분석에 기초해서 중국 전통사회에서 공공의식의 구조를 논하고 그것과 서양 전근대의 공공이성과의 공통점과 차이점을 찾아볼 것이다. 둘째, '유교적 공공영역'이라는 개념을 제기함과 동시에 그 사상사적 연원을 분석하고 유교적 공공영역이 동아시아사회의 현대적 전환에서 갖는 중요한 의미를 밝혀낼 것이다. 다만 이 글에서는 19세기 말부터 20세기 초의 20년 동안에 유교적 공공영역이 중국에서 전개된 형태만을 집중적으로 다룰 것이다. 이 글에서는 이것을 '신사紳士 공공영역'이라고 부른다. 이것이 사대부가 서양의 공화정치를 배우는 토대이다. 셋째, 청말민초의 유교적 공공영역에서는 헌정과 민주정치에 안정적인 문화적 구조가 제공된 적이 없으며 당대 중국 정치문화는 학습의 과정이 실패하고 서양 현대사상을 재구성하면서 형성된 것임을 분석하고 밝혀낼 것이다. 유교적 공공영역이 중국에서 가지는 특수한 형태 — 신사 공공영역 —

가 해체되면서 중국에는 신사 공공영역을 비판하는 신문화운동이 일어났다. 그후 유교적 심층구조를 갖춘 새로운 이데올로기가 등장했으며 중국에서는 서양의 전체주의와는 다른 현대적 사회구조가 형성되었다.

2—2. 중국 전통문화 안의 공공의식

'공공영역'에 대한 하버마스의 정의에 따르면, 그것은 사회 생활 안의 다음과 같은 영역을 의미한다. "이 영역에서는 사적 인간으로서의 개인이 함께 모여서 공중公衆이 되고 공공의견이라는 것을 형성할 수 있다"[8] 다시 말해서 근대의 '공공영역'에는 이중의 함의가 있다. 첫째, 그것은 국가와 사적 인간(가정을 포함해서) 이외의 영역을 말한다. 이 영역에 적용되는 가치와 규칙은 사적 영역과는 다르다. 둘째, 공공영역은 '사'가 모여서 '공'을 만든 공간이다. 개인의 의견과 이익(사적 영역의 이익 혹은 선택)은 이성적 토론을 거쳐서 공공의 의견과 이익으로 모아질 수 있다. 이 글에서는 이 두 가지 점을 '공공영역' 이론의 기본 요점으로 간주한다. 관념적 측면에서 이 두 요점을 분석해보면, 현대적 공공영역의 출현은 반드시 다음 세 가지 전제를 충족시켜야 한다. 우선, 공적 영역과 사적 영역, 특히 가정의 일 이외의 것이면서 국가의 범위에도 속하지 않는 새로운 영역을 구분하고, 관념상으로 이 영역의 존재를 명확하게 의식해야 한다(이하에서는 '조건 1'로 줄여서 표기한다). 다음으로, 이 새로운 영역을 이끄는 가치와 규범(공공이성)은 반드시 사적 영역과는 달라야 한다(이하에서는 '조건 2'로 줄여서 표기한다). 마지막으로, 사적 영역의 정당성과 그에 상응하는 가치를 반드시 인정해야 한다(이하에서는 '조건 3'으로 줄여서 표기한다). 이렇게 되어야 이성적 토론을 거쳐서 사적 영역의 가치와 선택을 공공의 선택으로 모아낼 수 있으며 이것을 (정치제도를 포함한) 사회적 행위의 정당성의 기초로 삼을 수 있다. 공공영역의 각도에서 중국 전통사회의 현대적 전환을 논하려면 상술한 공공영역 형성의 3대 조건을 중국이 갖추었는지를 반드시 따져 보아야 한다.

 중국 전통사회에 공적 영역이 존재했는지를 연구하기 위해서는 우선 민중에게 공공의식이 있었는가를 분석해야 한다. 이는 중국의 '공' 관념에 대한 분석에서 시작해야 한다. 우리는 '공리公理'에 관해 논한 글에서 이미 '공'이라는 글자의 의미를 간략히 분석했다. 이 글에서는 공공영역과의 관련성이라는 측면에서 '공'과 '사'의 의미를 검토하겠다. 중국어에서 '공'이라는 글자의 의미는 사[厶]를 등지는[八] 것이다. 즉 공은 사에 대한 부정이다. 따라서 '공'의 의미를 논하려면 반드시 먼저 '사'를 분석해야 한다. '사'에는 항상 두 가지 함의가 있다. 하나는 개인의 사사로운 정[私情], 사사로운 마음[私心]이다. 예를 들자면 "사사로움으로 공적인 것을 해치는 것은 충성이 아니다"(《춘추좌씨전》)가 그러하다. 다른 하나는 더욱 큰 영역에서 한 부분을 잘라내는 것이다. 한비자는 "스스로 둘레를 치는 것을 사라고 한다. 사를 등지는 것을 공이라 한다. 공과 사는 서로를 등진다"(《한비자》〈오두〉)라고 했다. 여기서 '스스로 둘레를 치는 것을 사라고 한다'란 바로 일부분을 잘라내는 것이다. 천하·공가公家와 대조해 보면 가정과 개인은 모두 잘라낸 일부이다. 그것은 개별적인 것 혹은 특수한 것을 의미하며, 또한 사적 영역을 의미한다.

 '공'의 의미는 주로 '사'를 부정하면서 정의되었다. 사에 대한 부정에는 가치상의 부정과 영역상의 부정이라는 두 가지 다른 방식이 있을 수 있다. 따라서 '공'의 두 가지 의미를 규정할 수 있다. 가치상으로 보면,

'사'가 없다는 의미의 '공'은 공평과 공정을 의미한다. 그 예로 "하늘은 공평하고 사사로움이 없다. 따라서 아름다운 것과 추악한 것을 모두 덮어 준다. 땅은 공평하고 사사로움이 없다. 따라서 크고 작은 것을 모두 싣는다"(《관자》〈형세해〉)가 있다. 영역상으로 보면, '공'은 보편성·공동·공유를 의미한다. 가장 유명한 구절은 "큰 도가 행해지면 천하가 공적인 것이 된다"이다. 이 두 가지 의미는 다시 두 종류로 나누어진다. 하나는 개별성을 대표하는 '사'에 대한 부정으로서, 이것은 보편성이다. 다른 하나는 영역을 대표하는 '사'에 대한 부정으로서, 이것은 공공성이다. 이에 따라 '공'은 공개를 의미하는 것 이외에, 그 주요 의미가 사에 대한 부정임을 알 수 있다. 그리고 사에 대한 부정은 원칙적으로 이미 공적 영역과 사적 영역의 구분 가능성을 함축하고 있다. 즉 '공'은 사에 대한 가치상의 부정, 그리고 보편성과 공공성을 나타낸다. 통상 공적 영역을 지칭하기도 하고 가정 이외의 영역을 말하기도 한다.

  '공'이라는 글자의 의미 분석에서 얻어낸 추론을 검증하기 위해서 이 글에서는 한대 이전의 《상서》 등 가장 중요한 경전 14권에서 사용된 '공'의 의미를 검토했다. 다음 14권의 유교 문헌 뒤의 괄호에는 숫자 두 개가 적혀 있다. 앞의 숫자는 '공' 자가 해당 문헌에서 사용된 총 횟수이고, 뒤의 숫자는 그 의미가 '사'와 대립되는 '공'의 횟수이다. 통계 결과는 다음과 같다. 《상서》(1,1), 《모시》(3,3), 《주례》(9,9), 《예기》(25,24), 《춘추좌씨전》(5,4), 《맹자》(3,3), 《순자》(32,9), 《묵자》(1,1), 《노자》(1,0), 《장자》(5,2), 《관자》(42,49), 《상군서》(7,7), 《한비자》(54,43), 《여씨춘추》(36,18).[9] 여기서 진한 이전의 초기 경전에서는 여러 학자들이 '공'자를 사용할 때 그 의미 선호도에 차이가 있지만 《관자》·《여씨춘추》·《순자》를 제외하고 다른 경전 문헌에서 사용된 '공'의 의미는 절대다수가 사와 대립하고 있음을 알 수 있다. 즉 '사'에 대한 부정을 통해서 '공'이 정의된 것이다. 이는 한제국이 건국되기 이전에 중국문화에서는 관념상 이미 공적 영역과 사적 영역이 실질적으로 구분되었음을 분명히 보여 준다.

이상의 분석에서는 다음과 같은 인상을 받기가 아주 쉽다. 중국문화는 일찍이 관념상에서 공적 영역과 사적 영역을 구분했으며 줄곧 가정 이외에 국가에도 속하지 않는 영역이 존재했다. 역대 국가의 관료기구에서 가장 낮은 단위는 바로 현縣이었다. 특히 명청시대부터 현 이하의 기층사회는 주로 신사와 가족의 자치를 통해 관리되었다. 따라서 중국 전통사회에는 개체나 가정이라는 사적 영역과 다르면서 국가의 관료정치와도 다른 민간사회(혹은 공적 영역이라고도 할 수 있다)가 있었다고 할 수 있다. 그 밖에 2,000년 동안 통치의 합법성에 토대를 제공한 것은 유교였다. 유교는 줄곧 가정윤리를 궁극적이고 합리적인 가치로 간주했다. 이처럼 전통중국의 사상과 관념에서 가정·가족과 개인 간의 사적 영역은 일정한 범위 안에서 의심의 여지가 없는 정당성을 갖추고 있었다. 따라서 거칠게 본다면, 중국은 일찍부터 공공영역 성립의 조건을 갖추고 있었던 것이다. 이 때문에 몇몇 학자들은 전근대 중국에 공공영역이 존재했다고 여기기도 한다.

하지만 중국 전통사회의 공적 영역은 분명 하버마스가 말한 근대적 의미의 공공영역과는 다르다. 문제는 어디에서 온 것인가? 많은 이들은 중국에 개인의 이익과 개별성을 정당하게 여기는 (사를 긍정하는) 관념이 없었기 때문(조건 3의 결여)이라고 생각한다. 그러나 최근의 연구에서는 명청시대부터 중국인이 사에 상당한 주의를 기울였음이 밝혀졌다. 이는 또한 특히 개인의 욕망과 개별성 등을 긍정하는 부분에서 드러난다. 예를 들면, 공쯔전龔自珍(1792~1841)은 〈사를 논함[論私]〉이라고 이름붙인 글에서 '대공무사大公無私'라는 관점이 유교의 기본 정신에 부합하지 않음을 분명히 논증하고 있다.[10] 이 1천 자 내외의 짤막한 글에서 '사' 자는 30차례 가까이 등장하는데 '사'라는 관념이 여러 차원에서 가지는 함의를 포괄하고 긍정했다. 고대 중국에서는 공과 사라는 두 영역을 구분하고 있었다. 다시 말해서 조건 1과 조건 3을 갖추었던 것이다. 그렇다면 왜 서양에서처럼 '공공영역'이라는 관념이 만들어지지 않았을까?

이 문제를 해결하기 위해서는 특히 서양의 '공공' 관념을 비교적 정확하게 밝혀야 한다. 서양 정치사상에서 '공공' 관념은 공공사물res publica에서 유래했다. 그것은 공공의 법률을 준수하고 공동이익을 갖춘 집단community에 의해 규정되었다. 그것은 보편성을 가질 뿐만 아니라, 더욱 중요한 것은 사적 영역과는 다른 가치와 규칙이 강조되었다는 점이다.[11] 이러한 공공 관념이 정치 차원에 투사된 것이 바로 공화주의와 공화국이다. 서양 정치사상사에서 고대 그리스·로마의 정치이념이든 근대의 공화주의이든 공통점은 모두 공적 영역의 가치규칙이 반드시 사적 영역과 구별되어야 함을 강조했다는 것이다(조건 1과 조건 2를 갖춤). 이는 규범상에서는 공공이성을 기초로 한 법률과 공공규칙의 보편성에 대한 인정으로 나타나고, 가치상에서는 공공업무 참여를 중시하는 미덕을 통해서 참여자를 사적인 개인과는 다른 신분 — 공민公民 — 으로 정의한다. 다시 말해서, 서양 정치문화에서 공공의식은 두 가지 측면에서 규정되었다. 한편으로 '공'은 개별성과는 다른 보편성을 대표한다. 다른 한편으로 '공'은 개인과 가정(가족)을 넘어서는 공적 영역에 상응하는 가치관(사적 영역의 도덕과는 다른 공적 영역의 원리)을 동시에 대표한다. 이러한 사상적 전승이 있었고 여기에 근대에 들어서 사의 정당성을 중시하는 사유(조건 3)가 추가되면서 비로소 '공공영역'의 현대적 공공의식이 만들어질 수 있었다.

이에 따르면, 중국의 전통적 정치 관념에는 조건 1과 조건 3은 결여되어 있지 않았지만 조건 2는 결여되어 있었다고 볼 수 있다. 즉 공적 영역의 가치법칙과 사적 영역의 법칙을 엄격히 구분하지 않았던 것이다. 우리는 조건 2를 결여한 원인이 한대부터 가국 동형구조의 사회체제가 형성되었기 때문이고, 사상문화 영역에서는 유교적 정치이데올로기가 성숙했기 때문이라고 본다. 유교는 공적 영역을 가정(가족)의 확장으로 간주했고, 특히 충과 효의 동형 구조를 강조했다. 예컨대 애국은 충군과 동일시되었고 군신의 관계 가치인 '충'에 대한 정당성 논증이 부자관계의 '효'로부터 도출되었다. 효는 사적 영역의 가치이다. 충효의 동형구조는 공적 영역과 사적 영역의 가치와 규범을 명확히 구분하지 않았을 뿐만 아니라, 도리어 가정의 윤리 원칙을 공적 영역에까지 널리 적용시켰던 것이다. 그 결과 사적 영역의 가치와 공적 영역의 가치가 서로 뒤섞이게 되었다. 이것이 바로 공적 영역의 가치가 반드시 사적 영역의 가치와 구분되어야 한다는 현대적 공공영역 성립의 필수불가결의 전제를 파괴시킨 것이다.

유교가 관변이데올로기가 된 뒤로 가정의 도덕규범을 핵심으로 하는 '예禮'는 사회의 보편적 규범이 되었다. 예는 공공과 개인이라는 두 영역에 동시에 적용되었음을 명심해야 한다. 따라서 중국의 전통적 정치문화에서 사적 영역과 구별되는 공공의 보편이라는 원리는 오랫동안 억눌린 위치에 있었다. 제1장에서 지적했듯이 전통시대 경전 문헌에서 '공리'라는 용어가 아주 적게 사용되었다는 사실이 이 점을 입증한다. 공리는 바로 공공의 원리이다. '공공'에는 예로부터 세 가지 함의가 있었다. 첫째는 '공용公用'·'공유公有'이고, 둘째는 공중公衆, 셋째는 공동

共同이다.[12] 이 중 앞의 두 의미는 public의 의미에 해당하고 세 번째 의미는 보편성이다. 즉 공공의 원리는 보편적인 이치이면서 동시에 반드시 공적 영역의 원리이어야 한다. 통계분석을 통해 중국사회에서 '공공의 원리[公共之理]'로 사회조직 원칙을 칭한 사례가 매우 적음을 발견했다. 왜냐하면 그것이 유교윤리와 맞지 않았기 때문이다.[13] '효'는 유교의 핵심가치로서 분명 가장 보편적인 원리이다. 하지만 '효'는 사적 영역의 원리이지 공공영역에 속하지 않는다. 따라서 유교의 경전 문헌에서 비록 가끔 어떤 사람이 보편적 원리를 '공리'로 지시하기는 하지만, '공리'는 본질적으로 사적 영역에 속하는 효라는 원리를 포함할 수 없기 때문에 사람들은 '천리天理'와 '실리實理'로 유교윤리를 표현하기를 더 좋아했다. 《사고전서》에서 관련 어휘의 등장 횟수에 대한 통계를 내보면, '천리'가 17,500여 회, '실리'가 2,100여 회 나타나지만, '공리'는 고작 772회 등장한다.[14]

달리 말해서, '공리'라는 용어가 전통시대에 보편적으로 쓰이지 않았던 원인은 유생들이 사용할 때 그것이 사적 영역과 공적 영역을 관통하는 사회조직 원칙을 표현할 수 없다고 분명히 느꼈기 때문일 것이다. 부자 간의 사랑은 본래 사적 영역에 속하는 일로서 사적인 일이다. 그러나 효는 유교윤리의 핵심이자 출발점이고 가장 보편적 도덕질서이며, 여기에서 충이 도출되어 대일통 제국이 유지되었다. 따라서 효는 사적 영역의 도덕규범으로만 간주될 수 없었다. 그래서 정이는 "아버지와 아들의 사랑은 본래 공公이다"라고 말했던 것이다.[15] 여기서 '공'은 보편성을 갖추고 있을 뿐만 아니라 공적 영역의 가치이기도 했다. 국가를 가정·가족과 동일한 구조로 간주했음은 부권제 가정윤리를 가족 밖의 정치 생활 안으로도 확장시켰음을 의미한다. 공공사회의 일에서 충의 가치가

2. 유교적 공공영역에 대한 시론

효의 연장으로 간주되자, 공적 영역의 정치적 합법성의 근거 역시 사적인 것이 될 수 있었다. 이로부터 유교의 공공의식 구조에서 충과 효라는 두 보편적 핵심 가치는 가치와 보편성의 측면에서 모두 '공'에 속함을 알 수 있다. 그러나 영역의 측면에서 효와 충은 모두가 한 사람과 다른 한 사람의 관계이고 공공의식이 사적 영역 의식과 하나로 뒤섞여서 나누어지지 않았다. 유교의 공공의식이 이러한 특징을 가졌기 때문에 중국의 전통적 정치문화에서는 관념상으로 국가·정부와 황제·황제가족 사이의 경계를 분명히 하기가 매우 어려웠고 국민과 공민 개념이 형성될 수도 없었다.

유교적 공공의식의 구조를 명확히 인식하면 중국에 줄곧 국가·가정 이외의 제3영역이 존재하였지만 왜 이것이 공공영역이 될 수는 없었는지 답할 수 있다. 최근에 중국의 전통적 사회 구조에서 민간사회의 형성과 정치의 관계에 대한 연구가 상당히 많아졌다. 대부분의 연구가 조직의 차원에서 그것이 국가와 다르고 가족의 외부에 속하며 중국 전통사회에 지속적으로 중요한 역할을 했음을 밝혀냈다. 그러나 정치사상사의 측면에서 보면, 이러한 민간사회의 활동을 지배하는 관념은 결코 사적 영역과 구별되는 공공의식이 아니었다. 따라서 그것은 근대적 의미에서 국가로부터 독립된 시민(공민)사회가 될 수 없었다. 이들 민간사회의 활동이 정치 영역과 교차되자, 공공의 업무는 가족과 왕권을 본위로 삼으려 했고, 충효의 동형 구조는 공적 영역의 가치와 사적 영역의 가치를 뒤섞어 버렸다. 충과 효가 대공大公의 관념 속에서 동일시되자 국가에 대한 저항은 대반역이자 도리에 어긋나는 것이 되어버렸고, '예교禮敎'의 규범 아래 가족의 사적인 결합이 충군과 전혀 모순적이지 않게 되었다. 다시 말해서, 중국에서는 가족의 이익과 조정의 이익이 서로 대립하는 공공의 규범과 의식을 정당한 것으로 볼 수 없었다. '공의公議'와 '공론公論'이라는 두 용어의 용법을 통해서 이 점을 설명할 수 있다.

'공의'는 보편적으로 쓰이던 말이다. 앞에서 말한 것처럼 '공의'에서 '공'은 보편성을 의미하지, 공적 영역의 '공'이 아니다. 따라서 중국 전통사회의 '공의'는 대부분 조정에서 쓰였다.[16] 조정이 인재를 선발할 때에도 공의에 의거했다.[17] 그리고 가족 내부에서는 유교윤리에 부합하는 관계와 논의를 공이라 했다. '공론'이란 용어 역시 보편적으로 쓰였으며, 대부분 공인된 결론이란 의미이며, 가끔 '스스로 공론을 가진다[自有公論]'라는 어구로 나타났다.[18] 예문을 분석해보면 공의든 공론이든 모두 예교의 통제를 받아야만 했음을 발견할 수 있다. 즉 유교윤리가 옳고 그름과 좋고 나쁨을 판단하는 기준이었던 것이다. 사대부의 행동이나 신사의 향촌자치와 비경제적인 공공 활동이 예교를 넘어서는 순간 정당하지 않다고 여겨졌다. 중국어에는 이것을 특별히 표현하는 말로 '결당영사結黨營私'가 있다. 이처럼 공론과 공의가 이성적이기는 했지만 공공영역의 형성에 필수불가결한 사상적 전제가 되지는 못했다.

2—3. 가족 본위 공공영역의 구상

유교의 '가'-'국'·'충'-'효'의 동형구조가 공공의식과 공공규범의 성장을 억누르고 있었고 그래서 중국 전통사회에서 발달했던 민간사회가 근대적 공공영역으로 변화·발전하지 못했다면, 논리적으로 말해서 유교 내부에서 충효의 동형 구조의 틀을 타파해야만 유교적 정치문화에 공공영역의 문화적 토대가 성립할 수 있을 것이다. 중국 전통사상이 발전해온 역사에서 이러한 가능성이 출현한 적이 있는가? 이 문제를 해결하기 위해서 우리는 한대부터 명청시대까지 가장 중요한 문헌에서 '공' 자가 지닌 서로 다른 의미 유형에 관한 통계를 〈표2.1〉로 작성했다.

〈표 2.1〉을 통해 명말청초 이전 '공' 자의 의미는 대부분 공정과 공개 그리고 가치적으로 사私와 대립하는 것을 표현하는 데 국한되었고, 보편적 원리를 의미하는 데 사용된 것은 충효였지 가정윤리 바깥의 공공의 원리가 아니었음을 알 수 있다. 다만 명말청초 왕부지王夫之와 황종희黃宗羲의 저작에서 '공'은 비로소 공적 영역의 원리이자 보편적 원리를 표

○ 〈표 2.1〉 한대부터 청대 중엽까지 13종 문헌에서 '공公' 자의 의미와 사용빈도 ○

문헌 \ 의미	공정	공개적 장소	사私와의 대립	공공성을 의식하고 표현하는 방식	공공성	보편성
육가 《신어》(B.C 200)	1	0	1	0	0	0
가의 《신서》(B.C 175)	0	0	4	0	0	0
《춘추번로》(B.C 140)	0	0	3	0	0	1
곽상 《장자주》(290)	0	1	12	0	0	0
《주역정의》, 《상서정의》(653)	4	0	6	2	0	0
장재 《정몽》(1050)	0	0	6	0	0	2
주희 《사서장구집주》(1170)	2	0	38	1	0	4
왕양명 《전습록》(1500)	0	0	1	0	0	13
황종의 《명이대방록》(1663)	0	0	2	0	4	0
왕부지 《독통감론》(1680)	5	13	95	4	2	56
대진 《맹자자의소증》(1776)	1	0	0	0	0	0
기윤 등 《사고전서총목제요》(1785)	41	3	34	0	0	139

현하는 데 쓰였다. 바꾸어 말하면, 명말청초라는 짧은 역사 시기 이외에는 충효의 동형구조 때문에 '공'이라는 용어는 사私와는 다른 가치와 보편성을 표현하는 데만 사용되었고 공적 영역을 언급하는 경우에는 쓰이지 못했다. 명말청초에는 무슨 일이 일어났는가? 이전 연구에서 우리는 청나라 군대가 관문을 넘어 들어오자 많은 유학자들이 정주이학은 반드시 천하 멸망에 대해 책임을 져야 한다고 생각하고 일시에 정주이학과 육왕심학을 반성하는 조류가 출현했다고 언급한 바 있다. 그중에서 가장 주목할 만한 점은 기론이 유교를 재구성한 것이었다. 리가 기 안에 있음을 강조했을 때, 통일된 천리는 기의 차이에 따라 분열될 수 있었다. 새로운 유파 중에는 충과 효가 동형 구조가 아니라는 생각이 나타났고, 그 결과 '공'이 공적 영역의 원리를 표현하는 데 사용되었다. 충효 동형 구조가 파괴됨에 따라 공공영역의 필수조건 2가 성립될 수 있었다. 이에 따라 중국의 정치사상 안에 유교적 공공영역이 출현할 수 있는 구상이 생겨났다.[19]

명말청초에 정주이학을 비판하고 유교의 이론체계를 재구성하는 사상적 변천의 조류 중에서 왕부지와 황종희는 각자 두 가지 서로 다른 기론氣論을 제시했으며 모두 충효 동형 구조의 유교윤리에 충격을 주었다. 이 중 특히 언급할 만하고 이 글의 주제와 관계가 깊은 것은 황종희의 《명이대방록》이다. 중국사상사에서 《명이대방록》은 황제가 천하를 사유하는 것[皇帝家天下]을 비판했고 "천하가 주인이고 군주는 손님이다[天下爲主, 君爲客]"라고 주장하면서 유명해졌다. 오랫동안 사상사 연구자들은 이것을 유교적 민본사상의 창조적 발휘로 이해했다. 그러나 우리는 《명이대방록》이 중요한 이유는 이 책이 가족 본위의 공공영역의 구상을 제안했기 때문이라고 생각한다. 황종희는 결코 효를 핵심으로 하는 유교윤리에 반대하지 않았다. 따라서 《명이대방록》은 여전히 유교 서적이다. 그러나 황종희는 '리는 기 안에 있다'라는 철학을 운용해서 유교윤리의 유효성을 같은 기氣, 즉 혈연이 같은 무리들에 제한시켰다. 그의 분석에서는 군주와 신하 사이에는 '아들은 아비의 몸을 나누어서 신체를 이룬다'라는 식의 불변적인 혈연관계는 없으며, 기가 다르기 때문에 효에서 충이 추출될 수 없음을 밝혀냈다. 충효가 동형 구조가 아니게 되자 충은 유교윤리의 핵심 가치에 속하지 않게 되고 그 정당성도 동요되기 시작했으며, 당연히 더 이상 사회와 국가를 조직하는 기초도 아니게 되었다. 따라서 황제도 더 이상 윤상등급에서 최고의 지위에 있지 않고, 신민과의 관계 역시 부자관계와 유사하지 않고 단지 분업의 차이일 뿐이었다.[20]

국가가 더 이상 가족의 동형 구조적 확장이 아니라면, 무엇이 가족 외부의 공적 영역의 조직 원칙인가? 황종희는 이에 대해서는 명확하게 말하지는 않았다. 그러나 〈원군原君〉편에서 그는 삼대三代의 이상적 군왕에 대한 묘사를 통해서 그 기초를 설명했다. 첫째, 그는 "인류가 처음 등장했을 때 인간은 각자 자신만을 생각했다"라는 점을 강조하며 사람들이 스스로의 이익을 추구하는 행위의 정당성, 즉 사의 합리성을 긍정했다. 그는 가족을 벗어난 공공사무에 종사하는 것이 개인(그리고 가족)에게 직접적인 이점이 없기 때문에 많은 사람들이 황제가 되고 싶어 하지 않는다고 생각했다. 그는 이것이 허유許由와 무광務光이 군주가 되려고 하지 않고 요와 순이 선양을 한 이유라고 생각했다. 여기서 이상적 군주는 더 이상 도덕적 모범이 아니다. 그들은 보통 사람들과 마찬가지로 자기 가정의 정당한 사적 이익에 관심을 갖는 사회구성원이었다.[21] 이후 그는 삼대 정치를 '천하의 공리를 흥하게 하고' '천하의 공통된 해로움을 없애는' 공공의 사무로 정의했고 국가는 이 목적에 도달하기 위해 건설되는 것이라고 했다.

국가와 공적 영역의 조직 원칙이 더 이상 충효를 기초로 하는 가정윤리 위에 건립되지 않는다면, 국가조직이 가족조직과 달라져야 한다는 것은 분명하여 쉽게 알 수 있다. 《명이대방록》의 내용은 이 구분에 대해 논하는 것이며, 중국 역대 정치의 병폐를 모두 황제의 가천하家天下에 귀결시킨다. 즉 국가를 한 가문 한 성씨의 소유물로 보는 데서 온 재난이라고 생각했다. 그러나 《명이대방록》에서 충효 동형구조를 반대하고 황제의 가천하를 비판하는 것을 기초로 만들어 낸 정치이념은 결코 서양의 현대적 시민사회의 공공영역과는 같을 수 없다는 것을 지적해야 한다. 서양의 현대 시민사회의 공공영역은 개인을 본위로 하며, 개인의 이익과 의견을 공공의 이익과 공공의 의견으로 모아내는 장소이다. 그러나 황종희가 생각한 사는 결코 독립된 개인이 아니라 개개의 가족이고 참여자는 신사였다. 그들은 가족의 대표였고, 대부분 족장·지주·도덕(지식)엘리트라는 삼중의 신분에 속해 있었다. 따라서 《명이대방록》의 구상에서 이러한 가족본위 신사대표제의 공공영역은 신사의 공공영역이며, 이것은 유교적 공공영역이 중국에서 표현된 형태라고 할 수 있다. 황종희는 이러한 유교적 공공영역이 어떻게 조직되는지에 대해서는 구체적으로 설명하지 않았다. 단지 학교의 의정과 감독기능을 발휘해야 한다고 지적했을 뿐이다. 학교는 독서인과 사대부의 공공장소로서 공공 논의를 통해 조정에 참여했다. 학교는 중국적 특징을 갖춘 일종의 정치적인 공적 영역이기도 했다.

신사 공공영역은 사인士人(독서인)의 유교윤리와 가족이익에 대한 대표성을 매우 강조한다. 신분대표라는 의미로부터 보면, 이는 하버마스가 서구 중세의 봉건 신분제도를 논할 때 말한 것과 아주 유사하다. 궁중정치에서는 각 신분마다 자신을 대표하는 대표제 공적 영역이 있다. 그러나 우리가 논하고 있는 신사 공적 영역은 하버마스의 대표제 공적 영역과 한 가지 근본적으로 다른 점이 있다. 하버마스는 서구의 봉건제도에서 각 신분은 '사'에도 속하지 않고 '공'에도 속하지 않으며[22] 이러한 대표제 공적 영역은 사가 모여서 공을 이루는 장소가 될 수 없다고 보았다. 그러나 신사 공공영역은 가족대표로 구성되고 가족은 사적 영역에 속하기 때문에, 신사조직이 공공영역을 구성하게 되면 사가 모여서 공이 되는 기제가 실현됨을 의미한다. 이 점이 바로 현대적 시민사회 공공영역과 유사하다. 따라서 서양 중세의 대표제 공적 영역은 현대적 공공영역의 성격이 없지만, 신사 공공영역은 중국 본토에서 오히려 시민사회적 공공영역의 원천이 되었고, 특히 중국이 서양의 현대적 사회조직 형태를 들여오는 매개가 될 수 있었다. 20세기 초까지 신사 공공영역이 사회적 실천으로 전환될 때 중국사회에는 서양의 공화주의를 학습하는 현대적 전환이 출현했고 동시에 현대적 민족국가 ― 중화민국 ― 도 건설되었다.

2—4. 신사 공공영역과 '공리'·'국민'·'사회' 등의 새로운 용어

황종희의 《명이대방록》은 중국에서 무려 200여 년 동안 무시되다가 청말 서양의 충격 하에 정치개혁을 하지 않을 수 없게 되었을 때 비로소 중시되었다. 주목할 만한 점은 황종희가 당시 많은 지식인들 사이에 중국의 루소Jean-Jacques Rousseau로 추앙되었으며, 예비입헌이 큰 동력을 가지고 추진되던 1908년에 청 조정이 놀랍게도 이 명나라 유민을 문묘에 배향했다는 사실이다.[23] 널리 알려져 있듯이, 루소는 정치사상사에서 《사회계약론Du Contract Social》으로 유명해졌다. 사회계약론은 국가와 어떤 사회조직도 개인 사이의 계약의 결과로 간주한다. 황종희가 중국의 루소로 불린 것은 한편으로는 공적 영역의 조직 원칙이 더 이상 유교 윤리(그리고 황종희가 제시한 것과 유사한 구상)에 의해 결정되지 않는다는 것을 의미했고, 다른 한편으로는 사회계약론이 20세기 초반에 보편적으로 인정받게 되었다는 것을 나타낸다. 그러나 우리는 루소의 《사회계약론》에서 계약을 하는 주체는 개인이고 황종희의 《명이대방록》에서 긍정하는 '사'는 가족이어서 둘은 양립할 수 없다는 점을 유념해야 한다. 황종희가 중국의 루소로 불리며 추앙을 받았던 원인은 그가 제기한 유교적 공공영역과 유사한 구상이 청말에 중국사회가 현대적으로 전환하는 데 이상적 담지체로 여겨질 수 있었기 때문일 것이다.

왜 유교를 정치제도 정당성의 기초로 삼는 사회가 현대적 전환에서 유교적 공공영역을 매개체로 삼는가? 이는 서양의 현대적 정치경제제도를 도입하는 정당성을 증명하고 조정과 민간 전체의 동의를 얻어야 했기 때문이다. 그러나 서양 현대사회의 정당성 원칙은 유교와 상당히 대립되는 것이다. 충돌을 해결하기 위해서는 어떤 과도기적 매개체가 필요했다. 그것은 본래의 사회조직과 그 합법성을 유지하면서도 서양의 현대적 사회조직 원칙이 정당함을 논증할 수도 있어야 한다. 유교적 공공영역이 바로 이러한 성격의 매개체였다.

제1장에서는 이미 중서이분의 이데올로기가 1900년의 의화단운동 이후에 형성되었고 이것이 청 조정이 신정과 예비입헌을 추진하게 되는 사상적 기초였음을 서술하였다.[24] 그리고 공공영역 문제에 대한 이 글의 논의와 결부시켜 보면, 이러한 중서이분이원론 이데올로기가 중요한 역

할을 했다. 즉 유교윤리와 공공영역의 원리를 분리시켜 그 적용범위가 달라지게 했던 것이다. 이렇게 되자 유교는 여전히 청 조정과 사회 엘리트의 권력 소유가 합법성을 가지는 근거가 되었지만, 그것은 사적 영역(가족 내부 혹은 이전의 사회관계 안)에서만 유효했다. 하지만 공적 영역에서는 서양의 현대적 가치를 도입할 수 있었고 서양의 현대적 사회제도를 배우는 정당성의 근거를 제공했다.[25] 이처럼 청 정부는 전통적 사회 엘리트 계층에 근거하여 위에서 아래로 현대화 개혁을 추진해야만 서양의 현대적 정치경제제도를 도입하면서도 통치자와 사회엘리트의 권력과 이익을 손상시키지 않을 수 있었다. 청말 신정 개혁 기간 동안 정당하고 보호받아야만 하는 '사'는 주로 가족이었지 가족 안의 개인이 아니었음을 알아야 한다. 가족 밖의 공적 영역에서 사회의 기본 세포이자 가족의 대표인 신사는 정치·사회·상업·교육의 각 영역에서 가장 활약했던 계층이었다. 이 시기에 서양의 사회조직 원칙인 계약론과 개인 관념이 널리 퍼져 있었고 신정의 합법성 논증에도 사용되었지만, 사실상 계약 체결에 참가했던 이들은 주로 가족의 대표였던 신사에 국한되었다. 이렇게 된 이상 공적 영역에서 각종 새로운 일을 추진했던 자들은 결코 독립된 개인에 속하지 않았고, 개인은 여전히 가족과 유교윤리에서 독립되어 있지 않았다. '사'를 대표하는 유효한 단위가 개인이 아니라 주로 가족의 대표였던 때, 사가 모여 공을 만든다는 서양의 현대적 사회조직 원칙을 도입하여 형성된 상회·학회·자의국諮議局은 신사 공공영역의 번영을 의미할 뿐이었다.[26] 이러한 유교적 공공영역은 결코 하버마스가 말하는 공공영역이 아니다. 그것은 《명이대방록》의 구상을 실천에 옮긴 것에 더 유사해 보인다.

왜 청말 입헌개혁에서 형성된 공공영역이 본질적으로 유교적(황종희식)이지 하버마스식이 아니라고 할 수 있는가? 20세기 초반의 10년 동안 중국의 공공의식에 큰 변화가 생겼다. 이는 바로 충과 효의 단절이다. 당시에 효도는 여전히 보편적으로 추앙받던 가치였고 신식 중학당과 소학당의 수신 교본의 내용에 포함되었다. 그러나 공적 영역에서 군주에 대한 충성이 다시 거론되는 빈도는 아주 낮았다. 공공영역에서 도입한 서양의 현대적 가치는 바로 충효가 단절된 구조(중서이분 이데올로기) 위에서 기거하고 있었다. 그 밖에 공공의식 변화를 반영할 수 있는 몇몇 정치 용어들, 예를 들면 1장에서 언급했던 '공리'·'공례'가 합리성 논증의 어휘가 되는 동시에 '국민'과 '개인' 두 용어도 부각되었다.

〈그림 2.1〉과 〈그림 1.2〉를 대조해보면, '공리'·'공례'가 보편적으로 사용되면서 '국민'·'개인' 역시 가장 보편적으로 사용되는 어휘가 되었다. 이는 사람들이 진화론, 특히 개인의 권리 쟁취의 정당성에 근거하여 더욱 보편적인 공적 영역의 원리를 추론할 때, 국가의 주권은 자연히 개인의 권리가 모여서 이뤄지는 것으로 보고 민족국가의식이 시대적 분위기에 따라 점차 생겨났음을 의미하기도 한다.[27] 즉 '공리'와 '공례'가 현대적 공공의식의 매개체가 되자 신사 공공영역이 현대적 민족국가를 건설하는 도구가 된 것이다. 량치차오는 이러한 공공의식을 '공덕公德'이라 불렀고 그것과 현대적 민족국가 건설의 관계를 체계적으로 서술했다. 그는 유교윤리가 규정하는 오륜은 사덕私德이며 중국인의 도덕의식은 "사덕에 편중되어 있고 공덕은 결여된 듯하다"라고 지적했다. 그는 사덕은 개인을 만들어내고 공덕은 국가를 만들어낸다고 생각하며, "사람의 무리가 집단이 되고 나라가 나라 되는 까닭은 이 덕에 근거해서 성립한다"[28]라고 말했다. 중국 전통사회에서는 개개인의 역할이 유교윤리에 의해 규정되어, 개인 관념도 없고 국민의식도 없었다. 20세기 초반의

○ 〈그림 2.1〉 중국 정치문화에서 '개인'·'국민'의 출현(1898~1915) ○

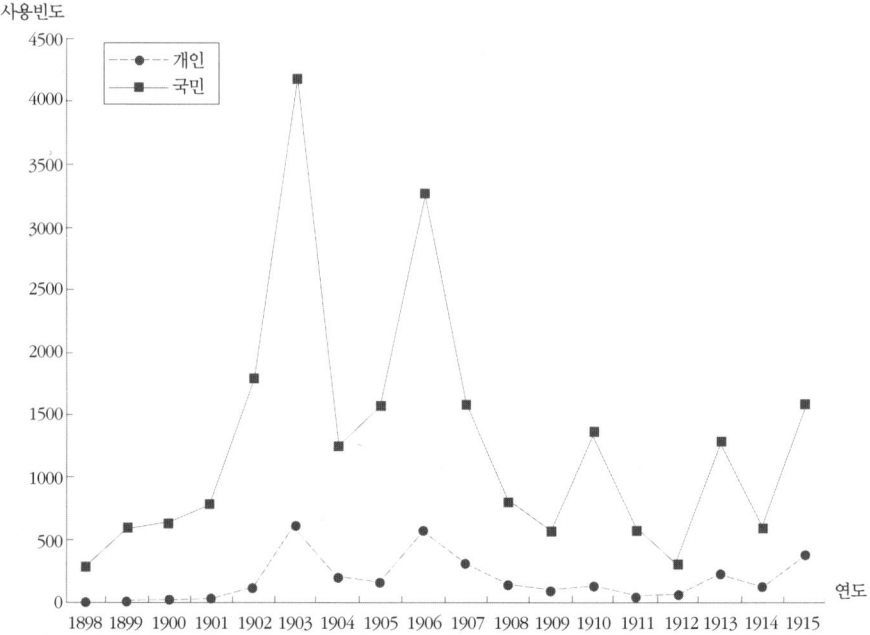

10년 동안 공덕은 공적 영역을 대표하는 현대적 의식으로서 서양의 개인 관념을 받아들이고 국민의식을 드러내는 것을 의미했다. 국가 역시 국민에 의해 구성되는 것으로 여겨졌다.

학계에서는 과거 한 때 '국민'이라는 용어가 일본에서 중국으로 유입되었다고 보았지만,[29] 사실은 웨이위안魏源(1794~1857)이 일찍이 《해국도지海國圖志》(1847)에서 이미 '국민'이라는 용어를 사용하였다.[30] 1894년 이전에 그 의미는 외국의 인민을 가리켰다. 당시에는 '영국 국민[英國民]', '프랑스 국민[法國民]' 등의 표현법이 유행했다. '국민'은 '어떤 나라의 백성[某國民]'의 통칭으로서 관청의 문헌에도 등장했다.[31] 사실상 양무운동 기간에 '국민'은 대다수가 외국인을 지칭하는 데 쓰였고 극소수만 중국인을 언급하는 예문에 나타났다. 이러한 국민관은 사실 유교적 경세치용의 지향 하에서 형성된 만국관의 일부이다.[32] 〈데이터베이스〉를 검색해 보면 1894년 이후에야 중국인을 '국민'이라고 불렀음이 발견된다. 이는 '국민'이 유교적 경세치용의 범위를 벗어나서 민족국가의 구성단위가 되었음을 의미한다. 더 정확히 말하면, '국민'이 공공의식의 일부가 된 것은 1900년 중서이분이원론 이데올로기가 형성된 이후의 일이다. 국민으로 중국인을 지칭했다는 것은 당시 사람들이 국가의 주권이 국민의 권리로부터 형성됨을 깨달았다는 것을 보여 준다. 당시에는 다음과 같은 표현이 있었다. "국민이란 국가와 근본적으로 하나이다." 여기에는 "NO STATE NO NATION"이라는 영문 주석이 병기되어 있었다. 이어서 한 걸음 더 나아가 국민이 계약과 공공의지를 통해서 국가를 구성한다며 "무릇 국가란 것은 국민의 공동심公同心에서 만들어진다"라고도 서술했다. 심지어 서양의 공화국res publica의 음역을 사용하여 "그것을 례보부뤼列波埔律(REPUBLIO)로 부른다"[33]라고도 했다. 달리 말해서, '국민'이 부각되는 역사적 궤적이 '공리'와 동일하다는 것은 중국인에게 왕권에서 벗어난 현대적 국가의식이 충효가 단절되는 구조 위에 기생했다는 것을 증명한다.

서양에서 현대적 민족국가의 형성은 공공영역과 함께 발전하는 과정을 거쳤다. 독립된 개인이 공공의식과 권리의 양도를 통해 주권을 만들 때 형성된 현대적 조직이 바로 국가이다. 개인이 계약을 통해 어떤 목적을 실현하는 조직을 결성한다고 보았을 때, 대응하는 조직은 사회society 혹은 공공영역이었다. 따라서 한나 아렌트Hannah Arendt(1906~1975)는 사회의 발흥을 서양 전통사회의 현대적 전환을 대표하는 현상으로 꼽았다. 한나 아렌트는 사적인 것도 아니면서 공적인 것도 아닌 사회 영역의 발흥은 엄밀히 말해서 비교적 최근의 현상이었다고 지적한다. 기원으로 말하면, 그것은 근대와 함께 출현한 것이고 또한 민족국가 안에서 자신의 정치적 형태를 획득했다.[34] 따라서 서양에서 인류가 그 안에서 살아가는 조직을 society라고 명명했을 때, 그것은 사실상 공공영역이 형성되었다는 언어상의 증거이다. 10여 년 전 학계가 중국에 시민사회가 존재했는가를 토론했을 때 가장 큰 난점은 중국어에서 civil society에 해당하는 단어를 찾지 못했다는 점이다. 사실 이 단어는 존재한다. 그것은 바로 '사회'이다.

'사회'라는 용어는 중국어에 일찍부터 있었다. 본래는 '모인다'는 의미였고, 후에 사람들이 어떤 목적에 근거해서 스스로 만든 조직을 지칭했다. 비밀결사가 그 예이다. 1856년에 '사회'는 최초로 외국의 집회를 지시하는 데 쓰였다.[35] 1896년 장인환張蔭桓(1837~1900)은 주접奏摺[지방관들이 황제에게 직접 올린 보고서 — 옮긴이]에서 '사회'라는 용어를 사용했다.[36] 1897년에도 어떤 사람이 '사회'를 언급하였는데, 그 의미는 모두 가족과 국가 이외의 어떤 목적을 위해 스스로 결성한 조직이었다.[37] '사회'라는 용어의 의미가 society와 같기 때문에 중국에서도 '사회'를 넓은 의미로 사용하면서 공공영역의 형성을 나타낼 수 있었다. 중국어에서 '군群'과 '사회社會'는 가족과 국가 사이에 있는 영역들을 가리키는 용어이다. 우리는 예전에 '사회'와 '군'의 의미 차이에 대해 체계적으로 논한 후 '사회'가 신사 공공영역을 표현할 수 있는 키워드임을 밝혔다.[38] 이 글에서는 이와 관련해서는 논하지 않고 공공영역의 각도에서 '사회'가 출현하기 시작했는지만을 볼 것이다.

〈데이터베이스〉에서 '군'과 '사회' 두 키워드가 1860년부터 1915년 사이에 사용된 횟수를 조사해보면, 1825년 이전에 두 용어의 사용빈도는 상당히 적었다. 다른 하나의 현상은 '군'의 사용빈도가 처음에는 '사회'를 훨씬 능가했다는 사실이다. '사회'라는 용어는 대체로 1895년 이후의 정치 문헌에 등장한다. 《일본국지》에서 황쭌셴黃遵憲(1848~1905)은 사회를 네 번 언급하고 있으며, 이를 '공화당'·'입헌당'과 병렬시키고 있다.[39] 이것이 현대적 공공영역의 의미에서 '사회'라는 용어를 사용한 가장 이른 시기의 예문이다. 1902년부터 1903년 무렵까지 '군'과 '사회'라는 용어의 사용빈도는 엇비슷했다. 1904년 이후 '사회'의 사용빈도는 '군'을 뚜렷하게 넘어섰다(〈그림 5.1〉 참조). 이 시기는 바로 많은 상회·학회 등 자주적인 사회조직(협회)이 갈수록 활발했을 때이다. 이들 조직의 활약은 신사 공공영역의 전형적인 표현이라 할 수 있다. 바꾸어 말하면, 서양과 마찬가지로 '사회'라는 용어의 보급은 신사 공공영역의 활성화가 언어에 남긴 흔적으로 볼 수 있다.

2—5. 신정·입헌에서 공화로

1901년 창 조정이 개혁을 추진했을 때부터 1915년의 신문화운동 시기까지 중국은 서양의 현대적 정치경제제도를 열심히 배우고 도입했다. 대체로 그 과정은 다음 세 단계로 나뉜다. 첫 번째 단계는 1901년부터 1906년까지로, 신정新政 기간이라 부른다. 두 번째 단계는 1906년부터 1911년까지의 예비입헌이다. 세 번째 단계는 신해혁명과 그 이후 공화정치의 실험이다. 시간상 이 세 단계는 바로 앞에서 논한 신사 공공영역의 출현과 일치하고, 앞에서 서술한 세 단계는 바로 신사 공공영역 전개의 내재적 논리에 의해 결정되었다.

만약 개혁의 내용에 따라서만 분석했다면 세 단계에 어떤 공통점이 있는지를 발견하기가 어려웠을 것이다. 첫 번째 단계에서 나타난 민간인의 기업경영을 장려하는 중상주의와 신식교육 실시 및 과거제 폐지는 두 번째 단계의 정치개혁과 성격이 아주 다르다. 특히 1911년에 발발한 신해혁명이 청 왕조를 무너뜨린 이후 민국 초기의 정당정치를 입헌운동의 연속으로 보기는 상당히 어려울 듯하다. 그러나 만약 개혁자의 신분을 분석한다면 이 세 단계에 존재하는 내재적 동일성을 발견할 수 있다. 그것은 바로 이들 일련의 개혁이 모두 신사(특히 서양의 현대적 교육을 받고 도시화한 신사)들이 추진했고, 모든 개혁이 사적 영역(가족조직)과 지방 업무에서 신사들의 권력과 지위를 훼손하지 않았다는 사실이다. 20세기 초반 중국 정치의 현대화가 신사 공공영역의 전개에서 기인한 것이라고 한다면, 개혁 내용의 중점은 관청의 의도와 정책 이외에 신사가 무엇이 가장 중요한 공공 업무라고 생각하느냐에 달려 있었다. 사실 신정·입헌·공화라는 세 단계의 진행은 바로 신사계층의 공공의식 발전과 직접적으로 연관되어 있다. 핵심 키워드의 통계분석을 통해서 청말 공공의식의 전개를 그려내기 위해 이 글에서는 '경제'·'입헌'·'공화'라는 세 키워드가 1860년부터 1915년까지 사용된 횟수에 대한 통계를 작성했다. 그 분포는 〈그림 2.2〉와 같다.

〈그림 2.2〉에서 이 세 키워드가 형성한 세 개의 고점은 앞에서 말한 세 단계에 정확하게 대응한다. '경제'는 유교적 공공영역과 공공의식이 처음 나타난 것을 나타내고, '입헌'과 '공화'는 각각 두 번째와 세 번째 단계의 공공의식을 대표한다. 여기서 우선 '경제'를 중심으로 하는 첫 번

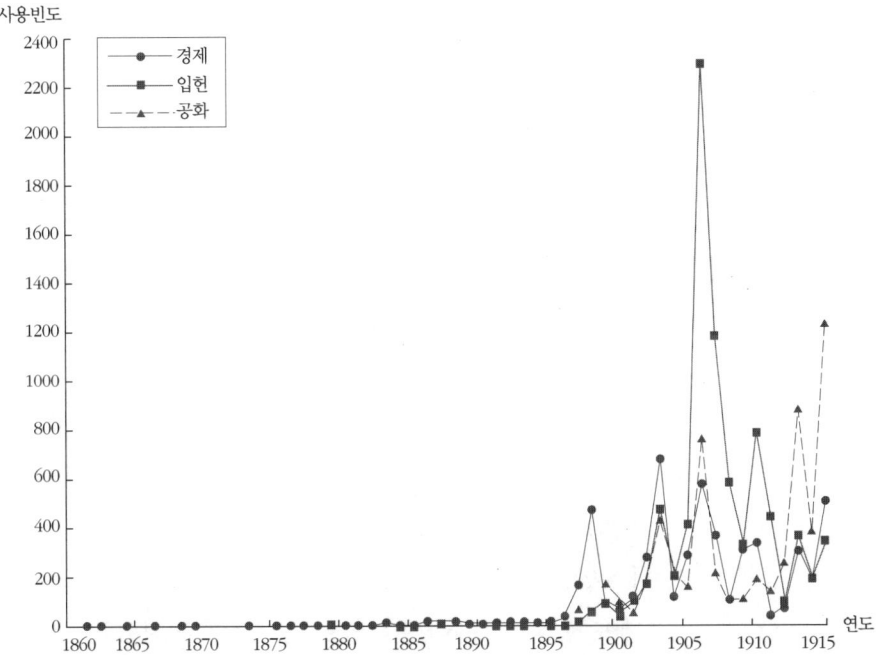

〇 〈그림 2.2〉 '경제'·'입헌'·'공화' 의 사용빈도(1860~1915) 〇

째 단계를 분석하겠다.

앞에서는 공공의식이 중국 전통문화 안에서 형성되려면 반드시 유교 윤리가 사적 영역(가족 내부)으로 물러서는 것이 전제되어야 한다고 지적했다. 유교 전통에서 경제활동은 줄곧 경세치용의 일부로 여겨져 왔다. 즉 '재물을 잘 관리하는 것[理財]'과 '상업경영[經商]'은 반드시 유교윤리를 훼손시키지 않아야 함을 준칙으로 삼았다. 20세기 초반 몇 년 동안에는 공과 사의 두 영역이 구분되었기 때문에 개인이 기업을 경영하고 재산을 굴리는 부국강병 등의 경제활동이 제일 먼저 유교도덕의 의미에서 독립하여 가장 중요한 공공 업무가 되었다. 신정에서 현대적 시장경제를 도입한 중상주의는 바로 새로운 형태의 공의(공공이성의 토론) 안에서 국가의 시책이 되었다. 민영기업이 처음으로 관영기업과 관청에서 감독하고 상인이 운영하는 기업을 도의적으로 압도한 것은 또한 이러한 공공의식이 신사 공공영역에서 최초로 출현했음을 의미한다. 청 조정이 민영기업의 창설과 운영을 장려하면서 신사에게 반포한 조례는 그들이 투자한 양에 따라 그에 상응하는 공명功名을 주는 방식에 의거한 것이었다.[40] 이는 전통적 유교 관념에서는 상상할 수 없는 일이었다. 민영기업과 함께 성장한 것은 상회·학회·신식학당과 신사가 운영하는 신문이었다. 바로 공공이성의 토론이 형성한 새로운 공론 속에서 청 조정 역시 신학당의 졸업생 중에서 관리를 선발하기 시작했고, 결국에는 1905년 과거제 폐지를 선포했다.

　여기서 약간의 지면을 할애하여 '경제'로 economy를 지시하게 된 함의를 반드시 논해야 할 것이다. 표면적으로는 '경세제민'의 약칭인 '경제'는 아주 강한 유교적 색채를 띠기 때문에, 이 개념의 보급으로는 청말 공공의식의 초기적 출현을 대표할 수 없는 것처럼 보인다. 사실상 이 용어의 모순성은 아마 그 특수한 사상사적 여정을 통해서 해석할 수 있을 것이다. 일본은 중국보다 먼저 economy를 '경제'로 번역했다. 이는 일본에서 유교가 중국에서와는 다르게 발전했기 때문이다. 일찍이 에도 시대에 '경제'는 유교윤리와 분리되었다.[41] 그러나 중국에서는 청 조정이 신정을 추진하기 이전에 장즈둥張之洞(1837~1909)이 《권학편》에서 '중학경제'와 '서학경제'를 구분했다.[42] 그 목적은 유교윤리와 서양제도를 별개의 두 영역으로 구분하는 것이었고, economy는 서학경제의 주요 분야였다. 20세기 초 신사 공공영역의 출현으로 중학경제와 서학경제의 분리가 실현되었고, '경제'로 공공의식을 가리킴으로써 공적 영역에서 민영경제 업무가 활성화 될 수 있었다.

　상회·협회와 학당 그리고 신문과 잡지 언론이 주를 이루었던 신사 공공영역이 왜 1906년에 이르러 한 걸음 더 나아가 정치 영역에 관여하고 신사가 광범위한 예비입헌운동에 참여하게 되었을까? 이는 공공의식의 변화에 따른 것이다. 앞에서 신사 공공공간의 공공의식은 충효가 단절되는 기본 구조 위에 기생하였고, 충은 더 이상 정치 영역의 최고 기준이 아니게 되었다고 논하였다. 그렇다면 충을 대신하는 공공의식이 언제 출현했는지가 매우 중요하게 된다. 공공의식이 경제에서 정치로 확장된 가장 직접적인 원인은 1905년 러일전쟁의 자극이다. 러일전쟁에서 입헌군주제인 일본이 제정 러시아에 승리하였다. 이는 청 조정과 수많은 신사들에게 입헌군주제가 군주전제보다 우월하다는 증거로 비춰졌다. 당시에 출간된 《동방잡지》에서는 "1905년 러일전쟁 때부터 식자들이 모두 '이것은 일본과 러시아의 전쟁이 아니라 입헌과 전제 두 정치제제의 전쟁이다'라고 말한다. …… 또한 전제의 혼란한 국가가 20세기의 밝은 세계에 받아들여지지 않음을 분명히 알았다. 그래서 입헌의 의견을 가진 자가 점점 많아졌다"[43]라고 했다. 대신들이 연이어 입헌을 주장하는 상소를 올렸고, 다섯 명의 대신이 해외를 시찰한 후에 역시 입헌이 중앙정부와 백성에게 이득이 된다고 보았다. 바로 입헌이 청 정부·유신儒臣·신사의 공공의식이 되었기 때문에 결국 1906년에 청 조정은 12년 후 입헌군주제로 바꾸겠다고 선포했다. 따라서 1906년 이후 예비입헌을 목표로 한 정치개혁이 신사 공공영역 전개의 두 번째 단계이다.

　입헌이란 국가가 국민으로 구성되고 국가주권이 국민의 공의公意와 국민의 개인권리의 양도에서 나온다고 보는 것이다. 황제가 국민공의의 대변자가 될 때 황제는 입헌의 주체가 된다. 황제가 국민의 공의를 대변하지 못할 때 입헌의 주체는 바로 국민이 된다. 서양의 입헌군주제에는 독일과 영국의 두 가지 유형이 있다. 청 정부는 일본의 유형을 모방하여 황제를 입헌의 주체로 삼았다. 신사 공공영역에서 선거권은 오직 신사계층에 한정되었다. 당시 국민은 실제로 가족을 대표하는 신사였다. 민족국가를 어떻게 건설할 것인가라는 차원에 신사 공공영역이 투사되면서 바로 신사가 입헌의 주체가 되었다. 따라서 입헌운동이 시작되면서부터 황제와 신사라는 두 주체가 존재하였고, 이 두 주체 사이에 충돌이 날로 첨예해지면서 청 왕조가 붕괴하고 멸망하게 된 것이다.

널리 알려져 있듯이, 청 조정을 전복시킨 신해혁명의 원인은 철도분쟁이었다. 이는 신사의 경제적 이익과 중앙왕권의 이익이 조화되지 못하여 생긴 결과이다.[44] 신사 공공영역의 측면에서 보면, 철도분쟁이 발생했을 때 두 입헌 주체의 충돌은 이미 가시화되었다. 신사 의원이 국회 소집을 요구하는 대규모의 청원운동이 수차례 일어났으며, 청 조정에 대한 입헌파의 불만은 극에 달했다. 중국 전통사회에서 신사의 권리[紳權]로 대표되는 지방이익과 중앙왕권 사이에 충돌이 발생될 경우, 공과 사의 두 영역을 횡적으로 관통하는 유교이데올로기에 의해 모순이 해결될 수 있었다. 그러나 20세기 초반 중서이분이원론 이데올로기 안에서 유교윤리는 가족 내부의 사적 영역에만 한정되어 공적 영역으로 투사되지 못했다. 즉 효에서 충이 도출되지 못했던 것이다. 이는 중앙왕권의 정당성을 크게 약화시켰다. 이처럼 신사계층이 대변하는 지방이익과 왕권 사이에 화해할 수 없는 충돌이 발생했을 때, 왕권은 더 이상 이데올로기적 역량으로 지방 신사를 굴복시킬 수 없었다. 이에 우창

武昌의 첫 번째 봉기 이후 그리 길지 않은 기간에 각 성이 연이어 독립을 선포하였다. 공화정치체제를 수용한 것은 바로 이러한 역사적 맥락의 산물이다.

민국 초기의 정당정치는 신사 공공영역 전개의 세 번째 단계이다. 세 번째 단계의 공공의식은 두 번째 단계와 어떻게 다른가? 세 번째 단계의 사고방식은 여전히 중서이분이원론이었다. 이 점은 두 번째 단계와 같다. 차이는 유교가 점유하고 있는 영역의 크기에 있었다. 신정과 예비입헌의 단계에서 왕권은 여전히 존재했고 유교윤리는 사적 영역으로 물러나 기존의 가족과 군신관계의 신분질서 보호만을 담당했다. 두 번째 단계에서 입헌의 주체가 충돌하고 신사의 공공의식이 부단히 발전함에 따라 군주와 군주제는 더 이상 전통적인 정치적 권위를 누리지 못했다. 신해혁명 이후 공공의식은 더 이상 황제를 받아들이지 않았다. 위안스카이袁世凱(1859~1916)의 칭제 실패는 바로 이러한 공공의식의 구현이었다. 당시에 량치차오는 유명한 장문〈특이하도다, 이른바 국체 문제여〉에서 위안스카이가 입헌군주제로 되돌리려는 것에 결연히 반대했다. 량치차오는 신해혁명 이전에는 계속 혁명을 반대하고 공화정치의 즉각적인 실행을 찬성하지 않았지만, 공화정치가 실행된 이상 구체제로 회귀할 수는 없다고 말했다. 그는 사당 안의 보살이 똥통에 던져지면 다시는 본래의 자리로 돌아가 사람들에게 숭배되고 모셔지지 않는 것과 같다고 말했다. 량치차오가 기초한〈돤치루이를 대신하여 장쉰의 복벽을 비판하는 전통代段祺瑞討張勳復辟通電〉에 이러한 관점이 아주 분명히 표현되어 있다. 량치차오는 군주제는 "한 성姓의 위엄으로 무수한 사람들을 순종시키려 한다"라고 말했다. 즉 군주의 가천하家天下는 더 이상 정당성을 가지지 못한다는 뜻이다.[45] 이로부터 민국 초기의 정당정치와 '공화 수호'는 본질적으로 신사 공공의식이 군주의 권위를 공개적으로 부정하는 데까지 발전한 자연스런 결과임을 알 수 있다. 두 번째와 세 번째의 입헌 주체가 서로 같기 때문에 정치적인 면에서는 신사 공공영역의 배후에 있는 공공의식을 공화주의라고 통칭할 수 있을 것이다.

2—6. 유교적 공공영역과 학습 기제

이상의 분석에 따르면 신사 공공영역은 결코 중국에서 안정적인 정치질서를 건설하지 못했음을 알 수 있다. 앞에서 서술했듯이, 신사 공공영역은 중서이분법의 사고방식 위에 건립되었고, 유교윤리는 가족 내부, 즉 사적 영역에 한정되면서 왕권의 정당성을 도출하지 못했다. 이러한 군주 통치는 관습적 권위에 의존할 수밖에 없었다. 두 입헌 주체가 충돌하는 과정에서 중앙의 왕권은 필연적으로 신사의 고조된 정치의식에 의해 전복될 수밖에 없었다. 이로부터 입헌군주제가 안정적이지 못하였음을 알 수 있다. 그렇다면 신사가 건설한 공화제도는 또 어떠한가? 신사 공공영역에서는 공적 영역의 공덕이든 사적 영역의 사덕이든 모두 도덕을 강조하고 도구적 이성과 형식적 법규는 중요시하지 않았다. 이렇게 되면 절차가 우선이라는 공통의 인식을 형성할 수가 없게 된다. 만약 공공영역이 개인(혹은 사)의 권리와 도덕만을 중시하고 법치의 전통과 관계 있는 공공규범(절차 우선)이 없다면, 공화제도 역시 안정적일 수 없을 것이다.

사실, 도덕의 내용이 형식 법규보다 높다고 믿는 의식의 지배 아래에서는, 의회정치는 실행하면 할수록 혼란해진다. 민국 초기의 의회에서는 서로 다른 당파가 싸우고 표를 매수하며 선거의 결과에 복종하지 않았다. 이들은 사소한 일이라 할 수 있지만, 헌법에 권위가 없고 군대의 국가화가 실패한 것은 큰 문제였다. 이는 심각한 사회통합의 위기를 초래했다. 당시의 국가는 군대에 대한 통제를 상실했고, 각 파의 군인은 항상 '도가 있는 쪽이 도가 없는 쪽을 친다[有道伐無道]'라는 명목을 내걸고 서로 정벌전쟁을 벌였다. 그러나 유교이데올로기가 공적 영역에서 퇴출되고 가치가 날로 다원화되는 사회에서 무엇이 도가 있고 무엇이 도가 없는 것인가에 대한 통일된 관점이 있을 수 없었다. 따라서 중국에서는 군벌과 군인들이 패자를 자처하는 천하가 출현했다. 위안스카이의 칭제 실패 후 군벌 할거의 출현은 바로 신사 공공영역이 유효한 질서를 수립하지 못한 필연적 결과이다.[46] 신사 공공영역의 불안정성에 따라 사람들은 그것이 사회의 현대적 전환에서 가지는 의미를 새롭게 평가하게 되었으며, 그 결과는 중서이분이원론 이데올로기의 전복이었다.

그렇다면 유교를 정당성의 근거로 삼는 모든 전통사회에서 유교적 공공영역은 모두 불안정했고 사회의 현대적 전환 과정에서 잠깐 등장했다가 사라질 수밖에 없었을까? 사실 중국의 가족 본위의 신사 공공영역이 안정적 정치질서를 형성하지 못했던 사실이 모든 유교적 공공영역이 불가능하다는 것을 의미하지는 않는다. 널리 알려져 있듯이, 송명이학이 불교를 소화한 후에 유교는 곧바로 한·중·일 삼국에서 공통적인 정치문화가 되었다. 동아시아 삼국사회가 현대적 전환을 하는 과정에서 모두 유교적 공공영역이 출현했다. 일본은 메이지유신을 통해서 안정적 입헌군주제 국가를 세웠다. 일본과 중국의 유교적 공공영역을 비교해보면, 중국과 일본 두 나라의 유교적 공공영역의 서로 다른 형태를 볼 수 있다. 중국과 일본은 '사'의 단위도 다를 뿐 아니라, 공공의식에 있어 가장 큰 차이가 있다. 일본 유교는 일찍이 에도시대에 서로 다른 영역의 원리를 분리했다. 천황에 대한 충성과 국가이성 그리고 다이묘에 대한 충성이 서로 단절되었다. 일본에서 유교적 공공영역의 공공의식은 소라이학[徂徠學]과 국학이 그 기초를 닦았다. 소라이학은 법치를 매우 중시했고 국학과 천황에 대한 충성은 천황에 대한 인정을 효과적으로 지지해 주었다. 따라서 일본은 서양의 현대적 정치경제제도를 배우면서 안정적이고 견고한 입헌군주체제를 확립할 수 있었다. 이 글에서는 중국과 일본을 비교하여 상세히 논할 생각은 없다. 하지만 여기서 강조하려는 것은 유교적 공공영역이 동아시아 각국에서 다른 형태를 띠었고, 일본은 유교적 공공영역이 있었기 때문에 서양의 정치경제제도를 배워서 사회의 현대적 전환을 중국보다 더 먼저 신속하게 실행할 수 있었다는 점이다.

1915년 무렵 중국에서 시작된 신문화운동은 바로 신사 공공영역의 실패에 대한 응답이다. 신문화운동은 새로운 세대의 지식인들이 민국 초기의 정치에 실망한 데서 일어났다. 그들이 반대하고 부정한 것은 바로 신사의 이익을 대변하던, 중서이분이원론 이데올로기이다. 중서이분이원론 이데올로기에 대한 부정은, 사상의 구조로 말하면, 중학과 서학의 통일을 주장하고 사적 영역의 원리와 공적 영역의 원리 간 통일을 주장하는 일원론이다. 사상의 내용으로 보면, 사적 영역에서 유교윤리에 반대하고 공적 영역에서 공화주의를 버리는 것이었다. 신문화운동은 전면적인 반전통으로 유명하다. 소위 전면적인 반전통주의가 겨냥한 것은 송명이학도 청대실학도 아닌 신사 공공영역의 정치문화 — 중서이분이원론 이데올로기 — 였다. 신문화운동에서는 윤리적 각성을 궁극적 각성이라 하고 개인의 독립 관념을 가정에 깊이 유입시켰다. 사적 영역에서 효도와 부권제 가족조직이 전제의 근원으로 간주되었고 유교윤리가 노예의 도덕으로 불렸다. 공적 영역에서 엘리트의 치국을 강조하던 공화 관념 역시 평등과 대중 참여를 주장하는 민주로 대체되었다.

신문화운동에서 중서이분이원론을 부정하는 반전통주의는 아주 독특한 결과를 가져왔다. 그것은 바로 내용적으로 유교윤리에 반대하는 동시에 사상의 심층구조에서는 유교의 천인합일과 도덕가치 일원론의 대전통으로 회귀했다는 점이다. 중서이분이원론에 대한 부정은 반드시 이전 시기의 학습 과정에서 수용한 모든 서양 관념을 재평가하고 일원론적 사유로 이들 관념을 소화하고 재구성하는 방향으로 나아간다. 바로 신문화운동에서 전면적인 반전통과 모순 없이 공존하는 것은 '개인'과 '권리' 관념의 재구성,[47] 과학주의의 발흥, 경제결정론과 사회주의의 발흥, 유사이학[類理學] 이데올로기 논증 양식의 혁명적 유토피아에 대한 긍정이고, 대진철학과 구조가 동일한 일원론적 자유주의가 옌푸·량치차오식의 자유주의를 대체한 것이다.[48] 중국에서 19세기부터 도입된 서양의 관념을 비판적으로 흡수하고 소화하며 재구성하는 새로운 시대가 시작된 것이다.

이 글에서는 이들 문제를 전반적으로 논하지 않고 공공영역과 관련 있는 사상의식의 변화에 대해서만 연구하고자 한다. 우선, 유교윤리의 사적 영역에 대한 지배가 부정되면서 중국인의 사상이 크게 해방되었고, 개인은 가정을 떠나서 진정한 독립을 얻었다. 이로부터 사회는 가정이 아닌 개인으로 구성되는 것으로 간주되었다. 신문화운동에서 청년의 사상이 해방되었다. 청년들은 결혼과 양성관계에서 대담한 실험을 했고 각종 조직을 만들었으며 새로운 생활 방식들을 실행했다. 그러나 후에 '5·4청년'이라고 불린 이들의 사상과 행동은 잠시 등장했다가 사라졌을 뿐으로, 1920년대가 되자 쇠락하기 시작했고, 결국 중국에서 완전히 사라졌다. 왜 이렇게 되었는가? 간략히 말하자면 이것은 대부분 5·4청년들이 아주 빠르게 혁명청년으로 변모하고 대혁명의 정치적 대조류 속으로 빨려 들어갔기 때문이다. 사상사의 측면에서 검토하자면, 하나의 중대한 원인은 공적 영역과 사적 영역이 다시 이어지고 둘이 통일된 가치와 '원리[理]'를 따랐다는 데 있다. 중서이분론 이데올로기의 중요한 기능은 공적 영역과 사적 영역을 나누고 이들이 각자 서로 다른 가치에 따른다고 판단해서 서양의 현대적 사회제도에 대한 학습을 순조롭게 진행시키고 공공영역이 건설될 수 있도록 한다는 점이다. 사람들이 일단 중서이분론 이데올로기를 부정하자 두 영역의 분리도 바로 소멸되었다. 이는 현대화 학습 기제의 실패이자 전통적 천인합일 구조로의 회귀를 의미한다. 이때부터 사가 모여 공을 이루는 기제는 다시 존재할 수 없게 되었고, 공공영역 역시 중국에서 사회를 전환시키고 통합시키는 기능을 상실하게 되었다.

이때 사회통합을 이루려면 공적 영역의 도덕적 가치를 부단히 확장시킬 수밖에 없다. 그러나 새로운 도덕의 형성은 곧 사적 영역과 개인의 프라이버시가 억압되고 사라지며, 나아가 사적 정당성이 공적 가치의 팽창에 의해 전복됨을 의미한다. 신문화운동 후기에 권리와 개인 관념의 재구성이 완성됨에 따라 혁명적 유토피아와 과학적 진리의 이름을 내건 새로운 이데올로기가 발흥했다. 사람들은 사적 영역의 가치가 보다 숭고한 사회혁명의 목표에 종속되어야 함을 보편적으로 받아들였고, 청년들은 새로이 등장한 레닌식 정당에 연이어 가입했다. 중국의 역사 역시 국공 양당이 현대적 중국을 재건하고자 시도하는 새로운 시기에 접어들었다.

2—7. 서양 현대사상의 재구성: 중국 당대 정치사상과 사회 형태

바로 신문화운동 시기에 공적 영역과 사적 영역의 경계선이 점차 상실됨에 따라 좌파 신지식인들은 공적 영역과 사적 영역이 통일된 원리에 따라야 한다고 믿었다.[49] 이때 '공리'라는 용어가 정치 영역에서 물러나고 또 다른 신흥 어휘인 '진리'가 등장하여 정치제도를 뒷받침하는 정당성의 토대가 되었다. 진리와 공리의 가장 큰 차이점은 공리는 공적 영역의 원리로서 사적 영역의 원리와 동등해질 수 없지만, 진리는 공적 영역과 사적 영역을 동시에 아우르며 정치경제제도가 갖추어야 할 정당성의 근거이면서 개인도덕과 인생관의 토대이기도 하다는 것이다.[50] 따라서 '진리'가 '공리'를 대체하는 정치용어의 변천은 정치문화에서 공적 영역과 사적 영역의 가치가 통하게 되었다는 언어상의 증거라고 볼 수 있다.

'진리'라는 말은 본래 불교용어로 유교의 천리와는 다른, 고요하고 적막하며 참된 원리이다. 유생들이 '진리'라는 말을 쓸 때는 주로 리理의 진실성을 강조한 것 이외에 개인의 신앙을 표현하는 데도 쓰였다. 이를테면 불교 혹은 종교적 의미의 리가 그러하다. 19세기 전기와 중기에 선교사가 기독교를 소개할 때도 항상 '진리'라는 말을 썼다. 1838년《동서양고매월통기전東西洋考每月統記傳》에서 기독교를 말할 때 '진리'라는 말을 사용하였다. 사대부 웨이위안도 《해국도지》에서 사용했다.[51] 후에 《격치휘편》에서도 거짓된 모습을 없애고 자연계의 진상을 인식하는 것을 가리켰다.[52] 19, 20세기 교체기에 이르러 중국 학자들은 여전히 전통적인 의미에서 '진리'를 사용했다.[53] 신문화운동 초창기까지 '진리'라는 용어는 여전히 종교적이고 윤리적인 색채를 유지하였으며, 오늘날 중국어의 용법과 완전히 같지는 않았다. 예를 들면, 상당히 많은 경우에 '진리'라는 말은 개인의 종교적 신앙이나 문학작품이 생활의 진상을 반영하는가 여부에 대한 인식을 표현하는 데 쓰였고, 진리는 여전히 사적 영역의 원리를 의미했다. 신사 공공영역이 부정되고 진리의 적용범위가 크게 확장되자 그 의미는 매우 신속하게 종교·문학·자연과학과 사적 영역에서 벗어나 정당성의 가장 보편적인 근거가 되었다.

〈그림 1.2〉에 따르면, 1895년 이전에 '공리'/'공례'와 '진리'의 등장 횟수는 모두 많지 않았다. 그러나 1894년 이후, 특히 사회다윈주의가 중국에 유입되면서 '공리'가 많이 사용되어 '진리'를 압도했고, 1903년에는 전에 없던 고점에 도달했다. 신문화운동 이전에 '공리'/'공례'의 사용빈도는 모두 '진리'를 훨씬 능가했다. 신문화운동 이후 두 용어의 사용빈도는 점차 역전되었다. 공적 영역의 원리와 사적 영역의 원리가 더 이상 구별되지 않게 되자, '진리'는 두 영역의 보편적이고 공통된 원리를 대표했다. 신문화운동 이후에는 공적 영역의 원리를 표현했던 '공리'와 '공례' 두 용어가 쓸 데 없는 것이 되었고, 이에 따라 중국의 일상용어에서 사라졌다. 오늘날 '공리'라는 용어는 자연과학, 특히 수학에서 사용되며, 그 의미는 논리체계에서의 공리 혹은 기하공리이다.[54] 《신청년》 후기에 '진리'는 종종 마르크스주의적 사회발전법칙과 정치사회적 정당성의 토대를 가리켰고, 사회혁명이 추구하는 목표였다. 신문화운동

후기에 중국 사상계에서는 과학과 인생관 문제에 대한 대논쟁이 벌어졌다. 과학파가 승리하자 과학은 인생관의 토대가 되었다. 이는 개인의 가치 역시 통일된 공공의 원리 — 과학 — 로부터 나와야 함을 의미했다. 이는 혁명적 인생관의 발흥이었고, 개인주의가 집단주의에 의해 압도되는 전주곡이었다.[55] 그후 중국어에서 '진리'는 공적 영역과 사적 영역의 정당성을 보장하는 유일한 토대가 되었다.

'공리'가 정치사상에서 물러나자 공공영역 및 이와 관련된 여타의 관련 관념들도 사라졌다. 예를 들면, '사회'는 더 이상 협회라는 의미를 갖지 않게 되었다. '공의'와 '공론'이라는 두 용어는 5·4운동 이후에 아주 적게 사용되었다. 19세기에 '공의'는 서양의 의회 토론을 번역하는 데 사용되었다. '공의'와 '공론' 역시 국제여론과 공적 영역의 토론을 지시하는 데 사용되었다. 신해혁명 이후에 '공의'의 의미는 점차 '의회'와 '회의'라는 두 용어 안에 합병되었다.[56] 1919년 이후 '의회'의 사용빈도 역시 감소하기 시작했다. 1920년 이후에는 '회의'라는 용어만 중국 정치문화에서 가장 보편적으로 쓰이는 용어가 되었다. '회의'는 중국 전통사회에서는 상용어였다. 그것은 거의 모든 경우 궁중과 정부가 개최한 정식 회의를 의미하는 데 쓰였다. 그러나 신사 공공영역의 번영기에 그것은 또한 참의원의 회의와 민간에서 진행하는 의사議事를 지칭하는 데도 늘 쓰였다. 공공영역이 더 이상 존재하지 않게 되자 의회는 다시 전통사회의 의미 구조를 회복했다.

'국민회의'라는 말의 소멸을 통해서 '회의'가 지시하는 대상의 변천을 볼 수 있다. 백영서가 지적한 것처럼, 1923년에 기세등등했던 국민회의운동은 좌파의 지도자인 천두슈가 발의하고 쑨중산孫中山(1866~1925)과 국민당이 받아들여서 국공합작의 토대가 되었다. 국민회의운동의 본래 의도는 당시의 자발적인 사회 각계 조직을 통합하여 중국의 통일을 추구하고 이를 통해 정당성을 결여한 북양 군벌정부를 대체하려는 것이었다.[57] 하지만 이러한 요구는 실현 가능성이 크지 않았다. 왜냐하면 1920년대에 5·4운동 시기 독립된 개인을 토대로 형성된 공공영역은 이미 막 정치생활에서 부각된 국민당과 공산당처럼 강하지 못했고 젊은이들에 대한 흡인력도 결여했기 때문이다. 1920년대 중반에 국공합작은 군벌정권의 타도를 제기했다. 20세기 중국사에서 볼 때 공공영역이 아주 약하거나 소실되는 상황에서 사회통합은 새로운 도덕이데올로기와 당국黨國에 의존할 수 있었을 뿐이었다. 그리고 최후에 중국을 통일한 것 역시 당국체제에 의존했다. 국민회의는 일당의 독존과 독재정치 하의 정치협상회의로 전락한 것이 아니라, 바로 이름만 남고 실질은 사라진 것이다.

또 다른 재미있는 현상은 '국민혁명'의 부각이다. '국민혁명'이라는 네 글자에서 국민은 민족국가의 주체이고 '혁명'은 폭력으로 국가정권의 교체를 실현하는 것(주권 소유자의 변동)이다. '국민혁명'의 본래 의미는 국민이 혁명을 통해서 국가주권의 소유자가 되는 것이다. 즉 현 정권을 전복해서 진정한 현대적 민족국가를 건설하는 것이다. 1925년에 쑨중산은 유명한 정치적 유언에서 "나는 약 40년 동안 국민혁명에 힘써 왔다. 그 목적은 중국의 자유와 평등을 추구하는 데 있다"라고 했다. 이는 국민혁명이 서양 각국과 같은 평등한 현대적 민족국가 건설임을 명확하게 나타낸다.[58] 1911년 중화민국이 건설되었을 때 중국은 이미 현대적 민족국가가 되었는데, '국민혁명'이 1924년 이후에 다시 부각된 것은 도대체 무슨 의미일까?

이는 20세기 초반의 20년 동안 신사의 정치적 공공영역에서 시행한 각종 정치질서가 모두 중국의 사회통합을 이루지 못했고 이런 상태에서는 다시 한 번 국민혁명과 민족국가의 건설을 제창할 수밖에 없다는 것이 당시 사회의 공통적인 인식이었음을 나타낸다. 쑨중산이 유언을 통해 '혁명은 아직 성공하지 않았다'라고 말한 것은 바로 이런 의미이다. 천두슈로 대표되는 공산당 인사의 정치적 주장은 국민당과 완전히 달랐다. 그렇지만 다시 한 번 국민혁명을 일으켜야 한다는 필요성에 대해서는 동일하게 인식했다. "무력으로 만주족을 타도한 신해혁명은 국민혁명의 진면목을 잃었다. 이 때문에 국민혁명의 대상인 외국 제국주의자와 국내의 군벌은 잔학한 기세가 갈수록 심해졌다."[59] 여기서 국민혁명이 다시 거론되는 배경은 공적 가치(혁명이데올로기)를 사적(가정과 개인) 영역으로 들어오게 하여 당국黨國체제를 채택해서 사회통합을 실현하는 것이었음을 알 수 있다.

국민당과 공산당은 사회적 토대와 정치적 주장 면에서 모두 큰 차이가 있지만, 둘은 모두 레닌식 정당이다. 레닌식 정당은 당원 전체가 통일된 이데올로기, 즉 각자가 동의한 진리에 절대 복종할 것을 요구한다. 따라서 국민당과 공산당의 분쟁은 서로 다른 이데올로기(진리) 사이의 분쟁으로도 볼 수 있다. 당국체제가 정치적 통일을 완성하자 1949년 이후의 중국 대륙처럼 어떠한 민간의 조직이나 활동도 정치와 관련이 있어야만 했고 반드시 관변이데올로기의 지도를 받거나 정부에 협력하는 길로 들어서야만 했다. 민간사회의 규모와 활동범위는 완전히 관변이데올로기의 사회통제와 흡수의 정도에 좌우되었다. 이는 민간사회와 사적 공간이 부재한 초관료사회이다. 당의 이데올로기가 주술을 풀어야 민간사회가 출현하고 발전할 수 있다. 그러나 1980년대 중국의 사상해방운동에서 가장 활약했던 민간 문화단체도 모두 관청과 모종의 협력을 도모하면서 생존과 활동의 공간을 확보할 수밖에 없었다. 따라서 이들은 여전히 진정한 의미에서의 현대적 공공영역이 아니다.[60] 1990년대부터 현재까지 중국에는 비정부기구가 다시 한 번 등장했다. 그러나 이들의 성립과 활동 역시 관의 엄격한 감독과 통제를 받는다.

오늘날 중국경제의 고속성장이 30년 가까이 진행된 후에 관의 통제를 완전히 받지 않는 민간자본이 다수 등장했다. 그러나 여전히 100년 전에 활약했던 것과 같은 민간사회는 존재하지 않고, 정치와 경제 영역에서 중요한 역할을 하는 독립된 계층 역시 아직 존재하지 않는다. 당연히 이 부분은 당국이 경제활동 이외의 통제를 느슨하게 하지 않기 때문이다. 다른 한편으로 공공영역에 대한 이 글의 논의에 따르자면, 만약 정치사상의 측면에서 공적 영역의 원리와 사적 영역의 원리가 각자 서로 다른 원리를 따르지 않는다면, 중국 전통사회와 마찬가지로 민간사회의 확장은 공적 영역의 성장과 결코 동일하지 않게 되고 많은 경우 사적 영역의 확장과 새로운 형식의 출현에 불과할 것이다. 예를 들면, 오늘날 중국인은 당국 이외의 사회를 하나의 관계공동체라고 상상한다. 그러나 '사'가 모여서 '공'을 이루는 기제는 단지 시장과 선거주의에 의존할 뿐이지, 공공이성의 토론과는 관계가 없다. 오늘날 중국 민간사회의 전체 모습을 종합해보면, 가족기업이든 민간 문화조직이든 혹은 비정부기구이든 그 정신과 문화는 관변이데올로기의 연장이 아니면 사적 영역의 원리나 그 변형 구조, 예를 들면 친척·동향·동문·지인 심지어 강호의 의리에 의한 관계망 안에서 자원을 찾을 수 있을 뿐이다. 이에 비해 공공규범의 역량은 오늘날 중국 대륙이든 타이완이든 모두 취약하다.

2—8. 결론: 중국사회의 현대적 전환의 시대 구분에 대한 재고

현대성의 본질을 개인과 사적인 것의 정당성을 중시하고 사회와 국가를 개인 간 계약의 산물로 보며 개인의 선택을 공공 선택을 이루는 기제와 경로로 삼는 것을 중시하는 것으로 규정한다면, 사가 모여서 공을 이루는 데 기초한 공공영역은 현대사회의 성장에서 의심할 여지없이 큰 중요성을 가진다. 공공영역이 전통사회가 현대적 전환을 이루는 데 반드시 거쳐야 하는 과정이라면, 중국에서 유교적 공공영역의 출현과 쇠락에 대한 논의는 확실히 의미심장한 일일 것이다. 우선, 유교는 가족의 사私로 개인의 사를 대체했다. 따라서 중국에서는 서양과 다른 가족본위의 공공영역의 가능성이 있었다. 유교적 공공영역은 서양 현대의 충격 아래서 중국사회가 서양의 현대적 정치경제제도를 학습하는 중개자로서, 현대적 민족국가를 건설하고 서양의 현대적 관념을 학습하는 과정에서 중요한 역할을 했다. 그렇지만 유교적 공공영역은 사회통합을 이룰 수 없었고 중국사회의 현대적 전환이 현대화에 뒤쳐진 대다수 사회의 현대화와는 달랐기 때문에, 그 과정은 유교적 공공영역의 형성 이전(현대화를 유교가 수용한 경세치용), 민족국가 건설(유교적 공공영역의 형성), 서양 학습의 실패 후 사회 재구성의 세 단계로 이루어졌다. 그리고 그에 상응하는 사회사상의 변화에 따라서 근대·현대·당대의 세 시기로 구분된다.

우리는 주도적 지위를 점한 정치사상에 따라 중국 근대·현대·당대로 시대를 구분하자고 제안한다. 이 방법은 이전의 역사의 시기 구분과 큰 차이가 있다. 학자들은 통상 1840년 아편전쟁의 발발로 중국이 저항할 수 없는 서양 현대화의 충격에 직면하게 된 시점을 중국 근대의 시작으로 설정한다. 그러나 1840년부터 1895년까지의 반세기 동안 주도적 지위를 점했던 사상을 살펴본다면, 그것은 바로 유교적 경세치용이었음을 어렵지 않게 발견할 수 있다. 청대 초기에 경세치용은 송명이학의 공허함을 비판하면서 등장했고 비록 청 조정의 태평성세 기간에 다시 성행하지는 못했지만, 19세기 초에 다시 부흥하면서 엄혹한 사회적 위기에 대응했다. 태평천국의 농민대봉기는 바로 경세치용을 신봉하던 유신儒臣과 신사紳士들에 의해 진압되었다. 뒤이은 양무운동 역시 유교적 경세치용을 활용하여 중국의 국방 현대화의 시행을 이끌었다. 사실상, 1840년부터 1895년까지의 사상적 기조는 유교적 경세치용으로 여러 가지 위기에 주도적으로 대처하고 전지구화에 접속한 것으로 정의할 수 있다. 경세치용 사조가 명말청초에 시작되었고, 따라서 사상사에서 중국 근대의 기점을 판별하자면 19세기의 아편전쟁에만 국한시켜서는 안 되고 당연히 명말청초에 형성된 중국 근대 경세치용 전통으로부터 산정해야 할 것이다.

우리는 1895년 청일전쟁의 패배에서 1915년까지를 중국의 현대로 본다. 왜 중국의 현대가 청일전쟁의 패배에서 시작하는가? 사회의 주도적 정치사조의 측면에서 보면, 청일전쟁의 패배는 양무운동의 실패를 의미하며 또한 현대화를 유교적 경세치용으로 포괄하는 것이 허황된 것이었음을 의미하기도 한다. 이로부터 중국의 조정과 민간에서 대대적으로 사상적 방향전환이 일어나서 서양의 현대적 사상과 사회제도를 전면적으로 배우고 도입하기 시작했다.

이 20년을 말하려면 반드시 두 가지 점에 주목해야 한다. 첫째, 중국이 서양의 사회제도를 배우고 도입하는 데는 반드시 정당성 관념을 바꾸어야 했다. 중국 전통사회에서 유교는 사회제도에 정당성의 근거를 제공해 주었다. 만약 정당성 관념을 바꾸려면 어느 정도는 유교적 이데올로기를 버려야만 한다. 둘째, 서양의 사회제도를 학습하는 개혁은 청 조정과 사회 엘리트(신사)에 의해 위에서 아래로 진행되었다. 유교는 청 조정과 신사 통치의 합법적 근거였고, 부분적으로 유교를 버리게 되면 사회 통치계층이 일부 권력을 상실할 수도 있었다. 겉으로 보기에 둘은 상호 모순되는 것 같다. 실제로 이 시기의 사상은 이 두 가지 요구를 동시에 만족시켰다. 우리는 이것을 중서이분이원론 이데올로기의 형성이라고 부른다. 중서이분법이라는 것은 유교가 공적 영역에서 물러나 가족 내부와 기존의 사회적 관계에서만 유효하도록 했다. 반면 공적 영역에서는 서양적 가치를 전면적으로 학습하고 그것을 서양의 현대적 정치제도를 수용하는 정당성의 근거로 삼는 것이다.

이원론의 기능은 한편으로 사적 영역의 유교를 중국의 정체성의 기호로 삼고, 다른 한편으로 공적 영역에 서양의 국민·권리 관념을 전면적으로 도입하여 현대적 민족국가의 건설을 목표로 삼는 것이었다. 이 시기는 사상문화의 차원에서나 정치사회제도의 차원에서 모두 서양의 현대적 가치를 학습하는 가장 개방적인 단계였다. 중서이분이원론이 주도했던 단계는 중국사상에서 아주 특수한 현대사상의 풍모를 띤다. 이러한 사상적 실천이 곧 유교적 공공영역의 전개이다. 앞에서는 그것이 청말 신정, 입헌, 민국초기의 공화라는 세 단계로 나뉠 수 있다고 했다. 이 20년 동안 중화제국은 빠르게 변화했으며 1911년에는 현대적 민족국가 — 중화민국 — 를 건설했다. 그렇지만 중화민국이 건국된 후에는 안정적인 현대적 정치질서가 수립되지 못했다. 중국사회에서는 급속한 현대화의 과정에서 엄혹한 사회통합 위기가 발생했다. 따라서 중국인은 비판의 창을 신사계층과 그들이 신봉하던 중서이분이원론 이데올로기에 겨누었다. 이것이 우리가 말하는 중국 당대로의 진입이다.

1915년에 발발한 신문화운동은 중국 현대사상을 부정하는 토대 위에서 당대사상을 형성시켰다. 여기서 강조하고자 하는 점은 19세기 말부터 5·4신문화운동까지 아주 짧은 20년이 있었고 이 20년 동안의 사상적 구조가 서양의 현대사상과 유사했다는 사실이다. 이는 우리가 그것을 '중국의 현대'라고 부르는 원인이기도 하다. 따라서 5·4 시기 이후 사상의 정확한 위상은 마땅히 '중국의 당대'이다. 당대사상은 현대에 대한 비판과 재건 위에서 수립되었다. 현대에 대한 비판은 구조적인 면에서 유교의 일원론적 사유로 회귀한 것이지만, 동시에 현대사상에서 서양을 학습한 성과를 소화·흡수하여, 20세기 중국을 지배하였으며 현재에까지 이르는 기본 관념을 형성시켰다. 따라서 중국인은 지금까지 여전히 5·4 시기에 형성된 당대사상 안에서 살고 있다. 달리 말해서 중국 당대사상은 아주 특수하다. 그것은 전통적이지 않지만 구조적으로는 또 전통과 유사하다. 또한 서양적이지도 않다. 왜냐하면 서양에서 들여온 모든 현대적 가치가 재구성됨으로써 서양의 정치용어를 주조로 하는 당대의 서술이 서양인도 이해하기 어려운 의미를 표현하고 있기 때문이다.

종래에 학자들은 역사 시기 구분에서 1895년부터 1915년까지의 20년이 갖는 특수성을 간과했고 신문화운동에서 오늘날까지 이어진 중국의 주류 사조의 연속성에 주목하지도 않았다. 이 장에서는 유교적 공공영역을 고찰함으로써 중국 현대사상의 중요성을 발견했고 중국 근현대를 새롭게 시대 구분했다. 이는 바로 관념사 연구가 중국사회의 현대적 전환에서 가지는 의의이다. 아마 사람들은 이러한 시대 구분에 여러 가지 의문을 제기할 것이다. 그렇지만 독자들이 인내를 가지고 이 책을 다 읽는다면, 각 장마다 서로 다르면서도 중요한 현대 정치용어의 키워드를 결합하여 연구함으로써 모두 이러한 시대 구분의 유효성을 밝히고 있음을 확인할 수 있을 것이다.

방법론

3. 5·4 《신청년》 지식인 집단은 왜 '자유주의'를 폐기했는가?
4. '과거'와 '과학'
5. 역사의 진실성

거대서사가 더 이상 유행하지 않는 오늘날 역사 연구가 추구하는 진실성과 방법론을 탐색하는 것이 여전히 필요할까?

방법론 편에는 모두 세 편의 글을 수록했다. 첫 번째 글은 《신청년》에서 거론하는 중요한 사건에 대한 발굴과 통계를 통해서 보편관념과 사회적 사건 사이의 상호작용을 분석하고 5·4 시기의 급진적 지식인이 자유주의를 버리고 마르크스레닌주의를 받아들인 원인을 새롭게 해석했다. 이 연구에서 '관념사 파노라마 속의 사건'이라는 중요한 신개념을 제시한다. 두 번째 글에서는 더욱 세밀한 사례, 즉 청 조정이 1905년에 과거제를 폐지한 사건과 현대 중국어에서 '과학'이 '격치'를 대체한 것 사이의 관계를 분석함으로써 '사건'·'관념'·'언어' 사이의 연관성을 규명하는 새로운 방법론의 가능성과 잠재력을 드러내고자 하였다.

마지막 긴 글은 역사의 진실성 문제에 초점을 맞춰서 역사 연구방법에 대한 논의를 전개했다. 사람들이 역사의 진상을 인식하고 이해하지 못하는 이유는 사건이 역사의 기억(기록)으로 전환될 때 완전무결할 수 없기 때문이다. 더욱 중요한 것은 해당 사건의 발생을 지배한 관념이 종종 기록으로 보존되지 않는다는 사실이다. 후세 사람들이 역사적 사건의 발생을 지배하는 관념을 이해하지 못한다면, 설령 사건의 기록을 다시 상세하게 고찰해도 진실에 접근할 수 없다. 일반적으로 역사 속에서 성행했던 관념들은 반드시 어휘를 사용한 흔적을 남긴다. 따라서 어떤 관념을 표현한 키워드의 언어적 증거를 찾으려면 반드시 아주 많은 양의 문헌을 다루어야 한다. 그러나 컴퓨터를 이용하는 방법이 등장하기 전에는 개별 연구자가 거의 할 수 없는 일이었다. 근래에 역사 문헌을 포함한 대형 전문 데이터베이스의 구축과 이를 연구에 응용하려는 시도는 관념사 연구가 언어적 고증(경험)을 통해서 검증될 수 있도록 해주었다. 이때 방법론의 중요성이 다시 한 번 부각된다. 우리는 컴퓨터 자료를 검색하여 역사의 기록에 보존된 관념사의 파노라마 속에 있는 사건을 드러낼 때 보편관념이 사회적 행위로 전환하는 것과 사회적 행위가 다시 보편관념을 변화시키는 것 사이의 상호작용의 관건을 정리하고 분석해 낼 수 있었다. 이 글에서는 아날학파나 포스트모던 역사학과는 다른 새로운 연구방법에 대한 탐색을 시도했다.

3

5·4《신청년》지식인 집단은 왜 '자유주의'를 폐기했는가?
중대 사건과 관념 변천의 상호작용에 대한 연구

이념이 만들어낸 세계상은 항상 철로의 전철수처럼 이익의 역학에 의해 행해지는 행위의 궤도를 결정했다.

— 막스 베버

3—1. 5·4운동의 발발 원인

1990년대부터 중국의 지식엘리트들이 잇달아 혁명과 작별하면서 일반인의 눈에 5·4운동과 신문화운동이 중국 현대 급진주의의 대명사가 되었다. 그러나 이 명제는 다시 검토할 필요가 있다. 한편으로, 이는 학계가 5·4운동의 성격을 어떻게 규정할 것인가에 대한 의견이 여전히 분분하기 때문이다. 다른 한편으로, 만약 이 영역에 새로운 연구방법을 도입하지 않는다면 5·4신문화운동이 중국현대사에서 갖는 의미를 제대로 이해할 수 없기 때문이다.

저우처쭝周策縱(1916~2007)이 5·4운동과 관련된 선구적인 저술에서 5·4운동을 계몽사조와 애국주의의 결합물로 규정하면서, '5·4'는 신문화운동의 대명사가 되었다.[1] 그러나 일찍이 1970년대에 한 학자는 운동 참가자나 사상의 전승 어느 면에서 보더라도 5·4운동의 발생과 당시 계몽사조는 결코 크게 관련되지 않았다고 지적했다.[2] 과학·민주·세계주의 등 계몽적 가치는 1915년에 진행된 신문화운동의 주된 경향이었지만, 5·4운동을 촉발시킨 것은 애국주의와 반제국주의(민족주의)였고, 계몽과 반제국주의는 서로 다른 별개의 가치체계이다. 즉, 5·4는 계몽에서 구망救亡으로 향하는 전환점이며, 연구자들은 신문화운동과 5·4사건을 명확히 구분해야 한다. 그래서 5·4운동의 발생 원인은 특별한 의미를 가진다. 왜냐하면 그것은 본래 사상계몽에만 관심을 두었던 지식인이 거리로 나아가 정치에 관심을 갖게 된 것을 상징하기 때문이다. 바로 이 중대 사건의 충격 때문에 상당히 많은 지식인이 자유주의를 버리고 마르크스주의에 경도되었다. 달리 말해서, 5·4운동의 발발 원인에 대한 재검토에는 (만약 5·4 지식인이 초기에 가졌던 신념을 자유주의라고 가정할 수 있다면) 중국 지식인이 자유주의를 버린 원인에 대한 중요한 정보가 담겨있다. 이 글에서는 바로 이 문제와 관련하여 《신청년》을 사례로 삼고 〈데이터베이스〉 방법을 이용하여 중대 사건과 관념 변천의 상호작용을 연구함으로써 사상사 연구 영역에서 하나의 새로운 연구방법을 시도할 것이다.

일반적으로 사건이 보편관념에 어떻게 영향을 주었는가를 연구하려면, 먼저 사건이 일어나게 된 원인을 명확히 규정한 후 복잡한 인과관계 속에서 보편관념이 변화하는 논리를 규명해야 한다. 5·4운동이 일어난 원인에 대해서 역사학자들은 일찍부터 상세하고 전면적으로 분석하였다. 예를 들면, 뤼스창呂實强은 5·4운동은 사실상 한층 심각해진 일본의 침략에 대한 중국인의 비통과 분개, 특히 지식인의 파리강화회의에 대한 기대와 베르사유조약이 가져다 준 실망 때문에 일어났다고 지적했다.[3] 이러한 견해를 사상 관념의 변천이라는 영역에 투사한다면 구망救亡이 계몽을 압도했다는 주장을 더욱 강화시킬 수 있을 것 같다. 즉 파리강화회의라는 중대 사건으로 인해 중국의 지식인들은 서양의 민주주의 국가가 줄곧 이기적으로 자국의 이익에 근거해서 일을 처리하며, 그들이 말하는 공리, 곧 보편적 인권과 민족자결이란 사실은 사람을 속이는 허튼소리에 불과하다고 인식하게 되었다. 이러한 인식으로 인해 중국의 지식인들은 자유주의를 버리고 마르크스주의에 친화성을 갖게 되었다.[4]

5·4운동이 일어난 원인이 파리강화회의와 관련이 있다는 것은 의심의 여지가 없다. 파리강화회의는 분명 중국의 권리를 침범했지만, 19세기 중엽부터 서양 열강이 중국의 권리를 침범한 각종 불평등조약과 비교해 보았을 때, 이 사건은 결코 유달리 심하지는 않았다. 그렇다면 왜 파리강화회의에 중국 지식인들이 이처럼 격렬한 반응을 보였을까? 예전부터 어떤 사안에 대한 사람들의 반응은 결코 사건 자체에 의해서만 결정되는 것이 아니고, 또한 사건에 대한 당시의 보편관념의 독해에 의해서 결정된다. 1895년 청일전쟁의 패배 이후 서양 열강은 계속 중국에 대한 침략을 포기하지 않았지만, 이 때문에 20세기 초 중국인이 서양의 민주주의 국가를 모방의 대상으로 삼는 것을 결코 방해하지는 않았다. 한편으로, 이는 20세기 초에 사회다윈주의가 성행하고 사회다윈주의의 맥락에서는 '물경천택物競天擇'이 공리였으며 이로부터 약육강식이 도출되었으므로 많은 사람들이 공리와 강권은 결코 대립되지 않는다고 생각했기 때문이다. 다른 한편으로, 당시에는 국가 간의 평등이 공리의 내용이라고 생각되었지만 중국의 평등한 지위 쟁취가 큰 좌절을 겪자 사람들은 "강권의 세계는 공리를 잊고, 생존을 위해 경쟁이 일어났다"[5]라고 한탄할 수밖에 없었기 때문이다. 1919년 5·4운동이 일어나기 몇 년 전 신문과 잡지에는 약한 나라는 본래 외교가 없으며 "강권만 있고 공리는 없다. 이것이 세계의 공례公例이다"[6]라는 주장이 등장하기도 했다. 국제관계에서 지금까지 '공리가 강권에 대적하지 못한' 만큼 파리강화회의의 결정은 결코 그리 큰 사건이 아니었다. 따라서 공리와 강권의 관계에 대한 이해에 어떤 변화가 생겨야만, 파리강화회의의 결과가 학생들이 거리로 나가 항의하고 자유주의에 대한 열망이 깨지게 된 원인이 될 수 있다.

실제로 5·4운동 1년 전인 1918년 연합군이 승리를 거두고 제1차 세계대전이 끝났을 때, 중국 지식인들의 공리 관념에 어떤 미묘한 변화가 생겼음을 발견할 수 있다. 천두슈는 다음과 같이 공리와 강권의 관계를 논했다.

> 독일이 패전했을 때부터 '공리가 강권을 물리쳤다' 라는 말이 거의 사람들의 입버릇처럼 되었다. …… 간략히 말해서, 무릇 평등과 자유에 부합하는 것이 바로 공리이다. 자신의 강한 힘으로 타인의 평등과 자유를 침해하는 것이 바로 강권이다. …… '공리가 강권을 싸워서 이긴' 이 결과에서 세계 각국 사람들은 모두 다음과 같은 사실을 분명히 알아야 한다. 대내외를 막론하고, 강권은 신뢰할 수 없고 공리는 결단코 강구하지 않으면 안 된다.[7]

'공리가 강권을 물리쳤다' 라는 말이 사람들의 입버릇이 되었다는 천두슈의 지적은 이 말이 바로 사람들의 공통된 인식이고 세계적 조류였음을 의미한다. 이는 이전의 '공리는 강권에 대적하지 못한다' 라는 논조에 대한 반박이다. 서양 열강이 말하는 공리가 신지식인의 보편관념이 된 상황에서 베르사유조약의 내용이 중국의 권리를 무시하고 있다는 것을 듣고 나서야 비로소 그들은 서양에게 속았다는 것을 알아차릴 수 있었다. 따라서 신지식인들이 자유주의에 작별을 고한 원인을 연구하려면 반드시 그들이 언제 왜 사회다원주의를 철저하게 부정했는지 좀 더 깊이 따져 보아야 한다. 바로 제1차 세계대전이 사회다원주의에 기초한 가치체계의 위기를 드러냈다. 개인의 권리를 강조하고 경쟁을 부추기기만 하는 사회는 결코 지속적으로 발전할 수 없었고, 결국에는 세계 전체를 위기에 빠뜨리는 현대 민족국가 사이의 피비린내 나는 큰 전쟁을 초래했다. 세계대전이라는 이 중대한 역사적 사건은 사람들의 관념을 바꾸었을 뿐 아니라 베르사유조약의 성격에 대한 이해에도 영향을 미쳤고 나아가 미래에 대한 중국 지식인의 관념 구조에도 충격을 주었다. 따라서 제1차 세계대전의 영향을 소홀히 한다면 1919년 중국 지식인의 관념 변화를 제대로 인식할 수 없을 것이다.

이상의 분석은 역사의 거센 흐름에서 어느 한 시기의 횡단면에만 착안해서 깊고 세밀하게 연구한다면 당시의 보편관념이 변하게 된 진정한 원인을 찾을 수 없음을 보여 준다. 5·4사건이 지식인들이 자유주의 이념을 버리는 전환점이 된 원인을 이해하려면 반드시 신지식인들이 5·4항쟁을 벌인 원인을 찾아야 한다. 그래서 파리강화회의에 대한 그들의 반응을 연구하는 것 이외에도 참가자들을 지배하던 공리 관념도 반드시 분석해야 한다. 이러한 공리 관념의 형성은 바로 훨씬 이전 시기의 사건이 준 충격에 기초한다. 바꾸어 말하면, 어떤 사건이 사람들의 보편관념을 변화시킬 수 있는 이유는 이전에 발생한 사건이 이 관념을 만들었기 때문이다. 일단 이러한 맥락에서 중대 사건이 보편관념에 준 충격을 분석하면, 끊임없이 순환하는 물음들로 변하여 연구자는 끊임없이 확대되는 역사적 사건과 관념의 전환이라는 커다란 그물 속으로 빠져들 것이다. 특정 시기 보편관념 변화의 원인을 규명하기 위해서는 그 원인과 관련된 과거의 사건을 모두 찾아볼 수밖에 없다. 그러나 역사 연구는 결코 과거에 일어난 모든 사건을 다룰 수는 없다. 그렇다면, 원인과 결과의 그물이 아주 복잡하고 끊임없이 확장되어가는 때에 연구자는 분석에 착수할 수 없는 것일까?

모든 사건이 보편관념의 변화와 관련이 있는 것은 아니다. 인간의 가치 추구와 강하게 관련되고 이상사회의 청사진과 관련된 사건이라야 반복적으로 관념의 형성에 관여할 수 있을 것이다. 사건이 인간의 관념에 어떻게 영향을 미쳤는지를 연구하기 위해서 여기에 하나의 새로운 개념을 제시한다. 그것은 바로 '관념사 파노라마panorama 속의 사건'이다. 이것은 해당 사건의 참가자나 관찰자 자신의 관념 전체에 분명히 자리매김한 사건을 가리킨다. 사건이 어떻게 관념에 영향을 주는가를 연구하려면, 우선 역사적 사실을 선별하고 자신의 연구대상과 관련된 관념사 파노라마 속의 사건들의 집합을 확정해야 한다. 관념사 파노라마 속의 사건이 관념체계 안에 자리매김된 것이며 또한 사람들의 보편적 가치체계와 분리될 수 없는 사건이라면, 그것은 아주 강한 주관성을 갖게 된다. 이는 "우리가 어떻게 그것을 객관적으로 연구할 수 있는가?"라는 두 번째 난제를 야기한다.

3—2. 왜 관념사 파노라마 속의 사건인가?

첫 번째 문제인 '관념사 파노라마 속의 사건을 어떻게 확정하는가?' 라는 문제에 먼저 답해보자. 사회학자 에밀 뒤르켐Émile Durkheim(1858~1917)은 사회적 사실social fact을 어떤 한 개인의 지각에 의존하지 않는 객관적 존재로 정의하였다. 그는 사물과 같은 객관적 존재만이 사회학의 연구대상이라고 여겼다. 이 연구방법이 예전에 사회학 연구의 주류였다. 이 글에서 제시하는 관념사 파노라마 속의 사건은 이런 것이 아니다. 간략하게 말해서, 관념사 파노라마 속의 사건은 일반적인 사회적 사실과는 다음과 같은 두 가지 점에서 다르다.

우선, 해당 사건의 참여자와 관찰자 또는 기억자의 참여나 관찰 혹은 기억의 동기가 어떤 이념과 관계가 있고 그들의 동기가 어떤 공통된 관념의 지배를 받을 때 비로소 그들에게 이 사건은 모종의 관념사 파노라마 속의 사건으로 구성된다. 그러나 이 사건과 병존하는 많은 사건들, 이를테면 천재지변, 교통사고, 체육관의 소동, 시장물가 파동 등은 사람들의 관념을 변화시키는 데 직접 관여하지 않는다면 대부분 사회적 사실에는 속하지만 관념사 파노라마 속의 사건은 아니다.

다음으로, 보편관념의 변화를 이끌어 낸 것은 사회적 사실 자체만이 아니라 더 중요한 것은 해당 사실과 대응하는 관념사 파노라마 속의 사건이므로, 동일한 사회적 사실이 서로 다른 관념체계에 대해 상이한 관념사 파노라마 속의 사건일 수 있다. 예를 들면, 한국전쟁의 발발은 객관적 사실이지만 북한·중국공산당·국민당 그리고 미국에게 같은 사건이 다른 함의를 가지며 그것이 각국의 관념사 파노라마에서 갖는 위상 또한 다르다. 그 밖에 동일한 집단이 다른 시기에 같은 사건에 대해 가지는 관념 역시 크게 다를 수 있다. 따라서 특정한 관념체계를 떠나서 관념사 파노라마 속의 사건을 논할 수는 없다.

그래서 사건이 어떻게 관념을 변화(혹은 생성)시켰는가를 연구할 때 다루어야 할 것은 더 이상 사회학자가 연구하는 사회적 사실이 아니라 관념사 파노라마 속의 사건이다. 그것은 주·객관이 융합된 산물이다. 이것은 마르크스주의에서 말하는 전형적인 관념과 사실의 관계와는 아주 다르다. 마르크스주의의 전형적인 관점은 객관적 사실이 인간의 관념을 변화시킬 수 있고 관념은 단지 객관적 사실의 반영일 뿐이라는 것을 중시한다. 그러나 우리가 말하는 관념사 파노라마 속의 사건은 사실과 관념 사이의 상호작용관계를 강조한다. 즉 관념은 통상 인간의 사회적 행위를 지배할 수 있고, 이러한 사회적 행위는 관념사 파노라마 속의 사건으로 변하여 관념체계에 더 깊은 영향을 줄 수 있다. 어떤 특정한 관념체계에는(그것의 생성과 쇠망을 포함하여) 반드시 한 무리의 관념사 파노라마 속의 사건이 존재한다. 관념체계의 구조와 변천 논리에 근거해야만 어떤 사회적 사실을 관념사 파노라마 속의 사건으로 확정할 수 있다. 이러한 관념사 파노라마 속의 사건에 대한 연구가 이전의 객관적 사실에 대한 연구처럼 그것을 주관세계(인간의 관념)와 무관한 존재로 간주하기 어렵게 된 이상, 사람들은 필연적으로 다음과 같이 물을 것이다. "우리는 또 어떻게 상대적으로 객관적인 연구를 할 수 있을까?"

널리 알려져 있듯이, 어떤 관념이 진정 보편적으로 존재했다면 관념의 표현과 전파는 언어와 떨어질 수 없으므로, 결국 항상 문헌에서 이 보편관념의 존재를 증명하는 언어적 증거를 찾을 수 있으며 문헌의 수량과 해당 관념의 키워드가 사용되는 상황을 통해서 그 보편성과 영향력을 판단할 수 있다. 일반적으로 관념의 변화는 해당 관념을 표현하는 어휘나 언어의 의미 변화에 대응한다. 그래서 보편관념의 변화를 객관적으로 파악할 수 있는 방법 가운데 하나는 바로 당시의 주요 문헌을 이용하여 보편관념을 표현한 키워드를 분석의 대상으로 삼는 것이다. 같은 원리로, 관념사 파노라마 속의 사건이 되면서 역사 문헌에 더욱 상세하게 기록되어 있고 거론되는 빈도가 더욱 많을수록, 그것은 관념체계와 더욱 밀접하고 중요한 연관성을 가진다. 보편관념이 고정된 키워드에 대응하는 것과 마찬가지로 사람들도 항상 관념사 파노라마 속의 사건을 명명한다. 따라서 보편관념의 변천을 반영하는 어휘에 대해서 기록 빈도와 의미를 통계적으로 분석하는 것이 관념의 변천을 연구하는 객관적 방법이다. 그렇다면 문헌에 기록된 사건들을 연구한다면, 특히 역사에 의해 명명된 사건의 사용빈도에 대한 통계를 작성하고 그것이 당시의 보편관념의 변화와 가지는 관계를 분석하기만 해도, 관념사 파노라마 속의 사건을 비교적 객관적으로 연구하는 방법이 될 것이다.

우리는 1997년부터 키워드의 통계분석을 사상사 연구에 적용해왔다. 키워드 통계분석을 통해 특정 키워드 그룹으로 대표되는 관념의 변화를 연구한 제2권에 수록된 글들과는 달리, 이 글에서는 문헌에 있는 사건의 기록을 분석하는 데 중점을 두어 관념사 파노라마 속의 사건과 관념의 상호작용을 연구하는 방법을 모색할 것이다. 학계에서는 《신청년》 지식인 집단의 사상적 변천을 5·4신지식인이 자유주의를 버린 전형적인 사례로 공인하고 있다. 그렇다면 우리는 앞에서 서술하였듯이 보편관념의 변천을 반영하는 텍스트를 통해서 관념사 파노라마 속의 사건을 확정해야 한다는 원칙에 근거해서, 《신청년》에 기록된 사건을 연구대상으로 선택하고 〈데이터베이스〉 가운데 《신청년》에서 거론된 중요한 역사적 사건을 고찰한 연후에 해당 사건에 대한 당시 사람들의 평가 및 관념과의 상호작용을 분석함으로써 해당 사건이 어떻게 관념의 변천에 영향을 주었는지에 대한 역사적 그림을 그려낼 것이다.

〈데이터베이스〉를 이용해서 《신청년》에서 거론된 크고 작은 역사적 사건(같은 사건을 다르게 부른 것은 같은 사건으로 처리했다)을 언급된 빈도에 따라 통계를 내서 〈표 3.1〉을 작성했다.[8] 일반적으로, 사건이 언급된 빈도가 높을수록 당시 사람들이 더 관심을 가졌음을 나타낸다. 〈표 3.1〉에서 볼 수 있듯이, 《신청년》에서 파리강화회의는 모두 87회 언급되었다. 만약 언급된 빈도를 관념사 파노라마 속의 사건의 중요성을 보여주는 지표로 삼는다면, 그것은 7위를 차지할 뿐이고 6대 사건의 중요성이 그보다 크다. 6대 사건은 빈도순으로 세계대전(448회)·10월혁명(287회)·복벽(133회)·의화단(128회)·프랑스대혁명(93회)·신촌운동(90회)이다. 이는 이 여섯 사건이 어떤 의미에서 파리강화회의보다 중요하다는 것을 나타

○ 〈표 3.1〉《신청년》에서 거론된 11대 사건 ○

사건명	언급빈도
1. 유럽전쟁/세계대전/구주전쟁/세계전쟁	448
2. 10월혁명/러시아혁명	287
3. 복벽/주안회籌安會/위안스카이의 칭제	133
4. 의화단/의화권義和拳/권비拳匪	128
5. 프랑스혁명/프랑스대혁명/불란서혁명/불란서대혁명	93
6. 신촌운동/이상理想/생활/계획/파派	90
7. 파리강화회의/베르사유/평화대회의	87
8. 워싱턴회의/태평양회의	61
9. 신해혁명	47
10. 5·4운동	45
11. 신문화운동	44

낸다. 따라서 《신청년》 지식인 집단의 관념이 변하게 된 원인을 고찰하는 데는 적어도 이 여섯 사건이 포함되어야 한다. 연구 결과의 정확성을 높이기 위해서 이 글에서는 〈표 3.1〉에 나열된 관념사 파노라마 속의 사건을 모두 고찰 대상으로 삼았다.[9]

3—3. 관념체계 전환에서 사건의 위치

데이터베이스 분석방법으로 관념사 파노라마 속의 사건을 연구하는 첫 번째 단계는 하나의 사건을 시간 순서대로 거론된 빈도를 정리하고, 이에 근거해서 서로 다른 시기에 사람들이 해당 사건을 어떻게 평가했는지를 분석하는 것이다. 지적해야 할 점은 서로 다른 관념체계가 중시하는 관념사 파노라마 속의 사건은 결코 완전히 같지는 않고 거론되는 빈도도 크게 다르다는 사실이다. 예를 들면, 마르크스레닌주의가 중시하는 어떤 사회적 사실은 자유주의에서는 대수롭지 않을 수도 있다. 또한 동일한 사회적 사실에 대해서 자유주의와 마르크스레닌주의가 각각 전혀 다르게 평가할 수 있다. 이 때문에 보편관념이 자유주의에서 마르크스주의로 전환될 때 이런 부류의 사회적 사건은 반드시 재평가를 받게 된다. 그 결과 관념사 파노라마 속의 사건이 상응하는 문헌에서 사용되는 빈도와 그것에 대한 사람들의 가치지향이 변할 수 있다. 만약 어떤 관념사 파노라마 속의 사건이 자유주의와 마르크스레닌주의에게 똑같이 중요하다면, 관념체계가 변할 때 이 사건이 거론되는 빈도는 그렇게 크게 변하지 않을 수 있다. 어떤 사건들은 관념체계 변화의 촉매제일 뿐 자유주의와 마르크스레닌주의 모두에게 중요하지 않다. 이런 부류의 관념사 파노라마 속의 사건은 단지 관념체계가 크게 변하는 짧은 시기에만 나타나고 그 후에는 흔적 없이 사라질 수 있다. 즉, 어떤 관념사 파노라마 속의 사건이 언급된 빈도의 시간적 분포도를 확보하고 그것을 각각의 시간적 단계의 해당 사건에 대한 평가를 결합하면, 통계적으로 관념사 파노라마 속의 사건과 관념체계 전환의 관계를 대략 확정할 수 있다.

〈표 3.1〉에서 열거한 《신청년》에 거론된 11개의 주요 사건은 발생 장소에 따라 크게 세계적 사건과 국내적 사건으로 나눌 수 있다. 먼저, 세계적 사건이 언급된 빈도와 분포 양상을 분석해보자. 〈그림 3.1〉은 '세계대전'·'10월혁명'·'프랑스대혁명'·'파리강화회의'·'워싱턴회의' 가 《신청년》 각 권에서 언급된 빈도이다. 여기서 얻을 수 있는 첫 번째 결론은 《신청년》 지식인의 사상적 전향에서 중요한 해인 1919년에 '파리강화회의'를 언급한 빈도는 아주 낮고, 1921년 이후, 즉 《신청년》 지식인

집단이 마르크스주의를 수용한 이후가 되어서야 '파리강화회의'가 많이 언급된다는 것이다. 이는 파리강화회의가 비록 5·4시위가 일어나는 데 직접적인 도화선이 되었지만, 관념사 파노라마 속의 사건이라는 측면에서 볼 때 파리강화회의는 여전히 지식인이 자유주의를 버리도록 하는 가장 중요한 사건으로 간주될 수 없음을 말해 준다. 파리강화회의의 의미는 중국인이 마르크스주의 이데올로기를 수용하는 과정에서 끊임없이 강화되고 심화되었다. 그렇기 때문에, 만약 우리가 파리강화회의가

○ 〈그림 3.1〉 《신청년》에서 '세계대전'·'10월혁명'·'프랑스대혁명'·'워싱턴회의'·'파리강화회의'의 사용빈도 ○

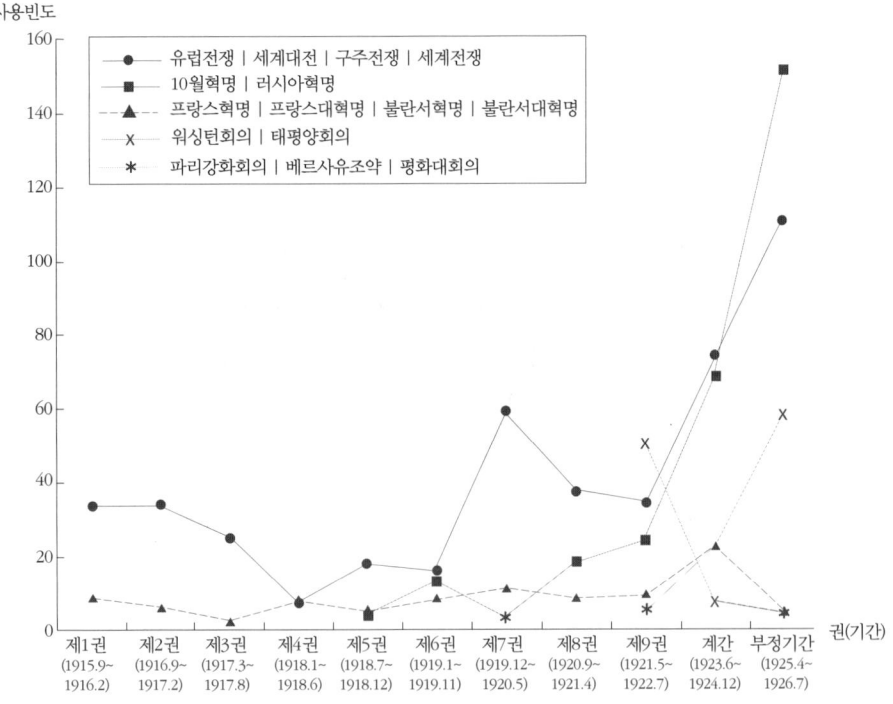

5·4지식인의 관념 변화에 영향을 준 무시할 수 없는 중요한 사건임을 인정한다면, 논리상으로 〈표 3.1〉에 열거되고 언급된 빈도가 그것보다 훨씬 많은 다른 여섯 가지 사건에 더욱 주목해야만 한다.

일반적으로 사람들은 '10월혁명'이라는 이 중대 사건이 중국의 지식계가 러시아를 스승으로 삼아 전면적인 사회혁명의 길로 나서도록 했다고 여긴다. 그러나 〈그림 3.1〉에서는 10월혁명이 발생한 1917년과 그 이후의 한두 해 동안 10월혁명이 언급된 빈도가 아주 낮다는 사실을 알 수 있다. 이는 당시 《신청년》 지식인 집단이 이 사건에 대해 관심을 그리 크게 두지 않았음을 보여 준다. 10월혁명을 중시하는 경향은 1919년 이후, 더 나아가 1920년대 초, 바로 5·4운동 이후에 생겨났다. 이는 10월혁명이 혁명 담론의 발흥 이후에야 관념사 파노라마 속에서 다시 새롭게 자리매김되고 중시되었음을 말해 준다. 따라서 이전처럼 "10월혁명의 포성이 중국인에게 마르크스주의를 가져다 주었다"라고 단순하게 말할 수 없다. 중국 지식인이 사회혁명에 동의하고 더 나아가 마르크스주의를 수용하는 과정에서 비로소 10월혁명에 갈수록 흥미를 가지게 되었다고 보아야 한다. 물론 이는 10월혁명이 중국 지식인이 마르크스레닌주의를 수용하는 데 중요한 역할을 했음을 부정하는 것이 아니라 '10월혁명'이라는 관념사 파노라마 속의 사건에 더욱 정확한 위상을 부여해야 함을 강조하는 것이다. 그 위상이란 중국 지식인이 마르크스주의를 수용(혹은 부분적으로 수용)한 후에야 10월혁명의 중요성이 날로 부각되었고 중국의 현대적 관념체계 전환에 지대한 역할을 했다는 점이다. 그 기능은 주로 이것이 사회혁명 성공의 모델이 되어 레닌주의의 중국 전파를 촉진시키고 중국식 마르크스레닌주의 이데올로기 체계를 형성시켰다는 사실에서 드러난다.[10]

그렇다면, 프랑스대혁명이라는 역사적 사건이 《신청년》 지식인 집단의 관념체계에 준 충격은 또 어떠한가? 〈그림 3.1〉에서는 '프랑스대혁명'이 1915년부터 1922년 사이에 언급된 빈도는 계속 크게 변하지 않았고 1922년에 소폭 증가했으며 1923년 이후에는 다시 본래의 수준으로 감소했음을 알 수 있다. 이는 신문화운동 전체 기간 동안 《신청년》 지식인 집단이 이전에 자유주의에 동의했든 마르크스레닌주의를 받아들였든 간에 프랑스대혁명에 대한 관심 정도는 그다지 크게 변하지 않았음을 말해 준다. 따라서 프랑스대혁명에 대한 추앙 때문에 신문화운동 후기의 급진주의가 발흥했다는 견해는 아주 허술하다는 것이 확연히 드러난다. 정확히 말하자면, 프랑스대혁명은 신문화운동이 시작될 때부터 관심을 받았다(심지어는 무술변법 이후부터라고 말할 수도 있다). 따라서 프랑스혁명이 중국 근현대사상에 미친 영향을 검토하려면 반드시 역사적 시야를 넓혀 신문화운동 이전까지 거슬러 올라가야 한다. 우리는 신문화운동의 사상을 하나의 총체로 보고 프랑스대혁명으로 대표되는 현대적 혁명 관념이 왜 1915년 이후에 발흥하여 신문화운동 중에 등장한 사상을 그 이전과 달라지게 할 수 있었는지를 고찰해야 한다.[11]

〈표 3.1〉에 열거된 사건 중 사용빈도가 가장 많고 변화의 폭이 가장 큰 것은 '세계대전'이다. 따라서 이것이 《신청년》 지식인 집단의 관념사 파노라마를 구성하는 가장 중요한 세계적 사건이다. 〈그림 3.1〉에서는 그 사용빈도가 네 차례에 걸쳐 고점에 도달함을 볼 수 있다. 첫 번째는 1916년으로, 이때는 전쟁이 진행 중이었다. 두 번째 작은 고점은 1918년으로, 연합국이 승리를 거두고 유럽전쟁이 끝났을 때이다. 세 번째 고점은 1920년으로, 5·4운동 이후이다. 네 번째 고점은 1923년 이후로, 이때는 중국공산당이 창립되고 《신청년》이 중국공산당의 기관지가 된 뒤

이다. 고점을 이룬 네 시기의 전쟁에 대한 평가를 분석하면 아주 큰 차이를 발견할 수 있다.

1916년 《신청년》의 세계대전에 대한 서술과 보도는 대부분 중립적이었다. 예를 들면, 1916년에 가오위한高語罕(1888~1948)은 "현재 국제사회에서 국가의 지위는" "통행로가 개발되어 교통이 빈번하기" 때문에 "국제적 분쟁이 날로 증가한다"라고 말했다. 이러한 서술이 반드시 연합국은 정의롭고 독일은 사악하다고 보는 것은 아니다. 그가 우려한 것은 "유럽전쟁이 시작되어 아시아의 동쪽으로 파급되고, 동쪽의 이웃나라가 기회를 틈타서 급작스럽게 침략을 강행하는"[12] 것이었다. 즉 그는 전쟁 때문에 서양 열강의 세력 균형이 파괴되어 중국에 미치는 영향에 더 관심을 두었던 것이다.

1918년 전쟁이 끝났을 때 연합국은 명확히 정의의 편이 되었다. 예를 들면, 이 글의 서두에서 인용한 천두슈의 견해에서는 독일의 패배가 '공리가 강권을 이겼음'을 의미한다고 분명히 지적했다. 가오이한은 더욱 낙관적이었다. 그는 "최근 서양인의 믿을 만한 여론에 근거하여" "이에 민족경쟁을 믿는 소국가주의자가 일변하여 인도와 평화의 세계국가주의를 상상하게 될 것이다. 유럽전쟁이 종결되면 국제사회에서는 세계국가와 유사한 조직이 결성되어 민족국가주의의 범위를 깨뜨릴 것이다"[13]라고 확신했다.

그러나 1920년이 되자 가오이한은 연합국의 승리가 세계에 인도와 평화의 국가주의를 가져다 줄 수 있다는 이전의 관점을 완전히 바꾸었다. 유럽전쟁에 대한 그의 평가는 크게 변했다. "유럽전쟁이 시작되자 ······ 전 세계 사람들은 모두 그들의 야수성을 힘껏 발휘했다. 바로 평생 진리 탐구를 사명으로 삼는 인간, 세상에서 존중하는 철학자·사상가·과학자, 그리고 인도와 박애를 말하는 종교인이 모두 자신의 국가를 위해 궤변을 늘어놓고 다른 국가에 대해 좋지 않은 말을 하지 않는 사람이 하나도 없었다."[14] 여기에는 진리를 자처하는 서양 사람들에 대한 극도의 실망감이 드러난다.

1923년이 되자, 《신청년》 지식인 집단은 마르크스레닌주의의 관점으로 유럽전쟁을 바라보고 경제결정론과 계급투쟁의 관점으로 세계와 중국에 끼치는 유럽전쟁의 영향을 분석하여, 그것이 제국주의 사이의 사악한 전쟁임을 지적했다. 뿐만 아니라 유럽전쟁에 대한 태도에 근거하여 옳고 그름을 구분하고 심지어 '부르주아에 속하는가, 프롤레타리아에 속하는가'라는 구분도 만들었다.

이상의 분석과 통계를 통해 '세계대전'이 분명 당시의 관념사 파노라마 속의 중대 사건 중 하나라는 사실을 알 수 있다. 〈그림 3.1〉에서 '세계대전'이라는 관념사 파노라마 속의 사건이 언급된 빈도에 몇 차례 고점이 나타나는 것은 결코 우연이 아니다. 전쟁의 발발·진행·종결에 따라 《신청년》에는 이 사건에 대한 필진들의 부단한 성찰과 평가 변화의 궤적이 기록되어 있다. 몇몇 고점의 시기에 쓴 관련 예문을 더 깊게 살펴보아야 '세계대전'에 대해 다른 시대의 사람들이 다른 평가를 내렸다고 확정할 수 있을 것이다. 이는 바로 《신청년》 지식인 집단의 여러 차례에 걸친 사상적 전환을 드러내며 또한 사상변화의 내재적 원인을 보여 준다.

3—4. 중대한 역사적 사건과 관념의 상호작용

앞에서는 천두슈의 말을 통해 《신청년》 지식인 집단의 공리에 대한 관점의 변화를 서술했다. 그것은 파리강화회의의 결과가 5·4운동을 불러일으킨 사상적 전제이다. 그러나 공리관의 변화는 제1차 세계대전과도 직접 관계가 있다. 그렇다면 학생들이 거리로 나선 것과 자유주의를 버린 것이 '세계대전' 과 '파리강화회의' 라는 두 건의 관념사 파노라마 속의 사건에 의해 초래된 것이라고 간주할 수 있는가? 이는 국제적 사건의 영향으로만 볼 수는 없고 반드시 이 시기에 국내에서 발생한 중대 사건과 결부시켜 관찰해야 한다. 〈그림 3.1〉에 따르면, 1918년의 '세계대전' 과 1919년의 '파리강화회의' 가 언급되는 빈도는 모두 이 두 해의 '권비拳匪[의화단 — 옮긴이]' 와 '복벽復辟' 이 언급된 빈도보다 훨씬 낮았다.[15] 이는 당시 《신청년》 지식인 집단이 국제 정세에 관심이 있었으면서도 국내에서 일어난 일에 더욱 관심을 가졌음을 명확히 보여 준다. 만약 세계적 사건으로 인해 중국 지식인이 사회다윈주의 사조를 부정했다면, 국내 사건이 관념에 미친 영향은 더욱 거대할 것이다. 그래서 《신청년》 지식인 집단의 사상과 관념에서 일어난 커다란 변화를 연구하려면 앞에서 서술한 세계적 사건을 논하는 것 이외에 다른 관념사 파노라마 속의 사건도 언급해야 한다.

〈표 3.1〉에 나열한 사건 중 아직 검토하지 않은 관념사 파노라마 속의 다른 사건들은 모두 국내 사건이다. 5·4운동 이전에 가장 많이 언급되었던 사건은 '의화단' 과 '복벽' 이다. 특히 《청년잡지》가 창간된 해이자 위안스카이의 칭제가 발생한 해인 1915년에 '복벽' 은 강한 관심을 불러일으켰고, 1917년부터 1918년 사이에는 '복벽' 이 언급된 횟수가 더 많다. 이는 1917년 장쉰張勳이 변발부대 2만 명을 이끌고 베이징에 진입해서 칭제를 했던 사건이 지식인들의 사상에 큰 충격을 주었음을 말해 준다. 주목할 만한 점은 '복벽' 사건에 대한 관심이 1922년 중국공산당 창

건 이후까지 지속되었다는 점이다. 즉, 복벽 사건이 관념체계의 전환 시기에 반복적으로 거론되었다는 사실에서 그것이 지식인들에게 준 사상적 충격이 강하게 지속되었음을 알 수 있다.

《신청년》 그룹이 황제체제로의 복귀를 일관되고 강하게 부정했음은 익히 알려져 있다. 그들은 복벽 사건에 관심을 기울였을 뿐 아니라 복벽의 사회적·사상적 기초를 더 깊이 탐색했다. 왜 복벽의 사상적 기초에 대한 탐색이 전쟁과 마찬가지로 중요하고 《신청년》 지식인 집단의 관념체계가 크게 변하도록 한 원인이라고 말할 수 있는가? 문제의 핵심은 전쟁이 사회다원주의에 기초한 국제질서의 허상을 폭로했다면 위안스카이와 장쉰의 연속적인 복벽 사건에 대한 반성은 신지식인들로 하여금 민국 초기에 도입한 공화정치를 의심하게 하고 그 사상적 기초를 전복하도록 유도하였다는 데 있다. 앞에서는 위안스카이의 황제체제로의 복귀가 중국이 서양 공화체제 도입에 실패했음을 상징하며 신문화운동이 일어난 직접적 원인임을 규명했다. 장쉰의 복벽은 공화제 학습 실패의 좌절감을 한층 심화시켰다. 이 때문에 중국 현대 정치사상에서 '공화'가 '민주'를 대체하는 과정이 진행되었던 것이다.[16] 이는 결코 단지 서양의 현대적 정치제도를 부르는 명칭의 변화에 불과한 것이 아니라, 《신청년》 지식인 집단이 서양의 공화제를 도입하는 근거를 부정했음도 나타낸다. 《신청년》 그룹의 비판은 황제체제로의 복귀에 초점을 맞추었는데, 그렇다면 복벽의 사상적 근거는 무엇이었는가?

복벽파는 허군공화虛君共和를 주장했다. 이러한 정치적 보수주의의 이론적 근거는 중국이 생존과 발전을 도모하고 서양을 따라잡으려면 안정적인 사회 정세가 필요하며 당시의 상황에서 안정을 원한다면 황제체제를 회복해야 한다는 것이다. 복벽을 비판하려면 반드시 그 사상적 기반을 부정해야 한다. 천두슈와 우위 등으로 대표되는 《신청년》 그룹은 유교윤리가 당연히 복벽에 대해 책임을 져야 한다고 생각했다. 당시의 공통된 인식은 민국 초기 공화정치의 혼란이 복벽을 초래했고, 다시 위로 거슬러 올라간다면 민국 초기의 공화주의도 20세기 초반 10년 동안 청 조정이 추진한 입헌의 사상적 기반이었다는 것이다. 그래서 사적 영역의 도덕과 공적 영역의 도덕을 서로 무관한 것으로 보는 중서이분이원론적 관점을 강하게 비판할 필요성이 생겼다.[17] 중서이분이원론 이데올로기를 반대하게 되자 전면적인 반전통주의가 거세게 일어났다. 공화주의는 중서이분이원론 이데올로기의 일부로서 해당 이데올로기가 소멸됨에 따라 정당성을 상실했다. 따라서 큰 방향에서 보면, 전면적 반전통주의 사조의 발흥과 제1차 세계대전에 대한 성찰이 결합해서 《신청년》 지식인 집단의 사상적 대변화를 일으켰으며, 자유주의의 폐기는 바로 이러한 대변화의 일부분인 것이다.

우리는 다시 '의화단' 사건과 《신청년》 지식인 집단의 전면적인 반전통주의적 관점을 간략하게 분석하고자 한다. 신문화운동 시기에 의화단 사건은 하나의 역사적 기억일 뿐이었다고 말해야 할 것이다. 텍스트 상으로 1918년에 이 사건을 언급한 빈도는 상당히 많았다. 이는 당시 연합국의 승리를 축하할 때 케텔러Clemens August Freiherr von Ketteler[1853~1900, 의화단사건 때 피살된 주중독일공사 — 옮긴이] 기념비에 대한 보도를 보고 사람들이 10여 년 전 사건에 대한 기억을 떠올렸기 때문이다. 1918년에 천두슈는 의화단을 다시 거론할 때 뤄둔룽羅惇融(1880~1924, 호는 癭公)의 글[〈경자국변기庚子國變記〉를 말한다 — 옮긴이]을 인용해서 먼저 "의화단이 구교仇敎의 이름을 빌려 광서제를 교주로 지칭한 것은 대체로 무술변법에서 서양을 모방한 것을 황제의 큰 죄라고 지적한 것이다"라면서 의화단은 중국이 서양의 충격에 대응할 때 등장한 반서양의식이라고 밝혔다. 또한 그는 "의화단은 자신들이 주문을 외면 총포가 발사되지 않게 할 수 있고, 공중에 올라가 손짓을 하면 불을 일으킬 수도 있으며, 칼과 창에도 상처를 입지 않을 수 있다고 말하며, 밖으로 나서면 거리의 사람들에게 동남쪽으로 절을 하라고 한다"[18]는 것은 한편으로 중국 전통문화의 낙후함과 우매함의 상징이라고 했다. 당시 의화단과 관련된 논의에는 대부분 위에서 말한 대표적 언급의 두 가지 요점이 담겨져 있다.

1918년의 의화단에 대한 반성은 복벽에 대한 반대와 함께 등장했으며, 다같이 전면적 반전통주의의 일부에 속한다. 즉, '의화단'이라는 관념사 파노라마 속의 사건이 전면적 반전통주의를 통해 보편관념과 관계를 맺게 된 것이다. 1921년부터 1924년까지 의화단 사건이 다시 한 번 거론되는데, 상황이 완전히 달라졌다. 이때는 《신청년》 지식인 집단이 이미 마르크스레닌주의를 수용하고 파리강화회의와 워싱턴회의가 제국주의의 이익 분배를 위한 것으로 규정되었다. 이러한 시각에서는 의화단의 외세 배척과 우매함에 대한 비판이 나오지 않았다. 그 대신 의화단을 제국주의의 침략에 항거한 중국 인민의 자발적인 투쟁으로 간주하는 견해가 등장했다. 5·4운동의 발생은 새로운 지식인 집단의 서양 국가의 희망에 대한 환멸과 전면적 반전통주의를 보여주는 사건일 뿐만 아니라 중국을 개조하려는 새로운 역량에 대한 모색이기도 하다. 이것이 바로 의화단 사건을 부분적으로 비판하다가 전면적으로 긍정하게 된 원인이다.

〈표 3.1〉에 열거한 《신청년》에서 언급된 중대 사건 중 마지막 두 사건은 '5·4운동'과 '신문화운동'이다. 이 두 사건은 다른 사건들과 다르게 모두 스스로를 언급하고 있다. 앞에서 분석했듯이, 서양 열강에 대한 인식의 변화로 인해 새로운 지식인들은 5월 4일 천안문 광장으로 가서 파

리강화회의 결과에 항의했다. 관념사 파노라마 속의 사건과 관념의 전화 과정에서 5·4운동 자체도 곧 관념사 파노라마 속의 중대 사건으로 변하여 곧바로 의미가 부여된 것이다. 일반적으로 사회적 사실이 관념사 파노라마 속의 사건으로 전화되려면 어느 정도 시간이 지나야 한다. 하지만 '5·4운동'이라는 단어는 거의 즉시 사용되었다. 그것은 1919년 5월 18일 베이징 학생연합회의 '휴업 선언' 전보에 가장 먼저 등장했다. 그 전보의 첫 머리에는 "밖으로는 국가의 권리를 위해 싸우고, 안으로는 국가의 적을 소탕한다. 5·4운동 이후 학생들은 이 구호를 우리 정부를 향해 외쳤고 우리 국민에게도 이미 수차례 호소했다"[19]라고 적혀 있다. 1919년 5월 20일 《신보晨報》에서는 5월 4일에 일어난 사건을 '5·4운동'이라고 불렀다.[20] 뤄자룬羅家倫(1897~1969)은 그것을 '중국을 다시 만드는 원소'로 여겼다.[21] 사람들이 5·4운동을 높이 평가하는 이유는 학생운동과 대중운동이라는 중국을 바꾸는 새로운 힘에 흔들렸기 때문이다.

5·4운동의 가장 중요한 직접적 결과는 전국학생연합회가 이 운동을 계기로 탄생한 것이다. 6월 16일 전국학생연합회는 상하이센스공사동아식당[上海先施公司東亞酒樓]에서 회의를 열었다. 짧은 시간에 전국의 학생들이 조직되어 갔고 중국에는 역사상 전례 없는 사회개조 역량이 출현했다. 10월에는 국민당원 장쉬안張煊이 당시 마카오 총사령이었던 천중밍陳炯明(1878~1933)에게 보낸 편지에서 "베이징대학의 수개월 간의 활동을 보면, 서남부의 수십만 군대가 할 수 없는 일을 그들이 할 수 있었다"[22]라고 했다. 이는 당시 사람들의 눈에 학생이 군대보다 훨씬 대단하게 비추어졌음을 보여 준다. 중국에서는 '구팔丘八[군인을 의미하는 '兵' 자를 둘로 나눈 것으로, 주로 부정적 의미에서 쓰인 은어이다 — 옮긴이]로 군

인을 지칭했는데, 이때 이후로 학생들에게 '구구丘九'라는 칭호를 부여했다. 리젠눙李劍農(1880~1963) 역시 "오랜 역사를 지닌 국민당의 조직과 당원 사이의 연락과 지휘는 아마 새로 생긴 전국학생연합회만큼 조직이 완벽하고 운용이 활발하고 영민하지 않을 것이다"[23]라고 여겼다. 중국은 일시에 '학생운동의 중국'이 되었다. 학생들은 심지어 '학비學匪'로까지 불렸고, 시민들은 '학생 소요' 소식을 들으면 '권변拳變'의 재출현으로 보았으며 분주히 서로에게 알리고 피하지 못할까 걱정했다. 당시에는 학생들이 온종일 거리에서 시끄럽게 했기 때문에 "하는 말은 모두 신조어이고 아는 것이라곤 전혀 없다"라는 논조가 있었다. 뤄자룬이 말한 것처럼, 당시에는 일종의 '학생만능'라는 관념이 있었고, 학생계라는 기이한 군대가 갑자기 출현해서 마치 하나의 특수계급이 된 것 같았으며, 이 계급은 무슨 일이든 참견하려 하는 듯했다.[24]

그 전까지 지식인들은 공화정치의 실패와 사회개조의 무력감에 깊이 빠져 있었다. 그러나 학생운동이 일어나자 그 의미가 곧바로 인식되었다. 바로 뤄자룬이 5·4운동 1주년을 총결산하면서 말했듯이, "5·4운동 이전에 중국사회에는 조직이 전혀 없었다고 할 수 있다. 이전에 이 학교 학생과 저 학교 학생은 조금도 교류하지 않았다. 있는 것은 기껏 무료한 교우회나 부락의 향우회였다. 현재는 분명히 각 현과 성의 학생에게 모두 연합회가 있다", "'5·4운동'의 공로는 바로 중국을 '움직이게[動]' 했다는 데 있다."[25]

바꾸어 말하면, 지식인들에게 '5·4운동'이라는 관념사 파노라마 속의 사건은 하나의 새로운 방향을 제시했다. 그것은 바로 문화운동과 작별하고 정치 참여를 향해 나아가는 것이다. 5·4운동 자체의 진화 논리에서 보면, 처음 운동이 시작되었을 때 학생들의 구호는 '외교만을 묻고,

내정은 묻지 않는다'였는데 몇 달 지나지 않아 전국의 학생운동은 곧 '밖으로는 국가의 주권을 위해 싸우고, 안으로는 국가의 적을 벌한다'와 '군벌을 타도하고 중국을 다시 세우자'를 목표로 설정했다. '5·4운동'과 '신문화운동'이 언급된 빈도와 의미를 분석하면, 후자는 주로 1919년부터 1920년까지에 집중되어 있고,[26] 주로 《신청년》 필진이 신문화운동을 비판하는 자를 반박할 때 사용되었으며, '5·4운동'은 1919년에 사건이 일어난 후부터 끊임없이 언급되고 신문화운동과 분명히 구별되어 왔음이 발견된다.

5·4운동이 촉발한 정치 참여와 의식 고조의 직접적 결과는 혁명 관념의 발흥이었다. 《신청년》에서 '혁명' 등의 키워드 사용빈도를 다시 살펴보면, 1919년 이전까지 '혁명'의 사용빈도는 계속해서 상당히 낮았지만 5·4운동 이후에는 용솟음치듯이 증가했다(제2권 〈그림 8.3〉 참조). 이는 1913년 2차 혁명의 실패 이후 지식인들이 혁명과 작별했던 정서가 역전되고 청 조정이 시행했던 예비입헌 이후 10여 년 동안 침체되었던 혁명 담론이 부활했음을 보여 준다. 앞에서 '혁명'이 중국의 전통적 정치문화에서 왕조의 교체를 의미했고, 이는 개혁이 실패하고 청 왕조가 통치의 합법성을 상실했을 때 출현했으며, 서양의 혁명 관념에서 진보와 철저한 개혁이라는 의미를 획득했다는 점을 규명하였다.[27] 1919년 이후 혁명 담론의 발흥은, 5·4지식인들이 공화주의 개혁에 절망하여 신해혁명이 목적을 달성하지 못했다고 여기게 되고 학생운동과 대중운동의 결합이 중국을 바꾸는 힘이 될 수 있음을 깨달았다는 징표이다. 1919년 2월에 천두슈는 이러한 의미를 아주 분명하게 말했다.

군인·관료·정객은 중국의 3대 해악이다 …… 5·4운동 이후 우리 중국의 한 줄기 밝은 희망은 바로 수많은 분별 있고 양심 있는 사람들이 이 3대 해악이 겹겹이 쳐놓은 포위망을 뚫고 하나의 새로운 세계를 만들려는 것이다. 이 새로운 세계의 지남철은 바로 백성을 일깨워 모두가 발을 들어 함께 '민치의 실행'이라는 새로운 길을 향해 나아가는 것이다.[28]

3—5. 역사 연구에서 상호작용 관계망의 의미

〈표 3.1〉에서 6위를 차지한 중대 사건은 '신촌운동'이다. 이는 당시 중국에서 주목을 받던 사조이자 실천적 운동이었다. 사상의 변천이라는 측면에서 보면, 제1차 세계대전이 자본주의 세계화의 병폐를 폭로한 것과 복벽 사건에 대한 반성이 전면적 반전통주의 사조를 초래한 것, 이 두 사건이 5·4운동을 촉발시키고 《신청년》 지식인 집단의 사상적 변화의 추진력이 되었다면, 신촌운동의 이상사회 실험 실패에 대한 반성은 급진적 청년들이 레닌주의를 수용하는 방향으로 나아가게 한 중요한 원인 중 하나이다.

신촌운동이 1919년 이후에 급속도로 일어난 것은 5·4운동이 불러일으킨 정치 참여와 열정이 또 다른 형태의 사회적 행위로 드러난 것이다. 당시 저우언라이는 톈진에서 각오사覺悟社를 운영하며 '인간'의 생활을 찾으려면서[29] 가정개혁·공동생활·공독주의工讀主義를 일상 토론의 주제로 삼았다.[30] 마오쩌둥은 웨루산嶽麓山 아래에서 일하면서 공부하는 신촌을 건설하려는 계획을 세웠다.[31] 윈다이잉惲代英(1895~1931)은 우창[武昌]에서 이군서사利群書社를 설립하여 완전한 공산사회를 실현하는 '공동생활의 모형'을 건설하려는 계획을 세우고 그것을 '미래의 꿈'이라 불렸다.[32] 공독호조단은 베이징·상하이·우창·난징·톈진·광저우·양저우 등지로 퍼져나갔다.[33] 신촌운동과 공독호조단의 활동은 개인이 신생활을 조직함으로써 사회에 영향을 주려는 시도였다. 그러나 개인의 자발적 결합에 호소하여 사회를 개량하려는 그와 같은 시도는 경제적으로 유지될 수 없기 때문에 하나씩 파산을 선고했다.

1920년 12월 천두슈는 유물론적 관점에 따라 신촌운동의 실패를 총결산하면서 다음과 같이 말했다. 인류에게 사회가 생긴 이래 "물질과 정신 중 어느 영역이 사회의 산물이 아니었던가? 어느 영역이 순수하게 개인적이었던가?" 이 점을 알아차리지 못했기 때문에 "샤를 푸리에Charles Fourier(1772~1837) 이래의 신촌운동과 중국의 공독호조단은 실패한 것이다."[34] 다음 해에 천두슈는 "이전 시대의 은자, 오늘날의 신촌운동과 암살은 모두 개인주의 교육의 결과를 보여주는 것"이며, 신촌운동가는 "사회악의 일부분을 제거하여 사회를 개량한다는 목적을 달성할 수 있다고 생각하지만, 이는 모두 망상이다"라고 말했다. 그는 "사회를 개혁하고자 한다면 사회의 일반적인 제도에서 착상하지 않으면 안 된다"[35]라고 말했다. 여기서 신촌운동의 실패가 지식인의 관념체계에 가져다 준 충격 때문에 개인주의 및 자기개조식 사회개혁의 몽상을 부정하게 되었음을 알 수 있다.

신촌운동의 실패로 인해 《신청년》 지식인 집단은 대중적 사회혁명이 개인적 사회개량을 대신해야 하고 사회혁명의 성공을 이루려면 반드시 기존의 느슨했던 정당과 대중동원 방식을 바꾸어[36] 레닌주의 정당조직을 기반으로 사회혁명을 일으킴으로써 중국을 철저히 개조해야 한다고 생각했다. 《신청년》에서 '신해혁명'과 '러시아 2월혁명'을 언급할 때는 대부분 그것이 불철저한 혁명이며 이를 채택할 수 없다고 판단하고, 완성되지 않은 사명은 앞으로 다가올 철저한 혁명을 통해서 실현되어야만 한다고 생각했다. 그 모범 사례는 바로 2월혁명 이후에 곧바로 발생하여 제정러시아정권을 무너뜨린 10월혁명이었다. 5·4《신청년》지식인 집단이 공산주의 혁명을 선택했다는 것은 곧 그들이 자유주의를 버리고 마르크스레닌주의의 신봉자이자 실천가로 변했음을 의미한다. 1921년부터 1924년 사이에 공독호조단에서 진화한 유럽유학근공검학 조직 내에서 가장 먼저 중국공산당 지부가 등장했다. 중국공산당의 창건으로 인해 10월혁명과 마르크스레닌주의가 사람들의 마음속에서 차지하는 비중도 크게 늘었다. 앞에서 언급했듯이, 1917년 10월혁명이 일어났을 때 《신청년》에서는 이 사건을 결코 많이 언급하지 않았고 중국공산당이 창당된 1922년 이후가 되어서야 '10월혁명'이라는 사건이 지식인 집단의 열렬한 관심의 초점이 되었다.

지금까지 《신청년》에서 거론된 일련의 국내외 중대 사건이 《신청년》지식인 집단의 관념과 어떻게 상호작용하여 그들이 신문화운동의 발기인에서 중국공산당의 창립자로, 자유주의의 신봉자에서 마르크스레닌주의의 실천가로 변모하게 했는지 아주 간략하게 분석했다. 분석을 통해, 《신청년》지식인 집단의 자유주의 폐기가 자유주의적 국제질서의 희망에 대한 그들의 환멸, 중국에서 서양 공화정치 학습의 실패, 학생운동으로 중국을 바꿀 수 있다는 기대와 모두 관계있음을 확인할 수 있었다. 아울러 이 분석과 관련된 관념사 파노라마 속의 사건과 관념 변화의 상호작용 관계망도 규명했다.

그러나 사건과 관념의 상호작용 관계망을 연구하려면 반드시 신문화운동을 하나의 총체로 보아야 한다. 이 글의 서두에서 제기한 5·4《신청년》지식인 집단이 왜 자유주의를 폐기하고 마르크스레닌주의를 받아들였는가?'라는 질문 자체가 의미 있는 것인지에 대해 역시 의문시할 만하다. 첫 번째 의문은 '1919년 이전에 이 지식인 집단이 자유주의를 신봉했다고 말할 수 있는가?'이다. 19세기 말 20세기 초 서양의 자유주의 관념은 중국에 대량으로 유입될 때 당시의 사회다원주의 사조와 긴밀하게 연관되어 있었다. 사실, 일찍이 1919년 5·4운동이 일어나기 전에 《신청년》 지식인 집단은 이미 사회다원주의와 공화정치를 부정했다. 신문화운동은 조금도 두려움을 모르는 이성정신으로 모든 생활 영역을 검토한 운동이고, 이러한 이성정신은 당연히 공화주의로서의 자유주의에 대한 성찰도 포함한다. 그렇다면 자유주의에 대한 신봉으로 5·4운동 이전의 《신청년》 지식인 집단의 사상적 주류를 개괄하는 것은 분명 정확하지 못한 것이다. 당시 지식인들의 서양사회에 대한 기대는 아직 사라지지는 않았지만, 그들의 이상과 모방의 대상은 이미 서양사회를 넘어섰다.

두 번째 의문은 '그들이 완전히 마르크스레닌주의를 받아들였다고 말할 수 있는가?'이다. 서양에서 마르크스주의 발생이 19세기 경제적 자유주의에 의해 주도된 전지구화가 초래한 위기에서 연원하고 레닌주의가 본질적으로 러시아의 현대화 과정에서 사회통합과 해체의 산물이라고 말할 수 있다면, 혁명 담론이 1919년 이후 중국에서 발흥해서 국민혁명과 공산주의혁명으로 전환한 것은 곧 중국식 혁명관과 내재적으로 연관되어 있는 것이다. 레닌주의 혁명관과는 달리 중국식 현대 혁명관에는 한편으로 왕조 교체라는 잠재적 구조가 있고 다른 한편으로 전면적 반전통주의의 주도아래 발생한 가치전도의 산물이라는 중국적 특성이 아주 선명하다. 따라서 《신청년》 지식인 집단이 마르크스레닌주의를 포용했다고 규정하는 것 역시 지나치게 단순하고 부정확한 논법이다. 21세기 초까지도 우리는 중국의 20세기 전체에 영향을 준 신문화운동을 제대로 이해한 적이 없다.

    1990년대 초부터 중국 역사학계는 1980년대의 사상 중시와 거시적 연구의 학풍에 반기를 들고 갈수록 세세하고 잡다한 세부적 부분에 대한 고증에 빠져들었다. 역사 연구의 세밀화가 학술 발전에 유익하다는 점에는 의심의 여지가 없다. 그렇지만 이 글에서는 신문화운동 시기의 사상적 변화를 제대로 이해하려면 세부적 연구에만 주목해서는 결코 정확한 결론을 낼 수 없다는 점을 밝혀냈다. 하나의 개별적 관념이든 각종 관념사 파노라마 속의 사건이든 그것들 사이에는 모두 복잡한 상호연계가 존재한다. 그것을 전체적 연관에서 떼어내어 세부적으로만 연구한다면 그 자체로 벌써 진상에서 멀어지게 된다. 사건과 관념의 상호작용은 한 폭의 광활한 역사화歷史畵이다. 그것을 이해하려면 연구의 시야를 넓혀야 한다. 신문화운동은 근현대 인류사회의 변천과 중국근현대사, 더 나아가 수천 년 동안의 왕조 교체의 역사 속에서만 깊이 이해할 수 있다. 5·4운동은 본래 왕조 교체를 상징했던 '혁명'을 각성시켜 현대적 함의를 부여했고, 새로운 지식인에게 스스로가 혁명적 방법으로 새로운 사회를 건설할 수 있다는 것을 깨우쳐주어 중국이 현대화 과정에서 일어나는 사회통합의 위기를 극복할 수 있게 했다. 신문화운동 시기의 사상적 변천을 그 전후의 역사와 결합시키지 않고 중국 근현대사상 및 세계사와 결합시키지 않는다면, 5·4운동 시기의 사상적 전환을 이해할 수 없을 것이다.

    페르낭 브로델Fernand Braudel(1902~1985)은 경제사 연구에서 장기지속 개념을 제시했다. 그러나 관념사 연구에서는 지리적 구조와 경제 발전의 대주기와 같이 오랫동안 관념 변화에 영향을 주는 요소를 발견하지 못했기 때문에 장기지속 되는 변천 모델에 대한 연구에 줄곧 관심이 없었다. 우리는 이 글에서, 역사적 사건은 흔히 관념체계의 자리매김과 그 전환 안에서만 중시되고 기록되며 반복적으로 언급되기 때문에 역사적 기억이 관념사 파노라마 속의 사건에서 구축된다는 점을 밝혔다. 관념사 파노라마 속의 사건은 사회적 사건과 관념 변천의 상호작용의 기록을 포함할 뿐 아니라 역사 변천의 장기 모델을 연구해야 할 가장 중요한 근거가 되기도 한다. 그것은 아날학파에서 말하는 구조와 장기지속만큼 중요할 것이다. 사회적 사실이 관념사 파노라마 속의 사건을 매개로 보편관념과 상호작용하는 기제를 통해, 마르크스의 방법과 베버의 방법을 결합하여 사회사상과 사회적 사실이 상호작용하면서 진화함을 보여주는 새로운 모델을 제시할 수도 있을 것이다. 거기까지 도달하기 위해서는 반드시 더욱 심도 있는 방법론으로 연구를 진행해야 할 것이다. 관념과 관념사 파노라마 속의 사건의 정의에 대한 심도 있는 탐구, 데이터베이스 방법의 도입과 시스템진화이론을 통한 역사의 진실성에 대한 새로운 이해가 여기에 포함된다. 그렇지만 이 모든 것을 이 한 편의 짧은 글에서 모두 다룰 수는 없다.

4

'과거'와 '과학'

중대한 사회 사건과 관념의 변화에 관한 사례 연구

사상이 언어로부터 떨어질 수 없다면, 관념의 전달은 키워드와 떨어질 수 없을 것이다. 그렇다면, 언어의 형성과 특정 키워드의 사용이 정형화되는 과정 안에는 반드시 사상과 관념 변화의 흔적이 남아 있을 것이다. 문제는 우리가 어떻게 어떤 방법을 사용하여 그것을 찾아낼 것인가에 있다.

1905년, 중국은 팔고문으로 관리를 선발하는 과거제도를 폐지하였다. 이때부터, 20세기 중국 정치문화는 돌아올 수 없는 길을 걷게 되었다. 이 책의 제2권 7장에서는 과거 폐지와 '과학'과 '격치'의 교체의 관계를 논했다.[1] 이 장에서 '과거'와 '과학'이라는 두 단어를 선택한 이유는 이 두 단어의 교체 과정이 데이터베이스 분석방법을 통해 중대한 사회 사건과 관념의 변화를 이해하는 데 매우 좋은 사례를 제공해주기 때문이다.

4—1. 하나의 통계에서 발견한 단서

역사학자들은 과거제 폐지의 원인을 논할 때 대부분 이 제도가 현대사회에서 필요로 하는 인재를 선발해 낼 수 없었고 서양의 현대 정치제도, 특히 과학지식 체계를 수용하는 데 큰 장애가 되었다는 점을 언급한다. 이 관점은 분명 의심할 여지가 없이 정확하다. 그러나 '과학'이 '과거'를 대체하는 용어 변화를 자세히 살펴보면, 여기에는 쉽게 드러나지 않는 패러독스가 숨어 있다는 것을 발견하게 된다.

앞에서 서술했듯이, 현대 중국어에서 '과학'은 science의 번역이며 science는 지식knowledge을 의미하는 라틴어 scientia에서 왔다.[2] 그러나 '과학'이라는 단어는 중국 고전에 이미 있었는데 그 본래 의미는 '과거' 또는 '과거학교'의 약칭이었다.[3] 중국의 전통적 정치문화에서 과거제도는 주로 조정에서 유교이데올로기에 부합하는 관리를 육성하고 선발하기 위한 제도이며, 이러한 과거제는 순수한 지식 탐구와는 관계가 그다지 깊지 않았다. 역사적으로 명말 예수회 선교사가 중국에 들어온 이후 사대부들은 줄곧 '격치'로 서양의 science를 번역했고, 20세기 초에 이르러서야 '과학'이 '격치'를 대체하게 되었다. 그렇다면 왜 중국인들은 이처럼 본래 '과거'를 지칭하던 '과학'이라는 단어를 선택하여 최종적으로 서양의 science를 표현한 것일까? 학계의 해석은 다음과 같다. 일본에서는 이미 1870년대 science를 '과학'으로 번역했고, 20세기 초는 일본 유학생들이 상당수의 일본어 번역어를 중국에 들여오던 시기였다는 것이다. 사실이 정말로 이처럼 간단할까?

  2004년 초 〈'격물치지'에서 '과학'·'생산력'으로〉라는 제목의 논문을 쓰던 중 하나의 통계 결과가 관심을 끌었다. 그것은 키워드 통계분석이 보여준 결과는 1895년 이전에 중국 지식인들이 서양의 science를 지칭하는 데 거의 예외 없이 '격치'를 사용했고, '과학'이 '격치'를 대체하는 것은 1905년을 기점으로 하여 갑작스럽게 나타난다는 것이다. 이때부터 '과학'은 science의 유일한 번역어가 되었고 '격치'는 빠르게 사라졌다(제2권 〈그림 7.2〉 참조). 일반적으로 언어의 변천은 완만한 과정을 거치며 갑작스럽게 변하는 현상은 거의 발견되지 않는다. 우리의 기존 연구를 통해 생각해보면 보편관념의 거대한 변화는 통상 중대한 사회적 사건과 관련이 있었다. 그렇다면 1905년에 도대체 어떤 중대 사건이 발생한 것일까? 그것은 바로 1905년 9월 중국이 공식적으로 전통적 과거제도를 폐지한 것이다. 따라서 우리는 이 글에서 '과학'과 '격치'의 교체가 과거제도의 폐지와 함께 이루어진 일이며, 이 교체 과정은 과거제 폐지와 분명한 관련이 있음을 의미한다고 주장한다. 중국어에서 '과학'의 본래 의미는 '과거'와 관련되어 있었고 그 의미가 오늘날에는 이미 잊혔을지라도 당시의 선비들은 모두 이를 숙지하고 있었기 때문에, 과거 폐지 이전에는 '과거'를 지칭하는 '과학'을 사용하여 science를 번역하는 데 분명 장애가 있었을 것이다. 반면에 일본에서는 과거제로 인재를 선발하지 않았기 때문에 19세기 말에 바로 '과학'을 science의 번역어로 채택할 수 있었다.

위에서 서술한 가설에서 유의할 점은 다음과 같다. 과거제의 폐지라는 중대 사건은 언어 전달의 면에서 '격치'가 '과학'으로 교체되는 데 장애를 없애 주었고, 그 전제는 '과학'과 '과거'의 의미관계가 청말민초까지 남아 있었다는 것이다. 앞에서 서술하였듯이, 1916년까지도 학자들은 여전히 다음과 같이 말했다. "일본인의 번역어는 중국의 고전어를 사용하지 않을 수 없었다. 그러나 하나의 용어가 생겨나면 이미 새로운 의미가 되었다", "과학은 과거학교라는 글자를 답습했다고 해서 경의시첩經義試帖의 부류라 할 수 없고, 모두 사이언스[塞因士]이다."[4] 분명, 이러한 논의들은 바로 '과학'이 '과거'가 예전부터 가지고 있던 의미라고 익숙히 알고 있던 전통적 학자들을 겨냥한 것이다.

20세기 초 중국 학자들이 '과학'의 본뜻을 과거를 지칭하는 것으로 여겼다면, 이는 분명 이 글의 처음에서 제기한 패러독스를 더욱 심화시키는 것이 분명하다. 즉, 왜 중국인들은 본래 science의 발전에 장애물이라고 여기던 단어인 '과학'(과거학교)을 사용하여 그것을 표현한 것일까? 이는 왜 중국인이 일본의 science의 번역방식을 수용했는가를 하나의 사상사적 문제로 만든다. 바꾸어 말하면, 중국이 왜 '과학'을 science의 번역어로 사용하게 되었는지를 연구하기 위해서는 반드시 서양의 충격 하에서 발생한 중국문화 내부의 변천 기제, 특히 일본이 '과학'으로 science를 번역하게 된 원인을 깊이 분석해야 한다.

4—2. '격치'에서 '과학'으로

일본 학자들의 연구에 따르면, 메이지 7년(1874) 니시 아마네가 《명육잡지明六雜誌》에 연재한 논문 〈지설知說 4〉에 일본에서 최초로 '과학'이라는 단어를 사용하였다. 니시 아마네는 본문에서 일반적으로 '학學'을 science라고 하였지만, "소위과학所謂科學"이라는 말에서 '과학'이라는 단어를 명확하게 사용하였다.[5] 그러나 스즈키 슈지鈴木修次는 니시 아마네와 같은 시기에 '과학'이라는 단어가 이미 확산되어 있었음을 확인하였다. 그는 후쿠자와 유키치가 메이지 5년에 간행한 《학문의 권장學問のすすめ》〈초편初編〉에서 제시한 "일과일학一科一學"을 '과학'이라는 단어 탄생의 출발점으로 보았다. 스즈키는 또한 캉유웨이가 1898년 〈무술주고戊戌奏稿〉에서 "사범을 설립하고 과학을 나누어야 한다"라고 했을 때 '과학'은 분과지학分科之學으로, 후쿠자와의 "일과일학" 및 니시 아마네의 "소위과학"에서와 동일한 의미라고 보았다.[6] 만약 앞에서 서술한 고증이 정확한 것이라면, 일본에서 science의 번역어로 '과학'을 사용한 것은 '과학'이 '분과학문'이라는 의미를 가지고 있었기 때문이다.

중국에서든 일본에서든 '과학'의 의미는 모두 '과科'라는 글자에서 나왔다. '과'는 다의어로 품종·등급이나 과정 및 업무 분류 등을 가리킨다.[7] 예를 들어 《맹자》〈진심하〉에서는 "공자는 과를 개설하여 가는 사람을 좇지 않고 오는 사람 막지 않았다"[8]라고 하였다. 이로부터 일본에서 '과학'을 science의 번역어로 사용할 때 '과정이나 분류'의 의미로 사용하였음을 알 수 있다. 중국어에서 '과학'은 앞에서 서술한 용법의 다양한 의미를 포괄한다. 과거科擧의 의미는 '과목을 나누어 선발함'에서 나온 것으로 예비관리를 선발하기 위해 설치한 과목 혹은 등급, 즉 분과취사分科取士에서 나왔다. 바꾸어 말하면, 중·일 양국 모두 분과학문을 science의 번역어로 사용했을 가능성이 있다. 예를 들어 1880년 장더이張德彝(1847~1918)는 이미 '외과학원外科學院'이라는 단어를 사용하였고,[9] 1887년 《일본국지》에는 다음과 같은 구절이 있다. "서양 서적을 다투어 번역하여, …… 생도들의 분과학습용으로 사용하였다."[10] 단지 일본에서는 과거로 관리를 선발하는 제도가 실행된 적이 없기 때문에 '과학'이라는 의미가 상대적으로 단순하여, 보다 명확하게 '분과지학分科之學'이라고 지칭했다. 따라서 '과학'으로 science를 지칭하는 것은 일본에서 먼저 보급되었는데, 중국에서는 과거제도가 폐지되고 난 이후에야 비로소 이러한 번역이 광범위하게 채택될 수 있었던 것이다.

통계분석은 '과거'와 '과학'이 결코 처음부터 서로 배척하는 상태에 있었던 것이 아니라 오히려 예상치 못했던 상호의존적 관계가 있었음을 보여 준다. 나아가 제2권에 수록된 〈그림 7.2〉를 분석해 보면, 1901년부터 1905년 사이에 과거는 '과학' 및 '격치'와 병존할 뿐만 아니라 또한 이 두 단어의 사용빈도가 모두 가장 고점에 있었다는 것을 발견할 수 있다.[11] 주목해야 할 점은 바로 1901년에 청 조정이 신정新政을 선포하였다는 사실이다. 신정에서 제일 중요한 조치는 신식교육을 창설하는 일이었고, 1901년 12월 청 조정은 '학당선거를 독려하는 규정[學堂選擧鼓勵章

程'을 제정하여 신식교육을 실시하는 학당의 졸업시험에서 합격한 사람들에게 과거공명科擧功名과 대응하는 공생貢生·거인擧人·진사進士 등의 명칭을 부여하여 신식 인재교육을 장려하였다.[12] 바로 이 4년간은 신구 학제가 병존하는 시기였다. 그렇다면 '과학'과 '격치'라는 이 두 단어의 사용빈도가 함께 고점을 이루던 시기에 신학당과 과거제도가 병존하였다는 것은 결코 우연의 일치가 아닌 것 같다. 따라서 이 두 단어 간의 연계를 규명해야 '과학'과 '과거'사이의 보다 심층적인 관계를 이해할 수 있다.

이 문제를 해결하기 위해, 우리는 새로운 분석방법을 사용하여 먼저 〈데이터베이스〉 검색을 통해 한 편의 글 안에서 '격치'와 '과학'이 동시에 사용되거나 '과거'와 '과학'이 동시에 사용된 예문을 찾아내고, 다시 이들 문장 중에 이 두 키워드의 사용에서 드러나는 의미의 차이를 분석할 것이다. 동일한 글 안에서 이들 두 키워드를 동시에 사용한 글쓴이는 반드시 두 키워드를 두 가지 의미로 보고 서로 대체될 수 없는 것이라고 파악하였을 것이기 때문이다. 이 분석방법은 관념의 변화 과정에서 오늘날에는 잊혀져버린 의미들을 발굴해 내고, 그럼으로써 관념의 변화 과정에 존재했던 연계들을 발견할 수 있도록 도와줄 것이다.

우선, '과학'과 '격치'가 동시에 사용된 글을 분석한 결과 주로 두 가지 유형으로 구분되었다. 첫 번째 유형의 글에서는 '과학'이 분과학문 전체로 이해되고, '격치'는 단지 분과학문 가운데 하나의 분과로서 물리를 가리키는 경우가 많았다. 예를 들면, "천하에서 학문이 제일 우수한 나라는 바로 영국·미국·독일·프랑스이다. ······ 오늘날 캘리포니아 주립대학에서 가르치는 과학은 다음과 같다. ······ 첫째 격치physics ······ 이상 열거한 과학에서 각 과는 또 수 종 또는 수십 가지 종류로 나뉜다."[13]

두 번째 유형의 글에서 '격치'는 특별히 물리학을 가리키며, '과학'은 신학당 내의 학과제도를 가리켜 '분과학문'이라는 본래의 의미로 사용되었다. 예를 들면, 당시 신학당의 규정에는 다음과 것이 있었다. "제3조: 예비반은 6년제로, 그 교과 과정에는 독일어·각국 역사·각국 지지各國地誌·산학算學·식물·동물·격치·화학 등이 있다", "제10조: 본 학당은 학당 내에서 과학을 가르치는 것 이외에 학당 부근에 여러 운동경기장을 설립하여 체조훈련을 한다."[14] '과학'과 '격치', 이 두 키워드를 하나의 글에서 함께 사용할 때에는 첫 번째 유형이 대다수를 차지하였고, 두 번째 유형의 '과학'은 신학당의 학과 설치 관련 사항을 가리킬 때 매우 자주 사용되었다. 이는 이전에는 자주 소홀히 여겨졌는데, 특별히 주목해야 할 것이다.

같은 글에서 '과학'과 '과거' 두 키워드가 동시에 사용되는 상황을 분석하면, 다음과 같은 두 가지 유형을 발견할 수 있다. 첫 번째 유형의 글에서는 '과학'이 science를 지칭하며 '과거'와 '과학'이 대립된다. 예를 들면, "청컨대 학무學務의 변화를 위해서는 과학과 과거를 병행하고 중학中學과 서양의 기술을 구분하여야 한다."[15] 이와 같은 유형의 예문은 비교적 익히 알고 있는 것이다. 두 번째 유형의 글에서는 '과거'를 논할 때 '과학'을 동시에 거론하며 신학당과 함께 사용되어 흔히 신학당에 개설된 학과를 가리킨다. 예를 들면, "이후로 선비들이 경을 연구하면 과거를 목적으로 삼아, 성현들의 극기복례와 천하가 인으로 돌아가는 도리를 거의 공리공담이라 의심하고, 위아래가 서로 속이는 데 젖어 교화가 점차 쇠퇴하였다. …… 더욱이 최근 일본에서 통용되는 법학통론은 우리나라의 상황에 비추어 보면 상세하고 주밀하게 설명하고 있다. 각 성의 제학사를 독려해 관립·민립 학당을 분담 정비하고 일률적으로 통용시켜 과학을 학당에서 가장 중시하는 과목으로 정하면, 어쩌면 잘못된 길로 멀리 나아가지 않아 제대로 된 길로 돌아오기를 기대할 수 있고 어쩌면 전 국민의 인격이 증진되는 것을 기다릴 수 있을 것이다."[16] 또 "우리나라에서 3년 전에 수개월 정도의 과학자를 만났다면, 곧 그를 교육가로 추천했을 것이다. …… 그렇지 않았다면, 필시 문명에 반대하고 상주문을 올려 서로 막아서 과거도 폐지할 수 없었을지도 모른다."[17] 여기에서 '수개월 정도의 과학자'는 몇 개월의 분과훈련을 받은 사람을 가리킨다. 신학당의 분과학문의 특징은 바로 두 번째 유형의 글에서 제시된 '과학'이 '학당'과 긴밀한 관계가 있다는 증거이다.

이로부터 알 수 있듯이, '과학'을 science의 번역어로 사용할 때 중국에서 '과학'의 본래 의미는 분과학문과 과거학교라는 두 가지 의미로 나뉘어 있었고, 이것이 일본에 비해 복잡한 갈등을 야기했다. 첫째, 과거학교의 의미로 사용될 때 '과학'은 science와 모순된다. 둘째, 분과학문의 의미로 사용될 때 '과학'은 관리로 선발되기 전의 인재를 배양하고 인재를 모으기 위한 '학교'의 의미를 포함하며, 이는 신식교육의 '학당'과 함께 결합할 수 있었기 때문에 사람들이 science의 번역어로 받아들이는 데 도움이 되었다.

'과학'과 전통적 과거학교와 서양 학문인 science와의 복잡한 갈등을 이해했으면, 다시 〈그림 7.2〉(제2권 수록)에 대한 분석으로 돌아가자. 〈그림 7.2〉를 보면 1906년 '격치'가 '과학'으로 교체되어 빠르게 소멸되기 이전에 여전히 이 말은 상용되던 단어였고 심지어 과거가 폐지된 1905년에도 그 사용빈도가 하나의 고점을 이루고 있었다는 것을 알 수 있다. 그 이유는 무엇일까? 이는 1901년부터 청 조정이 신정을 펴면서 신학당의 설립과 분과학당의 보급을 적극적으로 추진하기 시작하고, 이로 인해 분과학문으로 science를 지칭하는 것이 강화되고 '과학'이 광범위하게 사용되었기 때문이다. 이 시기에 하나의 분과학문으로서 '격치'(주로 주요 학과인 물리과학을 지칭함)든 유학에서 서양과학의 번역어로서의 '격치'든 모두 없애 버릴 수는 없었기 때문에, '과학'과 '격치'의 사용빈도가 모두 고점을 보인다.

신학당은 분과학습을 하기 때문에 인재 육성의 전문화를 강조한 반면, 과거제는 유교이데올로기의 기준과 전통적 중학中學을 중시하였다. 이는 단지 교학내용의 차이만이 아니라 상호대립적인 두 가지 인재 선발 방식이었다. 신학당은 마치 컨테이너벨트처럼 다수의 전문화된 현대 지식인들을 배출해냈지만, 과거학교는 단지 소수의 예비관원인 문화 도덕 엘리트들을 모으기 위한 것이었다. 전통중국에서 관리의 수는 매우 적었다. 신학당을 졸업한 학생이 갈수록 많아지자, 청 조정이 신학당의 학력을 과거급제에서 얻은 칭호[공명功名]에 대응해주는 것을 승인하게 되면서 현실은 갈수록 복잡해졌다. 이러한 첨예한 대립의 결과로 과거는 필연적으로 현대 교육체제에 의해 와해되었고, 이는 1905년 과거제 폐지 선포로 나타났다. 이것이 바로 〈그림 7.2〉에서 '과학'과 '격치'가 함께 출현하는 사용빈도가 고점을 이룬 상황이 한동안 지속되다가 갑자기 '과학'이 '격치'를 완전히 대체하게 된 이유이다. 과거제도가 폐지되고 구지식인 집단이 사라져감에 따라, 중국어에서 '과학'의 본래 뜻 중의 하나(과거학교)가 또한 사람들로부터 잊혀지고 사람들은 단지 '과학'과 '과거'의 상호대립적인 함의만을 기억하게 되었다. 따라서 〈그림 7.2〉가 보여주듯이 '과학'으로 '격치'가 대체된 것은, 서로 다른 두 가지의 인재 선발제도, 즉 신학제(학당)에 의한 전통(과거학교)의 대체가 언어에 남긴 증거라고 말할 수 있다.

4—3. '학당'과 경세치용

전근대 문헌에서 '학교'와 '학당'은 모두 교육기구를 가리킨다. 그러나 '학교'가 '학당'보다 훨씬 더 상용되었다. 이는 바로 학교가 본래 과거제도의 일부분이기 때문이다. 중국 전통사회에서 과거제는 유교이데올로기를 기준으로 관리를 선발하는 제도로, 시자識字·경전학습·문장 작성과 고증考證 등은 모두 학습훈련을 거쳐야 했으므로 학교가 과거제에서 줄곧 중요한 기능을 발휘하였다. 《명사明史》〈선거지選擧志〉에서는 과거와 학교를 다음과 같이 설명하고 있다. "[천하의 인재는] 학교에서 교육하고 과거 시험으로 발탁하며 …… 학교는 곧 인재를 모아서 과거시험에 대비하는 곳이다." 또 "과거는 반드시 학교로부터 나온다"[18]라고 명확하게 지적하고 있다. 중국 전통사회에서 학교는 관이 설립하는 것이었기 때문에 민간에서 설립한 학교 형식인 사숙私塾·서원書院처럼 일반적으로 보급될 수 없었다. 게다가 유교이데올로기를 통해 관리를 선발하는 제도 안에서 학교는 분과를 강조할 수 없었고, 학교는 과거를 치르는 인재를 모으는 것이 교육 기능보다 중요하였기 때문에 교육 기능 또한 퇴화되는 중이었다. 왕더자오王德昭(1914~1982)는 다음과 같이 기술하고 있다. "과거제도 하에서는 수도에 있는 학교나 지방에 있는 학교를 막론하고 결국에는 모두 교육 기능을 상실하여 시험에 응시하고 관직에의 진출을 준비하는 장소가 되었다. 과거에서 팔고문을 중시하였기 때문에 학교 또한 팔고문을 선비에게 가르쳤고, 서원도 점차 그렇게 되었다."[19]

전통 중국에서 '학당'은 주로 과거와 무관한 교육기구를 지칭하였다. 1830년대 이후부터 '학당'이라는 단어의 사용이 점차 증가하는데, 처음에는 외국인이 설립한 학교를 가리키는 데 자주 사용되었다.[20] 1860년대부터 양무운동 시기에 경세치용이라는 사상적 기조 안에서 '학당'은 서양의 기예와 사무에 정통한 사람들을 양성하는 학교만을 가리키기도 했다. 〈데이터베이스〉를 검색해보면, '선정船政'·'광무礦務'·'수사水師'·'무비武備'·'농상農商' 등의 단어가 '학당'이라는 단어 앞에 놓여 각종 유형의 전문학당 명칭이 만들어졌는데, 이 학당들은 모두 과거제와 전혀 관련이 없는 학교였다. 이들 학당은 경세치용의 영향 하에서 서학의 지식과 기예를 갖춘 전문적 인재를 양성하는 신식교육 형태라고 할 수 있다. 당시에 양무운동을 추진한 한 대신은 이러한 학당을 매우 중시하였다. 예를 들어, 1867년 선바오전沈葆楨(1820~1879)은 상소문에서 다음과 같이 말하고 있다. "신이 생각하건대 선정船政의 근본은 학당에 있습니다."[21] 이는 당시 고위 관리들이 국가가 도달하려는 선견포리船堅炮利·부국강병富國强兵이라는 목표를 전통적 과거학교가 더 이상 감당할 수 없다는 것을 인식하고 있었음을 보여준다. 이처럼 학당들이 19세기 말부터 갈수록 관심을 불러일으키면서, 학당과 과거제도의 모순은 갈수록 분명해지고 있었다. 예를 들어, 무술변법 시기에 적지 않은 사람들이 과거의 중단과 학당을 통한 인재의 선발을 주장하였다. 또한 그들은 과거제도가 있기 때문에 신학당이 인재를 끌어들일 수 없다고 지적하였다. 어떤 사람은 다음과 같이 말했다. "과거에는 여전히 요행으로 출세하는 자가 있고, 학당은 여전히 유명무실하다. 잠시 과거를 중단하고 학당에서만 인재를 뽑는 칙령의 반포를 청한다."[22] 다음과 같은 예도 있다. "과거를 바꾸어 학당을 높이고, 시무를 추구하여 학당을 충실하게 해야 한다."[23] 〈데이터베이스〉 문헌에서 '학당'과 '과거'가 병용될 경우에는 모두 다 서로 대립적인 의미로 사용되었다.

반드시 지적해야 할 점은 경세치용·부국강병 사조가 융성함에 따라 필연적으로 '과거학교'에서 '학교' 교육과 인재 배양의 기능 역시 동시에 강조되어야 했다는 점이다. 따라서 19세기에 '학교'는 여전히 상용되는 단어 중 하나였으며 특정 종류의 외국학교를 지칭하는 데도 상용되었다.[24] 19세기 말 20세기 초 과거 폐지를 논하는 과정에서 '학교'는 때로 '과거'의 대립물로 다루어졌다. 예를 들면, 다음과 같은 논의가 있다. "변법의 근본은 인재를 기르는 데 있다. 인재의 융성은 학교의 개설에 있다. 학교의 설립은 과거를 변화시키는 데 있다."[25] 따라서 신식교육을 가리킬 때, '학교'는 '학당'과 의미가 서로 비슷하다고 할 수 있다. 그러나 결국 학교는 학당과 다르다. 학교는 과거제와 서로 보완적인 것이지 대립적인 것은 아니었다. 량치차오는 매우 분명하게 말했다. "옛날에 과거는 모두 학교에서 나왔다. 학교제도가 폐지되면 과거는 쇠퇴할 것이다", "따라서 과거가 학교에 부합하면 인재가 융성하지만, 과거가 학교에서 멀어지면 인재가 쇠락한다. 과거는 있으나 학교가 없으면 인재가 망한다."[26] 옌푸도 이렇게 말한 적이 있다. "지금 물物이 궁窮하면 변하니 시무를 말하는 자들은 모두 학교의 변통과 학당의 설립, 그리고 서학의 중시를 말한다."[27] 여기에서 '학교'는 구제도, 즉 변통의 대상을 가리키는 반면에 '학당'은 '서학'과 바로 연결된다. 즉 '학교'의 용법은 '학당'처럼 그렇게 단순하게 신식 교육기구를 일률적으로 가리키는 것이 아니었다.

　'학교'와 '학당'의 의미는 앞에서 서술한 차이가 있기 때문에, 바로 이 두 단어의 사용 상황을 살펴볼 필요가 있다. 〈그림 4.1〉은 1860년에서 1924년까지 '학교'와 '학당'이라는 두 키워드의 사용빈도 통계이다. 그림에서 분명하게 확인할 수 있는 것은 1860년대 이후 '학당'이 '학교'

○〈그림 4.1〉 '학교'・'학당'의 사용빈도(1860~1924)○

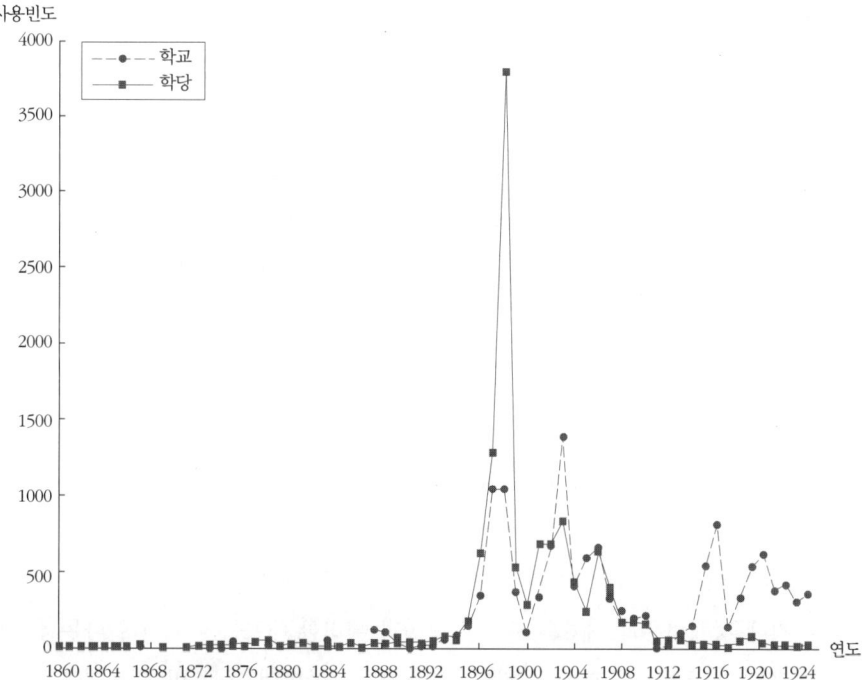

와 병용되었고, '학당'은 경세치용의 새로운 형태가 되어 사용빈도가 비교적 높았다는 점이다. 이 두 단어의 사용빈도가 갑작스럽게 증가한 것은 모두 1895년 청일전쟁에서 패한 이후의 일이다. '학당'은 하나의 예외도 없이 서학과 연관되어 있기 때문에 무술변법 시기에 사용빈도가 급격하게 증가하며 '학교'를 멀찌감치 추월하고 있다. 그림에서는 이 두 단어의 사용빈도의 또 다른 고점을 찾을 수 있는데, 이때는 바로 1901년 신식교육이 보급되기 시작하고 과거제도가 폐지된 전후이다. 1902년에서 1910년 사이에 '학교'와 '학당'의 사용빈도는 상당히 비슷해진다. 이는 신정이 전개됨에 따라 청 조정의 정책이 명확하게 전통학교를 학당으로 교체하려는 방향으로 나아갔기 때문이다. 이 시기에 '과학'이 '격치'를 대체했다. 과거제도가 폐지됨에 따라 '학교'의 전통적 의미가 제도적인 지원을 상실함으로써 점차 사람들에게 잊혀졌고, '학교'와 '학당'은 이미 구별이 없어지게 되었다. 1910년 이후 '학교'의 사용빈도가 다시 '학당'보다 많은 것을 확인할 수 있다. 이때부터 과도적 형태의 '학당'이라는 단어는 현대 중국어에서는 오히려 일상적으로 잘 사용되지 않게 되었다.

4—4. 과거 폐지의 원인에 관한 재론

이제 '학교'·'학당'과 과거 폐지의 관계를 그려낼 수 있다. 양무운동 시기에 경세치용과 서양의 견고한 함선과 예리한 대포를 배워야 한다는 요구가 중시되면서 관에서 조선·채광·군사 방면의 전문 인재를 배양하기 위한 신학당 몇 곳의 창설에 자금을 지원하였지만, 관립학당에서 양성하는 인재로 수요를 충족시키기에는 역부족이었다. 장즈둥은 1895년 '학당 개설을 확대해야 한다'라는 내용의 상소문을 올렸다. "사람들은 서양 각국이 강한 이유가 군사력 때문인 것은 모두 알고 있지만, 서양 각국의 강한 이유가 학문 때문임은 알지 못합니다. 무릇 나라를 세우는 일은 인재에 있고, 인재는 학당을 세우는 것에 있습니다", "오늘날 서양 각국과 우리의 교섭이 나날이 깊어지고 상황은 나날이 위태로워지고 있는데, 우리가 여전히 구습을 답습하고 고루한 인재와 가벼운 기예를 계속 쓴다면 절대로 이를 막아낼 수 없을 것입니다. 마땅히 각 성마다 모두 학당을 세우기를 청합니다." 그는 이들 학당에서 학습할 내용은 "각국 언어와 문자 및 재배·제조·상무·수군·육군·채광·도로정비·법률 등 각 분야 전문가의 학문"이라고 주장하였다. 문제는 어떠한 선생을 찾아서 이러한 전문적 학문을 배울 수 있느냐는 것이었다. 그는 두 가지 방법을 제시했다. 첫 번째는 "서양의 훌륭한 교사에게 배우기를 청하는 것"이고, 두 번째는 외국에 유학생을 대규모로 파견하는 것이었다.[28]

청일전쟁에서 패배한 이후, 청 조정은 스스로 고등인재를 양성하는 구상과 대책을 마련하였다. 쑨자나이孫家鼐(1827~1909)는 '경사대학당 설립 구상'에서 다음과 같은 10개 학과의 구분을 건의하였다. "1. 천학과天學科(산학부), 2. 지학과地學科(광학부), 3. 도학과道學科(각 종교원류부), 4. 정학과政學科(서양국 정치 및 법률부), 5. 문학과文學科(각국 언어문자부), 6. 무학과武學科(수군부), 7. 농학과農學科(재배·수리부), 8. 공학과工學科(제조·격치부), 9. 상학과商學科(증기선·철로·전보부), 10. 의학과醫學科(식물·화학부)."[29] 여기에서 다음과 같은 두 가지 특징을 분명히 확인할 수 있다. 첫째는 분과를 고도로 강조하고 있다는 점이고, 둘째, 학과 내용이 서학 위주로 되어 있다는 점이다. 이 시기에 학교는 주로 과거제도에 속박되어 있었기 때문에 학당은 학교와 대립적이었다. 개혁사상이 흥기하였기 때문에 통계상에서 '학당'이 '학교'의 사용빈도를 크게 초과하는 것을 발견할 수 있다.

이 시기에 언론에서도 신식교육(학당)과 과거제도의 충돌을 발견할 수 있다. 예를 들면, 1898년에 이러한 서술이 발견된다. "듣자하니, 학교를 개조하면 경전이 폐기될까 의심하고, 과거를 개혁하면 선비를 버리게 될까 의심하고, 기기를 사용하자면 인간의 노동이 쓸모없게 될까 걱정하고, 상업국을 개설하면 소행상의 실업이 걱정된다고 한다."[30] 사람들이 더욱 걱정하는 것은 신식교육을 받은 지식인의 진로 문제였다. 과거제도는 전통사회 지식인들이 엘리트 계급으로 상승하고 공부를 통해서 관리가 된다는 제도적 보증이었다. 사회가 아직 신식교육을 받은 사람들의 활로를 보증하는 제도를 만들지 못했기 때문에, 자질 있는 인재가 입학하도록 유인하기가 매우 어려웠다. 예를 들면, 같은 해 한 상소문에는 다음과 같은 내용이 있다. "더욱이 공명을 다투는 마음은 사람이라면 모두 가지고 있기 마련이고, 녹봉을 받는 길은 선비라면 모두 추구하는 바입니다. …… 형세상 반드시 사람으로서 과거에 끊임없이 응시할 것입니다." 그러나 신학당에 입학하는 사람들은 "마음이 돌이킬 수 없는 것처럼", "갑자기 책론을 쓰는 거인舉人이나 공사貢士가 되고자 하고, 갑자기 경제를 다루는 거인이나 공사가 되고자 한다."[31] 장즈둥은 《권학편》에서 다음과 같이 말하고 있다. "비록 학당이 세워졌어도 입신출세할 계단이 없으면 사람들은 달가워하지 않는다. 모여드는 사람들은 우둔한 선비들로 자격이 평균 이하여서 팔고문조차 쓸 수 없다. 명문가의 준재들은 여전히 모두 과거에 뜻을 두고 있을 뿐이다."[32]

마침내 청 조정은 신식교육 인재의 활로를 어떻게 해결하였을까? 앞에서 이야기하였듯이, 청 조정은 우선 과거제도 중에 경제특과經濟特科를 늘리는 방법을 고려하였다.[33] 이와 함께 과거제도의 직함을 모방하여, 각 등급의 학당 졸업생에게 부여하는 것을 고려하였다. 1896년 총리아문의 〈학교의 확대에 관한 리돤펀李端棻의 소에 대한 답변〉에서는 경제특과의 문제뿐 아니라, 향후 1년 이내에 부·주·현에서 각 성·경사京師까지 세 등급의 신학당을 설치하고, 이를 나누어 각각 소학小學·중학中學·대학大學으로 부를 것을 요구하였다. 각 등급의 졸업생들에게는 '경제과 생원', '거인', '진사'의 칭호를 부여하고, 중학 졸업생에게는 거인에 상당하는 지위를 주어 신학당의 교사 자격을 맡을 수 있도록 하고, 대학 졸업생들에게는 진사의 자격을 주어 관직을 부여할 수 있도록 하였다.[34] 앞에서 서술하였듯이, 1898년 무술유신 기간에는 '잠시 과거를 중지하고 오로지 학당에서만 인재를 선발하는 칙령을 요청한다'는 논의가 적지 않았다.[35]

1901년 청 조정이 신정의 실행을 선포하고 신학당에서 인재를 선발하는 정책이 실행되면서 학당과 학교의 차이가 줄어들기 시작했고 신식교육이 크게 발전할 수 있었다. 당시 어떤 사람은 다음과 같이 썼다. "근래에는 학당과 과거가 같은 가치를 지녀 학생들을 모으기 훨씬 쉬워졌다."[36] 하지만 '학당'과 '학교'는 동시에 혼란을 맞게 되는데, 다음과 같은 상소문에서 이를 발견할 수 있다. "현재 학당과 과거라는 신구제도가 병행되어, 특과特科와 상과常科가 있고, 부府·청廳·주州·현縣[청대 성省급 이하 행정구역 단위—옮긴이]의 학교가 있고, 크고 작은 고등 및 중등학교와 서양 상인들에 적을 둔 소학이 있으며, 사신士紳이 창설한 산算·예藝·문자文字·소학이 있고, 생원·거인·공사·진사를 수여하는 대학당 출신의 생원·거인·진사가 있고, 특과 출신·역서譯書 출신이 있어, 모두 부서별로 달리 논의해야 합니다."[37] 이처럼 신식교육을 받은 사람들이 끊임없이 대량으로 양성되어 배출되면서, 더 이상 이들에게 과거제도에 상응하는 명함을 부여하는 것이 불가능해졌다. 당시 신문에는 다음과 같은 시사 논평이 실렸다. "교육을 중시하는 소리가 나라 곳곳에 널리 퍼지고, 위아래의 활력이 모두 학당에 모인다. 학당이 흥성할수록 과거는 더욱 쓸데없는 것이 되었다."[38] 일단 '학당과 과거제라는 신구가 병행되는' 상황이 유지되기 어려워진 때가 바로 과거제도의 수명이 다한 날이었다. 1905년 청 조정은 이미 이 문제를 더 이상 피할 수 없었고, 결국 과거제도 폐지의 조서를 내렸다.

과거제도의 폐지가 중국 제도사에서 갖는 중요성은 아무리 높이 평가해도 지나치지 않는다. 그러나 이러한 근본적인 변혁이 당시 사회에 대규모의 혼란을 일으키지 않았다는 것은 매우 놀라운 일이다. 당시 과거제도는 공명을 추구하는 대다수 구지식인들의 활로와 관계되어 있었는데, 이들 사회적 엘리트들이 사회에 미치는 영향력은 낮게 평가될 수 없기 때문이다. 이 글은 이 측면에 대한 논의는 전개하지 않고, 다만 이러한 구선비들과 신학당의 관계만을 간단히 지적할 것이다. 과거제도의 폐지가 사회적 혼란을 일으키지 않은 근본 원인은 신정이 학당과 학교를 함께 중시하는 제도를 실시한 데 있다. 즉, 중학과 서학의 병존이라는 이원론적 이데올로기와 그에 상응하는 제도가 인재 선발에서 일종의 과도기와 완충 조치를 제공하였다고 하겠다.

1902년 '과거의 조속한 폐지를 주장한다'라는 시사 논평에서 글쓴이는 다음과 지적하고 있다. "비록 학당이 이미 개설되었다고 하지만 중년의 거인과 생원들은 모두 아직도 관직에 오르지 못해서 고생한다." 또 한편으로 다음과 같이 지적하였다. "각 성의 학당에서 그 일을 주관하는 자는 모두 과거를 준비하는 사람들이다."[39] 다시 말해서 신식 교육기구는 서양인에게 교습을 요청하거나 신학당의 중학 졸업생들을 교사로 삼는 것 이외에 상당수의 교사 자격이나 비용을 과거를 준비하는 사람들에게 의지하고 있었으며, 이는 당시에 보편적 현상이었다. 과거와 학당은 인원 면에서 완전히 구분될 수 없었고, 오히려 전통적 신사층과 지식인들이 대규모로 각종 신학당의 설립자·교사 또는 학생 등으로 유입되었다. 수원펑蘇雲峰은 삼강사범학당三江師範學堂의 사례 분석(1903~1911)을 통해 학생 모집규정에 따라 20세에서 30세의 거인과 생원을 모집대상으로 삼았으며, 이 연령대의 학생이 전체 학생의 절대 다수인 약 84퍼센트에 달하였음을 발견했다.[40] 자오리둥趙利棟 또한 대규모의 자료 분석을 통해 과도기에 구지식계층이 상당히 광범위하게, 그리고 적극적으로 신학당에 흡수되었던 역사적 상황을 논증하였다.[41] 중국에서는 중국적이면서 서양적인, 즉 전통적인 과거공명을 지니면서 신학당에서 교육을 받은 일군의 과도적 지식계층이 급속하게 출현하였다. 이러한 과도기적 계층의 존재는 한편으로 신구제도가 함께 운영되는 국면에서 인재 구조의 전환을 보증하였을 뿐 아니라, 다른 한편으로 과거제 폐지에도 불구하고 사회적 혼란이 발생하지 않도록 하였다. 이는 또한 〈그림 4.1〉에서 1902년부터 1905년 사이에 '학당'과 '학교'가 모두 가장 많이 출현하고 사용빈도의 차이도 크지 않은 이유를 해석할 수 있게 해준다.

'학당'과 신식 '학교'가 과거제도를 전복하게 된 것은 다음 세 측면에서 이해할 수 있다. 첫째, 제도적 측면으로 청 조정이 신학당에서 전문 인재를 배양하는 것과 유교의 도덕이데올로기에 따라 관원을 선발하는 두 방법 중에서 최종적으로 과거를 폐지하고 현대교육의 추진을 선택했다는 점이다. 둘째, 사회계층의 측면에서 보자면, 비록 신구제도의 병행 단계에 과도기적 지식계층이 존재하였지만, 과거제도가 일단 폐지되고 나면서부터 중국은 더 이상 구식 지식인을 양성할 토양이 없어졌다는 것을 의미한다. 따라서 중국의 사회변동 모델 또한 근본적으로 변했다. 과거제도가 농촌을 기반으로 한 것과 달리 신학당은 주로 도시와 읍 지역에 설립되었고 양성된 학생들은 도시의 신지식인이 되었는데, 이러한 신지식인과 전통 신사층은 대립적이었다. 과거제가 폐지된 지 10년 후, 신지식인들이 과도적 지식계층을 완전히 대체하였고, 신문화운동은 신지식인들이 이 과도적 지식계층을 대체하여 문화의 주체가 되었음을 보여주는 상징적 사건이다. 셋째, 문화와 언어 사용의 측면에서 볼 때, '학당'과 '과거'의 대립으로 인해 '과학'과 '과거'는 물과 불처럼 서로 용납될 수 없는 것으로 여겨져 '과학'의 본래 의미는 필연적으로 역사 속으로 잊혀졌다. 과도기적 지식계층이 서양의 사회제도를 학습하는 과정에서 담당했던 역할이 사라지면서 당대의 문화와 전통과의 관계 또한 단절되었다. 이러한 역사적 망각 때문에 당대 중국인들은 우리가 현재 여전히 사용하고 있는 '과학'의 본래 의미를 이해하지 못할 뿐만 아니라 '과거'와 상응하던 제도와 사회생활도 이해하지 못하게 되었다. 이는 중국사회의 현대적 전환이 반드시 거쳐야 했던 과도적 시대와 과도적 기제를 아주 쉽게 간과하도록 했다. 사실상, 신학당과 과거의 병존기와 과도적 형태가 중국의 현대화에서 갖는 중요성은 지금까지 거의 주목을 받지 못하였다. 이러한 과도적 단계를 망각하고 건너뛰어 버린 것이 바로 오늘날까지 20세기 중국의 거대한 변화와 5·4운동 이후 중국 당대 사상의 객관적 위치를 철저히 이해할 수 없었던 이유이다.

역사적으로 사람들은 옛 사물의 특정 성질을 되살릴 때 가장 깊이 깨닫지만, 오히려 그 이름은 잊어버린다. 천여 년 동안 과거제도는 덕치와 대일통 왕조의 유학을 묶어주는 가장 중요한 제도였다. 5·4운동 시기 형성된 당대 중국문화에서 과학은 '격치'의 기능을 부여받았을 뿐 아니라, 새로운 도덕을 건립하는 기초가 되었다. 그리하여 도덕이데올로기로 관리를 선발하여 사회를 통합하는 전통적 구조가 '과학'의 이름으로 부활할 수 있었고, 사람들은 이것을 완전히 새로운 것으로 오해할 수 있었다.

이 글은 2005년에 쓰여졌는데 바로 과거가 폐지된 지 100년째 되는 해였다. 100년은 인류 역사의 장구한 흐름에서 볼 때 한 순간에 불과할 수도 있지만, 한 사람이 기억할 수 있는 최고로 긴 기간일 수도 있다. 이 글은 '과학'·'학당'·'학교'와 '과거'의 관계를 분석하면서, 100년 전의 제도 변혁과 보편관념의 전환 사이에 연계된 한 장면을 보여주려고 하였다. 이는 중대한 역사적 사건(과거제도의 폐지)과 사상의 변천(서양 과학 지식의 수용), 그리고 언어 사용('과학'·'학당'·'학교' 의미의 변천)이라는 삼자 사이의 복잡한 관계와 관련되어 있다. 심층구조 상에서 '과거'와 '과학'의 의미의 뒤얽힘을 연구하는 것은 언어의 계승과 변천으로부터 시간과 망각을 넘어서려는 시도이다. 이 때문에 문자에 천착하여 사물의 명칭에서 망각된 의미를 연구하는 것은 감추어져 있는 역사를 회복시키는 데 도움이 될 뿐만 아니라, 민족의 정신 구조를 드러내도록 도와준다. 이것이 바로 오늘날 과학과 문화 및 사상사 연구가 갖는 의의이다.

5

역사의 진실성

새로운 데이터베이스 분석방법의 역사 연구 응용에 관한 시론

20세기 역사학의 방법론적 탐색에서, 객관적 진실에 집착하는 아날학파이든 진실성을 해체하는 포스트모던 역사학이든, 그 이론적 기반은 모두 역사 연구의 객관성에 관한 서로 다른 이해 위에 건립된 것이었다. 21세기 초, 새로운 방법론을 도입하여 역사적 진실을 더욱 정확히 이해하고 그럼으로써 학술 연구에서 역사학의 고유한 반성적 가치를 회복할 수 있을까?

5—1. 역사 연구에서의 '객관성'

 오늘날 역사학자들은 심각한 정신분열에 직면해 있다. 한편으로, 역사학자의 본능은 과거의 그림을 그려내기 위해서는 반드시 과학 연구와 마찬가지로 사료들을 엄격히 객관적으로 고증하고 진상을 찾아 그것을 해석하여 인류의 역사 전개 모델을 이해해야 한다고 스스로에게 말한다. 다른 한편으로, 역사학자들은 이미 19세기 객관주의라는 환상으로부터 깨어나 모든 사료는 기록자의 주관적 가치의 흔적을 피할 수 없다는 것을 깊이 알게 되었다. 더욱이 적지 않은 사람들은 주관적 기록들을 소재로 하는 역사적 서술이 이야기를 지어내는 일과 본질적으로 다르지 않다고 여긴다. 20세기 후반, 이데올로기에 갇힌 거대 역사관이 줄줄이 해체되면서 거대 역사 서사를 해체하는 포스트모던 역사학이 유행하게 되었다.
 갈수록 세세하고 잡다해지는 사실의 고증에 만족하지 못한다면, 또한 개인의 문학적인 주관적 서사가 역사학을 대체하는 것을 인정할 수 없다면, 오늘날 거시적 역사 연구는 무엇을 할 수 있을 것인가? 이 글은 이러한 방법론상의 난점을 해소하기 위한 시론이며 또한 시대적 유행과는 맞지 않는 시도이다. 문제의 핵심은 역사 연구에서 객관성이 존재하는가에 있다. 만약 존재한다면 그것은 자연과학 혹은 사회과학의 객관성과 어떠한 차이가 있는가? 우리는 가능한 한 객관적으로 접근함으로써 진실에 다가갈 수 있는 것인가? 이를 위해서는 먼저 무엇이 역사 연구의 객관성인가에 관한 질문에서 논의를 시작해야 한다.

버트런드 러셀Bertrand Russell(1872~1970)은 〈역사에 관하여On history〉에서 다음과 같이 지적하였다. "역사학이 가치 있는 이유는 무엇보다 그것이 진실이기 때문이다. 이 점이 비록 역사학이 가진 가치의 전부는 아닐지라도, 다른 모든 가치들의 기초이자 조건이다."[1] 자연과학과 사회과학 연구에서 진실의 추구는 연구의 객관성에 호소함으로써 이루어진다. 연구의 객관성이란 보통 연구대상에 대해 관찰자 혹은 연구자의 가치관이나 주관적 관념의 영향을 배제하는 것을 의미하며, 이는 방법론상 연구대상을 관찰자와 연구자(주체)에 의지하지 않는 독립적인 존재로 여기는 기본 원칙으로 나타난다. 사회과학에서는 이 원칙을 간단히 가치중립성이라고 부른다. 지금까지 역사학 연구는 줄곧 이 원칙을 고수하고자 애써왔다.

랑케Leopold von Ranke(1795~1886)의 주장을 통해 이를 설명할 수 있다. 주체의 가치관이나 관념체계가 역사를 왜곡하는 것을 막기 위해, 랑케는 2차 사료를 믿지 않았고 심지어 과거의 역사 저작은 모두 믿을 수 없는 것이라고 여겼다. 따라서 역사적 사실의 진상을 밝히는 유일한 길은 바로 철저하게 역사의 근원을 캐는 것으로, '목격자'가 어떻게 사실을 기록했는지를 연구하는 것이다. 1차 자료의 진실 여부를 가려내는 과정에서 랑케는 청대 한학자들의 고증과 비슷한 원칙을 제시하였다. 즉 사건이 발생한 시간에 가까운 증인일수록 그 진술이 더욱 믿을 만하다는 것이다. 따라서 랑케에게 신뢰 가능한 사료는 연구자의 관념과는 관계가 없는 것이기 때문에 역사적 사실에 대한 해석을 반대하고, 심지어

(중대 사건의 인과관계의 해석이나 사회적 행위의 모델을 포함한) 모든 역사이론을 허위로 보았다.

랑케의 연구방법은 오랫동안 역사학계의 금과옥조로 여겨져 왔지만, 역사학자들은 점점 더 앞에서 말한 객관성 원칙이 역사 연구에서 거의 불가능하다고 느끼거나, 혹은 가능하더라도 의의가 그다지 크지 않다고 보게 되었다. 우선, 랑케의 연구방법을 관철시킬 수 있는가 하는 문제는 접어두자. 설령 객관성 원칙이 가능하다 하더라도 그것은 기껏해야 역사 연구에서 연구자의 주관적 가치 배제만을 만족시킬 뿐, 결코 역사 기록 자체의 주관성을 제거할 수는 없다. 역사적 사건의 기록은 (가치중립적으로 획득될 수 있는) 자연과학의 관찰이나 사회과학의 기록과는 큰 차이가 있다. 보통 사람들은 자신이 중요하고 기록할 만한 사건이라고 여기는 것만을 기록할 뿐, 중요하거나 기록할 만한 가치가 있는 것이 무엇인지는 통상 기록자의 가치체계에 따라 결정된다. 즉, 원자료는 인간사회의 행위에 대한 기록으로서 문자에 의지하기 시작하면서 애초부터 기록자의 관념과 불가분의 관계에 놓이게 된다.

예를 하나 들어보자. 1789년 7월 14일 바스티유 감옥 습격 사건은 프랑스대혁명에서 중요한 날이지만, 루이 16세의 일기에는 '오늘, 아무 일 없음'이라고 적혀 있다. 루이 16세는 당일 이 중대한 역사적 사건을 결코 특별히 중시하지 않았고 자주 발생하는 정치적 소란의 하나로 여기고 있었던 것이다. 그러나 오늘날 역사 연구자들은 분명히 결코 당사자의 이 기록만 가지고 프랑스혁명사를 서술하지는 않고 그날과 관련된 그밖의 많은 역사 기록들을 참고할 것이다. 동일한 문제가 또 발생할 수 있다. 어떤 사람이든 모두 자신의 가치체계에서 출발하여 그날에 기록할 만한 일이라고 여기는 것을 기록하지만, 그날 발생한 사건을 모두 다

기록하는 것은 불가능하기 때문이다. 그렇다면 참으로 모든 관념을 제쳐두고 1789년 7월 14일에 정말 무슨 일이 벌어졌는지 말할 수 있을까? 사실상, '바스티유감옥 습격'이라는 사건의 중요성에 대한 평가 자체가 모종의 관념체계의 산물이다. 따라서 어느 해 어느 날 무슨 일이 발생하였는지에 관한 역사 기록(이것이 역사 기록의 핵심 부분임에 유의하기 바란다)은 대부분 기록자의 관념에 의존하지 않는 '객관적 존재'로 볼 수 없다는 것을 알 수 있다. 한편으로 역사 사건의 1차 기록은 주관적 가치를 배제할 수 없는 것이지만, 다른 한편으로 특정한 역사적 사건의 진실성과 중요성을 판단할 때, 연구자는 관찰자(기록자)와 등가적이다. 이때 설령 랑케가 말한 것처럼 연구자의 주관적 가치를 배제하더라도 역사 연구의 객관성에는 결코 도달할 수 없다.

더욱 곤란한 점은, 모든 역사 사건의 기록이 단칭진술이라는 것이다. 과학철학에서는 이미 자연계에서 고립적이며 반복될 수 없는 사건에 관한 (단지 관찰자에게만 유효한) 단칭진술에 대하여 그것이 사실인지 여부를 판정하기는 매우 어렵다는 것을 발견하였다. 예를 들면, 어떤 사람이 영국 네스호 Ness Lake에서 괴물을 보았다면 그것은 하나의 고립적이고 반복될 수 없는 관찰 기록으로 여겨질 수는 있겠지만, 이는 다만 관찰자 한 사람에게만 유효한 것으로 지금까지 과학계는 이것이 사실인지 아닌지 여전히 판단하지 못하고 있다.[2] 역사 기록에는 이와 유사한 믿기 힘든 기록들이 가득하다. 역사학자들은 각양각색의 원자료와 대면하게 될 때 반드시 특정한 원칙을 가지고 진위를 판단해야만 하는데, 그것은 바로 랑케가 말한 과학적 방법을 사용하여 분석을 진행하는 것이다. 과학적 분석이라고 하는 것은 바로 기록을 당시의 상황 안에 놓고 그것이 그밖의 관련 기록과 모순되는지 살펴보고, 특히 논리와 정리情理를 사용하여 그 사건이 그렇게 발생할 수 있었는지 여부를 판단하는 것이다. 그러나 이렇게 하는 것 또한 새로운 문제를 발생시킬 수 있다. 즉, 역사적 사건의 기록을 상황 안에 놓는다는 것은 무엇을 의미하는가? 처지를 바꾸어 사건의 발생을 상상하고 나아가 그것의 합리성을 논리적으로 판단한다는 것은 또한 어떤 의미인가? 이 문제를 해결하기 위해서는 실제로 이러한 사건의 발생을 지배한 관념과 가치체계를 추적하고 환원시켜야 한다.

  역사적 사건의 기록이 과학적 관찰의 기록과 크게 다른 점은, 대부분이 사람의 행위나 의견의 기록과 관련이 있다는 것이다. 개인의 행위 기제는 관념이나 가치체계의 지배를 받으며, 여러 사람들의 의견이나 행위는 보편관념과 보편가치의 영향을 받는다. 바꾸어 말하면, 사료가 진정 믿을 만한 것인지 여부를 감별하는 것, 즉 진위를 판별하는 원칙은 바로 사건의 발생을 지배한 관념이나 가치체계로 돌아가야 하며, 사료에서 일체의 가치체계와 관념을 배제하는 것은 아니다. 이렇게 볼 때 역사 연구에서 관념의 영향을 배제하는 것은 거의 불가능해 보이는데, 어떤 진실된 역사 기록이라도 참여자와 기록자 (심지어 연구자를 포함하여) 모두의 주관적 가치를 배제하는 것은 불가능하기 때문이다. 그렇다면 역사 연구에서 객관성을 이용하여 연구의 진실성을 보증한다는 상식적인 믿음은 무너져 버리고 만다. 역사 연구의 진실성에 도달하기 위해서 어떻게 과학 연구의 객관성 원칙에 도달할 수 있을지, 그리고 그것을 역사 연구에 사용하는 것이 가능한지를 다시 검토해야 한다. 역사 연구의 진실성을 보증하기 위해서는 어떠한 방법론을 따라야 하는가?

5—2. 객관성과 진실성

자연과학 영역이라 해도 연구대상이 결코 관찰자(연구자)에게 의존하지 않는 독립적 존재라고 볼 수는 없다. 연구대상이 주체와 독립적으로 존재할 수 없을 때, 즉 외부 존재가 인간의 주체적 선택과 구성에서 떨어질 수 없을 때, 주체와 객체의 관계는 〈그림 5.1〉과 같다.[3] 일찍이 1980년대에, 2단계 통제론은 이처럼 선택·구성되는 외부 존재가 〈그림 5.1〉이 보여주는 시스템의 고유상태임을 이미 증명했다.[4] 고유상태에 대해 말하면, 진실성은 바로 시스템 경험 조작의 반복 가능성이고 이것은 다음과 같은 두 가지 함의를 갖는다. 첫째는 관찰자 개인의 특정 경험의 반복 가능성으로, 이는 관찰자가 특정 현상을 반복적으로 관찰할 수 있음을 의미한다. 즉, 관찰자가 특정 조작을 하기만 하면 그가 진입했던 어떤 특정한 환경에 반복적으로 진입할 수 있는 것이다. 둘째, 이 관찰자가 그 경험을 반복할 수 있을 뿐 아니라, 다른 관찰자라도 동일한 조건을 실현하기만 하면 그들 또한 동일한 환경에 진입할 수 있고 같은 것을 볼 수 있다는 것이다.[5]

예를 하나 들어보자. 색은 관찰자의 신경체계로부터 독립적으로 존재하지 않지만, 우리는 여전히 '이 까마귀는 검다'라는 말을 사실적인 진술로 판단하고, 심지어 검은 까마귀는 객관적 존재라고 여긴다. 따라서 이 진술이 진실이 되는 이유는 (믿을 만한 경험을 대표하는) 이러한 관찰이 반복 가능하기 때문이다. 누군가가 이를 믿지 못한다면 우리는 새장 안에 갇힌 까마귀를 그에게 한 번 보여주고 같은 결론을 얻어낼 수 있다. '네스호의 괴물'이나 '이 까마귀는 검다'라는 두 진술은 모두 단칭진술이고, 양자의 본질적 차이는 전자는 반복할 수 없는 경험인 반면 후자는

○ 〈그림 5.1〉 객체가 주체와 독립적으로 존재할 수 없을 때 주체와 객체관계 ○

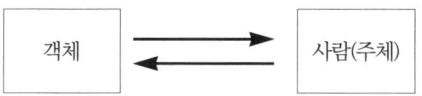

반복 가능한 경험이라는 점이다.[6]

넓은 의미에서 말하면, 아래와 같은 통제실험의 원칙을 사용하여 경험이 신빙성(진실성)을 가지는지를 판단하기 위한 필요충분조건을 밝힐 수 있다. '통제할 수 있는 변량 X(즉, 실현조건 $X_1 \cdot X_2 \cdot X_3 \cdots\cdots$)를 통제할 때, 반드시 Y를 관찰할 수 있다.' Y를 발생시키고자 할 때에는, X를 실현시켜야 한다. X는 통제 가능한 변량이어서 결국 이뤄질 수 있기 때문이다. 또한 매번 X가 실현될 때, 언제나 Y의 발생을 목격할 수 있다. 여기서 관찰의 반복 가능성은 (비록 그것이 관찰자의 선택과 독립적으로 존재할 수 없더라도) Y의 진실성을 보증한다. 통제실험에서는 통상 X를 Y의 원인이라 부르고, X와 Y 사이에 이러한 확정적 관계가 있음을 표현하는 L을 인과율이라고 부른다.

앞 절에서 말한 객관성(연구대상이 주체에 의존하지 않고 독립적으로 존재함)을 통해 경험의 진실성을 보증하는 것은 단지 통제실험 원칙의 특별한 사례임을 증명할 수 있다.[7] 즉 통제실험 원칙을 사용하여 경험의 진실성을 판별하는 것은 객관성보다 더 보편적 원칙이다. 그렇다면 연구대상과 주체가 불가분의 관계에 있을 때, 앞 절에서 말한 객관적 방법의 이용은 원칙적으로 통제실험 원칙으로 대체될 수 있을 것이다. 사실, 자연과학 연구는 바로 이렇게 이루어진다. 양자역학에서 연구대상은 언제나 관찰자에게 의존하지 않는 '객관적' 존재는 아닌데, 이때 통제실험 원칙이 바로 관찰의 진실성을 보증하게 되는 것이다. 철학에서 사람들이 객관성 원칙을 진실성과 동일시하는 이유는 통제실험 원칙을 이해하지 못한 것 이외에, 어쩌면 객관성objectivity이라는 단어의 본래 의미가 만들어 내는 오해와 관련된 것일 수 있다. Objectivity는 대상이라는 의미인데, 그것은 주체subjectivity와 대립물로 존재하므로 그것에 대해 철학적 사유나 방법론적으로 추상화하는 것은 아주 쉽게 주체와 무관한 것으로 여겨진다.[8]

통제실험 원칙이 객관성 원칙보다 진실에 도달하는 더욱 효과적인 방법이라면, 랑케의 방법을 대신하여 이를 역사 연구방법으로 운용할 수 없을까? 표면적으로 볼 때, 이는 불가능한 것이다. 왜냐하면 모든 역사적 사건은 단지 한 차례만 발생하며 다시 일어날 수 없기 때문이다. 역사적 사건이 일회적인 것이고 다시 발생할 수는 없지만, 역사적 사건은 인간의 사회적 행위이며 사람의 참여와 통제 하에 발생한다는 점에 주목해야 한다. 또한 사람의 행위는 가치 목표의 지배 하에서 어떤 일을 하는 동기를 만들고 그것의 지배와 영향을 받는다. 다수 참여자의 행위가 모여 사회적 행위 전체를 이루며, 이들 사회적 행위는 특정 조건 하에서 역사적 사건으로 변화·발전된다. 우리는 이러한 인식에 근거해서 통제실험 원칙을 역사 연구 방법으로 도입하여 특정 사회적 행위가 발생하였는지 여부나 어떻게 발생하였는지를 판단하는 데 활용할 수 있고 또한 사회적 행위의 진실성을 판단하는 데 사용할 수 있다고 본다.

통제실험 원칙을 역사상 이미 발생한 사회적 행위의 진실성을 판단하는 데 사용한다는 것은 어떠한 의미를 갖는가? 이는 우리가 역사적 사건의 기록을 연구할 때 반드시 이 사건을 발생하게 하고 참여자의 행위를 지배한 보편적인 관념을 찾아야 한다는 것이다. 역사적 사건을 지배하는 보편적 동기나 사상적 원인을 연구하는 것은 사실상 연구자가 자기 마음속에서 사건 발생 과정을 재연하는 것이며, 이러한 과정은 통제 과정을 사상적으로 실험하는 과정과 매우 유사하다.

간단히 말하면, 역사적 사건의 핵심은 인간의 행위이고, 인간의 행위는 동기의 지배를 받으며, 동기는 또한 가치체계 및 관념과 관련되어 있다. 즉, 인간의 행위동기와 가치체계가 관념과 함께 어떻게 사건의 발생을 유도하는지 분석하는 것은 통제실험과 구조가 같다. 동기 및 그와 관련된 가치체계나 관념은 통제실험의 조건 X(때로 X는 대부분의 원소를 모은 것이다)와 같다. 그렇기 때문에 통제실험의 진실성 판별 원칙을 역사 연구에 적용할 수 있을 것이다. 따라서 다음과 같은 중요한 정의를 도출할 수 있다. 역사적 사건의 반복 가능성이란 결코 해당 사회적 행위가 진짜로 다시 발생하게 하는 것이 아니라, 이 사건에 대한 후대 사람들의 이해 가능성을 말한다.

여기서 말하는 이해 가능성이란 역사학자들이 해당 사회적 행위를 지배하는 관념(동기)을 이해함으로써 스스로를 당시의 행위자(참여자)라고 상상하고 관념이 어떻게 동기를 지배하고 사회적 행위가 어떻게 관념에 반작용하는지에 근거하여 처지를 바꾸어 사건의 전 과정을 상상하는 것을 의미한다. 이에 따라 역사 연구의 진실성에서 첫 번째 보편적 원칙에 도달할 수 있는데, 그것은 바로 역사 기록이 인간의 행위나 사회적 행위에 대한 것일 때, 사회적 행위의 발생을 지배하는 가치체계와 관념(행위 후의 결과가 어떻게 관념과 반작용하는지를 포함하여)을 밝히는 것이 역사 사건의 진상을 밝히는 전제라는 점이다. 우리는 앞으로 이를 '모의 통제실험 원칙'이라고 부른다. 주목할 점은 콜링우드Robin G. Collingwood가 관념사 연구의 중요성을 말하면서 비록 아직은 명확하게 철학적 수

준으로 올라간 것은 아니지만 이미 이것을 의식하고 있었다는 사실이다. 그는 다음과 같이 말했다. "역사학자는 자신이 서술하고자 하는 행위자의 모든 행위의 사상과 동기를 자신의 마음속에서 다시 재연한다. 어떠한 사건의 지속도 역사적 지속은 아니지만 그것이 포함하는 행동(과) 동기만은 적어도 원칙적으로는 이렇게 충분히 재연할 수 있다."[9]

우리는 역사 연구의 '모의 통제실험 원칙'으로 기존 역사 연구의 객관적 방법을 대신할 것을 주장한다. 이는 모든 역사 연구는 연구자가 이전에 발생하였던 사건을 사상적으로 상상하고 이해(또는 시뮬레이션)하므로, 이해의 진실성에 도달하기 위해서는 역사 사건의 참여자와 기록자의 관념을 다시 재현하는 것을 강조해야 하기 때문이다.

현실생활에서 수사를 통해 사건을 해결하든 누가 어떤 일을 진짜로 일으켰는지 여부를 판단하든, 동기와 관념을 추적하는 것이 예로부터 가장 기본적인 방법이었지만, 지금까지 역사 연구에서 이러한 측면은 충분히 강조되지 못했다. 이렇게 무시되어 온 이유는 사회적 행위가 아직 역사로 변화되기 전에는 사람들이 이를 흔히 있는 일이라고 여기거나 너무 익숙하여 보지 못하기 때문이다. 역사 사건의 참여자와 목격자가 보기에, 중요한 행위의 동기와 관념을 지배하는 것은 사람들이 모두 알고 있는 상식이며 근본적으로 많은 말이 필요 없다. 중요한 행위의 동기와 관념을 지배하는 것은 이처럼 마음 깊이 간직된 것이며, 참여자는 이를 영원히 잊을 수 없는 것으로 여긴다. 따라서 그것을 사회적 행위가 정말로 발생하였는지 여부를 판별하는 원칙으로 승화시킬 필요는 없다. 미슐레(Jules Michelet(1798~1874))는 다음과 같이 말했다. "사람이든 일이든 어떤 것도 잊혀지는 것은 없다. 한 때 존재한 모든 것들은 소멸하며 사라질 수 없다. 외양간의 담장이 아직 잊혀지지 않았고, 땅 바닥의 돌조각들 또한 잊혀지지 않았으며, 모두 함께 소란스럽게 소식을 전해주고 있다."[10] 그러나 이들 참여자가 생각하지 못했던 것은 사회적 행위가 역사 기록으로 전환될 때, 행위의 동기와 관념을 지배한 것은 잘 기록되지 않으며, 일상생활의 변화에 따라 이러한 관념들이 후대의 연구자에게는 이해되기 어려울 수 있다는 점이다. 그래서 관념이든 동기든 역사상의 행위자에게는 물론 잊혀지기 매우 어렵지만 역사 사건의 기록 중에는 오히려 동기와 관념의 공백이 종종 나타난다.

이 글은 역사 연구방법론의 관점에서 앞에서 서술한 '모의 통제실험 원칙'의 중요한 의의를 증명하고자 하며, 구체적 사례 분석과 결합하여 이 방법론의 응용에 관해서 논할 것이다. 이 탐색은 시작 단계이지만, 이러한 방법은 대담하고 참신하며 개방적이고 도전정신으로 충만한 것이다.

5—3. 사건 배후의 관념을 밝히는 것은 역사의 진상을 드러내는 전제이다

먼저, 하나의 예를 통해 역사 사건을 지배하는 관념을 밝히는 일이 진상을 드러내는 전제임을 설명하고자 한다. 중국의 통사를 읽어본 사람은 모두 알고 있듯이, 한대에 일식·월식과 각종 자연재해가 발생할 때마다, 황제는 스스로를 벌하는 명을 내리거나 때로는 대신을 죽여야 했다. 동한시대는 마침 태양 흑점의 활동에 이상이 있던 시기로 재이災異가 특히 많았다. 한대에는 역대 왕조에서는 없었던 매우 이상한 규정이 하나 있었다. 큰 천재지변이 발생할 때마다 황제는 바로 비밀지령을 지닌 시중侍中을 파견한다. 그는 술 열 말과 소 한 마리를 가지고 마차를 몰아

재상의 집에 도착하여, 황제가 재상에게 변괴에 대한 죄를 묻는다고 선포한다. 그리고 나서 황제의 사신이 조정으로 돌아가는 도중에 재상은 상소를 올려 병을 아뢰어야 한다. 시중이 조정으로 돌아와 아직 황제에게 복명하지 않았을 때, 상서尙書가 재상의 자살소식을 황제에게 보고해야 했다.[11] 오늘날 사람들의 눈으로 볼 때 한대의 유학자는 마치 이성과 지혜가 없었던 것처럼 보인다. 사상사 연구를 통해 한대의 우주론이 유학 중에서도 독특한 '천인감응天人感應'의 관념이 법령을 지배하였다는 것을 밝히지 못한다면, 후대 사람들은 앞에서 서술한 사회적 행위의 기록을 읽을 때 단지 황당무계한 것으로 여기거나 (만약 이런 기록이 정사에 빈번하게 나타나지 않는다면) 심지어 이들 사료의 신뢰성을 의심할 수도 있을 것이다.

한대는 지금으로부터 너무 먼 시기이다. 앞에서 서술한 사료에서 사회적 행위에 관념이 빠져있는 것은 시간이 너무 오래되었거나 당시 사관의 특수한 기록방식과 관련이 있는 것일까. 이를 파악하기 위해 성격이 완전히 다른, 막 지나간 20세기의 사례를 살펴보자. 1958년 중국에서는 대약진운동이 발생하였다. 당시의 상당히 많은 기록들은 오늘날의 상상과는 거리가 먼 것들이다. 예를 들어, 전국 도시와 농촌에까지 배포되던 당보黨報의 기재에 따르면, 중국 식량작물의 1묘畝 당 생산량이 처음에는 1만 근이라고 하다가, 곧 이어 6만 근이라고 적고 있으며, 마지막에는 한 묘의 땅에 13만 근의 양식이 자랄 수 있다고 적고 있는데, 이는 이미 보통 농민의 상식을 초월하는 것이다. 왜 전국 인민들은 당시 이러한 보도가 사실이라고 믿고 시끌벅적하게 경축할 수 있었던 것일까? 더욱 불가사의한 일도 있었다. 1958년 10월 중순의 어느 날, 후베이 성 당양 현當陽縣의 파오마 향砲馬鄕 당위원회의 서기는 군중대회에서 갑자기 다음과 같이 선포했다. "11월 7일은 사회주의의 마지막 날이며, 11월 8일은 공산주의의 시작일이다." 그는 공산주의사회에서 물건은 나와 너의 구분이 없기 때문에 보통 사람들은 거리로 나가 상점의 물건을 가져와도 되고 아이들 또한 내 자식과 남의 자식의 구분이 없다고 하였다. 단지 한 가지 조항은 남겨 두었는데, 바로 부인만은 여전히 자기의 것이라는 것이다. 그러나 이 당위원회 서기는 이를 보충하여 다음과 같이 말하였다. "단, 이 조항은 상급의 지시가 필요하다."[12] 설마 당시 사람들은 하루 만에 공산주의가 실현될 수 있다고 믿었단 말인가? 1958년의 신문과 잡지에는 이러한 사회적 행위의 기록이 대량으로 존재하며, 또한 당시 이러한 종류의 사회적 행위를 지배한 관념의 기록들(예를 들어 중국공산당 중앙의 지시나 신문의 사론)도 있는데, 이 둘을 합쳐보고 나서야 비로소 연구자는 이러한 보도가 거짓일 수 없음을 느끼게 된다. 그러나 어떠한 시대에라도 사회적 행위의 기록은 관념의 기록에 비해 훨씬 심각하게 받아들여지며, 더구나 관념의 기록은 사회적 행위의 기록보다 상세하지 못하다. 따라서 오늘날 많은 사람들은 당시 사람들의 행위가 황당하기 그지없다고 보게 되는 것이다.

훨씬 전형적인 또 다른 사례도 있다. 1966년 문화대혁명이 시작되자 베이징의 청년학생들이 모두 열광하였고 상당수 중학교에서는 학생이 선생님을 구타하는 현상이 일어났다. 1966년 8, 9월에만 베이징에서 구타로 사망한 사람이 1,772명이고 약탈당한 집이 33,695가구였다. 상상하기 어려운 점은 많은 구타자들이 평상시 성적도 매우 훌륭한 15, 6세의 여학생들이었으며, 이들은 당시 사람을 때려죽일 수 있는 것을 심지어 영광으로 생각했다는 것이다.[13] 오늘날, 교사를 구타한 중학생 홍위병들을 지배하던 관념은 이미 사회에서 잊혀졌다. 교사를 구타한 홍위

병과 관련한 사료(목격자의 기억이나 사망 명단)는 주로 사회적 행위를 기록하지만, 이러한 행위를 지배한 관념은 기록되어 있지 않다. 이 때문에 많은 연구자들은 모두 어쩔 수 없이 홍위병의 교사 구타 현상을 해석하기 위해서 오늘날의 관념(예를 들면, 청춘 시기의 억압이나 범죄심리학)을 사용하지 않을 수 없다. 그러나 사실은 정말 그러할까? 도대체 어떤 관념이나 정치문화가 홍위병이 이러한 사회적 행위를 하도록 결정하였는지를 도저히 이해할 수 없다면, 역사학자가 스스로 역사의 진상을 파악하고 있다고 생각할 수 있을까?

과거의 관념을 쉽게 망각하는 것은 인류와 사회의 본성이다. 관념이 잊히는 정도와 이러한 관념이 성행한 시간은 그다지 관련성이 크지 않다. 1989년 6·4천안문사태는 아직 20년도 지나지 않았고 이를 겪은 모든 사람에게 그 사건의 성질과 발생원인은 아주 분명하지만, 새로운 세대의 대학생들에게 당시의 관념은 이미 매우 낯선 것이 되었다. 오늘날 어떤 사람들은 그것이 세계화에 반대한 최초의 운동이라고 귀결지을 수 있게 되었다. 사실 한대부터 대약진운동과 문화대혁명에 이르기까지 후대 사람들이 보기에 이상한 행위로 보이는 이러한 행위들은 당시에는 이해 가능한 것이었을 뿐 아니라 심지어 행위자에게는 당연히 그래야만 하는 것이었다. 다만 사상 관념과 동기에 거대한 변화가 발생했으므로, 오늘날 사람들은 이러한 사회적 행위를 도무지 이해하지 못하고, 이해할 수 없기 때문에 그것이 진짜 발생했던 것인지조차 의심한다.

따라서 역사 기록의 진실성을 회복하기 위해 오늘날 역사학자가 해야 하는 핵심적인 일은 바로 역사 사건을 지배한 배후의 관념을 찾아내어, 역사 기록을 관념의 지배 하에 발생한 사회적 행위로 환원시키는 일일 것이다. 사회적 행위를 지배하는 관념이나 가치체계를 이해하지 않고서는 연구자의 생각 속에서 이들 사회적 행위가 어떻게 발생한 것인지 이해할 수 없고, 심지어 어떤 기억들이 어떤 역사 사건들을 반영했는지를 판단할 수 없게 된다. 관념이 결여된 상황 하에서는, 설령 후대 사람들이 역사 사건의 기록을 가능한 한 상세하고 빠짐없이 볼 수 있다 하더라도 그에 대한 해석이 사실에 부합하는지 확정하기가 매우 어렵다. 바꾸어 말하면, 역사 연구의 진실성에 도달하기 위해서는 자연과학 연구나 사회과학 연구에서처럼 연구자가 오늘날의 관념과 가치체계로 역사 사건을 상상하는 것을 가능한 한 배제해야 할 뿐 아니라, 더 중요한 일은 바로 당시 역사 사건의 발생을 지배한 관념을 파악하는 것이다. 이것이 바로 앞에서 제시한 '모의 통제실험 원칙'이다.

어떠한 사회적 행위라도 모두 완전하고 온전하게 기록될 수는 없기 때문에 역사학자는 단편적이고 부분적인 역사 기록에 의거하여 그 사회적 행위를 복원할 수밖에 없다. 콜링우드가 다음과 같이 지적했듯이 말이다. "어떤 사실도 완전히 확정된 적이 없지만, 그것은 점차 확정될 수 있다. 역사학자는 연구를 심화하면서 점점 더 사실을 이해하고, 사실을 왜곡하는 기록들을 더욱더 반박할 수 있다. 그렇지만 어떠한 역사 진술도 사실의 전체적 진상을 완전히 드러내지는 못한다."[14]

역사학 연구에서 보편적으로 받아들여지는 가정 중 하나는 사회적 행위 발생에 관한 원자료 수집이 상세하고 세밀할수록 그것에 대한 우리의 인식 또한 진실에 더욱 접근할 수 있다는 것이다. 즉, 설령 불완전한 자료라 하더라도 결국에는 한걸음씩 진실에 접근할 수 있다. 그러나 이러한 가정이 언제나 옳은 것은 아니다. 왜냐하면 역사 사건을 발생시킨 핵심 관념의 지배를 이해하지 못하고 '모의 통제실험 원칙'을 운용하지 못할 경우에는, 원자료와 세부사항에서 큰 진전을 얻어내더라도 진실에 접근하는 것이 불가능하기 때문이다. 바꾸어 말하면, 역사 연구에서 의식적으로 '모의 통제실험 원칙'을 운용하면 베버가 《종교사회학》에서 제시한 바 역사 연구에서 '이해방법'의 중요성을 이해할 수 있을 뿐만 아니라, 역사학자가 역사의 진상을 찾아낼 수 있을지를 판단하는 기본적 근거를 얻을 수 있다.

다음의 비유를 통해 이를 설명해보자. 500년 후, 농구라는 스포츠가 인류에게 이미 잊혀버렸다고 가정하자. 현재 사람들의 농구경기를 기록한 한 장의 파손된 DVD를 찾은 역사학자가 있다. 그는 오직 이 기록을 통해서만 농구라는 이 활동을 알 수 있다. 역사 기록의 불완전성은 그에게 DVD의 훼손(영상이 모호하거나 특정 부분이나 특정 사람을 알아볼 수 없는 것 등)과 같다. DVD의 상태가 모두 양호하여 농구경기를 볼 수 있지만, 모든 과정을 분명하게 볼 수 없고 사람은 보이는데 공은 보이지 않는다고 가정해보자. 이러한 상황 하에서 다음과 같이 상상해볼 수 있다. 이 미래의 역사학자는 농구경기를 어떻게 파악할까? 연구자는 공을 볼 수 없기 때문에 분명 선수들이 팔짝팔짝 뛰는 행위를 매우 이해하기 어려울 것이고, 그것은 마치 일종의 기괴한 단체 무용처럼 보일 것이다. 그가 두 팀의 선수가 공을 다투고 슛하는 것이 농구의 목표라는 것을 알 수 있어야만, DVD 기록의 여타 세부사항에 근거하여 농구와 경기규칙을 연구해낼 수 있다. 이 사례를 통해 역사 연구를 설명할 수 있다. 즉 공을 보지 못하는 것은 사회적 행위를 지배하는 핵심 관념의 결핍이고, '모의 통제실험 원칙'이 운용될 수 없음을 의미한다. 이러한 상황 하에서는 설령 선수의 개인적 행위들, 예를 들어 선수의 신장이나 복장, 그가 하는 모든 동작 등을 자세히 연구하더라도, 선수가 공을 다투는 것(특정 관념의 지배 하에 있는 행위의 목적)을 판단할 방법이 없고 당연히 잊혀진 경기

규칙을 복원해낼 수 없을 것이다. 이러한 연구가 농구경기의 진실에 접근했다고 말할 수 있을까?

오늘날 사람들은 '초현실'이라는 용어로 사실에 매우 근접한 인공적 가상세계를 묘사한다. 가상세계가 세부적으로는 진실에 가까울수록, 본질적으로는 더욱 사실에서 멀어진다. 왜냐하면 일종의 환상을 만들어 사람들로 하여금 사실을 찾았다고 착각하게 만들지만 실제로는 오히려 사람들로 하여금 무엇이 진실인지 분명하게 알아낼 수 없게 하기 때문이다. 오늘날 관념사 연구가 사회사에 훨씬 뒤쳐지고, 특히 관념사와 사회사가 분리됨에 따라 더욱 많은 연구 결과들이 '진실'이 아니라 '초현실'에 속하게 되었다.

5—4. 관념사 파노라마 속의 사건: 진실성의 필요충분조건

앞에서 서술하였듯이, 역사 연구의 진실성에 도달하기 위해서 연구자는 인간의 행위와 관련된 원자료를 다룰 때 반드시 사람들이 사건을 기록하는 과정에서 빠져버린 관념을 복구해야 한다. 넓은 의미에서 말하면, 어떤 역사 기록의 진실성이라도 기록자(참여자)의 관념과 독립적인 것이 아니기 때문에, 오늘날 역사학자들이 이해하고 있는 '사실史實'보다 더욱 정확하고 더욱 광범위한 관념을 제시해야만 역사 연구의 진실성을 얻어낼 수 있다. 여기에서 제시하는 새로운 개념은 바로 관념사 파노라마 속의 사건이다. 그것은 다음과 같이 정의될 수 있다. 어떤 사건이 기록될 때(전달 혹은 기억될 때) 기록자(참여자·기억하는 사람·전달하는 사람)의 특정한 가치지향이나 관념과 분리될 수 없기 때문에, 잃어버린 본래의 관념으로 돌아가야만 비로소 역사적 사실의 기록에 대한 이해가 어느 정도 완전해지고 나아가 진위를 판단할 수 있게 된다. 여기에서 역사 기록에 상응하는 관념과 짝을 이루는 사건을 '관념사 파노라마 속의 사건'이라 부른다.

관념사 파노라마 속의 사건은 두 가지 기본 유형으로 구분할 수 있다. 사건의 기록이 오직 개인의 특유한 관념과 관련이 있는 것이라면 우리는 이를 개인적 관념사 파노라마 속의 사건이라고 부른다. 반면에 보편 관념이나 보편적으로 존재하는 가치체계와 관련이 있는 경우에는 보편적 관념사 파노라마 속의 사건이라 부른다. 전자는 오로지 개체적 관념사(정신)의 일부로 개인들에게만 성립한다. 반면에 후자는 보편관념이 진화하는 역사 속에서 집단적 파노라마가 된다. 일반적인 역사적 사실을 다룰 때와는 달리, 어떤 관념사 파노라마 속의 사건에 대해서도 연구자는 반드시 사건과 관념의 관계를 먼저 밝혀내야만 비로소 이 사건의 진상을 알 수 있으며 나아가 그 사료가 믿을 만한 것인지 판별할 수 있다.

관념사 파노라마 속의 사건과 관념의 관계를 분석할 때는 네 가지 가능성이 존재한다. 첫 번째 상황은 해당 관념이 단지 기록자가 이 사건을 왜 기록해야 하는지만을 결정하는 경우이다. 이때 관념과 사건의 관계를 분석하는 것은 사건이 왜 기록되었는지, 나아가 어떻게 기록되었는지를 밝히는 것이다. 예를 들어 루이 16세의 1789년 7월 14일자 일기를 통해 당시에 그가 가지고 있던 관념을 복구하는 것은 바스티유감옥 습격 사건이 당시 그에게 왜 그렇게 중요하지 않았는지를 알려줄 수 있다.

두 번째 상황은 사건(사람의 행동)을 지배한 동기나, 그 동기를 결정한 사상 관념을 찾아내고 회복하는 것이 연구자에게 중요 요소로 여겨지는 경우이다. 예를 들면, 청일전쟁은 한·중·일 삼국의 역사 발전에 영향을 준 중대한 역사적 사건이지만, 청일전쟁에 참여한 각 측의 동기 및 이러한 동기가 관념세계와 불가분의 관계에 있음을 인식해야만 비로소 청일전쟁의 발발 원인(이 글의 뒷부분에 비교적 상세하게 분석한다)을 파악할 수 있다. 이러한 보편관념을 발견하는 것은 바로 사건의 전개를 지배한 사상적 원인을 찾는 것이다. 이처럼 관념사 파노라마 속의 사건은 사건의 발생 과정을 기록할 뿐 아니라 사건이 발생하게 된 사상적 원인을 드러내 준다.

세 번째 상황은 회복된 관념들이 해당 사건 발생 이후 참여자·기록자의 정신에 충격이 가해진 뒤의 반응인 경우이다. 두 번째 상황은 관념이 어떻게 행위로 바뀌는지를 중시하는 것이라면, 세 번째 상황은 바로 관념에 끼친 사건의 반작용을 연구하는 것이다. 즉 어떠한 사건, 특히 중대 사건의 발생 이후 참여자(관찰자와 기록자)의 정신에 미치는 충격이 그들이 원래 가지고 있던 관념을 어떻게 변화시켰는지를 다루는 것이다. 이 점에 대해서는 논의가 더 필요하다.

청일전쟁과 관련한 탄쓰퉁의 언설 안에 언급된 관념을 예로 들어보자. 이 언설들은 탄쓰퉁이 청일전쟁 이전에 말한 것이 아니며, 따라서 청일전쟁의 발발을 지배한 보편관념을 대표하는 것이 아니라 청일전쟁의 패배가 이전의 보편관념에 거대한 변화를 발생시킨 뒤에 만들어진 새로운 관념이다. 사람의 행위는 관념의 지배를 받으며, 그 관념은 행위의 결과에 대한 기대를 포함한다. 따라서 행위가 가져온 결과는 그것의 발생을 지배한 관념에 반드시 반작용한다. 기대가 실현되었을 때 행위자는 즉각 원래 가지고 있던 관념을 강화하고, 더욱 주동적으로 혹은 더욱 자각적으로 행위할 수 있다. 반면에 예측이 실현되지 못하였을 때, 특히 그 결과가 행위자의 예상에서 아주 벗어났을 때, 행위의 결과는 사상의 변화에 내재하는 논리에 근거하여 새로운 관념을 만들어낸다. 이러한 과정은 다음과 같이 표현할 수 있다. 사건 Y(Y1·Y2·Y3······ 등)는 처음의 관념 X의 실행 결과이다. 사상 변화의 내재적 논리 L(2)에 따라 Y는 관념 X가 관념 Z로 변하도록 유도한다. 주의할 점은 Z는 X와 Y 및 L(2)의 공동 작용으로 결정되었다는 것이다. 따라서 관념사 파노라마 속의 사건을 완전하게 밝히기 위해서는 사건을 야기한 관념과 관념의 실행, 그리고 관념의 실행이 초래한 결과를 반드시 연구해야 하며, 연구자는 사상 변화의 내재적 논리에 근거하여 이러한 과정을 본인의 생각 속에 추론함으로써 X가 Z로 변하게 되는 전 과정에 대한 이해에 도달하여야 한다. 이 연구는 이러한 과정을 원래의 관념에 대한 중대 사건의 반작용이라고 부른다.

  네 번째 상황은 중대 사건의 충격 하에 형성된 새로운 관념이 사건(행위)에 대해 다시 서술하거나 다시 평가하는 경우이다. 량치차오가 쓴 〈무술정변기〉가 바로 이러한 유형에 속한다. 역사 기록이 과학의 기록이나 인류학의 관찰과 다른 가장 큰 차이점은 사건의 기록에 목격자나 당사자가 빠져있을 때, 역사 연구에서는 반드시 전달자의 기술記述이나 전래되어 온 사료를 이용해야 한다는 점이다. 그렇지만 어떤 전달자라도 스스로의 이해에 근거하여 사건을 상세하거나 간략하게 처리하기 마련이고 기록 과정에 자신이 믿은 가치체계의 흔적이 남게 된다. 따라서 전래되어 온 사료는 대부분 기록과 전래 과정 중에 보편관념에 의해 사건을 재구성하는 과정을 겪게 되고, 심지어 사건이 특정한 보편관념 체계의 기호의 일부가 되기도 한다. 따라서 네 번째 상황 하에서 관념사 파노라마 속에 들어 있는 사건의 모든 요소는 그것이 사건이든 관념이든 혹은 둘의 관계이든 모두 사실이 아닐 수도 있다. 그러나 이는 절대로 관념사 파노라마 속의 사건이 모든 조건 하에서 거짓이 된다거나 사료가 역사 연구에 아무 의미가 없다는 말은 아니다.

예를 들면, 마르크스레닌주의에 대한 중국의 수용을 해석할 때 가장 자주 인용되는 '10월혁명의 포성이 중국인에게 마르크스주의를 선물해 주었다'는 관점이 있다. 이러한 관점은 전형적인 관념사 파노라마 속의 사건이 된다. 표면상 이것은 세 번째 상황, 즉 10월혁명이라는 사건이 중국의 보편관념을 변화시킨 것처럼 보이지만, 사실이 정말 그러했을까? 널리 알려져 있듯이, 중국인이 마르크스레닌주의를 받아들인 것은 《신청년》의 사상적 전향으로부터 영향을 받았다. 그러나 《신청년》에 등장한 중대 사건에 관한 통계를 내본 결과 1917년 10월혁명이 발발했을 때 이 잡지는 당시 러시아에서 발생한 혁명을 거의 거론하지 않고 있다. 1921년에 이르러야 비로소 《신청년》에 '10월혁명'이 나타나는 빈도가 다른 중대 사건을 넘어서기 시작하였다. 즉, 《신청년》 지식인 집단은 마르크스주의를 먼저 받아들여 소비에트 사회주의 혁명의 길을 가는 것에 동의한다는 관념의 지배 하에 놓인 이후에야 비로소 10월혁명의 의의를 중시하기 시작한 것이다.[15] 즉 《신청년》 지식인 집단에게 '10월혁명'은 그들이 마르크스주의를 받아들이게 한 주요 원인이 아니다. 오히려 그들은 마르크스주의를 받아들이고 동시에 이러한 보편관념 체계가 러시아 10월혁명이라는 역사 사건을 다시 정의한 이후에야 비로소 '10월혁명의 포성'을 중시하게 되었다고 해야 할 것이다. 이렇게 규정하더라도 이후 공산당원들의 입장에서 보자면 '10월혁명의 포성이 중국인에게 마르크스주의를 선물해주었다'라는 관념사 파노라마 속의 사건이 거짓이라고는 말할 수 없다. 왜냐하면 이는 상상 속에서 10월혁명이 마르크스주의의 중국 유입 과정에서 분수령이 되었을 뿐 아니라, 10월혁명이라는 역사적 사건에 대한 반복적 언급은 중국인이 마르크스주의를 받아들이는 데 분명 더욱 큰 영향을 준 원인이었기 때문이다.

따라서 관념사 파노라마 속의 사건이 사실의 필요충분조건이 되는지 여부를 판별할 수 있는데, 그것은 바로 사건과 조응하는 실제의 관념을 찾아내는 것이며 또한 '모의 통제실험 원칙'을 통해 관념과 사건의 연계에 대한 신뢰 가능성을 판단하는 것이다. 앞에서 언급한 두 유형의 관념사 파노라마 속의 사건에서 개별적인 유형은 잠시 접어두고, 먼저 보편적 관념사 파노라마 속의 사건의 진실성에 관한 논의를 더 전개해보기로 하자.

5—5. 헴펠의 포섭법칙 모델: 역사 전개 모델과 역사적 기억

일단 앞에서 서술한 역사 진술의 진실성을 판단하는 기본 원리를 이해했다면, 역사 연구의 방법론에 관한 논의를 시작할 수 있다. 우리가 직면하게 되는 첫 번째 문제는 역사 해석은 어떠한 원칙을 따라야 하는가, 또는 어떠한 해석이 역사의 진실성과 부합하는가 하는 것이다. 방법론적으로 해석의 모델은 언제나 진실성의 판별법칙으로부터 도출된다. 이 점을 설명하기 위해 먼저 과학의 해석 모델을 분석해보자. 널리 알려져 있듯이, 자연현상에 관한 과학의 해석은 인과율을 통해서만 가능하다. 예를 들어, 아리스토텔레스는 목적론으로 자연현상을 설명하면서 스스로 자연적 위치로 가려는 만물의 경향을 이용하여 운동을 해석하였다. 그러나 뉴턴의 역학은 아리스토텔레스가 비과학적이며 과학의 해석은 반드시 인과 해석에 따라야 함을 보여주었다. 그렇다면 왜 인과 해석만

이 과학적인 것일까? 그것은 경험의 신뢰성을 판단하는 기본 원칙과 직접적인 상관관계가 있다. 사실 사람은 통제실험(즉 통제조건 하에서만 반복성이 가능한 관찰)을 통해서만 경험이 믿을 수 있는 것인지(혹은 진실인지) 판단할 수 있기 때문에, 이때 현상 Y가 사실인지를 감별하는 전제는 바로 통제조건 X가 성립되었는가, 또한 X와 Y의 관계를 규정하는 법칙 L이 성립되었는가에 달려있다. 따라서 Y가 왜 출현하였는지를 해석하는 것은 오로지 X와 L의 관계를 이용해야만 설명이 가능하다. 이것이 바로 인과율이다. 이른바 과학적 해석은 실제 자연현상의 발생에 대해 사실에 부합하는 해석을 하는 것으로, 반드시 인과율을 통해서만(또는 인과율을 기본적 뼈대로 삼을 때에만) 가능하다. 만약 해석이 보편 모델(우리가 자연법칙이라 부르는 것)과 관련된 것이라면 자연법칙은 반드시 인과율을 기초로 한다.[16]

19세기부터 20세기까지 과학 법칙이 사회학과 인문학 연구로 유입됨에 따라 역사 연구에 인과율을 이용하는 것이 가능한지 여부(즉 무엇이 역사학에서 받아들여질 수 있는 해석인지)가 역사학자와 철학자들의 보편적 관심을 끌었다. 인과 해석의 보편성에 비추어 상당수 철학자들은 역사 해석을 마땅히 과학 해석의 범위 안에 포함시켜야 한다고 보았다. 이러한 관점의 대표적 사례는 1942년 헴펠Carl G. Hempel(1905~1997)이 《역사에서 일반법칙의 기능 The Function of General Laws in History》(1942)에서 제시한 유명한 포섭법칙 모델Covering Law Model이다. 그는 역사 연구에서 사건 Y가 왜 발생했는지를 해석할 때, 사건 Y의 발생을 촉진한 다른 사건 C(또는 사건군 C1·C2·C2······)로 소급하여 원인을 탐구하고, 이어 C와 Y 사이의 관계인 L의 보편적 유효성을 밝혀야,[17] 비로소 역사적 사건 Y가 해석될 수 있다고 보았다. 여기에서 C는 원인에 해당하고, L은 인과율이 되며, Y는 C와 L이 가져온 결과로 볼 수 있다. Y의 발생에 관한 이러한 해석 방법은 자연과학의 인과 분석과 완전히 일치한다.[18]

헴펠의 포섭법칙은 논리적으로 매우 치밀하여 많은 역사 해석(특히 거시 연구나 사회과학 관련 연구)에서 사용되었다. 그러나 인문 역사학자들은 이것이 과학주의의 오류를 범한다고 여기기도 하는데, 대부분의 역사적 사건은 사람들이 도덕이나 가치의 지배 하에서 목적에 도달하는 과정이기 때문이다. 이러한 경우에는 목적론적 해석이 인과론적 해석에 비해 더 유효한 경우가 많다. 또한 만약 역사 전개 과정이 보편적 인과율에 부합한다면 이는 분명 역사 발전법칙이 존재함을 의미하여 명백히 인간의 자유의지에 위배된다. 오늘날까지 이 두 가지 견해는 각자의 주장을 고집하면서 논쟁이 끊이지 않았지만, 역사학자들은 역사 해석이 인과율에 부합하는지 여부에 대해 답할 수 없었다. 그렇다면 문제는 결국 어디에서 오는가?

통제실험과 경험의 진실성 간의 관계에 근거하면, 앞에서 말한 난점을 쉽게 해결할 수 있다. 역사 연구에서 사료의 진실성을 판단하는 것은 '모의 통제실험 원칙'이지 통제실험 원칙은 아니다. 그래서 헴펠의 포섭법칙이 역사학에 적용될 수 있는 전제는 모의 통제실험이 경험의 진실성을 판별하는 원칙으로 성립되는 것이다. 따라서 역사학 연구에서 포섭법칙이 성립될 때, 역사적 사건에 관한 인과적 해석이란 대부분 자연과학적(때로는 경제학·인구학 등의 사회과학을 포함하여) 인과율의 조건부 운용일 뿐이다. 즉, 만약 사건 C와 사건 Y를 연계시키는 법칙 L이 보편적으로 유효하다면(또는 통계적으로 성립한다면), 이 법칙은 대체로 자연법칙이다. 그렇지 않다면 사회과학에서의 통계적 상관성이지 역사학 영역 자체에 존재하는 인과관계가 아니다. 왜냐하면 역사학은 인간의 활동을 연구하는데, 인간은 자유의지를 갖고 있으며 목적에 도달하기 위한 인간의 행동은 결코 자연법칙의 필연성과 부합하지 않기 때문이다. 상당히 간단한 사례에서, 관념이 사건 및 그 결과에 영향을 미치지 못하거나 영향이 아주 적은 상황에서 비로소 보편적 인과율이 유효하다는 것을 알 수 있다. 예를 들어, C가 화산 폭발이고 Y는 폼페이의 소멸인 경우이다. 앞에서 서술한 인과 해석이 역사상 폼페이의 소멸에 대해 과학적 해석을 제공하지만, 이는 단지 자연과학의 법칙을 역사 연구에 운용한 것에 불과하다.

앞에서 서술하였듯이, 역사 연구에서 진실성은 '모의 통제실험 원칙'에 의거하여 판별된다. 즉 역사적 사실을 관념사 파노라마 속의 사건으로 바꾸고, 또한 사건의 이해 가능성으로 통제실험 경험의 반복 가능성을 대체하는 것이다. 이를 통해 역사학자는 마음속에서 관념과 행위 사이의 관계를 재연하고, 또한 그것을 사료의 진위를 판별하는 기본 원칙으로 삼을 때, 진실성을 판별하는 이 원칙을 통해 도출되는 역사현상에 대하여 정확한 해석 모델을 만들어내게 된다. 바꿔 말하면, 통제실험에 상응하는 것이 인과 해석이라면, 어떠한 해석 원칙이 모의 통제실험과 상응할까? 그것은 과학의 인과율과 어떻게 다르며, 또 어떤 의미에서 과학의 해석과 일치하는가?

관념사 파노라마 속의 사건에 대해 '모의 통제실험 원칙'을 운용하여 진위를 판별하고자 하면, 관념과 사건의 관계를 분석해야 한다. 앞 절에서 관념과 사건의 관계를 네 가지 유형으로 구분하였는데, 두 번째와 세 번째 상황만이 인과율과 유사하다. 두 번째 상황에서 말한 것은 사회적 행위의 동기를 지배하는 관념이 어떻게 사회적 행위를 이끌어내는가 하는 것이었다(이 글에서는 이를 L(1)이라 부른다). 세 번째 상황은 사건이 어떻게 관념을 변화시키는가 하는 것이다(이 글에서는 이를 L(2)라고 부른다). 두 번째 상황에서 '모의 통제실험 원칙'의 통제변량은 사건이 아니라 관념과 가치체계 X이다. 이때 L(1)은 인과율이 아니라 관념의 지배 하에서 동기가 행위로 변하는 과정을 나타낸다.[19] 달리 말하면, 이때 역사학은 인간이 어떻게 행위하는지를 연구하는 과학으로, 행위에 대한 해석은 단지 행동을 관념의 지배 하에 목적에 도달하려는 과정으로 여길 수밖에 없다. 여기서는 아리스토텔레스의 목적론이 인과율보다 훨씬 당연해 보인다. 바로 이러한 이유로 오랫동안 역사학자는 인과율이 역사 연구에 맞지 않다고 여겨왔다. 분명, 역사 연구에 두 번째 상황만 존재한다면, '모의 통제실험 원칙'으로 관념사 파노라마 속의 사건과 관념의 관계를 분석하는 것은 인과율과는 아무런 상관관계가 없을 것이다. 대부분의 인문학자들은 이에 근거하여 인과율이 역사 연구 영역에 부적합하다는 결론을 내린다. 그러나 세 번째 상황이라면 결코 목적에 도달하기 위한 과정으로 단순화할 수 없다.

세 번째 상황 하에서 '모의 통제실험 원칙'을 운용하는 것은 역사학자들의 마음속에서 사회적 행위가 어떻게 그 행위를 지배하는 보편관념에 영향을 주는지 추론하는 것이라고 볼 수 있다. 이는 다음과 같이 표현할 수 있다. 사건 $Y(Y_1 \cdot Y_2 \cdot Y_3 \cdots$ 등)는 원초 관념 X의 실행 결과이며, 사상 변화의 내재적 논리 L(2)에 근거하여 Y는 관념 X가 관념 Z로 변화하도록 한다. 즉 역사적 진실성의 해석에는 인과율과 동형 구조를 가진 L(2)가 존재하며, 이는 사실상 관념이 사건의 충격 하에서 변화할 때 따르는 논리이다. 여기에서 L(2)와 인과관계 L이 동형 구조를 가진다는 말은 이것들이 모두 변량 X와 Y 사이의 항구불변의 관계라는 것을 의미한다. 그러나 인과율 L에서 원인항(통제변량)과 결과항은 모두 사건이지만, L(2)에서 원인에 해당하는 것은 사건과 원초 관념이고 결과항은 관념이다. 이는 사건 발생 시 관념의 변화가 따르는 논리를 대표한다. 이에 따라 하나의 중요한 추론이 가능해진다. 즉, 역사 해석에서 독특한(자연과학과 유사한) 인과법칙이 존재한다면, 그것은 헴펠의 포섭법칙이 아니라 관념에 대한 관념사 파노라마 속의 사건의 반작용이라는 것이다. 우리는 이를 '역사 해석에 독특한 인과율'이라 부른다.

이를 설명하기 위해서 하나의 사례를 분석해보자. 1949년에서 1952년까지 중국 대륙에서는 토지개혁이 실행되어 지주의 토지를 몰수하고 이를 빈농들에게 나누어 주었는데, 이러한 정책의 실행은 연쇄적 결과들을 초래했다. 먼저, 1953년 실행된 '양식과 식용유의 일괄 구매 및 판매'는 시장이 위축되고 국가가 농촌의 기층 간부를 이용하여 자연촌락에 대한 통제를 강화함으로써 충분한 양식을 확보하도록 하였으며, 최종적으로는 농업합작화의 활성화가 임박하고 중국공산당이 신민주주의를 포기하게 하였다.[20] 앞에서 서술한 과정은 서로 밀접하게 연관되어서 그 중 무엇이 헴펠의 포섭법칙에 포함되는지, 또 무엇이 관념사 파노라마 속 사건의 관념에 대한 반작용(즉 '역사 해석에 독특한 인과율')인지 파악하기 어렵다.

토지개혁은 농업경제에서 지주와 부농이라는 경제적 요소를 사라지게 했고, 이는 1952년 말부터 중국에서 도시 상품량 공급 위기를 나날이 심화시켰다. 따라서 (중국의 전통적 농업경제에서 도시 상품량은 주로 지주와 부농으로부터 공급되던 것이었고 자영농이 판매하는 상품량은 지주 부농에 비해 극히 적었기 때문에) 1953년 중국공산당이 양식과 식용유의 일괄 구매 및 판매를 실행한 것은 이러한 위기에 대한 반응이었다. 이 두 가지 사실 가운데 토지개혁이 상품량 공급 위기를 야기했다는 것은 바로 (경제와 사회과학에서의) 인과율에 기초한 것이다. 그러나 도시 상품 공급량의 부족을 해결하기 위해 일괄구매와 일괄판매 정책을 채택한 것은 분명 인과율에서 비롯된 것이 아니다. 왜냐하면 상품량 위기를 해결하는 것과 일괄구매·일괄판매 사이에는 결코 필연적인 관계가 없고, 일괄구매와 일괄판매의 선택은 중국공산당의 당시 이데올로기에 의해 결정된 것으로 관념과 상호연관된 자유의지가 핵심적 작용을 한 것이기 때문이다. 상품량 위기를 해결하기 위한 방법에는 자영농을 보호하거나 (자영농의 분화와 새로운 부농의 출현을 야기할 수 있는) 농촌의 시장경제를 확대하는 등 많은 방법이 있었지만, 만약 이러한 방법을 채택하였다면 그것은 토지개혁을 부정하는 것과 마찬가지였기 때문에 이데올로기적 가치에 위배되었다. 따라서 중국공산당은 신민주주의에 근거하여 사회적 행위를 지도하였고, 일괄구매와 일괄판매 정책을 실시할 수밖에 없었다. 여기에서 상품량 위기가 양식과 식용유의 일괄구매 및 일괄판매를 야기한 것은 인과관계를 가진다기보다는, 인간은 관념체계에 근거하여 이데올로기가 규정하는 목표, 즉 L(1)을 실행한다고 말하는 편이 낫다. 즉 신민주주의 사회 건설의 청사진에 근거하여, 봉건지주나 자본주의 시장경제를 뿌리 뽑거나 제한하고 농촌시장을 확대하고 자영농의 판매량을 늘려 상품량 위기를 극복하는 방법 등은 신민주주의의 가치 방향에 절대로 부합하지 않는 것이었기 때문에 불가능하였다. 따라서 일괄구매 및 일괄판매는 실제로 신민주주의라는 관념이 사회적 행위로 변화한 결과이며, 이는 결코 인과율의 범주에 속하지 않는다.

그렇다면 양식과 식용유의 일괄구매 및 판매가 농산품 시장의 위축과 기층 간부의 농촌에 대한 통제 강화를 야기함으로써(합작사合作社가 농업

생산호조조農業生産互助組를 대체함) 최종적으로 중국공산당이 신민주주의를 포기하게 한 이러한 역사적 사건들을 연계하여 볼 때, 인과관계가 존재하는가? 양식과 식용유의 일괄구매 및 일괄판매와 농업합작화의 활성화, 이 두 사건 사이에는 부분적 인과관계가 존재하는 것으로 보인다. 즉 농업합작화가 중국공산당이 신민주주의를 포기하도록 한 것은 인과율에서 비롯되지는 않았지만, 양자의 관계는 이 글에서 말하는 '역사 영역에 독특한 인과율'에 속한다. 왜 이렇게 말하는가?

먼저, 원인항인 농업합작화의 활성화(사건 Y)는 바로 앞에서 말한 신민주주의 관념(관념 X)이 사람들의 선택을 지배한 결과이다. 이 실행 결과(사건 Y), 즉 농업합작화의 활성화는 신민주주의 관념(관념 X)에 충격을 줄 수 있었고, 그리하여 중국공산당이 신민주주의를 포기하고 사회주의 건설의 청사진(관념 Z)을 받아들이게 되었다. 이것이 우리가 앞에서 말한 사건 Y가 관념 X를 관념 Z로 변화시키는 과정이다. 그 배경은 신민주주의라는 관념 전개의 내재적 논리, 즉 현실 상황(사회주의 범주에 속하는 농업집체화)이 생산관계와 도덕에서 신민주주의의 청사진보다 더욱 진보적이었을 때, 사람들은 더 이상 신민주주의를 고수할 이유가 없어진 것이다. 즉 사건 Y가 발생할 때 신민주주의라는 관념의 전개에 내재한 논리 L(2)가 X가 Z로 변화하는 것을 결정한 것이다. 이 '역사 해석에 독특한 인과율'은 어떠한 관념(신민주주의)을 실행한 결과가 관념에 대해 행한 반작용을 형상화한다. 즉 L(2)에 근거하여 Y가 출현할 때 X가 Z로 변화(신민주주의를 포기)하도록 만든 것이다. 유의할 점은 이 '역사 해석에 독특한 인과율'이 바로 앞에서 논한 관념사 파노라마 속의 사건의 세 번째 상황에 속한다는 것이다. 여기에서 알 수 있는 것은 '역사 해석에 독특한 인과율'은 단지 관념사의 영역에만 존재하며, 결코 헴펠이 말한 포섭법칙에 부합하는 것이 아니라 단지 관념사 파노라마 속 사건의 관념에 대한 반작용이라는 점이다.

따라서 하나의 중요한 결론을 얻을 수 있다. 즉 역사 사건의 전개 모델은 관념이 행위로 변하고 행위가 다시 원래 행위를 지배한 관념에 반작용하는, 서로 인과가 되는 과정이라는 것이다.[21] 왜 이렇게 말하는가? 관념사 파노라마 속의 사건에서 사건과 관념의 네 가지 관계는 모두 역사의 해석 모델을 대표한다. 그중에 역사적 사실의 전개 과정과 관련된 것은 단지 L(1)과 L(2)뿐이다. 특히 L(1)이 L(2)와 결합한다. 즉 L(1)의 결과가 바로 L(2)의 전제이고 L(2)의 결과가 바로 L(1)의 전제가 될 때에만 L(1)과 L(2)가 함께 결합하여 비로소 완전한 해석을 구성하게 된다. 이것이 바로 조건과 관념이 상호작용하는 긴 연쇄라 할 수 있다.

앞서 서술한 내용을 종합하면, 만약 관념사 파노라마 속의 사건을 통해 역사 전개의 실제 과정을 밝히고자 한다면, 이는 실질적으로 관념이 행위로 변하는 것과 행위가 관념에 대해 반작용하는(원래 있던 관념을 전개하거나 새로운 관념을 만들어 내는) 것의 상호작용이 된다. 개인에 대해 그러할 뿐 아니라 집단도 그러하다. 역사적 기억은 본질적으로 이러한 상호작용의 과정에 대한 기록(전체나 부분)이다. 한편으로 사람들은 특정 관념(가치체계)의 지배 하에 사회적 행위에 참여하거나 기록하고 역사적 기억을 형성한다. 보편적인 공공의 역사 기억은 모두 반드시 어떤 집단(국가·민족·종족집단)이 공통적으로 경험한 사건, 특히 사람들이 보편관념의 지배 하에 참여한 사건과 상관관계를 갖는다. 다른 한편으로 또한 사람의 행위, 특히 사회적 행위가 일단 발생하면, 그 행위에 참여할 때의 최초의 관념은 오히려 바뀔 수(또는 강화될 수) 있다. 어떤 중대 사건이 특정 집단에게 뿌리 박혀 잊기 어려운 과거가 되었을 때, 이러한 기억은 종종 사람들이 본래 가지고 있던 가치체계의 재편을 야기하고 새로운 보편관념을 형성함으로써 이후의 사회 행위에 영향을 주게 된다. 즉, 실제 역사 기억의 핵심을 구성하는 것은 관념이 사회 행위로 변하고 사회 행위의 결과가 거꾸로 특정 관념을 바꾸거나 강화하는 상호인과연쇄(이를 간략히 '상호연쇄'라 부른다)이다. 유의해야 할 것은 역사 기억은 보통 현재(혹은 역사 기억이 정형화되었던 때)의 관념체계를 이용하여 이전에 발생한 사건을 재구성하는 것을 포함하며, 이는 종종 실제의 상호연쇄를 왜곡하게 된다는 점이다. 앞에서 네 번째 유형의 관념사 파노라마 속 사건의 상황을 분석할 때 드러난 관념과 사건의 관계가 바로 이러한 가능성을 포함하며, 역사적 기억이 반드시 사실인 것은 아니다. 많은 경우 이데올로기와 가치체계는 과거를 재구성하며, 어떤 사건은 과장하고 어떤 사건은 소홀히 하며, 심지어 허구를 만들고 신화화하기도 한다. 그렇지만 이것들은 모두 역사적 기억의 구성요소가 된다.

5-6. 관념사 연구와 데이터베이스 분석방법

앞에서 서술한 논의를 기초로 이 글 서두에서 제기한 방법론 문제에 대한 해답을 제시할 수 있다. 그것은 역사 연구의 목적이 무엇이며, 자연과학(사회과학)의 방법이 어느 정도까지 역사 연구에 이용될 수 있는가, 그리고 역사의 전개에 장기적인 구조가 존재하는가(자연법칙과 유사한 보편 모델의 유무)라는 세 방면을 포괄한다.

먼저, 역사 연구는 역사에 대한 진실한 인식의 추구를 목적으로 하는 만큼 문학적 서사와는 반드시 근본적인 차이가 있으며, 오히려 진리를 추구하는 과학과 일정한 유사성을 가진다. 과학 연구는 새로운 사실과 미지의 인과관계를 발견하는 것을 목적으로 하며, 새로운 사실(경험)과 새로운 인과율을 판별하는 핵심적 방법은 통제실험이다. 역사학자가 우선적으로 할 수 있는 일 또한 새로운 역사적 사실을 발견하고 그 진실성을 점검하고 수정하는 것이다. 그러나 역사학자는 모의 통제실험을 이용해서만 과거 사건의 진실성을 판별해낼 수 있다. 따라서 사상사와 관념사 연구에서 과거의 역사상을 복원하고 역사적 사실을 감별하는 작업은 마치 고고학처럼 중요한 일이다.

과학적 연구를 통해 미지의 인과관계를 발견하는 것과 유사하게, 역사 연구 또한 관념사 파노라마 속의 사건에서 L(1)과 L(2)의 관계를 밝히는 것을 자기의 소임으로 삼는다. 이는 바로 역사에 대해 해석하는 것이다. 여기에는 두 가지 서로 다른 측면이 존재한다. L(1)은 관념이 사회 행위를 지배하거나 이데올로기의 목적을 실천에 옮기는 과정이기 때문에, 역사학자가 이러한 과정을 연구하는 데 중요한 것은 새로운 사실을 발견하는 것이 아니라, 인류의 망각과 싸우면서 과거의 사상과 가치 지배 하의 사회적 행위를 명확히 분석하며 또한 가능한 한 역사적 진실에 부합하도록 해석하는 일이다. 이는 인류의 기존의 사회적 행위와 생각과 경험을 정리하는 것인 동시에 중대한 역사적 교훈을 얻어 이를 영원히 잊혀지지 않도록 하며, 이러한 토대 위에서 과거에 대한 반성을 진행하는 것이다. 이것이 바로 역사 연구와 과학 연구의 가장 큰 차이점이다.

그러나 역사 연구가 사회적 행위의 관념체계에 반작용하는 L(2)를 다룰 때, 그 의미는 L(1)을 밝히는 것과는 매우 다르며 오히려 과학과 비교적 가깝다. L(2)는 '역사 해석에 독특한 인과율'이며, 이에 관한 탐색은 과학 연구에서 새로운 인과율을 발견하는 것과 유사하기 때문이다. 관념에 대해 반작용하는 사건을 연구할 때, 비록 사건을 언급하더라도 L(2)를 밝히는 일은 여전히 사상사와 관념사의 영역에 속한다.[22] 이는 관념의 기원과 변화, 나아가 관념과 보편적 동기 사이의 관계에 관한 연구들을 포괄하는데, L(1)이 역사 사건이 어떻게 발생했는지를 연구하는 것이라면 L(2)는 역사 사건이 왜 발생하였는지, 즉 역사의 원인을 탐구하는 것이다. 과학 연구에서 구체적 인과관계는 보편적 인과율로 승화될 수 있고 또한 거기에서 자연법칙이 발견된다. 그러나 역사 영역에서는 '역사 해석에 독특한 인과율', 즉 L(2)의 탐구 과정에만 유사한 과정이 존재한다. 즉, 역사 연구에서 역사를 해석하는 보편적이고 유효한 법칙(이는 반드시 역사학자만이 가진 것이지, 자연법칙이나 경제학법칙은 아니다)을 발견하려 한다면, 그것은 오로지 관념사나 사상 변화의 논리 안에서만 존재하는 것이며, 따라서 그것은 철학과 관념사(사상사)의 교차 영역에 속한다. 이 또한 지금까지 역사학자가 상대적으로 소홀히 다루어 온 영역이다.

그렇다면 역사 전개에서 특정 모델이 존재하는가? 만약 존재한다면 그것은 자연법칙과 어떠한 차이가 있는가? 또한 그것을 어떻게 연구할 것인가? 먼저, 변화 모델이 자연현상의 해석에 어떻게 운용되는지 살펴보자. 하나의 현상에서 인과연쇄를 추적할 때 단선적 인과관계와는 다른 복잡한 상태인 경우, 수많은 개별인과와 상호인과의 과정이 존재한다. 개별인과와 상호인과의 복잡한 과정은 조직체계나 조직 변화의 원리를 구성하며 이는 주로 생명·생태 변화 등의 영역에서 발생하는데, 그 전체적 해석은 시스템이론이다. 시스템이론에서 해석의 기초는 여전히 인과율이지만, 각종 인과관계가 서로 복잡하게 결합되어 있고 개별

인과와 상호인과의 복잡한 네트워크를 구성하기 때문에 구조, 안정상태, 체계의 자가유지, 변화 등이 과학적 해석의 핵심적 내용이 된다. 앞에서 제시하였듯이 역사의 전개 과정에서 L(1)의 결과는 거꾸로 L(2)의 전제가 된다. 역사 사건의 전개에 관한 완전한 해석은 반드시 (관념의 실행과 실행의 결과로부터 관념에 대한 반작용으로 구성되는) 사건과 관념의 상호작용의 기다란 연쇄와 관련되어 있고, L(1)과 L(2)의 결합은 비로 이러한 상호 인과관계와 동형 구조를 갖는다. 따라서 만약 역사 전개에 모델이 존재한다면, 곧 시스템이론 방법으로 연구할 수 있다.[23]

L(1)은 사람이 가치의 지배 하에 목적에 도달하는 과정이며, L(2)는 관념에 대한 사건의 반작용이기 때문에 양자의 결합은 비록 상호 인과관계를 갖는 동형구조를 갖더라도 본질에서는 오히려 다르다. 여기에는 사람들이 시행착오 중에 겪는 학습과 진보, 그리고 가치·사회적 행위에 대한 자각 등이 포함된다. 철학자들은 이미 이러한 차이를 인식하고 있었다. 19세기 헤겔은 《역사철학》에서 진보는 오직 역사 전개 과정에서만 존재한다고 생각하였고, 20세기 전반 콜링우드는 '모든 역사는 사상의 역사'라고 강조하면서 이 점을 중시하였다.

앞에서 서술한 것을 종합하면, 역사 연구에서 역사의 발생과 발전 모델을 탐구할 수 있는 핵심은 바로 사건이나 사건군(양무운동·문화대혁명 등)과 관념의 상호연쇄 구조를 드러내는 것이다. 이것이 역사 해석의 핵심이다. 그렇지 않다면 역사 연구는 지리멸렬한 것으로 변하여 인류로 하여금 사상과 가치체계를 반성하도록 하는 역사 연구의 기능이 사라질 것이다.

그러나 역사 전개의 전체적 모델과 구조에 관한 기존의 연구들은 대부분 철학이나 관념사적 사변에 여전히 머물러 있었다. 물론 헤겔의 역사

철학이든 콜링우드의 관념사든 모두 경험 연구와 사상 분석·실증을 결합하지 못했다. 그러나 역사학은 철학과 달리 반드시 1차 자료의 수집·감별·분석을 토대로 해야만 하기 때문에 역사 전개 모델과 구조에 대한 연구는 지금까지 역사학자들에게 주목을 받지 못했다. 특히 사람들이 19, 20세기 역사철학이나 이데올로기 위에 수립된 거시적 역사관이 역사적 사실에 대부분 부합하지 않음에 주목하면서, 거시적 역사관은 줄곧 비판과 해체의 대상이 되어왔다. 때문에 오늘날 역사 연구의 영역에는 거시적 역사관과 사료 사이에 넘을 수 없을 것 같은 큰 간극이 존재한다. 설령 사람들이 거대 역사관의 의미를 알고 있더라도, 그것은 여전히 대부분 빈말이나 상상에 국한된 것으로 역사적 사실을 검증하는 데 이용 가능한 하나의 탐색방법으로 전환되기가 매우 어려웠다. 따라서 갈수록 전공이 세분화되어가는 역사 연구에서 홀대받고 심지어 버려지기까지 했다. 이러한 간극의 또 다른 한편에서 역사적 사실에 대한 연구가 이론적 의미를 상실하고 역사 해석의 기능을 잃어버리기 시작했다.

 그렇다면 이러한 간극을 어떻게 넘어설 수 있을까? 역사 전개의 모델을 탐구하든 관념과 사회의 상호작용 구조를 파악하든 간에, 이론 분석과 경험 연구를 결합하는 관건은 역사적 사실을 이용하여 관념과 사회의 상호작용의 긴 연쇄를 펼치고 그 속에서 각각의 중요한 고리들을 검증하는 데 있다. 관념과 사회 간 상호작용의 긴 연쇄는 L(1)과 L(2)의 결합으로 구성된다. L(1)에 대한 경험 연구에서 가장 어려운 일은 사회적 행위를 지배한 진짜 관념을 찾아내는 것이다. 반면, 관념에 대한 사건의 반작용을 연구할 때 어려운 일은 관념 변화의 궤적을 찾아내는 것이다. 사건 Y($Y_1 \cdot Y_2 \cdot Y_3 \cdots \cdots$ 등)가 원초 관념 X의 실행 결과가 되기 때문에 관념 X를 분명하게 할 때 사건 Y의 연구 또한 상대적으로 용이해진다. 그러나 '사상 변화에 내재한 논리 L(2)에 근거하여 사건 Y가 관념 X를 관념 Z로 변화시키는 것'을 검증해내는 것은 매우 어려운 일이다. 그러나 20세기 철학 연구에서 언어학적 전회가 실현된 이후 언어학과 철학의 융합은 매우 중요한 성과를 이루어냈다. 여기에서 기본 관념 하나가 학계에서 공통적 인식으로 보편화되었는데 그것은 바로 특정한 보편관념이 역사상 존재하고 그것이 사회적 행위로 변화했을 때, 모든 관념의 표현이나 전파는 (사회화의 보편관념이 되는) 언어와 불가분의 관계에 있기 때문에 반드시 언어적 증거를 찾아낼 수 있다는 것이다. 보편관념이 사회적 행위로 변하는 것이든 사회적 행위가 거꾸로 보편관념을 변화시키는 것이든 모두 관념과 관련된 키워드에 대한 의미 분석과 사용빈도 통계분석을 통해 증명할 수 있다.

이러한 공통적 인식이 존재하더라도, 이러한 간극을 뛰어 넘기 위해서는 여전히 여러 어려움이 산재해 있다. 주된 장애는 다음의 두 가지 측면에서 비롯한다. 첫째, 언어학이 요구하는 것은 역사학이 요구하는 것보다 더욱 많고 더욱 구체적이며 더욱 신뢰할 만한 증거이고 심지어 통계 결과의 증명이라는 점이다. 이전의 역사 연구에서 학자는 개인의 힘으로 수집하고 연구 분석한 사료에 근거하여 하나의 관념을 논증하는 데 수 개 혹은 수십 개의 사료만 이용하면 되었다. 그러나 언어적 증거를 찾아내야 한다면 수백, 심지어 수천, 수만 개의 예증을 사용해야만 비로소 비교적 믿을 만한 분석이 가능해지며, 이는 한두 사람의 기억이나 분석 능력의 한계를 크게 넘어서는 일이다. 둘째, 사상의 전달이나 변화는 하나의 언어로만 분석해낼 수 있는 것이 아니라는 점이다. 예를 들어 서양 사상사는 여러 언어와 관련되어 있다. 그렇다면 더욱 믿을 만한 연구 결과를 얻어내기 위해서는 어떠한 언어를 선택하여 어느 시기를 연구범위로 삼아야 할지가 매우 중요해진다. 우리는 중국 근현대사상사 연구가 이러한 간극을 뛰어넘는 가능성을 제공할 수 있음을 발견하였다.

십여 년 전에 우리는 중국 근현대사, 특히 전통에서 현대적 형태로 변화하는 중국사상을 연구대상으로 선택하였다. 이 영역에서 간극을 넘어설 수 있는 가능성이 존재한다고 생각하게 된 까닭은 앞에서 말한 두 가지의 어려움이 이 영역에서 가장 쉽게 극복될 수 있기 때문이다. 먼저, 중국사회의 현대적 전환과 관련된 보편관념과 사회적 행위의 상호연쇄가 적용되는 기간이 길지 않아서, 주로 1830년에서 1930년대까지의 100년에 집중되어 있고 관련 언어는 주로 중국어 문헌이다. 원칙적으로 말해서, 이 100년간의 관련 문헌들 전부를 모을 수 있다. 더욱 중요한 것은 1990년대 중반 이후부터 다량의 역사 및 사상사 문헌의 전자 텍스트가 속속 등장하면서 연구자가 특정한 전문 데이터베이스를 구성할 수 있게 되었고, 이로 인해 키워드 통계분석을 통해 역사에서 존재하였던 보편관념의 출현 및 그 변천을 찾아내고, 연구자가 데이터베이스 분석방법을 이용하여 사상사의 가설(관념 변천 및 '역사 연구에서 독특한 인과율')에 대한 경험의 검증이 가능해졌다. 따라서 오늘날 중국 근현대사(특히 관념사) 연구는 역사 연구의 새로운 모델을 탐색하고 길러낼 수 있는 최적의 영역이 되었다.

우리는 1997년부터 일련의 대형 연구프로젝트를 거치면서, 1830년부터 1930년까지의 중국 정치사상 변천을 연구하는 전문 데이터베이스를 구축하기 시작했다. 이 데이터베이스는 2천만 자의 문헌을 시작으로 점차 1억여 자로 그 규모가 확대되었다. 비록 이 수치는 여전히 불충분하긴 하지만 이미 개별 연구자가 파악할 수 있는 문헌의 한계를 훨씬 초과하는 것이다. 지난 10년 동안 〈데이터베이스〉를 이용하여 키워드 통계분석을 수행하여 중국 근현대의 주요 정치개념의 기원과 전파·보급 등을 연구하게 되었는데,[24] 연구 과정에서 데이터베이스 분석방법을 운용하는 것이 이전의 역사학 연구에는 없었던 두 가지 특징을 가지고 있음을 체득하게 되었다.

첫째, 이전의 사상사 연구가 사상 유파나 대표적 인물의 저작·발언 등을 중심으로 한 것과는 달리 이 연구는 특정 기간의 관련 문헌 속에 포함된 특정 관념을 표현하는 키워드의 예문을 중심으로 한다. 이는 유파·인물·저작 등을 분석 단위로 삼는 것이 아니라 예문을 기본 단위로 삼는다는 것을 의미한다. 이전의 사상사 연구에서는 특정 유파나 인물의 사상을 다룰 때, 종종 연구자에 따라 달리 독해하거나 이론이 분분하기도 했다. 그러나 예문을 중심으로 삼으면 특정한 단어가 하나의 글 안에서 갖는 의미에 대해 모든 연구자는 공통된 인식에 도달할 수 있다. 즉, 다른 연구자가 동일한 예문을 분석하고 위아래의 문장과 결합하여 읽을 때, 그 단어의 의미에 대해 서로 동일한 답안을 도출할 수 있는 것이다. 이는 이전 연구에서는 상상할 수 없는 결과를 만들어 내는데, 그것은 바로 관념사 연구가 검증할 수 있는 것으로 바뀌었다는 것이다. 이는 이전의 사상사와 관념사 연구에서는 불가능한 것이었다.

구체적인 분석 절차는 다음과 같다. 먼저, 특정 관념(또는 사건)을 지칭하는 키워드를 찾아내는 것인데, 그것은 하나이거나 하나의 그룹을 이룰 수도 있다.[25] 이어서, 데이터베이스를 이용하여 이 단어(또는 구절)를 포함한 모든 예문을 찾아내고 연도에 따른 사용빈도의 통계를 낸다. 컴퓨터의 처리 능력으로 볼 때, 원칙적으로 특정 시대의 모든 1차 문헌을 모두 다룰 수 있고, 일반적 상황에서 처리된 문헌이 많고 전반적일수록 사실에 더욱 부합하는 결과를 얻을 수 있다. 이를 기초로 다시 모든 예문에 대해 의미 분석을 진행하는데, 키워드의 서로 다른 의미 유형과 서로 다른 의미의 연도별 변화 상황을 중심으로 다른 시기에 다른 의미 유형의 사용빈도의 변화에 관한 통계를 분석하여 관념의 전래 과정에서 나타나는 의미 변화에 대한 언어적 증거를 찾아낸다. 마지막으로, 앞의 분석을 거친 예문을 기본 소재로 삼아 사건 발생을 지배하는 실제 관념을 찾아낸다. 위와 같은 절차를 통해 이 방법은 개별 연구자가 파악할 수 없는 다량의 문헌을 빠르게 처리하고 검증할 수 있는 두 가지 유효성을 갖는다. 아무리 컴퓨터 데이터베이스가 이 과정에서 매우 큰 역할을 한다고 하더라도 그것은 단지 보조적 역할일 뿐이다. 키워드를 선택하는 것에서부터 이후의 모든 단계에서 연구자의 분석이 주도적인 역할을 한다. 이 방법은 연구자가 수천 수만 개의 예문을 분석하도록 요구하기 때문에, 과학실험실에서 대량의 데이터베이스를 분석하는 것과 마찬가지로 연구자는 작업의 각 과정에서 몹시 지루하며 어려움을 겪지만, 이는 반드시 해야 하는 기초적인 데이터베이스 처리 작업이다.

둘째, 다량의 데이터베이스의 처리와 분석을 완성하고 난 후 우리는 연구의 중점을 관념사 파노라마 속의 사건과 관념 사이의 상호작용을 분석하는 것에 둘 수 있다. 즉 L(2)에서 외부의 충격 하에 변화한 관념이 따르는 논리를 찾아내는 것이다. 일단 이 점을 해결하기만 하면 L(1)과 L(2)가 어떻게 결합되었는지 경험을 이용하여 바로 증명할 수 있다. 우리는 총체적으로 보편관념이 사회적 행위로 변화되고 또한 사회적 행위가 어떻게 보편관념의 상호연쇄를 바꾸는지(반작용하는지) 파악할 수 있다. 이러한 분석은 파편화된 경험들을 통합하는 연구로서, 상호연쇄의 구조와 모델을 찾아내는 데 편리하다. 아래에서 우리는 구체적 사례를 통해 상호연쇄를 발견하는 과정에서 데이터베이스 분석방법의 중요성을 설명할 것이다.

5—7. 관념과 사건 사이의 상호연쇄를 찾아서

관념과 사회적 행위 사이의 상호연쇄를 정리히는 첫 단계이며 또한 기장 소홀히 하기 쉬운 단계는 중요한 역사적 사건의 발생을 지배한 보편관념을 정확히 규정하는 것이다. 이러한 규정을 통해야만 비로소 보편사건에 대한 이 사건의 반작용을 이해할 수 있어 실제 관념과 사회적 행위 사이의 상호연쇄를 드러낼 수 있게 된다. 아래에서는 신해혁명을 사례로 삼아 관념과 사회적 행위 간의 상호연쇄를 정리하는 것이 얼마나 중요한지, 그리고 어떻게 데이터베이스 분석방법을 이용하여 이러한 작업을 수행할 수 있는지 설명하고자 한다.

널리 알려져 있듯이, 1911년에 발생한 신해혁명은 20세기 중국의 역사적 진로에 영향을 미친 가장 중요한 대사건 중 하나로, 이는 청조의 멸망을 이끌어 2,000여 년간 지속된 군주제도를 끝내고 아시아 최초의 공화국, 즉 중화민국을 건설하는 계기가 되었다. 그렇다면 이러한 중대 사건의 발생을 지배한 보편관념을 어떻게 정의할 수 있을까? 표면적으로 볼 때, 신해혁명의 사상을 지배한 것은 의심할 여지없이 혁명 관념의 보급이었다. 이러한 관점은, 가령 청조 몰락의 역사를 청말 혁명파가 유신파와 보황파에 승리한 역사로 간주하는 것처럼, 이미 역사교과서에서 정론으로 자리 잡고 있다. 그러나 관념사 파노라마 속의 사건이라는 측면에서 당시 이러한 사건에 참여한 대다수의 사람들에 대해 논하자면, 이 중대 사건을 그렇게 정의하는 것이 과연 진실에 부합하는 것일까? 데이터베이스 분석방법을 이용하여 신해혁명을 주도했던 관념을 분석한 후, 이러한 정론에서 상당히 의심스러운 부분을 발견하였다. 앞에서 분석한 '10월혁명의 포성이 중국인에게 마르크스주의를 선물해 주었다'라는 논법과 마찬가지로 특정한 사건의 발생에서 관념의 배경은 종종 일이 끝난 이후에 주어진 명칭이거나 혹은 오늘날의 관념을 사용하여 그 진행에 대해 상상한 결과일 뿐 결코 사실을 대변하는 것은 아니다.

사건 발생의 경과를 통해 볼 때, 신해혁명의 직접적 원인은 철도분쟁으로, 본래 지방이 중앙에 반대한 단순한 경제 사건이었다. 1911년 탕샤오이唐紹儀(1862~1938)에 이어 우전부郵傳部 상서가 된 성쉬안화이盛宣懷(1844~1916)는 3월 5일 일본 세이킨은행正金銀行과 철도공채로 천만 엔의 차관을 맺고, 4월에는 화폐 정리, 실업實業의 창설, 철도 확충계획의 추진을 위해 재택은행載澤銀行 및 4국은행단[영국·미국·독일·프랑스 4개국 은행단 — 옮긴이]과 5천만 위안의 차관을 체결하면서 국유철도를 담보로 사용하였다. 이로 인해 5월 5일 급사중 스장신石長信은 철도 상업화의 폐해를 알리는 상소문을 통해 간선철도의 국유화와 지선철도의 민영화를 주장하였다. 5월 8일에 이쾅奕劻의 신내각이 성립되어 성쉬안화이가 우전부장이 되면서 간선철도의 국유정책을 결정하였다. 5월 9일 마침내 황제가 조서를 선포하여 각 성의 모든 상업철도를 국가의 관리로 회수하도록 하였다.

이 정책과 가장 크게 연루된 지역은 쓰촨과 광둥 두 성이었다. 1904년에 이미 쓰촨 총독 스량錫良(1853~1917)은 청 조정에 청두成都에서 이창宜昌까지의 철도에 대해 신사상인[紳商] 스스로 자금을 조달하여 건설할 수 있도록 비준해 달라고 주청하였기 때문에, 당시의 신사紳士는 토지의 점유에 따라 어느 정도 강압적으로 철도 주식을 사들여야 했고 소작료를 받을 수 있는 토지를 모조리 출자금으로 낸 상황이었었다.[26] 이때 중앙 정부가 간선철도의 국유화를 결정하자 이는 신사의 이익에 직접적인 손해를 끼쳤고 이에 따라 성의 자의국諮議局[청말에 설치된 성 단위의 지방의회 — 옮긴이]이 국가에 대항하는 국면을 맞게 된 것이다. 쓰촨의 신사들은 베이징에 대표를 파견하여 디안먼地安門 밖에서 무릎을 꿇고 섭정왕과의 대화를 요구하였지만 중앙 정부의 태도는 매우 강경하여 대표를 고향으로 압송하여 버렸다. 이에 쓰촨의 신사들이 독립을 모의하자 중앙정부는 돤팡뤼端方率를 파견하여 후베이의 신군新軍[청일전쟁 후 조직된 신식군대 — 옮긴이]을 쓰촨에 투입하여 이를 진압하도록 하였다. 후베이 신군에는 제8진鎭과 제11혼성협混成協 등 모두 1만 7천 명이 있었다. 1911년 8, 9월 사이에 9천 명의 신군을 쓰촨에 투입하자 우한武漢에 남아 지키는 군사는 약 8천 명이었는데, 그중의 반은 혁명당과 연계가 있었다. 이것이 바로 우창봉기武昌蜂起에 기회를 제공했다. 마침내 음력 8월 9일(10월 10일) 우창봉기가 발발하였다.

　기의군起義軍은 대외성명을 통해 자신들은 조금도 외세를 배척할 뜻이 없으며 이전의 조약들은 여전히 유효하고 중국을 공화국으로 건설하겠다고 주장하였다. 이에 각국 영사관들이 잇달아 중립을 선언하였다. 봉기가 발생한 지 20일 후 후난湖南·산시陝西의 독립, 이어 지우장九江 독립, 광저우廣州 장군 펑산鳳山의 피살, 산시山西·윈난雲南·장시江西 독립 …… 등, 모든 남방 지역이 잇달아 독립하여 청 조정의 관할에서 벗어났다. 특히 주목할 점은 독립을 발의한 것이 각 성의 자의국이었다는 사실이다.

　이상의 과정에서 확인할 수 있듯이, 사건의 발단에서부터 청조의 전복이 성공하기까지 전체 과정 속에서 지방의 신사가 핵심적 역할을 하였다. 이로 인해 1960년대 말 이미 몇몇 학자들은 신해혁명은 사실 입헌파의 사회적 행위의 논리적 확장이며 입헌파의 주류 관념을 등한시 할 경우 신해혁명의 원인을 확실하게 이해하는 것이 불가능하다고 주장하였다.[27] 입헌파는 줄곧 혁명에 반대하였기 때문에 신해혁명의 발생을 지배한 주류 관념체계는 분명 혁명 관념이 아니었을 것이다.

그러나 여기에서 문제의 복잡성은 우창봉기의 발발이 분명 혁명당 조직이 신군에 침투한 것과 매우 큰 관계가 있었으며, 만주족에 대항하는 혁명은 줄곧 혁명당의 주장이었다는 데 있다. 더욱이 일련의 역사학자들이 강조하듯이 자의국이 독립을 다투었던 이유는 1910년 이후 많은 신사들이 혁명에 경도되기 시작하고 따라서 그들의 행위가 혁명 관념의 전파로 이뤄진 것이라는 말 또한 전혀 이치에 맞지 않는 것은 아니다. '신해혁명'이라는 관념사 파노라마 속의 사건을 주도한 배후의 보편관념이 혁명인지 아닌지를 판단하기 위해서는 반드시 단어를 판단의 기준으로 끌어와야만 한다. 왜냐하면 어떠한 보편관념의 전래라 하더라도 언어를 벗어날 수는 없고, 만약 신해혁명이 정말로 혁명 관념을 배경으로 한 사건으로서 입헌파 신사들이 혁명 관념을 수용했다면 분명 당시 문헌 안에서 혁명 관념의 고취나 '혁명'의 사용빈도가 통계적으로 크게 증가하는 것을 발견할 수 있을 것이기 때문이다.

그러나 〈데이터베이스〉에서 1890년에서 1911년 사이에 '혁명'의 사용빈도를 조사했을 때 1911년에는 '혁명'의 사용이 최저점에 있었다.[28] 이러한 언어현상은 1910년과 1911년 사이에 혁명당의 활동이 가장 약화되어 있었다는 역사적 현상과도 서로 일치한다.[29] 양자를 연결해 보면, 신해혁명의 발생을 혁명 사조의 지배 때문이라고 보는 것은 그다지 강한 설득력을 갖지 못한다고 할 수 있다. 즉 '신해혁명'이 관념사 파노라마 속의 사건이라면, 그 발생과 전개를 지배한 것은 혁명이 아닌 분명히 다른 관념이었다.

그렇다면 '신해혁명'이라는 명칭은 또한 어떻게 만들어진 것일까? 〈데이터베이스〉 분석에 따르면, 이러한 표현이 최초로 나타난 것은 1912년 량치차오의 〈죄언罪言〉에서이다. 그는 다음과 같이 적었다. "신해혁명은 수천 년의 군주제를 공화정으로 바꾼 사건이다."[30] 이 글에서 량치차오는 최초로 "신해혁명"이라는 말을 사용하였는데, 이 문장의 정확한 의미는 수천 년간의 군주제를 뒤집어 공화제를 건설하였다는 것이다. 그런데 이 글에서 '사건'은 우창에서 제일 먼저 봉기한 사건을 가리킨다. 즉, 1911년 10월 10일 우창혁명군의 무장봉기와 그 이후의 전쟁을 말한다. 앞에서 간략하게 서술하였듯이, 이 사건의 발생 과정은 신사의 철도수호운동에서 비롯된 것으로, 성이 의회를 이용하여 정치적 요구를 표출하고 나아가 독립을 요구하자 청조가 군대를 이동하여 쓰촨에서 발생하려는 민란을 진압하는 과정에서 우창에 공백이 생겨 혁명군이 그곳에서 무장봉기를 일으킬 수 있었던 것이다. 따라서 최초의 봉기가 발생한 이후 주로 전쟁을 통해서가 아니라 각 성이 독립을 선포함으로써 청 조정의 붕괴가 야기된 것이다. 이러한 사건의 전후 인과관계에서는 모두 신사의 정치적 역량이 중요한 역할을 하였기 때문에, 당시 신사를 지배하던 관념을 찾아내야만 비로소 신해혁명의 발생을 지배한 관념을 규정할 수 있다. 제2권 5장에서 공화주의의 범위에 대해 언급한 내용에 따르면,[31] 당시 입헌파 신사들을 지배하던 관념은 공화주의였고 따라서 신해혁명을 지배한 관념은 당시 사회의 주류를 점하고 있던 공화주의 관념이었다고 할 수 있다.

이에 근거하여 우리는 신해혁명을 추동한 배후의 관념은 공화주의이며 이는 중서이분이원론 이데올로기가 반영된 산물이라고 본다. 여기에서 이원론적 이데올로기라는 것은 청조의 통치와 신사가 개혁에 참여하는 합법성을 유지하기 위해 청 조정과 수많은 신사가 공적 영역과 사적 영역을 나누고 두 영역의 원리는 서로 관련이 없는 것으로 이해한 것을 말한다. 그리하여 공적 영역에 서양의 정치와 학문을 도입할 수 있었지만, 사적 영역에서는 여전히 유교의 삼강오륜이 정통사상의 지위를 유지하고 있었다. 그 결과 많은 신사계층이 신정의 개혁과 입헌의 준비에 적극적으로 참여하게 되었고 이로 인해 혁명 관념의 전파가 억제되었다. 신사계층은 각급의 지방 의회를 이용하여 정치적 역량을 하나로 모았으며 수차례 국회개회운동을 벌여 입헌의 주체가 되기를 요구하였다. 신사계층의 이러한 행위는 혁명과는 무관한 것이었으며 합법적인 정치투쟁이었다. 관련 연구에서 이미 제시한 것처럼, 신사를 주체로 하는 입헌파가 중앙의 이익과 자신들의 이익을 조화시킬 수 없게 되었을 때, 중서이분이원론 이데올로기에 따라 그들은 입헌군주제를 포기하고 공화제로 향했던 것이었다.[32] 따라서 신해혁명을 야기한 것은 바로 중서이분 이데올로기 가치체계에서 도출된 공회주의였다고 할 수 있다.

혁명 관념이 아니라 공화주의를 통해 1911년의 신해혁명을 볼 때, 가장 핵심적인 문제는 신사와 그들 정치세력의 청조에 대한 배반행위를 어떻게 해석할 것인가 하는 것이다. 이전의 연구에서 제시하였듯이, 중서이분이원론 이데올로기에서 유교윤리는 단지 가족이나 가정과 같은 사적 영역에서만 유효한 것이었고, 따라서 '효'로부터 '충'을 이끌어낼 수 없으며 황제통치의 정당성은 단지 관습적 권위에 기초하고 있을 뿐이었다.[33] 왕권의 이데올로기적 정당성이 공적 영역 안에서 크게 평가절하된 이후, 중앙과 지방의 이익이 충돌하자 자연히 신사와 지방 엘리트

계급들이 주도한 공화주의가 입헌군주제의 목표를 대신했다. 신해혁명은 청말에 각 성 자의국 신사들이 적극적으로 국회의 개회를 요구하면서 연이어 청 조정에 도전한 행위의 논리적 연장이다. 즉 입헌파는 혁명 관념을 받아들일 필요가 없었지만 중앙왕권을 전복하는 행위를 지지할 수는 있었다. 신해혁명의 발생을 지배한 진짜 주류 관념을 찾아내기만 하면 연속된 관념과 사회 사건의 상호연쇄는 더욱 분명하게 드러날 것이다.

신해혁명의 발생을 지배한 주류 관념을 혁명으로 본다면, 이 사건과 그 전후 사건 사이의 연계를 파악하기가 매우 곤란하여 신해혁명의 발생은 단지 역사적 단절이라는 의미만을 가질 것이다. 그러나 신해혁명의 발생을 지배한 진짜 관념을 중서이분이원론 이데올로기를 배경으로 많은 신사들이 공화주의를 받아들인 것이라고 환원시키면, 신해혁명 이전과 민국 초기의 중대 사건 간의 일치성을 분명하게 파악해낼 수 있다. 신해혁명은 입헌운동의 논리적 연장이고, 민국 초 공화정치는 중서이분이원론 이데올로기에 따른 실천이다. 따라서 청 조정의 입헌과 민국 초의 공화가 하나로 묶이게 되면 이는 모두 중서이분이원론 이데올로기의 지배 하에 일어난 사회적 행위가 된다. 바로 이러한 이유로 공화제의 실험이 실패로 돌아가자 이원론적 이데올로기는 곧 민국 초의 정치질서에 책임을 져야 했고, 사람들은 중서이분이원론 이데올로기를 의심하고 나아가 중서이분이원론 이데올로기와 그 담지자였던 신사계층을 부정하게 되었다. 이것이 바로 신문화운동 발생의 사상적 원인이다.

요컨대, 데이터베이스 분석방법을 통해서는 다음과 같은 상호연쇄를 발견하게 된다. 먼저, 중서이분이원론 이데올로기의 실천은 청 조정의 예비입헌과 신해혁명을 이끌었고, 이러한 보편관념이 실현된 결과가 중화민국의 건국과 민국 초기 정치적 혼란이었다. 또한 이러한 결과에 대한 반성 속에서 신문화운동이 일어났고 결과적으로 새로운 관념이 중서이분이원론 이데올로기를 대체하게 된 것이다. 그래서 단절된 역사 해석을 하나의 전체로 통합할 수 있다. 이러한 상호연쇄에서 L(2)는 공화의 실패가 야기한 관념체계의 거대한 변화이며, 이것이 바로 우리가 말한 특정 보편관념의 실행 결과가 관념에 미친 반작용이다. 신문화운동의 발발과 새로운 관념 배양의 논리 안에는 이 글에서 말하는 '역사 영역에서 독특한 인과율'이 존재하는 것이다.

5—8. '객관성'에 대한 새로운 이해: 차이를 넘어선 상호연쇄

신해혁명의 사례에서 사건 발생을 지배한 주된 관념을 찾아낼 수 있었다. 그러나 몇몇 사건들은 서로 다른 관념을 가진 참여 집단들이 연관되어 있을 수도 있다. 서로 다른 참여 집단이 가진 관념에는 하나의 주된 관념이 존재하지 않을 수도 있다. 사건 발생 이후 집단에 따라 동일한 사건에 대한 기록과 독해, 그리고 반응들이 상당히 다를 수 있기 때문이다. 따라서 여러 가지 보편관념과 사회적 행위의 상호연쇄를 분석해야만 비로소 역사 전개의 전반을 파악할 수 있다.

1894년에 발발한 청일전쟁이 전형적인 사례이다. 널리 알려져 있듯이, 청일전쟁은 동학농민운동으로 야기된 조선의 정치적 위기에 중국과 일본이 동시에 무장 개입함으로써 발생한 사건이다. 청일전쟁은 중국 사상사에 매우 큰 영향을 끼쳤으며 중국의 시대적 전환을 이끌었다. 청일전쟁이 일본과 조선의 근대사상에 미친 충격 또한 마찬가지로 매우 컸다. 다만 한·중·일 삼국의 전쟁 참여를 지배한 보편관념이 달랐고 전쟁의 결과로 인한 관념의 반작용 또한 서로 달랐을 뿐이다. 바꿔 말하면, 청일전쟁과 관념을 서로 짝지어 보면 실제로 세 개의 관념사 파노라마 속의 사건이 존재하는 것이다. 한·중·일 삼국의 서로 다른 관념체계 안에서 청일전쟁의 발발 원인에서부터 이후 사건에 관한 세 가지 시스템의 기록·반응·독해가 모두 각자의 논리 전개를 따른다. 따라서 세 가지 서로 다른 상호연쇄가 존재하게 된다. 그러나 이것들은 모두 실제의 역사적 경과와 기억을 나타낸다.

중국을 주체로 상호연쇄를 찾아보자. 첫 번째 단계는 중국의 참전을 지배한 진짜 관념(가치체계)을 찾아내는 일이다. 조선은 역사적으로 중국의 번속국이었고, 한중관계는 모두 천하질서 내의 조공관계로 정의되어 왔다. 1894년 봄 조선의 동학농민군이 전주성을 함락시키자 당시 조선에 주재한 청의 대표였던 위안스카이는 북양대신北洋大臣에게 다음과 같이 건의하였다. "(조선은) 이 내란을 스스로 해결할 수 없어 중화가 대신하여 진압하기를 청하니 상국의 체면으로 단호히 거절하기 어렵다." 더욱이 조선의 조정 또한 정식으로 다음과 같은 각서를 보냈다. "임오년과 갑신년에 우리나라에서 일어난 두 차례의 내란을 처리하면서 모두 중국 병사가 대신 진압하였다." "속히 대신하여 진압"할 수 있는 군대를 파병해 줄 것을 청 조정에 재차 청하였다.[34] 그해 6월 중국과 일본 양국이 조선에 출병하였을 때 동학농민운동은 이미 거의 평정된 상태였다. 그러나 일본은 조선에 주둔하기 위해 조선의 속방관계와 내정개혁과 관련하여 갑甲과 을乙 두 가지 안을 제시하고 강압적으로 조선 조정으로 하여금 선택하도록 하였다. 이때 리훙장은 조선 조정이 종속관계를 부인하지 못하게 하려는 의도에서 위안스카이에게 다음과 같은 전보를 보냈다.

"조선이 중화에 속한지 이미 천여 년이 지났고 각국이 모두 이를 알고 있다." "만약 왜국을 두려워하여 끝내 중화에 속하는 것을 인정하지 않고 제멋대로 근거들을 주장한다면, 중화는 군대를 파병하여 반드시 죄를 물을 것이다."[35] 이처럼 중국이 조선에 출병한 것은 종주국으로서 번속의 관례를 지키기 위한 것이었고 천하질서를 수호하고자 하는 의도였음을 파악할 수 있다.

그렇다면 이를 통해 중국이 청일전쟁에 휩쓸려 들어가게 한 보편관념은 전통적 천하관이었다고 규정할 수 있을까? 그러나 상황은 그렇게 간단하지 않다. 궈팅이가 이미 밝혔듯이, 동치同治중흥기 때부터 청조의 조야朝野에서 국제관계의 인식에 이미 중대한 변화를 보이기 시작하였다.[36] 1870년대 쭤쭝탕左宗棠(1812~1885)의 신장新疆정벌에서든 1880년대 청불전쟁에서든 중국의 장군들은 적극적이고 진취적이었다. 이러한 모든 사실은 1860년에서 1895년 사이 청조의 외교정책이 이미 전통적 천하관으로 단순하게 해석할 수 없다는 것을 보여 준다. 1882년 이후 조선에서 위안스카이가 마치 총리대신처럼 조선의 내정을 전방위적으로 간섭한 것은 이미 전통적 천하관이 규정하는 종번관계를 벗어난 것이었다. 〈데이터베이스〉를 이용하여 키워드의 통계분석을 도출한 결과는 다음과 같다. 정확하게 말하면, 양무운동 시기 청조와 유신들을 지배한 보편관념은 분명 더 이상 전통적 천하관이 아니었으며 중국을 중심으로 한 일종의 만국관이었다.[37]

이른바 중국을 중심으로 한 만국관이란 경세치용의 정신을 전통적 천하관에 주입하여, 전통적 천하관의 쇄국정책을 극복하면서 전통의 종법관계를 유지하는 동시에 국제법을 운용하여 서양과의 교류를 더욱 적극적으로 추진하는 외교정책을 말한다. 중국을 세계의 중심으로 보는 조공관계를 유지한다는 점에서 만국관과 전통적 천하관은 동일하다. 즉 중국이 여전히 만국의 중심인 것이다. 만국관의 핵심적 가치가 여전히 유교적 윤리였기 때문에 조선은 중국의 주변 번속국이 되고 청조는 전통적 천하질서를 통해 그 지위를 규정한 것이다. 따라서 위안스카이가 조선의 사무에 간섭한 것은 총체적으로 말하면 천하관의 종번宗藩 원칙을 따른 것이었다. 그러나 종번 원칙에서 종주국은 과도하게 번국의 내정에 간섭할 수 없었으나, 조선 문제에 위안스카이가 제한을 받지 않은 이유는 바로 만국관에 따른 적극적이고 야심찬 심리적 태도에서 비롯된 것이다.

 오늘날 청일전쟁의 패전 책임과 당사자들의 반성을 다룬 문헌을 살펴볼 때, 이미 잘 알려진 청조의 무능에 대한 지적 이외에 지금까지 비교적 적게 제기되었던 것으로 중국이 과도하게 조선의 내정에 관여한 것이 전쟁 발발의 원인이라고 주장한 사람들도 있었다. 예를 들면, 장페이룬 張佩綸(1848~1903)은 위안스카이를 전쟁을 유발한 '재난의 수괴'로 여기며 다음과 같이 질책하였다. "비록 중국 조정을 높이는 것이라 하더라도 분명 지나치고 심한 것이었다. 조선을 노예처럼 보고 일본은 개미처럼 보았으니, 분노의 깊이가 이미 극심한데 어리석고 무지하여 이를 모른 것이다."[38]

 일단 중국의 전쟁 참여를 지배한 관념을 찾고 나면 청일전쟁과 양무운동을 바로 연결할 수 있다. 양무운동은 중국 전통사회가 국방의 현대화를 추진했던 시도이며 이를 주도한 사상 또한 유교의 경세치용이다. 청조는 중국과 동아시아의 천하질서를 보호하여 충격을 받지 않도록 하기 위해 조선에 대한 간섭이 전통적인 천하관에 비해 훨씬 적극적이고 주동적이어야 함을 인식하고 있었다. 즉, 청불전쟁, 쭤쭝탕의 신장 지역 평정, 1880~1890년대 위안스카이가 조선에 주재한 기간에 조선의 정치에 전면적으로 간섭한 일 등은 모두 서로 다른 시기와 지역에서 발생한 사건이지만 매우 높은 유사성을 가지고 있다. 중국을 중심으로 삼는 만국관에 기초한 영토의식과 함께 동아시아에 남아 있던 조공질서를 무력으로 수호하려는 시도가 동시에 나타났기 때문에, 양무운동을 추진한 중국과 대륙으로의 확장을 시도하는 일본 사이에는 필연적으로 격렬한 충돌이 발생할 수밖에 없었고 중국과 일본 사이의 전쟁은 피할 수 없는 것이었다.

일본을 중심으로 관념사 파노라마 속의 사건을 분석하면 이와는 다른 일련의 상호연쇄를 볼 수 있다. 일본은 청일전쟁을 '닛신센소우日淸戰爭'라 부른다. 중국에서 청일전쟁이 전통과 현대의 분수령으로 여겨지는 것과는 달리, 일본인의 역사적 기억 속에서는 메이지유신 이후 류큐琉球 처분[1879년 일본의 사쓰마 번이 류큐왕국을 병합하여 오키나와 현을 설치한 것 — 옮긴이], 타이완 출병[1874년 타이완 남부에 표착한 일본인이 살해된 것을 이유로 일본이 군대를 파견한 일 — 옮긴이], 조선 정벌, 러일전쟁에 이르기까지 민족국가의 확장 과정의 일환일 따름이며 이를 지배한 사상은 일본의 특유한 민족주의라고 할 수 있다. 그렇다면 일본 특유의 민족주의란 무엇인가? 청일전쟁에서 외교를 담당한 무쓰 무네미쓰陸奧宗光 (1844~1897)는 1895년에 출판한 《건건록蹇蹇錄》에서 다음과 같이 말하였다. 전쟁은 "서구의 신문명과 동아시아 구문명 사이의 충돌"로 인해 발생한 것이다. 중국과 일본의 교전 시기에 사상가 우치무라 간조內村鑑三 (1861~1930)는 〈세계사에 근거하여 일본과 중국의 관계를 논함[徵諸世界歷史論日支關係]〉에서 일본과 중국 양국의 관계를 "신문명을 대표하는 소국"과 "구문명을 대표하는 대국" 사이의 관계라 부르면서 일본의 군사 침략 행위가 "의로운 전쟁"으로 간주될 수 있다고 하였다.[39] 메이지유신 이후 일본은 중국과 조선을 낙후한, 심지어 정복해야 할 대상으로 보았다. 1885년 후쿠자와 유키치는 《탈아론脫亞論》에서 다음과 같은 유명한 말을 하였다. "우리는 마음속에서 아시아의 나쁜 친구를 사절해야 한다."[40] 여기에서 말한 아시아의 나쁜 친구란 "지금 불행한 일은 가까이 있는 나라가 하나는 중국이요 다른 하나는 조선이라는 것이다." 그는 "서양문명의 눈으로 보면, 삼국이 지리적으로 서로 가까이 있어서 더러 일본을 비슷한 국가로 보기도 하는데, 중국과 조선에 대한 평가로 우리 일본을 가르치려는 뜻이 있다"라며 매우 걱정하였다.[41]

메이지 초 일본은 '조선 정벌' 개념을 제시하였다. 조선 정벌은 "진구황후神功皇后가 삼한을 정벌한 전통과 유교적 화이사상의 전통이 혼합된" 것이었다.[42] 또한 이를 현대적으로 포장하여 다음과 같이 말하였다. "비록 정벌이라 하지만 난폭하게 정벌하는 것이 아니라 세계의 공리를 따르는 일이다." 따라서 일본의 정한론과 1894년 청일전쟁의 도발을 지배한 보편관념은 매우 큰 유사성을 갖는데, 그것은 일본 근대사상이 재구성된 일본의 동아시아주의(혹은 아시아주의)에서 유래한다는 점이다. 일본은 중국과 조선을 대할 때 신문명으로 자처하며 스스로를 한 수 위로 여겼다. 그러나 당시 신문명으로 자처한 서양의 제국주의와는 달리 일본은 민족국가의 대외확장을 시도하였고 결코 서양 제국주의처럼 국제법을 중시하지도 않았다. 한편 일본은 서양과 만날 때는 최고로 선진적인 동방의 황인종 대표로 자처하여 아시아의 가치와 서양의 대항을 강조하였다. 일본은 동방의 중심이 되며 동양과 서양의 경계를 넘어섰다고 보는 19세기 후반 일본의 '아시아주의'는 "경제·정치·문화에서 '동질'적인 하나의 아시아 건설"[43]을 주장하였다. 메이지 말년부터 다이쇼 초기에는 '일본국의 천직', '새로운 일본의 사명' 등이 일본 정치엘리트들의 말버릇이 되었다. '아시아주의'는 일본의 특유한 민족주의로 자리하면서 1870년대 정한론에서부터 1894년 청일전쟁에 이르기까지 일련의 확장 행위를 지배한 주도적 관념이었다.

　19세기 후반의 조선에서 '청일전쟁'이라는 관념사 파노라마 속의 사건은 어떠한 관념과 대응되는가? 표면적으로 볼 때 조선은 중국 천하관의 수용과 국제법 조약관계의 승인 사이를 오갔으며 결과적으로 전화戰火를 자기 국토에 불러들이고 일본의 식민지로 전락하게 되었다. 당시 우의정 박규수朴珪壽의 태도가 매우 전형적인데, 그는 한편으로 '번국은 외교하지 않는다'는 것을 비판하면서 중국 천하의 일부에서 벗어나 서양 국가들과 외교관계를 적극적으로 체결할 것을 주장하였고, 다른 한편으로는 일본이 정한론을 바탕으로 조선을 침략하고자 함을 지적하며 조선이 중국의 '속방'이라는 명분이 일본의 침략을 저지할 수 있을 것이라고 주장하였다. 조선이 중국의 천하관에 대해 이처럼 도구적이며 실용주의적 태도를 취한 데에는 이러한 사상적 배경이 있는 것이다.

　일찍이 명대에 조선은 이미 유교의 영향을 깊이 받아 중국을 천하의 중심으로 여기고 스스로를 '소중화'라고 불렀다. 그러나 청조가 세워진 이후 조선의 사대부들은 중국은 이미 망하였다고 여기고 만주족 청조의 통치를 이적夷狄으로 여겼기 때문에, 중국은 당연히 더 이상 천하의 중심이 아니었다. 반면 조선은 유교의 종법을 계승하고 수호하여 유교의 도덕질서인 천도天道에 부합하므로 자연히 천하의 중심이라고 여겼다. 이러한 사상사적 맥락 안에서 지구화의 충격에 직면하고 중국과 일본의 중간에 놓였을 때, 조선을 도덕질서의 중심으로 보는 관념의 시각 하에서 국제조약이든 중국의 조공이든 모두 도덕적 의미를 갖지 못하게 되었으며, 오히려 이 둘은 조선이 독립을 얻기 위해 이용할 수 있는 도구가 되었다. 우리는 이를 조선의 독특한 천하관이라 부른다.

당시 조선 개화파의 주장은 일본을 학습하는 것이었던 반면 보수파들은 중국의 조공질서를 받아들이고자 하였다. 표면적으로 보면 양자의 배후에는 공통의 보편관념이 존재하지 않는 것처럼 보인다. 그러나 사실상 두 파 모두 본국의 정치를 출발점으로 삼았고 중국과 일본의 관계를 치리할 때 주도적 사상은 모두 도구적인 깃, 바로 조선의 독특한 천하관이었다. 1880년대 조선의 고종은 변질된 조공체제와 위안스카이의 내정 간섭에서 벗어나고자 어렵게 자주독립외교를 추진하였고, 따라서 일본 및 여타 국가와의 조약 체결을 특별히 중시하였다. 조선 정부는 1881년 61명의 관원을 일본에 파견하여 2개월 동안 현지를 시찰하게 하였다. 귀국 후에 그중 12인은 정부의 요직을 맡아 조선의 근대화를 추진하였다.[44] 1884년 갑신정변의 주동 인물들이 '친청파親淸派'를 타도하는 정변을 일으켰을 때, 그들의 첫 번째 정강은 바로 "청에 대한 조공허례의 폐지"였다.[45] 반면에 독립을 쟁취하는 과정에서 일본의 침입이라는 위기를 맞게 되었을 때 다른 파벌들은 곧바로 조공관계에 근거하여 중국을 이용해서 일본을 저지하고자 하였다.

조선의 이러한 독특한 천하관은 중국과 일본이 충돌하였을 때 조선이 두 강자 사이에서 어느 쪽으로도 치우치지 않게 하는 역할을 하였다. 일찍이 1876년에 일본은 그들의 선박이 강화도에서 공격받은 사건을 빌미로 조선을 압박하여 '강화도조약'을 체결하였다. 이 조약은 조선이 자주국임을 승인함으로써 중국의 종주권을 부정하도록 시도한 것이다. 이 조약은 조선으로 볼 때 자주독립을 쟁취하였다는 의미를 갖는다. 리훙장은 한편으로 일본을 견제하기 위해서 조선이 공개적 성명을 통해 중국의 속방임을 밝히도록 요구하고, 다른 한편으로 조선이 미국과 영국,

독일과 조약을 맺도록 주선하였다. 그는 이렇게 하여 중국과 한국의 종번관계에 대한 국제적 승인을 얻어낼 수 있다고 보았던 것이다.[46]

1885년 일본은 이토 히로부미伊藤博文(1841~1909)를 파견하여 리훙장과 '톈진조약'을 체결하였는데, 조선에서 변란이 발생할 때는 쌍방이 공문을 보내 알린 이후 동일하게 조선에 출병할 수 있다고 규정하였다. 이는 조선에서 중국과 일본이 군사적 충돌을 야기할 수 있는 도화선을 품고 있는 것이었다.[47] 1894년 조선에서 동학농민운동이 발생하자 일본은 곧바로 '톈진조약'에 근거하여 조선으로 출병하였다. 당시 일본이 조선을 침략하고자 하는 의중을 가진 것에 대해 경계하고 두려워하던 조선 조정은 당연히 이번에는 거꾸로 조공관계에 근거하여 청국이 대신하여 이를 진압해 주기를 요구하였다. 이러한 일련의 사건과 관념의 상호작용이 진행되면서 중국을 중심으로 하던 만국관과 일본의 민족주의가 조선반도에서 군사적으로 충돌할 수밖에 없었던 것이다. 한국의 한 학자는 이를 다음과 같이 지적하였다. "조공체제의 '상국-속방' 관념을 통해 출병의 이유를 만들어낸 것은 근대 공법체제가 지배하는 국제사회에서는 결코 그 정당성을 보장할 수 없는 것이었기 때문에 일본의 출병이라는 국제적 사건을 초래하였다. 근대에 전근대적 조공체제를 스스로 극복하지 못함으로써 조선은 이웃의 '조공체제'를 대표하는 세력과 '조약체제'를 대표하는 세력 간의 충돌을 야기하였으니, 이는 자업자득인 셈이다."[48] 이러한 분석에서 조선이 스스로 무덤을 팠다고 폭로하는 말은 어떠한 의미에서 그들이 지닌 독특한 관념의 결과이다.

1894년의 군사 충돌에 참여한 세 측은 이해의 근거가 모두 달랐기 때문에 전쟁의 결과가 한·중·일 삼국에서 일으킨 반응 또한 매우 달랐다. 일본에 대해 말하면, '닛신센소우日淸戰爭'라는 관념사 파노라마 속의 사건과 보편관념의 상호작용은 오히려 일본의 특유한 민족주의와 나아가 동북아시아로의 확장에 대한 자신감을 강화시킴으로써 20세기 초 러일전쟁을 초래하였다. 일본은 러시아를 패배시키자 20세기 전반 대외 확장 노선을 갈수록 확대하여, 종국에는 이른바 '대동아공영권'을 건설한다는 명분 하에 중국을 침략하고 태평양전쟁을 일으켰다.

이번에는 조선을 보자. 청일전쟁 이후 일본의 식민지로 전락하였지만 독립의 쟁취와 현대화라는 목표를 결코 포기하지 않았다. 일본에 대항하기 위해 앞에서 분석한 바와 같은 한국이 유교의 정통이라 자부하는 우월감이 의문시되지 않았을 뿐 아니라 오히려 한민족의 정체성을 나타내는 하나의 기호가 되었다.

중국의 상황은 일본이나 조선과 비교할 때 전혀 달랐다. 청일전쟁의 패배 이후 리훙장이 일본으로 건너가 '시모노세키조약'을 체결할 때 이토 히로부미는 다음과 같이 말했다. "이번 전쟁으로 인해 중국은 다행히 긴 밤의 미몽으로부터 깨어날 수 있게 되었다."[49] 그가 말한 '긴 밤'과 '미몽'이란, 중국이 2,000여 년 동안 기본적으로 실행하여 효과를 거둔 유교적 사회조직의 청사진이 현재에는 변하지 않을 수 없음을 지적하는 것이다. 사상사학자 장하오張灝는 청일전쟁의 패배를 중국의 전환시대의 시작으로 규정하고, 이것이 중국사회와 사상·문화를 전통으로부터 현대로 전면적으로 전환시켰다고 본다.[50]

앞에서 지적하였듯이, 중국을 중심으로 하는 만국관이 중국이 조선에 개입하고 일본과의 군사 충돌을 발생시킨 주요 관념이라면, 왜 청일전쟁의 패배라는 사건이 만국관에 반작용하여 중국에 이 같은 커다란 영향을 미치게 된 것일까? 중국을 중심으로 하는 만국관은 다음의 두 가지를 전제로 한다. 첫째, 세계는 도덕 수준이 서로 다른 국가들로 구성되어 있다. 둘째, 중국의 유교윤리는 도덕적으로 세계의 어떤 나라보다 우월하다. 사상사의 내재적 논리에 따라 청일전쟁의 패배로 중국은 자신이 더 이상 세계의 중심이 아니라는 점을 인식하게 되었고, 유교논리의 우월성을 의심하게 되었다. 중국이 더 이상 만국의 중심이 아니기 때문에 대외개방과 서양제도의 도입이 원칙에 부합하는 일이 되었다. 이에 따라 중국에서 개혁 사조가 들끓게 되었고, 1898년 무술변법이 발생하였다.

이상의 서술을 종합하면, 중국이 청일전쟁에 휩쓸리도록 만든 진짜 관념을 찾아내면 청일전쟁의 전후 주요한 관념사 파노라마 속의 사건들을 하나의 전체로 연결함으로써 보편관념과 사회적 행위 간의 상호연쇄를 찾아낼 수 있다. 태평천국과 두 차례의 아편전쟁에 대응하는 유교의 반작용은 경세치용의 흥기로 나타났고, 중국의 전통적 천하관은 중국을 중심으로 하는 만국관으로 바뀌었다. 청일전쟁의 패배는 만국관, 즉 양무운동의 실패를 선고하는 것이었고, 그 사상적 의의는 민족국가가 경쟁하는 현대화의 조류 속에서 유교논리에는 더 이상 의지할 수 없음을 증명한 데 있다. 청일전쟁의 패배 이후 중국에서는 거스를 수 없는 변법의 조류가 출현하였고, 이때부터 중국은 대변동의 20세기로 진입했다.

여기서 앞의 논의들을 전체적으로 살펴보자. 이 글의 시작에서 학술연구의 진실성은 보통 객관성의 원칙을 통해 증명되는 것이고, 따라서 연구대상과 주체의 관념체계는 무관한 것으로 보아야 하며 가능한 한 가치중립성을 유지해야 한다고 말했다. 그러나 객관성 원칙은 역사 연구에서 전혀 의미를 갖지 못하기 때문에 모의 통제실험의 '진실성'으로 '객관성'을 대체해야 한다고 주장했다. 이어 역사 연구에서 모의 통제실험의 '진실성' 원칙을 사용하는 것은 중대 사건 발생을 지배하는 실제 관념을 찾는 일과 같음을 증명하였다. 이 때문에 사건과 상호관련된 관념을 규정하기 위해서 일반적 의미의 역사적 사실들을 관념사 파노라마 속의 사건으로 대체할 것을 제안했다.

즉, 역사 연구의 진실성에 도달하기 위해서는 (대상이 마치 그렇게 존재하는 것으로 여기는) 역사 기록에서의 주관성을 배제해야 할 뿐 아니라, 사건 발생을 지배한 실제 관념을 찾아내고 더 나아가 사건 발생 이후 집단의 관념에 어떠한 충격이 발생하였는지, 즉 어떻게 사건 발생을 지배한 보편관념이 변화하였는지를 분석해야 한다. 관념체계의 변화는 통상 사람들이 새로운 사회적 행위를 하도록 영향을 미칠 수 있다. 즉, 새로운 사회적 행위는 관념사 파노라마 속의 사건이 되며 또한 막 형성된 관념체계에 충격을 가할 수도 있는데, 이와 같이 끊임없이 반복되는 과정으로 일련의 상호연쇄가 형성된다.

더 나아가 지적하고 싶은 점은 동일한 중대 사건에서 서로 다른 관념체계를 가진 참여 집단들이 있다면 종종 일정 부분 서로 다른 상호연쇄를 형성시키며 이는 모두 역사적 진실성의 일부분이 된다는 것이다. 이처럼 역사적 진실을 찾기 위해서는 동일 사건과 관련된 참여자의 다양한 기록이나 서술들을 연구해야 할 뿐 아니라 서로 다른 참여자의 보편관념과 사회적 행위의 상호작용을 형성하는 서로 다른 상호연쇄를 분석해야 한다. 연구자는 하나의 상호연쇄로부터 여러 개의 상호연쇄로 나아갈 수 있는데, 이는 한편으로 비교 연구방법의 운용과 성숙을 의미하며, 다른 한편으로는 일종의 초월적인 역사적 시각의 형성이다. 독자들이 이미 깨달았을지도 모르지만, 자신이 깊이 빠져 있는 단일한 상호연쇄로부터 벗어나는 것은 어떤 의미에서는 자기가 처한 관념체계가 연구대상을 뒤덮은 것을 벗겨내고 가치중립성에 도달하는 것이다. 물론 객관성과 가치중립성의 원칙으로 다시 돌아갈 수도 있다. 이것은 결코 가치중립성이나 객관성 원칙이 역사 연구와 정확한 역사 기억의 확립에 아무런 의미도 없다고 말하려는 것이 아니며, 단지 완전히 새로운 각도에서 정의하고자 하는 것이다. 정확하게 말해서 역사 연구의 객관성이란 절대로 역사 사건 배후의 관념을 배제하는 것이 아니라, 그 관념의 경계를 넘어섬으로써만 도달할 수 있는, 사건의 발생을 지배한 실제 관념을 찾아내는 것이며, 그것을 반성적 역사의식으로 전환하도록 만드는 것이다.[51]

2000년 캐나다에서 설립된 '역사의식연구센터'에서는 '역사의식'을 연구하는 것과 역사를 연구하는 것의 차이를 이렇게 지적하였다. 즉 역사를 연구할 때는 과거를 관찰하지만, 역사의식을 연구할 때는 사람이 과거를 어떻게 다루는지를 연구한다. 코젤렉Reinhart Koselleck(1923~2006)은 역사적 사건이 발생한 시기와 멀어지면 멀어질수록 그에 대한 논쟁이 점점 더 객관적이 되며 역사적 의의 또한 갈수록 더욱 부각된다고 보았다.[52] 여기에서 말하는 역사의식이란 바로 역사적 기억의 '객관성'에 대한 추구이다. 역사학자들로 하여금 오늘의 역사의식이 어제를 넘어서도록 보증해주는 것은 바로 오늘의 상호연쇄에 대한 인식에 입각하기 때문이다. 우리는 어제에 비해 상대적으로 현재의 가치체계의 미혹에 쉽게 빠지지 않으며, 따라서 과거의 중대 사건을 지배한 배후의 관념을 규정하는 데 훨씬 성찰력을 갖추게 된다. 마찬가지로 가치중립성 원칙이라는 것은 우리가 역사를 평가할 때 모든 가치정향을 초월하는 것(이는 불가능하다)이 아니라, 자신이 견지하는 가치를 다른 상호연쇄에 상응하는 다양한 가치체계에 놓음으로써 우리가 신봉하는 가치체계와 대조해보고 스스로 반성 능력을 갖도록 하는 것이다. 관념사 파노라마 속 사건의 다원적 진실성은 우리들이 언제나 하나의 가치체계에 맹목적으로 빠져 스스로 벗어날 수 없게 되는 것을 방지해 준다.

역사 연구의 객관성 원칙을 새롭게 정의할 때에는 다음과 같은 점을 분명히 해야 한다. 연구대상과 주체의 관념체계가 불가분임을 인식한 상황 하에서 연구자가 어떻게 경험의 신빙성(진실성)을 보증할 수 있는가 하는 것은, 진실성의 전제 아래 연구대상과 연구자가 신봉하는 가치체계 및 연구자가 가진 관념을 최대한 분리시키는 데 달려 있다. 바로 이러한 분리에 의해서만 비로소 특정 가치체계를 초월하고 특정 관념체계의 속박에서 벗어나 사상의 자유를 추구할 수 있다.

분명, 객관성에 관한 이러한 새로운 규정으로부터 또 다른 관련된 문제를 제기할 수 있다. 즉 어떤 조건 하에서 이와 같이 더 정확하고도 복잡한 '객관성'이 고전적 의미의 객관성으로 단순화될 수 있는가? 관념사 파노라마 속의 사건으로 볼 때, 이는 다음과 같은 문제에 해당한다. 즉 언제 관념사 파노라마 속의 사건과 분리할 수 없는 관념을 내버려두고 역사 사건을 주체에 의존하지 않는 객관적 사실로 다룰 수 있는가? 우리는 이와 관련된 탐색이 20세기 역사학에서 가장 야심찬 연구학파인 아날학파의 흥기를 촉진하였다는 사실을 발견하였다.

5—9. 아날학파와 포스트모던 역사학의 대화

방법론적으로 볼 때 역사적 사건과 결합된 관념들이 지금까지(또는 언제든지) 망각되거나 사라진 적이 없다면, 동일한 관념을 이용하여 사건의 발생을 이해할 수 있고, 그 사건은 관념과 무관한 사실로 처리할 수 있을 것이다.

사실상 역사학자들이 특정 유형의 역사 자료, 예를 들어 시장의 물가

변동이나 상점의 계산서, 세관의 수출입·출입국 보고서, 천재지변·돌발 사건으로 인한 인명의 손상과 경제 손실, 교통사고, 운동장에서의 소란 등의 현상을 기록자가 어떤 관념의 지배 하에 기록하였는지에 대해 깊이 연구할 필요는 없다. 이는 (공무의 관례적인 처리나 도표 채우기라면 몰라도) 기록자의 배후에 관념의 지배가 없었다고 말하는 것이 아니다. 사회과학자가 이들 사건 발생의 관념과 동기에 대한 기록을 무시하고 기록하지 않을 수 있는 이유는 바로 이들 사건 발생을 지배한(기록한) 보편관념이 역사적으로 오늘날과 같거나 유사하기 때문이다. 바꿔 말하면, 사람들이 그 사건을 왜 기록하였는지(나아가 참여하였는지)는 오늘날 이해하는 의미체계로 가져와서 상상할 수 있거나 이들 사건과 결합된 관념은 지금까지 사라진 적이 없다고 할 수 있을 것이다. 그렇다면 일반적으로 말해서 이들 역사 기록 배후의 실제 관념을 회복할 필요는 없다. 우리는 이들 역사 기록이 관념에 대해 독립적인 존재라고 여길 수 있으며, 따라서 연구할 때 관념을 내버려 둘 수도 있다. 이는 바로 앞에서 든 예처럼 '검은색'이 관찰자의 신경계통과 독립적으로 존재할 수는 없지만 시각이 정상인 모든 사람에게서 신경계통과 대상이 결합될 때 색채감각이 서로 일치하는 것과 같다. 이때 검은 까마귀를 관찰자에 의존하지 않는 객관적 존재로 여기는 것에는 어떠한 문제점도 존재하지 않는다.

일찍이 19세기에 사회학 연구에서 가치중립성과 객관성 원칙을 관철하기 위해서 뒤르켐은 사회적 행위에 관해 이와 비슷한 정의를 내렸다. 그는 이른바 '사회적 사실'은 반드시 주체와 관념으로부터 독립하여(혹은 연구자와 기록자의 관념체계로부터 분리되어) 물체와 같이 존재할 수 있어야 한다고 주장했다.[53] 널리 알려져 있듯이, 바로 이러한 '사회적 사실'이 사회과학 연구의 대상을 구성하며 또한 사회과학이론의 진위를 판별하는 기초가 된다. 분명 관념사 파노라마 속 사건의 관념을 하나의 상수로 본다면, L(1)은 바로 헴펠의 법칙이 된다. '합리적 인간'에 대한 경제학의 가설을 생각해 보면, 경제학 연구에서 왜 관념을 내버려 둘 수 있는지 쉽게 이해할 수 있다. 경제학 법칙은 관념사와 무관한 것으로 표현될 수 있는 것이다. 뒤르켐의 제자였던 블로크Marc Bloch(1886~1944)로부터 시작하여 역사상 존재했던 '사회적 사실'에 대한 연구가 마침내 프랑스 역사학계에서 전면적으로 전개되어 성대한 아날학파를 형성하였다. 아날학파의 방법론적 근거는 앞에서 말했던 특정 유형의 역사 기록 문서를 처리할 때 역사학자가 해당 사건을 지배한 관념을 무시하거나 내버려 둘 수 있다는 것이다.

아날학파는 두 가지 주요한 특징이 있다. 첫 번째 특징은 대량의 경제·사회생활 기록을 연구 분석의 대상으로 삼는다는 것이다. 아날학파는 어떤 개별 사건과 기록이라도 사회적 환경에 놓고 고찰해야 이해될 수 있다고 본다. 여기에서 사회적 환경이란 주로 그것이 발생한 일상생활 배경을 가리키며, 특히 그것을 당시의 보편적 사회생활 및 자연환경과 상호연계시킨다. 바꾸어 말하면, 아날학파는 '사회적 사실'의 핵심을 매 시대의 일상생활로 정의하고 이와 같은 유형의 많은 역사 자료를 처리함으로써 역사를 기술한다.

수백 년 전의 일상생활이 오늘날과 아무리 달라도, 일상생활의 핵심인 의식주는 모두 동일한 일상생활의 논리를 따른다. 특히 시장경제와 연계될 경우, 대부분 오늘날 일상생활의 논리를 이용하여 상상할 수 있다 (물론 어떤 경우에는 인류학의 현지 조사방법을 이용하여 그 사실을 확인할 필요가 있다). 예를 들어, 중세시대의 곡물교역은 물론 오늘날에는 더 이상 존재하지 않지만, 그것의 발생을 좌우한 각종 요소는 여전히 오늘날의 시장법칙을 이용하여 판단할 수 있는 것이다. 따라서 이런 유형의 문헌을 처리할 때 기록자와 연구자의 관념을 내버려두는 것은 역사에 대하여 진실한 해석을 하는 데 결코 장애가 되지 않는다.

일단 사건 배후의 관념을 내버려두면 역사 연구에서 발견하게 되는 구조는 사상의 변화와 그다지 관련이 없게 되는데, 이것이 아날학파의 두 번째 특징을 구성한다. 이는 브로델의 저작에 가장 전형적으로 나타난다. 브로델은 역사의 전개를 '장기지속'·'중기지속'·'단기지속'으로 구분하고 각각을 '구조'·'국면'·'사건'에 대응시켰다. 이 중에 '구조'는 장기적으로 불변하거나 변화의 속도가 극히 완만한 요소로, 지리·생태·사회조직 등이 그러하다. '국면'은 인구 변화·생산 증감·임금 변동 등 십 년이나 수십 년에 걸쳐 변화하는 주기적 경향을 가리킨다. '사건'은 혁명·지진 등과 같이 돌발적인 사변을 말한다. '구조'·'국면'·'사건'이라는 세 역사단계 중에서 '사건'은 눈 깜짝할 사이에 곧 흘러가 버리는 것으로, 역사 전개에서 미미한 작용을 할 뿐이다.[54] 바꾸어 말하면, 이른바 역사 전개의 구조는 오로지 '장기지속la longue dureé'에만 존재하며, '장기지속'은 대부분 시장경제법칙과 그것이 전개되는 지리환경이나 기후와의 관계로부터 얻어지는 통계법칙이다.

아날학파가 직면한 최대의 도전은 중대 사건이 장기지속 모델에 주는 영향을 효과적으로 처리할 수 없다는 것이다. 예를 들어, 마호메트가 만든 이슬람교는 틀림없이 하나의 역사적 사건이지만, 그것은 전 지구적 정치·경제·문화에 장기적 영향을 주었다. 또 중국의 문화대혁명은 한 나라에서 발생한 큰 사건이지만, 문화대혁명이 중국인이 가지고 있던 보편관념을 변화시키지 않았다면 중국의 개혁개방과 최근 30년간 경제의 고속성장은 없었을 것이다. 중국 경제의 고속성장은 브로델의 역사 모델 중에서 분명히 '국면'에 속하는 것이지만, 중국 경제의 비상은 하나의 장기지속적 구조의 일부라는 것은 의심의 여지가 없다. 그러나 이 두 가지 사례에서 '사건'이 '국면'을 결정하며 심지어 장기지속에 영향을 준다는 것을 알 수 있다.

사실 아날학파가 관념을 내버려두면, 당연히 사건이 관념을 변화시킴으로써 초래된 이후 사건 전개의 장기저인 사상적 배경의 차이를 처리할 수 없게 된다. 미국 학자인 파커Harold T. Parker는 다음과 같이 지적했다. "'아날학파'는 하나의 큰 사회를 개혁하는 시간을 뛰어넘는 역사의 면에서는 아무것도 성취하지 못했다."[55] 왜냐하면 아날학파는 역사 전개 중의 보편관념과 사회적 행위 사이의 상호연쇄를 무시하는데, 이는 아날학파가 역사 발전의 전 과정을 파악하는 측면에서 설득력이 부족함을 드러내는 것일 뿐 아니라 이 학파의 연구가 주로 (경제형태가 불변하다는 전제 하에서) 경제사와 사회사에만 국한되도록 하였다. 이거스Georg G. Iggers도 다음과 같이 비판했다. "특수한 역사적 변혁에 참여한, 목적을 가진 인류 행위를 엄밀한 개념을 운용하여 분석하는 면에서는 아날학파가 거의 아무것도 한 것이 없다."[56]

1968년 중국 문화대혁명의 영향 하에 프랑스의 5월혁명이 발발하였을 때, 아날학파의 2세대 주도인물인 부르디외Pierre Bourdieu(1930~2002)의 뒤를 이어 르 고프Jacques Le Goff와 라뒤리E. Le Roy Ladurie가 《아날Annales》의 주편을 맡게 된다. 아날학파의 3세대 주도인물이 되는 이들은 역사적 사건을 단절적인 독립 사건들로 파악하려 하였으며, 이는 연속성의 파악을 중시하는 1세대 아날학파들이 총체적 역사학을 수정하는 것이었다. 전통적 정치사와 인물사, 나아가 새롭게 떠오른 정신사와 역사인류학이 나날이 활발해졌다. 어떤 의미에서 볼 때, 3세대 아날학파가 연구경향을 전환한 것은 사회적 사실에서 내버려 두었던 보편관념, 나아가 인물의 활동과 밀접한 상관관계를 갖는 사건의 연구로 다시 돌아가고자 한 시도였다고 할 수 있다. 방법론의 측면에서 볼 때, 아날학파는 초창기에는 역사 분석에서 보편관념을 배제하였지만 오늘날에는 그것을 영혼이 없는 역사 사건 속으로 끼워 넣으려 하면서 아날학파의 발전이 자기모순에 갇히게 되었다. 방법론적 기초의 와해로 인해 많은 사람들이 그들을 더 이상 아날학파로 보지 않고, 이들에게 '새로운 역사학la nouvelle histoire'이라는 명칭을 부여했다. 방법론의 자기모순 속에서 아날학파의 영향력은 갈수록 줄어들었고, 새로운 역사학과 보조를 맞추던 포스트모던 역사학이 한 시대를 풍미한 것은 특별한 일이 아니었다.

사건이 기록자나 참여자의 가치체계와 분리될 수 없는 것이라는 것을 인식하게 되면서 뒤르켐식의 '사회적 사실'은 더 이상 역사학의 주요 해결 대상이 아니게 되었다. 역사 연구는 경제학 및 사회과학과의 경계선을 긋기 위해 노력하기 시작했다.

1973년 미국의 역사철학자 화이트Hayden V. White의 《메타역사: 19세기 유럽의 역사적 상상력Metahistory: The Historical Imagination in Nineteenth-Century Europe》이라는 책이 출판되었는데, 이 책은 포스트모던 역사학 출현의 상징이 되었다. 어떤 사료(목격자의 기록을 포함한)도 관념이나 가치체계와 분리될 수 없기 때문에 과거의 기록은 객관적 사실이 될 수 없으며 단지 각종 유형의 텍스트일 따름이다. 포스트모던 역사학은 이러한 관점에서 출발하여 연구의 첫 번째 단계는 텍스트적 사료의 독해라고 주장한다. 화이트는 이러한 텍스트를 역사로 바꾸기 위해서는 우선 이를 하나의 편년사로 조직하고 그런 후에 이 편년사를 일종의 서사로 바꾸어야 하는데, 서사의 과정은 논증, 플롯의 구성, 해석의

진행 모두를 포함한다고 주장하였다.[57]

1976년 프랑스 철학자 바르트Roland Barthes(1915~1980)가 세상에 선포한 '작가의 죽음'이라는 관점을 통해 살펴보면, 작가의 의도가 무엇이든지 간에 텍스트는 원저자에게만 '일회성'을 갖는다. 즉 작가가 죽고 나면 어떠한 사람이라도 텍스트와 만날 때encounter 자신의 문화배경과 관념으로 그 텍스트를 해석하고 자신에게만 해당되는 의미를 만들어낼 수 있다. 즉 작가(혹은 기록자)가 작품의 의미 구조(또는 표현하는 가치체계)를 다른 사람(사학자 또는 어느 독자)에게 부여해주는 것은 더 이상 성립되지 않는다.

앞에서 서술한 인식에 근거하여 포스트모던 역사학은 하나의 결론에 도달하였다. 즉 이전의 역사학 연구의 '거대 서사' 또는 역사의 해석은 모두 의미가 없다는 것이다. 역사는 과거에 발생한 사건이기 때문에 우리가 역사의 사실을 다시 이해하기란 근본적으로 불가능하다. 역사 연구가 할 수 있는 일은 기껏해야 1999년 화이트가 대학에서 '기대의 실현으로서의 역사History as Fulfillment'라는 제목으로 행한 강연에서 다음과 같이 말한 바와 같다. "역사 연구의 목적 중 하나는 물론 재구성에 있지만, 이 재구성은 단지 만들어진 기초 위에서만 달성될 수 있는 것이며, 상상력과 시학적 요소는 이성적 과학적 요소에 절대 뒤처지지 않는 것이다."[58]

역사 연구의 과정이 문학의 창작 과정과 같은 이상, 역사논문과 문학작품 사이에는 결코 본질적인 차이가 존재하지는 않는다. 즉 역사와 소설fiction 사이에 경계가 존재하지 않는 것이다. 바꿔 말하면, 사료로부터 우리는 과거에 진짜로 발생한 것이 무엇인지, 그리고 역사적 사건이 어떻게 발생하였는지 확신할 수 없다. 따라서 역사 연구는 문학과 마찬가지로 세세하고 국부적인 이야기를 통해 과거에 발생한 일체를 상상하고 이해하는 것일 뿐이다. 푸코Michel Foucault(1926~1984)는 심지어 '역사'라는 두 글자를 애써 피하고자 지식의 '고고학archaeology' 또는 '계보학genealogy'으로 '역사'라는 말을 대체할 것을 주장하였다. 포스트모던 역사학은 역사 해석에서 역사상 유례가 없는 풍부함을 부여하고 관념사 파노라마 속의 사건을 '사회적 사실'이라는 고전적인 객관성의 속박에서 해방시켜 주었지만, 그 결과는 오히려 역사 연구의 의의를 사라지게 하였다.[59]

표면적으로 볼 때, 앞에서 서술한 추론은 의심의 여지가 없지만, 이는 역사학자의 직관과는 위배된다. 문제는 어디에서 비롯하는가? 앞의 논의에 근거하면, 포스트모던 역사학은 먼저 관념사 파노라마 속의 사건에 있는 보편관념을 개인이 가지는 독특한 관념으로 바꾸고, 나아가 관념 전환을 개인의 심리적 느낌과 소통 불가능한 가치의 전달로 바꿈으로써 일련의 개념 교체를 완성하였음을 매우 쉽게 알 수 있다. 앞에서 지적하였듯이, 관념사 파노라마 속의 사건은 두 가지 유형으로 구분할 수 있다. 사건의 기록이 단지 개인의 관념에만 관련된 것이라면 그것을 개인 관념사 파노라마 속의 사건이라 부르는 반면에, 보편관념이나 보편적으로 존재하는 가치체계와 관련된 것이라면 보편 관념사 파노라마 속의 사건이라 부른다. 전자가 개체의 관념(정신)사의 일부에 불과한 반면, 후자는 보편관념의 변화사에서 집단적 이미지가 된다. 연구자가 개인을 집단보다 더 중요한 것으로 여기거나 또는 보편관념이 사회적 행위로 전환되는 것을 개인 관념이 행위로 전환되는 것의 합으로 단순화시킬 때(어떠한 상황도 사회적 행위를 개인행위의 합으로 단순화시킬 수 없다는 점에 유의하기 바란다), 보편 관념사 파노라마 속의 사건은 개인 관념사 파노라마 속의 사건으로 전환된다.

그러나 설령 개인 관념사 파노라마 속의 사건이 '모의 통제실험 원칙'만을 만족시킨다고 해도, 그것 또한 마찬가지로 진실성을 갖게 된다. 이처럼 개개인의 관념과 사회적 행위 사이의 상호연쇄를 보편관념과 사회적 행위의 상호연쇄로 종합할 수 있다면, 이는 전기傳記를 사용하여 보편 역사의 진실성을 검증하는 것과 같다. 포스트모던 역사학이 역사 해석의 진실성을 부정할 수 있는 이유는 개인이 가지고 있는 관념을 소통할 수 없는 것으로 보는 데 그 핵심이 있다. 이는 실제로 관념을 개인의 가치나 느낌으로 바꿈으로써 생기는 오해이다. 서론에서 지적하였듯이, 관념은 개인 가치와 다르다. 관념은 키워드를 이용하여 사상을 전달하는 것이며, 전달 가능성과 이해 가능성(공공성)을 갖는다. 즉 다른 사람의 관념이 표현하는 가치(개인의 독특한 가치라고 하여도)를 이해할 수 있기 때문에 사회 행위가 발생할 수 있는 것이다. 또한 이것이 모의 통제실험이 운용될 수 있는 전제이다. 포스트모던 역사학은 문학작품에서 작가가 텍스트에 주입하는 가치의 '일의성'에서 출발하여 모의 통제실험이 운용 불가능하다고 보았지만, 이는 사회적 행위의 기록과 개인의 감정적 체험(문학창작)은 근본적으로 다르다는 점을 혼동한 것이다.

진관타오는 《시스템의 철학系統的哲學》이라는 책에서 분명하게 두 종류의 고유상태를 구별하였다. 첫 번째 유형은 개인에 대해서만 반복가능하며, 개인의 주관적 사실에 대응한다. 두 번째 유형은 모든 사람들이 시스템을 조작하는 것이 반복가능한 것으로, 이것이 바로 모의 통제실험이 증명하는 진실성이다.[60] 사회적 행위는 주관적 사실이 아니며 주관적 사실은 단지 아름다움을 평가하는 것과 같은 개인의 활동 속에서만 존재한다는 것을 분명히 알 수 있다. 포스트모던 역사학은 심미활동에서의 주관적 사실을 사회적 행위에 기계적으로 적용함으로써 진실성에 대한 추구를 사라지게 하였다. 사회적 행위와 미의 추구와 같은 개인의 감정적 활동들은 본질적으로 다른 것이기 때문에 사회적 행위의 기록(만약 그것 또한 텍스트라고 부를 수 있다면)과 개인적 심미활동의 텍스트를 엄격히 구별해야 한다. 바르트가 제시한 '작가의 죽음' 및 작가 텍스트의 '일의성'은 모두 심미적 과정과 관련된 것이다. 심미적 과정에 대해 더 엄격하게 기록한다 하더라도, 반드시 공공성을 갖는 것은 아니다.[61] 이것이 동일한 텍스트가 서로 다른 독자들에게 다의성을 만들어낼 수 있는 원인이다. 그러나 텍스트에는 실제로 발생한 사회적 행위에 대한 이해 가능성이 있다. 즉 그것의 발생을 지배한 관념을 드러내기만 하면 연구자는 바로 사고 과정 속에서 이 과정을 다시 한 번 재현할 수 있으며, 또한 이것과 사건 기록을 대조하여 진실성을 판정할 수 있다.

모든 정상인은 다음과 같은 경험을 겪을 수 있다. 보편관념 혹은 이데올로기가 생명력을 갖고 있을 때, 대다수의 사람들은 그것의 존재 의미 및 그것이 사회적 행위로 전환되는 진실성에 대해 의심하지 않는다. 예를 들어, 문화대혁명 기간에 절대다수의 중국인들이 마오쩌둥사상을 숭배한 데서 나온 일련의 행위들이 그러하다. 일단 이데올로기가 매력을 상실하고 거대 역사 서사가 사람들의 반감을 초래하자, 사람들은 자주적으로 개인 관념사 파노라마 속의 사건으로 보편 관념사 파노라마 속의 사건을 대체할 수 없게 되었다. 이때 보편관념과 사회적 행위 사이의 상호 연쇄가 바로 개체의 정신사의 일부분, 특히 원래 보편관념에 의해 쉽게 사회적 행위 과정으로 전환되어 간과되는 개인의 역사들로 변해버린다.

이러한 현상에 대해 이거스는 다음과 같이 지적했다. "만약 어떤 사람이 이들 무명씨로 하여금 파묻혀 알려지지 않는 것으로부터 벗어나게 하고자 한다면, 개념과 방법론에서 역사에 관한 새로운 탐구가 요구되며, 더 이상 역사를 하나의 통일적 과정이나 수많은 개인들이 모두 가려져 드러나지 않는 하나의 거대한 서사로 볼 것이 아니라 많은 개인이 중심에 따라 다양한 측면이 유동하는 것으로 보아야 할 것이다. 오늘날 주목하는 것은 하나의 역사가 아니라 여러 개의 역사들이며, 혹은 여러 개의 이야기들이면 더욱 좋을 것이다."[62] 이 모든 것은 본래 논란의 여지가 없지 않지만, 방법론상에서 말하면 그렇다고 결코 보편 역사가 허구라는 결론에 도달할 수는 없다.

  결론적으로, 앞서 제시한 관념사 파노라마 속의 사건에 비추어 보면, 사료를 다룰 때 아날학파와 포스트모던 역사학은 두 가지의 단순화 경향과 딱 들어맞는다. 전자는 보편관념을 사건과 무관한 것으로 여기고 고려하지 않으며 사료를 고전적인 객관성을 갖춘 '사회적 사실'로 파악한다. 후자는 가치체계의 이해 가능성에 대한 요구를 포기하고 보편관념을 개인의 주관적 감정과 가치체험으로 환원시킨다. 이렇게 하면 사료의 해독이 주관적 사실로 전환되며 사건은 더 이상 이해 가능성(진실성)을 갖지 못한다. 이 두 가지 단순화 경향에 대항하여, 관념사 파노라마 속의 사건을 연구하는 것으로 돌아가 더 이상 관념과 역사적 사건을 고전적 객관주의나 주관적 사실로 삼아 곡해하지 말아야 할 것이다.

  사실의 추구는 줄곧 역사학의 목적이었고 또한 여러 세대 동안 역사학자가 언제나 분투해 온 목표였다. 다만 무엇이 역사적 사실인지를 이해하는 데 차이가 있었기 때문에, 20세기 역사 연구에서는 먼저 고전적 객관주의를 견지하는 아날학파가 있었고, 이후에는 주관적 사실의 유일성과 다의성을 동원하여 객관성을 제거한 포스트모더니즘이 등장하여, 이 두 학파가 수십 년 동안 주도권 싸움을 벌였다. 그러나 지난 십여 년 동안 포스트모던 역사학 또한 지속력이 부족했다. 어쩌면 오늘날은 이 두 가지의 대립을 넘어선 시기인지도 모른다. 역사학자는 반드시 역사 사건의 발생을 지배한 관념을 가능한 한 환원해야 하며, 역사의 진실성 추구를 통해서만 비로소 역사 연구의 의미를 회복할 수 있다. 지난 십 년의 연구 탐색을 통해 느낀 점은 데이터베이스 분석방법을 도입함으로써 이러한 탐색이 용어의 변천을 통해 검증이 가능해졌고, 그렇게 함으로써 역사적 진실성을 찾는 것이 가능해졌다는 것이다.

아마도 관념결정론과 경제결정론의 종언을 거쳐야만 비로소 오늘날 인류는 역사가 인간의 자유의지의 전개이며 또한 목적에서 인간의 능동성이 어떻게 제한받는지를 인식하는 것임을 알게 될 것이다. 바로 이 둘 사이의 영원한 장력張力이 역사 전개 과정의 예측 불가능성을 만들어내고 인류의 정신으로 하여금 끊임없이 변하게 하며, 그것이 또한 역사 연구의 고유한 가치를 만들어내는 것이다. 이는 다음과 같은 칸트Immanuel Kant(1724~1804)의 명언을 떠올리게 한다. "언제나 깊이 생각하면 할수록 늘 마음속에 새로움이 충만하고 놀라움과 경외감이 날로 늘어가게 하는 것이 두 가지 있으니, 내 머리 위의 창공과 내 마음속의 도덕률이 그것이다."[63] 칸트의 이 구절은 '사실'과 '당위'라는 두 가지 거대한 영역과 관련되는데, 우리가 잊지 말아야 할 점은 역사 연구만이 나누어져 있는 이 두 거대한 영역을 이을 수 있다는 것이다. 새로운 세기의 역사학자는 인류가 지나온 과거와 대면할 때 칸트와 마찬가지로 경외감과 호기심을 품고서 역사의 진리를 추구하는 길을 찾아야 할 것이다.

부록

1. 근현대 정치용어 100선

2. 통계 분석에 관한 논의

3. 〈중국 근현대사상사 전문 데이터베이스(1830~1930)〉 문헌목록

근현대 정치용어 목록

이성理性
1. 천리天理 330
2. 실리實理 333
3. 자연지리自然之理 334
4. 공리公理 335
5. 공례公例 341
6. 진리眞理 343
7. 이성理性 346

공적 영역公共領域
8. 공공公共 350
9. 공의公議 352
10. 공론公論 354
11. 공법公法 356
12. 공민公民 357
13. 국민國民 359
14. 천민天民 363
15. 인민人民 364
16. 입헌立憲 365
17. 헌법憲法 366
18. 헌정憲政 369
19. 자치自治 370
20. 회의會議 372
21. 의회議會 374
22. 의원議院 375

권리權利
23. 권리權利 376
24. 이권利權 381
25. 자주지리自主之理 382
26. 자주지권自主之權 382
27. 주권主權 386
28. 인권人權 389
29. 공권公權 390
30. 사권私權 391
31. 의무義務 391

개인個人
32. 개인個人 394
33. 개인주의個人主義 396
34. 소기小己 397
35. 무뢰無賴 399
36. 요닉幺匿 399

사회社會
37. 군群 401
38. 군학群學 403
39. 합군合群 405
40. 군중群衆 406
41. 사회社會 408
42. 회會 412
43. 사회私會 415
44. 공회公會 417
45. 사회주의社會主義 421
46. 사회학社會學 422

민족국가民族國家
47. 천하天下 424
48. 국가國家 427
49. 만국萬國 431
50. 세계世界 433
51. 세기世紀 436
52. 국제國際 437
53. 영토領土 438
54. 민족民族 438
55. 민족주의民族主義 442
56. 제국주의帝國主義 443
57. 민족제국주의民族帝國主義 445

민주民主
58. 민주民主 446
59. 민정民政 449
60. 민권民權 451
61. 공화共和 455
62. 합중合衆 459

경제經濟
63. 경세經世 462
64. 경제經濟 464
65. 부강富强 467
66. 생계生計 470
67. 평준平準 471
68. 계학計學 472

과학科學
69. 과학科學 474
70. 격치格致 477
71. 지식知識 481
72. 상식常識 483
73. 미신迷信 485
74. 기술技術 487
75. 학교學校 488
76. 학당學堂 490
77. 진보進步 492
78. 진화進化 493
79. 생산력生産力 494

혁명革命
80. 혁명革命 495
81. 개량改良 499
82. 개혁改革 502
83. 반동反動 504
84. 경쟁競爭 506
85. 투쟁鬪爭 507
86. 계급階級 508
87. 평등平等 510
88. 평행平行 514
89. 자유自由 515
90. 독립獨立 519
91. 집산주의集産主義 520
92. 공산주의共産主義 520

부록 1.   근현대 정치용어 100선

1. 부록 1에는 모두 92개의 중국 근현대 정치용어가 수록되어 있다. 가오차오췬이 정리하고, 당대중국문화연구센터의 연구원들이 검토 수정·편집 배열했으며, 용어 목록을 만들어 검색이 편리하도록 하였다.

2. 편집방식은 이 책의 본문에서 다루었던 10대 기본 관념에 의거하여 유사어나 관련 용어의 순서에 따라 10개 조로 나누었다.

3. 개별 용어의 전통적 용법은 모두 한어대사전편찬위원회 한어대사전편찬처 편찬, 뤄주펑羅竹風 주편의 《한어대사전》(上海: 漢語大詞典出版社, 1997)에서 1830년 이전 해당 단어의 예문 그리고 본문에서 논의한 내용과 관련된 단어를 선택했다. 1830년 이후 의미의 분석은 〈데이터베이스〉 수록 문헌(부록 3 참조)에 의거하였다. 주요 용어는 대부분 1895년 이전, 1895년부터 1900년, 1990년부터 1915년, 1915년 이후의 네 시기로 구분하였고, 일부 용어는 간략한 의미와 관련예문만 제시하였다. 《한어대사전》 또는 기타 저작 중 관련 해석에 차이가 있거나 좀 더 상세한 설명이 필요할 경우에는 주석을 달았다.

4. 독자들의 검색 편의와 지면 절약을 위해 예문의 출처는 보통 저자, 서명/편명, 발표 시기, 권 호 및 페이지만 명기하고 중복인용 시에는 간략히 표기했다. 상세한 출판사항은 부록 및 참고문헌을 참조할 수 있다.

이성 理性

01 천리天理

● **전통적 용법**

1) 천도天道·자연법칙을 가리킨다.
2) 송대 성리학자는 유교윤리를 영원하고 객관적인 도덕법칙으로 보고 '천리天理'라 불렀다. 또한 넓게는 도의道義를 가리킨다.
3) 천성天性.[1]

● **1830~1895년의 주요 용법**

이 시기 '천리'는 대부분 전통적 의미로 사용되었으며, 도덕의 근거를 지칭하거나 넓게 도의를 가리켰다.

> 예) 臣又嘗剀切札論各屬, 以地方官辦理命盜案件. 如有故勘致死, …… 卽使倖逃法網, 天理必不能容. 林則徐, 〈覆奏查辦災賑情形疏〉, (道光13年 10月 29日, 1833), 盛康 輯, 《皇朝經世文編續編》卷45, 〈戶政17·荒政中〉, 4871쪽.

《만국공법》에서는 '상제의 법上帝之法'과 '천리'를 같은 것으로 인식했다.

> 예) 本唐氏門人有云, 所謂法者, 或自一人而出, 或自數人公議而出, 並有刑典, 以令人遵守. 是以性法, 卽天理, 當稱爲上帝之法也. 至各國之律法, …… 所以稱之曰法, 特借字而已. Henry Wheaton, 丁韪良(W. A. P. Martin) 主譯, 《萬國公法》(1864) 卷1, 第1章 第10節, 11쪽.

● 1895~1900년의 주요 용법

기본적으로 이전의 용법이 계속 사용되지만, '천리'가 포괄하는 내용이 이전보다 풍부해져 서구의 정치와 윤리 원칙들이 포함되었다.

예) 侵人自由者, 斯爲逆天理, 賊人道. 其殺人傷人及盜蝕人財物, 皆侵人自由之極致也. 故侵人自由, 雖國君不能, 而其刑禁章條, 要皆爲此設耳. 嚴復, 〈論世變之亟〉(1895), 王栻 主編, 《嚴復集》 第1冊, 3쪽.

예) 是故婦女之出門晉接, 與自行擇配二事, 實爲天理之所宜, 而又爲將來必至之俗. 嚴復, 〈論滬上創興女學堂事〉(1898), 《嚴復集》 第2冊, 470쪽.

● 1900~1915년의 주요 용법

기본적으로 과거의 용법이 계속되나, '천리'의 포괄 범위가 지속적으로 확대되었다.

예) 自治之界說曰, 自治之制天理也, 公例也. 操自由之權, 順自然之勢, 人不得而干涉束縛之, 此之謂自治. 邇園, 〈論民族之自治〉, 《揚子江》(1904), 張枬, 王忍之 主編, 《辛亥革命前十年間時論選集》 第1卷 下冊, 954쪽.

이 밖에 '천리'는 자주 '인력人力'과 대칭적으로 거론되었고, 간혹 '인력'이 더 중요하다고 여겨졌다.

예) 說者謂日本甲午之役, 依戰勝公理, 應得旅順, 而卒不能. 因而知韓國受此困逼, 實以弱肉強食之時, 可恃者非天理也, 惟人力耳. 〈論日本侵韓(驛英國六月甫里報)〉, 《外交報》 第56期(1903. 9. 16), 《外交報彙編》 第6冊, 433쪽.

그 밖에 이따금 도덕과 무관한 객관적 법칙을 지칭하는 데 사용되었다.

예) 原夫經濟現象之爲天理所左右, 非如物理現象之爲天理所左右之易也. 經濟現象, 且多少受人心之制馭. 因競爭而受其左右者, 事所常覯, 見天理之效驗常難. 太邱, 〈斥新民叢報駁土地國有之謬〉, 《民報》 第17號(1907. 10. 25), 9쪽.

● 1915년 이후의 용법

1915년 이후 '천리'는 비교적 적게 사용되며, 일반적으로 광범위하게 도의를 지칭한다. 보편적인 원리를 가리키는 데 사용될 때, 간혹 그 도덕적 함의는 비교적 약했다. 예를 들어 '우승열패優勝劣敗'를 '천리'라 부르면서 '공리'와 동일시했다.

> 예) 則此强國本優勝劣敗之天理, 兼弱攻昧之正義, 滅其國而有之, 誰曰不宜. 德意志人謂德國之兼倂世界爲合乎公理, 謂世界之被德國征服爲光榮. 語雖近夸, 實含至理. 劉叔雅, 〈歐洲戰爭與靑年之覺悟〉, 《新靑年》 第2卷 第2號(1916. 10. 1), 4쪽.

그러나 이러한 용법은 아주 적게 발견된다.

이 밖에 옛날의 '천리'는 비판당했다.

> 예) 名分主義的壞處, …… 是沒有是非心, 他們也常說是非兩字, …… 他們看尊卑是個天理, 卑輩若用了人欲去同尊輩抗爭, …… 卽是以欲傷理, 已先錯了, 便該受罰, 至於所以抗爭的緣故, 就不必問了. 顧誠吾, 〈對於舊家庭的感想〉, 《新潮》 第1卷 第2號(1919. 2. 1), 163쪽.

본래 '천리'에 합당했던 행위가 현재에는 '천리'에 맞지 않게 되는 경우를 가리킨다.

> 예) 我以爲我們今日若要作具體的貞操論, 第一步就該反對這種忍心害理的烈女論. 要漸漸養成一種輿論, 不但不把這種行爲看作猗歟盛矣, 可旌表褒揚的事, 還要公認這是不合人情, 不合天理的罪惡, 還要公認勸人做烈女, 罪等於故意殺人. 胡適, 〈貞操問題〉, 《新靑年》 第5卷 第1號(1918. 7. 15), 7쪽.

후스가 객관적 자연법칙이라는 의미에서 '천리'를 사용하였다.

> 예) 科學律例是人造的 …… ─ 不是永永不變的天理, ─ 天地間也許有這種永永不變的天理, 但我們不能說我們所擬的律例就是天理, 我們所假設的律例不過是記載我們所知的一切自然變化的速記法. 胡適, 〈實驗主義〉, 《新靑年》 第6卷 第4號(1919. 4. 15), 344쪽.

● 기타

'천리당天理堂.' 웨이위안이 기독교회를 '천리당'으로 번역한 적이 있으나 상용되지는 않았다.

> 예) 歐羅巴國 …… 國中又有天理堂, 選盛德宏才無求於世者主之. 凡國家有大擧動, 大征伐, 必先質之此堂, 問合天理與否, 擬以爲可, 然後行之. 魏源, 〈大西洋各國總沿革〉(1852), 《海國圖志》卷37, 〈大西洋〉, 中冊 1100쪽.[2]

02 실리實理

진실한 원리를 가리킨다.[3] 〈데이터베이스〉에서 자주 발견되지는 않으며, 그 사용빈도가 가장 높은 시기는 1890년으로 캉유웨이의 《실리공법전서實理公法全書》에서 비교적 많이 사용되었다. 최초로 등장한 것은 1837년이다.

> 예) 自上帝生民, 未有若大淸年間之敎化. …… 弟仰皇上帝之垂顧, 推廣善道正敎. 願諸國居民能知眞道, 且領實理矣. 愛漢者, 〈史記和合綱鑒〉(道光丁酉年 7月, 1837), 《東西洋考每月統記傳》, 253쪽.

과학적 증명과 실험 과정을 거친 원리를 가리키는 데 사용되며 다음과 같은 용법이 가장 자주 발견된다.

> 예) 但古今天文家, 從未有窺見行星與太陽有分毫差亂者, 此造化之妙也. 近今之人用各法試之, 甫能測度求其實理. 傅蘭雅, 〈力儲於煤說〉, 《格致彙編》第1冊(1876. 5). 7쪽.

캉유웨이는 《실리공법전서》에서 '실리'의 '실實'을 다음의 세 가지 함의로 인식하고 있으며, 이 책에서 '실리'와 '공리'의 함의는 매우 유사하게 사용되었다.

예) 有實測之實. 格致家所考明之實理是也.

예) 有實論之實. 如古時某敎如何敎人, 則人之受敎者如何, 某國如何立法, 則人之受治者 如何. 其功效高下, 皆可列爲表, 而實考之.

예) 有虛實之實. 如出自幾何公理之法則其理較實, 出自人立之法則其理較虛. 又幾何公 理所出之法, 稱爲必然之實, 亦稱爲永遠之實, 人立之法, 稱爲兩可之實. 康有爲,《實理公 法全書》,〈實字解〉(1890), 朱維錚 編校,《康有爲大同論二種》, 5쪽.

진실한 상황을 가리킨다.[4]

예) 論軍機大臣等, 著英奏設法籌辦夷務, 漸有條理一摺, 覽奏俱悉. 所論夷使各條, 正大 得體, 亦是實理, 甚屬可嘉.〈廷寄答著英摺著曉諭法使中國並未禁天主敎〉(1844. 11. 7), 故宮博物院 編,《籌辦夷務始末(道光朝)》卷72, 1514~1515쪽.

03 자연지리 自然之理

〈데이터베이스〉에서 자주 발견되지 않는다. 1833년 최초로 등장하였고 1896년 가장 많이 사용되었다. 반드시 증명할 필요가 없는 보편적인 원리를 가리키며, 일반적으로 자연현상에서 도출된 법칙 등을 가리킨다.

예) 蓋上者源也, 下者流也. 上者表也, 下者影也. 表端則影正, 源潔則流淸, 自然之理也. 愛漢者,〈漢土帝王歷代 — 西天古傳歷記·洪水之先〉(道光癸巳年 6月, 1833),《東西洋 考每月統記傳》, 5쪽.

간혹 경제 사항 중 사람의 의지를 통해 바꿀 수 없는 법칙을 가리킨다.

예) 至于紋銀載出載入, 不可管束. 設使銀起價, 所載入者繁多. 落價, 所載出者不勝數. 此乃自 然之理, 則不可查禁也. 愛漢者,〈貿易〉(道光戊戌年 3月, 1838),《東西洋考每月統記傳》, 344쪽.

또는 사람의 본성에서 파생된 결과를 가리킨다. 도덕적·학문적 근거를 지칭하는 데 사용된다.

> 예) 於此可見作事爭先之理, 皆由人之本性而來. 凡事之假借, 而不本自然之理者, 止能行於暫時, 不能經久. 爭先根於人之本性, 故歷久暫而不變也. 傅蘭雅(John Fryer) 口譯, 應祖錫 筆述, 《佐治芻言》第41節, 8쪽.

간혹 '자연지리'와 명교名敎가 구분되기도 하는데 이러한 용법은 자주 발견되지 않는다.

> 예) 有天地自然之理, 有人所立之義, 人當深察. 夫天地自然之理, 不可以人所立之義自囿也. 雖聖人亦有所不知不能. …… 格致氣質之學, 希天者也. 束敎囿習之士, 希聖者也. 希聖不如希天, 名敎不如自然. 〈達化齋日記〉, 《遊學譯編》第8冊(1903. 6. 10), 5쪽.

국제법 영역에서 상용되었고 국제법적 근거와 유래를 가리킨다.

> 예) 局外之旗, 不能護敵國之貨. 戰者之旗, 不能使局外之貨, 變爲敵貨. 此乃公法自然之理也. 丁韙良 主譯, 《萬國公法》卷4, 第3章 第22節, 51쪽.

1903년 어떤 이는 '자연의 원리'가 바로 '공리'라고 지적했다.

> 예) 公理者, 自然之理. 人心之所同會, 不待試驗, 自然可知, 而彼亦固自居於經驗之外. 其範圍至廣, 其理普遍, 無所不在也. 君武, 〈彌勒約翰之學說(續三十號)〉, 《新民叢報》第35號(1903. 8. 6), 9쪽.

04 공리 公理

● **전통적 용법**

사회에서 공인되는 정확한 원리를 가리킨다.[5]

● **1830~1895년의 주요 용법**

1895년 이전 국제교섭에서 자주 사용되었다. 보편적 원리나 공공의 원리를 가리키며 선교사들이 주로 사용하였다. 주요 용법은 다음의 세 가지로 구분된다.

1) 자연계의 보편원리를 가리킨다. 〈데이터베이스〉에서는 1857년 최초로 등장하는데, 주로 선교사가 현대 자연과학 서적을 소개할 경우에 사용하였다.

> 예) 阿利斯多言平圓之動, 爲宇宙之公理. 多祿氏從其說不疑, 故作此繁重之法, 以釋平圓之理, 以合諸星之行. 偉烈亞力(Alexander Wylie), 〈西國天學源流(續)號〉, 《六合叢談》 第1卷 第10號(1857. 10. 18), 8쪽.

1877년에 '공리'는 경제 업무에 사용되었다.

> 예) 總之天下之事, 俱靠萬物之公理. 如順萬物之公理而做事, 則合於天命, 而其人必興旺. 如逆萬物之公理而做事, 則不合於天之意, 其人何盼望能與天相爭而强其理乎. 傅蘭雅, 〈貿易穩法〉, 《格致彙編》 第2冊(1877. 8). 8~9쪽.

2) 국제교섭에 사용되며 국제법적 근거를 지칭하는 경우가 많고, 가끔 각국에서 공인되고 통용되는 원칙이나 원리 등을 지칭했다. 이러한 용법은 1880년대 이후 여러 차례 발견된다.

> 예) 有公法師美納爵等, 所著之書論古時羅馬律法與現在公法之相關, 俱憑天然公理, 並邦交之道. 故此論內可言其大略, 查公法有天然之公理, 爲各國交涉所不可不守, 凡守公法之國彼此俱爲平等. Robertson, 傅蘭雅·汪振聲 同譯, 〈論古今公法之沿革〉, 《公法總論》 (1880), 求自强齋主人 輯, 《西政叢書》, 2쪽.

3) 때로는 보편적 원리를 가리키면서 '천리'의 뜻과 유사하게 사용되거나, 때로는 공공영역의 원리를 지칭하여 그 의미가 '공론公論'과 유사하다.

> 예) 從前民間擧動, 雖合公理, 順人心, 苟與政府意見相背, 小則斥爲惑衆, 大則指爲叛逆. …… 若設議院, 則公是公非, 奸佞不得弄權, 庸臣不得誤國矣. 鄭觀應, 〈附論答某當道設

議院論〉,《盛世危言》(1893), 55쪽.

● 1895~1900년의 주요 용법

보편적 원리나, 공공의 원리를 가리킨다. 주요 용법은 다음의 세 가지이다.

1) 중국과 서양에서 보편적으로 적용되는 원리를 가리키며, 때로는 중국과 서양이 함께 받아들이고 준수하는 원리를 말하기도 하는데, 전자의 용법이 비교적 많이 나타난다.

예) 夫理者天下之公理也, 法者天下之公法也. 無中西也, 無新舊也. 行之于彼則爲西法, 施之自我則爲中法矣. 得之今日則爲新法, 徵之古昔則爲舊法矣. 陳繼儼,〈論中國拘迂之儒不足以言守舊〉,《知新報》第54冊(1898. 5. 30), 2쪽.

'공리'는 정치·법률의 정당성의 근거를 가리킨다.

예) 公理者, 唐虞三代君民共有之權衡也. 民宅于器曰公器, 器舟于法曰公法, 法權于心曰公心, 心萬于理曰公理. …… 故公理有止行其國者, 英美是. 有其國參差者, 法德奧日本是, 有其國豪無公理者, 俄土是. 唐才常,〈論各國變通政教之有無公理〉, 史學第三,《湘學新報》(1897. 5. 31), 16, 19쪽.

'공리'는 때로 '천리'와 혼용되며 그 함의가 매우 유사하다.

예) 朱晦庵之序中庸章句也, 曰 …… 則天理卒無以勝人欲之私. 必存養省察, 使道心常爲一身之主, …… 此與斯多噶 …… 又若相合. …… 通而論之, 中外古今言天人之際者, 不外二家, 一出於敎, 一出於學. 敎則以公理屬天, 私欲屬人, 學則以向力屬天, 而尙德屬人. 言學者在在期於征實. 嚴復 譯,〈天演論手稿〉, 論16,《嚴復集》第5冊, 1472~1473쪽.

2) 공중公衆이 인정하는 원리·공론을 가리킨다.

예) 吾蓋觀今日五洲各國之大局 ……. 凡無爭競之端者, 事靡不成, 國靡不治. 非然者, 其事必敗, 其國必亡. 是何也, 曰, 天下有一定之公理, 人心有一偏之私見. 順其公理, 泯其私心. 而後可言興利, 可言除弊. 鄒永江,〈說黨〉, 江標 編校,《沅湘通藝錄》(1897) 卷4,

〈掌故〉, 170쪽.

3) 도덕과는 관계가 적은 정확한 원리를 말한다. 예를 들면 변법變法, 우승열패優勝劣敗·합군合群·진화進化 등과 같은 '공리'의 체현을 가리킨다.

예) 且會也者, 生人之公理不可無也. 譚嗣同, 《仁學》(1896), 蔡尚思·方行 編, 《譚嗣同全集》增訂本, 下冊, 347쪽.

예) 故大變者, 古今之公理也. 梁啓超, 《變法通義》〈自序〉(1896), 林志鈞 編, 《飮冰室文集之一》第1冊, 1쪽. 憑優勝劣敗之公理, 劣種之人, 必爲優種者所吞噬所朘削, 日侵月蝕, 日漸月滅, 以至於盡, 而世界中遂無復此種族. 任公, 〈論變法必自平滿漢之界始(未完)〉, 《淸議報》第1冊(1898. 12. 23), 1쪽.

● 1900~1915년의 주요 용법

기본적으로 1895년 이후의 용법이 이어지며 주요 용법은 다음의 네 가지이다.

1) 반드시 증명할 필요가 없는 보편적 원리, 자연과학에 많이 사용되며, 때로는 사회과학에 사용된다. 다음은 모두 량치차오의 예문이다.

예) 生計學公理, 必生利者衆, 分利者寡, 而後國乃不蹶.

예) 惟其早熟早老, 故不得不早婚. 則乙爲因而甲爲果. 以早婚之故, 所遺傳之種愈益早熟早老, 則甲爲因而乙爲果. 社會學公理, 凡生物應於進化之度, 而成熟之期, 久暫各異. 梁啓超, 〈新民議〉(1902), 《飮冰室文集之七》第3冊, 111, 107쪽.

2) 도덕과 관계가 크지 않은 정확한 원리로 주로 '우승열태'의 진화 '공리'를 가리킨다. 1901년 량치차오는 '우승열태'는 도덕 준칙에 부합하지는 않지만 진실이기 때문에 이 또한 '공리'라고 보았다.

예) 自有天演以來, 卽有競爭. 有競爭則有優劣, 有優劣則有勝敗. 於是强權之義, 雖非公理而不得不成爲公理. 梁啓超, 〈國家思想變遷異同論〉(1901), 《飮冰室文集之六》第3冊, 20쪽.

그러나 이처럼 부득이하게 강권이 공리가 될 수밖에 없다고 말하는 용법은 그다지 자주 나타나지 않으며, 몇몇 사람들은 '공례公例'와 '공리'의 구분으로 이러한 충돌을 해결하고자 하였다.

예) 總之, 大同者, 不易之公理也, 而天演者, 又莫破之公例也. 公理不可刹那棄, 而當公例不能瞬息離. 公理固可實愛, 而公例非能避棄. 當事者亦惟循天演之公例, 以達大同之公理耳. 君平, 〈天演大同辨〉, 《覺民》第9·10期合本(1904), 《辛亥革命前十年間時論選集》第1卷 下冊, 874쪽.

3) 평등·자유 등의 가치 준칙이나 그 근거를 지칭하며, 비교적 강한 도덕적 함의를 지닌다.

예) 案吾中國舊俗, 父母得鬻其子女爲婢僕, 又父母殺子, 其罪減等. 是皆不明公理, 不尊重人權之所致也. 梁啓超, 〈盧梭學案〉(1901), 《飮冰室文集之六》第3冊, 102쪽.

'공리'는 세계에 보편적인 특징을 갖추고 있어, 보통의 과학 상식을 통해 추론이 가능한 것으로 여겨졌다. 1907년 이후 아나키스트들은 이를 새로운 사회조직에 관한 청사진의 근거로 삼기도 하였다.

예) 科學公理之發明, 革命風潮之澎漲, 實十九二十世紀人類之特色也. 此二者相乘相因, 以行社會進化之公理. 蓋公理卽革命所欲達之目的, 而革命爲求公理之作用. …… 若新世紀之革命則不然. 凡不合於公理者皆革之, 且革之不已, 愈進愈歸正當. 〈新世紀之革命〉, 《新世紀》第1期(1907), 《辛亥革命前十年間時論選集》第2卷 下冊, 976쪽.

이러한 '공리'관은 '우승열태'의 강권적 '공리'관을 비판하였다.

예) 强者恃兵, 富者恃財. 有兵然後有强弱之分, 有財然後有貧富之分. …… 是則富强二字, 非惟爲人之大敵也, 且爲公理之大敵. 申叔(劉師培), 〈廢兵廢財論〉, 《天義報》第2期(1907), 《辛亥革命前十年間時論選集》第2卷 下冊, 900쪽.

장타이옌은 '공리'와 '천리'를 유사한 것으로 보았으나, 사람에 가하는 속박은 '천리'가 보다 강한 것으로 인식하였다. 그는 '공리'는 공공의

의지에서 나오는 것이 아니라, 특정 개인이 믿는 학설이나 보편적 원리에서 나오는 것으로 보았다.

> 예) 驟言公理, 若無害矣. 然宋世言天理, 其極至於錮情滅性, 烝民常業, 幾一切廢棄之. 而今之言公理者, 于男女食飮之事, 放任無遮, 獨此所以爲異. 若其以世界爲本根, 以陵藉個人之自主, 其束縛人, 亦與言天理者相若. 彼其言曰, 不與社會相扶助者, 是違公理, 隱遁者, 是違公理, 自裁者, 是違公理. 其所謂公, 非以衆所同似爲公, 而以己之學說所趣爲公. 然則天理之束縛人甚于法律, 而公理之束縛人又幾甚于天理矣. 太炎,〈四惑論〉,《民報》第22號(1908. 7. 10), 2쪽.

4) 공적 영역의 원리, 즉 공공의지의 체현을 가리킨다. 이러한 용법은 1915년 후반이 되면 거의 나타나지 않는다.

> 예) 公共應由公推才德俱優, 位尊望重之紳爲監督, 管理一切事宜, 並按季親臨考試一次, 以覘學之勤惰.〈江西明達公學緣起〉,《知新報》第110冊(1900. 1. 1), 11쪽.

> 예) 嚴申洋煙鴉片賭之禁, 獎勵忠信篤敬之人, 務令各明公理, 各存公德, 各謀公益, 講求農工商業, 勸勉節儉興學. 吳劍豐,〈候選道吳劍豐條陳改良財政言路吏治學務陸海軍警察等六事呈〉(道光33年 3月 13日, 1907), 故宮博物院明淸檔案部 編,《淸末籌備立憲檔案史料》上冊, 197쪽.

● **1915년 이후의 용법**

주로 다음의 두 가지 용법으로 사용된다.

1) 반드시 증명할 필요가 없는 법칙을 가리키며, 주로 자연과학에 사용된다. 1920년 량치차오의 언급을 예로 들 수 있다.

> 예) 幾何公理所謂各分之和等於其全量也. 梁啓超,〈墨經校釋〉(1920), 林志鈞 編,《飮冰室文集之三十八》第10冊, 61쪽.

2) 평등·자유 등과 같은 가치 준칙 및 그 근거를 가리킨다. 신문화운동 초기 주로 '강권' 공리관과 대립적으로 사용되었다.

예) 今之持强權之說者, 以爲此天演公理也. 不知天擇之上, 尙有人擇. 天地不仁, 故弱爲强食. 而人擇則不然, 人也者, 可以勝天者也. 吾人養老而濟弱, 扶創而治疾, 不以其老弱殘疾而淘汰之也, 此人之仁也. 胡適, 〈藏暉室箚記(續前號)〉, 《新靑年》第3卷 第5號 (1917. 7. 1), 5쪽.

신문화운동 이후 '공리'는 보통 의미 없는 말로 여겨지고, 실제적 사용처가 거의 없어지는데 이러한 용법은 〈데이터베이스〉 속에서 매우 자주 발견된다.

예) 巴黎的和會, 各國都重在本國的權利. 甚麽公理, 甚麽永久和平, 甚麽威爾遜總統十四條宣言, 都成了一文不值的空話. 隻眼, 〈兩個和會都無用〉, 《每週評論》第20期(1919. 5. 4) 第3版.

● 기타

'공리가公理家.' 주로 1897년에서 1903년까지 사용되며, 보편적 원리를 연구하는 외국인·철학자 등을 가리킨다.

예) 聞之公理家之言曰, 權也者, 合事與利言之者也. 舉天下之人, 各事其事, 各利其利, 是謂人人有自主之權, 是謂民權. 陳繼儼, 〈伸民權卽以尊國體說〉, 《知新報》第61冊 (1898. 8. 8), 2쪽.

05 공례公例

보편적 원리, 일반적 법칙을 지칭하며, 구체적 사안 중에 귀납적으로 도출되는 보편적 법칙을 주로 가리킨다. 〈데이터베이스〉에서는 옌푸의 사용이 가장 많으며, 전체 사용빈도의 대략 절반을 차지하고 있다.

1895년 이전에는 주로 다음의 두 가지 용법으로 사용되었다.

1) 자연계의 보편적 원리, 주로 선교사가 소개한 현대 자연과학 서적에서 사용되었다. 〈데이터베이스〉에서는 1877년에 최초로 사용되었다.

> 예) 向心吸力之公例, 曉格致者無不知之. 傅蘭雅, 〈潮汐論〉, 《格致彙編》 第2冊(1877. 10), 7쪽.

2) 각국이 승인한 국제법적 관례를 가리킨다. 최초로 나타나는 것은 1872년으로 이러한 용법은 비교적 자주 발견된다.

> 예) 嗣後該國如遣使來華換約, 自應以禮接待. 若仍續求改約, 則是顯違各國公例, 應卽不與接待矣. 〈大學士直督李鴻章奏日本續派使臣來津求改約情形摺〉(1872. 7. 5), 故宮博物院 編, 《籌辦夷務始末(同治朝)》 卷86, 44쪽.

1895년 이후에는 상술한 두 가지 용법이 계속적으로 사용되었다. 국제법상에서 더 강조한 구체적 관례와 규정은 '정법正法'과는 다른 '편법便法'이었다.

> 예) 何義, 曰, 凡各國能自主而分所當爲之事曰正法, 有因各國交涉多年, 漸生規利, 稍爲變通, 是曰公例, 亦曰便法. 唐才常, 〈交涉學第四〉, 《湘學新報》(1897. 6. 30), 34쪽.

더욱 자주 사용된 것은 다음의 세 가지 의미이다.

1) 자연과학이나 사회과학의 구체적 기본 원리를 가리킨다.

> 예) Economic Laws何不可稱計學公例, Economic problems何不可云食貨問題, 卽若 Economic Revolution亦何不可言貨殖變革乎. 嚴復, 〈與梁啓超書(三)〉(1902), 《嚴復集》 第3冊, 518쪽.

2) 생존경쟁과 자연도태의 진화론 등을 가리킨다. 이러한 함의에서 '공례'가 '공리'보다 상용되었는데, '공례'와 도덕과의 관계는 비교적 거리가 있었기 때문이다.

> 예) 夫物競天擇, 優勝劣敗(此二語群學之通語, 嚴侯官譯爲, 物競天擇, 適者生存, 日本譯爲, 生存競爭, 優勝劣敗. 今合兩者並用之, 卽欲定以爲名詞焉), 此天演學之公例也. 梁啓

超,〈自由書〉(1899),《飲冰室文集之二》第2冊, 23쪽.

3) 증명이 필요 없고, 보편적으로 적용 가능한 법칙을 가리킬 경우에는 보통 '자연공례'로 사용되었다.

> 예) 此段所指之自然公例, 卽道家所謂道, 儒先所謂理, 易之太極, 釋子所謂不二法門, 必居於最易最簡之數, 乃足當之. John S. Mill, 嚴復 譯,《穆勒名學》〈部丙 篇4〉,〈論自然公例〉(1905), 276쪽.

1905년, '공례'의 사용빈도가 최고조를 이루며, 주요 원인은 옌푸의 《밀 논리학[穆勒名學]》의 출판 때문이다. 이후 '공례'는 비교적 적게 사용된다.

06 진리 眞理

● 전통적 용법

가장 순수하고 진실한 도리, 불교에서 불법을 가리킬 때 자주 사용된다.[6]

● 1830~1895년의 주요 용법

주로 선교사가 사용하였으며, 종교의 이치나 과학논리로 실증된 원리를 가리킨다.

> 예) 惟人能居仁由義, 注存積善, 眞爲自主. 然欲成之, 必信救主耶穌, 曰, 恒於吾道者, 誠我門生也. 如是可知眞理, 又眞理將釋爾, 可爲自主也. 此是天下之正道, 天下之定理矣. 愛漢者,〈自主之理〉(道光戊戌年 3月, 1838),《東西洋考每月統記傳》, 246쪽.

특히 과학논리로 실증된 원리라는 의미는 '격치'를 논하는 글과 서적에서 자주 나타난다.

> 예) 粤稽明朝萬曆前後, 有英士名倍根者, 官至吏部尙書, 始立格學正法, 以敎人指明其

路, 初求達道以至眞理. 慕維廉,〈格致新法總論〉,《格致彙編》第1冊(1877. 3), 14쪽.

● 1895~1900년의 주요 용법

이 시기에는 사용하는 사람이 비교적 적었으며, 주로 과학논리로 실증되는 원리를 가리킨다.

> 예) 若哲學心學群學者, 並所硏究之客體, 而亦非空也. 雖然, 此等無形之學科, 其發明眞理, 固自不易. 以故前此之治此業者, 其所持論, 自往往類於空漠無朕. 梁啓超,〈自由書〉, 92쪽.

국제법상의 근거에도 사용되었지만 자주 발견되지는 않는다.

> 예) 符以特亦云, 如各國因慣行之事, 而成爲新法. 倘與眞理相反者, 則不能謂之交涉公法. 而爲大壞人心風俗之事. 蘇阿累司云, 所有論各國分所當得之事, 斯爲眞律法, 乃近於天然之律法, 比之國律法更爲切近, 所以不能不合於天然之公理也. Robert Phillimore 撰, 傅蘭雅 口譯, 俞世爵 筆述,《各國交涉公法論初集》(1896), 卷1, 張蔭桓 輯,《西學富强叢書》第33欶, 4쪽.

● 1900~1915년의 주요 용법

1903년 전후 '진리'의 사용빈도는 첫 번째 고점을 이룬다. 주로 과학논리로 실증된 원리를 가리킨다.

> 예) 達爾文新說之出於世也, 耶穌敎徒視之如讐, 如數百年前反對地動說之故事, 出全力以抗之. 蓋以其論與舊約創世記所謂上帝以七日造成人物之說不相容也. 雖然, 眞理者最後之戰勝, 彼等至今, 已如反舌之無聲矣. 梁啓超,〈天演學初祖達爾文之學說及其略傳〉(1902),《飮冰室文集之十三》第5冊, 18쪽.

'진리'로 새로운 도덕을 지칭하기도 하였다.

> 예) 彼謂宗敎之義, 首於不欺. 而崇信自繇, 爲人類不可奪之眞理. 故信奉皈依, 乃一人本願之事, 斷非他人所得干涉者. 此後世宗敎自繇幸福之所由來也. John S. Mill, 嚴復 譯,《群己權界論》〈首編·引論〉(1903), 9쪽.

아나키스트들은 '진리'를 이상적 사회조직의 근거로 여겼다.

예) 就科學言之, 男女之相合, 不外乎生理之一問題. 就社會言之, 女非他人之屬物, 可徒其所欲而擇交, 可常可暫. 就論理言之, 若夫得殺妻, 則妻亦得殺夫, 若婦不得殺夫, 則夫亦不得殺妻, 若夫得殺妻, 則妻亦得殺妻, 此平等也, 此科學眞理也. 眞, 〈三綱革命〉, 《新世紀》(1907), 《辛亥革命前十年間時論選集》第2卷 下冊, 1020쪽.

● 1915년 이후의 용법

1915년 이후 '진리'의 사용빈도가 증가하는데, 주로 과학적 진리를 가리킨다.

예) 所謂眞理者, 固何指乎. 奧斯伏博士之界說, 則曰眞理者, 預言將來而能取證者也. 靑霞, 〈科學與宗敎(譯美國科學雜誌盎特魯蘭雪洛原著)〉, 《大中華》第1卷 第7期(1915. 7. 20), 8쪽.

'종교의 원리'에도 사용되지만 이러한 용법은 자주 발견되지 않는다.

예) 開會之日, 學生四千人, 群列坐場中, 凝神聽講. …… 旣已聽講, 咸願入聖經班, 以研究耶敎之眞理, 而探討其所以福利國家裨益人民者. 嚴楨, 〈艾迪氏之袁世凱(譯美國世界報艾迪原著)〉, 《大中華》第1卷 第10期(1915. 10. 20), 8쪽.

'진리'를 새로운 도덕의 근거로 사용하는 용법은 비교적 자주 발견된다.

예) 第二當排斥社會已成之道德, 而尊行眞理. 不使不道德之道德, 演成社會種種悲劇. 不然, 雖日言德育, 而道德自身未有進步, 德育烏有進步之可言. 〈通信(記者覆程師葛)〉, 《新靑年》第2卷 第1號(1916. 9. 1), 9쪽.

⁰⁷이성理性

● **전통적 용법**
1) 성정性情의 함양을 가리킨다. 2) 본성本性.[7]

● **1830~1895년의 주요 용법**
1895년 전에는 주로 선교사가 사용했는데 사용빈도는 매우 낮았고, 주로 '격치'와 관련되었다. 1877년에 최초로 등장한다.

> 예) 倍根生於明嘉靖四十一年, …… 彼建立一學, 惟循乎理性與人常有之思慮, 而阻凡有猜度假冒之事焉. 於此, 倍根著格學新法, 其意芟刈荒蕪而播益智之種, 彼才以此放膽之功. 慕維廉, 〈格致新法總論〉, 15쪽.

● **1895~1900년의 주요 용법**
이 시기 '이성'의 사용빈도는 매우 낮다. 〈데이터베이스〉에 겨우 2차례 나타나며 모두 본성을 가리킨다.

> 예) 有如格物以知萬物之理性, 化學以分萬物之原質, 天文以測三光之運旋. 此三者謂之物理. 李佳白, 〈創設學校議〉(1895), 李天綱 編校, 《萬國公報文選》, 579쪽.

● **1900~1915년의 주요 용법**
이 시기에는 사용빈도가 증가하였으며 다음의 여섯 가지 용법으로 사용되었다.

1) 성정의 함양을 가리킨다.

> 예) 故天下之女子, 不學則已, 學則必其可以適用, 可以怡情, 可以理性者. 何則, 彼未嘗有國家之功令章程爲之抑束矯揉也. Adam Smith, 嚴復 譯, 《原富》〈部戊 編1〉, 〈論君王及合衆國之度支〉下冊(1902), 638쪽.

2) 도리를 강구하는 것을 말하나 이러한 용법은 자주 나타나지는 않는다.

> 예) 揆諸理勢, 我若再閟, 則俄必窺我情虛而愈肆恫喝. 各國亦必怒我之不誠, 而頓解約.

從徇一俄而得罪各國, 旣違從衆之議. 强曙一業已離心決無理性之俄, 而激變實心爲我齊心爲我之各國. 使之亦與我離心. 毋乃顚倒太甚, 利害大懸. 王之春, 〈安徽巡撫王之春來電二〉(光緖27年 2月 13日, 1901), 故宮博物院 編, 《淸光緖朝中日交涉史料》卷62, 1187쪽.

3) 감정·감각·본능과 구별(심지어 대립)되는 이지理智를 가리킬 때 사용된다.

예) 凡天然之景物, 過於偉大者, 使人生恐怖之念. 想像力過敏, 而理性因以減縮. 其妨礙人心之發達, 阻文明之進步者實多. 梁啓超, 〈地理與文明之關係〉(1902), 《飮冰室文集之十》第4冊, 113쪽.

1903년 량치차오는 칸트Immanuel Kant의 '이성'에 대한 번역어로 '지혜智慧'를 사용하였다.

예) 案康氏哲學, 大近佛學, 此論卽與佛敎唯識之義相印證者也. 佛氏窮一切理, 必先以本識爲根柢, 卽是此意. …… 康氏乃分其檢點哲學爲二大部, 著二書以發明之. 其一曰Kritik der Reinen Vernunft所謂純性智慧之檢點也(東人譯爲純理性批判). 其二曰Kritik der Praktischen Vernunft所謂實行智慧之檢點也(東人譯爲實理性批判). 前者世俗所謂哲學也, 後者世俗所謂道學也. 而在康氏則一以貫之者也. 梁啓超, 〈近世第一大哲康德之學說〉(1903), 《飮冰室文集之十三》第5冊, 51쪽.

그 외에 '이성'은 보통 욕망과 대립된다.

예) 理性說者, 以道德律爲絶對的命令, 壓抑欲情, 謹守繩尺. 而行動云爲, 一一歸於嚴肅. 其主義蓋全與快樂說相反背. 雲窩, 〈敎育通論緖言(續第7期)〉, 《江蘇》第9·10期合本 (1904. 3. 17), 11쪽.

4) 논리와 추리 능력을 가리킨다.

예) 倍根科學之區分, (一)基於記憶力學科, 卽史學, 政治史, 宗敎史, 天然史. (二)基於想像力學科, 卽文學, 詩歌. (三)基於理性學科, 卽哲學, 物理學, 純正哲學(天然哲學), 倫理學, 政治學(人類哲學), 天然神學, 天啓神學(天神哲學). 侯生, 〈哲學槪論(續前稿)〉, 《江

蘇》第4期(1903. 6. 25), 17쪽.

5) '이성'이 종교·양지와 도덕의 토대임을 강조한다.

> 예) 道德後起者也, 而根本于自然. 亘古迄今變其制事之規則, 而不能變其宰物之眞理. 氏之眞理非虛無所寄, 常存于吾人理性之中. 吾人之知, 卽此理性之所發表者也. 後素, 〈西洋倫理學(蘇格拉第學說第一)〉, 《二十世紀之支那》第1期(1905. 6. 3), 2쪽.

6) '이성'은 역사나 실천의 검증을 거쳐야만 진리가 될 수 있음을 강조한다.

> 예) 雖然, 憲法者, 歷史之産物也. 吾人于前就理性方面立論, 今則漸移而入歷史. 蓋以歷史乃理性之實現, 是故理性苟不能以歷史證之, 不足爲眞理性也, 不過幻想而已. 張東蓀, 〈論憲法之性質及其形式〉, 《庸言》第1卷 第10號(1913. 4. 16), 10쪽.

이 시기, '이성'에 관한 중국인들의 논의는 헤겔Georg W. F. Hegel·칸트·베이컨Francis Bacon, 특히 앞의 두 사람으로부터 온 것이 많았다. 따라서 '이성'의 용법 중 다섯 번째가 가장 보편적인 것이었다.

● 1915년 이후의 용법

1915년 이후 '이성'의 사용빈도가 상당히 증가한다. 주요 용법은 아래의 네 가지로 이 중 첫 번째와 세 번째의 사용빈도가 비교적 높다.

1) 논리와 추리능력을 가리키며, 보통 미신·경험과 대립적으로 사용된다.

> 예) 擧凡一事之興, 一物之細, 罔不訴之科學法則, 以定其得失從違, 其效將使人間之思想云爲一遵理性, 而迷信斬焉, 而無知妄作之風息焉. 陳獨秀, 〈敬告靑年〉, 《新靑年》第1卷 第1號(1915. 9. 15), 6쪽.

2) '이성'이 종교·양지와 도덕의 토대임을 강조한다.

> 예) 眞正的道德是有理性的, 適於當時的, 助社會進化的, 決不是專守着死板板的具體條件, 去範圍一切. 如此說來, 種種陳腐遺跡, 違背理性的僞善, 必將漸漸天然淘汰, 是無可疑的了. 俞平伯, 〈我的道德談〉, 《新潮》第1卷 第5號(1919. 5. 1), 886쪽.

3) 감정·감각·본능과 구별되는(심지어 대립되는) 이지를 지칭한다.

　예) 人的精神作用, 粗略說來, 可分爲理性情感兩大宗. 判斷殊種文學的殊種價値, 全就他 對於這兩種精神作用, 引起的效果, 作爲標準. 傅斯年, 《樣做白話文》, 《新潮》第1卷 第2 號(1919. 2. 1), 181쪽.

4) '이성'은 실천의 검증을 거쳐야 함을 강조한다.

　예) 這是詹姆士的新心理學的重要觀念, 從前經驗派和理性派的種種爭論都可用這種心理 學來解決調和. …… 古人所說的純粹理性和純粹思想都是把理性和思想看作自爲首尾自 爲起結的物事, 和實用豪無關係, 所以沒有眞假可說, 沒有是非可說, 因爲這都是無從證 明的. 現在說知識思想是應用的, 看他是否能應用就可以證實他的是非和眞假了. 胡適, 〈實證主義〉, 350~351쪽.

공적
영역

⁰⁸ 공공公共

● **전통적 용법**

1) 공유의·공공의. 2) 공중公衆. 3) 공동公同.⁸

● **1830~1895년의 주요 용법**

1) 공동으로 소유하는 것을 가리킨다.

> 예) 姚嘉因有與胞弟姚六公共書館一所, 地處隱僻. 顏伯燾,〈閩浙總督顏伯燾等奏復審煙犯姚嘉案〉(1842. 3. 1), 郭廷以 主編,《道光咸豐兩朝籌辦夷務始末補遺》, 4쪽.

2) 공동.

> 예) 凡有衆人相聚成會, 無論其會爲大爲小, 必有公共之性情公共之意見. 則往來交接, 彼此俱覺合宜. 傅蘭雅 口譯, 應祖錫 筆述,《佐治芻言》, 2쪽.

중국과 서양 사이에 사용되기도 하는데 이러한 용법은 1890년대에 자주 등장한다.

> 예) 夫西人之商政兵法造船製器及豐漁牧礦諸務, 實無不精. 而皆導其源於汽學光學電學化學, 以得御水御火御電之法. 斯殆造化之靈機, 無久而不洩之理, 特假西人之專門名家以闡之, 乃天地閒公共之理, 非西人所得而私也. 薛福成,〈西法爲公共之理說〉(1890),《庸庵海外文編》卷3, 321쪽.

공중公衆을 지칭하기도 하는데 이는 자주 나타나지는 않는다.

● 1895~1900년의 주요 용법

주로 사회·단체·중인衆人 등을 가리킬 때 사용된다.

> 예) 泰西之爲政也, 有守經之黨, 有達權之黨, 而近今數十年來未嘗有黨禍者, 由其正誼明道, 而非邇言是爭也. …… 蓋其視所議之政爲公共之政, 公則以衆爲歸也, 所議之事爲公共之事, 公則以衆爲斷也, 惟其正誼明道故也. 何啓·胡禮垣, 〈新政安行〉(1898),《新政眞詮四編》, 鄭大華 點校,《新政眞詮(何啓·胡禮垣集)》, 304쪽.

조직이나 회사의 규칙 등에 상용되었다.

> 예) 總之通省學堂公共簡要章程, 約有數條, …… 此八條各學堂皆同, 惟省城學堂所講較深, 外府較淺, 縣學堂又較淺. 張之洞, 〈致總署〉(光緒24년 7月 18日, 1898), 翦伯贊·劉啓戈 等 編,《戊戌變法》第2冊, 613쪽.

어떤 사람은 국가는 '공공'의 국가임을 지적했다.

> 예) 中國之民, 不自知有國也, 匪伊朝夕矣. 其原因有二, …… 而民之受此壓塞者, 亦自傷卑賤, 無裨於時, 往往謂我輩之家, 朝廷且不能保護, 途人之國, 我輩亦何必干預, 旣忘國爲公共之稱, 復嚴庶人不議之禁, 此無愛國心之原因二也. 歐榘甲, 〈論政變爲中國不亡之關係〉(1899),《戊戌變法》第3冊, 158쪽.

● 1900~1915년의 주요 용법

주로 사회·단체·중인衆人을 가리킬 때 사용된다.

> 예) 中國的人本沒有公共的觀念, 他們所說的公字, 都是指着皇帝一個人說的. …… 所以共皇帝辦事, 叫做辦公事, 又叫做替公家辦事. 自己偶然有集會結社, 或是來干預地方上的事情, 就都不能夠了. 做百姓的人旣沒有公共的事情做, 那公共的觀念自然愈弄愈沒有了. 白話道人(林懈),〈國民意見書·論合群〉,《中國白話報》(1904),《辛亥革命前十年間時論》第1卷 下册, 908쪽.

국가의 업무도 공공의 업무라고 하였다.

> 예) 政治者, 國民公共之機捩也, 而民賊專之. …… 是故中國之政治, 爲一人矣, 而中國無

政治. 梁啓超,〈二十世紀之中國〉,《國民報》第1期(1901. 5. 10),《國民報彙編》, 34~35쪽.

● 1915년 이후의 용법

여전히 사회·단체·중인을 가리킨다.

예) 社會服務, 誠爲美風. 惟國中公共事業, 不甚發達. 習慣未成, 難以實擧.〈通信(記者覆陳蓬心)〉,《新靑年》第2卷 第3號(1916. 11. 1), 8쪽.

이 밖에 주로 대중이나 사회 전체를 가리켰으며, 소수의 엘리트와 대립되었다.

예) 詩經是中國古代的國民文學, 無論一個販夫走卒所著的詩都是非常精美, 在德國只有詞德Goethe才做得出來. 所以中國的詩是公共的, 不是少數人的. 王光祈,〈旅歐雜感〉,《少年中國》第2卷 第8期(1921. 2), 61~62쪽.

공동의 점유를 가리킬 때 상용되었다.

예) 而且克里特(Crete)在地中海中的小島的陀尼社會(Doric Community)也老早就實行共産, 這個島上每一個社會都有公共財産, 用公共奴隷耕種, 每歲收入都分作宴樂俱樂部(Dining-clubs)的伙食和政府開支之用. 高一涵,〈共産主義歷史上的變遷〉,《新靑年》第9卷 第2號(1921. 6. 1), 2쪽.

1920년 이후〈데이터베이스〉에서 절반 정도가 '공공조계公共租界'의 뜻으로 사용되었다.

[09] 공의公議

● 전통적 용법

공리公利에 따른 표준과 의견, 또는 공중公衆의 공통 의견을 가리킨다.[9]〈데이터베이스〉에는 1895년에서 1910년까지의 사용이 비교적 많으며,

주요 용법은 다음의 네 가지이다.

1) 전통적 의미로 사용되었다.

> 예) 飭據司道公議, 現在修造各臺, 添鑄大炮, 議於春秋練習炮準, 應用火藥自需加增. 關天培,〈籌備生息長資練習以嚴守禦奏稿(總督主稿)〉,《籌海初集》(1836) 卷4, 681쪽.

1895년 이후 사대부가 만든 각종 조직의 규약에서 상용되었다.

> 예) 訂簡明章程, 以期迅速集辦, 每事各有詳細章程, 擧辦以後, 隨時集議, 如有弊, 應興應革, 均由提調董友公議刪增, 或每季一集, 每年一大議, 並核用疑, 稽勤惰, 詳稽論定, 再行刊刻布告. 張之洞,〈上海強學會章程〉,《強學報》第1號(1896. 1. 12), 7쪽.

2) 외국 의회에서의 토론을 가리킨다.

> 예) 國有大事, 王諭相, 相告爵房聚衆公議, 參以條例, 決其可否. 復轉告鄕紳房, 必鄕紳大衆允諾而後行, 否則寢其事勿論. 徐繼畬,〈英吉利國〉,《瀛寰志略》(1843) 卷7, 235쪽.

3) 공공여론을 가리킨다.

> 예) 薛煥誤國殃民, 較諸臣尤重. 臣籍隸蘇省, 稔知該撫聲名本屬平常, 逢迎何桂淸而得顯擢. 公議所在, 臣不敢稍安緘默. 伏乞聖明乾斷, 立子罷斥, 則人心一快, 士氣畢伸, 卽夷情亦知斂跡. 蔣超伯,〈蔣超伯奏薛煥誤國殃民請子罷斥摺〉(1860. 10. 30), 故宮博物院 編,《籌辦夷務始末(咸豊朝)》卷67, 2518쪽.

때로는 신문 지면상의 논의를 가리킨다. 이러한 용법은 1895년 이후에 자주 나타난다.

> 예) 設新聞舘以收民心公議及各省郡縣貨價低昻事勢常變, 上覽之得以資治術, 士覽之得以識變通, 商農覽之得以通有無昭法律別善惡勵廉耻表忠孝, 皆借此以行其教也. 洪仁玕,《資政新編》(1859), 527쪽.

4) 국제교섭 중에 국가와 국가 간 공동의 상의商議나 약정의 결과를 가리킨다.

> 예) 俄氏發氏另論公議常例二種. 所謂公議者, 卽是諸國之盟約章程. 夫盟約章程之有權

者, 惟在於立之之國, 乃是特立, 而非通行也. 丁韙良 主譯, 《萬國公法》卷1 第1章 第9節, 8쪽.

신문화운동 이후에는 거의 사용되지 않았으며 공동의 상의商議를 지칭하는 경우가 많았다.

예) 但無政府主義者必定說, 我們可以自由聯合, 公議生産事業, 斷不至有這樣過剩或不足的情形發生. 陳獨秀, 〈社會主義批評(仕廣州公立法政學校演講)〉, 《新靑年》第9卷 第3號(1921. 7. 1), 10쪽.

● 기타

'공의원公議院', 즉 의회를 가리킨다.

예) 議論確鑿, 人多快睹, 新聞紙館遂請之, 欲其常有著作助印報中. 後高氏遇公議院中名家, 更加考求國政之事. 一日院中倩高氏在大會內講論國政, 聚聽者多. 〈高布敦記略〉, 《格致彙編》第3冊(1881), 14쪽.

'공의당公議堂'도 의회를 지칭한다.

예) 西國以公議堂爲政事之根本, 旣有議院, 君不得虐民, 而民自忠於奉上. 鄭觀應, 〈議院下〉(1893), 《盛世危言》, 55쪽.

이 밖에 '공의국公議局'이나 '공의소公議所' 등에도 사용되었다.

10 공론公論

● 전통적 용법

공정公正이나 공중公衆의 논평을 가리킨다.[10]

1895년부터 1915년 사이의 사용빈도가 비교적 많으며, 1905년 최고점을 이루다가 1915년 이후 비교적 적게 사용된다. 주로 아래의 세 가지 용법으로 사용되었다.

1) 공중의 논평을 가리킨다.

> 예) 於是土人服法蘭西族也. 然其總督擅作威福, 專國弄權, 竊封爵祿, 自謂公也. 自此以後, 分地爲列公侯之邦. 彼此結釁, 戰鬪不息 …… 城邑興隆, 閭閻豐裕, 至國公之權漸衰, 由是民尙公論自主之理也. 商賈操權, 仇對國君, 挺身出來, 堅志不從命. 愛漢者,〈荷蘭國志略〉(道光戊戌年 2月, 1838),《東西洋考每月統記傳》, 327~328쪽.

1895년 이후 신문·잡지 언론을 지칭하는 데 상용되었다.

> 예) 近年以來, 官吏之仇報館甚矣. 屢次禁印行禁閱賣禁閱讀, 捕主筆捕館東, 數見不一見. 究之報館何嘗能禁絶, 公論何嘗能泯沒, 毋亦枉作小人已乎. 星客,〈劉張二督致英沙侯電駁詞〉,《淸議報》第63冊(1900. 11. 12), 15쪽.

2) 공정하며 개인적 이익에서 나오지 않은 논평을 가리킨다.

> 예) 臣等謹於二十七日集議, 諸臣皆以大行皇帝功德懿鑠, 郊配斷不可易, 廟祔尤在所必行. 直道不泯, 此天下之公論也. 曾國藩,〈遵議大禮疏〉(道光30年, 1850), 王延熙·王樹敏 輯,《皇淸道咸同光奏議》卷40,〈禮政類大典〉, 2115쪽.

1880년 이후 국제교섭에 상용되었다.

> 예) 英船踞巨文島, 貴國照會各國後, 英使言之統署. 旋復追還照會, 聞美允退還, 日德二國均不肯退. 此事各國當有公論, 姑作宕筆俟. 李鴻章,〈附件二, 李鴻章與朝鮮往復函件·復朝鮮國王書〉(1885),《淸光緖朝中日交涉史料》卷8, 164쪽.

3) 과학 정리定理를 가리킨다.

> 예) 凡相等重力直加於桿之兩端(重力方向與桿成直角謂直加), 離中心等, 力重各有令桿動之能, 因適相等, 必令桿定. 胡威立, 艾約瑟 口譯, 李善蘭 筆述,《重學》(1859) 卷1,〈公論1〉,《西學富强叢書》, 2쪽.

1910년 전후까지도 여전히 이러한 용법을 사용하는 사람들이 있었지만, 자주 발견되지는 않는다.

예) 其訣云何, 曰, 二名同意, 則凡信於此名者, 必信於彼名也. 或云, 二名同物, 則可相代. 此其例至簡易, 雖三尺童子當亦知之. 政猶幾何公論, 謂二物各等於一物者, 則二物自相等. 耶方斯(William S. Jevons), 嚴復 譯,《名學淺說》(1908), 61~62쪽.

11 공법公法

주요 용법은 아래의 다섯 가지이다.
1) 전통적 용법
국법을 가리키며, 〈데이터베이스〉에서는 다소 적게 등장한다.
   예) 夫務農桑, 奉公法, 此民識也. 邵輔,〈制防渭南回族議〉(咸豊10年, 1860), 盛康 輯,《皇朝經世文編續編》卷96,〈兵政22·剿匪4〉, 4084쪽.

2) 국제법을 가리키며 〈데이터베이스〉 중에서 가장 자주 발견되는 용법이다. 1896년 '공법'의 사용빈도가 최고점을 이루었다. 최초로 나타나는 것은 1843년이다.
   예) 五公法者, 但有人買賣違禁之貨物, 貨與人正法照辦. 魏源,〈夷情備采三〉(1843),《海國圖志》卷83 下册, 1993쪽.

1864년,《만국공법》의 번역 이후 이러한 용법이 유행하기 시작하였다. 이 책의 〈범례〉에서 '공법'의 '공公'은 다음과 같이 번역되었다.
   예) 是書所錄條例, 名爲萬國公法, 蓋係諸國通行者, 非一國所得私也. 又以其與各國律例相似, 故亦名爲萬國律例云. 丁韙良 主譯,《萬國公法》,〈凡例〉, 1쪽.

1900년 이후에는 보통 '만국공법'이나 '국제공법'으로 사용되었다.
3) '사법私法'과 대비하여 국가와 개인의 관계를 규정하는 법률을 가리킨다. 이러한 용법은 1900년 이후 자주 등장하며 1915년 이후에 가장 자

주 상용된다.

> 예) 此規定個人對個人之法律, 槪名之爲私法. 個人對國家之法律, 槪名之爲公法. 公法私法之精細區別, 雖或不只此, 而其大端不外是也. 馮邦幹,〈法律平談〉,《新民叢報》第4號 (1902. 3. 24), 5쪽.

4) 과학의 정리를 가리킨다. 초기 선교사의 과학 저작에 주로 사용되었다.

> 예) 推疊桿公法, 以各桿力倚距連乘力, 亦以各重倚距連乘重, 二得數相等, 則力重相定. 無論各桿等不等, 皆同. 偉烈亞力,〈重學淺說(總論)〉,《六合叢談》第2卷 第1號(1858. 2. 14), 14쪽.

5) 캉유웨이의 《실리공법전서》에서 '공법'은 보편적 법을 가리키지만, 이러한 용법은 거의 발견되지 않는다.

> 예) 有公推之公. 蓋天下之制度, 多有幾何公理所不能逮. 無幾何公理所出之法, 而必憑人立之法者, 本無一定, 則惟推一最有益於人道者, 以爲公法而已. 然衆共推之, 故謂爲公推也. 康有爲,《實理公法全書》,〈公字解〉, 6쪽.

12 공민公民

● 전통적 용법

고대에 공公의 백성[民]을 가리키거나, 군주의 백성, 공가公家의 백성을 말한다.[11] 〈데이터베이스〉에서는 1893년 최초로 등장하며 배심원을 가리킨다. 1897년 송수宋恕 또한 같은 의미로 '공민'이라는 단어를 사용한 적이 있지만, 이러한 용법은 거의 발견되지 않는다.

> 예) 考泰西 …… 審案時兩造皆延律師駁詰. 公選廉正紳士陪聽, 首曰公民, 餘曰議長. 如案中人與紳士有一不合, 盡可指名更調. 律師互相論駁, 以詞窮者負. 官得其情遂告公民,

日, 此案本官已審得應犯某律, 爾等秉公定之. 公民退議, 各書其罪申覆, 所見皆同卽爲判斷, 否則再審, 以盡其辭. 鄭觀應, 〈書吏〉, 《盛世危言》, 138쪽.

1897년 캉유웨이의 《일본서목지》에 《일본공민필휴日本公民必攜》라는 서적이 포함되어 있다. 〈데이터베이스〉에서 중국인이 '공민'을 사용한 최초의 예는 국가의 성원을 지칭하는 예문에서 사용되었으며 1899년 등장하였다.

예) 議院一開, 則用人之法必變, 無論科甲之士, 商賈之家, 皆得爲議員, 但須由公民擧. 無責備無求全, 而惟取其斷事公正, 忠愛君民, 聞善必興, 行義必勇而已. 何啓·胡禮垣, 〈勸學篇書後〉(1899), 《新政眞詮五編》, 399쪽.

1900년 이후 '공민'의 사용빈도가 증가하며 1902년에 고점을 이룬다.

예) 夫今歐美各國, 法至美密, 而勢至富强者何哉, 皆以民爲國故也. 人人有議政之權, 人人有憂國之責, 故命之曰公民. …… 夫萬國皆有公民, 而吾國獨無公民, 不獨抑民之資格, 塞民之智慧, 遏民之才能, 絶民之愛國, 導民之無恥已也. 明夷, 〈公民自治篇〉, 《新民叢報》第5號(1902. 4. 8), 2, 6쪽.

청말 신정 때 '공민양성소公民養成所'가 개설되었다.

예) 臣到任後, 因調査乏員, 先於法政學堂附設自治硏究班, …… 又有該局設立公民養成所, 爲武昌漢陽兩府試辦自治之預備, 業於上年四月改辦, 期以年終畢業. 陳夔龍, 〈湖廣總督陳夔龍奏湖北第一年籌辦憲政情形及第二年預備事項摺〉(宣統元年 閏2月 14日, 1909), 《淸末籌備立憲檔案史料》下冊, 769쪽.

신문화운동 이후 '공민'의 사용빈도가 상대적으로 낮아지며 보통 '인민'과 혼용된다.

예) 袁世凱段祺瑞那時的威權不可說不大, 今日曹錕的威權亦是人所共知, 但是非請出幾位乞丐的公民來表示他們的意思是人民的意思, 不敢有所擧動. 唉, 這就算民國主權在人民的一點表示. 春木, 〈民國主權在人民的一點表示〉, 《嚮導週報》第29期(1923. 6. 13), 216쪽.

13 국민國民

● **전통적 용법**

한 나라 혹은 한 번봉藩封이 관할하는 백성을 가리킨다.[12]

● **1830~1895년의 주요 용법**

외국의 백성을 가리킨다. 〈데이터베이스〉에서는 1883년에 최초로 발견된다.

> 예) 國民之猶水之有分派, 木之有分枝. 雖遠近異勢, 疏密異形, 要其水源則一. 愛漢者,
> 〈序〉(道光癸巳年 6月, 1833), 《東西洋考每月統記傳》, 3쪽.

웨이위안 또한 외국의 백성을 가리키는데 '국민'을 사용한 적이 있다.

> 예) 國民經營希利, 算悉錙銖, 亦多懷普濟之意. 崇奉世主耶蘇之敎, 捨身損財, 以招敎師,
> 頒文勸世. 魏源, 〈彌利堅國卽育奈士迭國總記〉(1843), 《海國圖志》卷60, 〈外大西洋〉, 下
> 冊 1667쪽.

주로 선교사가 사용하였고, 중국인은 일반적으로 '모국민인某國民人'으로 기재되었다.

> 예) 兩國通商已歷一百餘年之久, 當此時間大淸國家准英國民人居住內地, 俾得在彼貿易.
> 〈琦善又奏懇律稱將暫覓地避暑片〉(1840. 8. 19), 《籌辦夷務始末(道光朝)》 卷12, 216쪽.

중국인을 지칭할 때 '중국민인中國民人'을 사용하는 사례가 외교문서에서 자주 발견된다.

> 예) 且中國民人有犯, 卽行立置重刑. 爾等明目張膽, 恣意爲奸, 又豈能曲從寬宥. 必當一
> 體按法懲辦, 以示天威. 〈廷寄鄧廷楨等摺著林則徐會同該督等追捕躉船搜拿煙館〉(1839.
> 3. 12), 《籌辦夷務始末(道光朝)》 卷5, 90쪽.

1895년 이전 중국인이 '국민'을 사용하는 경우, 외국인을 지칭하는 것 이외에는 일반적으로 각각 '국國'과 '민民'을 가리켰다.

예) 而小錢禁令旣嚴, 製錢短少更甚. 實於國民生計大有關係. …… 玆經臣詳細討論, 亦以鐵錢爲利甚溥, 與閩省尤屬相宜. 實目前裕國便民良法, 亟宜變通改鑄. 呂佺孫, 〈請改鑄鐵錢疏〉(咸豊4年, 1854), 《皇淸道咸同光奏議》卷38, 〈戶政類錢幣〉, 2050쪽.

● 1895~1900년의 주요 용법

1898년 이전 '국민'으로 중국인을 가리키는 문장은 매우 드물고, 주로 외국인이 사용하였다.

예) 英法日德及中國等之國民, 能不念利害之關係, 任美國獨得合倂布哇, 而擅其私哉. 古城貞吉 譯, 〈泰晤士報論布哇〉, 《時務報》第39冊(1897. 9. 17), 33쪽.

최초로 '국민'으로 중국인을 지칭한 중국인은 캉유웨이로 그는 무술변법 기간의 여러 편의 상소문에서 모두 그렇게 사용하였다.

예) 天下回首面內, 想望更化之善治, 肇應千載之昌期, 在我皇上矣. 其鼓盪國民, 振厲維新, 精神至大, 豈止區科擧一事已哉. 康有爲, 〈請開學校摺〉(戊戌 5月, 1898), 《戊戌變法》第2冊, 217쪽.

예) 今中國之形, 與突厥同, 中國之病, 亦與突厥同, …… 中國不亡, 國民不奴, 惟皇上是恃. 康有爲, 〈進呈突闕削弱記序〉(戊戌 5月, 1898), 《戊戌變法》第3冊, 7쪽.

무술변법 이후 중국인이 국가는 '국민'으로 조성된다고 인식하기 시작하였다. 이를 최초로 명확하게 제시한 사람은 량치차오이다.

예) 中國人不知有國民也. 數千年來通行之語, 只有以國家二字並稱者, 未聞有以國民二字並稱者. 國家者何, 國民者何, …… 國民者, 以國爲人民公產之稱也. 國者積民而成, 舍民之外, 則無有國. 以一國之民, 治一國之事, 定一國之法, 謨一國之利, 治一國之患, 其民不可得而侮, 其國不可得而亡, 是之謂國民. 梁啓超, 〈論近世國民競爭之大勢及中國前途〉(1899), 《飮冰室文集之四》第2冊, 56쪽.[13]

● 1900~1915년의 주요 용법

1903년에 '국민'의 사용빈도가 가장 높고 이후 1915년까지 사용빈도가 비교적 많은 편이다. 1900년 《청의보》에서 중국 국민의 창생을 선언하는 다음의 문장이 발표되었다.

예) 於是歐美國民之風潮, 簸蕩而及我中土. 中土國民之出現, 今日爲其時期矣. 傷心人, 〈論中國國民創生於今日〉, 《淸議報》第67冊(1900. 12. 22), 1쪽.

1901년 친리산秦力山 등이 일본에서 《국민보》라는 잡지를 창간하고, 그 서문에 다음과 같이 적었다.

예) 中國之無國民也久矣. 馴伏於二千年專制政體之下, 習爲傭役, 習爲奴隷. 始而放棄其人權, 繼而自忘其國土, 終乃地割國危, 而其民幾至無所附屬. 甲午大創而後, 驚於外人之國力, 憬然知其致此之有由也. 於是英俊之士, 動色相告, 其目注而心營者, 莫不曰民權民權. 編者, 〈敍例〉, 《國民報》第1期(1901. 5. 10), 《國民報彙編》, 1쪽.

그러나 당시 사람들은 모든 사람들이 '국민'으로 불릴 수 있다고 여기지는 않았으며, '국민'은 보통 '노예'와 대칭되어 거론되었다.

예) 卽同是一民也, 而有國民奴隷之分. 何謂國民, 曰, 天使吾爲民, 而吾能盡其爲民者也. 何謂奴隷, 曰, 天使吾爲民, 而卒不成其爲民者也. 故奴隷無權利, 而國民有權利. 奴隷無責任, 而國民有責任. 奴隷甘壓制, 而國民喜自由. 奴隷常尊卑, 而國民言平等. 奴隷好依傍, 而國民尙獨立. 此奴隷與國民之別也. 〈說國民〉, 《國民報》第2期(1901. 6. 10), 《國民報彙編》, 8쪽.

'국민'은 때로 '개인'과 함께 제시되었다.

예) 國民者個人之集合體也. 人人有高尙之德操, 合之卽國民完粹之品格. 有四萬萬之偉大民族, 又烏見今日之輕侮我者, 不反而尊敬我畏懼我耶. 梁啓超, 〈論中國國民之品格〉(1903), 《飮冰室文集之十四》第5冊, 5쪽(부록의 '개인' 항목 참조).

1905년을 전후하여 공문서 속에 이미 '국민'이 자주 사용되었다.

예) 蓋立憲政體, 向無種族之別, 擬請明詔海內, 自今後無論滿人漢人, 皆一律稱爲國民, 不得仍存滿漢名目, 先化畛域之名, 自足漸消相斫之禍. 〈暫署黑龍江巡撫程德全奏陳預

備立憲之方及施行憲政之序辦法八條摺〉(光緒33年 8月 11日, 1907),《淸末籌備立憲檔案史料》上冊, 257쪽.

● 1915년 이후의 용법

1915년 이후 사용빈도가 점차 감소하다가 1922년 후부터 다시 증가하기 시작하는데, 보통 '국민경제國民經濟'·'국민혁명國民革命'·'국민정부國民政府'·'국민당國民黨' 처럼 다른 단어와 붙어서 사용된다.

> 예) 我們希望國民黨領袖們努力號召全國人民的團體, 促成此國民會議, 並須努力使他們所主張的國民會議預備會急速在北京召集, 更應極力反對軍閥們拿甚麽各省軍民長官會議來代替此會, 執行此會職權.〈中國共産黨對於時局之主張〉,《嚮導週報》第92期(1924. 11. 19), 766쪽.

● 기타

'국민주의國民主義'. 일반적으로 민주주의를 가리킨다.

> 예) 夫國民主義, 則政治革命論之立脚點也. 民族主義, 則種族革命論之立脚點也. 吾認國民主義爲國家成立維持之必要, 故主張政治革命論. 吾認民族主義爲國家成立維持之不必要, 故排斥種族革命論. 飮冰(梁啓超),〈答某報第四號於本報之駁論〉,《新民叢報》第4年第7號(原第79號)(1906. 4. 24), 31~32쪽.

'국민당'을 '국민주의당'으로 보기도 하였다.

> 예) 在這些決議案中, 充滿了 …… 在國民黨各種工作中我們同志應努力工作, 使其(指國民黨)變成一個有組織能行動的黨, 我們要使國民黨眞成爲國民主義的黨這類文句, 如果是一個懂得中國文的人, 能說這些議決案是破壞國民黨的鐵證嗎. 獨秀,〈我們的回答〉,《嚮導週報》卷83期(1924. 9. 17), 674쪽.

때로는 민족주의Nationalism를 가리킨다.

> 예) 雖說壽李兩氏, 在目的上講起來同是信奉共産主義者, 而壽氏和他的先驅者納莎雷Lassalle一樣, 還懷着國民主義Nationalismus的思想, 爲德國帝國的統一之熱心贊助者.

田漢,〈詩人與勞動問題(續)〉,《少年中國》第1卷 第9期(1920. 3), 46쪽.

14 천민天民

● 전통적 용법

1) 천리에 밝고 천성에 맞는 현자賢者를 가리킨다. 2) 인민·보통 사람을 가리킨다.[14] 〈데이터베이스〉에 매우 적게 나타나며, 주로 다음의 두 가지 함의를 지닌다.

① 천하의 일을 자신의 소임으로 삼는 현자나 군왕을 가리킨다.

> 예) 然就使其得如漢高明祖, 亦必殘害平民不可勝數, 然後能創帝基, 殺戮功臣, 悍然不恤, 然後能垂帝業. …… 唐之李密, 明之廣孝, 深足爲戒, 以此知殿朶沉沉之歎, 宮花緩緩之思, 決不足以攖天民大人之心也. 何啓·胡禮垣,〈新政變通〉(1894),《新政眞詮六編》, 448~449쪽.

> 예) 夫自憂其身也, 是之謂仁, 是之謂人. 憂其親者, 謂之孝子. 憂其君者, 謂之忠臣. 憂其國者, 謂之義士. 憂天下者, 謂之天民, 墨者謂之任士, 佛謂之菩薩. 梁啓超,〈三先生傳〉,《知新報》第34册(1897. 10. 16), 4쪽.

② 가정이나 남녀의 구별과 속박을 제거하고 대동大同 세계에 진입한 사람을 가리키며, 주로 캉유웨이의《대동서》에 등장한다. 그는 '가족의 경계를 없애고 천민이 되자[去家界, 爲天民也]'라고 주장했고, 남녀평등 문제를 논의하는 데 자주 사용하였다.

> 예) 竊謂女之與男旣同爲人體, 同爲天民, 亦同爲國民. 同爲天民, 則有天權而不可侵之, 同爲國民, 則有民權而不可攘之. 康有爲,《大同書》(1910),《康有爲大同論二種》, 103, 184쪽.

¹⁵ 인민人民

● 전통적 용법

1) 백성·평민을 가리킨다. 2) 넓게 인류를 가리킨다.¹⁵ 〈데이터베이스〉에서 비교적 상용되며, 백성을 지칭하는 데 주로 사용된다. 1831년에 최초로 등장한다.

> 예) 臣伏思漢夷交易, 係屬天朝丕冒海隅, 以中原之貨殖拯彼國之人民, 非利其區區賦稅也. 邵正笏, 〈工科掌印給事中邵正笏奏廣東貿易夷人日增桀驁請飭嚴定章程以戢夷志摺〉(道光11年 3月 8日, 1831), 故宮博物院 編, 《淸代外交史料(道光朝)》 第4冊, 435쪽.

1895년 이후 사용빈도가 점차 증가하여 1903년과 1906년에 고점을 이룬다. 그 함의는 '국민'과 유사하지만 '국민'처럼 상용되지는 않고 정치적 함의 또한 '국민'처럼 강하지 않다. 그러나 이러한 구분이 엄격하지는 않으며 양자는 서로 혼용되곤 하였다. 그 예로 린셰런林懈忍은 '국민'을 '인민'보다 더 높은 층으로 인식하였다. 그러나 1915년 이후 이러한 차이는 더 이상 발견되지 않는다.

> 예) 人民本來沒有一定的地方, 到後來大家據着一個國土, …… 人人都有精神, 人人都有力量, 人人都有知識, 能夠把自己的國土守得牢牢固固, 能夠把國內的政事弄得完完全全, 這便不愧爲一國之民了, 所以這般人民, 就稱他做國民. 人比畜生是高一層的, 人民比人又高一層的, 直到人民再進做國民, 那眞是太上老君, 沒有再高了. 白話道人, 〈國民意見書·序論〉, 893~894쪽.

¹⁶입헌立憲

● 1830~1895년의 주요 용법

사용빈도가 매우 낮으며 외국의 정당 등을 소개할 때 주로 사용되었다. 〈데이터베이스〉에서는 1879년에 최초로 발견된다.

예) 明治 …… 三年七月, 竟廢藩爲縣. 各藩士族亦還祿秩, 遂有創設議院之請. 而藩士東西奔走, 各樹黨羽, 曰自由黨, 曰共和黨, 曰立憲黨, 曰改進黨, 紛然競起矣. 黃遵憲, 《日本雜事詩》(1879), 鍾叔河 輯注校點, 《日本雜事詩廣注》, 38쪽.

● 1895~1900년의 주요 용법

1900년 이전에 사용빈도가 낮다. 무술변법 때 캉유웨이는 〈입헌을 청함〉이라는 상소문에서 다음과 같이 말하였다.

예) 奏爲請定立憲, 開國會, 以安中國, 恭摺仰祈聖鑒事, …… 春秋改制, 卽立黨法, 後王奉之, 以至於今. 蓋吾國君民, 久皆在法治之中, 惜無國會以維持之耳. 康有爲, 〈請定立憲開國會摺(代內閣學士闊普通武)〉(1898. 8), 湯志鈞 編, 《康有爲政論集》卷1 上冊, 338쪽.

● 1900~1915년의 주요 용법

1902년 이후 '입헌'의 사용빈도가 점차 증가하는데, 이는 《신민총보》의 창간과 관련이 있다. 1903년에 어떤 사람이 다음과 같이 정리하였다.

예) 總括之, 格致彙編也, 命之曰製造, 經世文續編也, 命之曰洋務, 盛世危言也, 命之曰時務, 時務報也, 命之曰變法, 淸議報也, 命之曰保皇, 新民叢報也, 命之曰立憲(此語似强). 〈近四十年世風之變態〉, 《國民日日報彙編(選錄)》(1903), 《辛亥革命前十年間時論選集》第1卷 下冊, 743쪽.

입헌파와 혁명파의 논쟁 때문에 1906년 '입헌'의 사용빈도는 최고점을 이룬다.

예) 若夫建設以後, 則吾之政治革命論, 以君主立憲爲究竟. 彼之種族革命論, 以共和立憲

爲究竟. 飮冰,〈答某報第四號對於本報之駁論〉, 56쪽.

1906년에 옌푸의 선집에서는 '입헌'을 '명名을 세우는데 흠이 없다'라는 의미로 인식하였다.

> 예) 今日新名詞, …… 如立憲, 其立名較爲無疵, 質而解之, 卽同立法. 吾國近年以來, 朝野之間, 知與不知, 皆談立憲. 立憲旣同立法. 則自五帝三王至於今日, 驟聽其說, 一若從無有法, 必待往歐美考察而歸, 然後爲有法度也者, 此雖五尺之童, 皆知其言之謬妄矣. 是知立憲憲法諸名詞, 其所謂法者, 別有所指. 嚴復,〈憲法大義〉(1906),《嚴復集》第2册, 238쪽.

1905년 이후에 청 조정 관리의 상소문에서 '입헌'이 사용되지만 자주 발견되지는 않는다. 1909년 이후에야 관리의 사용빈도가 상승한다.

● 1915년 이후의 용법

1916년 이후 비교적 적게 사용되는데, 매년 평균적으로 20~30회나 10여 차례 사용된다.

> 예) 當康梁變政失敗之後, 士紳階級 …… 不因此而完全站到平民階級方面來. …… 代表士紳階級的改良派的策略, 總是造作許多君主立憲等的幻想, 使民衆暫時躱避困難的革命道路. 瞿秋白,〈孫中山與中國革命運動〉,《新靑年》不定期刊 第2號(1925. 6. 1), 6쪽.

17 헌법憲法

● 전통적 용법

1) 법령의 공포. 2) 법전·법도. 3) 본받다.[16]

● 1830~1895년의 주요 용법

매우 적게 나타나며, 주요 용법은 다음의 세 가지이다.

1) 보통의 법전·법도를 가리킨다.

> 예) 古無律法, 有罪, 使司祝告神. …… 是皆余所謂方士法門也. 刑於無刑, 眞太古風哉 至推古乃作憲法, 後來用大明律, 近又用法蘭西律, 然圇圇充塞, 緒衣載道矣. 黃遵憲, 《日本雜事詩》, 81~82쪽.

2) 역법이나 '시헌법時憲法'을 가리킨다. 이러한 용법은 거의 발견되지 않는다.

> 예) 羅士琳 …… 少治經, 從其舅江都秦太史(恩復)受擧子業, 已乃盡棄去. 專力步算, 博覽疇人之書, 日夕覃求. 數年, 初精習西法, 自譔言曆法者曰. 《憲法一隅》〈羅士琳(易之瀚, 沈齡, 田普實)〉, 諸可寶 輯, 《疇人傳(三編)》卷第4(1886), 773쪽.

3) 국가의 근본 대법, 모든 법률의 근거를 말한다.

> 예) 夫立君政治, 除俄土二國外, …… 文明諸國無不從同. 査日本憲法, 係本其國之成法, 而參以西法, 中國亟宜仿行, 以期安擾. …… 中國不能自强, 由於上下離心. 篇中擬立憲法, 冀當軸者合群圖治, 以順人心, 雖參用西法, 實亦三代之遺規. 鄭觀應, 《盛世危言》〈自强論〉, 74쪽.

1895년 이전에는 단 한 차례만 등장하였다.[17]

● 1895~1900년의 주요 용법

1898년 이전에 '입헌'은 보통의 법전을 가리키거나, 때로 근본적 대법을 가리켰다. 무술변법 중에 캉유웨이는 다음과 같이 '헌법' 제정을 제기하였다.

> 예) 伏願皇上因膠警之變, 下發憤之詔, 先罪己以勵人心, 次明恥以激士氣 …… 採擇萬國律例, 定憲法公私之分, …… 如是則庶政盡擧, 民心知戴. 康有爲, 〈上淸帝第五書〉(光緖 23年 12月, 1898. 1), 《康有爲政論集》卷1 上册, 207쪽.

1899년 량치차오의 〈각국헌법이동론〉은 비교적 일찍이 '헌법'을 체계적으로 소개한 글로 다음과 같이 말한다.

예) 憲法者英語稱爲Constitution, 其義蓋謂可爲國家一切法律根本之大典也. 故苟凡屬 國家之大典, 無論其爲專制政體(舊譯爲君主之國), 爲立憲政體(舊譯爲君民共主之國), 爲 共和政體(舊譯爲民主之國)似皆可稱爲憲法. 雖然, 近日政治家之通稱, 惟有議院之國所 定之國典乃稱爲憲法. 故今之所論述, 亦從其狹義. 惟就立憲政體之各國, 取其憲法之異 同, 而比較之云爾. 梁啓超,〈各國憲法異同論〉(1899),《飮冰室文集之四》第2冊, 71쪽.

● 1900~1915년의 주요 용법

1900년 이후 '헌법'의 사용빈도가 점차 증가하며, 1906·1913년의 두 차례 고점을 이룬다. 1900년 량치차오는 국가에서 '헌법'의 중요성에 대해 다음과 같이 서술하고 있다.

예) 憲法者何物也, 立萬世不易之憲典. …… 爲國家一切法度之根源. …… 西語原字爲 THE CONSTITUTION譯意猶言元氣也. 蓋謂憲法者一國之元氣也. 梁啓超,〈立憲法議〉 (1900),《飮冰室文集之五》第2冊, 1쪽.

1903년을 전후하여 '헌법'이 국민의 공의公意를 주장하는 데 사용된다.

예) 憲法者, 以國民之公意立之, 亦得以國民之公意廢之, 以國民之公意護持之, 亦得以國 民之公意革除之. 是故憲法者, 國民公意之眉目, 而政府與國民所同受之約束也. 湖南之 湖南人(楊篤生),〈湖南新舊黨之評判及理論之必出於一途〉,《新湖南》(1903),《辛亥革命 前十年間時論選集》第1卷 下冊, 635쪽.

1905년 이후 청 조정의 입헌준비[籌備立憲]나 대신들의 상소문에 '헌법' 이 자주 사용되었다.

예) 各國制度, 憲法則有欽定民定之別, 議會則有一院兩院之殊. 今朝廷採取其長, 以爲施 行之則, 要當內審國體, 下察民情, 熟權利害而後出之. 大凡立憲自上之國, 統治根本, 在 於朝廷, 宜使議院由憲法而生, 不宜使憲法由議院而出, 中國國體, 自必用欽定憲法, 此一 定不易之理. 憲政編查館資政院,〈憲政編查館資政院會奏憲法大綱暨議院法選擧法要領 及逐年籌備事宜摺(附淸單二)〉(光緖34年 8月 1日, 1908),《淸末籌備立憲檔案史料》上冊,

5976쪽.

1904년 옌푸는 '헌법'이라는 번역어의 부정확함을 지적했다.

예) 按憲法二字連用, 古所無有. 以吾國訓詁言仲尼憲章文武, 注家云憲章者近守具法. 可知憲卽是法, 二字連用, 於辭爲贅. 今日新名詞, 由日本稗販而來者, 每多此病. …… 但其名自輸入以來, 流傳已廣, 且屢見朝廷詔書, 殆無由改, 只得沿而用之. 異日於他處遇此等字, 再行別譯新名而已.[18] 嚴復, 〈憲法大義〉, 238~239쪽.

● 1915년 이후의 용법

1916년 이후 그 함의는 큰 변화가 없으나, 그 사용빈도가 상대적으로 낮다.

[18] 헌정憲政

입헌정체立憲政體, 또는 입헌정치의 준말. 1900년 이후 사용빈도가 비교적 높아지며 1906년과 1910년 사용빈도가 가장 높았다가 1915년 이후 거의 사용되지 않는다. 1887년에 최초로 나타난다.

예) 二月, …… 朕乃擴充誓文之意, 更設元老院, 以定立法之源, 置大審院, 以鞏立法之權, 又召集地方官, 以通民情圖公益. 漸建立憲政體, 欲與汝衆庶俱賴其慶, 汝衆庶其毋泥舊習, 毋蹈輕進以翼贊朕旨. 黃遵憲, 〈職官志二〉, 《日本國志》第5, 卷14, 162쪽.

1899년 량치차오는 '헌정'을 '입헌군주정체'의 준말로 사용하였다.

예) 憲政(立憲君主國政體)之省稱, 之始祖者, 英國是也. 英人於七百年前, 已由專制之政體, 漸變爲立憲之政體. 梁啓超, 〈各國憲法異同論〉, 72쪽.

민주입헌정체民主立憲政體도 보통 '헌정'으로 불렸다.

예) 古之人希冀聖君賢相施行仁政, 今之人希冀偉人大老建設共和憲政, 其卑屈陋劣亦無以異也. 陳獨秀,〈吾人最後之覺悟〉,《新靑年》第1卷 第6號(1916. 2. 15), 4쪽.

¹⁹ 자치 自治

● 전통적 용법

1) 스스로 관리하거나 처리하다. 2) 자신의 덕성을 수양하다. 3) 자연안치自然安治. 4) 자영自營.¹⁹

● 1830~1895년의 주요 용법

1895년 이전에는 사용빈도가 높지 않고 주요 용법은 다음의 세 가지이다.

1) 자신의 덕성을 수양함을 가리키며, 보통 '치인治人'과 대비하여 사용된다.

예) 宅門以內曰上房曰官親曰幕友曰家丁, 頭門以內曰書辦曰差役, 此六項者, 皆署內之人也. 爲官者欲治此六項人, 須先自治其身. 曾國藩,〈勸戒州縣四條(上而道府下而佐雜以類推)〉(1869), 葛士濬 輯,《皇朝經世文續編》卷16,〈吏政1·吏論〉, 10쪽.

국가에 사용되기도 하였기 때문에 보통 '자치'는 '자강自强'의 전제로도 여겨졌다.

2) 스스로 관리하거나 처리함을 의미하며 군주의 전권專權을 지칭할 때 자주 사용되었다.

예) 國家一百年間與瑞典國釁隙 …… 因此百姓不悅, 以攝權之世爵爲倡禍. 故變大統, 定例, 王爲獨主, 自專自治. 且天生蒸民, 立君爲億兆之主, 海內諸侯, 莫不臣服, 欣戴奉命, 自從定議. 愛漢者,〈大尼國志略〉(道光戊戌年 6月, 1838),《東西洋考每月統記傳》, 381쪽.

3) 스스로 관리하거나 스스로 주인이 됨을 말한다.《만국공법》에서

sovereign의 번역어로 자치자주권[自治自主之權]이 사용되었다. 예를 들어 第二章 論邦國自治自主之權이 있다. 자치는 또한 self-government로 번역되었다.

예) 弱國相依於強國而得保護, 不因而棄其自立自治之權, 此公法之常例也. 丁韙良 主譯,《萬國公法》卷1, 第2章 第14節, 30쪽.

1895년 이전 '자치'의 주체는 국가였다.

● 1895~1900년의 주요 용법

사용빈도가 증가했으며 여전히 주로 자신의 덕성의 수양이나 국가의 '자치권'을 가리킨다. 1895년 옌푸는 '민'이 스스로 주인이 됨을 가리킬 때 사용하였다. 그러나 이러한 용법은 자주 발견되지 않는다.

예) 是故富強者, 不外利民之政也, 而必民之能自利始, 能自利自能自由始, 能自由自能自治始, 能自治者, 必其能恕, 能用絜矩之道者也. 嚴復,〈原強〉(1895),《嚴復集》第1冊, 14쪽.

무술변법 전후에 '자치'의 주체가 공공단체나 지방이 되기도 하였다.

예) 今宜盡裁河宮, 聽沿河居民公舉總董, 分董自治, 則不待用西人治水新法, 而河患必立減十六七矣, 餘水亦然. 宋恕,《六字課齋卑議(印本)·變通篇》〈水火章第24〉(1897. 6), 胡珠生 編,《宋恕集》上冊, 145쪽.

● 1900~1915년의 주요 용법

이 시기 '자치'의 사용빈도가 크게 증가하여 1903년에 최고점을 이룬다. 절대 다수는 '지방자치地方自治'와 관련이 있었으며 중국 전통 이래 신사紳士의 자치전통의 완전성을 주장하는 데 주로 사용되었다.

예) 且夫自治之制, 天理也, 自然之勢也, 無論如何專制之國, 不能鉗絕廢止之也. 凡民一家之中, 聽其父兄自治之, 故古經名曰家君, 而今律名曰家長. 國法雖極密, 亦萬無代治及其家者, 君權雖極專, 亦未嘗慮家權之分之者. 明夷,〈公民自治篇(續第6號)〉,《新民叢報》第7號(1902. 5. 8), 1쪽.

또한 개인의 권리와 '자치'의 관계를 강조하는 주장이 있다. 1902년 량치차오는 중국의 신사자치를 매우 긍정하던 이전과는 상반되게 다음과 같이 말했다.

> 예) 你說中國的自治制度, 那裏是和今日外國的自治制度一樣嗎. 外國的自治, 全從權利義務兩種思想發生出來. 所以自治團體便是國家的縮本, 國家便是自治團體的放大影相. …… 中國能彀這麼着, 中國的自治 …… 如何彀能生出民權來, 他和民權原是不同種子的. 栽桃兒的種, 想要收杏兒的果. 這是做得到嗎. 梁啓超,〈新中國未來記〉(1902),《飮冰室文集之八十九》第19冊, 31~32쪽.

중국인의 '자치' 관념에는 '자주'의 색채가 상대적으로 적었다. 1903년에 어떤 사람이 '자주'와 '자치'의 차이에 주목했다.

> 예) 自治與自主, 絕然不同. 自主兼有立法之權, 自治則祇有行政之形式而已. 西語名自主爲Autonomy, 而自治則曰Self-government, 其意亦絕不相同. 中古之世, 歐洲諸侯, 皆有采邑, 及伊太利之諸市府德意志之自由市府, 名爲隷屬中央政府, 實皆有完全之自主權, 儼然爲中央之與國. 與今日所稱爲自治團體, 不可同日語也. 耐軒,〈自治制釋義〉,《江蘇》第4期(1903. 6. 25), 2~3쪽.

● 1915년 이후의 용법

1916년 이후 사용빈도가 급격히 감소하며 보통 '연성자치聯省自治'라는 용법으로 등장한다.

20 회의會議

● 전통적 용법

집회상의集會商議를 가리킨다.[20] 〈데이터베이스〉에서는 주로 다음의 네 가지 용법이 발견된다.

1) 집회상의. 대체로 관원대신이나 국가 간의 상의를 가리킨다.

> 예) 査上年因御史章沅條陳, 欽奉上諭, 飭將夷船偸漏官銀, 夾帶鴉片, 嚴行查禁, 安議章程具奏. 當經臣等會議各條陳奏, 欽奉硃批, 覽奏均屬周妥, 實力奉行, 日久無懈爲要, 欽此. 李鴻賓 等, 〈兩廣總督李鴻賓等奏遵旨查禁紋銀出洋鴉片分銷各弊並會議章程呈覽摺〉(道光10年 5月 10日, 1830),《淸代外交史料(道光朝)》第3冊, 289쪽.

1895년 이후 신사·기업가 간의 회의를 가리키는 용법이 나타난다.

> 예) 本銀行辦法均照西國在中國所設之銀行, …… 生意出入銀錢, 均歸大班主政, 買辦輔之. 遇有要事, 應由總董會議簽押, 然後照行, 以期周妥.〈公議中國銀行大槪章程〉,《湘學新報》(1897. 8. 8), 293쪽.

2) 외국 회의에 대한 논의에서 등장한다.

> 예) 每年各省官會議之際, 統領將一年收支各項言行各事和盤托出, 以示於衆, 並本年示行各事, 亦示之於各省官. 若各省官散後, 復有要事, 統領不能決斷, 並與例有不符, 統領則出示, 召各省官復至議焉. 高理文(Elijah C. Bridgman), 〈國政三(布政之大小官憲)〉,《美理哥合省國志略》(1838) 卷15, 57쪽.

3) 조직적으로 일을 상의하는 모임을 가리킨다. 1900년 이후 보통 민중·학생의 회의라는 말이 출현하나, 자주 발견되지는 않고 신문화운동 이후에 더욱 많이 등장한다. 1912년 량치차오의 글에서는 중국에는 '회의' 전통이 없다고 말하고 있다.

> 예) 共和政體旣建, 國家之意思行爲, 什九皆由會議決定之. 會議何以可貴, 以其人人得自由發表意見, 人人得自由審擇表決而已. 旣有此種自由, 然後以少數服從多數, 則會議之結果, 庶得稱爲民意之反映. 共和精神在是, 政黨內閣之根本觀念亦在是矣. 我國人自昔不慣用會議制度. 會議之結果, 率不外服從強者. 在疇昔則顯宦豪紳, 出言莫違. 軍興以來, 則代以手槍炸彈. 稍聞異論, 攘臂輒試. 雖今昔情狀不同, 而其以少數壓多數則一也.

梁啓超, 〈中國立國大方針〉(1912), 《飮冰室文集之二十八》第10冊, 71쪽.

4) 일종의 상설기구나 조직을 가리킨다.

예) 然吾人以爲, 與其由中央行政會議議定國民會議選擧法, 則不如直截了當應用衆議院選擧法爲愈也. 張東蓀, 〈國民會議之主張〉, 《庸言》第1卷 第21號(1913. 10. 1), 5쪽.

1920년 이후 '회의'에서 가장 자주 발견되는 용법은 '선후회의善後會議'나 '국민회의國民會議'이다. 1925년 '회의'의 사용빈도는 최고점을 이룬다.

[21] 의회議會

주로 다음의 두 가지 용법으로 사용된다.

1) 사건을 상의하는 집회를 가리킨다. 이러한 용법은 1895년 이전에 주로 사용되었으나 많이 나타나지는 않는다.

예) 此一兜戰僅出自法國家之意, 其國中八十九郡, 有七十八郡不欲戰. 然欲戰之人, 如癡者然, 不知所謂, 竟迫法以戰. 而英於此時情形正復相同, 歐洲各國欲英設一議會, 議散司迭發拏之約. 英國家謂俄將全約交出與人公議, 然後議會可設. 麥高爾(Malcolm MacColl)·林樂知(Young John Allen)·瞿昂來 同譯, 《東方交涉記》(1880) 卷12, 《西學富强叢書》, 313쪽.

2) 국회, 입헌기관을 가리킨다.[21] 1870년대 이후 사용빈도가 비교적 높다.

예) 惟愛爾蘭陪邦, 七百餘年來久爲英國統屬. 雖無別建君長, 尚准另設上下兩院. 凡有議會, 總須轉奏英國主上, 聽其准駁. 如此一政兩途, 析辦多年. 〈附英使照會〉(1876), 北平外交史料編纂處, 《清季外交史料(光緒朝)》卷7, 148쪽.

1895년 이전 주로 서양인의 저술이나 사신의 일기 등에 사용되었으며 이후 사용이 비교적 보편화되었다.

22 의원議院

국회를 지칭하며 1857년에 최초로 등장한다.

> 예) 乙卯冬, 俄羅斯人守西巴士多卜魯. 英法破其南城, 俄人退扼北城, 地狹, 不能施堵禦之方, 乃請議和, …… 至丙辰二月二十四日, 和議乃成. 撤舟師, 休士卒, 奏凱而旋, 歐羅巴列國皆額手相慶. 英國上下二議院, 議勞其師, 凡居者行者, 皆錄其功. 偉烈亞力, 〈泰西近事紀要〉, 《六合叢談》第1卷 第1號(1857. 1. 26), 8쪽.

보통 '의회'와 혼용되지만 1915년 이전에 그 사용빈도는 줄곧 '의회'보다 높았다.

> 예) 西國每邦(謂合盟國之各邦)每城, 皆有議會, 亦卽此意也. …… 問, 今日欲强中國, 宜莫亟於復議院. 曰, 未也, 凡國必風氣已開, 文學已盛, 民智已成, 乃可設議院. 今日而開議院, 取亂之道也. 故强國以議院爲本, 議院以學校爲本. 梁啓超, 〈古議院考〉(1896), 《飮冰室文集之一》第1册, 96쪽.

이후에는 보통 '상의원上議院'・'하의원下議院'・'참의원參議院'・'중의원衆議院' 등으로 사용되었다.

권리
權利

23 권리權利

● 전통적 용법

1) 권세와 재물. 2) 부유한 세력가. 3) 이해 조절을 가리킨다.[22]

● 1830~1895년의 주요 용법

이 시기에는 여전히 전통적 의미로 사용되어 '권세와 재물'을 가리켰다.

> 예) 沙乃斯百里約往談, 因語及照覆新金山設立領事一件, 立言亦極公允, 而卻非中國之本心. 中國所爭不在權利也, 徒以新金山華民衆多, 時有口角辨論, 應設立一領事以資料理, 庶遇事有所統攝, 不至淆然相爲瀆尋. 郭嵩燾, 《倫敦與巴黎日記》卷18(光緖4年 3月 22日, 1878), 550쪽.

1864년 《만국공법》에서 rights의 번역어로 '권리'를 사용하였다.

> 예) 海氏以公法, 分爲二派, 論世人自然之權, 並各國所認, 他國人民通行之權利者, 一也, 論諸國交際之道, 二也. 丁韙良 主譯, 《萬國公法》卷1, 第1章 第10節, 9쪽.

때로는 privilege의 번역어로 '권리'를 사용하기도 하였다.

> 예) 但余意國使, 凡百之權利, 皆然. 蓋所在之君, 或不欲給, 則不得爭. 蓋君旣明言, 不從常例, 安得以爲默許. 夫甘心樂從, 始能默許. 如非默許, 則公法不得行焉. 丁韙良 主譯, 《萬國公法》卷1, 第1章 第6節, 5쪽.

중국인 최초로 rights의 번역어로 '권리'를 사용한 사람은 정관잉으로 다음과 같이 적었다.

> 예) 夫各國之權利, 無論爲君主, 爲民主, 爲君民共主, 皆其所自有, 而他人不得奪之, 以性法中決無可以奪人與甘奪於人之理也. 鄭觀應, 〈公法〉(1875), 《鄭觀應集》上册, 175쪽.

이 시기에 '권리'는 대부분 국가나 개인의 구체적 이익을 지칭하는 데 사용되었으며, 법률이나 조약규정에서 마땅히 누려야 할 권익을 지칭하는 경우가 많았다.

> 예) 中國與西人立約之初, 不知萬國公法爲何書. ······ 自是以後, 西人輒謂中國爲公法外之國, 公法內應享之權利, 闕然無與. 如各國商埠, 獨不許中國設領事官. 而彼之領事在中國者, 統轄商民, 權與守土官相埒. 薛福成, 〈論中國在公法外之害(壬辰)〉(1892), 《庸庵海外文編》卷3, 327~328쪽.

'권리'의 자주성을 제시하기도 하였는데, 늘 부정적 태도를 견지하였다.

> 예) 論義理, 則謂人受天地之命以生, 各有自由自主之道, 論權利, 則謂君民父子男女各同其權. 淺學者流張而恣之. 甚有以綱常爲束縛, 以道德爲狹隘者. 黃遵憲, 〈學術志一〉, 《日本國志》第9 卷32, 341쪽.

● 1895~1900년의 주요 용법

1898년 이전에 '권리'는 주로 구체적 이익을 지칭하였으며 관방문서, 특히 대외 업무와 관련된 관방문서 속에서 자주 발견된다.

> 예) 按照原約, 中國可派領事官一員, 駐箚緬甸仰光. 英國可派領事官一員, 駐箚蠻允. 中國領事官在緬甸, 英國領事官在中國, 彼此各享權利, 應與相待最優之國領事官所享權利相同. 〈中英續議滇緬(商界)務條約附款〉, 《時務報》第37册(1897. 8. 28), 10쪽.

이러한 용법은 때로는 '권세와 권익'을 지칭하는 전통적 용법과 혼재되기도 하였다.

> 예) 西人於權利二字最重, 辨認亦最淸. 故欲保本國之權利, 必先奪彼國之權利. 其奪人權利, 厥有三法, 而用兵不與焉, 一在聯婚姻, 一在尋荒地, 一在廣商務. 此三者皆西人視爲

開拓之良圖, 而政府視爲秘策者. 陳爲鎰, 〈西人開拓土地卽防守國本證〉, 《沅湘通藝錄》 卷4, 〈掌故〉, 157쪽.

1897년 캉유웨이는 '권리'를 '명분'에 해당하는 것으로 보았다.

> 예) 泰西諸國並立, 交際有道, 故尤講邦交之法, 推而施及生民. 應受之法, 力旣絀而不得盡伸, 則不得折衷於理. 觀其議律, 能推原法理, 能推人性中之法, 直探其源. 所謂憲法權利, 卽《春秋》所謂名分也, 蓋治也, 而幾於道矣. 康有爲, 《日本書目志》(1897) 卷6, 〈法律門〉, 《康有爲全集》第3冊, 812쪽.

1898년 무술변법 이후 개인이나 집단의 자주적 '권리'를 강조하는 데 사용되었고, 사용빈도가 점차 증가한다.

> 예) 西儒之言曰, 侵犯人自由權利者, 爲萬惡之最. 而自棄其自由權利者, 惡亦如之. 蓋其損害天賦之人道一也. 夫歐洲各國今日之民權, 豈生而已然哉, 亦豈皆其君相晏然辟咡而授之哉. 梁啓超, 〈愛國論〉(1899), 《飮冰室文集之三》第2冊, 76쪽.

이 시기 중국인의 '권리' 관념은 여전히 사회다원주의의 영향을 받고 있었다.

> 예) 諸君熟思此義, 則知自由云者, 平等云者, 非如理想家所謂天生人, 而人人畀以自由平等之權利云也. …… 康南海昔爲强學會序有云, 天道無親, 常佑强者. 至哉言乎, 世界之中, 只有强權, 別無他力. 梁啓超, 《自由書》, 31쪽.

● 1900~1915년의 주요 용법

1900년 이후 '권리'의 주요 용법은 개인이나 집단의 자주성을 가리키는 데 사용되며, '권리'의 정당성의 근거를 더 이상 법률이나 조약에 두지 않는데 이는 '천부인권' 관념이 광범위하게 전파된 결과였다. 1901년 5월 10일 《국민부》에는 《미국독립선언문》이 수록되었는데, 그중에는 '모든 사람의 빼앗길 수 없는 권리는 하늘로부터 부여받은 것이다. 생명 자유와 모든 권익은 천부의 권리에 속한다'는 문장이 포함되었다.

예) 各人不可奪之權利, 皆由天授. 生命自由及一切利益之事, 皆屬天賦之權利.〈美國獨立檄文〉,《國民報》第1期(1901. 5. 10),《國民報彙論》, 93쪽.

1903년 처음으로 '개인권리'라는 용법이 등장한다.

예) 何以謂養成法律思想也, 人治國者無確定之權利, 法治國者有確定之機利. 夫有確定之權利者, 則有維持平和自然之秩序, 無確定之權利者, 則無維持平和自然之秩序. 故權利之思想濃摯, 則以個人權利之伸張, 助成國家之發達者, 必不可不一軌於法.〈社會敎育〉,《遊學譯編》第11冊(1903. 10. 5), 8쪽.

1902년 량치차오는《신민설》에서 '권리'와 '이익'의 차이를 강조하였다.

예) 譬如墜物於淵, 欲人俌而素之, 因預算其物值與俌值之相償, 是理之當然也, 其目的在得物之利益也. 爭權利則不然, 其目的非在得物之利益也. 梁啓超,《新民說》(1902),《飮冰室文集之四》第3冊, 33쪽.

1913년까지 여전히 '권리'와 '이利'의 차이를 강조하였다.

예) 說者謂西洋人開口動言權利, 與中國之言利者將毋同. 顧權利二字, 係 'Right'字之譯語, 與中文利字之義, 稍有區別. 利之字義, 以金錢爲唯一目的. …… 權利二字之義, 所包者廣, 不僅金錢, 且有時與金錢主義相抵觸. 而亦不得不謂之權利. …… 故中國人往往喪失權利, 而博得金錢. 西洋人則損失金錢, 而換得權利. 得金錢者固未嘗不自鳴得意, 得權利者乃竊笑於傍矣. 王桐齡,〈歷史上漢民族之特性〉,《庸言》第1卷 第23號(1913. 11. 1), 8~10쪽.

1902년 옌푸는 '권리'와 rights가 완전하게 대응될 수 없음을 지적하며 '직直'을 번역어로 삼을 것을 주장하였다.

예) 惟獨Rights一字, …… 卽苦此字無譯, 强譯'權利'二字, 是以霸譯王, 於理想爲害不細. …… 乃信前譯之不誤, 而以直字翻Rights尤爲鐵案不可動也. 譬如此Rights字, 西文亦有直義, 故幾何直線謂之Rights Cms, 直角謂Rights Angle, 可知中西申義正同. …… 彼以物象之正者, 通民生之所應享, 可謂天經地義, 至正大中. 豈若權利之近於力征

經營, 而本非其所固有者乎. 且西文有Born Right及God and my Right諸名詞, 謂與生俱來應得之民直可, 謂與生俱來應享之權利不可. 何則, 生人之初, 固有直而無權無利故也. 飮冰子, 〈飮冰室師友論學〉, 《新民叢報》第12號(1902. 7. 19), 7~8쪽.

1914년에는 '권리'가 '이권理權'으로 번역되어야 함을 주장한 사람도 있었다.

> 예) 自希臘有正義卽權力之說, 表面之義方含權之意, 而後世定其界說. 有以法益爲要素者, 日人遂襲此二端翻作權利. 以之專爲法學上用語, 雖不完獪可說也. 一經俗人濫用遂爲擴權奪利武器矣, 旣不能禁通俗之用. 何如愼其始而譯爲理權哉. 胡以魯, 〈論譯名〉, 《庸言》第2卷, 第1·2號合刊(1914. 2. 15), 12쪽.

1903년 어떤 논자는 〈권리편〉이라는 글에서 '권리'의 실질은 '본분本分'이라고 지적하였다.

> 예) 權利之實質, 卽人之本分也. 夫人生息於世, 非徒有體質而己, 必有當爲與不當爲之本分. 當爲者何也, …… 全其本性之事也. 不當爲者何也, 卽損害於人之事也. 〈權利篇〉, 《直說》(1903), 《辛亥革命前十年間時論選集》第1卷 上冊, 484쪽.

청말 신정 기간에는 대신들도 '권리'를 새로운 함의로 사용하기 시작하였다.

> 예) 又如平等, 西國之所謂平等者有之矣, 上自王公, 下逮庶民, 苟非奴隸, 皆有自主權, 其享受國民之權利維均. 戴鴻慈, 〈序〉, 《出使九國日記》(1906), 297쪽.

● 1915년 이후의 용법

신문화운동 이후 '권리'의 계급 구분이 나타나 권리의 주체 또한 '개인'을 가리키는 경우가 상대적으로 감소한다.

> 예) 聯合起來的第一步, 應當趕緊組織國民黨, 集中我們的政治勢力. 要知道祇有我們自己的力量能取得眞正的權利. ─ 權利不是天賦的, 更不是軍閥列强所能賜與的. 現在的國民黨, 便是我們集中勢力, 運用勢力的中心. 巨緣, 〈國民黨改造與中國革命運動〉, 《嚮導

週報》第49期(1923. 12. 19), 373쪽.

이와 동시에 상대적으로 부정적이고 전통적 용법과 유사한 예문이 나타났다.

> 예) 故革命成功以後, 許多革命黨人, 反藉革命以謀個人權利, 養成個人勢力, 一俟個人勢力旣成, 反而推翻革命.〈孫中山先生改組國民黨之演說〉,《嚮導週報》第49期(1923. 12. 19), 379쪽.

24 이권 利權

● 전통적 용법

작위, 녹봉이나 권력을 가리킨다.[23] 넓게는 권익을 일컫는데, 특히 경제 이익과 관련된 권리에 집중되며 일반적으로 그 주체는 국가로 중국과 외국과의 경제교섭에 자주 사용된다.

> 예) 此外或尚有要求之事, 無非上侵國家利權, 下奪商民生計, 皆可引萬國公法直言斥之. 蓋各國均有保護其民, 自理財賦之權. 若使內地百姓不能自養, 中國財賦不能自理, 豈惟非與國和好之義, 抑實背萬國公法之例. 李鴻章,〈上諭總理衙門奏, 豫籌修約事宜等因〉(1867. 12. 31),《籌辦夷務始末(同治朝)》卷55, 1291쪽.

1895년 이후 그 사용빈도가 점차 증가하는데 1892 · 1902년 두 번의 고점이 나타나며 1910년 이후에는 거의 사용되지 않는다. 1904년부터 중국에서 '이권수호운동'이 일어나면서 1910년에 최고점을 나타낸다. 이 시기에 '이권'은 주로 이와 같은 맥락에서 사용되었다.

> 예) 兩年以來, 利權回收之論, 洋溢於國中. 爭路爭礦, 言多於鯽. 然曾未見一路之能自築, 一礦之能自開. 飮冰,〈雜答某報(續第八十五號)〉,《新民叢報》第4年 第14號(原第86

號)(1906. 9. 3), 18쪽.

25 자주지리 自主之理

개인권리의 근거를 가리키며, 때로는 '국가주권'의 근거를 가리키기도 한다. 〈데이터베이스〉에는 총 50여 회 나타나며 그중 36회는 《동서양고매월통기전》에서 쓰인 것으로, 그중 한 편의 제목이 〈자주지리自主之理〉이다.

예) 英民說道, 我國基爲自主之理. 愚問其義. 云, 自主之理者, 按例任意而行也. 所設之律例千條萬緖, 皆以彰副憲體. 獨其律例爲國主秉鈞, 自帝君至於庶人, 各品必凜遵國之律例. 愛漢者, 〈自主之理〉(道光戊戌年 3月, 1838), 《東西洋考每月統記傳》, 339쪽.

한편 이 글에서는 '자주지리'와 '방종[縱情自用]'을 다음과 같이 구별하고 있다.

예) 至於自主之理, 與縱情自用迥分別矣. …… 我本生之時爲自主, 而不役人也. 卻人之情偏惡, 心所慕者爲邪也. 故創制垂法, 致彈壓管束人焉. 我若犯律例, 就私利損衆, 必失自主之理矣. 愛漢者, 〈自主之理〉, 339쪽.

26 자주지권 自主之權

● 1830~1895년의 주요 용법

다음과 같은 세 가지 용법이 존재한다.
1) 군주의 전제권력을 가리킨다. 그러나 이러한 용법은 상용되지는 않

는다.

> 예) 張先生 …… 忽一日展卷內曰君德臣忠父慈子孝兄愛弟敬, 禮義章明. 如此則近者親之, 遠者歸之. 幾人君所以尊安者, 賢佐也, 佐賢則君尊國安民治無佐, 則君卑國危民亂. …… 忽報蘇發令來拜 …… 一見了, 張笑道, 學生昨日論英國政公會, 莫非該國主操自主之權乎. 愛漢者, 〈英吉利國政公會〉(道光戊戌年 5月, 1838), 《東西洋考每月統記傳》, 365쪽.

2) 국가주권을 가리킨다. 《만국공법》에서는 '자주지권' 이 많이 등장하는데, 이는 Sovereignty의 중국어 번역어로 사용된 것이다.

> 예) 至於自主之權, 行於外者, 則必須他國認之, 始能完全. 但新立之國, 行權於巳[己]之疆內, 則不必他國認之. 丁韙良 主譯, 《萬國公法》卷1, 第2章 第6節, 18쪽.

1895년 전에는 이러한 용법이 가장 자주 나타난다.

> 예) 蒲使所言確實不差, 深允所商, 願爲存案. 又謂北日爾曼百姓, 願與中國共篤友誼. 盟主國君, 均願永順輿情. 中國本宜存自主之權, 保通商之民. 並勸中國當無內憂外患之時, 開無涯之利, 勤工通商, 日益富强. 布國必從和好相信辦事之道, 助中國自主之權. 志剛, 《初使泰西記》卷3(同治8年 12月 27日, 1867), 336쪽.

3) 개인권리, 즉 the right of self-government를 가리킨다.

> 예) …… 賽乍奴赴訟行間, 已[己]見前此奉置路旁己之石像, 民皆爭前拽而倒之. 賽乍奴抵獄, 卽爲人妝害. 卽此可見羅馬民, 一失其自主之權, 卽其目前之諸美德, 亦盡喪失, 而甘心下與奴隷爲伍. 艾約瑟 譯, 《羅馬志略》(1886) 卷9, 〈羅馬立帝之始〉, 赫德(Robert Hart) 編集, 《西學啓蒙》, 5쪽.

중국 사대부 중에서 같은 용법을 사용하는 사람도 있었다. 그러나 1895년 이전에 이러한 용법은 자주 발견되지 않는다.

> 예) 俄有黨禍, 由來已久. …… 至今守舊黨已銷聲滅跡, 維新黨則通國皆然, 卽所謂希利尼黨也. 彼因俄爲君主之國, 小民無自主之權, 故欲如法, 美西比之民之得以自由, 常思乘間一逞, 改君爲民主耳. 薛福成, 《出使日記續刻》(1893) 卷8(6月 12日記), 802쪽.

캉유웨이의 《실리공법전서》에서는 '사람은 자주지권을 갖는다' 는 표현
이 많이 사용되고 있다.

> 예) 公法, 人有自主之權. 按, 此爲幾何公理所出之法, 與人各分原質以爲人, 及各具一魂
> 之實理全合, 最有益於人道. 康有爲, 《實理公法全書》, 〈總論人類門〉, 7쪽.

● 1895~1900년의 주요 용법

1895년 이후 관방문서, 특히 외교문서 속에서 국가주권을 가리키는 데
'자주지권' 이 여전히 자주 쓰였다. 이외에 개인권리를 가리키는 데 많이
사용되었는데 1898년 그 사용빈도가 최고점을 이룬다.

> 예) 西方之言曰, 人人有自主之權, 何謂自主之權, 各盡其所當爲之事, 各得其所應有之
> 利. 公莫大焉, 如此則天下平矣. 梁啓超, 〈論中國積弱由於防弊〉, 《時務報》 第9冊(1896.
> 10. 27), 3쪽.

장즈둥과의 논쟁에서 허치와 후리위안은 '자주지권은 하늘로부터 부여
받은 것' 이라 보고 있다.

> 예) 是故爲國之大道, 先在使人人知有自主之權. 此不特爲致治之宏規, 亦且爲天理之至
> 當. 蓋各行其是, 是謂自主. 自主之權賦之於天, 君相無所加, 編民亦無所損. 庸愚非本足,
> 聖智亦非有餘. 人若非作惡犯科, 則此權必無可奪之理也. 奪人自主之權者, 比之殺戮其
> 人相去一間耳. 何啓·胡禮垣, 〈正權篇辯(摘錄勸學篇書後 續前九十二冊)〉, 《知新報》 第
> 93冊(1899. 7. 18), 5쪽.

사대부들은 여전히 개인의 '자주지권' 은 국가의 '자주지권' 의 기초라고
보았다.

> 예) 孔子曰, 匹夫不可奪志. 志者何, 自由之志也. …… 善夫中村正直之言曰, 國家所以有
> 自主之權者, 由於人民有自主之權. 人民所以有自主之權者, 由於有自主之志行. 蓋深知
> 國家自强之大根原也. 蔡孟博, 〈東京大同高等學校功課〉, 《淸議報》 第32冊(1899. 12.
> 13), 13쪽.

● 1900~1915년의 주요 용법

1895년 이후의 용법은 대체적으로 위와 동일하다.

예) 總之人人有自主之權, 爲地球之公理文明之極點, 無可訾議者也. 若欲知其理之所以然, 則諸家之說原書具在, 其理甚精, 可詳考也. 沈翔雲, 〈覆張之洞書〉,《黃帝魂(選錄)》(1903),《辛亥革命前十年間時論選集》第1卷 下冊, 766쪽.

● 1915년 이후의 용법

1915년 이후 매우 적게 쓰이며, 사용될 때에는 대부분 개인권리를 가리킨다.

● 기타

'자립지권自立之權'. '자주지권'과 의미가 매우 유사하며 국가주권이나 개인의 권리를 가리킨다. 1899년 량치차오는 자립회의 결성에 관한 글의 서문에서 자립회의 '자립'을 개인 권리를 가리킨다고 설명하였다.

예) 西人之常言曰, 國之所以有自立之權者, 由於人民有自立之權. 人民所以有自立之權者, 由於其有自立之志與自立之行. 任公, 〈自立會序〉,《淸議報》第16冊(1899. 5. 30), 5쪽.

캉유웨이는 자립군의 봉기를 변호하면서 '자립'은 중국의 주권을 보전한다고 파악하였다.

예) 査唐才常大通勤王軍布告文, 宗旨第一條曰, 保全中國自立之權. 其第二條曰, 請光緖帝復位. 則自立二字, 屬於中國, 中國自立四字同讀而以爲會. 唐才常[蓋]憫於分割, 慮爲波蘭非洲, 故務欲保全中國自立之權, 以振厲國民之志, 名義至顯. 今張之洞等[必]欲誣之, 析其文義, 去中國二字, 但稱自立, [若]於中國之內, 別爲自立之一黨者. 康有爲,〈駁後黨張之洞于蔭霖僞示〉(1900. 10),《康有爲政論集》卷2 上冊, 447쪽.

27 주권主權

● **전통적 용법**

1) 군주의 권력. 2) 직권을 가진 관리를 가리킨다.[24]

● **1830~1895년의 주요 용법**

1) 전통적 용법

이러한 용법은 매우 적게 나타난다.

> 예) 上與下不宜狎, 狎則主權不尊, 太阿倒持而亂生. 上與下又不宜隔, 隔則民隱不聞, 蒙氣乘辟而亂又生. 馮桂芬, 〈覆陳時議〉, 《校邠廬抗議》(1861) 上卷, 106쪽.

2) sovereignty를 가리키며, 《만국공법》에서 최초로 쓰였다.

> 예) 治國之上權, 謂之主權. 此上權, 或行於內, 或行於外. 行於內, 則依各國之法度, 或寓於民, 或歸於君. 論此者, 嘗名之爲內公法, 但不如稱之爲國法也. 主權行於外者, 卽本國自主, 而不聽命於他國也. 各國平戰交際皆憑此權, 論此者, 嘗名之爲外公法, 俗稱公法卽此也. 丁韙良 主譯, 《萬國公法》卷1, 第2章 第6節, 17쪽.

그러나 대내적 주권 사용이 거의 없었기 때문에 중국 사대부는 보통 대외적 주권, 즉 주권의 독립성을 강조하는 데 사용하였다.

> 예) 臣又聞泰西通例有所謂均勢之法. 凡一國有意侵佔小國土地, 於鄰國主權國勢不無妨害者, 他國得群起阻撓之, 以遏其勢, 是謂均勢之法. 吳大澂, 〈督辦寧古塔等處事宜太常寺卿吳大澂具陳法越事宜辦法摺〉(1883), 故宮博物院 編, 《清光緒朝中法交涉史料》卷5, 323쪽.

1895년 이전 '주권'은 주로 이와 같은 의미에서만 사용되었으며 '군주의 권력'과의 구분은 때로 불분명하였다.

● **1895~1900년의 주요 용법**

1898년 이후 사람들이 '주권'의 귀속 문제를 논의하기 시작하면서 1899

년 《청의보》에 블룬칠리Johann C. Bluntschli의 〈국가론〉이 연재되어 서양의 국가 관념의 형성과 변천이 비교적 체계적으로 소개되었으며, 이 시기에 '주권'은 최고 정치권력의 속성을 의미하는 것으로 점차 부각되었다.

> 예) 合衆政治之全國民, 均握其國之主權, 而不能自行之, 必得代理者以托之也. 君主政治, 與貴族政治, 其君主若貴族, 皆握國之主權而自行之也. 伯倫知理,〈國家論(卷三 國體)〉,《淸議報》第23冊(1899. 8. 6), 2쪽.

한편 '주권'은 인민에게서 나온다는 주장을 제기하는 사람도 있었다.

> 예) 國家之有主權, 卽代表人民之公共權也. 權散於私民, 則渙散而微小. 歸於統一, 則强大而堅固. 故不能不立主權之國家. 國家所主之權, 國民所與之者也. 蔡孟博,〈東京大同高等學校功課〉, 12쪽.

● 1900~1915년의 주요 용법

1900년 이후에도 여전히 전통적 용법으로 사용되거나, 관방문서에서 독립성을 강조하기 위해 '주권'을 사용하기도 하였지만, 사대부의 글에서는 인민주권설이 광범위하게 사용되었다. 1903년 '주권'의 사용빈도가 최고점을 이루는데, 대부분 인민주권으로 사용되고 있다.

> 예) 有土地, 有人民. 以居於其土地之人民, 而治其所居之土地之事, 自制法律而自守之. 有主權, 有服從. 人人皆主權者, 人人皆服從者. 夫如是斯謂之完全成立之國. 梁啓超,〈少年中國說〉(1900),《飮冰室文集之五》第2冊, 9쪽.

그러나 량치차오는 국가주권은 인민에게 있다고 한 뒤 곧이어, 이는 여전히 정부에게 있다는 일련의 반성을 제기하기도 하였다.

> 예) 國家握獨一最高之主權, 而政府人民皆生息於其下者也. 重視人民者, 謂國家不過人民之結集體. 國家之主權, 卽在個人. 其說之極端, 使人民之權無限. 其弊也, 陷於無政府黨, 率國民而復歸於野蠻. 重視政府者, 謂政府者國家之代表也 …… 故國家之主權, 卽在

政府. 其說之極端, 使政府之權無限. 其弊也, 陷於專制主義, 困國民永不得進於文明. 故搆成一完全至善之國家, 必以明政府與人民之權限爲第一義. 梁啓超, 〈論政府與人民之權限〉(1902), 《飮冰室文集之十》第4冊, 1쪽.

1904년 이후 '주권'의 독립을 강조하는 사용빈도는 한동안 증가한다.

> 예) 一國有一國的主權. 現在世界上, 沒有個沒主權的國度. 主權是甚麼呢, 就是在國內辦理各項政事, 都有自己做主的權柄, 決不受別國的干涉. …… 若說起我們中國的主權來, …… 已經被東西各國奪盡了. 到了今日, 我中國那裏還算得是一個獨立自主的國家〉. 三愛(陳獨秀), 〈亡國篇(接十三期)〉, 《安徽俗話報》第15期(1904. 11. 7), 1쪽.

1913년 《용언》에는 마즈馬質의 〈주권론〉이 발표되는데, '주권'에 관해 비교적 전면적인 해석을 담고 있다.

> 예) 主權原語, 在英文爲薩威稜帖, 在法文爲蘇威稜德. …… 要不外一種品性詞, 非權力之謂, 亦非權利之謂. …… 由此觀之, 主權一語, 今日公法上用之者, 實含有三種意義, 一言國權之最高性, 一言國權之行使, 一言國家最高之地位. 學者欲別此, 當察其上下之文義, 始無錯誤. 歐洲人習用此一語, 兼表三義, 在吾國固不妨譯作三語. 然吾國沿用主權一語最久, 更之亦覺不便, 卽以上述三項而言, 統冠以主權二字, 亦無大礙. 馬質, 〈主權論〉, 《庸言》第1卷 第11號(1913. 5. 1), 1~2쪽.

● 1915년 이후의 용법

1915년 이후에는 상대적으로 잘 사용되지 않으며 광범위하게 자주적 권력을 가리키기도 하였다. 국가 '주권'을 강조할 때는 대외 독립성을 의미하는 용법이 두드러지게 증가하였다.

> 예) 我們更要敬告上海納捐華人會諸君, 要收回主權及排除租界虐政, 只有大規模的民衆示威可靠, 和平請求或希望媚外的北京政府出來交涉, 都是不濟事的呵 獨秀, 〈告上海納稅華人會〉, 《嚮導週報》第30期(1923. 6. 20), 222쪽.

²⁸ 인권人權

인신의 권리나 민주 권리를 가리킨다. 1897년 최초로 등장하였다.

 예) 西俗男女均權, …… 新聞報乃有五男爭娼, 共殺一婦烹而分食之異事. 由彼敎毋奪人權一語啓之, 名敎之精微乃不可議矣. 宋育仁, 《泰西各國采風記》(1897), 王錫祺 輯, 《小方壺齋輿地叢鈔再補編第十一帙》, 27쪽.

1899년 량치차오는 '천부인권'을 거론했다.

 예) 而彼愚而自用之輩, 混民權與民主爲一途, 因視之爲蜂蠆爲毒蛇, 以熒惑君相之聽, 以窒天賦人權之利益. 梁啓超, 〈愛國論〉, 77쪽.

1902년에 량치차오는 《신민총보》의 독자질문에 대한 회답에서 '인권'과 '민권'의 함의가 서로 유사하다고 지적하며, right of man에 대응하는 것으로는 '인권'이 더 합당하다고 하였다(부록의 '민권' 참조). 그러나 실제 사용에서 '민권'과 '인권'은 차이가 있었는데 1913년 장둥쑨張東蓀은 '민권'은 공권公權의 적극적 상태를 가리키며, '인권'은 공권의 소극적 상태를 가리킨다고 주장하였다(부록의 '민권' 참조). 따라서 '민권'의 주체는 인민이며 보통 민주와 상호 연계된 반면, '인권'의 주체는 개인이며 보통 자유와 상호 연계되어 있었다.

 예) 生民之初, 天賦人權. 人權者何, 自由平等是已. 夫旣自由, 則人人無服從之義務, 安可受他人之支配, 夫旣平等, 則人人無命令之權利, 安可設社會之階級. 人民實權利之主體, 權利實人民所固有. 不待國家之許可, 不須法律之規定, 卽應享受此眞自由眞平等之權利, 此自然之人權也. 義皇正胤, 〈南洋華僑史略(承前)〉, 《民報》 卷26號(1910. 2. 1), 28~29쪽.

29 공권公權

● 전통적 용법

조정이 가진 권한을 가리킨다.[25] 〈데이터베이스〉에서는 주로 다음의 세 가지 의미를 가진다.

1) 공유지권公有之權. 이러한 용법은 거의 나타나지 않는다.

> 예) 中國當道光之間, 勉强行成, 情形隔膜, 誤將稅則載入約章. 夫條約所載者, 兩國之公權也. 太阿倒持, 授人以柄, 九州之鐵, 鑄錯竟成, 非惟中國所未聞, 抑亦西人所不及料矣. 陳熾, 〈稅則〉, 《庸書》(1894) 〈外篇 卷上〉, 趙樹貴·曾麗雅 編, 《陳熾集》, 81쪽.

2) 정부권력을 가리킨다. 이러한 용법 또한 자주 나타나지 않는다.

> 예) 或謂社會爲私人之集合體, 主權卽爲私人之集合權. 其言謬甚. 主權者公權非私權也. 雖合無量數之私權, 不能變其性質使成公權. 梁啓超, 〈政治學大家伯倫知理之學說〉 (1903), 《飮冰室文集之十三》 第5冊, 87~88쪽.

3) 제일 자주 나타나는 용법은 공민권을 가리키며, 《일본국지》에서 최초로 등장한다.

> 예) 被剝奪公權者, 自主刑滿期之日, 經過五年得因其品行情狀開復以後公權. 黃遵憲, 〈刑法志四〉, 《日本國志》 第8, 卷30, 312쪽.

1900년 이후 비교적 상용되며 '공권'은 주로 국민의 정치권리를 가리킨다.

> 예) 謂公權爲公法上之權利, 私權爲私法上之權利. 然公法私法, 以統治權關係爲斷. 蓋公法爲統治權關係之法, 而私法則爲非統治權關係之法也. 張東蓀, 〈余之民權觀〉, 《庸言》 第1卷 第12號(1913. 5. 16), 11쪽.

30 사권私權

〈데이터베이스〉에서 비교적 적게 나타난다. 《만국공법》에서 최초로 등장하며 private rights 혹은 personal rights의 번역어로 사용되었다.

> 예) 君之私權, 有時歸公法審斷. 卽如國君, 私自置買繼續基業等權, 或與他國之君民有關涉者, 則公法中, 有一派專論此等權利也.

이외에 private international law를 '사권'의 법으로 번역하였다.

> 예) 蓋專指世人自然之權, 及人人相待之當然, 並各國所保護人民之私權也. 故論者稱之爲私權之法. 丁韙良 主譯,《萬國公法》卷1, 第2章 第3節, 17쪽과 第1章 第10節, 9쪽.

〈데이터베이스〉에서는 이 용법이 가장 자주 발견되지만, 1900년 이전 이렇게 사용된 사례가 매우 적다. 때로는 개인의 사리私利를 가리키기도 하였다.

> 예) 中國歷祀之革命, 皆因私權私利而起, 至因公權公利而起者無有也. 以暴易暴, 無有已時. 奮翮生,〈軍國民篇(續第七號)〉,《新民叢報》第11號(1902. 7. 5), 7쪽.

때로는 자주지권을 가리키기도 하였다.

> 예) 約章者兩國之公權也, 稅則者一國之私權也. 中國通商之始, 情形未熟, 英人陰謀以紿我, 盛氣以劫我, 令將稅則, 載入約章. 於是私權變爲公權, 自主成爲無主. 梁啓超,〈論加稅〉(1896),《飮冰室文集之一》第1册, 104쪽.

1915년 이후에는 거의 발견되지 않는다.

31 의무義務

정치적·법률적·도의적으로 마땅히 다해야 할 책임을 가리킨다. 1874

년 최초로 사용되었다.[26]

> 예) 昨本大臣特奉本朝來諭云, …… 茲聞淸國以生番爲屬地, 言論不置. 然此義務, 旣誓我民, 爰發我師, 爲天下所共知. 事在必行, 刻不可忽. 着該公使卽向該國政府, 以明本朝心蹟. 並請確答覆文繳回等因.〈日本柳原前光來函〉(1874. 9. 5),《籌辦夷務始末(同治朝)》卷96, 2212쪽.

1895년 이후, '의무'의 사용빈도는 점차 증가하며 1903년에 고점을 이룬다. 1902년 옌푸는 obligation을 '의무義務'로, duty를 '책임責任'으로 번역할 것을 주장하였다(飮冰子,〈飮冰室師友論學〉, 8쪽). 1903년 이와 유사한 관점을 제시한 사람이 있다.

> 예) 人生此世, 須發達其天稟之德性, 嚴行其應盡之義務. 小而一身一家, 大而國一種, 皆須維持之, 發達之, 竭其本分(Duty)以盡人之所以爲人者是也. 法律上之人格者, 人生此世, 必有種種行爲, 若權利(Right)若義務(Obilgation). 凡此等行爲, 不能背于國家所定之法律者也. 凡在法律範圍之內者, 則方有自由行動之權利. 而對于國家, 則仍負有義務者也. 斛癸,〈新名詞釋義〉,《浙江潮》第2期(1903. 3. 18), 4쪽.

1914년에는 '의무'를 '의분義分'으로 바꾸자고 주장하는 사람도 있었다.

> 예) 例如權利義務, 猶盾之表裏二面. 吾國義字約略足以當之. …… 義務之務字含作爲之義, 亦非其通性也, 何如譯爲義分. 胡以魯,〈論譯名〉,《庸言》第2卷 第1·2號合刊(1914. 2. 15), 12쪽.

1910년 이전에 '의무'는 상대적으로 도덕적 의미에 편중되어 있었다.

> 예) 義務是甚麼呢, 是各人對于國家份內應當做的事體應當擔的責任. 一國的人, 上至皇帝, 下至平民, 各有當盡的義務. 那一個不盡忠替國家辦事, 都是不盡義務. 不盡義務, 便是叛逆. 中國人,〈奉勸大家要曉得國民的權利和義務〉,《安徽俗話報》第21·22期合本(1905. 9. 13), 2쪽.

1911년 이후 법률적 의미에서 '의무'를 사용하는 경우가 비교적 많아진다.

예) 人民對於國家之義務, 其最大者, 一曰納稅, 一曰當兵. 此二者實國家所恃以生存發達之具. 凡屬國民, 皆無所逃其責者也. 而其所以必規定於憲法中者, 尤有理由在焉. 吳貫因,〈憲法問題之商榷(續第八號)〉,《庸言》第1卷 第10號(1913. 4. 16), 9쪽.

신문화운동 이후 도덕적 의미에서 '의무'를 사용하는 경우도 점차 증가한다.

예) 明白了這個道德, 義務是甚麼, 良心是甚麼也都可以明白了. 所謂義務, 所謂良心, 畢竟是社會的本能的呼聲. 然自己保存的本能, 種族蕃殖的本能也有與此呼聲同時發生的時候. 李大釗,〈物質變動與道德變動〉,《新潮》第2卷 第2號(1919. 12. 1), 210쪽.

'의무'는 때로 보수가 필요 없음을 가리키기도 하지만 자주 발견되지는 않는다.

개인
個人

32 개인個人

● 전통적 용법
그 사람·타인, 주로 사랑하는 사람을 가리킨다.[27]

● 1895~1900년의 주요 용법
자기를 지칭하며 individual에 대응한다. 〈데이터베이스〉에서 1900년 이전에 '개인'은 단지 네 차례 사용되고 있으며, 1898년 최초로 등장하였다.

> 예) 法國者, 人勇地肥, 富强冠於歐洲者也. ······ 然法人輕佻, 競功名, 喋喋於箇人自由. 內閣頻行更迭, 國是動搖. 柴四郞, 梁啓超 譯, 〈佳人奇遇〉(1898), 《飮冰室集之八十八》第19册, 185쪽.

나머지 세 차례는 량치차오의 〈자유서〉에서 사용되었다.
다른 두 번은 '각개인各個人'으로 사용되었다.

> 예) 今由條理上釋不羈特立之義, 則主權無限. 究其極弊, 外則廢卻一切義務, 不顧萬國公法, 內則蹂躪各個人, 並各團體之自由而不顧. 是使人類復陷于古代之無政權也. 伯倫知理, 〈國家論(卷四, 接前冊)〉, 《淸議報》第29册(1899. 10. 5), 4쪽.

● 1900~1915년의 주요 용법
1900년 이후 '개인'의 사용빈도는 점차 증가하며 1903·1906년 두 차례 고점을 이룬다. '개인'은 보통 국가·단체 등과 병렬·대비되어 사용되었다.

> 예) 重視人民者, 謂國家不過人民之結集體. 國家之主權, 卽在箇人(謂一箇人也). 其說之極端, 使人民之權無限. 其弊也, 陷於無政府黨, 率國民而復歸於野蠻. 梁啓超, 〈論政府與人民之權限〉, 1쪽.

1903년 옌푸는 '개인'은 중국에서 거의 볼 수 없는 것이라고 지적하였다.

> 예) 或謂箇人名義不經見, 可知中國言治之偏於國家, 而不恤人人之私利, 此其言似矣. 嚴復, 〈群學肄言譯餘贅語〉(1903), 《嚴復集》第1冊, 126쪽.

1906년 이전 '개인'은 자주 '국민'과 상반되는 것으로 등장하며, 이 후에 '개인'은 주로 단독으로 등장한다. 국인國人으로 볼 때 '국민'과 '개인'은 비교적 큰 차이가 존재하는데, '개인'은 구체적·개별적·자연적인 것인 반면에, '국민'은 추상적·집체적·법률적인 것이다. 1915년 이전에 중국인은 '국민'의 특성을 이용하여 '개인'의 특성을 대체하거나 억압하고자 하였다.

> 예) 個人之么匿體如是, 積個人以爲國民, 其拓都體亦復如是. 飮冰室主人(梁啓超), 〈中國人之缺點〉, 《新民叢報》(1904), 《辛亥革命前十年間時論選集》第1卷 下冊, 791쪽.

> 예) 蓋一國士民德義之消長, 影響於國家之盛衰隆替. 故小學校本旨尤以道德敎育及國民敎育爲最大主要之成分, 道德敎育在養國民之私德, 以期具個人之德性. 國民敎育在養國民之公德, 以期備國民之資性. 雲窩, 〈敎育通論 緖言(續第7期)〉, 12쪽.

● 1915년 이후의 용법

신문화운동 기간에 '개인'은 상대적으로 긍정된다.

> 예) 社會是個人集成的, 除去個人, 便沒有社會, 所以個人的意志和快樂, 是應該尊重的. 陳獨秀, 〈人生眞義〉, 《新靑年》第4卷 第2號(1918. 2. 15), 92쪽.

1920년 '개인'의 사용빈도는 최고점을 이룬다.

신문화운동 이후 '개인'은 보통 본인을 지칭하는데, '권리' 주체가 되는 경우는 상대적으로 적으며 부정적 용법이 상대적으로 자주 발견된다.

> 예) 本篇有兩層意思. 一是表示我不贊成現在一般有志青年所提倡, 我所認爲個人主義的新生活. 一是提出我所主張的非個人主義的新生活, 就是社會的新生活. 胡適, 〈非個人主義的新生活〉, 《新潮》第2卷 第3號(1920. 4. 1), 467쪽.

³³ 개인주의個人主義

1900년 최초로 나타나며, 개인의 이익을 중시하면서 단체나 국가의 이익은 고려하지 않는 주장을 가리킨다.

> 예) 然而不團衆力, 則一人之力薄且弱, 猶不足以敵外力也. 中國之病, 日離日散, 不相任睦, 各競其私. 公利衆事, 無人過問. 此所謂個人主義, 最足以敗害大局, 故名雖在四萬萬人, 實各自爲一人. 佩弦生, 〈論中國救亡當自增內力〉, 《淸議報》第41冊(1900. 4. 10), 3쪽.

이후에 서방의 경제학·교육학 및 니체의 주장이 소개되면서 자주 '개인주의'를 '사회주의'·'국가주의' 등과 대응하여 거론하였다. 1906년 《신민총보》에는 전문적인 '개인주의' 교육을 주장한 일본인의 글 한 편이 번역되었다.

> 예) 夫爲個人主義教育之目的者, 乃教育人使成人之事, 卽使人得純粹完全之人性是也. …… 雖然, …… 人不可爲孤立的生存, 必當有所屬一定之團體. …… 故人之爲人, 於社會國家, 必爲一有用之人物. 教育人使成人, 不可不含此意味也. 由是嚴格之個人主義之教育遂破, 而社會主義之教育代之, 佔現代最有力之位置矣. 八木光貫, 光益 譯, 〈個人主義教育〉, 《新民叢報》第4卷 第22號(原第94號)(1906. 12. 30), 6, 7쪽.

1907년 이후 '개인주의'가 때로 긍정적 의미에서 사용되지만, 전체적으로 부정적 용법이 더 자주 발견된다.

예) 謂人民各國其個人利害之故, 而始參與國政, 此不過十八世紀前個人主義之理想. 近世國家主義大明. 此說之缺點, 稍有學識者能知之矣. 梁啓超, 〈中國國會制度私議〉(1910), 《飮冰室文集之二十四》第9冊, 54쪽.

1915년 이후 신문화운동 기간에 '개인주의'는 비교적 긍정적 함의를 획득하는데, 그 의미는 주로 개인의 자주에 관한 요구를 긍정하고, 인간의 기본적 자유와 권익을 강조하기 위한 것이었다.

예) 西洋民族, 自古訖今, 徹頭徹尾個人主義之民族也. …… 所謂人權是也. 人權者. 成人以往, 自非奴隸, 悉享此權, 無有差別, 此純粹個人主義之大精神也. 陳獨秀, 〈東西民族根本思想之差異〉, 《新靑年》第1卷 第4號(1915. 12. 15), 1, 2쪽.

신문화운동 이후 '개인주의'는 일종의 쁘띠부르주아적 이데올로기를 의미하게 된다.

예) 不過遊民無産階級的均産主義, 根本上是資産階級的, 他們內部決不會有無産階級的集體主義, 而祇會有宗法社會式的頭目制度, 夾雜着小資産階級的個人主義. 他們對於富人的嫉恨, 實際上並不適合他們取消貧富不均的理想, 而終究是代表各個想自己變成富人的意識. 瞿秋白, 〈孫中山與中國革命運動〉, 9쪽.

34 소기 小己

● 전통적 용법

자신[一己], 개인을 가리킨다.[28]

● 1895~1900년의 주요 용법

'개인'을 가리킨다. 〈데이터베이스〉에서 1899년 최초로 등장한다. 1900

년 이전에는 겨우 한 차례만 사용되었다.

> 예) 故我同胞忘大己大分之國家, 而但知保小己小分之一人身家, 人人但知自保. 故我同胞, 雖有五萬萬, 實各爲一人.〈海外宜合公司以救君國演說〉,《知新報》第108冊(1899. 12. 13), 2쪽.

● 1900~1915년의 주요 용법

'소기'는 1903년 옌쭈가《군기권계론》을 번역하면서 광범위하게 사용되기 시작하였다. 옌푸는 '국인國人'과 '소기'를 다음과 같이 구별하였다.

> 예) 蓋國, 合衆民而言之曰國人(函社會國家在內), 舉一民而言之曰小己. 今問國人範圍小己, 小己受制國人, 以正道大法言之, 彼此權力界限, 定於何所. 嚴復 譯,《群己權界論》(1903)〈首篇·引論〉, 3쪽.

《군학이언》에서 옌푸는 분명하게 '소기'가 '개인'이라고 제시하였다.

> 예) 東學以一民而對於社會者稱箇人, 社會有社會之天職, 箇人有箇人之天職. 或謂箇人名義不經見, 可知中國言治之偏於國家, 而不恤人人之私利, 此其言似矣. 然仆觀太史公言小雅譏小己之得失, 其流及上. 所謂小己, 卽箇人也. 嚴復,《群學肄言譯餘贅語》, 126쪽.

'개인'과 비교할 때, '소기'는 주로 '자유'·'권리' 등과 함께 사용되며, '국군國群', '대군大群'과 대비되어 사용된다.

> 예) 就教育之目的而論, 指國家社會言之, 就教育之作用而論, 指小己之群性言之. 以發達國群, …… 爲教育之目的, 以養成國群份子之組織人格, …… 爲其作用也. 己者何, 淺言之, 卽各個人之自我也. 深育之, 卽小己之個性也. 劉顯志,〈論中國教育之主義〉,《中國新報》(1907),〈辛亥革命前十年間時論選集〉第2卷 下冊, 890쪽.

〈데이터베이스〉에서 1915년 이전에 등장하는 '소기'는 모두 옌푸가 사용한 것이다.

● 1915년 이후의 용법

1915년 이후 상대적으로 적게 사용되며, 부정적 용법으로 출현한다.

예) 我想經濟社會, 的確是一天一天變化的, 是一天一天進步的. 一個時代之經濟學說, 必合於一個時代之經濟社會. 舊經濟學家所根據的個人主義(有人譯小己主義)私産制度, 據我想來, 一定是要改造的. 劉秉麟, 〈經濟學上之新學說〉, 《新潮》第1卷 第3號(1919. 3. 1), 382쪽.

35 무뢰無賴

1902년 어우쥐자는 개인의 독립을 표현하는 데 '무뢰'를 사용하였다. 그러나 이러한 용법은 거의 발견되지 않는다.

예) 無賴者, 獨立之精神也. 凡人有依賴他人之性質, 則不能奮起獨立之精神, 斯謂之奴隷, 欲脫奴隷之籍, 必須拔去奴隷之根, 必須剷除依賴他人之性質. 欲剷除依賴他人之性質, 必須明吾爲人, 有頂天立地之能, 非如禽獸待人而理. 太平洋客(歐榘甲), 《新廣東》(1902), 《辛亥革命前十年間時論選集》第1卷 上册, 302쪽.

같은 해 이러한 용법을 조소하는 사람도 있었다.

예) 無賴者, 通行罵人語之最不堪者也. 太平洋客之新廣東乃爲之下解釋, 轉瞬間成一最可尊貴之徽號. 唏, 才子舞文之筆, 其賊人乃如是哉. 憂患餘生生, 《蝨談虎錄》, 《新民叢報》第14號(1902. 8. 18), 5쪽.

36 요닉幺匿

'요닉'은 옌푸가 unite의 번역어로 사용한 것으로 '개인'을 지칭하는 데 사용되었으며, '척도拓都'와 대립적으로 사용되기도 하였다.

예) 侯官嚴氏所譯群學肆言, 其云拓都者, 東譯所稱團體也, 云么匿者, 東譯所稱個人也. 梁啓超, 《新民說》, 119쪽.

예) 大抵萬物莫不有總有分, 總曰拓都, 譯言全體, 分曰么匿, 譯言單位. 筆, 拓都也, 毫, 么匿也. 飯, 拓都也, 粒, 么匿也. 國, 拓都也, 民, 么匿也. 社會之變相無窮, 而一一基於小己之品質. 是故群學謹於其分, 所謂名之必可言也. 嚴復, 〈群學肆言譯餘贅語〉, 126쪽.

그러나 '요닉'은 사람에게는 거의 사용되지 않았다.

사회
社會

37 군群

● 전통적 용법

1) 특히 양이 서로 모여 집단을 이루는 것을 가리키던 것이 기타 동종 동물이 모여 집단을 이룬다는 의미로 파생된 것이다. 2) 사람의 집단이나 사물의 집단. 3) 종류. 4) 같은 또래의 벗·친족. 4) 중인衆人·군중. 6) 집단·회합. 7) 많은·매우 많은. 8) 무리를 지은 사람이나 사물에 사용하는 양사量詞.[29]

● 1830~1895년의 주요 용법

1895년 이전에 '군'은 여전히 전통 용법으로 사용되었다.

  예) 孟子曰, 不嗜殺人者, 能一之. 斯言也豈僅爲七國發哉, 日, 吾聞君者群也, 王者民所歸往也. 陳虯, 〈大一統議〉,《治平通議》(1884) 卷7, 〈治平三議〉, 604쪽.[30]

● 1895~1900년의 주요 용법

1895년 옌푸가 《원강原强》에서 society의 번역어로 '군'을 사용하였다.

  예) 所謂群者, 固積人而成者也. 不精於其分, 則未由見於其全. 且一群一國之成之立也, 其間體用功能, 實無異於生物之一體, 大小雖殊, 而官治相准. 嚴復,《原强》, 7쪽.

같은 해, 캉유웨이도 같은 의미로 '군'을 사용하였다.

  예) 夫挽世變在人才, (成人才)在學術, 講學術在合群, 累合什百之群, 不如累合千萬之群,

其成就尤速, 轉移尤巨也. 康有爲, 〈上海强學會序〉(1895. 11), 《康有爲政論集》 卷1 上册, 169쪽.

량치차오가 1897년 〈설군說群〉이라는 글을 발표하였는데, 그 서문에 다음과 같이 적었다.

예) 啓超問治天下之道於南海先生, 先生曰, 以群爲體, 以變爲用. 斯二義立, 雖治千萬年之天下可已. 啓超旣略述所聞, 作變法通議. 梁啓超, 〈說群自序〉, 《時務報》 第26册(1897. 5. 12), 1쪽.

옌푸 또한 《천연론》에서 같은 의미로 '군'을 자주 사용하였다.

예) 夫旣以群爲安利, 則天演之事, 將使能群者存, 不群者滅, 善群者存, 不善群者滅. Thomas H. Huxley, 嚴復 譯, 《天演論》 〈導言13 制私〉, 32쪽.

이러한 '군'의 새로운 용법은 사대부들 사이에 빠르게 보급되기 시작하였다. 1898년 광둥에는 '군학회群學會'가 성립하였다. 같은 해 '군'의 사용빈도 또한 최초의 고점을 이루었다.

예) 梁啓超, 〈戊戌政變記〉(1898), 《飮冰室專集之一》 第1册, 77쪽.

● 1900~1915년의 주요 용법

1903년 옌푸의 《군학이언》과 《군기권계론》이 출판되면서, '군'의 사용빈도가 최고점을 이루는데 다른 연도들에 비해 압도적으로 높은 수치이다. 1904년 전에 '군'은 보통 '사회'와 혼용되었다.

예) 吾國新譯之社會學, 推餘杭章氏炳麟之群學爲巨擘. 〈紹介新著〉, 《浙江潮》 卷7期 (1903. 9. 11), 2쪽(〈부록〉의 '사회' 항목 참조).

옌푸가 이전에 '군'과 '사회'를 다음과 같이 구별한 적이 있다.

예) 荀卿曰, 民生有群群也者, 人道所不能外也. 群有數等, 社會者, 有法之群也. 社會, 商工政學莫不有之, 而最重之義, 極於成國. 嚴復, 〈群學肄言譯餘贅語〉, 125~126쪽.

이후에 '군'의 사용빈도는 빠르게 줄어들어, 1910년 이후에는 매우 적게만 사용되었다.

● 1915년 이후의 용법

1915년 이후에 거의 사용되지 않으며, 가끔 사용될 경우에는 보통 '사회'와 혼용되었다.

> 예) 淵源孔德思想發生二派哲家, (一)群學一派(sociologues). 用科學方法治人群社會, 當然推孔德爲始祖. 李璜, 〈法蘭西哲學思潮〉, 《少年中國》第2卷 第10期(1921. 4. 15), 24쪽.

38 군학群學

● 전통적 용법

각종 학파나 학설을 가리킨다.[31]

● 1830~1895년의 주요 용법

잘 사용되지 않으며, 각종 학파나 학설을 가리킨다.

> 예) 旣於群學言其簡要易入之道, 但所讀之書篇第先後, 尙慮學者未知所擇, 故更綜而錄之如左. 梁啓超, 〈續書分月課程〉(1892), 《飮冰室專集之六十九》第15册, 4쪽.

● 1895~1900년의 주요 용법

1895년 옌푸가 사회학의 번역어로 '군학'을 사용하였고, 그 이후 사용 빈도가 크게 증가하였다.

> 예) 而又有錫彦塞者, 亦英産也, 宗其理而大闡人倫之事, 幟其學曰群學. 群學者何, 荀卿子有言人之所以異於禽獸者, 以其能群也. 凡民之相生相養, 易事通功, 推以至於兵刑禮樂之事, 皆自能群之性以生, 故錫彦塞氏取以名其學焉. 嚴復, 〈原强〉, 6쪽.

1899년 량치차오가 '군학'은 바로 '사회학'임을 밝혔다.

> 예) 日本自維新三十年來, 廣求智識於寰宇. 其所譯所著有用之書, 不下數千種. 而尤詳於

政治學資生學(卽理財學, 日本謂之經濟學)智學(日本謂之哲學)群學(日本謂之社會學)等. 梁啓超, 〈論學日本文之益〉(1899), 《飮冰室文集之四》 第2冊, 110쪽.

이 밖에 '군학'은 각급의 각종 학교를 지칭하기도 한다. 그러나 이러한 용법은 잘 발견되지 않는다.

예) 善矣哉, 日人之興學也. 明治八年, 國中普設大學校. 而三年之前, 爲師範學校以先之. 師範學校, 與小學校並立, 小學校之教習, 卽師範學校之生徒也. 數年以後, 小學之生徒, 升爲中學大學之生徒, 小學之教習, 卽可升爲中學大學之教習. 故師範學校立, 而群學之基悉定. 梁啓超, 〈論學校四(變法通議三之四, 師範學校)〉, 《時務報》 第15冊(1896. 12. 25), 1쪽.

● 1900~1915년의 주요 용법

1903년 옌푸의 《군학이언》의 출판에 따라 '군학'의 사용빈도가 최고점을 이루며 다른 해에 비해 압도적으로 많아지는데 그 이후에는 빠르게 감소하기 시작한다.

예) 群學肄言, 非群學也, 言所以治群學之塗術而已. 嚴復, 《群學肄言譯餘贅語》, 125쪽.

'군학'이 광범위하게 사회과학을 지칭하는 데 사용되기도 하였다. 1904년 〈미국유학가이드〉라는 글에서는 College of Social Sciences를 군학원群學院이라고 부르고 있다.

예) 卜技利大學留學生某 述, 〈美洲遊學指南〉, 《新民叢報》, 臨時增刊, 《新大陸遊記》 (1904. 2. 14), 17쪽.

예) 治他學易, 治群學難. 政治者, 群學之一門也. 何以難, 以治者一己與於其中不能無動心故. 心動, 故見理難眞. 嚴復, 〈政治講義〉(1905), 《嚴復集》 第5冊, 1254쪽.

여전히 각종 학파나 학설을 지칭하기도 하였다.

예) 論理學學者, 或稱爲群學之鑰, 蓋導人以用思用辯之公例也. 記稱學問思辯, 此足以當之矣. 苟未治此, 則發一言, 立一義, 無往而不誤謬. 飮冰, 〈新出現之兩雜誌〉, 《新民叢報》

第4年 第16號(原第88號)(1906. 10. 2), 16쪽.

류스페이가 humanism을 '군학'이라고 불렀다.

> 예) 惟群治之進, 禮俗之源, 探賾索隱, 鮮有專家. 斯學之興, 肇端晢種, 英人稱爲 sociology, 迻以漢字, 則爲社會學, 與humanism之爲群學者, 所述略符. 師培, 〈論中土文字有益於世〉, 《國粹學報》(1908), 《辛亥革命前十年間時論選集》第3卷, 33쪽.

● 1915년 이후의 용법

매우 적게 사용되며 1920·1921년 리황이 프랑스의 철학과 사회학을 소개하는 글에서, 사회학을 가리키는 데 '군학'을 사용하였다.

> 예) 述法蘭西近代群學, 不能不先說說孔德(Auguste Comte, 1798~1857)因爲孔德是群學裏一個創造人. 群學Sociologie這個名稱, 都是他取的. 李璜, 〈法蘭西近代群學〉, 《少年中國》第2卷 第4期(1920. 10. 15), 5쪽.

그러나 그는 곧 이어 〈사회학과 종교〉라는 글에서 '사회학'이라는 용어로 바꾸어 사용하였다

> 예) 李璜, 〈社會學與宗敎〉, 《少年中國》第3卷 第1期(1921. 8. 1), 50쪽).

39 합군合群

● 전통적 용법

무리의 회합이나 군중의 단결을 가리킨다.[32] 〈데이터베이스〉에서는 주로 민중이 결성한 단체를 가리킨다.

> 예) 合群之義有三, 言政則議院, 言學則學會, 言商則公司. 徐勤, 〈擬粤東商務公司所宜行各事〉, 《知新報》第24册(1897. 7. 10), 1쪽.

> 예) 合群之道, 始以獨立, 繼以自治, 又繼以群治. 其中有公德……, 有實力, 有善法. 〈飮

冰室師友論學〉〈水蒼雁紅館主人來簡〉,《新民叢報》第24號(1903. 1. 13), 3~4쪽.

때로는 단체 사이의 연합을 가리킨다.

> 예) 抑吾嘗聞之, 積人而成群, 合群而成國, 國之興也, 必其一群之人, 上自君相, 下至齊民, 人人皆求所以强, 而不自甘於弱, 人人皆求所以智, 而不自安於愚. 嚴復, 〈國聞報緣起〉(1897),《嚴復集》第2冊, 454쪽.

이러한 용법은 1895년 이후에 자주 발견된다.

> 예) 甲午而後, 合群之聲, 囂然遍於中國. 〈四民公會〉,《新民叢報》第32號(1903. 5. 25), 1쪽.

집체가 서로 융합하여 함께 살거나 또는 무리를 이루는 등의 용법으로 사용되기도 한다. 그러나 자주 발견되지는 않는다.

> 예) 合群的自大, 愛國的自大, 是黨同伐異, 是對少數的天才宣戰, — 至於對別國文明宣戰, 卻向在其次. 魯迅, 〈隨感錄, 三十八〉,《新靑年》第5卷 第5號(1918. 11. 15), 516쪽.

> 예) 合群的修養, 是就與群衆一同做事的材幹說, …… 我們的讀書人, 多少都有些書癡氣, 總不感覺合群的必要. 這一則因爲他原從不想做甚麼社會事業所以他無需乎群衆, 再則因爲他看不來這些群衆種種色色的怪相, 所以他不屑與他們相周旋. 惲代英, 〈怎樣創造少年中國?(上)〉,《少年中國》第2卷 第1期(1920. 7), 14쪽.

40 군중 群衆

● 전통적 용법

중인衆人·민중을 가리키며, 근대 이후 그 의미의 변화가 그다지 크지 않다.[33]

1919년 이전에는 매우 적게 사용되었다.

예) 入敎之人必求表異於衆, 如承之於敎會之前, 而不承之於群衆之地, 是爲恥敎, 恥敎
者心不誠, 西士所不許也. 王韜, 〈代上廣州府馮太守書〉(1883), 《弢園文錄外編》卷10,
254쪽.

1919년 이후 사용빈도가 빠르게 증가했다. 5·4운동 이전에 푸쓰녠은
'군중'과 '사회'의 차이를 다음과 같이 정리하였다.

예) 中國一般的社會, 有社會實質的絶少, 大多數的社會, 不過是群衆罷了. 凡名稱其實的
社會, ― 有能力的社會有機體的社會, ― 總要有個密細的組織, 健全的活動力, 若果僅僅
散沙一盤, 只好說是烏合之衆. …… 至於官署以外, 官吏中所組織的團體, 除去做些破壞
的事情, 不生産的事情, 不道德的事情, 也就沒別事做了. 只好稱他群衆了. 又如工商界的
組織, 雖然比政界稍好些, 然而同業的人, 集成的行, 多半沒能力的. 又如近來産生的工商
會, 比起西洋的來, 能力也算薄弱多了, ― 這仍然是社會其名, 群衆其實. 孟眞(傅斯年),
〈社會 ― 群衆〉,《新潮》第1卷 第2號(1919. 2. 1), 345~346쪽.

그러나 불과 1년 후 뤄자룬이 5·4운동 이후 한 해 동안 학생운동의 성
과를 정리하면서 다음과 같이 인식했다.

예) 發動群衆運動, 必定要一種極大的刺激. 因爲旣然說到群衆運動, 當然是感情的作用
多, 理性的作用少. 而感情的作用, 尤賴乎極大的刺激. …… 唉, 我談了許久群衆運動, 其
實我們那裏眞配說群衆運動. 請問北京除了我們兩三萬較有組織的學生而外, 其餘那裏有
一個群衆. 唉, 似群衆運動也得先有群衆啦. 羅家倫,〈一年來我們學生運動底成功失敗和
將來應取的方針〉,《新潮》第2卷 第4號(1920. 5. 1), 854~855쪽.

1925년 '군중'의 사용빈도가 최고점을 이루는데, 보통 '노동자·농민 군
중[工農群衆]'·'노동군중勞動群衆' 등으로 상용되었다.

41 사회社會

● **전통적 용법**

1) 봄·가을 사일社日에 땅의 신을 영접하는 집회를 가리킨다. 2) 뜻이나 취미가 서로 같은 이유로 결합하여 만들어진 조직이나 단체를 가리킨다.[34]

● **1830~1895년의 주요 용법**

1895년 이전에는 매우 적게 사용되는데 주로 다음의 네 가지 용법이다.

1) 집회를 가리킨다.

> 예) 又教中之人喜於多備彩旗燈燭, 並諸色器具, 各穿文繡衣服, 持之周行於路, 以爲美觀, 宛如中國社會. 禕理哲,《地球說略》(1856), 王錫祺 輯,《小方壺齋輿地叢鈔再補編第十二帙》, 12쪽.

2) 회사를 가리킨다.

> 예) 通商以後, 商業大行, 各立社會, 監銀市場賣茶牙郎頭取肝煎(皆商名, 一首一從也), 宮室衣服, 奢擬侯王. 黃遵憲,《日本雜事詩》, 215쪽.

3) 모종의 목적으로 스스로 단체를 조직하는 사람을 가리킨다. 1887년 황쭌셴의《일본국지》에 최초로 등장하며, 이 책의〈예속지〉에서는 이를 열네 가지 유형으로 구분하는데, 그중 제일 마지막 유형이 '사회'이다. 황쭌셴의 '사회'에 대한 해석은 다음과 같다.

> 예) 社會者, 合衆人之才力, 衆人之名望, 衆人之技藝, 衆人之聲氣, 以期逐其志者也. 黃遵憲,〈禮俗志四〉,《日本國志》第10 卷37, 393쪽.[35]

4) 일정한 경제적 토대와 상부구조로 구성된 전체를 가리킨다.

> 예) 日本有論人類社會者, 不知始於何時, 曾著一說, 名曰人類社會變遷說. 薛福成,《出使日記續刻》卷3(1892), 472~473쪽.

● 1895~1900년의 주요 용법

1895년 이후 '사회'의 사용빈도가 증가한다. 1898년 이전에는 일본인이 사용하거나 일본어 문장을 번역하는 경우에 자주 사용되었다. 그 주요 의미는 1895년 이전과 유사하지만, '집회'나 '회사'의 용법은 비교적 적게 나타나는 반면 사람들이 모종의 목적으로 스스로 단체를 조직하는 것을 지칭하는 경우가 많았다.

> 예) 西國之上下通情, 得力於協會, 亦稱社會, 而輔之以報館. 其大報館類有博士主之, 其博士律師等, 又各以所操專門學業. 集同業者, 聯爲社會. 皆有會所, 今宜仿行其制. 同會諸君, 各擅專門, 倘有心得, 錄出存記, 隨時彙刊成册, 分送同人. 陳繼儼, 〈廣州創設時敏學堂公啓章程〉, 《知新報》 第53册(1898. 5. 20), 9쪽.

일정한 경제적 토대와 상부구조로 구성된 전체를 가리키는 용법 또한 비교적 많다.

> 예) 野蠻之地, 無社會者焉. 及文明漸開, 微露萌蘖, 久之遂成一社會. 然則所謂社會, 蓋以漸積成者也. 抑社會二字, 本非我國古來慣用之熟語. 而社會之實形, 自古已有. 古城貞吉 譯, 〈論社會〉, 《時務報》 第17册(1897. 1. 13), 24쪽.

이외에 '사회당'·'사회주의' 등의 용법의 등장이 비교적 빨랐다.

> 예) 西班牙國社會黨人, 密地埃兒安奚路, 刺死西相得兒哈士地魯氏, 旋被擒獲. 古城貞吉 譯, 〈刺客就刑〉, 《時務報》 第40册(1897. 9. 26), 25쪽.

● 1900~1915년의 주요 용법

1900년 이후 '사회'의 사용빈도가 빠르게 증가하여 1903년과 1906년에는 두 차례 고점을 맞는다.

1904년 이전 중국인들이 society의 번역어로 '군'과 '사회'를 동시에 사용하였으며 보통 혼용했다.

> 예) 社會者以和親爲植體, 以競爭爲利用者哉. …… 群以一種族成者, 和親之情必厚. 和

親之情厚, 則蕃滋易而有團合聯結之心. 群以多種族成者, 競爭之力必大. 競爭之力大, 則長進易而有獨立不羈之氣. 是固生類所同然, 人群之公理矣. 璱齋主人,〈社會進化論序〉,《淸議報》第47册(1900. 6. 7), 4쪽.

또 다른 예로는《신민총보》에 발표된 한 수의 시가 있다.

> 예) 合群聯社會, 代表倩公卿. 振素菴主,〈感懷十首卽示飮冰子〉,《淸議報》第47册(1900. 6. 7), 1쪽.

1902년 5월 량치차오가 독자의 문의에 대한 회답에서 '사회학'이 번역어로 적당하지 않다고 하였다

> 예)〈問答〉,《新民叢報》第8號(1902. 5. 22), 3쪽.〈부록〉의 '사회학' 항목 참조.

그러나 그는 2개월 후 또 다른 독자 문의에 대한 회답에서 '사회'라는 두 글자가 앞으로 분명 중국에서 통용될 것이라고 인식하였다.

> 예) 社會者日人飜譯英文Society之語, 中國或譯之爲群. …… 然社會二字, 他日亦必通行於中國無疑矣. 恐讀者向多誤以爲立會之意, 故贅答于此.〈問答〉,《新民叢報》第11號(1902. 7. 5), 2쪽.

1903년 신명사를 설명하는 글에서 '군'으로 번역하는 것이 더욱 '정확하다'고 보았지만, 여전히 여론에 따라 필자는 '사회'라는 단어를 사용하였다.

> 예) 吾人讀英美文時, 見有Society一字者, 日人譯之曰社會, 我國人譯之曰人群. 人群二字, 其義較明晰. 然數年來, 沿用社會二字較多且較熟. 飮氷,〈新名詞釋義〉, 2쪽.

다음해, 신명사를 해설하는 또 다른 글에서는 아예 '군'으로 번역하는 것이 부적당하다고 보았다.

> 예) 社會 …… 中國於此字無確譯, 或譯爲群, 或譯爲人群. 未足以包擧全義, 今從東譯.〈新釋名一(哲學類)〉,《新民叢報》第3年 第2號(原第50號)(1904. 7. 13), 3쪽.

1900년 이후 '사회'는 모종의 목적으로 스스로 단체를 조직하는 사람을

가리키거나, 일정한 경제적 토대와 상부구조로 구성된 전체를 지칭하는 데 자주 사용된다.

전자의 용법:

> 예) 泰西之社會, 以人爲單位. 泰東之社會, 以家爲單位. 蓋家族政治, 實東方之特色也. 湯學智, 〈徵文甲賞, 管子傳(續)〉, 《新民叢報》 第26號(1903. 2. 26), 20쪽.

후자의 용법:

> 예) 社會者何, 二人以上之集合體, 而爲協同生活者之謂也. 酕癸, 〈新名詞釋義〉, 2쪽.

> 예) 社會者, 衆人協同生活之有機的有意識的人格的之渾一體也. 〈新釋名一(哲學類)〉, 1쪽.

혁명당 사람들이 이미 '사회혁명'을 주장하였고 경제적으로 평등한 사회의 건설을 추구하였다.

> 예) 今所言者社會經濟組織上之革命而已, 故可謂之狹義的社會革命. 縣解, 〈論社會革命當與政治革命並行〉, 《民報》 第5號(1906. 6. 26), 23쪽.

> 예) 社會革命以階級競爭爲手段, 及其旣成功則經濟上無有階級, 雖受富之分配較多者, 亦與受少同等, 不成爲特別階級, 故絕不能言一階級(經濟的)握有政權, 更不能言自此階級移之彼階級. 縣解, 《民報》 第5號(1906. 6. 26), 23쪽.

1907년 전후 아나키스트의 사회혁명관은 점점 더 강렬하게 평등을 추구하게 된다.

> 예) 至社會主義, 一言以畢之曰自由平等博愛大同. 欲致此, 必去强權(無政府), 必去國界(去兵), 此之謂社會革命. 眞民(李石曾), 〈革命〉, 《新世紀叢書》 第1集(1907), 《辛亥革命前十年間時論選集》 第2卷 下册, 1000쪽.

이후 '사회'의 사용빈도가 점차 감소하여 일반적으로 경제적 토대와 상부구조로 구성된 전체를 가리키는 데 사용되었다.

● 1915년 이후의 용법

1915년 이후 '사회'의 사용빈도에 증가가 나타나며 1920년에는 최고점에 이른다. 일반적으로 경제적 토대와 상부구조로 구성된 전체를 가리키는 데 사용되었으며, '사회주의'·'사회학'·'사회과학' 등의 단어로 사용되었다.

> 예) 社會生活的問題, 就是個人與社會之關係的問題. 解決這個問題的兩極端, 一個是專制的國家主義, 一個是個人的無政府主義. 一個是資本主義, 一個是布爾塞維克主義. 何思源,〈社會學中的科學方法〉,《新潮》第2卷 第4號(1920. 5. 1), 648쪽.

⁴² 회會

● **전통적 용법**

사회조직을 가리킬 때 사용되며, 주로 세 가지 의미를 지닌다. 첫째, 일정 단체나 조직을, 둘째, 민간의 소규모 경제 상호부조 형식을, 셋째, 민간에 산사에 가서 향을 사르고 참배하거나[朝山進香] 신에게 풍년을 기원할 때[酬神祈年] 조직되는 집단적 활동을 가리킨다.³⁶

● **1830~1895년의 주요 용법**

주로 외국의 사회·정치단체를 가리키는 데 사용된다.

> 예) 今土民結黨, 其會之名曰民友之會也. 此人借愛民好治爲國家出力, 但王后禁之集會. 愛漢者,〈西班牙〉(道光 丁酉年 10月, 1837),《東西洋考每月統記傳》, 287쪽.

> 예) 敎會共有五百餘, 每會建一座禮拜堂, 每會約有八九百人, 爲掌敎者則一人而已. 其外亦有立仁會以濟窮困殘疾者焉. 高理文,〈美理哥合省國志略·新韓賽省〉,《美理哥合省國志略》卷首, 11쪽.

1870년 후반 사신使臣들이 구미의 사회조직을 호칭할 때 '회'를 상용하였다. 1877년 궈숭타오가 association·club·society의 번역어로 '회'를 분명히 사용하였다.

예) 是夕歌者數百人, 聚聽者萬人. …… 詢知此樂館亦英都之一會. 凡會皆名蘇賽意地. 前斯博得斯伍得處觀電氣燈, 亦立一會, 講求實學, 名羅亞爾蘇賽意地, 其倡首主持亦名尙書. 羅亞爾蘇賽意地尙書亦名和伯, 是日曾一見之. 郭嵩燾, 《倫敦與巴黎日記》卷5(光緖3年2月, 1877), 146쪽.

예) 印度茶商白來羅函稱, 布利諦斯蘇士爾申, 今秋會於布利模斯, 欲乞中國綠茶上品, 陳列此會中. 詢知布利諦斯, 英國舊名也, 蘇士爾申, 譯言會也, 通英國言之, 各種學藝及經紀, 陳列品第, 以資討論, 擇貿易繁處, 歲一爲會. 郭嵩燾, 《倫敦與巴黎日記》卷10(光緖3年7月, 1877), 276쪽.

《좌치추언》에는 '회'에 대한 보다 깊은 서술이 나타난다.

예) 凡有衆人相聚成會, 無論其會爲大爲小, 必有公共之性情, 公共之意見. 則往來交接, 彼此俱覺合宜. 若會中別有一種性情意見, 止能合一二人或數十人, 而不能與大衆相合者, 其會必因此漸漸離散. 傅蘭雅 口譯, 應祖錫 筆述, 《佐治芻言》, 2, 22쪽.

예) 歐洲國內有此種城, 能立自主之會於國政大有關係, 於地方大有裨益, …… 是以英國各城各會, 設立章程, 辦理公事, 平時似與國政無關, 一旦國中有事, 則各城俱能各自保護, 其利益實爲無窮. 傅蘭雅, 《佐治芻言》, 22쪽.

중국에 사용될 경우에 '회'는 회당會黨과 같은 기층의 비밀조직을 지칭하는 경우가 많았다.

예) 廈門之天地會也, 起癸丑二月, 滅於冬. 上海之小刀會劉麗川也, 起癸丑八月, 滅於乙卯正月. 王韜, 〈粤逆崖略〉(1883), 《弢園文錄外編》卷6, 141쪽.

● 1895~1900년의 주요 용법

1895년 이후 사대부들이 '회'를 조직하는 것이 하나의 풍조가 되었다.

예) 近日風氣漸開, 凡近人會黨之有益於政敎, 而非謀爲不軌者, 皆錄入焉. 如强學會經學會算學會志學會公會農務會戒纏足會. 並予昔與同志所議之保華工會興商務會幼學會傳

孔教會育嬰會養老會女學會孔教公法會, 一切條例章程, 亦附於內. 徐勤, 〈二十四朝儒教會黨考序例〉, 《知新報》第20冊(1897. 5. 31), 4쪽.

이 중에서 '학회'가 가장 유행하였다. 1896년 량치차오는 〈논학회〉를 발표하고 이를 더욱 고취시켰다.

예) 群心智之事則䝉矣, 歐人知之, 而行之者三, 國群曰議院, 商群曰公司, 士群曰學會. 而議院公司, 其識論業藝, 罔不由學. 故學會者, 又二者之母也. 梁啓超, 〈論學校十三〉, 《時務報》第10冊(1896. 11. 5), 1쪽.

예) 學會起於西乎, 曰, 非也. 中國二千年之成法也. …… 先聖之道, 所以不絶於地, 而中國種類, 不至夷於蠻越, 曰惟學會之故. 學會之亡, 起於何也? 曰國朝漢學家之罪, 而紀昀爲之魁也. 漢學家之言曰, 今人但當著書, 不當講學. 紀昀之言曰, 漢亡於黨錮, 宋亡於僞學, 明亡於東林. 嗚呼, 此何言耶. …… 是以僉壬有黨, 而君子反無黨. 匪類有會, 而正業反無會. 梁啓超, 〈論學校十三〉, 2쪽.

그는 1897년 〈남학회서南學會敍〉를 써서 '학회'의 중요성을 더욱 분명히 하였다.

예) 彼其有國也必有會. 君于是焉會, 官于是焉會, 士于是焉會, 民于是焉會. 旦旦而講之, 昔昔而摩厲之, 雖天下之大, 萬物之多, 而惟强吾國之知, 故夫能齊萬而爲一者, 舍學會其曷從與於斯. 梁啓超, 〈南學會敍〉, 《湘學報》(1897. 12. 14), 1900쪽.

● 1900~1915년의 주요 용법

1900년 이후 '회'는 단독으로 사용되는 일이 거의 없이, 일반적으로 상회·국회 등처럼 다른 어휘와 합쳐서 사용된다. 때로 사대부의 조직을 가리키기도 하지만 기층의 사회 조직을 가리키는 일이 훨씬 많았다. 혁명파의 조직은 동맹회同盟會·흥중회興中會·광복회光復會 등 '회'라는 명명이 많았다.

예) 這會怎麼算得新中國的基礎呢, 諸君當知一國的政治改革, 非藉黨會之力不能. ……

原來我國當光緒壬寅以前, 民間志士, 所在多有紛紛立會救國. 北京有强學會保國會, 湖南有南學會等, 皆以强中國爲宗旨. 但實力未充, 朝貴忌刻, 不久卽被禁解散. 此後有保皇會興於海外, 響應者百餘埠, 聲勢最大. 而各處革命之會, 亦紛紛倡起. 復有自明末以來卽行設立之秘密結社, 所謂哥老會三合會三點會大刀會小刀會等名目不一, 雖皆頑迷腐敗, 然其團體極大, 隱然爲一國的潛勢力. 可畏革命黨亦從中運動, 徐圖改良. 但前擧許多會, 或倡自士大夫, 或創自商人, 或成於下等社會, 宗旨旣殊, 手段亦異, 流品淆雜, 無所統一, 因此不能大有所成. 梁啓超, 〈新中國未來記〉, 6~7쪽.

● 1915년 이후의 용법

1915년 이후 '회會'가 단독으로 사용되는 일은 더욱 적어지며 보통 위원회·총상회·총공회總工會 등과 같이 전문적인 상설 기구의 명칭에 상용되었다. 그러나 때로는 주안회籌安會·소년중국회少年中國會 등 민간 사회 단체의 명칭에 사용되기도 하였다.

예) 若最近楊度孫毓筠嚴復劉師培李燮和胡瑛六先生, 發起一籌安會, 極言共和國體之弊, 將研究解決國體之法. 伍子餘, 〈息黨爭(致甲寅雜誌記者)〉, 《甲寅》第1卷 第9號(1915. 9. 10), 4쪽.

43 사회私會

● 전통적 용법

남녀의 사사로운 약속을 가리킨다.[37]

● 1830~1895년의 주요 용법

거의 사용되지 않았으며 〈데이터베이스〉에서는 단지 네 차례만 등장한다. 두 가지 용법이 존재한다.

1) 사사로운 만남을 가리킨다.

> 예) 担曰, 你旣無文憑, 而我乃政府曁徐大臣所派會辦委員, 則我兩人身分不可同日而語. 今日你我旣是私會, 我又在官, 你又在私, 則不便與你談公事.〈担文與日狀師克爾沃問答〉(光緒12年 8月 19日, 1886),《淸光緖朝中日交涉史料》卷10, 187쪽.

2) 비 관방조직을 가리킨다.

> 예) 吉洛茀言, 招工會是一千八百七十年前禁買黑奴, 日人因創爲招工之議, 設會經理, 是爲官局, 而所用章程, 仍然劫買黑奴之章程也. …… 此次設立之會又係各製造甘蔗廠立會經理, 是爲私會, 而其根源實出一氣. 郭嵩燾,《倫敦與巴黎日記》卷25(光緒4年 10月, 1878), 805쪽.

● 1895~1900년의 주요 용법

기층의 비밀조직을 지칭하는 경우가 많으며 주로 1895년 이후에 등장한다. 1897년 장쿤더張坤德는〈중국사회中國私會〉라는 글을 번역했다.

> 예) 中國私會, 在在皆是. 推原私會之起, 大半因敝政所致. 官長貪暴, 故百姓結成私會. 爲自獲計. 南省民各有族, 族之人衆勢大者, 凡入其族, 卽得邀其保護. 而無族之處, 則非結會成黨不可. 各處私會, 於是乎起. 張坤德 譯,〈中國私會(英國掌敎與日報訪事人問答節略)〉,《時務報》第17册(1897. 1. 13), 15쪽.

량치차오 또한 '사회'에 호의적 태도를 나타냈다.

> 예) 外洋華民多設私會, 各立名號, 其類非一. 遠時務者指爲亂黨, 竊竊憂之, 而無可如何. 其迂者乃多方設法, 思所以散之. 不知國之所以立者, 恃民情之固結而已. 梁啓超,〈致伍秩庸星使書〉(1897),《飲冰室文集之三》第2册, 6쪽.

● 1900~1915년의 주요 용법

주로 기층 비밀조직을 가리키는 데 사용되었다.

> 예) 此私會何自起乎, 曰起於在上者政治之不平, 遂陷人民於不安之地, 而不平之心生焉, 不平之事出焉. …… 此俄羅斯虛無黨, 義大利灰炭黨, 歐美各國之無政府黨之所由起也.

其宗旨不可表白於天下, 其行爲不可明著於人群, 故謂之曰私會. 以其行事秘密, 誓不外洩, 故又謂之秘密社會. 太平洋客,《新廣東》, 293~294쪽.

● 1915년 이후의 용법

1909년 이후〈데이터베이스〉에서 단 한 차례 등장한다.

> 예) 各分祠及各種私會之組織, 大率模仿疊繩堂. 三保廟則取疊繩堂之組織而擴大之. 然而鄕治之實權, 則什九操諸疊繩堂之耆老會議及値理. 梁啓超,〈中國文化史·社會組織篇〉(1927),《飮冰室專集之八十六》第18冊, 60쪽.

44 공회 公會

● 전통적 용법

1) 공무로 인한 집회를 가리킨다. 2) 공무로 인해 서로 만남을 가리킨다.[38]

● 1830~1895년의 주요 용법

전통 용법으로 사용되는 것 이외에 '공회'는 주로 다음의 네 가지 용법으로 사용된다.

1) 외국의 의회를 가리킨다.

> 예) 吳道, 國政之公會爲兩間房, 一曰爵房, 一曰鄕紳房. 在爵房獨有公侯等世爵並國之主敎. 在鄕紳房有良民之優者被庶民選擇者. 愛漢者,〈英吉利國政公會〉(道光戊戌年 5月, 1838),《東西洋考每月統記傳》, 365쪽.

2) 독일의 관세동맹이나 독일연방을 가리킨다.

> 예) 巴威也拉(一作巴華里, 又作拜焉), 在日耳曼東南方, 南北一千一百餘里, 東西八百餘里, 在列國中幅員最大, 爵稱王. 戶口四百七萬餘. 公會應出兵三萬五千六百, 昔時嘗與佛郞西

결盟, 以攻日主, 都城日慕尼克(一作門古). 徐繼畬, 〈日耳曼列國〉, 《瀛寰志略》卷5, 152쪽.

예) 惟本署大臣奉命前來之時公會各國, 均有國書, 情願照辦. 是以互換和約後, 均須各送一本, 始可交代, 並無別意. 〈布國列總領事申陳(一)〉(1862. 3. 27), 《籌辦夷務始末(同治朝)》卷13, 352쪽.

3) 회사 또는 법인단체를 가리킨다.

예) 近英新設公會, 造電氣秘機, 自英至北亞墨利加, 通線由海底潛達. 會中本銀分三百五十分, 每分銀四千兩, 計一百四十萬兩. 現已經始, 約今歲五月初旬竣事. 英國用以郵傳機事, 歲發帑銀五萬六千兩與公會, 償其利百分之四. 若合衆國欲用之, 或亦酬銀如其數. 偉烈亞力, 〈泰西近事述略〉, 《六合叢談》第1卷 第2號(1857. 2. 24), 9쪽.

《만국공법》에서는 bodies corporate, 즉 법인단체의 번역어로 '공회'가 사용되었다. 그러나 이러한 용법은 비교적 적다.

예) 自主之國, …… 其掌公土公物之權本無限制, 不但他國不得攙越, 卽己民亦不與焉. 至疆內人民並民間公會之物, 則管制之權亦不爲他國所限, 惟就本民論之, 應聽命於君上. 丁韙良 主譯, 《萬國公法》卷2, 第4章 第1~3節, 66쪽.

4) 뜻이나 취미가 서로 같아 만들어진 조직이나 단체를 가리킨다. 《육합총담》에서는 영국의 '공회'를 다음과 같이 소개하고 있다. 이때는 주로 상업이나 종교조직을 가리켰다.

예) 泰西公會甚多, 人以聚而事成, 故必群議于此. 有營財利者有作遊觀者有行善事者, 善事有二, 一保其身家, 一拯其靈魂. 欲拯靈魂, 必有敎訓啓導之事, 此法英地頗多. …… 此外尙有無數公會, 言不能盡, 其意大抵愛人如己, 己欲福而福人, 仁者之道也. 偉烈亞力, 〈公會記略〉, 《六合叢談》第1卷 第8號(1857. 8. 20), 10쪽.

중국인이 민간조직을 가리키는 데 사용한 것은 〈데이터베이스〉에서는 《자정신편》에 최초로 등장한다.

예) 與士民公會, 富貴善義仰體天父天兄好生聖心者, 聽其甘心樂助, 以拯困扶危, 並教育

等件. 至施捨一則, 不待白白妄施, 以沽名譽, 恐無貞節者一味望恩, 不自食其力, 是滋弊也. 宜令作工以受所値, 惟廢疾無所歸者准白白受施. 洪仁玕,《資政新編》, 535쪽.

● 1895~1900년의 주요 용법

1896년 '공회'의 사용빈도가 고점에 달하며 다른 연도에 비해 월등히 높은 수치를 보인다. 주요 원인은《각국교섭공법론집》에 자주 사용되었기 때문으로, 그 의미는 주로 의회를 지칭하는 것이다.

예) 英國家做此事後, 英國各等人大議論之. 國家公會議論得最重, 並將交涉公法之理言之最詳. …… 上下兩公會佩服國家所爲者, 人有大半, 但上公會內有人駁之. 又下公會定條程內, 包括交涉公法之正道理.《各國交涉公法論三集》(1896) 卷11 第166欸, 283쪽.

1895년 이후 '공회'는 주로 상인조직이나 신사조직과 같은 민간단체를 가리켰다.

예) 地圖公會,〈譯印西文地圖招股章程〉,《時務報》第1冊(1896. 8. 9), 3쪽.

예) 譯書公會,〈上海新立譯書公會章程〉,《湘學報》(1897. 11. 5), 323쪽 등.

● 1900~1915년의 주요 용법

주로 신사나 기업가 등이 결성한 단체를 가리킨다.

예) 余主張國民的立憲, 而注意在開國會. 略聞國中志士, 頗有與余政見不謀而合者, 則上海安徽兩處之近日發起國會期成會是也. 此外如北京之憲政硏究所, 上海之憲政硏究會及立憲公會, 留學界之憲政公會及政聞社, 留美商學界之憲政會, 對於開國會皆爲急激的主張. 李慶芳,〈中國國會議〉,《中國新報》(1908),《辛亥革命前十年間時論選集》第3卷, 122쪽.

어우쥐자가 '공회'를 다음과 같이 묘사했다.

예) 公會者, 其宗旨可表白於天下, 其行爲可明著於人群, 公享其益, 公著其利, 故其會友最衆. 西國公會, 指不勝屈, 而其最大而顯者, 一曰國會, 二曰議會, 其他敎會, 學會, 商會, 工會, 天文地理與及凡百術業, 莫不有會. …… 若夫我中國則何如, 則公會無一, 而私會遍天下也. 太平洋客,《新廣東》, 293~294쪽.

그러나 그는 '공회'가 '사회'로부터 발전하여 만들어진다고 인식하였다. 이외에 펑징루馮鏡如 등이 '사민공회'를 조직함으로써 사신士紳 조직의 속박에서 벗어나고자 시도하였다.

> 예) 甲午而後, 合群之聲囂然遍於中國. 强學會倡始於北京, 而聖學會南學會保國會紛紛繼起, 然類皆士夫爲之, 未能合四民而結一大團體也. …… 洎乎今歲, 事變益急. 廣西滿洲之事, 相繼並起. 各省電爭, 擧國喧擾. 上海紳商知非合大群則不足以應此大變也. 於是有四民公會之設, …… 而倡其事者則爲馮君鏡如. 〈四民公會〉,《新民叢報》第32號(1903. 5. 25), 1쪽.

● 1915년 이후의 용법

1900년부터의 용법을 이어받았고, 주로 은행공회·전업공회錢業公會 등과 같이 상공업 동업자의 연락기관인 동업공회를 가리킨다. 간혹 노동자의 조직이나 국제회의조직을 가리키기도 했다.

> 예) 上海現在有個郵務公會, 是五卅後郵務工人罷工的成績, 上海郵務工人有自己的廣大的組織, 此爲第一次. 這樣的團體自然是郵政當局所視爲眼中釘的. 邦鉞,〈五卅後的上海郵務工人〉,《嚮導週報》第155期(1926. 5. 30), 1501쪽.

● 기타

'성공회聖公會', 기독교 교회조직.

> 예) 聖三一學校, 是一間英國人所辦的學校 — 聖公會所辦的學校.〈廣州聖三一學生宣言〉,《嚮導週報》第62期(1924. 4. 23), 500쪽.

45 사회주의社會主義

〈데이터베이스〉에서 1896년에 최초로 등장한다.

> 예) 英國名士威呢嘻摩里是氏, 以本月三日, 遽爾易簀. 距生千八百三十四年, 享齡六十

二. 氏爲近世社會主義(學派之名)之泰山北斗也, 著書極富, 名聲藉甚, 時人惜之. 古城貞吉 譯, 〈碩儒訃音〉, 《時務報》第12冊(1896. 11. 25), 217쪽.

중국인 중 최초로 사용한 사람은 량치차오이다.

> 예) 天下之變, 實莫與之京也, 而此禍亦勢之不可避也. 但尚有一縷之可望者, 則在於仁人學者, 能以國家社會主義, 調和於貧富之間而已, 於外實無別法也. 梁啓超 譯, 〈佳人奇遇〉, 195쪽.

1903년 이전 량치차오를 제외하고 다른 중국인은 거의 사용하지 않았다.

1903년 이후 '사회주의'는 사회주의 사조를 소개하는 글 속에 자주 사용되었다. 그러나 '개인주의'·'가족주의' 등과 서로 대립시켜, 사회단체의 작용·사회공덕의 중요성에 관한 이념을 강조하기도 했다. 이러한 용법은 교육 문제에 대한 논의 속에 자주 발견되며, 전체적으로 볼 때 사용빈도는 비교적 낮다.

> 예) 我常熟不知有社會主義, 自前斅同盟發起, 曾由會員運動建設城西小學校一, 程度如公立小學校之尋常級焉. 五月中全體會員議決解散斅同盟, 建設中國敎育會常熟支部之案, 以期實施其事業, 並議設體育部由敎育支部及開智會員組織之. 常熟社會之現狀, 止有此點. 初我, 〈常熟學界調查報告〉, 《江蘇》第4期(1903. 6. 25), 21쪽.

1905년 이후 입헌파와 혁명파의 논쟁에 따라 '사회주의'의 사용빈도가 크게 증가하고 1906년에는 최초의 고점을 이룬다.

> 예) 蓋卽最極端之社會主義, 亦不能言一切資本國有. 而梁氏所期之圓滿社會革命論, 不知其何所指也. 若夫吾人之社會主義則不然, 曰土地國有, 曰大資本國有. 民意, 〈告非難民生主義者(駁新民叢報第十四號社會主義論)〉, 《民報》第12號(1907. 3. 6), 56쪽.

> 예) 吾認社會主義爲高尙純潔之主義, 且主張開明專制中及政治革命後之立法事業, 當參以國家社會主義的精神, 以豫銷將來社會革命之禍. 若夫社會主義中之極端的土地國有主義, 吾所不取. 今日以社會革命提倡國民, 吾認爲不必要. 野心家欲以極端的社會革命主

義與政治革命, 種族革命同時並行, 吾認其爲煽動乞丐流氓之具. 飮冰, 〈答某報第四號對於本報之駁論〉, 65쪽.

신문화운동 이후 사용빈도가 크게 증가하는데, 오늘날의 용법과 대체적으로 일치한다.

> 예) 他們的主義, 就是革命的社會主義, 他們的黨, 就是革命的社會黨, 他們是奉德國社會主義經濟學家馬客士(marx)爲宗主的, 他們的目的, 在把現在爲社會主義的障礙的國家界限打破, 把資本家獨佔利益的生産制度打破. 李大釗, 〈BOLS-HEVISM的勝利〉, 《新靑年》第5卷 第5號(1918. 11. 15), 444쪽.

1921년 사용빈도가 약 800여 차례로 최고점을 이루며, 가장 많이 사용한 것은 《신청년》 잡지로 약 600여 차례에 이른다.

46 사회학 社會學

〈데이터베이스〉에서 1896년에 최초로 등장한다.

> 예) 凡爲仁學者, 於佛書當通華嚴及心宗相宗之書, 於西書當通新約及算學格致社會學之書. 譯嗣同, 《仁學》〈自敍〉, 293쪽.

1900년 이전에 '사회학'이라는 단어는 거의 사용되지 않았다. 1902년 량치차오는 '사회학'이라는 번역이 부적합하다고 보았다.

> 예) 日本所譯諸學之名, 多可仍用. 惟經濟學, 社會學二者, 竊以爲必當更求新名, 更望哲遠有以誨之. 〈問答〉, 《新民叢報》第8號(1902. 5. 22), 3쪽.

같은 해 장타이옌이 일본인 키시모토 노부타 岸本能武太의 《사회학》이라는 책을 번역하면서, 그 서문에 다음과 같이 적었다.

> 예) 社會學始萌芽, 皆以物理證明, 而排拒超自然說. …… 美人葛通哥斯之言曰, 社會所

始, 在同類意識, 假擾於差別覺, 制勝於模效性, 屬諸心理, 不當以生理術語亂之. …… 其後有岸本氏, 卓而能約, 實兼取斯葛二家, 其說以社會擬有機, 而曰非一切如有機, 知人類樂群, 亦言有非社會性, 相與偕動, 卒其祈向, 以庶事進化, 人得分職爲侯度, 可謂發揮通情知微欤口章者矣. 章太炎, 〈社會學自序〉(1902. 7), 湯志鈞 編, 《章太炎政論選集》卷1, 上冊, 170쪽.

'사회학'은 sociology를 지칭하는 것 이외에 사회주의를 지칭하기도 하였다.

예) 馬爾克以爲資本家者掠奪者也, 其行盜賊也, 其所得者一出於朘削働者以自肥爾. …… 馬爾克此論爲社會學者所共尊, 至今不衰. 蟄伸, 〈德意志社會革命家小傳(未完)〉, 《民報》第2號(1906. 1. 22), 11~13쪽.

량치차오는 이전에 이러한 이유로 쑨원을 조소한 적도 있다.

예) (原文)解決的方法, 社會學者(按, 此語誤. 豈有倡民生主義之人, 而不知Socialism與Sociology之分耶. 抑筆記者之陋也). 兄弟所最信的, 是定地價的法. 飲冰, 〈雜答某報(續第八十五號)〉, 28쪽.

그러나 1902년 량치차오 또한 유사한 용법을 사용한 적이 있다.

예) 龔集平均篇云, 至極不祥之氣, 鬱於天地之間. 鬱之久乃必發爲兵燹, 爲疫癘(中略). 其始不過貧富不相齊之爲之爾, 小不相齊漸至大不相齊, 大不相齊則至喪天下. 此近世泰西社會學家言根本之觀念也. 梁啓超, 〈論中國學術思想變遷之大勢〉(1902), 《飲冰室文集之七》第3冊, 96쪽.

민족국가
民族國家

⁴⁷ 천하天下

● **전통적 용법**

예전에는 주로 중국 범위 안의 전체 토지나 전국을 가리켰다.³⁹

● **1830~1895년의 주요 용법**

1) 하나의 단순한 지리 개념으로서, 일반적으로 중국을 가리키며 통상적으로 유학의 도덕규범의 정치질서에 부합하는 의미가 은연중에 포함된다. 다만 '천하'가 '중국'의 한계를 넘어서며 심지어는 중국과 무관한 지역을 가리킬 때도 있다.

> 예) 萬國[地理]全圖集又曰, …… 漢建始年間, 有羅馬國征服天下, 猶太人亦歸其權. 魏源, 〈西印度之如德亞國沿革〉(1852), 《海國圖志》卷26, 〈西南洋〉, 中册, 812쪽.

2) 1895년 이전 외교관계를 말할 때 보통 중국을 중심으로 하며 천도를 근거로 하는 세계질서의 의미를 은연중 포함하였다.

> 예) 間嘗觀天下大局, 中華爲首善之區. 四海會同, 萬國來王, 退哉勿可及已. 此外諸國一春秋時大列國也. 張斯桂, 〈萬國公法序〉, 丁韙良 主譯, 《萬國公法》, 1쪽.

3) 전통적 천하관의 발전과 수정. 1860년대 이후 수많은 중국인이 세계의 국면이 변화하여 중국은 이미 세계의 중심이 아님을 명확하게 인식하였지만, 사대부들은 여전히 중국의 중심적 지위가 노력을 통해 다시

회복될 수 있다고 믿었다. 예를 들어 왕타오는 중국이 비록 약하나 여전히 '천하의 우두머리'로, 끝내 강해질 것이라고 생각했다.

예) 中國天下之首也, 尊無異尙, 此古之通義, 而非徒以口舌爭者也. 若夫盛衰之勢, 强弱之形, 則自元黃剖判以來, 原無一定, 固不得借一時之盛, 恃一日之强, 而輒夜郞自大也. …… 故知中國有時而弱, 然弱亦足久存, 中國未嘗無衰, 然衰要有終極. 蓋彛倫所繫, 統紀所存, 一旦聖君應運而興, 賢臣相輔爲理, 勵精圖治, 上邀天眷, 下順輿情, 則强者亦將失其强, 而尊卑以明矣. 勢無陂而不平, 道無往而不復, 觀諸上古之迹, 驗諸近今之事, 當不河漢乎斯言. 王韜,〈中國自有常尊〉(1877),《弢園文錄外編》卷5, 115~116쪽.

4) '천하'가 여러 평등한 국가로 구성된 전 세계를 가리키는 것으로 인식될 때도 있었다.

예) 惟因諸國之同居於天下, 一若庶人之同居於一國焉. 夫各國自制律法, 而甘服之. 諸國亦有律法, 爲各國所甘服者. 丁韙良 主譯,《萬國公法》卷1, 第1章 第7節, 6쪽.

중국인도 이렇게 사용했지만 대부분은 외국, 특히 서양 국가와 교류하는 외교문서에 사용되었다.

예) 旣經總理衙門照會法使, 告以越南久列藩封, 屢經中國用兵勦匪, 力爲保護, 爲天下各國所共知. 今乃侵陵無已, 豈能受此蔑視.〈諭李鴻章左宗棠等法人侵我藩屬着力籌防禦〉(1883),《淸季外交史料(光緖朝)》卷35, 125쪽.

● 1895~1900년의 주요 용법

1895년 이전의 각종 용법이 이 시기에도 계속 사용되었지만, 통상 널리 전국을 가리키는 것으로 사용되었다. 세계에 대한 서술로 쓰일 때 그 의미는 좀 달라진다. 량치차오는 화이의 구별을 주장하면서 천하의 중심이라는 중국의 지위가 사대부의 마음에서 훨씬 동요되었다고 하였다.

예) 春秋之治天下也, 天下爲公. 選賢與能, 講信修睦. …… 由乎此者, 謂之中國. 反乎此者, 謂之彛狄. 痛乎哉, 傳之言也. 日然則曷爲不使中國主之, 中國亦新彛狄也. 梁啓超,

〈春秋中國夷狄辨序〉(1897),《飮冰室文集之二》第2冊, 49쪽.

또 어떤 논자는 "천하는 만국의 집합"이라는 주장을 명확히 제시했다.

예) 夫王者藏於天下, 諸侯藏於百姓, 良賈藏於篋匱. 然積市成邑, 積邑成國, 積國成天下. 天下者萬國之積也. 徐崇立, 〈市〉,《元柤通藝錄》卷24, 〈書文〉, 53쪽.

1898년 '천하'의 사용빈도가 최고점에 달하며 다른 해보다 훨씬 많다.

● 1900~1915년의 주요 용법

1900년 이후 '천하'의 사용빈도가 감소하며 그 용법에도 변화가 나타난다.

1) '천하'가 국내 정치질서와 민족의 정체성을 가리킬 때 그 배후에 숨어 있는 관념이 의문시되고 부정된다. 1902년 량치차오는 중국인이 '천하'가 있는 줄만 알지 '국가'가 있는 줄은 알지 못한다고 비판했다.

예) 其誤認國家爲天下也, 復有二因. 第一由於地理者. …… 第二由於學說者. …… 此實吾中國二千年來之性狀也. 惟不知有國也, 故其視朝廷, 不以爲國民之代表, 而以爲天帝之代表. 彼朝廷之屢易而不動其心也, 非恝也. 蒼天死而黃天立, 白帝殺而赤帝來, 於我下界凡民有何與也. 梁啓超,《新民說》, 21~22쪽.

2) 세계 관념 중 '천하'는 더 이상 모종의 도덕질서를 함축하지 못하고, 중국은 중심이 아닐 뿐만 아니라 도리어 변두리가 된다. 왕징웨이는 '망국'과 '망천하'의 새로운 해석에서 비교적 강한 민족주의 색채를 띠었다.

예) 要之, 亡國與亡天下之別, 其最著也. 古以中國爲天下, 所謂亡天下, 卽亡中國之謂, 而所謂亡國, 卽易朝之謂耳. 精衛, 〈駁新民叢報最近之非革命論〉,《民報》第4號(1906. 5. 1) 31쪽.

예) 天下者, 天下人之天下也. 然今日則不當爲白種人所獨有之天下, 使有白種多數之國, 集爲一會, 卽可名爲萬國公會. 使其會中有多數之人, 主持一議, 卽可名爲天下公議. 〈論

第十四次國際議會會議〉,《外交報》第161期(1906. 11. 20),《外交報彙編》第2冊, 149쪽.
공문서에서도 이 점을 인정하기 시작한다.

예) 綜觀以上之所陳, 則世界立憲之大槪, 與日本立憲之情形, 可以得矣. 而奴才顧謂立憲可以固國體者何也. 今天下一國際競爭之天下也. 國際競爭者, 非甲國之君與乙國之君競爭, 實甲國之民與乙國之民競爭也. 故凡欲立國於現世界之上者, 非先厚其國民之競爭力不可. 達壽, 〈考察憲政大臣達壽奏考察日本憲政情形摺〉(光緖34年 7月 11日, 1908),《淸末籌備立憲檔案史料》上冊, 29쪽.

● 1915년 이후의 용법

1922년 량치차오는 중국인이 '천하주의'에서 '국가주의'로 변화했다고 개괄했다.

예) 我國先哲言政治, 皆以天下爲對象. 此百家所同也. 天下云者, 卽人類全體之謂. 當時所謂全體者未必卽爲全體, 固無待言.

降及近世, 而懷抱此種觀念之中國人, 遂一敗塗地. 蓋吾人與世界全人類相接觸, 不過在最近百數十年間. 而此百數十年, 乃正國家主義當陽稱尊之唯一時代. 吾人逆潮以泳, 幾滅頂焉. 梁啓超, 〈先秦政治思想史〉(1922),《飮冰室文集之五十》第13冊, 154, 3쪽

1920년대 이후 '천하'는 비교적 적게 사용되고 그 의미는 단지 지리적 지역을 가리키는데, 일반적으로는 중국을 가리키며 어떤 때는 세계를 지칭했다.

48 국가國家

● 전통적 용법

1) 고대 제후의 봉지를 국이라 하고 대부의 봉지는 가라 한다. 또한 국가

는 국의 통칭이다. 2) 공가公家, 조정을 가리킨다. 3) '관가'라는 것과 같으며, 황제를 가리킨다. 4) 공경대부가 받은 봉지로서의 성읍이다. 5) 경성·수도.[40]

● 1830~1895년의 주요 용법

이 시기에는 주로 조정 혹은 정부를 가리켰다.

  예) 近來兩次諭旨皆曰, 黜陟大權, 朕自持之. 亦皇上之意以爲中無纖毫之私, 則一章一服, 皆若奉天以命德初, 非自執己見, 豈容臣下更參末議. 而不知天視自民視, 天聽自民聽. 國家設立科道, 正民視民聽之所寄也. 曾國藩, 〈敬陳聖德三端預防流弊疏〉(咸豐元年, 1851), 《皇朝經世文續編》卷14, 〈治體5 用人〉, 3쪽.

장더이는 일기에서 royal을 '국가'로 번역했다.

  예) 先至官錢局, 英名洛亞敏特. 譯洛亞者, 國家也, 敏特者, 錢局也. 下車有總管費滿達迎入. 張德彝, 《隨使日記》(1877), 王錫祺 輯, 《小方壺齋輿地叢鈔第十一帙》, 27쪽.

같은 해에 궈숭타오도 nation과 government를 '국가'로 번역했다.

  예) 其官閥曰明拍阿甫拍來森科非爾敏得. 科非爾敏得者, 國家也, 明拍者, 官員也. 便過畫樓一觀, 洋語曰納愼阿爾畢覺爾嗄剌里. 納愼者, 國家也. 郭嵩燾, 《倫敦與巴黎日記》卷5(光緖3年 2月, 1877), 151, 149쪽.

● 1895~1900년의 주요 용법

1895년 후에 '국가'는 실체로서의 용법이 점점 증대되었다. 특히 외교 문서에서 그러하다. 1897년 고조 데이키치가 주권과 국가의 관계를 거론했지만 명확하지는 않았다.

  예) 夫不問時之古今, 不論洋之東西, 國家大權, 必在一人, 或數人之手, 以表發國家之意志, 又藉以得行己之意志. 苟分此大權賦與人民, 則必有政黨從此興起也. 古城貞吉 譯, 〈政黨論〉, 《時務報》第17册(1897. 1. 13), 22쪽.

1899년 6월부터 《청의보》는 블룬칠리의 장문의 〈국가론〉을 연재하기 시작하여 서양의 국가 관념을 체계적으로 소개한다. 이 이후에 중국 전통의 국가관은 비판을 받는다.

예) 中國人 …… 數千年來通行之語, 只有以國家二字並稱者 …… 國家者, 以國爲一家私産之稱也. 哀時客,〈論近世國民競爭之大勢及中國之前途〉,《淸議報》第30冊(1899. 10. 15) 1쪽.

량치차오는 직접적으로 '인민국가'를 주장했다.

예) 使國家成爲人民國家, 則製造國魂之機器也. 梁啓超,《自由書》, 39쪽.

그러나 가장 중요한 비판은 중국인이 '조정'과 '국가'를 구분하지 못한다는 점에 집중된다.

예) 譯者曰, 以朝廷爲國家一語, 實中國弱亡最大病源. 其故因天子自以人民土地爲其私産, 而擧國之民, 亦以人民土地爲天子之私産. 在上者奪民自立之權. 奪之旣久, 民生長于壓制之下, 獨立氣全消滅矣. 在下者不自有其權利, 委而棄之, 同于行路, 愛國心全消滅矣. 故吾常言欲救中國當首令全國人民知國家之爲何物也. 尾崎行雄,〈論支那之運命(支那處分案第2章)〉,《淸議報》第24冊(1899. 8. 16), 14쪽.

● 1900~1915년의 주요 용법

1900년 이후 전통적 국가 관념이 더욱 체계적으로 비판되며 인민주권의 관념도 더 광범히 전파되었다.

예) 是故吾國民之大患, 在於不知國家爲何物, 因以國家與朝廷混爲一談. 寖假而以國家爲朝廷之所有物焉, 此實文明國民之腦中所夢想不到者也. 今夫國家者, 全國人之公産也. 朝廷者, 一姓之私業也. 梁啓超,〈中國積弱溯源論〉(1900),《飮冰室文集之五》第2冊, 15~16쪽.

1905년 이후 혁명파와의 논쟁에서 량치차오는 '국가주권설'의 경향을 띠었다.

예) 吾嚮者下開明專制之定義曰, 以所專制之客體之利益爲標準. 斯固然也. 然所謂客體,

亦可析而爲二. 其一, 卽法人之國家, 其二, 則組成國家之諸分子(人民)也. 故前哲學說之 主張開明專制者, 亦分爲二. 其一, 則偏重國家之利益者, 其他則偏重人民之利益者也. 梁 啓超, 〈開明專制論〉(1905), 《飮冰室文集之十七》 第6冊 23쪽.

반면에 혁명파는 '국가인격설' 의 경향을 띠었다.

예) 蓋如國家人格說所言, 則君主不過國家之總覽機關. 構成此機關之人, 各國異其制, 在 法國美國, 則國法學上政治學上, 皆以國會爲國家之總覽機關, 在英國, 則國法學上, 以君 主爲國家之總覽機關, 而政治學上, 以國會爲國家之總覽機關, 在普國, 則國法學上政治 學上, 皆以君主爲國家之總覽機關. 精衛, 〈駁新民叢報最近之非革命論〉, 9~10쪽.

혁명파는 주권이 군주에게 있지도 백성에게 있지도 않다고 보았다.

예) 國權之主體, 國家也, 非在君主, 非在國民. 精衛, 〈再駁新民叢報最近之非革命論(續 第6號)〉, 《民報》 第7號(1906. 9. 5), 8쪽.

1907년 이후 무정부주의자가 '무국가無國家' 를 주장했다.

예) 無政府主義非無稽之說也, 蔽以一言, 則無中心, 無畛域已耳. 無中心故可無政府, 無 畛域故可無國家. 欲詮明其理, 非片言所能罄, 故此篇僅主平等立論, 以證特權制度之非. 申叔(劉師培), 〈無政府主義之平等觀〉, 《天義報》(1907), 《辛亥革命前十年間時論選集》 第 2卷 下冊, 932쪽.

● 1915년 이후의 용법

신문화운동 이후 공산당의 논술에서 '국가' 는 계급독재의 도구가 되 었다.

예) 國家是甚麽, 國家就是統治階級維持其統治的工具. 國家是階級社會裏一種特殊的産 物. 〈對於階級鬪爭的討論(記者覆梁明致)〉, 《嚮導週報》 第146期(1926. 3. 17), 1358쪽.

49 만국萬國

● **전통적 용법**

만방, 천하, 각국.[41]

● **1830~1895년의 주요 용법**

1895년 이전에 '만국'은 세계 각국을 가리키는 것으로 사용됐다.

> 예) 先來荷蘭與帷理儀國爲一體, 因民人混亂, 就分作爲兩國, 國王兩位治之. 厥民彼此懷恨挾仇, 極願打伐. 大英國與佛蘭西國不准, 卻專務萬國咸煊. 愛漢者, 〈荷蘭國事〉(道光癸巳年 6月, 1833), 《東西洋考每月統記傳》, 8쪽.

1893년 정관잉은 '천하'에서 '만국'에 이르는 변화를 서술했다.

> 예) 公法者, 萬國之大和約也. 中國爲五洲冠冕, 開闢最先. …… 其名曰有天下, 實未盡天覆地載者全有之, 夫固天下之一國耳. 知此乃可與言公法. 鄭觀應, 〈公法〉, 108쪽.

1864년 이후 가장 많이 사용된 어휘는 '만국공법'이다.

● **1895~1900년의 주요 용법**

주로 세계 각국을 가리키며 국제적 조직의 명칭으로 번역하는 데 상용 된다.

> 예) 中國工藝之不講, 由於無法以董勸之也. 董勸之策, 其惟設賽工藝會乎. 攷英國博覽會, 始於乾隆二十年, 前十年法國早已行之, 不過賽書畫鍼繡耳. 嘉慶三年, 巴黎第二次設會. 咸豊元年, 英會曰萬國商務公會, 西語名格拉得西比生, 入觀者必納門費, 是役得費五十萬六千磅, 他費不與焉. 唐才常, 〈擬設賽工藝會條例〉(1897), 湖南省哲學社會科學研究所 編, 《唐才常集》卷1, 25쪽.

'만국'은 보통 중국과 대비되며 중국 이외의 국가를 지칭한다.

> 예) 天地有朕乎, 吾烏乎知之. 無朕乎, 何以有今日. 日與八星相吸相離, 千萬億兆年不墜, 日惟攝力故. 萬國與中華, 華離翏輵, 相持千萬年乃通, 其必有離吸二力維之. 唐才常, 〈論

最古各國政學興衰之理〉, 史學第2, 《湘學新報》(1897. 5. 2), 2013쪽.

1897년과 1898년 사용빈도가 최고점에 달하고 다른 해의 빈도를 크게 초과한다. 이중 1897년은 《일본서목지》에 포함된 상당수 책의 이름에 '만국'이 쓰였기 때문이다.

> 예) 萬國商業歷史, 萬國商業史(商業全書 第8篇), 萬國商業地志, 萬國商業地理書 等. 康有爲, 《日本書目志》卷9, 〈商業門〉, 887쪽.

1899년 량치차오도 중국이 '만국'과 병립하는 시대의 특징을 서술하였다.

> 예) 嗟乎. 往者不可追矣. 今日地球縮小, 我中國與天下萬國爲比鄰. 數千年之統一, 俄變爲並立矣. 梁啓超, 〈論中國與歐洲國體異同〉(1899), 《飮冰室文集之四》第2冊, 67쪽.

● 1900~1915년의 주요 용법

1900년 이후 사용빈도가 크게 감소한다. '만국'은 통상적으로 universal, international 등의 번역어로 사용되었다.

> 예) 邊沁又分研究法學之法爲二. 第一, 地方法學(Local jurisprudence), 第二, 萬國法學(Universal jurisprudence). 馮邦幹, 〈法律平談(續第四號)〉, 《新民叢報》第7號(1902. 5. 8) 6쪽.

> 예) 殆一八六四年, 萬國憧憬者同盟設立于倫敦, 馬爾克(Moic)爲其首魁, 於是平和的社會主義, 氾濫全歐, 有若洪水. 萬國勞働者其團結乎. 大聲疾呼, 以醒其寐寐. 夢蝶生, 〈無政府黨與革命黨之說明〉, 《民報》第7號(1906. 9. 5), 18쪽.

'세계어'는 최초에 '만국신어'로도 번역되었다.

> 예) 巴黎留學生相集作新世紀, 謂中國當廢漢文, 而用萬國新語. 蓋季世學者, 好尙奇觚, 震懾于白人侈大之言, 外務名譽, 不暇問其中失所在, 非獨萬國新語一端而已. 太炎, 〈駁中國用萬國新語說〉, 《民報》第21號(1908. 6. 10), 1쪽.

1915년 이후 '세계어'로 대체되었다.

● 1915년 이후의 용법

사람들이 거의 사용하지 않았다.

● 기타

만국은 일본에서 덴마크를 지칭하는 데 사용되기도 했다.

> 예) 查丹國, 卽瀛環志略所紀之嗹國, 又名大尼, 日本譯萬國, 史記以爲丁抹, 中國以爲丹麥. 崔國因, 《出使美日秘國日記》卷16(光緖19年 7月 16日, 1893), 671쪽.

50 세계世界

● 전통적 용법

1) 불교용어로 우주와 유사하다. 세는 시간을 가리키고 계는 공간을 가리킨다. 2) 세상, 인간. 3) 천하, 강산. 4) 인간활동의 특정 영역 혹은 범위를 가리킨다. 5) 경계. 6) 국면. 7) 시세時世를 가리킨다. 8) 세도世道, 사회기풍을 가리킨다. 9) 보통사람衆人을 가리킨다.[42]

● 1830~1895년의 주요 용법

전통적 용법으로 많이 쓰였다.

> 예) 我甚可憐人家經營計較慳吝, 守獲財錢, 猶百千萬年在世. 雖然此繁華世界, 轉眼成空. 人之心只事意其俄傾之歡矣. 霙時也, 不思死後之事. 愛漢者, 〈煞語〉(道光癸巳年 9月, 1833), 《東西洋考每月統記傳》, 38쪽.

> 예) 昔希臘人號世界爲高斯馬斯, 言其次序井井也. 羅馬人號世界爲門土士, 言其奇巧可愛也. 凡此皆有上帝之據焉. 韋廉臣, 〈眞道實證 上帝必有〉, 《六合叢談》第1卷 第2號 (1857. 2. 24), 4쪽.

어떤 때는 지구상의 모든 지방, 전 지구의 각국을 가리킨다. 1854년에 최초로 나타났다.

> 예) 全世界中各國布棋, 賢君英主, 必不乏其人矣. 先着鞭以奉行天道者, 誰也. 方今世界

形勢一變, 各國君主當爲天地立心, 爲生民立命之秋也. 向喬寓合衆國火輪而周遊乎四海, 有親觀焉者乎. 若不然, 請足跡到處, 必以此道說各國君主, 是繼孔孟之志於千萬年後, 以擴於全世界中者也. 羅森,《日本日記》(1854), 36쪽.

그러나 이러한 용법은 많이 보이지 않는다.

● 1895~1900년의 주요 용법

일반적으로 지구상의 모든 지역을 가리켰다.

예) 吾聞之公法家之言曰, 凡世界之內, 名之爲國者, 無論爲强爲弱小爲自主爲潘屬, 無不有自定稅則之權. 梁啓超,〈論加稅〉,《時務報》第5冊(1896. 9. 17) 4쪽.

예) 善夫烈士譚君嗣同之言也. 曰, 世界萬國之變法, 無不經流血而後成. 中國自古未有因變法而流血者, 此國之所以不昌也, 有之請自嗣同始. 梁啓超,〈淸議報敍例〉,《飮冰室文集之三》第2冊, 30쪽.

또한 '세계대도', '세계의 공리' 같은 용법도 있지만 많이 보이진 않는다.

예) 所謂自主平等者, 天地公道也, 世界大道也, 人類正道也. 人上不造人者天之道也, 彼之所厚信也, 而其子孫至今謂人上造人歟. 白人獨爲世界主, 以壟斷地球, 此豈非私天地公道私世界大道私人類正道乎. 伯爵板垣,〈論歐人欺侮異種爲不合理〉,《知新報》第58冊(1898. 7. 9), 6쪽.

무술변법 이후 량치차오는 가장 먼저 '세계주의'라는 단어를 사용했다.

예) 任公曰, 有世界主義, 有國家主義. 無義戰非攻者, 世界主義也. 尙武敵愾者, 國家主義也. 世界主義, 屬於理想, 國家主義, 屬於事實. 世界主義, 屬於將來, 國家主義, 屬於現在. 梁啓超,《自由書》, 39쪽.

량치차오는 또한 '세계'는 변동하는 것이라고 지적했다.

예) 夫世界者, 變動不居者也. 一國之形勢, 與外國之關係, 亦月異而歲不同者也. 梁啓超,《自由書》, 39쪽.

이때 '세계'는 자연계와 인류활동의 총체를 가리켰다.

● 1900~1915년의 주요 용법

주로 지구상의 모든 지방을 가리킨다. 1903년 '세계'의 사용빈도가 고점에 이르며 다른 연도보다 훨씬 높다.

량치차오는 명확하게 '세계'는 '대동'의 목표를 지향한다고 지적했다.

> 예) 小康爲國別主義, 大同爲世界主義. 小康爲督制主義, 大同爲平等主義. 凡世界非經過小康之級, 則不能進至大同. 而旣經過小康之級, 又不可以不進至大同. 孔子立小康義以治現在之世界, 立大同義以治將來之世界. 梁啓超,〈南海康先生傳〉(1901),《飮冰室文集之六》第3册, 68쪽.

어떤 사람은 '세계주의'와 민족주의는 서로 대립되어 나라를 망하게 하기에 충분하다고 했다.

> 예) 印度之亡, 所謂世界主義者害之也. 世界主義者, 博愛之極稱. 愛極則不知有種族之分, 不知種族之分, 則不知有利害, 利害之見短故促其亡.〈江蘇人之道德問題〉,《江蘇》第9·第10期合本(1904. 3. 17), 2쪽.

량치차오는 더욱 명확하게 '세계주의'가 곧 '천하'라고 지적했다.

> 예) 夫在前古, 海外大九州溝絶不通. 所謂世界者, 則禹域而已. 當時羅馬人亦以其交通所及之地謂世界, 盡於此正與我同. 而此偉大之世界主義, 非久遂現於實. 疇昔所謂國者, 盡溶解於此世界主義中(卽天下)而無復存, 如是者二千年以迄於今. 梁啓超,〈中國前途之希望與國民責任〉(1911),《飮冰室文集之二十六》第10册, 19~20쪽.

● 1915년 이후의 용법

'세계'의 의미에 어떤 변화는 없지만 '세계주의'에 대한 사람들의 태도에 변화가 생겼다.

> 예) 武者小路 …… 的平等互助社會不是限於一縣一國的. 還想漸漸推廣, 打破國界, 造成世界大同的社會. 涵廬,〈武者小路理想的新村〉,《每週評論》第36期(1919. 8. 24), 第3版.

천두슈는 더욱 명확하게 말했다.

예) 中國古代的學者和現代心地忠厚坦白的老百姓, 都只有世界或天下底觀念, 不懂得甚麼國家不國家. 如今只有一班半通不通自命爲新學家底人, 開口一個國家, 閉口一個愛國, 這種淺薄的自私的國家主義, 愛國主義, 乃是一班日本留學生販來底劣貨. (這班留學生別的學問絲毫沒有學得, 只學得賣國和愛國兩種主義). 獨秀, 〈隨感錄(七八), 學生界應該排斥底日貨〉, 《新靑年》第7卷 第2號(1902. 1. 1), 155쪽.

1920년대 이후 '세계혁명'의 용법이 점점 증가했다.

예) 全世界人民 — 尤其是工農階級和被壓迫民族, 要從資本帝國主義戰爭的恐怖世界中解放出來, 惟有促成西方的社會革命與東方的民族革命攜手並進, 實現世界革命的企圖. 和森, 〈賠償問題與帝國主義(續第17期)〉, 《嚮導週報》第18期(1923. 1. 31), 145쪽.

51 세기世紀

● 전통적 용법

제왕의 세계世系를 기록한 책이다.[43] 〈데이터베이스〉에서 중국인이 '세기'로 100년을 가리키기 시작한 때는 1896년으로, 량치차오와 옌푸가 사용했다.

예) 言其新政者, 十九世紀史(西人以耶穌紀年自一千八百年至九百年謂之十九世紀, 凡歐洲一切新政, 皆於此百年內浡興, 故百年內之史最可觀. 近譯泰西新史攬要卽此類書也.). 梁啓超, 《變法通議》〈論譯書〉, 《飮冰室文集之十一》第1冊(1896), 70쪽.

예) 復案, 勝代嘉隆萬曆之世, 於西國爲十六世紀, 晦盲旣往, 文明之運開. 當是時, 格物大家如柏庚奈端斯賓納吒賴伯攝子洛克輩出, 人具特識, 家傳異書. 嚴復 譯, 〈天演論手稿〉論9, 1455쪽.

이후 전통적 의미는 거의 보이지 않는다. 1903년 최고점에 이르며 다른 연도보다 훨씬 많다. 가끔 시대를 가리킬 때가 있었다.

예) 此等革命, 乃舊世紀之革命, 乃一時一事之革命, 乃無進步之革命, 乃圖少數人權利之革命. 若新世紀之革命則不然. 凡不合於公理者皆革之, 且革之不已, 愈進愈歸正當. 故此乃刻刻進化之革命, 乃圖衆人幸福之革命. 〈新世紀之革命〉, 976쪽.

무정부주의자의 글에 많이 보인다. 그들은 《신세기》라는 잡지도 창간했다.

52 국제國際

1897년에 캉유웨이의 《일본서목지》에 국제법과 관련된 책 이름으로 가장 먼저 나타났다. 다음해에 그는 상주문에서 '국제공법'을 거론했다.

예) 其民法民律商法市則舶則訟律軍律國際公法, 西人皆極詳明, 旣不能閉關絶市, 則通商交際勢不能不槪子通行. 然旣無律法, 吏民無所率從, 必致更滋百弊. 康有爲, 〈上淸帝第六書〉(1898. 1. 29), 《康有爲政論集》卷1, 上冊, 197쪽.

1900년 어떤 글에서 '국제'라는 단어가 일본에서 왔다고 한다.

예) 英國政府非欲以宗主權問題討議于共和國. 今共和國雖自認爲國際(日本以國與國相交曰國際)上之主權國, 然毫無法律上與歷史上之證據, 安足取信哉. 〈英國杜國之主權問題〉, 《淸議報》第34冊(1900. 1. 31), 8쪽.

량치차오는 '국제'가 일본에서 유래한다고 보지만 '국제'를 교섭으로 이해했다.

예) 交通之道不一, 或以國際(各國交涉, 日本名爲國際, 取孟子交際何心之義, 最爲精善, 今從之), 或以力征, 或以服賈, 或以遊歷, 要之, 其有益於文明一也. 梁啓超, 〈論中國學術思想變遷之大勢〉, 13쪽.

1900년 이후 '국제'의 사용빈도가 '만국'을 초과하고, '국제법'과 '국제공법'의 사용빈도 또한 '만국공법'을 초과하며 이후 점차 '만국공법'을 대체했다.

⁵³ 영토領土

한 나라의 주권이 관할하는 구역을 가리킨다. 1897년 최초로 사용되었다.

> 예) 東京日日新報云, 日英條約與法國奧國同時安協商定, 以明治三十二年施行. 當立約時, 未得新藩履任. 故臺灣交涉條例, 尙屬缺如. 而此新約, 於新領土地甚不適用. 於統治一層, 遂多紛糾.〈新定臺約〉,《知新報》第31冊(1897. 9. 17), 16쪽.

또한《실학보》의 한 글에서도 보인다.

> 예) 自臺灣歸吾領土, 乃經帝國大學議會之協贊, 卽於科學上, 特派遣適宜之人, 將植物動物地質人類學等調査. 程起鵬 譯,〈臺灣植物之盛〉,《實學報》第9冊(1897. 11. 15), 2쪽.

1898년 량치차오도 현대적 의미로 '영토'라는 단어를 사용했다.

> 예) 而今法王則領土不滿方里, 其威嚴猶能與帝王抗拒者, 其爲敎法之力乎. 抑爲先聖之遺德乎. 梁啓超 譯,〈佳人奇遇〉, 183~184쪽.

1900년 이후 비교적 보편적으로 사용되었다.

⁵⁴ 민족民族

일반적으로 역사적으로 형성된 공통언어·공통지역·공통경제생활 및 공통문화에 표현된 공통의 심리특징을 가진 사람들의 공동체를 가리킨다.

● **1830~1895년의 주요 용법**

1895년 이전 '민족'은 매우 적게 사용되었고 결코 nation과 명확한 대응 관계가 확립되지 않았으며 그 의미도 그다지 명확하지 않았다. 1837년 최초로 사용되었다.

> 예) 昔以色列民族如行陸路渡約耳但河也, 正渡之際, 皇上帝爾主宰, 令水涸猶乾, 江海亦然, 則普天下之民, 認皇上帝之全能, 且爾恆敬畏之也. 愛漢者, 〈論約書亞降迦南國〉(道光丁酉年 9月, 1837), 《東西洋考每月統記傳》, 185쪽.

> 예) 哥斯建鬪羅計長九百里 …… 英人撫定其地, …… 曰, 彼其國法動輒殺人, 此時皆改從英法矣, 獨苦其敵俗不易革. 問何故, 曰, 只如掠買黑奴, 其地富家大族以此爲生計. 曰, 然則其民族尙猶混沌耶, 曰, 然. 英人亦以禁止掠買黑奴, 撫定其地, 而其地各小國亦樂倚附英人, 以免他國之侵暴. 所以設官而尹其民, 皆保護生聚計耳. 郭嵩燾, 《倫敦與巴黎日記》卷16(光緖4年 1月 26日, 1878), 482쪽.

왕타오가 일본의 특정 계급을 가리킬 때 사용한 적이 있다.

> 예) 華族者, 列於藩侯, 世代有爵位於朝, 似春秋時世祿之家. 日本凡分三等, 曰華族, 曰士族, 曰民族, 以此別貴賤, 區門第. 王韜, 〈扶桑遊記上〉, 《扶桑遊記》(1879), 198쪽.

1883년에도 왕타오는 '민족'이라는 단어를 사용했다. 그러나 의미가 분명치 않다.

> 예) 夫我中國乃天下之至大之國也, 幅員遼闊, 民族殷繁, 物産饒富, 苟能一旦奮發自雄, 其坐致富强, 天下當莫與頡頏. 王韜, 〈洋務在用其所長〉(1883), 《弢園文錄外編》卷3, 68쪽.

중국에서 사용될 때 인민과 종족을 가리켰다.

> 예) 臣聞江右閩粵, 民多聚族而居. 其族長鄕正誠得端人爲之, 一族中匪類有所不容, 地方官勾攝人犯, 常賴其協捕. 是以祠譜修明之處, 其人民皎然難欺, 不特一方之民族無可假冒, 而一鄕之良莠無可掩藏. 宗稷辰, 〈請實行保甲疏〉(咸豊元年, 1851), 《皇淸道咸同光奏

議》卷56,〈兵政類保甲〉, 2838쪽.

유사한 용법이 아래의 예문에도 나타난다.

> 예) 上古雅典民族分爲四, 稱爲約年四族. 革雷將四族名色刪除, 視本族民俱敬尊其本族居長之貴家爲大弊. 故立定一法, 將遵依生長四族何族爲根之舊章, 易以民生何坊爲據之新式. 艾約瑟 譯,《希臘志略》(1886) 卷3 第14節 希臘志,《西學啓蒙》, 5쪽.

'민족'의 용법은 '인민족류人民族類'와 연관된다. 1895년 이전 '민족'이란 단어가 열세 번 사용되었는데, 여섯 번은 '모 민족류某民族類'라는 토막말로 쓰였다.

> 예) 考德意志三字本非地名, 乃一種人民族類之總稱. 蓋歐洲之人分爲三大類, 日羅馬人種, 日希臘人種, 日德意志人種. 德意志者, 所以別乎羅馬希臘兩種人而言之, 不限以地也. 凡歐洲中部北部人民, 皆此一族, 故奧地利荷蘭比利時瑞士, 從前皆在德意志列邦之內. 薛福成,《出使英法義比四國日記》卷2(光緖16年 3月 3日, 1890), 118쪽.

● 1895~1900년의 주요 용법

1900년 이전의 사용은 비교적 적고 주로 외국인이 많이 사용했다. 혹은 외국을 가리키는 데 사용되었다.

> 예) 土耳其帝國所治民族, 一日土耳其人, 二日阿剌比亞人, 三日希臘人, 四日亞兒米尼亞人, 五日是拉母人, 六日亞兒把尼亞人. 此六民族, 其最要者也. 古城貞吉 譯,〈土耳其論〉,《時務報》第11冊(1896. 11. 15), 24쪽.

1898년 캉유웨이가 상소를 올려 만주족과 한족을 통합해 통치해야 한다고 주장했다.

> 예) 近者歐美, 尤留意於民族之治, 凡語言政俗, 同爲國民, 務合一之. 近者日本以之, 日本地與民數, 僅比吾四川一省, 而今强盛若彼矣. 蓋民合於一, 而立憲法同受其治, 有國會以會合其議, 有司法以保護其民, 有責任政府以推行其政故也. 康有爲,〈請君民合治滿漢不分摺〉(1898. 8),《康有爲政論集》卷1, 上冊, 340쪽.

같은 해 량치차오가 '중국민족'이란 단어를 사용했다.

> 예) 當年洪楊以漢種之族, 倡革命之義. 振臂一呼, 天下響應. 蓋將欲以復中國之民權, 驅滿族於塞外也. 夫中國沉淪於滿淸, 數百年於茲矣. 暴君汙吏, 專奪擅虐, 民生其下, 難望更生. 久而久之, 幸而有洪楊者起, 鳴滿淸之罪, 倡自立之義, 方望中國民族, 從茲得以復見天日, 自由獨立於世界上. 是不特漢族所欣幸, 抑亦天下所欣幸焉. 梁啓超 譯, 〈佳人奇遇〉, 167~168쪽.

이러한 용법은 비교적 명확하게 '민족'을 nation과 대응시켰으므로 중국 현대 '민족' 관념의 최초의 기원이라 할 수 있다.

● 1900~1915년의 주요 용법

1900년 이후 중국인의 '민족' 관념의 형성은, 한편으로는 서양 열강의 침략에 대한 반응이고 이어서 그것을 학습한 결과였다.

> 예) 今歐美列强, 皆挾其方剛之臂力, 以與我競爭, 而吾國於所謂民族主義者, 猶未胚胎焉. 頑錮者流, 墨守十八世紀以前之思想, 欲以與公理相抗衡, 卵石之勢, 不足道矣. …… 知他人以帝國主義來侵之可畏, 而速養成我所固有之民族主義以抵制之, 斯今日我國民所當汲汲者也. 梁啓超, 〈國家思想變遷異同論〉, 22쪽.

또 다른 한편에서는 중국 자체의 민족 문제, 특히 이민족 통치라는 요소 때문이었다. 쑨원이 제창한 '민족주의'는 주로 이러한 시각에서 출발했다.

> 예) 民族主義並非是遇着不同族的人, 便要排斥他, 是不許那不同族的人, 來奪我民族的政權(大拍掌). 因為我漢人有政權纔是有國. 假如政權被不同族的人所把持, 那就雖是有國郤[卻]已經不是我漢人的國了(拍掌). 我們想一想, 現在國在那裏, 政權在那裏. 我們已經成了亡國之民了. 民意, 〈紀十二月二日本報紀元節慶祝大會事及演說辭〉, 《民報》第10號(1906. 12. 20), 3~4쪽.

1903년 '민족'의 사용빈도가 최고점에 이르며 다른 해보다 훨씬 많았다. 다수의 유학생이 민족 문제를 주제로 다룬 많은 글들을 잡지에 발표했다.

예) 效魯, 〈中國民族之過去及未來〉, 《江蘇》第4期(1903. 6. 25), 13~20쪽, 〈民族主義〉, 《江蘇》卷7期(1903. 10. 20), 11~21쪽.

● 1915년 이후의 용법

1920년대 이후 공산주의 사조에서 민족운동은 프롤레타리아 '세계혁명'의 구조 안에 한정되었다.

예) 中國民族是全世界被資本帝國主義壓迫者之一, 中國民族運動也是全世界反抗資本帝國主義之一, 所以此時我們的民族運動, 已經不是封建時代一個閉關的單純的民族運動, 而是一個國際的民族運動, 而是和全世界被壓迫的無産階級及被壓迫的弱小民族, 共同起來推翻資本帝國主義的世界革命之一部分, 因爲若不將資本帝國主義束縛全世界被統治被剝削者的鎖鍊全部毁壞, 他在世界上存在一天, 任何被統治被剝削的無産階級及弱小民族都不會得着自由. 陳獨秀, 〈列甯主義與中國民族運動〉, 《新青年》不定期刊第1號(1925. 4. 22), 50쪽.

55 민족주의 民族主義

1901년에 가장 먼저 나타났다.

예) 數年以來, 抱民族之主義, 慨壓制之苦痛, 熱心如浪, 血淚如湧, 挾其滿腔不平之氣, 鼓吹其聰明秀麗如笙如簧粲花翻爛之筆, 以與政府挑戰者, 頗不乏人. 是報始創於辛丑 …… 蓋吾國開幕, 民族主義之第一齣至此始交排場. 編者, 〈國民報彙編發刊詞〉, 《國民報》卷首(1901. 8), 《國民報彙編》, 1쪽.

예) 民族主義者, 世界最光明正大公平之主義也. 不使他族侵我之自由, 我亦毋侵他族之自由. 其在於本國也, 人之獨立, 其在於世界也, 國之獨立. 使能率由此主義, 各明其界限

以及於未來永劫, 豈非天地間一大快事. 梁啓超, 〈國家思想變遷異同論〉, 20쪽.

1903년 어떤 사람은 '민족주의'의 경계를 다음과 같이 명확히 말했다.

예) 合同種異異種, 以建一民族的國家, 是曰民族主義. …… 故曰民族主義者, 對外而有界, 對內而能群者也. 余一, 〈民族主義論〉, 《浙江潮》第1期(1903. 2. 17), 3~7쪽.

1905년 이후 '민족주의'는 '삼민주의'의 일종으로서 혁명당 사람들에 의해 강력하게 주장되었다.

예) 是故我民族在今日, 當困心橫慮, 以求民族主義之能達. 民族主義充達之日, 即貴族政治顚覆之日. 蓋民族主義之目的, 不僅在於顚覆貴族政治, 然本實旣撥, 枝葉必盡. 我民族而能實行此主義乎, 可以決胡運之終窮也. 精衛, 〈民族的國民(其二)〉, 《民報》第2號(1906. 1. 22), 17쪽.

1920년 이후 '민족주의'는 프롤레타리아의 세계혁명 사업과 관련된다.

예) 民族主義有二種, 一是資産階級的民族主義, 主張自求解放, 同時卻不主張解放隷屬自己的民族, 這可稱做矛盾的民族主義, 一是無産階級的民族主義, 主張一切民族皆有自決權, 主張自求解放, 不受他族壓制, 同時也主張解放隷屬自己的弱小民族, 不去壓制他, 這可稱做平等的民族主義. 蒙古人願意脫離中國與否, 我們應該尊重他們的自決權, 用不着鼓動我們也並不曾鼓動這個, 我們只反對一班人否認蒙古民族的自決權, 硬說蒙古是中國的藩屬, 主張軍閥政府出兵收蒙, 因此我們主張蒙古人根據民族自決權, 有獨立反抗的權利. 獨秀, 〈我們的回答〉, 《嚮導週報》第83期(1924. 9. 17), 674쪽.

56 제국주의 帝國主義

1899년 량치차오의 《자유서》에 가장 먼저 등장했다.

예) 疇昔謂國家恃人民而存立, 寧犧牲凡百之利益以爲人民者. 今則謂人民恃國家而存立,

寧犧牲凡百之利益以爲國家矣. 自今以往, 帝國主義益大行, 有斷然也. 帝國主義者, 干涉主義之別名也. 梁啓超, 《自由書》, 86~87쪽.

1901년 량치차오는 두 종류의 제국주의를 구별했다.

예) 十九世紀之帝國主義與十八世紀前之帝國主義, 其外形雖混似, 其實質則大殊. 何也, 昔之政府, 以一君主爲主體, 故其帝國者, 獨夫帝國也. 今之政府, 以全國民爲主體, 故其帝國者, 民族帝國也. 梁啓超, 〈國家思想變遷異同論〉, 22쪽.

같은 해에 《청의보》는 〈제국주의〉라는 긴 글을 연재하며, '제국주의'가 광범히 사용되는 명사라고 하였다.

예) 帝國主義, 近頃政治家實業家愛國者凡百士庶說不離口之名詞也. 〈帝國主義(譯國民新聞)〉, 《淸議報》第97冊(1901. 11. 11), 7쪽.

이 글에서는 다음과 같이 인식하였다.

예) 人類之前途, 非分裂而在結合, 非割據而在統一. …… 吾人之所以稱羨帝國主義者, 卽從宇宙之大法, 世界之大勢, 極力發揮國民之特性, 以貢獻於人類之進步者也. 〈帝國主義(譯國民新聞 續前稿)〉, 《淸議報》第100冊(1901. 12. 21), 4쪽.

1915년 이전 '제국주의'는 주로 서양의 정치사조의 변화를 가리키는 데 사용된다. 대개 중립적이지만 때로 폄하의 의미를 갖기도 하였다.

예) 故黃族之威, 震於域外者, 以漢爲最. 而博望始之, 定遠成之. 二傑者實我民族帝國主義絶好模範之人格也. 梁啓超, 〈張博望班定遠合傳〉(1902), 《飮冰室文集之五》第3冊, 13쪽.

1915년 이후 '제국주의'는 주로 비판을 받았다.

예) 然則所謂近世之文明國家者, 其所務乃在殘殺生民已耳. 兵刑固殺, 賦稅亦殺也. 帝國主義者, 殺人主義也. 殖民政策者, 殺人政策也. 歐陽季瀛, 〈嗚呼近世之文明〉, 《大中華》第2卷 第1期(1916. 1. 20), 4쪽.

1921년 이후 '제국주의'의 사용빈도가 대폭 증가하여 1926년 고점에 도달한다.

예) 國民革命的原則是在打倒軍閥, 推翻帝國主義. 述之, 〈帝國主義對國民政府之態度與 國民政府的外交問題〉, 《嚮導週報》第180期(1926. 12. 5), 1883쪽.

57 민족제국주의民族帝國主義

National Imperialism을 가리킨다. 1901년 량치차오가 이 단어를 사용했다.

예) 今日之歐美, 則民族主義與民族帝國主義相嬗之時代也. 今日之亞洲, 則帝國主義與民族主義相嬗之時代也. 專就歐洲而論之, 則民族主義全盛於十九世紀. 而其萌達也, 在十八世紀之下半. 民族帝國主義, 全盛於二十世紀. 梁啓超, 〈國家思想變遷異同論〉, 19쪽.

1903년 어떤 사람이 이 명사의 의미를 다음과 같이 해석했다.

예) 民族帝國主義者何. 團結同一民族組織, 同一國家之謂也. 更進言之, 則吸收本族, 同化異族, 使成一大國家是也. 今世界列强, 莫不持此主義. 醉癸, 〈新名詞釋義(續第二期)〉, 《浙江潮》第6期(1903. 8. 12), 3쪽.

1907년 이후 거의 더 이상 사용되지 않았다.

민주
民主

⁵⁸민주民主

● 전통적 용법

백성을 지배하는 자를 말한다.⁴⁴

● 1830~1895년의 주요 용법

'민주'의 사용빈도는 비교적 적고 주로 네 가지 의미를 갖는다.

1) 전통적 용법에서는 군주를 가리킨다.

> 예) [一千八百]二十二年九月, 貝德路令巴西與葡萄牙分治而自成一國. 十二月十二日, 國會公議國例, 以巴西爲傳代民主國. 葡例無子可傳女, 巴西亦仍其例云. 麥丁富得力 編, 林樂知 口譯, 鄭昌棪 筆述, 《列國歲計政要》(1857) 卷9, 〈巴西國·巴王宗戚〉, 《西學富强叢書》, 6쪽.

2) 세습군주제와 상반되는 정치제도를 가리킨다. 가장 먼저 《만국공법》에 등장했다. 《만국공법》에서 '민주'는 주로 republic의 번역어로 사용되나, 때로 democracy의 번역어로 사용되기도 하였다.

> 예) 瑞士 …… 一千八百三十年而後, 各邦之內治有所變, 而其民主之權有增焉. 丁韙良 主譯, 《萬國公法》 卷1, 38쪽. 영어 원문은 다음과 같다. "Since the French Revolution of 1830, various changes have taken place in the local constitutions of the different Cantons, tending to give them a more democratic character." Henry Wheaton,

Elements of International Law, ed. Georg G. Wilson, 73쪽.

1870년대 이후 중국 사대부도 이러한 의미로 '민주'를 사용했다.

예) 法爲民主之國, 似乎入官者不由世族矣. 不知互爲朋比, 除智能傑出之士, 如點耶諸君. 苟非族類, 而欲得一優差補一美缺, 憂憂乎其難之. 馬建忠,〈上李伯相言出洋工課書(丁丑夏)〉(1877),《適可齋記言》卷2,《適可齋記言記行》, 7쪽.

3) 민이 주인이 되거나 혹은 인민이 통치하는 국가제도이다.

예) 夫阿美利堅 ……, 故英國流裔居之. 後困於英之苛政, 遂叛英自立, 民主是邦, 稱爲合衆國. 又稱花旗國, 因其國共分二十六省, 放二十六金星於旗角, 故名. 亦名曰美國. 張德彝,〈布比法日記〉,《航海述奇》(1867), 570쪽.

4) 민선 정치지도자를 가리킨다. 1873년에 최초로 나타났다.

예) 巴里聞各處失守, 國君被俘, 衆議改爲民政 …… 而民主執國政焉. 君後問衆可仍居巴里否, 衆云不可, 遂攜世子逃往比利時, 尋又入英吉利. 張德彝,〈普法戰事記〉,《隨使法國記》(1873), 91쪽.

1895년 이전에 선교사의 저·역서와 사신의 일기를 제외하면 중국 지식인은 '민주'라는 단어를 거의 사용하지 않았다. '민주'는 대부분 외국의 정치체제를 소개하는데 사용되어 세습군주제와 상반되는 정치제도를 지칭했다. 일반적으로 '민주지국民主之國'이라 하면 주로 프랑스·미국·스위스 등의 나라를 말했다.

● 1895~1900년의 주요 용법

1895년 이후 '민주'의 사용은 점점 증가하여 1897년 첫 번째 고점이 나타났다. 중국 지식인은 '민주'를 중국 정치개혁의 목표의 하나로 삼기 시작했다. '민주'는 주로 세습군주제와 상반되는 정치제도를 가리킨다. 예를 들어 '민주'에 가장 먼저 강렬한 평등의 색채를 부여한 탄쓰퉁은 이러한 의미에서 '민주'를 사용했다.

예) 方孔之初立敎也, 黜古學, 改今制, 廢君統, 倡民主, 變不平等爲平等, 亦汲汲然動矣. 豈謂爲筍學者, 乃盡亡其精意, 而泥其粗跡, 反授君主以莫大無限之權, 使得挾持一孔敎 以制天下. 譚嗣同, 《仁學》, 337쪽.

● 1900~1915년의 주요 용법

1900년 '민주'의 사용빈도는 신속히 증가하며 1906년 고점에 이른다. 1902년 이후 인민통치로서의 '민주'의 사용빈도가 증가했다.

1902년 량치차오는 Polity of Democracy를 '민주정체民主政體'로 번역했다.

예) 亞氏最有功於政治學者在其區別政體. 彼先以主權所歸或在一人或在寡人或在多人, 分爲三種政體, 一日君主政體Monarchy, 二日貴族政體Aristocracy, 三日民主政體Polity of Democracy, 此實數千年來言政體者所莫能外也. 梁啓超, 〈亞里士多德之政治學說〉 (1902), 《飮冰室文集之十二》 第5册, 70쪽.

1906년 인민통치로서의 '민주'의 사용빈도가 세습군주제와 상반되는 정치제도로서의 '민주'를 넘어선다. 이는 주로 혁명당과 입헌당의 논쟁에서 '민주'가 주로 대중 참여의 의미로 사용되었기 때문이다.

예) 英國者民權發達之國也, 卽該報亦嘗稱爲能行議院政黨政治之實者也. 然英國固爲君主立憲之國, 法蘭西雖民主立憲, 而其國民之程度, 固不如英人. 若夫以政黨之發達言, 雖共和如美國, 且猶不及. 精衛, 〈再駁新民叢報之政治革命論(續第6號)〉, 53쪽.

● 1915년 이후의 용법

신문화운동 이후의 '민주'는 주로 대중 참여의 의미로 사용되었다.

예) 一七八九年法蘭西的革命是十八世紀一個大潮, 其結果能將民主的精神布滿各國. 羅家倫, 〈今日之世界新潮〉, 《新潮》 第1卷 第1號(1919. 1. 1), 21쪽.

● 기타

'민주주의'는 1900년 최초로 나타나 대중 참여를 강조하였다.

예) 自政治上以觀十九世紀情形, 則有民主主義之發達, 與夫國民思想之盛大. 〈兩世紀之

大觀(譯東報)〉,《淸議報》第59册(1900. 10. 4), 1쪽.

'민주전제'는 민선 지도자, 예를 들어 나폴레옹과 올리버 크롬웰 등의 독재통치를 가리켰다.

> 예) 民主專制政體者, 委一人爲大統領, 界以權力, 使治國家. 而不以議會爲代表國民主權之主要機關者也. 立共和政體, 而民智民德有所不足者, 每易變而爲此. 競盦, 〈政體進化論〉,《江蘇》第1期(1903. 4. 27), 36쪽.

또한 다수에 의한 전제정치에 사용되기도 했지만 거의 등장하지 않는다.

> 예) 且硏究民主政體者, 首須區別其爲民主專制政體, 抑爲民主立憲政體. 民主專制政體, 以國民全體爲唯一之機關以總攬統治權, 斯其專斷, 與君主同. 所異者, 一人與多數人之區別耳. 精衛, 〈駁革命可以生內亂說〉,《民報》第9號(1906. 11. 15), 13쪽.

59 민정民政

● 전통적 용법

정사政事를 가리킨다.[45]

● 1830~1895년의 주요 용법

간혹 전통적 용법이 있지만, '군정'·'왕정'과 대비되어 '민주정체'를 가리키는 경우가 많다. 1873년 최초로 등장했다.

> 예) 初七日, 巴里聞各處失守, 國君被俘, 衆議改爲民政. 遂於是日擬定各官 ……, 而民主執國政焉. 張德彝, 〈普法戰事記〉,《隨使法國記》, 91쪽.

대부분 선교사와 사신이 사용하였다.

> 예) 民政國之伯理璽天德實非國主, 然其代國而行之時, 則國主所享一切權利, 自宜一體歸之. 丁韙良 譯,《公法會通》(1880) 卷2, 4쪽.

● 1895~1900년의 주요 용법

'민정'의 사용빈도가 점점 증가하며 주요 사용자는 중국 사대부로 주로 민주정체를 가리켰다. 1897년 량치차오가 춘추삼세설로 '민정'과 '군정'의 변천과 진화를 설명했다.

> 예) 博矣哉, 春秋張三世之義也. 治天下者有三世. 一曰多君爲政之世, 二曰一君爲政之世, 三曰民爲政之世. …… 民政世之別亦有二, 一曰有總統之世, 二曰無總統之世. 梁啓超,〈論君政民政相嬗之理〉,《時務報》第41冊(1897. 10. 6), 1쪽.

1899년 량치차오가 맹자의 '민정'과 서양의 '민정'의 차이를 구분하였다.

> 예) 孟子所言民政者, 謂保民也 牧民也. 故曰若保赤子 曰天生民而立之君, 使司牧之. 保民者, 以民爲嬰也, 牧民者, 以民爲畜也. …… 然其爲侵民自由權則一也. 民也者, 貴獨立者也, 重權利者也, 非可以干預者也, 惟國亦然. 任公,〈飮冰室自由書〉,《淸議報》第33冊(1899. 12. 23), 5쪽.

어떤 때는 전통적 용법으로 사용되기도 하였다. 캉유웨이는 무술변법 시기 지방에 '민정국'의 설립을 주장했다.

> 예) 每道設一民政局, …… 每縣設民政分局督辦, 派員會同地方紳士治之, 除刑獄賦稅暫時仍歸知縣外, 凡地園戶口道路山林學校農工商務衛生警捕 皆次第擧行. 康有爲,〈上淸帝第六書〉, 216쪽.

● 1900~1915년의 주요 용법

1900년 이후 '민정'은 주로 '군정'과 대비되며 행정 사무의 일부분을 가리켰다.

> 예) 俄人於戊戌之春, 繼德而起, 租借旅順大連灣二港, …… 藉口於保護利權, 遂置關東總督, 以統轄地方之軍事民政, 我政府無暇過問.〈俄人改革滿洲之地方官制〉,《新民叢報》第36號(1903. 8. 21), 3쪽.

여전히 '민주정체'를 가리키는 용법도 있다.

예) 昔者法儒奢呂, 著民政與法蘭西一書. 倡言君政民政之分, 不在精神而在形式. 英儒梅因和之, 稱其所言爲政治學上一大進步. 秋桐, 〈政本〉, 《甲寅》第1卷 第1號(1914. 5. 10), 10쪽.

● 1915년 이후의 용법

여전히 democracy를 번역하는 데 사용되지만 거의 보이지 않는다.

예) 日本要靠着工商業的發達, 將來纔可變成一個工業民政的國家(an industrial democracy). 惡影響固然也是不免的, 那最大的惡影響就是, 拜金宗爲各人的宗敎, 黃金爲各人信奉的上帝. 明生, 〈旅中雜感〉, 《每週評論》第19期(1919. 4. 27), 第4版.

일반적으로 국내 행정 사무의 일부분을 가리켰다.

예) 上海新聞報電傳, 廣東民政俄人鮑羅庭簽字, 軍政加倫將軍簽字. 其實加倫將軍早已回到北京, 現在廣東簽字的, 是他用分身法呢, 還是用扶乩的方法. 實, 〈加倫將軍的分身法〉, 《嚮導週報》第129期(1925. 9. 11), 1190쪽.

● 기타

'민정당'은 민주당을 지칭하지만 상용되지는 않았다.

예) 民政黨議員反對威爾遜總統政策, 斥其懦弱, 向兩院提出警告美人勿乘武裝商船議案. 共和黨議員群起反對. 〈時事日記 二外國之部〉, 《大中華》第2卷 第3期(1916. 3. 20), 15쪽.

[60] 민권民權

● 1830~1895년의 주요 용법

공민권rights of citizens을 가리킨다. 〈데이터베이스〉에서 1878년에 최초로 나타났다.

예) 西洋政敎以民爲重, 故一切取順民意. 卽諸君主之國, 大政一出自議紳, 民權常重於
君. 郭嵩燾, 《倫敦與巴黎日記》 卷19(光緖4年 4月 18日, 1878), 576쪽.[46]

예) 此係是年五月十三日所定之例, 合盟新章, 民權增大. 民人可以任意移居隨在, 可以呈
稟, 可以印新聞, 可以設製造大廠, 可以招集公司, 從前之律但混說民權. 國家之准予民權
與否, 尙在未必, 今有民議院可以保之. 徐建寅 譯, 〈德國合盟紀事本末〉(1881), 《皇朝蓄
艾文編》 卷62, 〈外史3〉, 32쪽.

이러한 용법은 《만국공법》의 '인민권리' 에서 유래한 것으로 보인다.

예) 若於他國之主權貿易徵稅人民權利內治安泰有所妨害則不行. 卽如商人在此國賣貨,
許於他國交淸. 其貨在此無禁, 若在彼有禁, 則該商不能在彼向買主追討物價. 丁韙良 主
譯, 《萬國公法》 卷2, 第2章 第7節, 28쪽. '인민권리' 의 영어원문은 the rights and
interests of its citizens(Henry Wheaton, *Elements of International Law*, 125쪽).

● 1895~1900년의 주요 용법

1895년 이후 '민권' 의 사용빈도가 점점 증가하여 특히 무술변법 전후에 '민권' 은 유신파의 가장 대표적인 정치 주장의 하나가 되었다. 1899년이 첫 번째 고점이다. '민권' 의 의미는 민주적 권리democratic right에 가깝다.

예) 使人人各自事其事, 人人各自有其權, 於是乎命之曰民權. 民權惡乎起, 起於君之不事
民事也. 麥孟華, 〈論中國宜尊君權抑民權〉, 《時務報》 第21冊(1897. 3. 23), 2쪽.

량치차오는 '민권' 을 흥기하려면 마땅히 먼저 신사자치의 권리를 일으켜야 한다고 생각했다.

예) 今之策中國者, 必曰興民權. 興民權斯固然矣, 然民權非可以旦夕而成也. …… 欲興
民權, 宜先興紳權. 欲興紳權, 宜以學會爲之起點. 此誠中國未常有之事, 而實千古不可易
之理也. 梁啓超, 〈論湖南應辦之事〉(1898), 《飮冰室文集之三》 第2冊, 41, 43쪽.

무술변법 이후 변법에 반대하는 사람은 '민권' 을 비판하며 유신파를 공격했다.

> 예) 考外洋民權之說所由來, 其意不過曰國有議院, 民間可以發公論, 達衆情而已, 但欲民申其情, 非欲民攬其權. 譯者變其文曰民權, 誤矣. 近日摭拾西說者甚至謂人人有自主之權, 益爲怪妄. 張之洞, 《勸學篇》〈內篇 正權第六〉(1898), 陳山榜 《張之洞勸學篇評注》, 57쪽.

량치차오는 '민권'과 '민주'의 구별로 자기를 변호했다. 그는 '민권'을 통해 '군권'을 보장하고 강화할 수 있다고 주장했다.

> 예) 吾恐法國一千七百八十九年之慘劇, 將再演於海東西之兩島國矣. 今惟以民權之故, 而國基之鞏固, 君位之尊榮, 視前此加數倍焉. 然則保國尊皇之政策, 豈有急於興民權者哉. 而彼愚而自用之輩, 混民權與民主爲一途. 因視之爲蜂蠆 爲毒蛇, 以熒惑君相之聽, 以窒天賦人權之利益, 而斲喪國家之元氣, 使不可復救. 梁啓超, 〈愛國論〉, 77쪽.

● 1900~1915년의 주요 용법

주로 공민권을 가리키며 사용빈도가 비교적 많다. 1902・1906・1913년이 고점이다. 1902년에 어떤 사람이 《신민총보》에 다음과 같은 문의 편지를 보냈다.

> 예) 中國近日多倡民權之論, 其說大率宗法儒盧梭. 然日本人譯盧梭之說, 多名爲天賦人權說. 民權與人權有以異乎, 此兩名詞果孰當.

량치차오가 다음과 같이 회답했다.

> 예) 民權兩字其義實不賅括, 乃中國人對於專制政治一時未確定之名詞耳. 天賦人權之原字. …… 英文爲 Right of man, 其意謂人人生而固有之自由自治的權利, 及平等均一的權利. 實天之所以與我, 而他人所不可犯不可奪者也. 然則其意以爲此權者, 凡號稱人類, 莫不有之. 無論其爲君爲民也. …… 故以日本譯語爲當. 〈問答〉, 《新民叢報》第6號(1902. 4. 22), 1~2쪽.

그러나 실제 량치차오의 해답은 결코 정확하지 않았다. 그가 말한 '인권'은 사실 '민권'이며 양자는 본래 다른 것이기 때문이다. 1913년 장둥

쑨은 '민권'과 '인권'을 구분하고 '민권'이 the right of citizen이라고 말한다.

> 예) 是故民權與人權, 實有不同之點. 雖然此皆公權也, 民權指公權之積極狀態而言, 人權指公權之消極狀態而言. 此其差異耳. …… 以歐文證之. 民權爲The right of citizen. 人權爲the right of man. 惟citizen正譯爲市民, 蓋發源於希臘. 希臘之住民, 非盡有公權, 乃僅市民有之耳. 然此字或譯爲公民. 張東蓀, 〈余之民權觀〉, 2~3쪽.

1904년 옌푸가 '민권'과 '민주'(옌푸는 서건庶建, 즉 democracy라고 일컫는다)를 연계시켰다.

> 예) 夫如是之法度, 實雜三制而成之, 蓋其中有獨治, 有賢政, 而亦有庶建之民權也. 方其制之始立也, 亦能調一國之柄以底於和, 未聞有媢嫉忿爭之爲梗. Montesquieu, 嚴復 譯, 《孟德斯鳩法意》(1904) 上册, 241쪽.

입헌파와 혁명파의 논쟁에서 '민권'은 주로 '민주'의 동의어로 쓰였다.

> 예) 吾之目的, 欲我民族的國民, 創立民權立憲政體(普通謂之民主立憲政體)者也. 故非政治革命種族革命, 不能達其目的. 精衛, 〈駁新民叢報最近之非革命論〉, 37쪽.

● **1915년 이후의 용법**

1915년 이후 '민권'은 〈데이터베이스〉에서 비교적 적게 사용된다. 주로 '삼민주의'와 관련된 논의에 사용되었다.

> 예) 近世各國所謂民權制度, 往往爲資産階級所專有, 適成爲壓迫平民之工具. 若國民黨之民權主義, 則爲一般平民所共有, 非少數者所得而私也. 於此有當知者, 國民黨之民權主義, 與所謂天賦人權者殊科, 而唯求所以適合於現在中國革命之需要. 蓋民國之民權, 唯民國之國民乃能享之, 必不輕授此權於反對民國之人, 使得藉以破壞民國. 〈中國國民黨全國代表大會宣言〉, 《嚮導週報》第54期(1924. 2. 20), 415쪽.

● **기타**

'민권주의'는 1901년에 처음으로 보인다.

예) 當是時, 民權主義, 宜掃地盡矣. 然而民權之生氣, 愈勃勃不可遏抑. 拿破崙未蹶以前, 不過風行於法國. 暨其旣蹶, 歐州列强之君主, 反愈不得高枕以臥. 〈說敗〉, 《淸議報》第87冊(1901. 8. 5), 1~2쪽.

뒤에 민권주의는 '삼민주의'의 하나가 된다.

예) 至於民權主義, 就是政治革命的根本. …… 講到那政治革命的結果, 是建立民主立憲政體. 民意, 〈紀十二月二日本報紀元節慶祝大會事及演說辭〉, 5~6쪽.

예) 民權主義, 泛言之曰 主權在民. 然因主權行使之範圍不同, 民權遂有廣狹之別. 考諸近代, 號稱民治主義之立憲國家, 其人民之參政機關則曰議會, 其人民參政之行爲則在選擧代議士或官吏, 所謂代議政體, 其旨在斯. …… 識者乃益以人民創制複決罷免三種權利, 使人民不必藉議會之提議而可創制, 不必聽議會之議決而可複決, 不必俟議員官吏之任滿改選或黜革而可由人民罷免, 以濟制度不完全之窮, 民權之實, 差以得保. 〈中國國民黨黨綱草案〉, 《嚮導週報》第48期(1923. 12. 12), 371~372쪽.

61 공화共和

● 전통적 용법

서주의 여왕厲王이 도망간 후 주공과 소공이 공동으로 집권한 것 혹은 공백화共伯和가 정사를 대리한 것을 가리킨다.[47]

● 1830~1895년의 주요 용법

매우 적게 사용되었고 초기는 주로 전통적 용법이었다.

예) 厲王, 爲人暴虐無道 …… 王越戾虐, 萬民弗忍, 乃相與畔襲. 王奔彘不敢歸. 二相協和, 共理國事, 故稱共和. 愛漢者, 〈周紀〉(道光癸巳年 10月, 1833), 《東西洋考每月統記傳》, 44쪽.

가장 먼저 근대적 의미로 '공화'를 사용한 예는 황쭌셴의 《일본잡사시》에 보인다. 이 책에서는 두 번 공화를 말했다. 하나는 시의 구절이다.

예) 劍光重拂鏡新磨, 六百年來返太阿. 方戴上枝歸一日, 紛紛民又唱共和.

다른 하나는 일본의 정당을 소개할 때 사용되었다.

예) 明治 …… 三年七月, 竟廢藩爲縣. 各藩士族亦還祿秩, 遂有創設議院之請. 而藩士東西奔走, 各樹黨羽, 曰自由黨曰共和黨曰立憲黨曰改進黨, 紛然競起矣. 黃遵憲, 《日本雜事詩》, 38쪽.

1887년 황쭌셴이 《일본국지》에서 3번 '공화'를 언급하는데 한 번은 '공화당'을 가리키고 두 번은 당시 일본에서 국회의 개회를 주장하는 정치적 견해로 사용되었다.

예) 爲守舊之說者曰, 以國家二千餘載一姓相承之統緖, 苟創爲共和, 不知將置主上於何地. 黃遵憲, 〈國統志三〉, 《日本國志》第1卷3, 50쪽.

1893년 쉐푸청은 나폴레옹이 이탈리아 북부에 건립한 치스파다나 공화국republic cispadana을 '공화지정共和之政'이라 불렀다.

예) 乾隆末年, 法王拿破崙率師伐奧, 遵亞爾伯山而東, 所向披靡. 奧屬土之在意大利者, 皆淪於法. 遂逼維也納, 割埃奧尼諸島及下國荷蘭與法, 割米蘭曼士亞倫巴爾多, 爲西撒賓共和之政, 法乃罷兵. 薛福成, 《出使日記續刻》卷7(1893), 754쪽.

캉유웨이가 《상서》〈요전〉에서 순이 사악四岳에 자문한 것을 '사악공화'라 일컬었다.

예) 春秋詩皆言君主, 惟堯典特發民主義. 自欽若昊天後, 卽捨嗣而異位, 或四岳共和, 或師錫在下, 格文祖而集明堂, 闢四門以開議院, 六宗以祀, 變生萬物, 象刑以期刑措, 若斯之類, 皆非常異義托焉. 故堯典爲孔子之微言, 素王之鉅制, 莫過於此. 康有爲, 〈孔子改制法堯舜文王考〉(1892), 《孔子改制考》卷12, 338쪽.

● 1895~1900년의 용법

1895년 이후 '공화'의 사용빈도가 증가하여 주로 '공화당'·'공화국'을 번역하는 데 사용되었다.

> 예) 美國將屆選舉民主之期, 昔日共和. 合衆二黨, 又分爲主金主銀二黨. 古城貞吉 譯, 〈論金銀漲落之由〉, 《時務報》第6冊(1896. 9. 29), 20쪽.

'공화'는 어떤 때는 귀족공화제를 가리켰다. 1896년 량치차오가 옌푸와의 편지에서 옛날의 '공화'와 지금의 '민주'가 다르다고 지적했다.

> 예) 周厲無道, 流之於彘而共和執政. 國朝入關以前, 太宗與七貝勒朝會燕饗皆幷坐, 餉械虜掠皆幷分, 謂之八公. 此等事謂之君權歟. 則君之權誠不能專也 謂之民權歟. 則民權究何在也. 故啓超以爲此皆多君之世, 去民主尙隔兩層. 梁啓超, 〈與嚴幼陵先生書〉(1896), 《飮氷室文集之一》第1冊, 108~109쪽.

옌푸는 '공화'로 aristocracy를 일컫고 democracy를 '공산公産'·'합중合衆'으로 번역했다.

> 예) 嚴復曰, 歐洲政制向分三種, 曰滿那棄者, 一君治民之制也, 曰巫理斯托格拉時者, 世族貴人共和之制也, 曰德謨格拉時者, 國民爲政之制也. 德謨格拉時又名公産, 又名合衆. 希羅兩史, 班班可稽, 與前二制相爲起滅. 雖其時法制未若今者之美備, 然實爲後來民治濫觴. 梁啓超, 〈論君政民政相嬗之理〉(1897), 《飮氷室文集之二》第2冊, 10쪽.

> 예) 夫所謂主治者, 或獨具全權之君主, 或數賢監國, 如古之共和, 或合通國民權, 如今日之民主. 嚴復 譯, 《天演論》〈導言16 進微〉, 39쪽.[48]

1897년 이후 주로 선거로 국가 권력기관과 국가 원수를 선출하는 정체를 가리켰다. 1897년 탕차이창은 republic을 '공화'로 번역했다.

> 예) 希臘苦土人殘暴, 立一會曰希的里亞, 一千八百二十一年, 以共和政體告列邦, 卒爲自主國, 此與普之立良民會同. 西班牙 …… 一千八百七十八年, 國人群起唱自由, 逼政府, 逐女王, 國人乃立共和政治, 會黨日盛. 唐才常, 〈各國政務公理總論〉(1897), 《唐才常集》卷1, 78쪽.

1898년 량치차오가 〈가인기우〉에서 스물한 번 '공화'란 단어를 썼다. 그 의미는 대체로 republic에 해당된다.

> 예) 時學士書生, 有別說自立自由之利, 倡道民政共和者. 其抱才鬱屈, 及苦於貧困而思亂者, 皆相和而煽動人心. 勢如滿岸之漲, 一時潰堤, 不可收拾, 欲壅塞之而反動激烈也. 梁啓超 譯, 〈佳人奇遇〉, 6쪽.

1899년 량치차오가 republic의 번역어를 '민주' 에서 '공화' 로 대체했다.

> 예) 憲法者英語稱爲Constitution, 其義蓋謂可爲國家一切法律根本之大典也, 故苟凡屬國家之大典, 無論其爲專制政體(舊譯爲君主之國)爲立憲政體(舊譯爲君民共主之國)爲共和政體(舊譯爲民主之國)似皆可稱爲憲法. 梁啓超, 〈各國憲法異同論〉, 71쪽.

● 1900~1915년의 주요 용법

1900년 이후 '공화' 의 사용빈도가 급속히 증가했으며 이 기간에 '공화' 의 전통적 의미는 지극히 적게 나타났다. 1905년과 1906년 입헌당과 혁명당 간의 논쟁에 공화가 빈번하게 사용되어 1906년 그 첫 번째 고점에 이른다.

> 예) 政治革命者, 革專制而成立憲之謂也. 無論爲君主立憲, 爲共和立憲, 皆謂之政治革命. 苟不能得立憲, 無論其朝廷及政府之基礎, 生若何變動, 而或因仍君主專制, 或變爲共和專制, 皆不得謂之政治革命. 飮冰, 〈申論種族革命與政治革命之得失〉, 《新民叢報》 第4年 第4號(原第76號)(1906. 3. 8), 6쪽.

그들의 논변에 '민주' 와 '공화' 는 자주 혼용된다. 다만 미묘한 차이가 있으며 왕징웨이는 이를 명확하게 설명했다.

> 예) 彼政府者, 其對內政策, 猶是防家賊之手段. 其對外政策, 猶是利用列强之嫉妒心. 以其爲異族專制政府故也. 是其所處之地位, 祇能與國民爲敵, 不能與國民爲助明矣. 故吾不以改革之事望諸政府, 而專望之國民, 國民旣能改革矣, 則民權立憲當然之結果也.(所以不云共和立憲者, 以共和一語, 有廣狹二義, 其廣義則貴族政治, 亦色[包]含在內, 故不用之.) 精衛, 〈駁新民叢報最近之非革命論〉, 28쪽.

이처럼 실제로 이 시기의 '공화'의 의미는 democracy에 더 가까웠다.

● 1915년 이후의 용법

1915년 위안스카이가 황제를 칭한 것이 국체에 대한 대규모 토론을 야기했으며, '공화'의 사용빈도가 고점에 이르고 현대 용법과 기본적으로 같아졌다. 주로 '공화국'으로 사용되었으며 또한 일정한 제한이 더해져 '소비에트공화국'·'사회주의공화국'·'민주공화국' 등으로 사용되었다.

예) 中國共和政治所以如此流産底原因, 一方面是革命的共和派沒有專政底毅力和遠見, 急於和反革命的帝制派攜手遂致自殺了, 一方面是一般國民惑於調和底邪說, 又誤解共和以爲應該給全國民以自由權利連反革命的帝制派也算在內, 反革命的帝制派得着了自由, 共和政治那有不流産底道理. 陳獨秀, 〈國慶紀念底價値〉, 《新靑年》第8卷 第3號(1920. 11. 1), 2~3쪽.

62 합중合衆

● 전통적 용법

1) 많은 사람을 집합시키는 것을 가리킨다. 2) 많은 사람에 대적하는 것, 강적에 저항하는 것을 가리킨다. 3) 대중에게 보이는 것을 가리킨다.[49]

● 1830~1895년의 주요 용법

'합중국'으로 상용되며 연방국, 즉 federation. 예를 들어 미국·스위스·독일 등의 국가를 가리켰다.

예) 米利堅合衆國以爲國, 幅員萬里, 不設王侯之號, 不循世及之規, 公器付之公論, 創古今未有之局, 一何奇也, 泰西古今人物能不以華盛頓爲稱首哉. 徐繼畬, 〈北亞墨利加米利

堅合衆國〉,《瀛寰志略》卷9, 291쪽.

어떤 때는 '합중'으로 미국을 간략히 칭했다.

예) 中國與合衆官憲, 在五港口遇有交涉事件, 或會晤面商, 或公文往來, 務須兩得其平等語. 麥蓮, 〈美使麥蓮所遞淸摺十一條(崇綸等摺片附件二)〉(1854),《籌辦夷務始末(咸豊朝)》卷9, 344쪽.

간혹 여타 민주국을 가리켰다.

예) 阿根廷合衆國, …… 舊名拉不拉搭, 本西班牙屬地. 後乃自立爲民主國. 一千八百五十三年五月, 頒行國例, 立伯理璽天德, 柄國政. 麥丁富得力 編, 林樂知 口譯, 鄭昌棪 筆述,《列國歲計政要》卷9,〈亞美利加大洲·阿根廷合衆國〉, 5쪽.

● 1895~1900년의 주요 용법

주로 두 종류의 의미를 가진다.

1) '민주'의 의미.

예) 人之才能權理, 不因等級而差, 惟本於人類同等同權之理, 以立政體, 使民人皆得參預政治, 是謂合衆政治. 伯倫知理,〈國家論(卷3 國體)〉,《淸議報》第23冊(1899. 8. 6), 2쪽.

미국 '민주당'의 번역어로 상용되었다.

예) 美國統領定制四年一擧. 國有兩黨, 一曰合衆, 一曰共和. 各願擧其黨人以任斯職, 現任統領爲苦爾若蘭. 乃合衆黨人, 已歷二任. 古城貞吉 譯,〈美國共和黨宣論新政〉,《時務報》第3冊(1896. 8. 29), 19쪽.

2) 연방을 가리켰다.

예) 數國聯合, 立一合衆政府, 內治其民, 外與列國並立, 能察全國之情狀, 而施政無不宜者, 此合衆之國也. 聯合各邦之權理, 雖有限制, 猶不失特立體裁者, 此聯邦之國也. 如千七百八十七年, 北美合衆國, 千八百四十八年, 瑞西盟約國, 千八百七十一年, 德國聯邦是也. 伯倫知理,〈國家論(卷1)〉,《淸議報》第16冊(1899. 5. 30), 9쪽.

● 1900~1915년의 주요 용법

1895년 이래의 용법과 기본적으로 서로 같다. 민주정체를 가리켰다.

　예) 羅馬之立國也, 其始爲合衆公産制, 國勢日張, 浸假而强有力者篡之, 變民主爲君主, 位號英拜勒爾. 嚴復 譯, 《原富》〈部丁〉, 篇7 論外屬, 下冊, 503쪽.

또한 federation을 가리킨다.

　예) 邦域國家, 有一統合衆之分. 一統, 西文謂之Unitary. 合衆, 西文謂之federation. 二者皆聯合無數自治之地方, 而總之以中央之政府, 因之成一邦域. 嚴復, 〈政治講義〉, 1276쪽.

● 1915년 이후의 용법

비교적 적게 사용된다. 주로 '합중국'에 사용되며 특히 미국을 가리켰다.

　예) 美國帝國主義已經和許多國家有債權的關係, 凡是太陽所照到的地方都飛揚着合衆國的國旗, 因爲合衆國的金子已經握着了全世界的覇權. 覺奴, 〈今日的美國〉, 《新靑年》季刊第4期(1926. 5. 25), 59쪽.

경제
經濟

63 경세經世

● 전통적 용법

1) 나랏일을 다스리는 것을 가리킨다. 2) 세상의 일을 체험하는 것을 가리킨다.[50] 1860년대 이후 서학도 '경세' 학문의 구성 부분이 되었다.

> 예) 臣査製器與練兵相爲表裏, 練兵而不得其器, 則兵爲無用. 製器而不得其人, 則器必無成. 西洋軍火, 日新月異, 不惜工費, 而精利獨絕, 故能橫行於數萬里之外. 中國若不認眞取法, 終無由以自強. 竊謂士大夫留心經世者, 皆當以爲身心性命之學. 李鴻章, 〈籌議天津機器局片〉(同治9年 10月 26日, 1870), 《皇淸道咸同光奏議》 卷16, 〈洋務類通論〉, 837쪽.

1895년 이후 '경세'의 학문 범위는 더 풍부하고 구체적으로 되었다.

> 예) 經世之學維何, 曰輿地, 曰測算, 曰天文, 曰格致, 曰化學, 曰地學, 曰水師, 曰種牧, 曰製造, 曰礦務, 曰商務, 曰外國文字, 曰中國律例, 曰中外史記, 曰中外醫學, 曰各國公法條約. 吳宗濂, 〈上某當道匡時第〉(光緒21年, 1895), 《皇朝蓄艾文編》 卷3, 〈通論3〉, 366쪽.

무술변법 기간에 '경세'의 사용빈도는 고점에 도달하였고, 유신파가 공자와 춘추를 모두 '경세'의 학문으로 인식하는 데 사용되었다.

> 예) 然近日風俗人心之壞, 更宜講求挽救之方. 蓋風俗弊壞, 由於無敎, 士人不勵廉恥, 而欺詐巧滑之風成, 大臣託於畏謹, 而苟且廢馳之弊作. 而六經爲有用之書, 孔子爲經世之學, 鮮有負荷宣揚, 於是外夷邪敎, 得起而煽惑吾民. 康有爲, 〈上淸帝第二書〉(1895. 5.

2), 《康有爲政論集》卷1, 上冊, 132쪽.

그들은 '경세'가 곧 '중국과 서양의 공공의 리'를 실천에 옮기는 것이라 생각하였다. 그래서 '경세'의 학문은 마땅히 서학의 정법政法과 역사 등의 학문을 포함하였다.

> 예) 居今日而言經世, 與唐宋以來之言經世者, 稍異. 必深通六經制作之精意, 證以周秦諸子, 及西人公理公法之書, 以爲之經, 以求治天下之理, 必博觀歷朝掌故沿革得失, 證以泰西希臘羅馬諸古史, 以爲之緯, 以求古人治天下之法, 必細察今日天下郡國利病, 知其積弱之由, 及其可以圖强之道, 證以西國近史憲法章程之書, 及各國報章以爲之用. 以求治今日之天下所當有事, 夫然後可以言經世. 梁啓超, 〈湖南時務學堂學約十章〉, 《時務報》第49冊(1897. 12. 24), 4쪽.

이후에 '경세'의 사용은 점차 감소했다.

이 밖에 '경세가'라고도 하였다. 초기에는 모종의 정치 이상을 가진 학자 혹은 정치가를 가리켰다.

> 예) 綜而論之, 兩漢經師, 可分四種 …… 其二經世家, 衍經術以言政治. 所謂以禹貢行水, 以洪範察變, 以春秋折獄, 以三百五篇當諫書. 如賈誼董仲舒襲勝蕭望之匡衡, 劉向等其人也. 梁啓超, 〈論中國學術思想變遷之大勢〉, 50쪽.

이 후에 대개 실제 사무에 관심을 갖는 학자와 정치가를 가리켰다.

> 예) 協約旣成, 則彼英俄二强, 衝突可免, 疑念可釋. …… 其在英國, 則印度之邊備, 嘗勞幾多經世家戰略家之籌議, 或主增加, 或主裁減, 紛紛聚訟, 靡有已時. 今則增固不必, 減亦無妨. 〈論英俄協約與日本之關係(譯日本明治四十年九月二十九日東京日日新聞)〉, 《外交報》第196期(1907. 12. 9), 《外交報彙編》第9冊, 31쪽.

> 예) 足證當時日君, 非暴虐無道之人, 而實富於謀略之經世家也. 〈日本與呂宋群島交涉紀略(譯日本明治二十七年十月東邦協會雜誌)〉, 《外交報》第186期(1907. 9. 2), 《外交報彙編》第29冊, 298쪽.

64 경제經濟

● 전통적 용법

1) 경세제민經世濟民을 가리킨다. 2) 나라를 다스리는 능력을 가리킨다.[51]

● 1830~1895년의 주요 용법

1895년 이전에 '경제'는 주로 전통적 용법으로 계속 사용되었다.

> 예) 爲學之術有四, 曰義理, 曰考據, 曰辭章, 曰經濟. 義理者, 在孔門爲德行之科, 今世目爲宋學者也, 考據者, 在孔門爲文學之科, 今世目爲漢學者也, 辭章者, 在孔門爲言語之科, 從古藝文及今世制義詩賦皆是也, 經濟者, 在孔門爲政事之科, 前代典禮政書及當世掌故皆是也. 曾國藩, 〈勸學篇示直隸士子〉(1869), 《皇朝經世文續編》 卷2, 〈學術2 儒行〉, 7쪽.

1877년 궈숭타오는 political을 '경제지학經濟之學'으로 번역했다.

> 예) 斯博得斯武得開示其會友單, 略記其人數. …… 日奇溫斯, 善言經濟之學, 洋語曰波里地科爾. 郭嵩燾, 《倫敦與巴黎日記》 卷5(光緖3年 2月, 1877), 149~150쪽.

다만 간혹 '경제'는 economy와 연관된 사무에 비교적 가까웠다. 예를 들어 《서학약술》 제8권은 〈경제〉이며 그 하편의 조목은 다음과 같다.

> 예) 富國, 租賦, 英徵麥稅始末, 英徵百貨稅則, 富民, 國債, 錢制, 河防, 海防, 法國經濟始末, 意國經濟始末, 築路, 船制, 火車鐵路(艾約瑟 譯, 〈西學略述目錄〉, 《西學略述》 第8 卷, 《西學啓蒙》, 1~5쪽).

일본과 연관된 논의에 유사한 용법이 있다.

> 예) 凡學校皆有規則, 其敎科之書必經文部省査驗. 現今小學需用者共一百七十四種, 文部省官板五十八種各官省官板二十八種私板八十八種 以地理書, 史略爲最多, 其他則物理書性理書經濟學化學農商學算學文法學字學. 黃遵憲, 〈學術志二〉, 《日本國志》 第9 卷 33, 347쪽.

이 또한 〈데이터베이스〉에 '경제학'이라는 단어가 처음 나타난 것이다. 구허우쿤은 《일본신정고》에서 《동경경제잡지》를 거론했다.

> 예) 新聞紙之設, 泰西盛行, 日本仿之, 幾乎無府不刊, 無縣不刊, 而東京尤盛. 蓋臣民蝟集之地觀者實繁有徒也. 謹詳攷如左 …… 《東京經濟雜誌》, 顧厚焜 編, 《日本新政考》(1888) 卷1, 〈新聞考〉, 《西政叢書》, 18쪽.

● 1895~1900년의 주요 용법

1895년 후 '경제'라는 단어의 사용빈도가 점점 증가하여 1898년 첫째 고점에 도달한다. 그 원인은 경제특과에 관한 토론 때문이었다. 이 시기 '경제'는 주로 경세제민 혹은 국가 통치의 능력을 가리킨다.

1896년 일본인 고조 데이키치가 《시무보》의 번역문에서 '경제학'이라는 단어로 economics를 가리켰다.

> 예) 故初習經濟學者, 當先排斥交易利益優者, 而損失劣者之謬說, 不留芥蒂於胸中也. 古城貞吉 譯, 〈日本名士論經濟學〉, 《時務報》 第14冊(1896. 12. 15), 27쪽.[52]

같은 해에 량치차오도 지서에서 이렇게 '경제'를 사용했다.

> 예) 華商之不敵洋商也. 洋商有學, 而華商無學也. 彼中富國學之書(日本名爲經濟書)皆合地球萬國之民情物産, 而盈虛消息之. 至其轉運之法, 銷售之法, 孜孜討論, 精益求精. 今中國欲與泰西爭利, 非盡通其學不可. 梁啓超, 《變法通議》〈論譯書〉, 71쪽.

그러나 중국인은 통상 여전히 전통적 의미의 '경제'를 사용했다.

> 예) 凡論一事, 治一學, 則必有其中之層累曲折. 非入其中, 不能悉也. 非讀其專門之書, 不能明也. 譬之尋常譚經濟者, 苟不治經術, 不誦史, 不讀律, 不講天下郡國利病, 則其言必無當也. 梁啓超, 〈論學校七(變法通議三之七)〉, 《時務報》 第27冊(1897. 5. 22), 1~2쪽.

1898년의 경제특과도 이러한 의미로 사용된 것이다.

> 예) 本年總理衙門, 會同臣部, 奏設經濟常科. 有內政外交理財經武格物考工六事. 〈禮部議奏覆科場改試章程摺〉, 《知新報》 第62冊(1898. 8. 17), 6쪽.

장즈둥은 《권학편》에서 '중학 경제'와 '서학 경제'가 포함하는 내용을 상세하게 나열했다.

> 예) 第一場試以中國史事, 本朝政治論五道, 此爲中學經濟. …… 二場試以時務策五道, 專問五洲各國之政, 專門之藝, 政如各國地理官制學校財賦兵制商務等類, 藝如格致製造聲光化電等類, 此爲西學經濟. 張之洞,《勸學篇》〈外篇 變科擧第八〉, 128쪽.

● 1900~1915년의 주요 용법

1900년 후 '경제'의 현대적 의미가 번역문에 많이 사용되며 1902년 이후 중국인도 사용하기 시작했지만, 옌푸와 량치차오는 모두 이 번역어가 타당하지 않다고 생각했다. 량치차오는 《신민총보》에서 독자의 질문에 다음과 같이 답했다.

> 예) 惟經濟二字, 襲用日本, 終覺不安. 以此名中國太通行, 易混學者之目. 而謂其確切當於西文原義, 鄙意究未敢附和也.〈問答〉,《新民叢報》第8號(1902. 5. 22), 2쪽.

> 예) 計學, 西名葉科諾密, 本希臘語. 葉科, 此言家. 諾密, 爲聶摩之轉, 此言治. 言計, 則其義始於治家. 引而申之, 爲凡料量經紀撙節出納之事, 擴而充之, 爲邦國天下生食爲用之經. 蓋其訓之所苞至衆, 故日本譯之以經濟, 中國譯之以理財. 顧必求吻合, 則經濟旣嫌太廓, 而理財又爲過陿, 自我作故, 乃以計學當之. 嚴復,〈譯斯氏計學例言〉(1902),《嚴復集》第1冊, 97쪽.

그러나 1902년 이후 '경제'의 현대적 용법이 광범히 유행되기 시작했고 어떤 사람이 다음과 같이 말했다.

> 예) 名也者, 不過一記號. 使人習之而能解云爾. 苟實難得其確譯者, 則無寗因之. 如日本所通行之社會經濟等字, 雖沿之亦未甚爲病也.〈翻譯與愛國心之關係〉,《新民叢報》第25號(1903. 2. 1), 3~4쪽.

같은 해 왕징팡도 '경제'라는 두 글자로 economy를 번역하는 것의 합리성을 논증했다.

예) 經濟二字 …… 從希臘語之Oikos romos, 二字而出, Oikos者, 家屋或地宅之意, Komos者, 法則也, 謂治家之法則. …… 吾國字訓, 經字作名辭解, 法也, 常也, 作動詞解, 有治理之意. 濟, 齊也. 二字連用, 殆本於經國濟民, 用之自秦始, 包含富國强兵之事, 爲治國平天下之手段, 意義遼闊, 不專屬於政治理財. 近今用之, 無稍變焉. 日本用吾華文字之國也, 始亦以經濟爲治國平天下之術, 如太宰純所著經濟錄, 與吾國治平略等書相伯仲. 馴至今日, 所謂經濟者一身一家, 皆可適用. 其意爲儉約, 爲計算, 于國爲理財之政. 西文由小推之大, 日文由大通之小, 變遷不同, 意義尙可吻合. 故日本徑以經濟二字, 譯英語之Political Economy, 夫旣明二字[字]沿用之新義, 則此中之包合, 可得而進論焉. 王璟芳, 〈普通經濟學(續第1冊)〉, 《湖北學生界》第2期(1903. 2. 27), 9~10쪽.

1902년 이후 '경제'의 전통적 용법은 거의 나타나지 않으며, 동시에 '비용은 적고 수익은 많다', '재력 물력을 가리키는' 등의 의미가 나타난다.

● 1915년 이후의 용법

1902년 이래의 용법과 대체로 같다. 1918년 이후 사용빈도가 급속히 증가한다.

65 부강富强

● 전통적 용법

부유하고 강성함을 가리키거나 혹은 부유하고 강성하게 함을 의미한다.[53]

● 1830~1895년의 주요 용법

1840년대 이래 '부강'은 외국 국력의 강대함을 서술하는 데 상용되었다.

예) 是時英商船通行四海, 日益富强. 與佛郞西交兵, 屢戰勝. 徐繼畬, 〈英吉利國〉, 《瀛寰志略》卷7, 231쪽.

1860년대 이후 수많은 사람들이 '부강'을 중국의 목표라고 주장했다. 1861년 펑구이펀은 처음으로 '부강지술富強之術'이라는 단어를 사용했고 이후 부강은 '서법의 모방'과 '서학의 채택'과 항상 서로 연관되었다.

> 예) 愚以爲在今日又宜日鑒諸國. 諸國同時並域, 獨能自致富強, 豈非相類而易行之尤大彰明較著. 如以中國之倫常名教爲原本, 輔以諸國富強之術, 不更善之善者哉. 馮桂芬, 〈采西學議〉, 《校邠廬抗議》卷下, 69~70쪽.

'부강'의 목표는 상공업과 국방 두 분야의 내용을 포함했다. 1880년대 이후 '부강'은 더욱 분명하게 상공업 분야의 의미로 편중되었다.

> 예) 然自來講富強之術者, 必富列於先, 而強列於後. 誠以國旣富, 斯能強. 國旣不富, 強於何有. 當此而欲使中國強, 必先使中國富. 欲使中國富, 必先振興商務. 余故日商務之興廢, 國家盛衰繫之也. 錢淸臣, 〈問如何收回利權〉, 王韜, 《格致書院課藝》戊子(1888) 第3冊, 7쪽.

1890년대 이후 '부강지술'은 정치조직 분야의 내용을 포함하기 시작하였고 부강의 근본에 관한 토론에서 표현되었다.

> 예) 乃知其治亂之源, 富強之本, 不盡在船堅炮利, 而在議院上下同心, 教養得法. 鄭觀應, 〈自序〉, 《盛世危言》, 13쪽.

● 1895~1900년의 주요 용법

1898년 '부강'의 사용빈도는 그 최고점에 달한다. 이 시기에 '부강'의 사용이 가장 보편적이 되었고 주로 상공업과 정치·교육 등의 분야에서의 개혁을 가리켰다.

> 예) 泰西富強之基, 原於商務, 目前所可行仿者, 莫如鐵礦路務兩事. 陳寶箴, 〈湖南巡撫陳寶箴摺〉(光緒24年 4月 26日, 1898), 國家檔案局明淸檔案館 編, 《戊戌變法檔案史料》, 25쪽.

> 예) 是故富強者, 不外利民之政也, 而必自民之能自利始, 能自利自能自由始, 能自由自能

自治始, 能自治者, 必其能恕, 能用絜矩之道者也. 嚴復, 〈原富〉, 14쪽.

● 1900~1915년의 주요 용법

1900년 이후 비교적 적게 사용되었다. 그중 옌푸의 사용이 비교적 많다. '부강지술'의 내용은 진일보 확장되어 교육·입헌·지방자치 등이 모두 국가 부강의 근본으로 인식되었다.

> 예) 其民俗有聰强勤樸之風, 其治體有劃一整齊之象, 其富强之效, 雖得力於改良律法, 精練海陸軍, 獎勵農工商各業, 而其根本則尤在敎育普及. 載澤 等, 〈出使各國考察政治大臣載澤等奏在日本考察大槪情形曁赴英日期摺〉(光緖32年 1月 20日, 1906), 《淸末籌備立憲檔案史料》上冊, 6쪽.

이 시기 '부강'은 더 이상 국가의 유일한 목표가 아니었으며, '부강' 자체의 의미도 국방과 상업에만 그치지 않았다. 국가목표는 항상 '문명'·'태평' 등과 함께 표현되었다.

> 예) 果使四百兆實業進步, 將優勝富强, 可以操券, 而風俗民行, 亦可望日進於文明. 嚴復, 〈實業敎育〉(1906), 《嚴復集》第1冊, 207쪽.

● 1915년 이후의 용법

'부강'은 매우 적게 사용된다. 1919년 이후 '부강'은 청말의 유신운동을 개괄하는 데 상용되며 비판적 의미를 지닌다.

> 예) 本來士紳階級不但不肯革命, 而且摧殘革命, 幫助反動勢力, 名說也要變法維新, 要謀富强, 而又反對下等社會握權, 反對土地國有, 平均地權, 反對改善下等社會的生活. 瞿秋白, 〈孫中山與中國革命運動〉, 4~5쪽.

⁶⁶생계生計

● 전통적 용법

주로 아래의 다섯 가지이다. 1) 생산계책을 가리킨다. 2) 그것에 의지해 생활을 도모하는 산업과 직업, 또한 생활을 유지하는 방법을 가리킨다. 3) 자산, 생활경비를 가리킨다. 4) 생명을 보전하는 방법을 가리킨다. 5) 생활을 가리킨다.[54]

'생계'는 경제economy를 가리키며 〈데이터베이스〉에서는 1899년 처음 나타난다.

> 예) 請言生計界, 十六七世紀, 重商學派盛行. 所謂哥巴政略者, 披靡全歐, 各國相率倣效 之, 此爲干涉主義之極點. 及十八世紀重農學派興, 其立論根據地與盧梭等天賦人權說同 出一源. 斯密亞丹出, 更取自由政策, 發揮而光大之, 此後有門治斯達派者, 益爲放任論之 本營矣. 梁啓超,《自由書》, 87쪽.

1900년 이후 량치차오가 '생계'의 새로운 용법에 비교적 큰 영향을 주었다. 1902년 그는《생계학학설연혁소사》를 써서 서양경제학설사를 소개하였다. 번역어에 대해 그는 다음과 같이 말했다.

> 예) 茲學之名, 今尙未定, 本編向用平準二字, 似未安. 而嚴氏定爲計學, 又嫌其於複用名 詞, 頗有不便. 或有謂當用生計二字者, 今姑用之以俟後人. 草創之初, 正名最難. 望大雅 君子, 悉心商推. 梁啓超, 〈生計學學說沿革小史〉(1902),《飮冰室文集之十二》第5冊, 2쪽.

1915년 이후 '생계'는 간혹 여전히 경제를 가리키기도 하나 전통적 용법을 회복한 것을 더욱 자주 볼 수 있다.

> 예) 有許多事務, 是很不人道的, 然而他可以維持一般人的生計, 就也叫他做職業. 葉紹 鈞, 〈職業與生計〉,《新潮》第2卷 第3號(1920. 4. 1), 575쪽.

⁶⁷평준平準

● 전통적 용법

주로 두 종류가 있다. 1) 고대의 관청에서 물가를 조절하기 위한 시책을 가리킨다. 2) 평온·공평·평형을 가리킨다.⁵⁵

1902년 량치차오는 '평준'으로 political economy를 번역하였다.

> 예) 按漢代平準之制, 本所以吸集天下財富於京師, 其事非爲人群全體之利益, 本不足以當Political Economy之義. 雖然, 單擧平準二字, 尙不失爲均利宜民之意. 且此二字出於史記, 人人一望而解, 而又不至與他種名詞相混, 然則逕譯之爲平準學似尙不繆. 由是日本所謂經濟家, 則名爲平準家, 經濟學者, 則名爲平準學者, 經濟界則名爲平準界, 經濟社會爲平準社會, 經濟問題爲平準問題, 施諸各種附屬名詞, 似尙無窒礙. 〈問答〉,《新民叢報》第3號(1902 .3. 10), 2쪽.

그러나 이 용법은 옌푸의 반대에 부딪혔다.

> 예) 計學之理, 如日用飮食, 不可暫離. 而其成專科之學, 則當二百年而已. 故其理雖中國所舊有, 而其學則中國所本無. 無庸諱也. …… 卽如執事今易平準之名, 然平準決不足以當此學. 蓋平準者, 乃西京一令因以名官職. 斂賤糶貴, 猶均輸常平諸政制. 計學之書, 所論者果在此乎, 殆不然矣. 嚴復, 〈與新民叢報論所譯原富書(壬寅三月)〉,《新民叢報》第7號(1902. 5. 8), 4~5쪽.

량치차오는 평준이 타당하지 않다고 여겼다.

> 예) 平準二字之不安, 鄙人亦自知之, 故旣棄去. 〈問答〉,《新民叢報》第8號(1902. 5. 22), 2쪽.

이 이후에 평준으로 economy를 번역하는 용법은 거의 보이지 않는다.

● 1895~1900년의 주요 용법

가장 먼저 '계학'을 사용한 사람은 옌푸로 1896년 그는 《천연론》에서 경제학의 번역어로 사용했다.

> 예) 晚近歐洲富强之效, 識者皆歸功於計學, 計學者首於亞丹斯密氏者也. 嚴復 譯, 《天演論》〈導言14 恕敗〉, 34쪽.

1900년 이전에는 사용하는 사람이 매우 적었다.

● 1900~1915년의 주요 용법

1902년 '계학'의 사용빈도는 고점에 이르며 《원부》의 번역과 량치차오의 〈생계학학설연혁소사〉와 직접 관계된다. 《원부》에서 옌푸는 자신이 이렇게 번역한 이유를 설명한다.

> 예) 計學者, 制治經國之學之一支. 其所講求者二, 一曰足民食, 次曰富國用. …… 斯密氏計學界說如此, 而後人病其渾侻, 著論說者希復用之. …… 其所以爲渾侻者, 以嫌其與經濟全學相混. (日本已謂計學爲經濟學矣) 英儒賓德門經濟界說, 謂其術所以求最大之福, 福最衆之人. 如用斯密氏之義, 則足民一語必合德行風俗智力制度宗敎數者而言其說始備. 顧計學所有事者, 實不外財富消長而已, 故曰渾也. 又, 足民富國者, 本學之祈向, 而所探討論證者, 財之理與相生相養之致也. 而斯密氏獨標所求, 不言所學, 故曰侻也. 至譯此爲計學而不曰理財者, 亦自有說. 蓋學與術異, 學者考自然之理, 立必然之例, 術者據旣知之理, 求可成之功. 學主知, 術主行. 計學, 學也, 理財, 術也. 術之名必不可以譯學, 一也. 財之生分理積, 皆計學所討論, 非理之一言所能盡, 二也. 且理財已成陳言, 人云理財, 多主國用, 意偏於國, 不關在民, 三也. 吾聞古之司農稱爲計相, 守令報最亦曰上計. 然則一群之財消息盈虛, 皆爲計事, 此計學之名所由立也. 嚴復 譯, 《原富》〈部丁 引論〉, 下冊, 347~348쪽.

이후에 사용빈도가 급격히 감소하여 1904년 이후에는 그리 상용되지 않았다. 량치차오가 비록 옌푸의 번역을 수용했지만 '생계학'을 더욱 상용했다(부록의 '생계' 참조).

● 1915년 이후의 용법

량치차오 등의 일부를 제외한 나머지 사람들은 거의 사용하지 않았다. 1920년 어떤 사람이 '계학'·'생계학'은 이미 쉽게 이해할 수 없게 되었다고 하였다.

예) 譬如Economics一名中文作經濟學, 但中文經濟二字的原意, 是作經邦濟世的解釋(如開經濟特科之類), 和所謂Economics的原意差多了. 然而現在經濟學這個名詞用慣之後, 大家說起來就知道是Economics, 沒有錢用了, 還知道說經濟困難, 而提起依康老密計學生計學種種名詞來, 反令人不易了解. 〈通信(志希覆熊子眞)〉, 《新潮》第2卷 第4號(1920. 5. 1), 838~839쪽.

과학
科學

⁶⁹ 과학科學

● 전통적 용법
과거지학科擧之學[56]
● 1895~1900년의 주요 용법
science를 가리키는 것은 비교적 적게 사용되었다. 가장 먼저 1897년 《일본서목지》에서 열거한 책 이름에 《과학입문》·《과학지원리科學之原理》 등이 보인다(康有爲, 《日本書目志》 卷1, 〈理學門第 2〉, 624쪽).
같은 해에 《실학보》에 게재된 번역문에도 '과학'이란 단어가 사용되었다.
> 예) 自臺灣歸吾領土, 乃經帝國大學議會之協贊, 卽於科學上, 特派遣適宜之人, 將植物動物地質人類學等調査. 程起鵬 譯, 〈臺灣植物之盛〉, 2쪽.

량치차오는 '응용과학'과 '순수과학'을 구분하였다.
> 예) 論者或以直接有效用於實業之學科, 謂之實學, 反此者謂之空理空論. 如機器製造礦學電學工程等應用科學, 最有益於實業者, 謂之實學. 其他物理學化學者, 雖純正科學, 然以其爲應用學之根柢, 故亦謂之實學. 至如哲學心理學群學等, 專主理論, 不依物質者, 則動誚爲空理空論. 此實謬見也. 梁啓超, 《自由書》, 92쪽.

● 1900~1915년의 주요 용법
1902년 이후 '과학'의 사용빈도가 점점 증가하여 1903년 첫 번째 고점에 이른다. 1902년 량치차오는 협의의 '과학'이 '격치'라고 여러 차례 지적하였다.

예) 近四十年來之天下一進化論之天下也. 唯物主義昌, 而唯心主義屛息於一隅. 科學(此指狹義之科學, 卽中國所謂格致)盛而宗敎幾不保其殘喘. 進化論實取數千年舊學之根柢而摧棄之, 翻新之者也. 中國之新民, 〈進化論革命者頡德之學說〉, 《新民叢報》第18號 (1902. 10. 16), 1~2쪽.

예) 故安息時代之文明, 大率帶恐怖天象之意. 宗敎之發達速於科學(成一科之學者, 謂之科學. 如格致諸學是也.) 迷信之勢力, 强於道理. 梁啓超, 〈地理與文明之關係〉(1902), 《飮冰室文集之十》第4冊, 113쪽.

'과학'이 사회과학을 포함할 때도 있었다.

1903년 '과학진리'라는 용법이 나타났다.

예) 眞正自由主義, 在乎企圖科學眞理之勝利, 打破古代一切之迷信. 蓋世界之舞台, 夙已旋轉, 迷信之時代疾去. 內明, 〈無神無靈魂說之是非如何〉, 《新民叢報》第38·39號合本 (1903. 10. 4), 3쪽.

중국인의 용법에서 '과학'은 처음부터 '정확'·'진실'의 속성을 지녔으며 단지 하나의 논리체계만을 가리키지는 않았다.

1907년 이후 무정부주의자가 '과학'으로 평등 등의 가치의 정당성을 논증하고 아울러 그것으로 유교윤리의 허망함을 증명했다. 또 그들은 처음으로 '과학'과 '공리'를 연계하거나 동일시하였고, '과학공리'라는 용법이 나타났다. 예를 들어 조상 숭배에 대하여 그들은 다음과 같이 생각했다.

예) 於科學中, 祖宗僅爲傳種之古生物耳, 及其死則其功用已盡, 復何神靈之有. …… 凡物愈古, 其構造愈簡單, 其能力愈薄弱, 此自然之公例. 故於科學中, 吾祖宗之程度, 不及吾人, 是正於迷信中之祖宗相反, 於迷信中, 皆謂吾之祖宗勝於吾人也. 由是而見科學中

與迷信中祖宗價置之相異矣. 眞,〈祖宗革命〉,《新世紀》(1907),《辛亥革命前十年間時論選集》第2卷 下冊, 979쪽.

예) 就科學言之, 男女之相合, 不外乎生理之一問題. 就社會言之, 女非他人之屬物, 可從其所欲而擇交, 可常可暫. 就論理言之, 若夫得殺妻, 則妻亦得殺夫, 若婦不得殺嬪, 則夫亦不得殺嬪, 若夫得嬪, 則妻亦得嬪, 此平等也, 此科學眞理也. …… 若順於科學公理, 人當本於構造與生理各從其欲, 各爲其所宜. 眞,〈三綱革命〉, 1020쪽.

● 1915년 이후의 용법

신문화운동 기간에 '과학'은 '상식'과 '신앙'을 점검하는 것으로 사용되었다.

예) 凡此無常識之思惟, 無理由之信仰, 欲根治之, 厥維科學. 夫以科學說明眞理, 事事求諸證實. 較之想像武斷之所爲, 其步度誠緩. 然其步步皆踏實地, 不若幻想突飛者之終無寸進也. 陳獨秀,〈敬告靑年〉, 6쪽.

사람들은 항상 '과학'으로 실용적 기술을 지칭했다.

예) 歐洲近代物質文化的基礎是自然科學, 我們要創造中國的新物質文化也是須從研究科學入手. 取法歐西, 應用科學法則. 依據實際生活, 創造適宜中國民生的物質文化, 使中國全體國民生計充裕, 然後一切精神文化與社會狀況纔能發展進化. …… 中國舊學者每每輕視物質, 是很謬誤的. 以致中國物質文化十餘年來沒有進步, 農器工具依然是千年古物, 街道居屋依然逼窄汗暗不合衛生, 工藝實業全不發達. 偌大的土地偌大的天産, 還要年報饑荒, 民不聊生. 這不是物質文化全未良善的原故麼. 宗之櫆,〈中國靑年的奮鬪生活與創造生活〉,《少年中國》第1卷 第5期(1919. 11. 15), 7~8쪽.

● 기타

과학의 전통적 용법 즉 '과거지학'은 〈데이터베이스〉에 사용사례가 극히 적다.

예) 又如科學不能因其用科學學校之字, 而謂經義試帖之屬, 皆卽賽因士. 太學題名與夫

詞科掌錄中之諸公, 亦不嘗爲笛卡兒達爾文之前輩也. 且所謂言者, 蓋謂其爲統系的爲論理的也. 非於十二經中覓取片詞, 卽可以爲代表, 卽可以其爲宗敎之證書焉者也. 歐陽仲濤,〈宗敎救國論〉,《大中華》第2卷 第2期(1916. 2. 20), 5쪽.

⁷⁰ 격치 格致

● 전통적 용법
1) 품격과 운치를 말한다. 2) 격물치지의 약어이다.⁵⁷
● 1830~1895년의 주요 용법
주로 세 가지 용법이 있다.
1) 전통적 용법, 즉 '격물치지' 를 가리킨다.
  예) 夫人情皆憚迂遠, 慕速化. 古今理亂得失興壞之故, 大學格致誠正修齊治平之要, 求之者數十年難窺閫奧, 仍無當於進取之數. 孰若綴緝膚辭, 規閣時調, 博淸顯於數年閒哉. 薛福成,〈選擧論上(甲子)〉(1864),《庸庵文外編》卷1, 172쪽.
2) 넓게 현대의 자연과학과 기술을 가리킨다. 주로 선교사가 사용하였다.
  예) 所謂格致之有益於人而可施諸實用者, 如天文地理算數幾何力藝製器化學地學金礦武備等, 此大宗也. 其餘藝術尙有多端, 筆難盡述, 若欲求其精奧, 各有專書可考. 近數年來上海製造局新譯西書, 於格致之門類足稱賅備. 顧惟泰西格致之學, 天文地理算數而外原以製器爲綱領, 而製器之中又以輪船爲首務. 徐壽,〈格致彙編序〉,《格致彙編》第1冊 (1876. 2), 1쪽.
3) 물리학(제조의 방법)을 가리키며 주로 사대부가 사용하였다.
  예) 羅靑庭來談, 語及法國學館章程, 大率分學有三, 一曰數學, 二曰化學, 三曰格致. 格致所包甚廣, 其中亦有數學(如測量機器分數), 有化學(如物産皆有分化). 擧凡重學電學光

學音學熱學, 及凡機器之用, 皆格致中事也. 郭嵩燾, 《倫敦與巴黎日記》卷28(光緒5年 1 月, 1879), 888쪽.

상하이격치서원에서 '중서격치의 차이'를 논제로 한 적이 있었는데, 답을 제시한 자는 대부분 중국의 격치의 학문은 의리를 중시하지만 서양은 물리를 중시한다고 하였다.

> 예) 中國格致之學, 始見於大學一書. …… 故朱子補傳一章 …… 然所釋者乃義理之格致, 而非物理之格致也. 中國重道輕藝, 凡綱常法度禮樂教化無不闡發精微不留餘蘊, 雖聖人復起, 亦不能有加. 惟物理之精粗, 誠有相形見絀者. 然自古至今, 治亂安危之跡, 恆繫乎道之汙隆, 不繫乎藝之輕重也. …… 歷觀以上諸儒之言, 皆以格致主義理立說, 而從未有及今之西學者. 然亦未嘗無偶合之事也. 王佐才, 〈第一問〉, 《格致書院課藝》庚寅(1889), 36~37쪽.

논자들은 대부분 중국 고대의 산학算學과 연단술 등과 서학을 견강부회하였다.

어떤 사람이 '격치'로 서양 학문을 번역하는 것은 타당하지 않다고 하였다.

> 예) 所謂西學, 蓋工匠技藝之事也. 易格致書院之名, 而名之曰藝林堂. 聚工匠巧者而督課之, 使之精求製造以聽役於官, 猶百工居肆然者, 是則於義爲當. 夫士苟自治其身心, 以經緯斯世, 則戎器之不備, 固可指揮工匠以成之, 無待於自爲. 奈何目此爲格致乎. 劉錫鴻, 《英軺私記》(1876), 28쪽.

● 1895~1900년의 주요 용법

1895년 이후 '격치'의 사용빈도가 빠르게 증가한다. 1897과 1898년 '격치'의 사용빈도가 최고점에 이르렀다가 이후 급격히 감소하였다.

1895년 이후 '격치'는 통상적으로 현대 과학기술을 가리켰다.

> 예) 日本之女學的分十三科, 一修身, 二敎育(言敎授及蒙養之法), 三國語(謂日本文), 四

漢文, 五歷史(兼外國史), 六地理, 七數學, 八理科(謂格致), 九家事, 十習字, 十一圖畫, 十二音樂, 十三體操. 梁啓超, 《變法通議》〈論女學〉(1896), 《飮冰室文集之一》第1冊, 43쪽.

그러나 일반적으로 그 의미는 비교적 물리학에 편중되었다.

예) 泰西之格致, 悉爲天然之公理, 由人事之試驗, 漸推漸廣以神其運用也. 分而言之曰算法幾何熱重電化天文地理聲光汽水動植全體醫測候礦産等學. 合而言之, 皆一理之貫注. …… 蓋算法幾何, 格致之楷梯也. 天文地理, 格致之大原也. 兵農工商, 格致之功用也. 而其綱領旨趣, 則不出熱重電三學而已. 〈格致會通說〉, 《湘學新報》(1897. 8. 18), 1801쪽.

옌푸가 역학力學이 격치라고 말한 적이 있다.

예) 是故欲治群學, 且必先有事於諸學焉. 非爲數學名學, 則其心不足以察不遁之理, 必然之數也, 非爲力學質學, 則不知因果功效之相生也. 力學者, 所謂格致七[之]學是也. 炙[質]學者, 所謂化學是也. 嚴復, 〈原强〉, 6~7쪽.

그는 또한 Physics and Politics를 《격치치평상관론》이라 번역하였다(〈天演論中西譯名對照表〉, 《嚴復集》第5冊, 1403쪽).

'격치'는 때때로 '실리'·'공리'와 연용된다.

예) 然則中國由今之道, 無變今之俗, 存亡之數, 不待再計而可知矣. 是以今日之政, 於除舊, 宜去其害民之智德力者, 於布新, 宜立其益民之智德力者. 以此爲經, 而以格致所得之實理眞知爲緯. 本旣如是, 標亦從之. 本所以期百年之盛大, 標所以救今日之阽危, 雖文周管葛生今, 欲捨是以爲術, 皆無當也. 僕之命意如此, 故篇以原强名也. 嚴復, 〈與梁啓超書(一)〉(1896), 《嚴復集》第3冊, 514쪽.

심지어 어떤 사람은 '격치흥국'을 제시하기도 했다.

예) 夫格致之學之益民, 殊非淺鮮, 縱使萬語千言, 尙難備擧, 而可以一言括之曰 格致興國. 蓋諸國之由貧弱而致富强, 罔不從格致來也. 論修心於果報之事, 格致中無大關涉, 惟人生斯世, 起居飮食, 孰不欲盡善盡美, 是所謂天性也. 而其所以致此美善者, 非格致不爲

功. 至於萬國公理, 亦以格致爲大綱, 離乎格致, 不能興起新學. 甘霖,〈中國變新策〉(1896),《戊戌變法》第3冊, 266쪽.

옌푸는 또한 말했다.

예) 而格致不精之國, 其政令多乖, 而民之天秉鬱矣. 嚴復 譯,《天演論》〈論3 敎源〉, 54쪽.

● 1900~1915년의 주요 용법

1900년 이후 '격치'의 사용빈도가 빠르게 감소한다. 1902년 량치차오가 '격치'의 범위를 정하였다.

예) 學問之種類極繁, 要可分爲二端, 其一形而上學, 卽政治學生計學群學等是也. 其二形而下學, 卽質學化學天文學地質學全體學動物學植物學等是也. 吾因近人通行名義, 擧凡屬於形而下學皆謂之格致. 梁啓超,〈格致學沿革考略〉(1902),《飮冰室文集之十一》第4冊, 4쪽.

같은 해에 량치차오가 '격치'와 '궁리'의 관계를 다음과 같이 논의했다.

예) 綜論倍根窮理之方法, 不外兩途, 一曰物觀. …… 二曰心觀. …… 此倍根實驗派學說之大槪也. 自此說出, 一洗從前空想臆測之舊習. 而格致實學, 乃以驟興. …… 朱子之釋大學也, 謂必使學者卽凡天下之物, 莫不因其已知之理而益窮之, 以求致乎其極 …… 但朱子雖能略言其理, 而倍根乃能詳言其法. 倍根自言之而自實行之, 朱子則雖言之而其所下工夫, 仍是心性空談, 倚虛而不徵諸實. 此所以格致新學, 不興於中國而興於歐西也. 梁啓超,〈近世文明初祖二大家之學說〉(1902),《飮冰室文集之十三》第5冊, 4쪽.

1903년 장타이옌이 '격치'로 물리학을 가리키는 것은 황당하다고 지적하였다.

예) 科學興而界說嚴, 凡夫名詞字義, 遠因於古訓, 近創於己見者, 此必使名實相符, 而後立言可免於訛繆……. 其最可嗤鄙者, 則有格致二字. 格致者何, 日本所謂物理學也. 一孔之儒, 見禮記大學有格物致知一語, 而鄭君舊注與溫公陽明諸說, 皆素所未知, 徒見元晦有云窮致事物之理者, 以此妄學本義, 固無足怪, 就如元晦所言, 亦非以格竹爲格物. 徒

以名詞妄用, 情僞混淆, 而繆者更支離皮傅, 以爲西方聲光電化有機無機諸學, 皆中國昔時所固有, 此以用名之誤, 而馳繆及於實事者也. 章太炎, 〈論承用維新二字之荒謬〉(1903. 8. 9),《章太炎政論選集》卷1, 上冊, 242~243쪽.

이후에 '격치'는 갈수록 상용되지 않았다.

● 1915년 이후의 용법

매우 적게 사용된다. 양무운동 시기의 역사를 논할 때를 제외하면 '격치'는 원래의 용법을 회복한다.

예) 大學結束一句, 一是皆以修身爲本, 格致誠正, 只是各人完成修身工夫的幾個階級. 齊家治國平天下, 只是各人以已修之身去齊他治他平他. 所以自天子以至於庶人都適用這種工作. 梁啓超, 〈儒家哲學〉(1927),《飮冰室文集之一百三》第24冊, 3쪽.

● 기타

'격치가'는 자연과학자를 가리켰다.

예) 格致家察世上萬物, 皆以數元質配合而成. 元質者, 獨爲一質, 無他質雜其中也. 元質之目, 約六十有四, 恒用者十三. 韋廉臣, 〈眞道實證 上帝必有〉,《六合叢談》第1卷 第2號 (1857. 2. 24), 4쪽.

1910년 이후 더 이상 사용되지 않았다.

71 지식知識

● 전통적 용법

1) 서로 알고 있는 사람, 친구. 2) 교제하다, 교우하다. 3) 이해, 판별, 혹은 사물을 판별하는 능력.[58]

● 1830~1915년의 주요 용법

전반적으로 용법의 변화는 크지 않다. 주로 세 가지 의미가 있다.

1) 사람의 타고난 능력이다.

> 예) 難曰, 若以知識爲分于父母, 則父母安始, 追溯無盡, 非如來藏而何. 然如來藏者, 彼豈能道其有始耶. 于如來藏亦言無始, 而必責萬物以有始, 亦惑矣. 章氏學, 〈儒術眞論〉, 《淸議報》第24冊(1899. 8. 16), 4쪽.

이러한 용법이 많이 보이지는 않는다. 1900년 이후에는 더욱 적게 사용된다.

2) 사람이 지닌 식견을 가리킨다.

> 예) 總之戰勝而和, 和可或亦可久. 戰不勝而和, 微特和不可恃, 卽後此戰亦不可恃. 向者鎭南關之捷, 其前車也. 夫和戰大計, 國家之安危繫焉, 仁廉一介武夫, 知識粗淺, 愚昧之見, 冒死上言, 伏祈裁察. 唐仁廉, 〈廣東陸路提督唐仁廉來電〉(光緖21年 4月 8日, 1895), 《淸光緖朝中日交涉史料》卷42, 814쪽.

이러한 용법이 대신의 상소문에서 자주 보이지만, 1900년 이후에는 거의 사용되지 않았다.

3) 현대 '지식'의 의미와 유사하며 인류인식의 성과를 가리켰다.

> 예) 且學校不獨在敎士, 兼所以敎民. 學問不獨在一國之知, 倒也普天下焉. 莫說禮樂射御書數藝等. 就是 …… 天地海理, 醫學草木萬物之知識, 各樣技藝之長, 所當務心思索. 愛漢者, 〈論〉(道光癸巳年 9月, 1833), 《東西洋考每月統記傳》, 33쪽.

1900년 이후 지식은 주로 이런 의미로 사용되었다.

1907년 어떤 무정부주의자가 '지식'은 마땅히 도덕의 기초라고 생각했다.

> 예) 道德本於行爲, 行爲本於心理, 心理本於知識. 是故開展人之知識, 卽通達人之心理也, 通達人之心理, 卽眞誠人之行爲也, 眞誠人之行爲, 卽公正人之道德也. 民(李石曾), 〈無政府說書民報第十七號政府說後〉, 《新世紀》(1908), 《辛亥革命前十年間時論選集》第3卷, 162~163쪽.

● 1915년 이후의 용법

신문화운동 초기 많은 사람들이 유사한 주장을 했다.

예) 教育高, 知識富, 則人之所見者遠而闊, 能周矚情勢, 詳審利害. 故其行爲爲自覺的, 爲自働的, 不以社會習俗爲準繩, 不爲腐舊禮法所拘囿. 道德之進化, 社會之革新, 端賴此類之人. …… 近世歐美之進步, 若民政政治, 勞働保護, 工業革新, 何莫非利用新知識以進道德, 採取新知識以救濟社會上政治上經濟上諸般固有之罪惡耶. 陶履恭, 〈新靑年之新道德〉, 《新靑年》 第4卷 第2號(1918. 2. 15), 97쪽.

1920년대 이후 책 속의 '지식'이 회의되기 시작했다.

예) 我們並不反對知識和敎育, 但是他們如果要得到知識, 便要是得到一種與民衆有利的知識, 要得到與民衆有利的知識, 只有在民衆中間去活動才能得到這部分最重要的知識, 在書本子上是得不到甚麽的. 國燾, 〈知識階級在政治上的地位及其責任〉, 《嚮導週報》 第12期(1922. 12. 6), 99쪽.

또한 때때로 사람들이 '지식계급'은 상식이 없다고 비판했다.

이 밖에 '지식계급', '지식분자' 등의 용어가 유행하기 시작했다.

예) 現今中國知識階級最大的罪孽, 不是他們的知識不足爲民衆的指導, 不是他們的道德不足爲民衆的表率, 他們最大的罪孽; 是他們沒有職業, 不事生產 ― 他們的腦裏依舊保存着科擧時代的出身觀念, 以爲一個人有了知識, 知識就是他吃飯的權利. 一個不勞動而有知識的人, 應當由一般沒有知識而勞動的人去供養他. 宇文, 〈高等敎育談(三)――制度與觀念〉, 《現代評論》 第2卷 第46期(1925. 10. 24), 8~9쪽.

72 상식常識

〈데이터베이스〉에서 가장 먼저 1901년에 출현한다. 1910년 량치차오가

〈설상식說常識〉을 발표하여 고점에 이르고 아울러 다른 연도보다 훨씬 많다. 주로 아래의 두 가지 용법이다.

1) 실제 사무에 대한 견해와 지식을 가리키며 책 속의 추상적 지식과 대비된다.

> 예) 張何足以望李之肩背. …… 鴻章嘗語人云, 不圖香濤作官數十年, 仍是書生之見. 此一語可以盡其平生矣. 至其虛憍狹隘, 殘忍苛察, 較之李鴻章之有常識有大量, 尤相去霄壤也. 梁啓超, 〈中國四十年來大事記(一名李鴻章)〉(1901), 《飮冰室文集之三》 第2冊, 81쪽.

2) 사람이 공유하는 보통의 지식이다. 1902년 량치차오가 그것을 common sense와 대응시켰다.

> 예) 盎格魯撒遜人 …… 其守紀律循秩序之念最厚, 其常識(Common Sense)最富, 常不肯爲無謀之躁妄擧動. 其權利之思想最强, 視權利爲第二之生命, 絲毫不肯放過. 梁啓超, 《新民說》, 11쪽.

1910년 그는 또한 이런 번역법이 일본에서 전래되었다고 하였다.

> 예) 常識者, 釋英語Common Sense之義. 謂通常之智識也, 孔子稱庸德之行庸言之謹, 庸卽常也, 故常識宜稱曰庸識, 或曰庸智. 但以其義近奧, 故襲東人所譯之名名之. 梁啓超, 〈說常識〉(1910), 《飮冰室文集之二十三》 第8冊, 1쪽.

1914년 량치차오가 '상식'은 '양지'와 같은 뜻이어서 '배우지 않고 아는 것'이며, 따라서 학식이나 common sense와 다르다고 지적했다.

> 예) 本文所謂良知, 與宋明儒者所標擧論爭之良知有異. 孟子曰, 人之所不學而知者, 其良知也. 吾蓋直取斯義以定今名. 蓋學識必待學而後知, 此則不學而盡人能知者也. 譯以今語, 亦可稱爲俗識. (以字義論, 本可稱爲常識. 但英文之Common Sense旣已譯爲常識, 不容相混. 吾意則俗識與學識之調和, 卽常識也.) 梁啓超, 〈良知(俗識)與學識之調和〉(1914), 《飮冰室文集之三十二》 第12冊, 32쪽.

간혹 과학의 관점에서 보면 '상식'은 믿을 수 없는 것이었다.

예) 如日常的起居飮食買賣交易等事, 有時狠關於法律道德經濟的練習, 因爲這點練習, 我們就以爲狠有法律道德經濟的科學知識, 就不曉得這種知識是寒飮食起居所迫, 不得不有的知識, 是常識Vulgaire不是科學的知識. 人類有這點常識, 每每好拿來判斷自然界事物, 遂引起多少誤謬. E. Durkhiem, 許德珩 譯, 〈社會學與社會的科學(5)〉, 《少年中國》第3卷 第10期(1922. 5. 1), 17쪽.

73 미신迷信

● 전통적 용법

신선과 귀신을 믿는 것을 가리킨다.[59]

● 1895~1900년의 주요 용법

'미신'은 〈데이터베이스〉에서 1897년에 처음 나타난다.

예) 英駐土耳其大使言曰, 亞兒米尼亞富人, 本不喜狂妄唱獨立之說, 誠恐剛暴無謀, 奮激土人迷信宗敎之心, 遂以紊世局之靜謐也. 古城貞吉 譯, 〈論歐洲現情〉, 《時務報》 第19冊 (1897. 3. 3), 23쪽.

1900년 이전에 '미신'의 사용은 열 번에 못 미치고, 주로 신선이나 귀신·요괴를 믿는 것을 가리켰다.

● 1900~1915년의 주요 용법

1901년 '미신'의 사용이 증대되며 1903년 고점에 이른다. 의미는 주로 종교적 미신을 가리켰다.

예) 中國人迷信宗敎之心, 素稱薄弱. …… 佛耶兩宗, 並以外敎入中國. …… 耶敎惟以迷信爲主, 其哲理淺薄, 不足以壓中國士君子之心也. …… 中國人惟不蔽於迷信也. 故所受者多在其哲學之方面, 而不在其宗敎之方面. 而佛敎之哲學, 又最足與中國原有之哲學相

輔佐也. 梁啓超,〈論中國學術思想變遷之大勢〉, 76쪽.

1907년 이전에 '미신'은 주로 이런 의미로 사용되었다.

1904년 린셰가 '존군친상尊君親上'을 '종교적 미신'이라 하였다

> 예) 第二學期破除宗教的迷信. 中國人都是崇拜孔子的, 孔子的說話都是叫人尊君親上, 把君民 官民的名分定得頂嚴, 百姓有共皇帝或共官吏爲難的, 動不動就說他是亂臣賊子, …… 這種宗教迷信一破, 人家就敢放膽做刺客了. 白話道人,〈國民意見書·論刺客的教育〉, 913쪽.

유교윤리를 '미신'이라 칭하는 이 용법이 1907년 무정부주의의 흥기 이후에 비교적 광범해진다.

> 예) 於迷信中, 祖宗爲神明, 保佑子孫, 永傳血統. 子孫感其恩德, 族人畏其神靈, 於是祭祀之, 禱祝之, 奉紙幣紙帛, 事死若生. 故祖宗乃純然一宗教上之迷信. 眞,〈祖宗革命〉,《新世紀》(1907), 979쪽.

1907년 이후 '미신'의 사용빈도는 점점 감소했다.

1913년 옌푸가 '과학'·'종교'와 '미신'의 관계를 논의하며 뒤의 두 가지는 섞일 수 없다고 지적했다.

> 예) 且由是而知必科學日明, 而後宗教日精, 宗教日精由迷信之日寡也, 宗教 迷信二者之不可混如此也. 嚴復,《天演進化論》(1913),《嚴復集》第2册, 318쪽.

● 1915년 이후의 용법

1915년 이후 '미신'의 사용빈도가 점점 증가하였다. 신문화운동 기간에 '미신'은 주로 사람들이 귀신을 믿는 것과 전통을 미신하는 것을 가리켰다.

> 예) 我國人之迷信多矣, 宗教之迷信也, 做官之迷信也, 風俗之迷信也, 學說之迷信也. 種種迷信, 不一而足. 而其迷信最久最深最不可遏止者, 厥惟鬼神之迷信而已. 徐長統,〈論迷信鬼神〉,《新青年》第3卷 第4號(1917. 6. 1), 2쪽.

후자의 용법이 가장 자주 보인다.

신문화운동 이후 '미신'은 주로 맹목적인 신앙 숭배를 가리키는 데 사용된다. 예를 들어 '자유주의' 등에 대한 신앙을 가리켰다.

> 예) 若仍舊妄想否認政治是徹底的改造, 迷信自由主義萬能, 豈不是睜着眼睛走錯路嗎. 陳獨秀, 〈談政治〉, 《新靑年》 第8卷 第1號(1920. 9. 1), 5쪽.

74 기술技術

● 전통적 용법

주로 기예·법술을 가리킨다.[60] 〈데이터베이스〉에서 지식 기능과 조작기술을 가리킨다. 1843년에 처음으로 나타나며 1900년 이전에는 비교적 적게 사용되었다.

> 예) 其國貢使自吉與大秦國相鄰, …… 民居屋宇, 略同中國. 市肆多金銀綾錦. 工匠技術, 咸精其能. 魏源, 〈西印度西巴社回國沿革〉(1843), 《海國圖志》 卷23, 〈西南洋〉, 中冊, 759쪽.

1895년 이후 '기술'은 주로 기기를 사용하는 기능과 기교를 가리키는 데 사용되었다.

> 예) 特美國不僅以富見長也, 其國人有知識者最多, 其工藝技術亦最精. 二者並進, 並未缺一. 張坤德 譯, 〈論美國之富〉, 《時務報》 第6冊(1896. 9. 2 9), 13쪽.

어떤 때에는 다른 영역에도 쓰였다.

> 예) 研究外交史, 有直接之目的. 其一曰練外交之技能. 外交者, 技術中之技術. 今欲從學理上研究法則, 其途未開. 故捨實地熟練外, 似無研究方法. 日本法學博士有賀長雄撰, 〈外交史及其研究法(譯日本外交時報)〉, 《外交報》 第3期(1902. 3. 4), 《外交報彙編》 第1冊, 13쪽.

1902년 이후 주로 과학을 실천에 운용하는 능력과 기교를 가리켰다.

　예) 因社會有種種之現象, 亦卽有社會之種種科學. 若夫技術, 則以人類社會實用之目的 爲其分類之標準, 或合人類之需要, 或應社會之要求, 或按國家之機關, 而有種種之技術. 此實爲學與術根本相異之處. 梁啓超,〈初歸國演說辭, 莅北京大學校歡迎會演說辭〉(1912),《飮冰室文集之二十九》第11冊, 40쪽.

　예) 科學是甚麽, 科學就是硏究自然現象(卽社會現象也是自然現象之一), 而所發現之原理原則. 技術是甚麽, 技術就是根據這種原理原則, 用以改變自然現象, 而所採取之各種手段. 樊弘,〈讀了任陳二敎授的改良大學芻議以後〉,《現代評論》第2卷 第42期(1925. 9. 26), 17쪽.

75 학교學校

전문적으로 교육을 진행하는 기구이다. 1895년 전에 '학교'는 주로 과거학교 혹은 선비와 인재를 양성하는 곳을 가리켰다.

　예) 夫自上帝降生民, 則莫不與之以仁義禮智之性. 奈何風俗頹敗, 異端惑世誣民充塞仁義者, 又紛然雜出乎. 故設庠序學校, 凡以爲興賢育才, 化民成俗計也. 愛漢者,〈序〉, 3쪽.

웨이위안은 외국의 교육기구를 가리켰다.

　예) 英人到新國者三千餘人. 因人衆, 始分居新韓賽羅底島緬部等地, 惟總名則曰新英吉利矣. 前英吉利人至新方者, 特欲得隨意奉敎, 故一至後, 卽起殿堂以事上帝, 設官職, 立學校. 魏源,〈彌利堅總記上〉(1843),《海國圖志》卷59, 外大西洋, 下冊, 1623쪽.

사신도 이렇게 사용하였다.

　예) 其學校, 都內所設, 曰師範, 曰開成, 曰理法, 曰測算, 曰海軍, 曰陸軍, 曰礦山, 曰技藝, 曰農, 曰商, 曰光, 曰化, 曰各國語, 曰女師範, 分門別戶, 節目繁多. 全國大學區七,

中小之區以萬數, 學生百數十萬人. 何如璋, 《使東述略》(1877), 105쪽.

1895년 이전 많은 사람들이 '학교'를 개혁하자는 건의를 제시했다. 1896년 량치차오가 대리작성한 리돤펀의 상주문〈청추광학교〉는 학제와 과거개혁에 관한 토론을 일으켰다(李端棻,〈請推廣學校〉(1896),《皇淸道咸同光奏議》卷七,〈變法類學堂〉, 386쪽). 1898년 무술변법 기간에 광서제는 '학교' 제도를 개혁할 생각으로 리돤펀의 주장을 많이 채택했다.

예) 前經降旨, 開辦京師大學堂, …… 着各該督撫, 督飭地方官, 各將所屬書院坐落處所, 經費數目, 限兩個月詳查具奏. 卽將各省府廳州縣現有之大小書院, 一律改爲兼習中學西學之學校, 至於學校等級, 自應以省會之大書院爲高等學, 郡城之書院爲中等學, 州縣之書院爲小學, 皆頒給京師大學堂章程, 令其仿照辦理.〈上諭(八二)〉(1898. 6. 19),《戊戌變法》第2册, 34쪽.

이 해에 학교의 사용빈도가 고점에 달하고 다른 해보다 훨씬 많다.

1900년 이후 청말 신정이 시작되자 리우쿤이·장즈둥이 그들의 상주문에서 마땅히 일본을 배워야 한다고 지적했다.

예) 今泰西各國學校之法, 猶有三代遺意 …… 日本高等學校亦分六門, 一法科, 二文科, 三工科, 四理科, 五農科, 六醫科, 每科所習學業, 各有子目. 其餘專門, 各有高等學校, 查日本門目與中國情形較近. 劉坤一·張之洞,〈劉坤一張之洞奏條陳變通政治四端懇決意施行摺〉(光緖27年 6月 11日, 1901),《淸季外交史料(光緖朝)》卷147, 114~115쪽.

1903년〈주정학당장정奏定學堂章程〉이 반포되고 계묘학제癸卯學制가 실행되기 시작했다. '학교'가 현재 학교와 대체로 같은 의미를 갖게 되었다. 어떤 사람이 명확하게 '학교'를 school과 대응시켰다.

예) 毅氏籌救弊之方, 乃創爲學校都市 School City 之制. 所謂學校都市者, 使各學之學徒, 自爲市民之組織, 由此市民, 公撰市參事員, 又由市參事員, 公撰市長判事及其他行政吏司法吏, 市署內之吏員僚屬.〈學校之自治政府〉,《新民叢報》第36號(1903. 8. 21), 4쪽.

1905년 과거가 폐지된 이후 '학교'와 과거의 관계도 완전히 끊어진다.

> 예) 光緒三十一年八月初四日諭旨, 詔立停科擧以廣學校, 並安籌辦法. 嚴復, 〈論小學敎科書丞宜審定〉(1906), 《嚴復集》第1册, 202쪽.

76 학당學堂[61]

● 전통적 용법

세 가지 의미가 있다. 1) 학교. 2) 관상가의 용어로 얼굴에서 귀 주변의 앞부분을 가리킨다. 3) 예전에는 죽은 아동의의 합장처였다.[62] 〈데이터베이스〉에 1833년 처음으로 나타나며 외국학교를 가리켰다.

> 예) 馬尼拉京城, …… 大英國水師提督征服之. …… 有天主堂多, 並寺僧修道的無數人, 是班呀人的子孫, 不歸厥祖家, 入馬尼拉學堂. 留心讀書, 安然一秩然. 愛漢者, 〈呂宋島等總論〉(道光癸巳年 8月, 1833), 《東西洋考每月統記傳》, 26쪽.

중국 사신도 항상 외국의 '학교'를 학당이라 불렀다.

> 예) 馬眉叔在巴黎政治學堂專習公法, 其學堂肆業大綱, 凡分五等, 一, 出使各國, 二, 國家機密政事, 三, 地方管理民事, 四, 戶部徵收賦稅之事, 五, 總核出入款項. 每歲戶部外部拔取其尤, 以備錄用. 而在館肆習者以兩年爲期, 或專習, 或全習, 期於有成. 郭嵩燾, 《倫敦與巴黎日記》卷23(光緒4年 8月, 1878), 704~705쪽.

1860년대 이후 중국이 새롭게 마련한 서양 학습의 교육기구도 자주 '학당'으로 불리거나 혹은 '학당'으로 여겨졌다.

> 예) 所有鐵廠船槽船廠學堂, 及中外公廨工匠住屋築砌岸一切工程, 經日意格等覓中外殷商包辦, 由臣覈定, 計共需銀二十四萬餘兩. 左宗棠, 《(一五六九)奏》(1866. 12. 30), 《籌辦夷務始末(同治朝)》卷46, 1115쪽.

사람들은 항상 '학당'과 전통의 '서원'을 서로 비교했다. 1895년 이후 많은 논자가 '서원'을 '학당'으로 바꾸어야 한다고 제안했다.

예) 今中國各省書院義塾, 制亦大備, 乃於八股試帖詩賦經義而外, 一無講求, 又明知其無用, 而徒以法令所在, 相沿不改, …… 擬請特旨通飭各直省督撫, …… 應先擧省會書院, 歸倂裁改, 創立各項學堂, …… 數年以後, 民智漸開, 然後由省而府而縣, 遞爲推廣, 將大小各書院, 一律裁改, 開設各項學堂. 胡燏棻, 〈變法自强疏〉(光緖21年 閏5月, 1895), 《戊戌變法》第2册, 289쪽.

1898년 캉유웨이는 〈청칙각성개서원음사위학당접〉을 올려 다음과 같이 건의했다.

예) 請改直省書院爲中學堂, 鄕邑淫祠爲小學堂, 令小民六歲皆入學, 以廣敎育, 以成人才 …… 康有爲, 〈請飭各省改書院淫祠爲學堂摺〉(1898. 7. 3), 《康有爲政論集》卷1 上册, 311쪽.

광서제가 이 건의를 수용하여 전국에 실행하였다. 동시에 베이징에 경사대학당이 설립되었다. 이 때문에 1898년에 '학당'의 사용빈도가 고점에 달하며 다른 해보다 훨씬 많다.

1900년 이후 청말 신정이 시작되자 청조는 과거를 개혁하기로 결정했다.

예) 玆擬將科擧略改舊章, 令與學堂並行不悖, 以期兩無偏廢, 俟學堂人才漸多, 卽按科遞減科擧取士之額爲學堂取士之額, …… 十數年以後, 奮勉改業者日多, 株守沉淪者日少. 劉坤一・張之洞, 〈劉坤一張之洞奏條陳變通政治四端懇決意施行摺〉, 119쪽.

1903년 〈주정학당장정〉이 반포되고 계묘학제가 실행되자 '학당'은 신학제의 교육기구의 정식 명칭이 되었다. 어떤 사람이 school을 '학당'으로 번역했다.

예) 我於學校中見愛情最著者, 其惟幼稚園乎. 西人稱之爲愛學堂, Kind School, 誠哉, 其養成國民種種之愛情, 無有過於此者也. 〈敎育叢譯四・錄家庭學校〉, 《江蘇》第1期 (1903. 4. 27), 96쪽.

'학당'은 상대적으로 서양 학문, 특히 격치·언어 등을 중시하였다.

예) 應如李鴻章所奏大開學堂, 一切格致製造輿地法律, 均爲以術連經之事, 尤應先倡官學, 酌議進取之方, 廣譯洋書, 勸導士民, 自相師法, 則人材輩出, 不窮於用. 左宗棠, 〈擬專設海防全正大臣以一事權疏〉(1885), 《皇淸道咸同光奏議》卷51, 〈兵政類海防〉, 2571쪽.

민국의 건립 이후 '학교'가 현대식 교육기구의 정식 명칭으로 국민정부의 승인을 얻는다. '학당'의 사용이 갈수록 적어졌다.

77 진보進步

● 전통적 용법

통상 '한걸음씩 나아가다', 즉 한 치 얻어 한 자 나아간다는 것을 의미한다.[63]

예) 應請旨飭下靖逆將軍奕山等, 向該夷嚴行詰問, 究竟是否誠心乞撫, 抑仍是得步進步之故智. 俾各省有所遵循. 裕謙, 〈欽差大臣兩江總督裕謙奏英船有來浙之謠會督防剿摺〉(1841. 8. 17), 《籌辦夷務始末(道光朝)》卷31, 601쪽.

또한 앞을 향해 걸음을 내딛는다는 뜻이다.

예) 國君立於三級下. 司禮官臚傳帶見. 使臣依次三進步, 每步一鞠躬. 協理恭資國書, 立於三使臣後. 志剛, 《初使泰西記》(同治7年 12月 12日, 1867) 卷2, 308쪽.

〈데이터베이스〉에서 주로 사람과 사물이 앞으로 발전하여 원래보다 좋은 것을 가리키는 데 사용되었다. 가장 먼저 1866년에 보인다.

예) 今阿大臣詢及中國目今大勢, 以及將來何如. 不能不爲切直之言. 目前時勢, 較前稍有進步, 而各國每有緩不濟急之言. 體諒之心, 似覺減少. 威妥瑪, 〈說帖(上摺附件)〉(1866.

4. 1), 《籌辦夷務始末(同治朝)》卷40, 950쪽.

1985년 이후 사용빈도가 점점 증가한다. 1902년 량치차오의 《신민설》한 절의 제목이 곧 〈논진보〉이다.

예) 夫天然之障, 非人力所能爲也, 而世界風潮之所簸蕩, 所衝激, 已能使吾國一變其數千年來之舊狀. 進步乎. 進步乎. 當在今日矣. 梁啓超, 《新民說》, 60쪽.

1903년 '진보'의 사용빈도가 고점에 도달한다.

신문화운동 이후 '진보'는 주로 시대 요구에 적합하게 사회 발전을 추진하는 작용을 가리켰다.

예) 我對於聯省自治卽聯邦這個制度的本身, 本來不反對, 但是我以爲 …… 這種合乎民治主義的進步制度, 決不是武人割據的退步制度可以冒牌的. 獨秀, 〈聯省自治與中國政象〉, 《嚮導週報》第1期(1922. 9. 14) 2쪽.

78 진화進化

사물이 간단함에서 복잡함으로 저급에서 고급으로 점점 변화하는 것을 가리킨다. 〈데이터베이스〉에서 가장 먼저 '진화'라는 단어를 사용한 사람은 캉유웨이다. 1879년 그의 시 한 수에 이러한 구절이 있다.

예) 世界開新逢進化, 賢師受道愧傳薪. 康有爲, 〈蘇村臥病書懷〉(1879), 《康有爲政論集》卷1, 上冊, 20쪽.

1895년 옌푸도 '진화'라는 단어를 상용하였다.

예) 若徒取散見錯出, 引而未申者言之, 則埃及印度, 降以至於墨非二洲之民, 皆能稱擧一二所聞, 以與格致家爭前識, 豈待進化若中國而後能哉. 嚴復, 〈救亡決論〉(1895), 《嚴復集》第1冊, 53쪽.

1896년 옌푸가 《천연론》을 번역한 이후 '진화'의 사용빈도가 점점 증가했다.

> 예) 由是而推之, 凡人生保身保種, 合群進化之事, 凡所當爲, 皆有其自然者, 爲之陰驅而潛率, 其事彌重, 其情彌殷. 設棄此自然之機, 而易之以學問理解, 使知然後爲之, 則日用常行, 已極紛紜繁賾, 雖有聖者, 不能一日行也. 嚴復 譯,《天演論》〈導言5 互爭〉, 16쪽.

79 생산력 生産力

인류가 자연을 정복하고 개조하는 능력을 말한다. 인간이 생산 과정에서 자연계와 연관되어 있음을 표시한다. 〈데이터베이스〉에서 가장 먼저 1899년에 보인다.

> 예) 奢侈者何. 不論生産力有形及無形. …… 以無裨益于生存開化及生産力者, 總謂奢侈. 奢侈論(譯太陽報第九),《淸議報》第22冊(1899. 7. 28), 6쪽.

1902년 량치차오가 이 단어를 사용하였다.

> 예) 請言貧國而得差負者. (一)本國生産力衰微, 全被外國之産業, 侵蝕本國之市場, 對於外國而純立於債務者之地位者. 梁啓超, 〈生計學學說沿革小史〉, 47쪽.

1918년 이후 사용이 비교적 많다.

> 예) 一切社會上政治的, 法制的, 倫理的, 哲學的, 簡單說, 凡是精神上的構造, 都是隨著經濟的構造變化而變化. 我們可以稱這些精神的構造爲表面構造. 表面構造常視基礎構造爲轉移, 而基礎構造的變動, 乃以其內部促他自己進化的最高動因, 就是生産力, 爲主動, 屬於人類意識的東西, 絲毫不能加他以影響, 他卻可以決定人類的精神, 意識, 主義, 思想, 使他們必須適應他的行程. 李大釗, 〈我的馬克思主義觀(上)〉,《新青年》第6卷 第5號 (1919. 5), 530쪽.

혁명
革命

80 혁명革命

● 전통적 용법

변혁을 실시해 천명에 대응하는 것이다. 고대에는 왕이 하늘에서 명을 받는다고 인식해 왕조를 교체하는 것이 천명의 변경이므로 '혁명'이라 일컬었다.[64]

● 1830~1895년의 주요 용법

1896년 전에 '혁명'은 오직 1887년 황쭌셴의 《일본국지》에만 보인다.

예) 五月盜刺參議大久保利通(以其變法專制故也. 凶徒石川縣士島田一郎旣就縛, 猶自鳴得意曰, 吾爲國除害矣, 先是明治二年參與橫井平四郎爲十津川鄕士所要殺橫井蓋嘗主張革命論者, 兵部大輔大村益次郎亦遭刺殺. 凶徒懷書自首, 乃責其練習西洋兵法云.). 黃遵憲, 〈國統志三〉, 《日本國志》 第1 卷3, 12쪽.

● 1895~1900년의 주요 용법

1896년 고조 데이키치가 유럽의 혁명당 사람들을 소개하며 그들의 정치 목표는 '민주를 변화시키는 것'이라 했다.

예) 阿爾蘭革命黨人, …… 其黨徒之鐵中錚錚, 如桵能欹鄭爾里鴉氏, 嘩呢司名希路 等, …… 蓋桵能等, 志在先滅倫敦, 尋及法都, 欲擧歐洲盡變民主, 始滿其願. 古城貞吉譯, 〈歐洲黨人倡變民主〉, 《時務報》 第10冊(1896. 11. 5), 29쪽.

무술변법 이전 중국인은 모두 전통적 의미로 '혁명'이라는 단어를 사용하여 자주 보이는 것은 '탕무혁명'이다. 혹 외국, 특히 프랑스 혁명사건을 지시하는 데 사용되었다. 주로 폄하하는 뜻이었지만 중립적으로 사용되기도 했다.

> 예) 逆君之賊, 與國之所惡也. 倡亂之民, 天下之所誅也. 今則自由之黨, 日本有之. 革命之黨, 英國有之. 以美利堅爲藏身之固, 以歐羅巴爲致命之場. 此異於戰國者六. 何樹齡, 〈論今之時局與戰國大異〉,《知新報》第12冊(1897. 4. 17), 4쪽.

1898년 량치차오는 〈가인기우〉를 번역할 때 '혁명'과 자유·민권을 연계하였다.

> 예) 自三帝約神聖同盟, 歐之大陸, 皆被其强迫連合. 蓋同盟之意, 欲撲滅自由民權, 若其國有倡革命之擧, 布公議之政者, 以同盟軍征討之. 以故除英美之外, 皆呻吟於抑壓非道之治下. 梁啓超 譯, 〈佳人奇遇〉, 103쪽.

1899년 량치차오가 여러 차례 '경제혁명'·'여권혁명'·'종교혁명' 등을 거론했는데 그 의미는 revolution과 같다.

> 예) 今日資本家之對於勞力者, 男子之對於婦人, 其階級尙未去. 故資本家與男子之强權, 視勞力者與婦人尙甚遠焉. 故他日尙必有不可避之二事, 曰資生革命(日本所謂經濟革命), 曰女權革命. 經此二革權, 斯爲强權發達之極, 是之謂太平. 梁啓超,《自由書》, 33쪽.

또한《자유서》에서 량치차오가 당시의 혁명파를 '혁명당'이라고 불렀다. 같은 해에 허치·후리위안도 혁명파를 '혁명지당革命之黨'이라고 불렀다.

> 예) 今試綜觀中國, …… 且勤王之黨, 保皇之黨, 忠君之黨, 革命之黨, 孔敎之黨, 旣已潛滋暗長, 延蔓外洋, 而仇民之黨, 嫉外之黨, 正氣之黨, 謠言之黨, 構釁之黨, 又復吉綱羅鉗, 布於境內. 和而不同, 群而不黨, 風昏滅矣. 何啓·胡禮垣,〈新政變通〉(1899),《新政眞詮六編》, 498~499쪽.

같은 시기의《지신보》에도 여러 차례 '혁명군'·'혁명파'의 동태가 언급되었다.

● 1900~1915년의 주요 용법

1899년 이후 '혁명'의 사용빈도가 증가하기 시작했다. 캉유웨이는 1905년 다음과 같이 말했다.

> 예) 於是辛丑以來自由革命之潮, 瀰漫卷拍, 幾及於負床之孫, 三尺之童, 以爲口頭禪矣. 康有爲,〈物質救國論(選錄)序〉(1905),《康有爲政論集》卷2, 上册, 564~565쪽.

1900년 이후 '혁명'은 정치제도의 변혁을 가리키는 데 쓰이며 또한 '혁명'의 전통적 의미와 명확하게 구별된다.

> 예) 是故有易姓而非革命者, 如漢滅秦魏滅漢晉滅魏, 馴至乎元滅末明滅元淸滅明, 皆是也. 有革命而不必易姓者, 如日本自神武天皇以來, 二千餘年, 皆一姓相傳, 專制爲治. 而明治維新之後, 由專制政體改而爲立憲政體是也. 歐洲諸國 …… 當其在百餘年前, 固多專制爲治, 而未有所謂立憲政體, 君民皆治於法律之下者也. 自拿破侖第一崛起之後, 諸國之民, 騷然變動. 遂逼其平日之專制政體, 改而爲立憲政體. 而君公貴人, 仍多世襲罔替焉, 此皆革命而不必易姓者也. 樹立山人,〈尊革命〉,《淸議報》第94册(1901. 10. 12), 17쪽.

그 후 전통적 의미의 '혁명'이 제시될 때는 주로 수식어를 보태어 '협의의 혁명'·'야만혁명'·'영웅혁명' 등으로 썼다.

1902년 전통적 의미의 '혁명'과 revolution의 차이가 인식되었기 때문에 량치차오는 '변혁'으로 revolution을 번역하자고 주장하였다.

> 예) 革也者, 含有英語之Reform與Revolution之二義. …… Revolution者 …… 日本人譯之曰革命. 革命二字, 非確譯也. 革命之名詞, 始見於中國者, 其在易曰, 湯武革命, 順乎天而應乎人, 其在書曰, 革殷受命. 皆指王朝易姓而言, 是不足以當Revo.(省文下仿此)之意也. …… Ref.主漸, Revo.主頓, Ref.主部分, Revo.主全體, Ref.爲累進之比例, Rev.爲反對之比例. …… 其前者吾欲字之曰改革, 其後者吾欲字之曰變革. 中國之新民,〈釋革〉,《新民叢報》第22號(1902. 12. 14), 1~2쪽.

그러나 이 주장은 반응을 얻지 못했다. 이 밖에 1900년 이후 '혁명'이 주로 민족혁명과 정치혁명을 가리키는 데 사용되어, 항상 '독립'·'자주'·'자유'·'국민' 등의 어휘와 연계되었다. 쩌우룽의 《혁명군》 제4장의 제목은 '혁명필부청인종革命必剖淸人種'이고 제5장은 '혁명필선거노예지근성革命必先去奴隷之根性'이며 제6장은 '혁명독립지대의革命獨立之大義'이다〈鄒容,《革命軍》(1903),《辛亥革命前十年間時論選集》第1卷 下册, 668, 671, 674쪽〉.

1903년 '사회혁명'이 나타났다.

> 예) 法蘭西之革命, 何以謂社會的革命耶. 社會學家有言社會進化有三級, 家族制度爲一級, 封建制度爲一級, 平民主義爲一級. 已進入平民主義後, 將復有勞働社會之一級. 二十世紀之社會, 當爲勞働社會主義 …… 法國大革命實平民確認其自有之權利之時代也.〈紀十八世紀末法國之亂〉,《遊學譯編》第4冊(1903. 2. 12), 34쪽.

그러나 거의 사용되지 않았다. 1905년 이후 《민보》의 창간에 따라 '사회혁명'·'빈부혁명' 등의 개념이 혁명파의 주요 주장으로 빈번하게 사용되었다.

1906년 '무정부혁명'이 나타나기 시작하였으며 1907년 이후 사용빈도가 크게 증가했다.

> 예) 是故無政府革命者, 掃蕩社會一切之階級也. 無政府革命後, 則社會惟人耳. 配合自由, 婚姻無矣. 享受共同, 財産無矣. 老吾老, 天下皆吾老也, 幼吾幼, 天下皆吾幼也, 無父子夫婦昆弟姊妹之別, 家族無矣. 土地公有, 特權消滅, 國界無矣. 人類平等, 種色莫辨, 種界無矣. 民,〈無政府說(書民報第17號政府說後)〉, 159쪽.

1903년 쩌우룽이 《혁명군》에서 혁명은 '천연공례'라고 하였다.

> 예) 革命者, 天演之公例也. 革命者, 世界之公理也. 革命者, 爭存爭亡過渡時代之要義也. 革命者, 順乎天而應乎人者也. 革命者, 去腐敗而存良善者也. 革命者, 由野蠻而進文明者也. 革命者, 除奴隷而爲主人者也. 鄒容,《革命軍》, 651쪽.

이러한 용법은 자주 보이지 않으나 1906년 이후 무정부주의자의 호응을 얻었다.

예) 進化者, 前進而不止, 更化而無窮之謂也. 無一事一物不進者, 此天演之自然. 苟其不進, 或進而緩者, 於人則謂之病, 與事則謂之弊. 夫病與弊皆人所欲革之者, 革病與弊無他, 卽所謂革命也. 革命卽革去阻進化者也, 故革命亦卽求進化而已. 眞, 〈進化與革命〉, 《新世紀》(1907), 《辛亥革命前十年間時論選集》第2卷 下冊, 1041쪽.

● 1915년 이후의 용법

1920년 이전 '혁명'의 사용빈도는 매년 500번 정도로 비교적 적지만 1921년 이후 사용빈도가 크게 증가하고 1926년 4,200번으로 최고조에 달한다. 아울러 '계급혁명' · '국민혁명' 등의 용법이 나타난다. 신문화운동 이후 '혁명'은 주로 수식어로 쓰이며 진보적 · 문명적 · 근본적 변혁을 의미했다.

예) 這次北京的政變及執政政府之設立, 本含有革命的性質. 我們女子正宜趁着這個革命的潮流來收回天賦我們的人權. 楊袁昌英, 〈覺悟與時機〉, 《現代評論》第1卷 第9期(1925. 2. 7), 20쪽.

예) 稍滅張作霖以完成革命的統一的獨立的中華民國. 述之, 〈論奉系軍閥之新進攻〉, 《嚮導週報》第181期(1927. 1. 6), 1898쪽.

81 개량改良

● 1895~1900년의 주요 용법

〈데이터베이스〉에서 가장 먼저 1897년 캉유웨이가 《일본서목지》에서 제시한 책 이름 《일본주개량실업문제日本酒改良實業問題》 등에 보인다(康有

爲, 《日本書目志》卷8, 醸造書, 883쪽). 같은 해에 《시무보》에 어떤 사람이 '개량'이라는 단어를 사용했다.

> 예) 英國亦有二種敎會, 從事於傳道, 兼開病院於城內各處, 以行博愛之術. 此輩雖名爲傳道, 其實則慨中國不振之甚, 或欲改良社會, 或寓意於政法之變革. 故雖身爲敎士, 而不知其實爲策士, 爲說客爲經世家也. 古城貞吉 譯, 〈北京外交情形〉, 《時務報》第43册(1897. 10. 26), 20쪽.

무술변법 기간에 량치차오가 '진종개량'의 주장을 제시하여 변법반대자의 공격대상이 되었다.

> 예) 梁所著孟子界說, 有進種改良之語, 春秋界說九論世界之遷變, 隱援耶穌創世記之詞, 反復推衍, 此等異端邪說, 實有害於風俗人心. …… 西人 …… 言種之善者靈者, 不可與惡者蠢者合, 譯者衍爲進種改良, 已失其本旨, 康梁乃倡爲合種保種之說, 幾若數千百萬中國之赤子無一可以留種者, 豈非瘈犬狂吠乎. 葉德輝, 〈葉吏部與俞恪士觀察書〉, 蘇輿 編, 《翼敎叢編》(1898) 卷6, 177쪽.

1900년 이전 '개량'은 기술이나 공업상의 개선을 가리키는 데 상용되었다.

● 1900~1915년의 주요 용법

1905년 이전에 '개량'은 주로 사회풍속과 공예기술의 개량에 쓰였고 정치개량에는 비교적 적게 사용되었다. 비록 장즈둥이 1901년 시작된 신정을 '개량'이라 칭하였지만 이렇게 사용한 사람은 매우 적었다.

> 예) 今世變亟矣, 朝野上下, 幡然以改良爲宗旨. 洒者詔書數下. 建學堂, 刱譯局, 駸駸乎進化之機至銳也. 張之洞, 〈皇朝蓄艾文編序〉(1902), 《皇朝蓄艾文編》卷首, 1쪽.

1905년 이후 '개량'은 정치변혁에 비교적 많이 쓰였다. 량치차오가 먼저 명확하게 '사회개량주의'를 주장했다.

> 예) 大抵今日之歐美, 其社會惡果日積日著, …… 而其論所以救治之方者, 亦言人人殊.

雖然, 要其大別, 可以二派該之, 一曰社會改良主義派. 卽承認現在之社會組織而加以矯正者也, 華克拿須摩拉布梭達那等所倡者與俾士麥所贊成者屬焉. 二曰社會革命主義派. …… 社會主義學說, 其屬於改良主義者, 吾固絶對表同情. 其關於革命主義者, 則吾亦未始不贊美之而謂其必不可行, 卽行亦在千數百年之後. 飮冰, 〈雜答某報(續第85號)〉, 46~48쪽.

1910년 이후 '개량'이 사회개조에 사용된 횟수가 증가했다. 동시에 정치를 말할 때는 '개혁'을 많이 사용했다.

예) 中國今日, 有爲時勢所要求, 而相需最殷者二事焉, 一曰改革政治, 一曰改良社會. 此二者其利害所關, 皆亘於國民全體, 故其當起而負責任者, 非一二人所應有事, 乃全國人所應有事也. 柳隅, 〈留日女學會雜誌題辭〉, 《留日女學會雜誌》(1911), 《辛亥革命前十年間時論選集》第3卷, 833쪽.

예) 當淸末造, 不決與三數友人, 聚談於東京. 憤政治改革之無術, 乃欲先從事於社會改良, 卽所謂Social Reform者. 張東蓀, 〈中國之社會問題〉, 《庸言》第1卷 第16號(1913. 7. 16), 1쪽.

● 1915년 이후의 용법

1921년 이전에 아직 '개량'은 거의 비판되지 않았으며 후스의 유명한 글이 '문학개량'으로 명명되었다(胡適, 〈文學改良芻議〉, 《新靑年》第2卷 第5號(1917. 1. 1), 1~11쪽). 그 밖에 어떤 사람은 '혁명'이 곧 '진보'·'개량'이라 생각하였다.

예) 獨秀先生惠鑒. 竊自民國以來, 革命革命, 旣已膾炙人口. 然革命二字, 究作何解. …… 僕猶以爲未安, 及讀貴誌有文學之革命一篇, 返復諷誦, 豁然心悟. 遂妄定其義曰, 革命者進步改良之謂也. 〈通信(卓魯頓致獨秀)〉, 《新靑年》第3卷 第5號(1917. 1. 1), 6~7쪽.

1921년부터 '개량주의'에 대한 비판이 나타나기 시작한다.

예) 馬克思主義一入議會主義的範圍, 立刻就由革命主義墮落到改良主義, 失卻了本來的面

目. 李達, 〈馬克思還原〉, 《新靑年》第8卷 第5號(1921. 1. 1), 7쪽.

1922년 어떤 이는 '혁명'과 '개량'을 다음과 같이 구별했다.

> 예) 所謂改良與革命的分別是, 改良只就現狀的外表稍微加以修正, 革命則把現狀的根本完全取消, 重新從根本另造一箇社會, …… 所以改良只是苟且敷衍的辦法, 便暫時把現狀改頭換面, 而內病未去, 遷延日久, 必致爲禍益深, 必致離正道日遠. 馬克思見到這個, 所以才一點不提改良的辦法. 但凡眞想社會變好的人, 也必一點不信改良的辦法. 貝爾, 褚選 譯, 〈馬克思學說之兩節〉, 《新靑年》第9卷 第6號(1922. 7. 1), 15쪽.

82 개혁改革

● **전통적 용법**

1) 변혁·갱신. 2) 악습과 나쁜 행동을 뿌리 뽑다. 3) 시문을 다듬다.[65]

● **1830~1895년의 주요 용법**

'개혁'의 출현빈도는 비교적 낮고 그 의미는 변동과 갱신이다.

> 예) 據米人雅裨理云, 此係五印度舊部落之名, 自英吉利據印度後, 有分析有改革, 與此圖不同. 後見英人所刊五印度圖, 與米利堅國全不同, 地名繁簡亦異. 地旣屬英, 當就英圖立說, 以資考核. 魏源, 〈印度各土君之國〉(1843), 《海國圖志》卷20, 〈西南洋〉, 上冊 709쪽.

《만국공법》에서 modification을 '개혁'으로 번역했다.

> 예) 服化之國, 所遵公法條例, 分爲二類, 以人倫之當然, 諸國之自主, 揆情度理, 與公義相合者一也, 諸國所商定辨明, 隨時改革, 而共許者, 二也. 丁韙良 主譯, 《萬國公法》卷1, 第1章 第11節, 12쪽.

● 1895~1900년의 주요 용법

1895년 이후 '개혁'의 출현빈도가 점점 증가되어 1898과 1899년에 고점에 도달한다. 그 의미는 점점 제도의 변혁에 집중되며 양무운동과 무술변법이 모두 '개혁'으로 일컬어졌다. 량치차오가 전자를 '온건개혁자'로 불렀다.

> 예) 若如世之所謂溫和改革者, 宜莫如李張矣. 不見李鴻章訓練之海軍洋操, 所設之水師學堂醫學堂乎. 不見張之洞所設之實學館, 自强學堂, 鐵政局, 自强軍乎. 任公, 〈政變原因答客難〉, 《淸議報》第3冊(1899. 1. 12), 3쪽.

● 1900~1915년의 주요 용법

1902년 량치차오는 '개혁'에 대응하는 영문을 reform으로 인식하고(부록의 '혁명' 조목 참조) 구체적 제도, 즉 관제·병제·재정 등의 변혁을 가리키는 것으로 상용했다.

청조가 추진한 신정은 '개혁'으로 일컬어졌다.

> 예) 西曆四月卄六日本都新聞報載, 接卄三日上海來電云, 卄一日淸政府曾降有改革上諭. 其大意謂, 兩宮還幸在卽, 俟和議稍有端倪, 卽當大行改革. 松雪主人, 〈讀日本報論支那改革上諭書後〉, 《淸議報》第77冊(1901. 4. 29), 12쪽.

1906년 어떤 논자가 '혁명'과 '개혁'의 구별을 강조했다.

> 예) 然亦有當注意者, 則革命與改革又不同. 其政治大體之主義前後同一, 而僅變動政治規矩體裁則曰改革, 變動大體之主義, 而政務運轉之外形如昔, 則革命也. 夫自其與改革之區別言, 則變動政治之大體爲政治革命, 自其本質言則除暴去惡, 去故取新, 乃曰革命. 夢蝶生, 〈無政府黨與革命黨之說明〉, 15쪽.

캉유웨이는 중국인의 '혁명'과 '개혁'에 대한 이해가 모두 타당하지 않다고 생각하였다.

> 예) 夫由國爲君有, 革而爲國爲公有, 此其政治大反至極也. 夫革數千年專制之命, 比之革

一朝之命, 其重大逾千萬矣. 苟通變而善其用, 又可以無事行之, 然改革之名詞, 古無可託, 今無可譯, 於是大義暗而不明, 而朝野之間, 爲之大亂, 而中國遂幾於亡矣.

예) 今革命之名義, 日本人譯自易之革卦, 湯武革命之辭, 在日本用之爲改革之通名, 無事不可稱爲革命. 在中國用之, 則專屬征誅以爲移朝易代之事. 在今革者, 則緣民族義專用爲排滿興漢之名詞, 若以歐美求國爲公有之義論之, 則皆非也. 康有爲, 〈救亡論(選錄)〉 (1911. 11), 《康有爲政論集》卷3, 下册, 665쪽.

● 1915년 이후의 용법

'개혁'의 사용 영역이 더 광범해져서 풍속 등에 자주 사용되었다. '사회개혁'이 점점 '정치개혁'을 대체하고 주도적 지위를 차지했다. '개혁'과 '혁명'의 구별이 더욱 분명해져서 개혁은 점진적 부분적 변혁을 의미했다.

예) 從前是政治改革之失敗. 今日是社會改革之代興. 吾輩與舊日黨人不同之點在此. 王光祈, 〈政治活動與社會活動〉, 《少年中國》第3卷 第8期(1922. 3. 1), 5쪽.

또한 '신해혁명'을 '신해개혁'이라 칭하는 경우도 있었다.

예) 當辛亥改革之際, 大淸銀行相率休業. 南京政府曾有中國銀行之設, 未幾南北統一. 〈選報〉, 《大中華》第2卷 第6期(1916. 6. 20), 5쪽.

83 반동反動

● 전통적 용법

주로 세 가지 의미가 있다. 1) 되돌아감과 같아 원래의 행동과 상반됨을 의미한다. 2) 반대·반항을 의미한다. 3) 상반되는 작용을 가리킨다.[66] 〈데이터베이스〉에서 신문화운동 이전의 '반동'은 주로 상반되는 작용을 가리킨다.

예) 時學士書生, 有別說自立自由之利, 倡道民政共和者, 其抱才鬱屈, 及苦於貧困而思亂者, 皆相和而煽動人心. 勢如滿岸之漲, 一時潰堤, 不可收拾, 欲壅塞之而反動激烈也. 梁啓超 譯, 〈佳人奇遇〉, 6쪽.

또한 '반동력'이라고도 하였다.

예) 西人亦有言, 革新之機, 如轉巨石於危崖, 不動則已, 動則其機勢不可遏, 必赴壑而後止. 故最要者莫過於動力, 有動力必有反動力. 有反動力又必有其反動力之反動力, 反反相績, 動動不已, 而大業成焉. 梁啓超, 《自由書》, 59쪽.

량치차오는 '정동正動'이라는 단어도 썼다.

예) 嗚呼. 瑪加二傑, 雖曰政敵. 而瑪黨之擧動, 往往或以直接, 或以間接, 或以正動, 或以反動, 以助加富爾之成, 此亦其一端也. 君子觀於此, 而益歎大易同歸殊途一致百慮之語之不吾欺也. 梁啓超, 〈義大利建國三傑傳〉(1902), 《飮冰室文集之十一》第4册, 33쪽.

1905년 이후 '반동'과 '보수'가 서로 연관되는 용법이 나타난다. 그 부정적 의미가 비교적 선명해졌다.

예) 中國之改訂官制, 不獨以虎頭蛇尾而告終, 且保守之反動力, 愈增其勢, 而占優勝. 吾輩於此, 固屢爲指摘其後矣. 以彼出洋五大臣回國時之情勢, 比之今日反動風潮之洶湧, 其間不及一載, 而事象之反映, 不啻相隔數十年. 至於近時, 保守反動之象, 愈益顯著. 〈論中國近行政策(譯日本明治四十年一月二十三日大阪每日新聞)〉, 《外交報》第173期(1907. 4. 27), 《外交報彙編》第5册, 146쪽.

1903년 어떤 사람이 '진화론'의 관점에서 '반동'을 해석했다.

예) 進化學者之言曰, 進化之軌道紆迴曲折, 不爲直行線而爲螺旋線. 故方事物之進步, 必有反動力以承其後, 使之擁阻廻盪, 若甚退步者然. 及出此反動之時期, 則進步遂以驟長. 蛻菴, 〈歐美各國立憲史論〉, 《新民叢報》第32號(1903. 5. 25), 1쪽.

1919년 뤄자룬도 유사한 설명을 했다.

예) 科學旣然發達, 無論在原動反動方面, 政治社會總不能不有變更. 反動方面不必說了,

但就原動方面而論, 則科學的發展. 實在是對於舊式政治社會的極大攻擊. 羅家倫,〈近代西洋思想自由的進化〉,《新潮》第2卷 第2號(1919. 12. 1), 234쪽.

그러나 1920년까지 천두슈는 '반동'을 중립적 의미로 사용했다.

예) 所謂近代思潮是古代思潮底反動, 是歐洲文藝復興底時候發生的, 十九世紀後半期算是他的全盛時代, 現在也還勢力很大, 在我們中國底思想界自然還算是新思潮. 陳獨秀,〈自殺論〉,《新青年》第7卷 第2號(1920. 1. 1), 12~13쪽.

1920년 이후 량치차오 등의 소수를 제외하면 '반동'은 주로 부정적 어휘로 사용되었고 그 의미는 혁명과 진보의 반대였다.

84 경쟁競爭

● 전통적 용법

경쟁과 각축을 가리킨다.[67] 보통 부정적 의미를 지녔다. 1896년 옌푸가《천연론》을 번역한 이후 '경쟁'은 긍정적·적극적 의미를 갖게 되어, 사람들이 국가와 국가 사이·사람과 사람 사이 관계의 핵심어로 이해했다. 국가 간에 많이 사용되었다.

예) 夫今日在列大競爭之中, 圖保自存之策, 舍變法外別無他圖. 此談經濟者異口而同詞, 亦老於交涉之勞臣所百慮而莫易. 康有爲,〈上淸帝第五書〉(光緖23年 12月, 1897),《戊戌變法》第2冊, 195쪽.

예) 夫競爭者, 文明之母也. 競爭一日停, 則文明之進步立止. 由一人之競爭而爲一家, 由一家而爲一鄕族, 由一鄕族而爲一國. 一國者, 團體之最大圈, 而競爭之最高潮也. 梁啓超,《新民說》, 18쪽.

사람과 사람 사이의 경쟁을 말할 때는 주로 '경제적 경쟁'을 가리킨다.

1920년대 이후 일반적으로 '경제적 경쟁'으로 사용되었다.

> 예) 總之, 在原則上自由競爭(libreconcurence)之有弊害, 在現狀下經濟組織之不人道, 我們都是很了然的. 社會革命的注目, 特別在經濟的改革, 使人人能獲得機會上的平等, 這也是我們及身便感覺到而深表同情的. 李璜,〈社會主義與個人〉,《少年中國》第4卷 第1期(1923. 3), 5쪽.

85 투쟁 鬪爭

● 전통적 용법

주로 네 가지 의미를 지닌다. 1) 쟁투·싸움. 2) 전쟁. 3) 쟁송·쟁변. 4) 경쟁·경기를 가리킨다.[68] 1920년 이전에는 거의 사용되지 않았고 부정적 의미를 지녔다.

> 예) 且支那人之於宗族, 其團結之力, 有非他事所能儗議者. 竊嘗見鄕鄰鬪爭, 互洩積怨, 萬人之族, 一朝立盡. 凡此等事, 皆國民之頑風.〈支那不可亡說(承前)〉,《知新報》第97冊 (1899. 8. 26), 3쪽.

1920년대 이후 사용빈도가 증가하였다. 주로 폭로·비판·공격을 가리켰다. '계급투쟁'으로 상용되며 긍정적 분위기를 많이 가졌다.

> 예) 中國共產黨在自己的責任上, 很誠懇地向中國的勞動群衆不斷地說, 勞農反對帝國主義和資本主義的壓迫之鬪爭已臨近了, 這種鬪爭將永遠把人類解放出來, 將永遠消滅一切的戰爭.〈中國共產黨第四次大會宣言〉,《嚮導週報》第100期(1925. 1. 28), 834쪽.

86 계급階級

● **전통적 용법**

1) 섬돌. 2) 존비상하의 등급. 3) 관의 품계와 등급. 4) 계단, 단락을 가리킨다.[69]

● **1830~1895년의 주요 용법**

1895년 이전에 '계급'의 현대적 용법은 아직 출현하지 않았으며 주로 두 가지 의미를 지닌다.

1) 등급, 일반적으로 관원의 품계를 가리킨다.

> 예) 其一日嚴階級, 臣以爲此治兵第一義也. 昔宋太祖承五季積衰之後, 習見將懦兵驕, 尾大不掉, 其弊總由戎行之不整. 於是自上而下, 痛加裁制, 一節一級, 鈴束必嚴, 用能所向有功, 悉成勁旅. 賀長齡, 〈遵議整頓兵政敬陳管見疏〉(1846), 《皇淸道咸同光奏議》 卷48, 〈兵政類兵法〉, 2299쪽.

2) 계단.

> 예) 回至魯法博物院旁大院閱視氣球, 法人西華所製之大氣球也. 其幫辦諦桑跌導至氣球前. 鑿地深數丈, 四周爲階級上下, 皆木爲之. 郭嵩燾, 《倫敦與巴黎日記》 卷21(光緖4年 6月, 1878), 665쪽.

● **1895~1900년의 주요 용법**

〈데이터베이스〉에서 가장 먼저 현대적 의미로 '계급'을 사용한 것은 1899년의 량치차오이다. 이와 동시에 량치차오가 경제적 지위를 이용해 '계급'의 관념을 구분하는 것을 받아들였다.

> 예) 今日歐洲各國有强權之人, 增於二百年前不知凡幾矣. 然則今日西人之强權發達已極乎, 日未也, 今日資本家之對於勞力者, 男子之對於婦人, 其階級尙未去. 故資本家與男子之强權, 視勞力者與婦人尙甚遠焉. 故他日尙必有不可避之二事, 日資生革命(日本所謂經

濟革命), 曰女權革命. 梁啓超, 《自由書》, 33쪽.

그러나 1900년 이전에는 거의 사용되지 않았다.

● 1900~1915년의 주요 용법

'계급'은 주로 상이한 정치와 경제 지위로 형성된 상이한 인간 집단을 가리키는 데 사용되었다. 1905년 이전 '계급'은 주로 정치상의 등급을 가리킨다. 1905년 이후 마르크스주의의 '계급' 관념이 소개되었다.

예) 馬爾克之意, 以爲階級爭鬪, 自歷史來, 其勝若敗必有所基. 彼資本家者, 齧粱肉刺齒肥, 飽食以嬉, 至於今茲, 曾無復保其勢位之能力, 其端倪亦飢朕矣, 故推往知來, 富族之必折而儕於吾齊民, 不待龜筮而瞭也. 蟄伸, 〈德意志社會革命家小傳(未完)〉, 6쪽.

사람들은 중국 역사에는 이른바 '귀족계급'이 없었는데 만청의 통치는 귀족계급의 통치라고 보편적으로 인식했다.

예) 吾國之貴族階級, 自秦漢而來, 久已絕滅, 此誠政治史上一大特色(其元胡滿淸, 以異種爲制, 行貴族階級者, 不足算). 今惟撲滿, 而一切之階級無不平(美國猶有經濟的階級, 而中國亦無之). 其立憲也, 視之各國, 有其易耳, 無難焉也.

혁명파도 이렇게 생각했다.

예) 近世文明國家所病者, 非政治的階級, 而經濟的階級也, 於是而發生社會主義. 漢民, 〈民報之六大主義〉, 《民報》第3號(1906. 4. 5), 10, 11쪽.

1907년 이후 무정부주의자가 '남녀의 계급'을 비교적 강조하였다.

예) 故欲破社會固有之階級, 必自破男女階級始. 所謂破男女階級者, 卽無論男女, 均與以相當之敎養, 相當之權利, 使女子不致下於男, 男子不能加於女, 男對於女若何, 卽女對於男亦若何. 如有女下男而男加女者, 則女界共起而誅之, 務使相平而後已. 〈天義報啓〉, 《復報》(1907), 《辛亥革命前十年間時論選集》第2卷, 下冊, 819쪽.

● 1915년 이후의 용법

1920년 이후 '계급'의 관념은 주로 마르크스주의를 따랐다.

예) 故以我看來, 中國完全是個無産階級的國, (大中産階級爲數極少, 全無産階級最多, 半無産階級 — 卽中等之家 — 次之), 中國的資本階級就是五大强國的資本階級(本國極少數的軍閥財閥資本家附屬於其中), 中國的階級戰爭就是國際的階級戰爭.〈通信, 馬克思學說與中國無産階級〉,《新靑年》第9卷 第4號(1921. 8. 1), 8~9쪽.

이후에 '계급'의 출현빈도가 급속히 높아져 1926년에 고점에 달한다. 중국 공산당 사람들이 중국의 '계급' 투쟁을 고취하기 시작하였다.

예) 所以我們在五洲連[運]動的經驗裏, 可以的確的知道, 不但國民革命的民族解放運動, 本身是中國被壓迫剝削的階級反抗帝國主義的階級鬪爭, 而且民族解放運動的內部, 無産階級對於資産階級的階級鬪爭是必不可少的, 亦是事實上必不可免的. 這種鬪爭裏如果無産階級勝利, 便能使民族解放運動得着充分的發展, 如果資産階級得勝, 那就中國民族的要求, 民權的要求, 都要被他們的妥協政策和私利手設所犧牲. 秋白,〈五洲運動中之國民革命與階級鬪爭〉,《嚮導週報》第129期(1925. 9. 11), 1185쪽.

87 평등平等

● 전통적 용법

1) 불교의 명사로 무차별을 의미한다. 일체 현상이 공성共性 혹은 공성空性, 유식성唯識性, 심진여성心眞如性 등에서 차별이 없음을 가리킨다. 2) 서로 같다. 인간이 사회·경제·정치·법률 등의 방면에서 서로 같은 지위를 가지고 서로 같은 대우를 향유함을 의미한다. 3) 평상, 일반[70]

● 1830~1895년의 주요 용법

주로 세 가지 의미가 있다.

1) 등급의 차별이 없음을 의미한다.

예) 姪至北亞墨理駕, 兼走列邦. …… 該國無爵, 民齊平等. 惟賦性慧達, 財帛繁多之主, 大有體面焉. 愛漢者, 〈姪外奉叔書〉(道光丁酉年 6月, 1837), 《東西洋考每月統記傳》, 241쪽.

예) 法國官職視他國爲簡, 不設宮官, 以其國主亦稱統領, 君民相視平等, 故無所事朝儀也. 郭嵩燾, 《倫敦與巴黎日記》 卷18(光緒4年 3月, 1878), 555쪽.

2) 평행을 가리킨다.

예) 論曰, 曩者聞方愼菴葬正(履亨)言, 繪亭監副有是法, 失傳. 因仿監副遺法, 用平等線剖半圓徑冪, 爲四勾股形. …… 用補監副之佚. 〈博啓傳〉, 羅士琳 輯, 《疇人傳(續編)》 (1840) 卷第48, 630~631쪽.

이러한 용법은 매우 적다.

3) 등급이 서로 같음을 가리킨다.

예) 將來兩國官員辦公人等, 因公往來, 各隨名位高下, 准用平行之禮. 咈囒哂大臣與中國無論京內京外大臣公文, 往來俱用照會. 咈囒哂二等官員與中國省中大憲公文, 往來用申陳. 中國大憲用箚行. 兩國平等官員照相並之禮. 其商人及無爵者, 彼此赴訴俱用稟呈. 耆英·程矞采·文豐, 〈兩廣總督耆英廣東巡撫程矞采粵海關監督文豐奏酌定法國貿易條約摺〉(道光24年, 1844. 11. 23), 《籌辦夷務始末(道光朝)》 卷73, 1523쪽.

● 1895~1900년의 주요 용법

1895년 옌푸가 서양의 '평등' 관념을 소개하고 아울러 그것을 중국의 삼강三綱과 대비시켰다.

예) 西之教平等, 故以公治衆而貴自由. 自由, 故貴信果. 東之教立綱, 故以孝治天下而首尊親. 尊親, 故薄信果. 然其流弊之極, 至於懷詐相欺, 上下相遁, 則忠孝之所存, 轉不若貴信果者之多也. 嚴復, 〈原強(附原強修訂稿)〉, 《嚴復集》 第1冊, 31쪽.

예) 則如中國最重三綱, 而西人首明平等, 中國親親, 而西人尚賢, 中國以孝治天下, 而西人以公治天下. 嚴復, 〈論世變之亟〉, 3쪽.

무술변법 이전에 새로 성립된 학회도 '평등'을 그 규정의 주요 내용으로 한다.

> 예) 本會中人, 槪以平等相視. 無論學術之深淺, 名位之尊卑, 其相見皆行平等禮. 〈試辦蘇學會簡明章程〉, 《實學報》 第3册(1897. 9. 17), 1쪽.

이때 '평등'은 주로 '삼강'과 대립되며 변법을 반대하는 자도 바로 이러한 의미에서 '평등'을 반대했다.

> 예) 若然, 則樊錐永宜屛絶, 不准入會. 蓋平等邪說, 自樊錐倡之也. 人人平等權權平等, 是無尊卑, 親疏也. 無尊卑, 是無君也, 無親疏, 是無父也. 無父無君, 尙何兄弟夫婦朋友之有, 是故等不平則已, 平則一切倒行逆施, 更何罪名之可加, 豈但所謂乖舛云乎. 邵陽士民, 〈邵陽士民驅逐亂民樊錐告白〉, 《翼敎叢編》 卷5, 142쪽.

● 1900~1915년의 주요 용법

1900년 이후 '평등'의 사용빈도가 큰 폭으로 증가하여 항상 '자유'와 연용되었다. 비록 여전히 '삼강'의 반대로 상용되었지만 중점은 전제정치를 반대하는 데에 있었다.

> 예) 三綱之說之中于人心也, 已至於不可救藥. 以君爲臣綱, 而奴隸箸于政治. 以父爲子綱, 而奴隸見於家庭. 以夫爲婦綱, 而奴隸伏于床第. 吾不知何物賤儒, 爲此謬說, 且諉爲聖人之製作, 以蠱惑天下, 此實奴隸之木本水源也. 夫自由之國, 無不平等. 人與人平等, 卽國與國然後可以平等. 公奴隸力山, 〈說奴隸〉, 《淸議報》 第80册(1901. 5. 28), 4쪽.

1905년 이후 '만주족과 한족의 평등'은 점점 사람들의 관심사가 된다. 그러나 '만주족과 한족의 평등'에 대한 토론은 항상 정치적 평등의 구조 하에서 논의되었다.

> 예) 夫貴族政治, 不平等之政治也. 自來學者, 有辨護專制政治者, 而決無辨護貴族政治者. …… 乃不謂二十世紀中, 四萬萬之民族, 二百萬方里之領土, 巍然爲東亞一大國者, 其政治猶爲貴族之政治. 精衛, 〈民族的國民(其二)〉, 2쪽.

1903년 이후 '빈부평등'·'사회평등' 등의 용법이 나타나는데, 비교적 적다.

예) 世界苟大文明, 還有娼妓乎. 曰無. 世界苟文明, 則智識平等, 貧富平等, 有此兩平等, 則娼妓不廢而自廢. 遯公,〈上海之黑暗社會自序〉,《國民日日報彙編》(1903),《辛亥革命前十年間時論選集》第1卷 下冊, 719쪽.

1905년 이후 '평등'이 점점 많이 사용되었다.

예) 歐美各國善果被富人享盡, 貧民反食惡果, 總由少數人把持文明幸福, 故成此不平等的世界. 我們這回革命, 不但要做國民的國家, 而且要做社會的國家(大拍掌), 這決是歐美所不能及的. 孫文,〈民報周年紀念大會上的演說〉,《民報》(1906),《辛亥革命前十年間時論選集》第2卷 上冊, 539쪽.

1907년 무정부주의자가 '평등'을 더 많이 사용했다.

예) 吾人確信人類有三大權, 一日平等權, 二日獨立權, 三日自由權. 平等者, 權利義務無復差別之謂也, 獨立者, 不役他人不倚他人之謂也, 自由者, 不受制於人不受役於人之謂也. 此三權者, 吾人均認爲天賦. 獨立自由二權, 以個人爲本位, 而平等之權必合人類全體而後見, 故爲人類全體謀幸福, 當以平等之權爲尤重. 獨立權者, 所以維持平等權者也. 惟過用其自由之權, 則與他人之自由生衝突, 與人類平等之旨, 或相背馳, 故欲維持人類平等權, 寧限制個人之自由權. 申叔,〈無政府主義之平等觀〉, 918쪽.

● 1915년 이후의 용법

1915년 이후 '평등'이 주로 불평등조약·남녀평등·계급평등을 토론하는 문제에 사용된다. 1920년 '남녀평등'에 사용된 것이 비교적 많고 1924년 이후 가장 상용된 것은 '불평등조약'이다.

88 평행平行

● 전통적 용법

네 가지 의미가 있다. 1) 유창하며 앞길이 평안하다. 2) 고도가 같다. 3) 평등하게 상대하다. 4) 등급이 서로 같아 서로 예속하지 않다.[71]

〈데이터베이스〉에는 주로 두 가지 의미가 있다.

1) 서로 교차하지 않는다.

> 예) 地平規, 經線也. 此線自卯東至酉西, 而經度在其上. 其剖緯線爲緯度, 則距等圈. 圈與地平平行爲東西線, 剖經線爲經度, 則高弧線交於地平圈. 〈凌廷堪傳〉, 《疇人傳(續編)》 卷第49, 650쪽.

이러한 용법이 1880년대 이후 가장 자주 보이는 '평행'의 용법이다.

2) 평등과 의미가 가까워 품계가 서로 같음을 의미한다.

> 예) 該領事忽求免用稟字, 有事又欲派官傳諭. 詰其爲嗎嘮代呈何事, 一味含糊, 竟赴城外投遞並無稟字信函, 謬妄已極. 在臣一字之更, 何關輕重. 惟若聽平行於疆吏, 卽居然敵體於天朝, 體制攸存, 豈容遷就. 德克金布·鄧廷楨·怡良, 〈廣州將軍德克金布兩廣總督鄧廷楨廣東巡撫怡良奏英巡船駛泊外洋諭逐回國摺〉(1838. 9. 15), 《籌辦夷務始末(道光朝)》卷4, 68쪽.

그러나 이러한 용법은 자주 보이지 않는다.

1864년 《만국공법》에서 equality를 '평행'으로 번역하였다.

> 예) 諸國本有平行之權, 與他國共議時, 俱用己之言語文字, 盡可從此例者, 不無其國也. 丁韙良 主譯, 《萬國公法》卷2 第3章 第5節, 63쪽.

1880년대 이후 이 의미는 점차 사용되지 않았다.

89 자유 自由

● 전통적 용법

스스로 주인이 되다. 제한과 구속을 받지 않다.[72]

● 1830~1895년의 주요 용법

주로 스스로 주인이 됨을 가리킨다.

> 예) 李鴻章敢於誤國, 自矜有爲有獻, 懋官懋賞, 口碑譽頌, 驕氣日盈. 貴親王事事優容, 其跋扈之勢, 欲與南方自雄. 自由自主, 敎外國人常不得意.〈法國照會(上摺附件)〉(1866. 8. 27),《籌辦夷務始末(同治朝)》卷43, 1039쪽.

1879년 황쭌셴은《일본잡사시》에서 '자유당'을 거론하며 미국의 '민권 자유의 설'을 제시하였다. 이것이 '자유'가 현대적 의미를 갖게 된 출발점이다.

> 예) 中古之時, 明君良相, 史不絶書. 外戚專政, 覇者迭興. 源平以還, 如周之東君, 擁虛位而已. 明治元年德川氏廢, 王政始復古, 偉矣哉中興之功也. 而近來西學大行, 乃有倡美利堅合衆國民權自由之說者. 黃遵憲,《日本雜事詩》, 36쪽.

1887년 황쭌셴이《일본국지》에서 '자유'라는 단어를 사용하였고 그에 대해 간단한 해석을 하였다.

> 예) 由是, 西學有蒸蒸日上之勢. 西學旣盛, 服習其敎者漸多, 慚[漸]染其說者益衆 …… 論義理, 則謂人受天地之命以生, 各有自由自主之道. 黃遵憲,〈學術志一〉,《日本國志》第9, 卷32, 341쪽.

1880년대《서학부강총서》에서 '자유'가 광범히 사용되기 시작했다.

> 예) 自耶穌後七百年, 有法國著名者數人, 書寫文字, 於歐洲各國大能激動人心, 辯論當時敎會之道規, 國家法制並百姓之風土人情, 一一指明其弊, 企望人之改正也. 更欲革除苦累百姓條律, 俾百姓多有自由之心, 欲更變歷代尊爵之承襲, 俾有才德者得獲官爵, 並欲

禁止爲道逼迫之事, 使人各憑己心拜主. 謝衛樓(Devello Zelotos Sheffield), 《萬國通鑒》 (1822) 第4卷, 西方近世代上, 《西學富强叢書》, 144쪽.

● 1895~1900년의 주요 용법

무술변법 이전에 '자유'는 주로 옌푸와 탄쓰퉁 등이 사용했으며, 《시무보》에도 당시 외국의 정치와 정당의 상황을 묘사하는 데 상용되었다. 옌푸가 서양인이 '사람마다 자유를 얻었다'고 인식한 점을 지적했다.

예) 夫自由一言, 眞中國歷古聖賢之所深畏, 而從未嘗立以爲敎者也. 彼西人之言曰, 唯天生民, 各具賦畀, 得自由者乃爲全受. 故人人各得自由, 國國各得自由, 第務令毋相侵損而已. 侵人自由者, 斯爲逆天理, 賊人道. 其殺人傷人及盜蝕人財物, 皆侵人自由之極致也. 故侵人自由, 雖國君不能, 而其刑禁章條, 要皆爲此設耳. 嚴復, 〈論世變之亟〉, 2~3쪽.

탄쓰퉁은 자유가 재유在宥의 음이 변한 것으로 노장에서 유래한다고 생각하였다.

예) 地球之治也, 以有天下而無國也. 莊曰, 聞在宥天下, 不聞治天下. 治者, 有國之義也, 在宥者, 無國之義也. □□□曰在宥, 蓋自由之轉音. 旨哉言乎. 人人能自由, 是必爲無國之民. 譚嗣同, 《仁學》, 367쪽.

무술변법 이후 장즈둥은 '자유당'과 영어 liberate 간의 대응관계를 지적했다.

예) 至外國今有自由黨, 西語實曰里勃而特. 猶言事事公道, 於衆有益, 譯爲公論黨可也, 譯爲自由非也. 張之洞, 《勸學篇》〈內篇 正權第六〉, 57~58쪽.

허치 · 후리위안은 다음과 같이 말했다.

예) 夫里勃而特, 與中庸天命之謂性, 率性之謂道, 其義如一. 性曰天命, 則其爲善可知矣. 道曰率性, 則其爲自由可知矣 …… 里勃而特譯爲自由者, 自曰本始. 雖未能盡西語之意, 然以二字包括之, 亦可謂能擧其大由. 自由二字而譯爲民權者, 此必中國學士大夫, 讀日本所譯書者爲之, 其以民權二字譯里勃而一語, 吾無閒然, 獨惜譯之者於中外之理未能參

究其同, 閱之者或至誤猜其意. 何啓·胡禮垣,〈勸學篇書後〉(1899),《新政眞詮五編》, 415~416쪽.

● 1900~1915년의 주요 용법

1900년 이후 '자유'는 주로 자주적 권리를 가리켰다.

예) 自由者, 權利之表證也. 凡人所以爲人者有二大要件. 一曰生命, 二曰權利. 二者缺一, 時乃非人. 故自由者亦精神界之生命也. 梁啓超,〈十種德性相反相成義〉,《淸議報》第82冊(1901. 6. 16), 3쪽.

'자유'에 대하여 사람들이 자주 '집단자유'를 강조했으며 '개인자유'에 대해서는 경계심이 가득했다.

예) 曾不審夫泰西之所謂自由者, …… 無一役非爲團體公益計, 而決非一私人之放恣桀驁者所可托以藏身也. 今不用之向上以求憲法, 不用之排外以伸國權, 而徒耳食一二學說之半面, 取便私圖, 破壞公德, 自返於野蠻之野蠻. 有規語之者, 猶敢靦然抗說日, 吾自由, 吾自由. 吾甚懼乎自由二字, 不徒爲專制黨之口實, 而實爲中國前途之公敵也. 梁啓超, 《新民說》, 45쪽.

옌푸는 여전히 '자유'를 자요自繇로 번역하였다.

예) 或謂舊翻自繇之西文Liberty里勃而特, 當翻公道, 猶云事事公道而已, 此其說誤也. 謹案, 里勃而特原古文作Libertas. 里勃而達乃自由之神號, 其字與常用之Freedom伏利當同義. 伏利當者, 無罣礙也, 又與Slavery奴隸, Subjection臣服, Bondage約束, Necessity必須等字爲對義. …… 中文自繇, 常含放誕恣睢無忌憚諸劣義, 然此自是後起附屬之詁, 與初義無涉. 初義但云不爲外物拘牽而已, 無勝義亦無劣義也. …… 由繇二字, 古相通假 今此譯遇白話字, 皆作自繇, 不作自由者, 非以爲古也. 視其字依西文規例, 本一玄名, 非虛乃實, 寫爲自繇, 欲略示區別而已. 嚴復,〈群己權界論譯凡例〉(1903),《嚴復集》第1冊, 132~133쪽.

캉유웨이는 '자유'를 자기가 하고 싶지 않은 것을 남에게 베풀지 않는 것으로 이해하였다.

예) 夫自由之義, 孔門已先倡之矣, 昔子貢曰, 我不欲人之加之我也, 吾亦欲無加之人. 不欲人加, 自由也, 吾不加人, 不侵犯人之自由也. 康有爲, 〈物質救國論(選錄)〉(1905. 3), 《康有爲政論集》卷2, 上册, 572쪽.

● 1915년 이후의 용법

1917년 전후로 '자유연애'의 사용빈도가 비교적 많아진다.

예) 愛情者, 人生最要之元素也, 極自由之模範也. 希望愉樂之所由創作, 人類命運之所由鑄造. 安可以侷促卑鄙之國家宗敎及矯揉造作之婚姻, 而代我可寶可貴之自由戀愛哉. (美)高曼女士, 震瀛 譯, 〈結婚與戀愛〉, 《新靑年》第3卷 第5號(1917. 7. 1), 7쪽.

1920년대 이후 '자유'가 일종의 계급 이데올로기로 이해되며, 천두슈는 '자유의지'의 존재를 부정했다.

예) 人態度卽人生觀之變遷與異同, 在表面上看起來似乎完全是個人自由意志之活動, 在一定範圍內, 個人意志之活動, 誠然是事實, 而非絶對自由, 因爲個人的意志自由是爲社會現象的因果律並心理現象的因果律支配, 而非支配因果律者. 陳獨秀, 〈答張君勱及梁任公〉, 《新靑年》季刊第3期, 5쪽.

동시에 그는 '자유'가 곧 일종의 방종한 생활태도라고 이해했다.

예) 有人覺得馬克思主義太拘束, 太嚴格了, 羅素所主張的要自由些舒服些. 誠然, 世界上若沒有嚴格主義的革命黨出來推翻現制度, 資産階級的學者們, 自然在思想上在生活上都覺得自由些舒服. 然而世界因此不自由不舒服的人就太多了. 獨秀, 〈自由舒服與革命〉, 《嚮導週報》第72期(1924. 7. 2), 579쪽.

● 기타

'자유주의', 1899년 량치차오가 '자유주의'라는 단어를 사용했다.

예) 格蘭斯頓則反是, 不專執一主義, 不固守一政見. 故初時持守舊主義, 後乃轉而爲自由主義. 壯年極力保護國敎, 老年乃解散愛爾蘭敎會. 初時以强力壓鎭愛爾蘭, 終乃倡愛爾蘭之當自治. 梁啓超, 《自由書》, 4쪽.

1915년 이전에 어떤 때는 자유무역에 관한 주장을 가리키고 어떤 때는 '개인주의'와 연용되며 '집권集權주의', '사회주의'와 대립되었다.

> 예) 自十八世紀中葉以後, 箇人自由主義, 日盛一日. 吾昔以爲由干涉而自由, 進化之原則也. 旣自由矣, 則斷無退而復返於干涉之理. 及觀近二十年來世界大勢之傾向, 而不禁爽然以驚也, 夫帝國主義也社會主義也. 一則爲政府當道之所憑藉, 一則爲勞貧民之所執持. 其性質本絶相反也, 而其實行之方法, 一皆以干涉爲究竟. 故現代所謂最新之學說, 駸駸乎, 幾悉還十六七世紀之舊, 而純爲十九世紀之反動. 中國之新民, 〈二十世紀之巨靈)托辣斯〉, 《新民叢報》第40·41號合本(1903. 11. 2), 2쪽.

1920년 이후 부르주아의 이데올로기를 가리켰다.

> 예) 帝制制度下, 貴族地主大商人, 也能偸着幾分自由, 變成資本家, 變成實業家. 這種已經發財的大資産階級 …… 的政治思想, 當然祇能到所謂自由主義(Liberalism). 他不但不必一定要推翻帝制, 而且已經站在上等階級的地位, 還可以利用已有的經濟勢力, 壓迫政府, 使政府對他讓步, 使帝制政府輕輕的不知不覺的變成他的工具 ─君主立憲制度. 瞿秋白, 〈列寧主義與杜洛茨基主義〉, 《新靑年》不定期刊第1號(1925. 4. 22), 85쪽.

90 독립獨立

1900년 전후 자주 '자유'와 연용되었으며 어떤 때는 심지어 혼용되었다.

> 예) 菲律賓之獨立卽被勘平, 杜蘭斯哇兒之獨立隨被剿滅, 此帝國主義之方盛, 而自由之不敵也. …… 今亞非二洲, 正當非杜事後, 將來Independence(自由, 又譯曰獨立)與帝國主義之大爭, 其猛烈必百十倍於歐洲列國之革命也. 〈論帝國主義之發達及二十世紀世界之前途〉, 《開智錄》(1901), 《辛亥革命前十年間時論選集》第1卷 上冊, 57~58쪽.

1905년 옌푸가 양자는 사실 다르다고 특별히 강조하였다.

예) 羅馬有賀勒休Horatius, 有黎恩尼達Leonidas, 皆以守城禦敵之勇, 見稱自由干城. 羅馬有布魯達Brutus, 英國有韓布登Hampden, 皆以抗命覇朝, 亦膺此號. 夫其號同矣, 而其事則大異. 夫以臣民而抗君上, 與爲將帥而禦寇仇, 此絶然兩事者也. 抗暴君污吏, 謂之保護自由可也. 禦外國敵人, 非保民之自由, 乃爭國之獨立也. 獨立, 西語曰 Independence, 必不可與自由Liberty混. 嚴復, 〈政治講義〉, 1281쪽.

91 집산주의集産主義

무정부주의자의 주장이다. 〈데이터베이스〉에 많이 보이지는 않으며, 1906년에 처음으로 보인다.

예) 至於急激的無政府主義, 則其所主張者爲共産主義集産主義破壞主義. 三者主張大略亦同, 不外以社會經濟改革期無政府主義之實現, 故又名社會的無政府主義. 夢蝶生, 〈無政府黨與革命黨之說明〉, 112쪽.

다음 해에 어떤 논자가 '공산주의' 와 '집산주의' 의 차이를 소개했다.

예) 共産主義論者, 謂一切之財産資本, 可爲社會中人所共有, 總社會之公權力可得支配之. 集産主義論者, 則不認一切權力之存在, 不許稍有强制之性質, 故主張財産資本非公有非私有說. 巴枯寧之過激說, 麥喀氏之溫和說互相衝突者, 抑亦卽此二說乎. 无首, 〈巴枯寧傳〉, 《民報》第16號(1907. 9. 25), 5쪽.

92 공산주의共産主義

〈데이터베이스〉에서 1899년 어떤 사람이 '공산지설共産之說' 을 사용한 적이 있다.

　예) 昔亞里士特德爲拍拉圖弟子, 甚事拍拉圖也, 竭誠盡敬, 及其論資生學(卽日本所謂經濟學), 大駁拍拉圖共産之說. 李季, 〈東京大同高等學校功課〉, 《淸議報》第30冊(1899. 10. 15), 12쪽.

1901년 량치차오가 '공산지론共産之論'이란 단어를 사용했다.

　예) 先生之哲學, 社會主義派哲學也. 泰西社會主義, 原於希臘之柏拉圖, 有共産之論. 及十八世紀桑士蒙康德之徒大倡之, 其組織漸完備, 隱然爲政治上一潛勢力. 先生未嘗讀諸氏之書, 而其理想與之闇合者甚多. 梁啓超, 〈南海康先生傳〉, 73쪽.

〈데이터베이스〉에서 가장 먼저 '공산주의'를 언급한 사람은 량치차오이다.

　예) 柏拉圖(Plato, 427~347B.C.)嘗著一書, 名曰共和國(Republic). 虛構一大同理想之國家, 以爲大同之世, 人不得有私財. 一國所有, 當爲一國人之公産. 其奴隷及外國人, 則使爲國服役. 貨財所出, 分少許以給之. 此實後世共産主義(Communist)之權輿也. 其尤可驚者, 柏氏不徒倡共産而已, 乃欲並妻子而共之. 謂人不獨妻其妻, 不獨子其子, 貨不藏己, 力不爲己, 則姦淫不興, 盜竊不作, 而世乃大平. 梁啓超, 〈生計學學說沿革小史〉, 8쪽.

1903년 어떤 논자가 비교적 상세하게 '공산주의'의 주장을 소개했다.

　예) 共産主義. 是派創於法人罷勃(Baboeuf), 其後勁則猶太人埋蛤司(Karl Marx)也, 今之萬國勞働黨其見建也. 其原理曰, 土地與資本, 生産之資也. 若地主, 若資本主何需乎. 土地資本. 離土地, 資本主而依然存在也. 若材[財]産基於先占, 必至後起者無立錐地, 若財産基於勞力, 必至後起者無勞力地. 且機械旣盛, 工金愈貶, 彼勞力者, 終無爲地主, 爲資本主之日, 故必廢私有相續制而歸於國有. 大我, 〈新社會之理論〉, 《浙江潮》第8期(1903. 10. 10), 9쪽.

같은 해에 어떤 논자가 '공산주의'와 중국 전통의 '균빈부均貧富'의 논리를 연계시켜 이로부터 공산주의를 이해하고 수용하였다.

예) 社會者何也. 乃平民之代表詞也. 吾欲鼓吹革命主義於名爲上等社會之人, 而使之翕受, 終不可得矣, 吾乃轉眼而望諸平民. 且吾覘察中國今日社會之內容及現象, 有不能與歐洲比例, 而當取歐洲尙未經歷之經濟革命, 以爲政治革命之引藥線. 蓋我中國箇人經濟主義太發達, 故不能具有政治思想, 而下等社會之困難於經濟, 類皆受上中二等社會之壓制, 故共産均貧富之說, 乃個人所歡欣崇拜, 香花祝而神明奉者也. 壯游, 〈國民新靈魂〉, 《江蘇》第5期(1903. 8. 23), 7쪽.

그러나 이러한 용법은 거의 보이지 않는다.
1905년 이후 입헌파와 혁명파 모두 '공산주의'라는 주장에 회의를 표했다. 1920년 이후 '공산주의'의 사용빈도가 급속히 높아졌다.

부록 2. 통계 분석에 관한 논의

　이 책의 모든 통계도표는 가장 간단한 계량적 방법을 이용하여 만든 것으로, 곧 키워드의 연도별 사용빈도가 그것이다. 이는 자연히 하나의 문제를 야기한다. 〈데이터베이스〉에서 연도별 문헌의 총 자수가 한결같지 않고 다양하며 어떤 때는 심지어 서로 몇 배 차이가 난다. 그렇다면 키워드의 연도별 사용빈도에 대한 통계와 비교가 여전히 유의미한가? 물론 더욱 믿을 만한 통계방법은 통계결과에 대해 정규화 처리하는 것, 즉 해당 키워드의 매년 만 자(혹은 천 자 혹은 십만 자)당 사용빈도를 통계 처리하는 것이다. 이렇게 하면 연도별 비교가 더욱 설득력을 가질 것이다. 이 점을 고려하면 우리는 반드시 두 가지 문제를 논의해야 한다. 첫째, 정규화한 통계결과가 이 책의 주요 분석과 결론에 비교적 큰 영향을 주거나 심지어 뒤집을 수 있는가? 둘째, 이 책에서는 정규화된 데이터를 이용한 통계도표를 왜 만들지 않았는가?

　먼저 첫 번째 문제를 논의하자. 이하의 분석과 예시에서, 앞으로 키워드의 연도별 사용빈도와 정규화된 통계도표가 보여주는 것이 비록 동일하지 않더라도, 우리가 연구하는 주요 현대 정치 관념의 기원과 변천에 있어서 이러한 차이는 이 책의 분석과 결론에 영향을 주지 않을 것이다.

이 점을 설명하기 위해서 우리는 이 책에서 사용한 통계도표의 네 가지 상황을 분석해야 한다.

첫째, 새로운 관념이 전래되거나 출현한 시간을 연구한다. 절대다수의 새로운 관념은 중국어에 본래 있는 어휘를 채택해 지칭하기 때문에, 우리는 어떤 하나의 새로운 관념을 대표하는 키워드가 가장 먼저 어느 해의 어떤 예문에서 사용되기 시작했는지, 새로운 의미가 들어온 이후에 해당 키워드의 사용에는 또 어떤 의미 유형이 있는지, 이러한 의미의 유형의 연도별 분포는 어떻게 증감했는지를 고찰해야 한다.

둘째, 어느 한 키워드의 사용빈도가 언제 다른 하나의 키워드를 초과했는지 분석하고 이로부터 관념의 유동적 변천을 연구한다. 이러한 방법은 우리의 분석에서 상당히 많이 사용되었다. 예를 들면 '진리眞理'의 '공리公理' 대체, '사회社會'의 '군群' 대체, '민주民主'의 '공화共和' 대체 등이 있다.

셋째, 두 개(혹은 여러 개)의 다른 키워드가 특정 시기에 사용된 빈도 변화의 유사성을 비교하는 것으로, 곧 그것들 간의 상관성을 분석하고 아울러 상응하는 관념의 상관성을 논의한다.

넷째, 통계도표에서 하나의 키워드 사용빈도가 고점을 보이는 연도를 찾아서 그 원인을 분석·논의하고 아울러 그것과 중대한 역사적 사건과의 관계를 고찰한다.

분명하게 볼 수 있듯이 연도별 문헌의 총 자수가 다른 것은 앞의 세 가지 상황에 영향을 주지 않는다. 첫째 상황은 새로운 관념이 가장 먼저 출현한 문헌과 예문을 찾는 것으로 이것과 통계방법은 무관하다. 둘째와 셋째 상황이 고찰하는 것은 상이한 통계곡선의 상호관계이기 때문에 정규화되더라도 이들 간의 상호관계는 바뀌지 않는다. 예를 들면 어떤 연도 이후에 '사회'의 사용빈도가 '군'을 초과하는데 그것을 만 자당 이들 키워드의 사용빈도로 바꾸더라도 결코 상술한 결론을 바꿀 수 없다. 오직 네 번째 상황, 곧 단일 곡선의 고점분포는 정규화의 영향을 받을 수 있다.

정규화의 영향을 받는 네 번째 상황에서 우리가 도표를 인용해 분석할 때, 핵심은 키워드의 사용빈도가 고점을 나타내는 연도에 어떤 중대 사건(이 중대 사건은 주로 양무운동·청일전쟁·무술변법·경자사변·러일전쟁·청말 신정과 예비헌법·신해혁명과 신문화운동을 포함한다)이 발생하고 이러한 사건의 발생이 관념에 미친 영향을 고찰하는 것이다. 찬성이든 반대든 이러한 관념은 그것들이 주목을 받고 광범히 논의되면 모두 상응하는 키워드의 사용빈도에 반영될 수 있다. 사실상 네 번째 상황에서, 우리는 더욱더 하나의 역사 사건 발생 전후의 구체적인 사상 논쟁의 분석으로 돌아간다. 이 때문에 정규화 처리의 채택은 결코 이 책의 분석과 결론에 영향을 줄 수 없다. 또한 바로 이와 같기 때문에 우리는 〈데이터베이스〉 분석방법이 관념사 연구에 응용되는 것을 논의할 때, 항상 그것은 보조적 도구일 뿐 실질적인 결론은 여전히 연구자가 사료에 근거하여 분석하여 얻은 것임을 특별히 강조한다.

이어 우리는 하나의 구체적인 예로 정규화를 사용하지 않았거나 사용하여 처리한 통계도표의 차이를 비교할 수 있다. 만약 매 해에 각각 만 자 당 하나의 키워드의 사용빈도를 p로 표시한다면 매 키워드에 대해 우리는 p의 연도별 분포의 정규화 곡선을 만들 수 있다.

이 때문에 우리는 〈데이터베이스〉의 연도별 문헌 자수 통계표 〈표 부록.1〉을 만들었다. 이 책에서 선택한 〈그림 2.1〉은 '국민'과 '개인'의 사

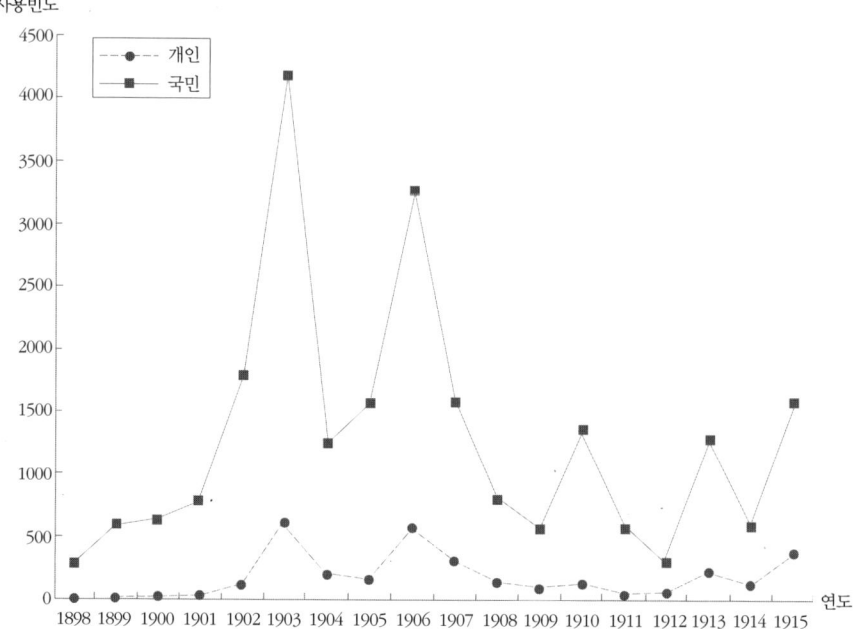

○ 〈그림 2.1〉 중국 정치문화에서 '국민'·'개인'의 출현(1898~1915) ○

용빈도의 분포도로, 이를 〈표 부록.1〉의 〈데이터베이스〉의 연도별 문헌의 총 자수에 따라 정규화하고 '국민'과 '개인'의 p값의 분포도(〈그림 부록.1〉)를 만들었다.

〈그림 2.1〉과 〈그림 부록.1〉을 대비하면 어떤 통계 방법을 사용하든 1903년과 1906년은 모두 이 두 키워드의 사용에 있어 고점을 이루며 그 것들은 개인이 권리주체라는 관념이 광범히 받아들여지는 것과 관계가 있음을 매우 분명하게 알 수 있다. 이는 〈그림 2.1〉로부터 얻은 분석이 여전히 유효함을 보여준다. 〈그림 2.1〉에 근거해서는 우리는 1907년 이후 '국민'과 '개인' 두 단어의 사용빈도가 크게 감소한 이유를 이해할

○ 〈그림 부록.1〉 '국민'·'개인'의 연도별 1만 자당 사용빈도(1898~1915) ○

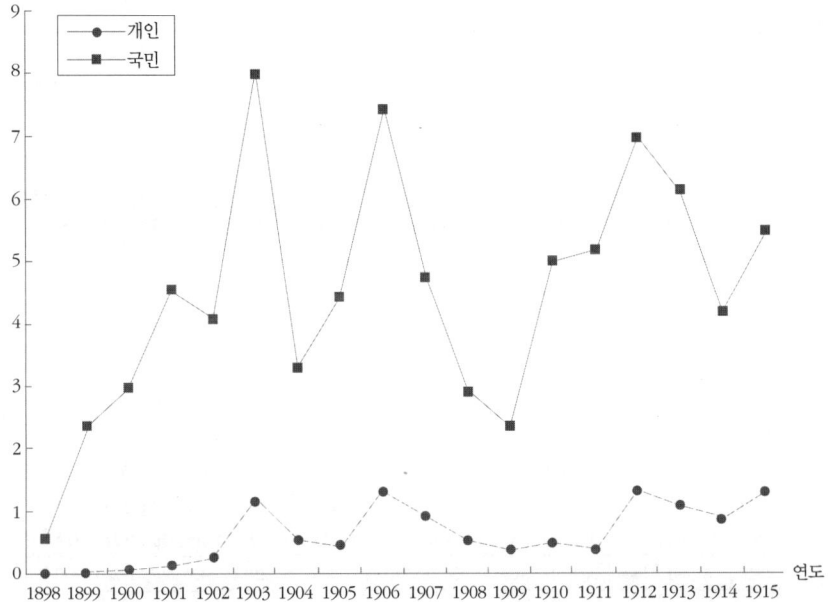

 수 없다. 그러나 정규화 처리를 거친 〈그림 부록.1〉에서는 1912년에도 두 키워드가 고점을 이룬다. 〈그림 부록.1〉은 우리에게 이러한 감소는 아마도 이후 시기의 문헌의 총 자수가 적어졌기 때문임을 보여준다. 〈표 부록.1〉과 대조하면 1912년의 문헌 총 자수는 확실히 앞뒤 2년보다 훨씬 적어졌다.

 이제 우리는 앞에서 제기한 두 번째 문제로 돌아갈 수 있다. 즉, 왜 p 분포도로 이 책의 연도별 사용빈도의 분포도를 대체하지 않았는가 하는 점이다. 우리의 연구목표를 생각하면 두 가지 통계방법의 차이는 결코 크지 않고 이 책의 분석과 결론에 영향주지 않음을 이상의 분석에 근거

○ 〈표 부록.1〉 〈중국 근현대사상사 전문 데이터베이스〉(1830~1930) 연도별 문헌 자수 ○

연도	연간 총자수	연도	연간 총자수	연도	연간 총자수	연도	연간 총자수	연도	연간 총자수	연도	연간 총자수
1833	63,723	1849	67,270	1865	529,913	1881	775,947	1897	4,676,924	1913	2,107,096
1834	49,423	1850	140,871	1866	333,192	1882	709,852	1898	4,920,330	1914	1,402,069
1835	23,041	1851	134,339	1867	408,198	1883	844,650	1899	2,501,769	1915	2,891,134
1836	132,570	1852	519,282	1868	200,532	1884	1,123,700	1900	2,120,996	1916	2,535,034
1837	99,990	1853	98,571	1869	262,902	1885	730,718	1901	1,726,586	1917	639,893
1838	210,311	1854	203,554	1870	225,555	1886	1,530,234	1902	4,396,353	1918	982,698
1839	100,335	1855	80,727	1871	171,972	1887	1,744,461	1903	5,256,609	1919	2,033,288
1840	352,803	1856	132,019	1872	145,170	1888	520,002	1904	3,778,626	1920	2,740,191
1841	466,187	1857	228,526	1873	523,347	1889	389,174	1905	3,567,923	1921	1,660,121
1842	669,429	1858	427,344	1874	275,360	1890	757,939	1906	4,415,172	1922	1,433,790
1843	999,580	1859	439,618	1875	1,091,955	1891	1,064,529	1907	3,353,506	1923	1,410,045
1844	101,981	1860	558,404	1876	689,765	1892	827,570	1908	2,750,699	1924	1,290,763
1845	72,394	1861	433,078	1877	850,697	1893	628,666	1909	2,410,577	1925	1,936,726
1846	316,947	1862	356,367	1878	832,390	1894	1,067,467	1910	2,743,779	1926	2,444,339
1547	272,320	1863	358,985	1879	641,075	1895	1,513,955	1911	1,101,378	1927	2,000,802
1848	53,841	1864	362,547	1880	938,862	1896	1,985,723	1912	420,746	1928	920,256

하여 알 수 있다. 나아가 첫 번째 상황은 새로운 관념의 사용이 특정 문헌에서 최초로 등장하는 예문을 찾는 것으로, 예를 들면 1864년 《만국공법》은 '민주'로 democracy와 republic을 번역했고 이때 p, 즉 만 자당 사용빈도를 사용하는 것은 의미가 없다. 두 번째와 세 번째의 상황은 두 개 이상의 키워드의 대체와 상호관계를 연구하는 것으로, 이때 p분포도와 이 책이 사용한 방법은 등가적이다. 오로지 특정 키워드의 전파나 보급을 논의할 때에만 p분포도를 이용하는 것이 더 적합한데, 예를 들면 위에서 〈그림 2.1〉과 〈그림 부록.1〉을 대비시킬 때는 정규화방법은 더 합리적이다. 비록 이러하지만 키워드의 연사용빈도 통계가 우리에게 필

요한 세 가지 상황에 적용될 수 있음을 고려할 때, 모든 통계도표의 일관성을 위하여 우리는 이 책을 편집할 때 여전히 간단한 연도별 사용빈도로 통계도표를 만들었다.

〈데이터베이스〉의 구축에서는 연구의 필요에 맞는 문헌을 어떻게 선택할 것인지가 더 기본적인 문제이다. 이 점은 방법론에 관한 긴 글에서 이미 설명하였다. 우리는 언제나 우선 학계에서 이미 공인된 1830년에서 1930년까지의 정치사회사상과 관련된 잡지·문서·문집 중 가장 대표적 문헌을 선택한 후에 점점 확충하고자 했다. 데이터베이스의 확충 과정에서 연도별 총 자수 문제를 최대한 고려했지만, 문헌의 성격이 여전히 첫 번째 고려 요소였다. 지금까지를 돌아보면 비록 〈데이터베이스〉에 이미 1억 2천만 자가 들어 있지만 연도별 문헌의 총 자수는 여전히 차이가 매우 크며 중요한 많은 문헌들이 아직 수록되지 못했다. 이는 〈데이터베이스〉라는 새로운 방법을 연구에 응용하는 과정에서, 데이터가 끊임없이 개선되고 확충됨에 따라 연구자도 부단히 이전의 작업을 수정하고 개선해야 함을 반영한다.

사실 정규화는 아주 간단한 통계방법이다. 만약 장래에 〈데이터베이스〉에 수록된 문헌이 충분히 많고 연도별 총 자수가 대체로 비슷할 때, 응용할 수 있는 통계방법은 매우 많아질 것이고 직관으로는 상상할 수 없는 결과를 얻을 수도 있을 것이다. 이 흥미로운 탐구는 다만 더 젊은 연구자의 과제로 남겨둘 뿐이다. 우리는 〈데이터베이스〉에 수록된 문헌이 계속 늘어나고 기능이 계속 개선되어 반드시 연구자에게 더 많은 이로움을 주리라 믿는다.

부록 3. 〈중국 근현대사상사 전문 데이터베이스(1830~1930)〉 문헌목록

1. 부록 3은 〈데이터베이스〉에 수록된 '정기간행물', '당안檔案', '청대경세문편', '논저', '중국에 온 외국인의 중국어 저서 및 역서', '청말 서학교과서'의 여섯 분류에 따라 배열했다. 동일한 문헌이 서로 다른 문집이나 휘편에 수록되었을 경우에는 〈데이터베이스〉에 수록된 판본만을 기록했다.

2. 항목별 문헌은 대부분 본래 출판연도나 〈데이터베이스〉에서 사용한 재판본에서 따르는 본래 연도에 따라서 배치했고, 〈데이터베이스〉에 수록된 판본의 출판사항도 명기했다. 출판연대 고증이 더 필요한 문헌(예, 《小方壺齋輿地叢》의 일부 저술)은 빼두었다.

3. 일부 문헌은 출판 시기가 정확하지 않기 때문에 필자가 〈데이터베이스〉에 근거해서 만든 일부 키워드의 연대별 사용빈도 통계에는 약간의 오류가 있을 수 있다.

1. 정기간행물

《察世俗每月統記傳》(1815~1821), 麻六甲: 立義館.
《東西洋考每月統記傳》(1833~1838), 廣州: 출판사항 미상; 北京: 中華書局, 1997

년 影印本.

《六合叢談》(1857~1858), 松江: 上海墨海書館; 東京: 白帝社, 1999年 影印本.

《格致彙編》(1876~1892), 上海: 格致書院; 南京: 古舊書店, 1992年 影印本.

《强學報》(1896), 上海: 强學會書局; 上海: 上海圖書館線裝影印本.

《時務報》(1896~1898), 上海: 時務報館; 臺北: 京華書局, 1967年 影印本.

《實學報》(1897~1898), 上海: 實學報館; 北京: 中華書局, 1991年 影印本.

《知新報》(1897~1901), 澳門: 知新報館; 上海: 上海社科院出版社, 1998年 影印本.

《湘學新報》·《湘學報》(1897~1898), 長沙: 湘學報館; 臺北: 華文書局, 1966年 影印本.

《昌言報》(1898), 上海: 昌言報館; 北京: 中華書局, 1991年 影印本.

《淸議報》(1898~1902), 橫濱: 淸議報館; 臺北: 成文出版社, 1967年 影印本.

《國民報彙編》(1901), 東京: 勵志會; 臺北: 中國國民黨中央委員會黨史編纂委員會, 1968年 影印本.

《外交報彙編》(1902~1911), 上海: 普通學書室; 臺北: 廣文書局, 1964年 影印本.

《遊學譯編》(1902~1903), 東京: 遊學譯編社; 臺北: 中國國民黨中央委員會黨史編纂委員會, 1968年 影印本.

《新民叢報》(1902~1907), 橫濱: 新民叢報社; 臺北: 藝文印書館, 1966年 影印本.

《湖北學生界》(1903), 東京: 湖北留日學生同鄕會; 臺北: 中國國民黨中央委員會黨史編纂委員會, 1969年 影印本.

《浙江潮》(1903), 東京: 浙江同鄕會; 臺北: 中國國民黨中央委員會黨史編纂委員會, 1968年 影印本.

《江蘇》(1903~1904), 東京: 江蘇同鄕會; 臺北: 中國國民黨中央委員會黨史編纂委員會, 1968年 影印本.

《安徽俗話報》(1904~1905), 上海: 上海東大陸圖書局; 北京: 人民出版社, 1983年 影印本.

《二十世紀之支那》(1905), 東京: 二十世紀之支那社; 臺北: 中國國民黨中央委員會黨史編纂委員會, 1968年 影印本.

《國粹學報》(1905~1911), 上海: 國粹報館; 臺北: 文海出版社, 1970年 影印本.

《民報》(1905~1910), 東京: 民報編輯部; 臺北: 中國國民黨中央委員會黨史編纂委員會, 1969年 影印本.

《洞庭波》(1906), 東京: 洞庭波雜誌社; 臺北: 中國國民黨中央委員會黨史編纂委員會, 1968年 影印本.

《漢幟》(1907), 東京: 洞庭波雜誌社; 臺北: 中國國民黨中央委員會黨史編纂委員會, 1969年 影印本.

《雲南》(1906~1911), 東京: 雲南雜誌社; 臺北: 中國國民黨中央委員會黨史編纂委員會, 1968年 影印本.

《庸言》(1912~1914), 天津: 庸言報館; 臺北: 文海出版社, 1971年 影印本.

《甲寅》(1914~1915), 東京: 甲寅雜誌社; 臺北: 東方文化書局, 1975年 影印本.

《大中華》(1915~1916), 上海: 中華書局; 臺北: 文海出版社, 1978年 影印本.

《新青年》(1915~1926), 上海: 上海群益書社; 北京: 人民出版社, 1954年 影印本.

《每週評論》(1918~1919), 北京: 每週評論社; 北京: 人民出版社, 1954年 影印本.

《新潮》(1919~1922), 北京: 北京大學新潮社; 上海: 上海書店, 1986年 影印本.

《少年中國》(1919~1924), 北京: 少年中國學會; 北京: 人民出版社, 1980年 影印本.

《嚮導週報》(1922~1927), 廣州: 嚮導週報社; 北京: 人民出版社, 1954年 影印本.

《現代評論》(1924~1928), 北京: 現代評論社; 長沙: 嶽麓書社, 1999年 影印本.

2. 당안

故宮博物院 編, 《清代外交史料(嘉慶朝)》, 北平: 故宮博物院, 1933; 臺北: 成文出版社, 1968年 影印本.

―― 編, 《清代外交史料(道光朝)》, 北平: 故宮博物院, 1933; 臺北: 成文出版社, 1968年 影印本.

───── 編, 《籌辦夷務始末(道光朝)》, 北平: 故宮博物院, 1930; 臺北: 國風出版社, 1963年 影印本.

───── 編, 《籌辦夷務始末(咸豐朝)》, 北平: 故宮博物院, 1930; 臺北: 中華書局, 1979年 影印本.

───── 編, 《籌辦夷務始末(同治朝)》, 北平: 故宮博物院, 1930; 臺北: 國風出版社, 1963年 影印本.

中央研究院近代史研究所 編, 《道光咸豐兩朝籌辦夷務始末補遺》, 臺北: 中央研究院, 1966年 影印本.

───── 編, 《清光緒朝中日交涉史料》, 北平: 故宮博物院, 1933; 臺北: 文海出版社, 1963年 影印本.

───── 編, 《清光緒朝中法交涉史料》, 北平: 故宮博物院, 1933; 臺北: 文海出版社, 1967年 影印本.

───── 編, 《清宣統朝中日交涉史料》, 北平: 故宮博物院, 1933; 臺北: 文海出版社, 1963年 影印本.

北平外交史料編纂處, 《清季外交史料(光緒朝)》, 北平: 故宮博物院, 1934; 臺北: 文海出版社, 1963年 影印本.

─────, 《清季外交史料(宣統朝)》, 北平: 故宮博物院, 1934; 臺北: 文海出版社, 1963年 影印本.

中國國家檔案局明清檔案館 編, 《戊戌變法檔案史料》, 北京: 中華書局, 1958.

故宮博物院明清檔案部 編, 《清末籌備立憲檔案史料》, 北京: 中華書局, 1979.

3. 청대경세문편

賀長齡·魏源 輯, 《皇朝經世文編》, 120卷, 道光7年(1827) 刊本; 臺北: 國風出版社, 1963年 影印本.

饒玉成 輯, 《皇朝經世文編續編》, 115卷, 光緒8年(1882) 雙峰書屋刊本; 臺北: 文海出版社, 1987年 影印本.

葛士濬 輯,《皇朝經世文續編》, 120卷, 光緖14年(1888) 刊本; 光緖辛卯年(1891)上海廣百宋齋刊本.

盛康 輯,《皇朝經世文編續編》, 120卷, 光緖23年(1897) 刊本; 臺北: 文海出版社, 1972年 影印本.

甘韓 輯,《皇朝經世文新增時洋務續編》, 40卷, 光緖丁酉年(1897) 掃頁山房石印本; 臺北: 文海出版社, 1972年 影印本.

陳忠倚 輯,《皇朝經世文三編》, 80卷, 光緖24年(1898) 上海書局石印本; 臺北: 國風出版社, 1965年 影印本.

麥仲華 輯,《皇朝經世文新編》, 21卷, 光緖24年(1898) 上海大同譯書局刊本; 臺北: 國風出版社, 1965年 影印本.

宜今室主人 輯,《皇朝經濟文新編》, 69卷, 光緖27年(1901) 上海宜今室刊本; 臺北: 文海出版社, 1972年 影印本.

邵之棠 輯,《皇朝經世文統編》, 120卷, 光緖辛丑年(1901) 上海寶善齋石印本; 臺北: 文海出版社, 1980年 影印本.

何良棟 輯,《皇朝經世文四編》, 52卷, 光緖28年(1902) 刊本; 臺北: 文海出版社, 1972年 影印本.

求是齋 輯,《皇朝經世文編五集》, 32卷, 光緖28年(1902) 上海宜今室刊本; 臺北: 文海出版社, 1987年 影印本.

甘韓 輯,《皇朝經世文新編續集》, 21卷, 光緖壬寅年(1902) 商絳雪齋書局刊本; 臺北: 文海出版社, 1972年 影印本.

王延熙・王樹敏 輯,《皇淸道咸同光奏議》, 64卷, 光緖壬寅年(1902) 上海久敬齋石印本; 臺北: 文海出版社, 1969年 影印本.

金匱闕鑄補齋 輯,《皇朝新政文編》, 26卷, 光緖二28年(1902) 中西印書會刊本; 臺北: 文海出版社, 1987年 影印本.

于寶軒 輯,《皇朝畜艾文編》, 80卷, 光緖29年(1903) 上海官書局刊本; 臺北: 臺灣學生書局, 1965年 影印本.

4. 논저

阮元 輯,《疇人傳(初編)》(1799),《疇人傳》, 上海: 商務印書館, 1955. 下同.
羅士琳 輯,《疇人傳(續編)》(1840).
諸可寶 輯,《疇人傳(三編)》(1886).
關天培,《籌海初集》(1836), 臺北: 華文書局, 1969.
梁廷楠,《海國四說》(1846), 北京: 中華書局, 1993.
―――,《英吉利國記》(1846), 臺北: 文海出版社, 1978.
林鍼,《西海紀遊草》(1848), 長沙: 嶽麓書社, 1985.
徐繼畬,《瀛寰志略》(1848), 上海: 上海書店出版社, 2001.
魏源,《海國圖志》(1852), 長沙: 嶽麓書社, 1998.
羅森,《日本日記》(1854), 長沙: 嶽麓書社, 1985.
洪仁玕,《資政新編》(1859), 上海: 上海人民出版社, 2001.
馮桂芬,《校邠廬抗議》(1861), 臺北: 文海出版社, 1971.
張德彝,《航海述奇》(1862), 長沙: 嶽麓書社, 1985.
―――,《隨使法國記》(1873), 長沙: 嶽麓書社, 1985.
―――,《隨使英俄記》(1877), 長沙: 嶽麓書社, 1985.
祁兆熙,《遊美洲日記》(1865), 長沙: 嶽麓書社, 1985.
斌椿,《乘槎筆記》(1866), 長沙: 嶽麓書社, 1985.
―――,《海國勝遊草》(1866), 長沙: 嶽麓書社, 1985.
―――,《天外歸帆草》(1866), 長沙: 嶽麓書社, 1985.
志剛,《初使泰西記》(1870), 長沙: 嶽麓書社, 1985.
王韜,《漫遊隨錄》(1870), 長沙: 嶽麓書社, 1985.
―――,《弢園文錄外編》(1874), 上海: 上海書店出版社, 2002.
―――,《扶桑遊記》(1880), 長沙: 嶽麓書社, 1985.
―――,《格致書院課藝》(1886~1893), 上海: 弢園.
―――,《西學圖說》(1890),《續修四庫全書》〈子部 天文算法類〉.

李奎, 《環遊地球新錄》(1876), 長沙: 嶽麓書社, 1985.

劉錫鴻, 《英軺私記》(1876), 長沙: 嶽麓書社, 1985.

何如璋, 《使東述略》(1877), 長沙: 嶽麓書社, 1985.

———, 《使東雜詠》(1877), 長沙: 嶽麓書社, 1985.

郭嵩燾, 《倫敦與巴黎日記》(1877), 長沙: 嶽麓書社, 1985.

黎庶昌, 《西洋雜誌》(1877), 長沙: 嶽麓書社, 1985.

李鳳苞, 《使德日記》(1878), 長沙: 嶽麓書社, 1985.

馬建忠, 《適可齋記言記行》(1878), 臺北: 文海出版社, 1974.

曾紀澤, 王傑成 標點, 《出使英法俄國日記》(1878), 長沙: 嶽麓書社, 1998.

徐建寅, 《歐遊雜錄》(1879), 長沙: 嶽麓書社, 1985.

薛福成, 《籌洋芻議》(1879), 丁鳳麟·丁欣之 編, 《薛福成選集》, 上海: 上海人民出版社, 1987.

———, 《庸庵文編》(1887), 《續修四庫全書》〈集部 別集類〉, 上海: 上海古籍出版社, 1995. 下同.

———, 《庸庵文續編》(1889).

———, 《庸庵文外編》(1893).

———, 《庸庵海外文編》(1895).

———, 《出使英法義比四國日記》(1891), 長沙: 嶽麓書社, 1985.

———, 《出使日記續修》(1891), 長沙: 嶽麓書社, 1985.

鄭觀應, 《易言》(1880), 夏東元 編, 《鄭觀應集》, 上海: 上海人民出版社, 1982, 1988.

———, 《盛世危言》(1893), 瀋陽: 遼寧人民出版社, 1994.

李筱圃, 《日本紀遊》(1880), 長沙: 嶽麓書社, 1985.

王之春, 《談瀛錄》(1880), 上海: 藝文齋.

劉雨珍·孫雪梅 編, 《日本政法考察記》(1880), 上海: 上海古籍出版社, 2002.

曾根嘯雲 輯, 王韜 編纂, 《法越交兵記》(1883), 臺北: 文海出版社, 1974.

傅雲龍, 《遊歷日本圖經餘紀》(1887), 長沙: 嶽麓書社, 1985.

康有爲, 《實理公法全書》(1890), 朱維錚 編校, 《康有爲大同論二種》, 香港: 三聯書店, 1998.

———, 朱維錚・廖梅 編校, 《新學僞經考》(1891), 香港: 三聯書店, 1998.

———, 《日本書目志》(1987), 姜義華・吳根樑 編校, 《康有爲全集》第3冊, 上海: 上海人民出版社, 1987.

———, 《孔子改制考》(1989), 《康有爲全集》第3冊.

———, 《大同書》(1898~1927), 《康有爲大同論二種》.

———, 《歐洲十一國遊記二種》(1904), 長沙: 嶽麓書社, 1985.

———, 湯志鈞 編, 《康有爲政論集》, 北京: 中華書局, 1981.

黃遵憲, 《日本雜事詩》(1890), 鍾叔河 輯注校點, 《日本雜事詩廣注》, 長沙: 湖南人民出版社, 1981.

———, 《日本國志》(1890), 上海: 上海古籍出版社, 2003.

宋恕, 《六字課齋卑議》(1892), 胡珠生 編, 《宋恕集》, 北京: 中華書局, 1993.

梁啓超, 《西學書目表》(1896), 泉州: 光緒23年(1897) 經史閣本.

———, 林志鈞編, 《飲冰室文集》, 臺北: 中華書局, 1978.

———, 林志鈞編, 《飲冰室專集》, 昆明: 中華書局, 1941.

陳虯, 《治平通議》(1893), 《續修四庫全書・子部 儒家類》.

崔國因, 《出使美日秘國日記》(1893), 長沙: 嶽麓書社, 1985.

黃慶澄, 《東遊日記》(1894), 長沙: 嶽麓書社, 1985.

嚴復, 王栻 主編, 《嚴復集》, 北京: 中華書局, 1986.

赫胥黎(Thomas H. Huxley), 嚴復 譯, 《天演論》(1896~1898), 北京: 商務印書館, 1981.

斯密(Adam Smith), 嚴復 譯, 《原富》(1902), 北京: 商務印書館, 1981.

斯賓塞(Herbert Spencer), 嚴復 譯, 《群學肆言》(1903), 北京: 商務印書館, 1981.

穆勒(John S. Mill), 嚴復 譯, 《群己權界論》(1903), 北京: 商務印書館, 1981.

甄克斯(Edward Jenks), 嚴復 譯, 《社會通詮》(1904), 北京: 商務印書館, 1981.

穆勒(John S. Mill), 嚴復 譯, 《穆勒名學》(1905), 北京: 商務印書館, 1981.

孟德斯鳩(Montesquieu), 嚴復 譯, 《孟德斯鳩法意》(1904~1909), 北京: 商務印書館,

1981.

耶方斯(William S. Jevons), 嚴復 譯, 《名學淺說》(1908), 北京: 商務印書館, 1981.

王仁俊, 《格致古微》(1896), 《四庫未收書輯刊》第9輯. 北京: 北京出版社, 2000.

陳熾, 《庸書》(1894), 趙樹貴・曾麗雅 編, 《陳熾集》, 北京: 中華書局, 1997.

譚嗣同, 《仁學》(1896), 蔡尙思・方行 編, 《譚嗣同全集》, 北京: 中華書局, 1981年 增訂本.

唐才常 著, 湖南省哲學社會科學研究所 編, 《唐才常集》(1896), 北京: 中華書局, 1980.

唐才常, 《覺顚冥齋內言》(1897), 《續修四庫全書・集部 別集類》.

江標 編校, 《沅湘通藝錄》(1897), 上海: 上海商務印書館, 1935.

張學禮, 《使琉球記》, 小方壺輿地叢鈔 第10帙, 王錫祺 輯, 《小方壺輿地叢鈔》, 上海: 著易堂, 光緒23年(1897), 杭州: 杭州古籍書店, 1985年 影印本. 下同.

李鼎元, 《使琉球記》, 小方壺輿地叢鈔 第10帙.

陳其元, 《日本近事記》, 小方壺輿地叢鈔 第10帙.

王之春, 《東洋瑣記》(1879), 小方壺輿地叢鈔 第10帙.

黃懋材, 《西輶日記》, 小方壺輿地叢鈔 第10帙.

張德彝, 《隨使日記》(1877), 小方壺輿地叢鈔 第11帙.

―――, 《使英雜記》(1879), 小方壺輿地叢鈔 第11帙.

―――, 《使法雜記》, 小方壺輿地叢鈔 第11帙.

―――, 《使還日記》(1880), 小方壺輿地叢鈔 第11帙.

李鳳苞, 《使德日記》(1878), 小方壺輿地叢鈔 第11帙.

曾紀澤, 《出使英法日記》, 小方壺輿地叢鈔 第11帙.

錢德培, 《歐遊隨筆》(1883), 小方壺輿地叢鈔 第11帙.

王之春, 《瀛海卮言》(1891), 小方壺輿地叢鈔 第11帙.

沈純, 《西事蠡測》, 小方壺輿地叢鈔 第11帙.

李圭, 《東行日記》(1876), 小方壺輿地叢鈔 第12帙.

陳蘭彬, 《使美紀略》(1878), 小方壺輿地叢鈔 第12帙.

沈敦和,《俄羅斯國志略》, 小方壺輿地叢鈔續編 第3帙. 王錫祺 輯,《小方壺齋輿地叢
　　鈔續編》, 上海: 著易堂, 光緒23年(1897), 臺北: 廣文書局, 1967年 影印本. 下同.
王之春,《使俄草》, 小方壺輿地叢鈔續編 第3帙.
管斯駿,《俄疆客述》, 小方壺輿地叢鈔續編 第3帙.
馬建忠,《朝俄交界考》, 小方壺輿地叢鈔續編 第10帙.
金安清,《東倭考》, 小方壺輿地叢鈔續編 第10帙.
崇禮,《奉使朝鮮日記》, 小方壺輿地叢鈔續編 第10帙.
林則徐 譯,《華事夷言》(1844), 小方壺輿地叢鈔續編 第11帙.
何大庚,《英夷說》, 小方壺輿地叢鈔續編 第11帙.
蕭今裕,《英吉利記》, 小方壺輿地叢鈔續編 第11帙.
魏源,《英吉利小記》, 小方壺輿地叢鈔續編 第11帙.
洪勳,《遊歷義大利聞見錄》(1889), 小方壺輿地叢鈔續編 第11帙.
──,《遊歷瑞典那威聞見錄》(1889), 小方壺輿地叢鈔續編 第11帙.
──,《遊歷西班牙聞見錄》(1889), 小方壺輿地叢鈔續編 第11帙.
沈敦和,《英吉利國志略》(1894), 小方壺輿地叢鈔續編 第11帙.
──,《法蘭西國志略》(1894), 小方壺輿地叢鈔續編 第11帙.
──,《德意志國志略》(1894), 小方壺輿地叢鈔續編 第11帙.
宋育仁,《泰西各國采風記》(1897), 小方壺輿地叢鈔再補編 第11帙, 王錫祺 輯,《小
　　方壺齋輿地叢鈔再補編》, 上海: 著易堂, 光緒23年(1897); 杭州: 杭州古籍書店,
　　1985年 影印本. 下同.
林則徐,《四洲志》(1844), 小方壺輿地叢鈔再補編 第12帙.
鄒弢,《萬國風俗考略》(1897), 小方壺輿地叢鈔再補編 第12帙.
翦伯贊·劉啓戈 等 編,《戊戌變法》卷2·3冊. 上海: 神州國光社, 1995.
張之洞,《勸學篇》(1898), 陳山榜,《張之洞勸學篇評注》, 大連: 大連出版社, 1990.
陳衍,《戊戌變法摧議》(1898), 陳步 編,《陳石遺集》, 福州: 福建人民出版社, 1999.
蘇輿 編,《翼教叢篇》(1898), 上海: 上海書店出版社, 2002.
何啓·胡禮垣,《新政眞詮(初編至六編)》(1898), 鄭大華 點校,《新政眞詮, 何啓·胡

禮垣集》, 瀋陽: 遼寧人民出版社, 1994.

林樂知(Young John Allen)·蔡爾康, 《李鴻章歷聘歐美記》(1899), 長沙: 嶽麓書社, 1985.

章炳麟, 《訄書》(1901), 上海: 古典文學出版社, 1958.

章太炎, 湯志鈞 編, 《章太炎政論選集》, 北京: 中華書局, 1977.

單士厘, 《癸卯旅行記》(1903), 長沙: 嶽麓書社, 1985.

─── , 《歸潛記》(1909), 長沙: 嶽麓書社, 1985.

戴鴻慈, 《出使九國日記》(1905), 長沙: 嶽麓書社, 1985.

載澤, 《考察政治日記》(1905), 長沙: 嶽麓書社, 1985.

劉師培, 《攘書》(1911), 李妙根 編, 朱維錚 校, 《劉師培辛亥前文選》, 香港: 三聯書店, 1998.

容閎, 《西學東漸記》(1915), 臺北: 文海出版社, 1974.

張枬·王忍之 編, 《辛亥革命前十年間時論選集》, 北京: 三聯書店, 1960~1978.

5. 중국에 온 외국인의 중국어 저서 및 역서

高理文(Elijah C. Bridgman), 《美理哥合省國志略》(1838), 北京: 中國社會科學出版社, 1997.

瑪姬士(Martinho José Marques), 《新釋地理備考全書》(1847), 北京: 中華書局, 1991.

惠頓(Henry Wheaton), 丁韙良(W. A. P. Martin) 主譯, 《萬國公法》(1864), 北京: 崇實館.

丁韙良 譯, 《公法會通》(1880), 北京: 北洋書局, 1898.

─── 撰, 《西學考略》(1883), 《續修四庫全書·子部 西學譯著類》.

傅蘭雅(John Fryer), 《冶金錄》(1873), 上海: 上海古籍出版社, 1995.

─── 口譯, 應祖錫 筆述, 《佐治芻言》(1885), 南京: 江南製造局原版.

赫士(Watson M. Hayes) 編譯, 周文源 述, 《天文揭要》(1891), 《續修四庫全書・子部 西學譯著類》.

李提摩太(Timothy Richard), 《列國變通興盛紀》(1894), 《續修四庫全書・子部 西學譯著類》.

麥肯齊(Robert Mackenzie), 李提摩太・蔡爾康 譯, 《泰西新史攬要》(1896), 上海: 上海書店出版社, 2002.

林樂知, 《中東戰紀本末》(1896), 臺北: 廣文書局, 1972.

李天綱 編校, 《萬國公報文選》, 香港: 三聯書店, 1998.

南懷仁(Ferdinand Verbiest) 等, 《西方要紀》(約1662~1670), 小方壺輿地叢鈔 第11帙, 王錫祺 輯, 《小方壺齋輿地叢鈔》, 上海: 著易堂, 光緒23年(1897); 杭州: 杭州古籍書店, 1985年 影印本. 下同.

林樂知, 《中西關係略論》(1876), 小方壺輿地叢鈔 第11帙.

丁韙良, 《泰西城鎮記美國》, 小方壺輿地叢鈔 第11帙.

艾約瑟(Joseph Edkins), 《土國戰事述略》 小方壺輿地叢鈔 第11帙.

李堤摩太, 《遊歷西藏記》, 小方壺輿地叢鈔續編 第3帙, 王錫祺 輯, 《小方壺齋輿地叢鈔續編》, 上海: 著易堂, 光緒23年(1897); 臺北: 廣文書局, 1967年 影印本. 下同.

戴樂爾, 《亞東論略》, 小方壺輿地叢鈔續編 第3帙.

培瑞(Divie Bethune McCartee), 《地球推方圖說》, 小方壺輿地叢鈔續編 第1帙, 王錫祺 輯, 《小方壺齋輿地叢鈔再補編》, 上海: 著易堂, 光緒23年(1897); 杭州: 杭州古籍書店, 1985年 影印本.

작자미상, 《貿易通志》(1840), 小方壺輿地叢鈔再補編 第12帙, 王錫祺 輯, 《小方壺齋輿地叢鈔再補編》, 上海: 著易堂, 光緒23年(1897); 臺北: 廣文書局, 1964年 影印本. 下同.

馬禮遜(Robert Morrison), 《外國史略》(1843), 小方壺輿地叢鈔再補編 第12帙.

慕維廉(William Muirhead), 《地理全志》(1854), 小方壺輿地叢鈔再補編 第12帙.

褘理哲(Richard Quarteman Way), 《地球說略》(1856), 小方壺輿地叢鈔再補編 第12帙.

戴德江(Lyman Dwight Chapin), 《地理志略》(1897), 小方壺輿地叢鈔再補編 第12帙.

작자미상, 《萬國地理全圖集》(1897), 小方壺輿地叢鈔再補編 第12帙.
李堤摩太, 《三11國志要》, 小方壺輿地叢鈔再補編 第12帙.

6. 청말 서학교과서

(1)
赫德(Robert Hart) 編集, 艾約瑟 譯, 《西學啓蒙》(1896), 16種, 上海: 圖書集成印書局, 1898年 刊本.
《西學略述》10卷; 《格致總學啓蒙》; 《地志啓蒙》4卷; 《地理質學啓蒙》7卷; 《地學啓蒙》; 《格致質學啓蒙》; 《身理啓蒙》; 《動物學啓蒙》8卷; 《化學啓蒙》; 《植物學啓蒙》; 《天文啓蒙》; 《富國養民策》; 《辨學啓蒙》; 《希臘志略》7卷; 《羅馬志略》; 《歐洲史略》.

(2)
張蔭桓 輯, 《西學富强叢書》(1896), 78種, 上海: 上海鴻文書局 石印本.
項名達, 《勾股六術》(1832), 1卷.
哈司韋(Charles Haynes Haswell)輯, 傅蘭雅 口譯, 江衡 筆述, 《算式集要》, 4卷.
顧觀光, 《九數外錄》(1874), 1卷.
謝家禾, 《衍元要義》, 1卷.
──, 《弧田問率》, 1卷.
──, 《直積回求》, 1卷.
董祐誠, 《割圜連比例術圖解》(1819), 3卷.
──, 《橢圜求周術》, 1卷.
──, 《斜弧三邊求角補術》, 1卷.
──, 《堆垜積術》, 1卷.
──, 《三統術衍補》, 1卷.

布倫 編輯, 傅蘭雅 口譯, 徐壽 筆述, 《周髀知裁》, 1卷.

白力蓋 輯, 傅蘭雅 口譯, 徐建寅 刪述, 《器象顯眞》(1871), 4卷.

胡威立, 艾約瑟 口譯, 李善蘭 筆述, 《重學》, 20卷.

田大里 輯, 傅蘭雅 口譯, 周郇 筆述, 《電學綱目》(1879), 1卷.

瑙挨德, 傅蘭雅 口譯, 徐建寅 筆述, 《電學》(1879), 10卷.

韋而司](David Ames Wells), 傅蘭雅 口譯, 徐壽 筆述, 《化學鑒原》(1872), 6卷.

蒲陸山(Charles Loudon Bloxam), 傅蘭雅 口譯, 徐壽 筆述, 《化學鑒原續編》(1874), 24卷.

傅蘭雅 口譯, 徐壽 筆述, 《化學鑒原補編》(1879), 6卷.

田大里 輯, 《化學材料中西名目表》, 1卷.

────── 著, 傅蘭雅 口譯, 徐建寅 筆述, 《聲學》(1874), 8卷.

────── 輯, 金楷理 口譯, 趙元益 筆述, 《光學》(1876), 2卷.

《視學諸器圖說》, 1卷.

侯失勒約翰(John F. W. Herschel), 偉烈亞力 譯, 李善蘭 刪述, 徐建寅 續述, 《談天》, 18卷.

金楷理(Carl T. Kreyer) 口譯, 華蘅芳 筆述, 《測候叢談》(1877), 4卷.

雷俠兒(Charles Lyell), 瑪高溫 口譯, 華蘅芳 筆述, 《地學淺釋》, 38卷.

麥丁富得力 編, 林樂知 口譯, 鄭昌棪 筆述, 《列國歲計政要》, 12卷.

《光緒二十四年列國歲計表》, 1卷.

岡本監輔・朱克敬, 《萬國總說》, 3卷.

費利摩羅巴德(Robert Phillimore), 傅蘭雅 口譯, 俞世爵 筆述, 《各國交涉公法論初集》, 4卷.

──────, 傅蘭雅 口譯, 俞世爵 筆述, 《各國交涉公法論二集》, 4卷.

──────, 傅蘭雅 口譯, 俞世爵 筆述, 《各國交涉公法論三集》, 8卷.

──────, 傅蘭雅 口譯, 俞世爵 筆述, 《各國交涉公法論校勘記》, 1卷 (附《中西紀年》, 一卷).

徐景羅 譯, 《俄史輯譯》, 4卷.

麥高爾(Malcolm MacColl) 輯著, 林樂知·瞿昂來 同譯, 《東方交涉記》, 12卷.
希理哈(Viktor Ernst Karl Rudolf Von Scheliha), 傅蘭雅 口譯, 華蘅芳 筆述, 《南北花旗戰紀》(《防海新論》), 18卷.
謝衛樓(Devello Zelotos Sheffield), 《萬國通鑒》, 4卷.
德麟·極福德 同纂, 舒高第·鄭昌棪 同譯, 《英國水師律例》, 4卷.
士密德(Warington W. Smyth) 輯, 傅蘭雅 口譯, 王德均 筆述, 《開煤要法》, 12卷.
白爾捺(Edward Spon) 輯, 傅蘭雅 口譯, 趙元益 筆述, 《井礦工程》, 3卷.
亞倫(Charles Howard Aaron), 傅蘭雅 口譯, 應祖錫 筆述, 《銀礦指南》, 1卷.
阿發滿(Frederick Overman) 譔, 傅蘭雅 口譯, 趙元益 筆述, 《冶金錄》, 3卷.
徐家寶 譯述, 《鍊鋼要言》(附錄試驗各法), 1卷.
代那(James Dwight Dana) 撰, 瑪高溫 口譯, 華蘅芳 筆述, 《金石識別》, 12卷 (附《金石識別中西名目表》[*Vocabulary of Mineralogy Terms*], 1卷).
蒲而捺(John Bourne) 譔, 傅蘭雅 口譯, 徐建寅 續述, 《汽機必以》, 12卷 (附1卷).
白爾格(N. P. Burgh) 譔, 傅蘭雅 口譯, 徐建寅 續述, 《汽機新制》, 8卷.
亨利黎特 撰, 舒高第·鄭昌棪 同譯, 《鍊石編》, 3卷.
韋更斯(John Wiggins) 撰, 傅蘭雅 口譯, 趙元益 筆述, 《海塘輯要》, 10卷.
傅蘭雅·汪振聲 同譯, 《行軍鐵路工程》, 2卷.
諾格德 譔, 傅蘭雅 口譯, 徐壽 筆述, 《匠誨與規》, 3卷.
傅蘭雅 口譯, 徐壽 筆述, 《造管之法》, 1卷.
―― 口譯, 徐壽 筆述, 《回熱爐法》, 1卷.
―― 口譯, 徐壽 筆述, 《鎔金類罐》, 1卷.
―― 口譯, 徐壽 筆述, 《造硫強水法》, 1卷.
―― 口譯, 徐壽 筆述, 《色相留眞》, 1卷.
―― 口譯, 徐壽 筆述, 《水衣全論》, 1卷.
―― 口譯, 徐壽 筆述, 《垸髹致美》, 1卷.
林樂知 口譯, 鄭昌棪 筆述, 《製肥皂法》, 2卷.
―― 口譯, 鄭昌棪 筆述, 《製油燭法》, 1卷.

金楷理 口譯, 徐華封 筆述, 《電學鍍金》, 4卷.

傅蘭雅 口譯, 徐華封 筆述, 《電學鍍鎳》, 1卷.

—— 口譯, 徐壽 筆述, 《造玻璃法》, 2卷.

—— 口譯, 徐壽 筆述, 《鐵船針向》, 1卷.

—— 口譯, 徐壽 筆述, 《機動圖說》, 1卷.

歐潑登(Emory Upton), 林樂知·瞿昂來 同譯, 《列國陸軍制》, 9卷.

斯拉弗司(Albrecht von Boguslawski) 撰, 金楷理 口譯, 趙元益 筆述, 《臨陣管見》, 9卷.

儲意比(Joseph Ellison Portlock) 撰, 傅蘭雅 口譯, 徐壽 筆述, 《營城揭要》, 2卷.

巴那比·克理同 撰, 傅蘭雅·鍾天緯 同譯, 《英國水師考》, 1卷.

林默能 譯, 羅亨利·瞿昂來 同譯, 《法國水師考》, 1卷.

巴那比·克理同 撰, 傅蘭雅, 鍾天緯 同譯, 《美國水師考》, 1卷.

挐核甫 撰, 舒高第·鄭昌棪 同譯, 《海軍調度要言》, 3卷.

裵路(Pownoll Pellow), 傅蘭雅 口譯, 徐建寅 續述, 《輪船布陣》, 12卷 (附 〈卷首〉和 〈卷附〉).

利稼孫·華得斯 輯, 傅蘭雅 口譯, 丁樹棠 筆述, 《製火藥法》, 3卷.

美國水師書院 原書, 金楷理 口譯, 朱恩錫 筆述, 李鳳苞 刪潤, 《兵船礮法》, 6卷.

傅蘭雅 口譯, 徐壽 筆述, 《回特活德鋼礮》, 1卷.

布國軍政局 原書, 金楷理 口譯, 李鳳苞 刪潤, 《克虜伯礮準心法》, 1卷.

—— 原書, 金楷理 口譯, 李鳳苞 刪潤, 《克虜伯礮說》, 4卷.

—— 原書, 金楷理 口譯, 李鳳苞 刪潤, 《克虜伯礮操法》, 4卷 (附 《克虜伯礮表》, 8卷).

(3)

求自强齋主人(梁啓超) 輯, 《西政叢書》, 26種, 上海: 慎記書莊, 1897.

西洋肄業局 譯, 沈郭和 校訂, 《西學課程彙編》(1873), 1卷.

史本守, 顏永京 譯, 《肄業要覽》(1882), 1卷.

徐建寅 譯, 《德國議院章程》(1882), 1卷.

穆尼耶見惠 編纂, 丁韙良 譯, 《陸地戰例新選》(1883), 1卷.

丁韙良, 汪振聲 譯, 《中國古世公法》(1884), 1卷.

楊仁山 原撰, 錢學嘉 增訂, 《光緒通商總敍表》(1888), 1卷.

顧厚焜 編, 《日本新政考》(1888), 2卷.

康發達, 《蠶務圖說》(1889), 1卷.

適可居士, 《法國海軍職要》(1891), 1卷.

沈敦和·錫樂巴 同譯, 《德國軍制述要》(1895), 1卷.

康有爲, 《四上書記》(1895), 4卷.

布來德, 傅蘭雅·徐家寶 筆述, 《保富述要》, 2卷.

李提摩太, 《生利分利之別》, 2卷.

貝德禮, 李提摩太 譯, 鑄鐵生 述, 《農學新法》, 1卷.

花之安 輯, 《西國學校》, 1卷.

徐建寅 譯述, 《德國合盟紀事本末》, 1卷.

瑪體生, 傅蘭雅·鍾天緯 同譯, 《工程致富論略》, 13卷.

────, 傅蘭雅·鍾天緯 同譯, 汪振聲 校訂, 《考工紀要》, 17卷.

劉啓彤 譯編, 《法政概》, 1卷.

──── 譯編, 《英政概》, 1卷.

──── 譯編, 《英藩政概》, 4卷.

錢學嘉, 《中外交涉類要表》, 1卷.

羅柏村(Robertson), 傅蘭雅·汪振聲 同譯, 《公法總論》, 1卷.

《自强軍洋操課程》, 10卷.

《紡織機器圖說》, 1卷.

《農事略論》, 1卷.

주석

서론: 왜 사상사에서 관념사로 전환했는가

[1] Raymond Williams, 劉建基 譯, 《關鍵詞: 文化與社會的語彙》, 臺北: 巨流圖書公司, 2003, 167쪽.

[2] John B. Bury, 范祥濤 譯, 《進步的觀念》, 上海: 上海三聯書店, 2005, 1쪽에서 재인용.

[3] 키워드를 선택할 때 역사적으로 어떤 단어가 사용되었는지를 중시해야 한다. 현재 통용되는 단어와 다를 때도 있다.

[4] 이 일련의 연구프로젝트는 〈감사의 글〉 참조.

[5] 〈데이터베이스〉에 관한 설명은 〈부록 3. 중국 근현대사상사 전문 데이터베이스(1830~1930) 문헌목록〉 참조. 이 책은 과거 10년간 발표한 주요 관련 논문을 기초로 수정을 가한 것이다.

[6] 金觀濤·劉青峰, 《中國現代思想的起源 — 超穩定結構與中國定置文化的演變》第1卷, 香港: 中文大學出版社, 2000, 51~56쪽.

[7] 상세한 내용은 2권 1장 3절 참조.

[8] 상세한 내용은 2권 2장 3절 참조.

[9] 상세한 내용은 2권 1장 6절 참조.

[10] 梁啓超, 《新民說》, 林志鈞 編, 《飲冰室專集之四》第3冊, 昆明: 中華書局, 1941, 36쪽.

[11] 상세한 내용은 2권 1장 8절 참조.

[12] 상세한 내용은 2권 2장 7절 참조.

[13] 상세한 내용은 2권 3장 2절 참조.

[14] 상세한 내용은 2권 3장 3절 참조.

[15] 상세한 내용은 2권 3장 5절 참조.

[16] 상세한 내용은 2권 3장 7절 참조.

17 알레니艾儒略(Julius Aleni)는 서양철학을 '필로소피아의 학[斐錄所費亞之學]'으로 번역하였다. 李之藻 等 編, 《天學初函》第1册, 臺北: 臺灣學生書局, 1965, 31쪽.

18 傅蘭雅(John Freyer) 口譯, 應祖錫 筆術, 《佐治芻言》第156節, 南京: 江南制造局原版, 1885, 33쪽.

19 상세한 내용은 2권 5장 2절 참조.

20 Federico Masini, 黃河淸 譯, 《現代漢語詞彙的形成 ― 十九世紀漢語外來詞研究》, 上海: 漢語大詞典出版社, 1997, 172~173쪽.

21 예를 들면, 《문선》에 "肇命民主, 五德初始"라는 서술이 있다. 채옹蔡邕은 "民主者, 天子也"(班孟堅, 〈典引〉一首)라고 주를 달았다. 蕭統 選, 李善 注, 《文選》第48卷, 〈符命〉, 香港: 商務印書館, 1960, 1067쪽.

22 葛顯禮, 〈光緒二十二年通商各口華洋貿易情形總論〉(1896), 寶軒 輯, 《皇朝蓄艾文編》卷33, 〈稅則一〉, 臺北: 臺灣學生書局, 1965, 2654쪽.

23 상세한 내용은 2권 6장 5절과 6장 6절 참조.

24 〈問答〉, 《新民叢報》第11號(1902), 3쪽.

25 葉景莘, 〈中國人之弱點〉, 《庸言》第1卷 第11號(1913), 1~2쪽.

26 范岱年, 〈唯科學主義在中國 ― 歷史的回顧與批判〉, 《科學文化評論》第2卷 第6期(2005), 27~40쪽.

27 郭穎頤, 雷頤 譯, 《中國現代思想中的唯科學主義, 1900~1950》, 南京: 江蘇人民出版社, 1995.

28 金觀濤·劉靑峰, 〈試論中國式自由主義 ― 胡適實驗主義和戴震哲學的比較〉, 劉靑峰·岑國良 編, 《自由主義與中國近代傳統》, 香港: 中文大學出版社, 2002, 176쪽.

29 金觀濤·劉靑峰, 《中國現代思想的起源》, 138~153쪽.

30 金觀濤, 〈中國文化的常識合理精神〉, 《中國文化硏究所學報》, 新第6期(1997), 457~471쪽.

31 일찍이 명말에 사대부들은 이미 '격치'로 서양의 과학지식을 개괄했다. 徐光台, 〈儒學與科學: 一個科學史觀點的探討〉, 《淸華學報》, 新第26卷 第4期(1996), 369~391쪽.

32 상세한 내용은 1권 4장 2절과 3절 참조.

33 상세한 내용은 2권 7장 4절과 5절 참조.

34 상세한 내용은 1권 1장 5절과 6절 참조.

³⁵ 金觀濤・劉靑峰,《中國現代思想的起源》, 153~158쪽.
³⁶ 金觀濤・劉靑峰,《試論中國式自由主義》, 167~200쪽.
³⁷ *Chambers's Encyclopedia*, vol. XI, new rev. ed.(London: International Learning Systems Corporation Limited, 1973), p.610.
³⁸ 상세한 내용은 2권 5장 4절 참조.
³⁹ 方維規,〈'議會', '民主'與'共和'槪念在西方與中國的嬗變〉,《二十一世紀》總第58期(2000年 4月號), 51쪽.
⁴⁰ 許愼 撰, 段玉裁 注,《說文解字注》第3篇下, 上海: 上海古籍出版社, 1988, 107쪽. [《說文解字注》에는 [注]에 "上卅下十是三十也.", 그 아래 [原文]에 "卅年爲一世而道更也"로 되어 있다. 아래가 十이면 위는 卅이 되어야 함해서 三十이 된다 — 옮긴이]
⁴¹ 《예기》〈제법〉에 "대체로 천지 사이에 생겨나는 것은 모두 명이라 한다"라고 하였다. 이러한 '명'은 역시 상천이 부여한 모종의 질서를 의미한다. 천명天命과 성명性命이란 모두 하늘로부터 부여된 이러한 측면의 함의에서 도출된 것이다.《禮記注疏》卷46,〈祭法〉第23 참고. 阮元 校勘,《十三經注疏》第5册, 臺北: 藝文印書館, 1976, 798쪽.
⁴² 중국의 혁명 관념을 이야기할 때 사람들은 쉽게 마음대로 해석한다. 예를 들면, 짐승의 가죽에서 털을 제거하여 가죽을 만드는 것을 '혁'으로 이해하거나 '명'을 직접 성명性命으로 이해하는 것이다. 이는 중국의 혁명관 안에 이미 어떤 사람 혹은 어떤 계급의 명을 제거한다는, 폭력을 합법화하는 현대적 '혁명'이 포함되어 있는 것처럼 보는 것이다. 실제로 중국의 전통적 혁명관에 포함된 폭력의 의미는 왕조의 교체에서 유래하는 것이지 오늘날 중국어 용법과 같이 어떤 사람의 명을 제거한다는 것은 아니다.
⁴³ 思黃(陳天華),〈論中國宜改創民主政體〉,《民報》第1號(1905), 張枬・王忍之 編,《辛亥革命前十年間時論選集》第2卷 上册, 北京: 三聯書店, 1978, 124쪽.
⁴⁴ 상세한 내용은 2권 8장 4절과 5절 참조.
⁴⁵ 〈부록 1〉참조.
⁴⁶ 〈부록 2〉참조.

1. '천리'・'공리'・'진리'
: 중국문화의 합리성 논증과 정당성 기준에 관한 사상사적 연구

* 이 글은 〈天理・公理和眞理 ─ 中國文化 '合理性' 論證以及 '正當性' 標準的思想史硏究〉라는 제목으로 홍콩중문대학 《中國文化硏究所學報》, 新第10期(2001), 423~460쪽에 발표되었다. 고문헌의 의미 분석에 관한 표는 모두 우퉁푸 박사가 정리했고, 《신청년》 등 현대 문헌에 관한 표는 치리황과 우자이가 검색과 통계를 맡았음을 여기에 밝혀둔다. 우리가 이 항목을 연구할 때는 아직 〈데이터베이스〉가 건립되지 않았었는데, 이번에 주로 소제목과 증가된 예문 및 글자를 수정하고, 〈데이터베이스〉를 검색하여 '천리'・'공리'・'진리' 세 단어의 통계표를 추가하였다.

1 "공리가 강권에 승리했다"라는 구호는 5・4 시기에 이처럼 널리 사용되었으며, 1918년 2월 베이징에서 창간된 《매주평론》에서는 "공리를 주장하고 강권에 반대한다"는 것을 창간의 종지로 삼았다. 이 잡지는 평등과 자유를 공리로 간주하고 강권을 평등과 자유를 침해하는 것으로 정의하였다.

2 蕭統,〈令旨解二諦義〉, 劉殿爵 等 編 《梁昭明太子蕭統集逐字索引》, 香港: 中文大學出版社, 2001, 28쪽.

3 예를 들면, 차이위안페이는 신교자유회의 연설에서 "그러나 종교의 진리는 연구를 통해 더욱 분명해진다"라고 말하였다. 그는 강연문에서 천연天演[진화를 가리킴 ─ 옮긴이]을 공리로 칭하였다. 蔡子民,〈蔡子民先生在信敎自由會之演說〉, 《新靑年》 第2卷 第5號(1917. 1.1), 1쪽 참조. 또한 후스는 기독교를 진리로 칭하였다. "예수가 전한 진리는 모두가 문서로 되어 있다고 본다." 胡適,〈藏暉室箚記〉, 《新靑年》 第5卷 第1號 (1918. 7. 15), 70쪽.

4 馮契 主編, 《哲學大辭典》, 上海: 上海辭書出版社, 1992, 1410쪽.

5 Kenneth McLeish ed., *Key Ideas in Human Thought*, New York: Facts On File, 1993, p.617.

6 漢語大字典編輯委員會 編, 《漢語大字典》, 武漢: 湖北辭書出版社; 成都: 四川辭書出版社, 1987, 1115~1116쪽.

7 George H. Sabine, 李少華・尙新建 譯, 《西方政治思想史》, 臺北: 桂冠圖書股份有限公司, 1992, 189쪽.

8 Harold I. Brown, *Rationality*, London and New York: Routledge, 1988, p.38.
9 Wolfgang Schluchter, 顧忠華 譯, 《理性化與官僚 — 對韋伯之研究與詮釋》, 臺北: 聯經出版事業公司, 1986, 3쪽.
10 Michael Pusey, 廖仁義 譯, 《哈柏瑪斯》, 臺北: 桂冠圖書股份有限公司, 1989, 39~82쪽.
11 〈非十二子〉, 葉衡 選注, 《荀子》, 臺北: 臺灣商務印書館, 1966, 8쪽.
12 근현대 중국어에서 '持之有故, 言之成理'는 긍정의 의미를 지니고 있다. 부정을 나타 날 때는 일반적으로 '이른바[所謂]', '~ 같이 보인다[貌似]'와 같은 한정어를 앞에 추가한다. 예를 들면, 옌푸嚴復는 육상산과 왕양명의 격물설을 비판할 때 "벽을 향해 허상을 만들고 잘못을 따라서 부풀리니, 주장에 근거가 있는 것 같고 말에 조리가 있는 것처럼 보인다[持之似有故, 言之若成理]"와 같이 논증하였다. 〈救亡決論〉, 王栻 主編, 《嚴復集》 第1冊, 北京: 中華書局, 1986, 44쪽.
13 賈誼, 〈六術〉, 王洲明・徐超 校注, 《賈誼集校注》, 北京: 人民文學出版社, 1996, 311쪽.
14 〈原道訓〉, 劉殿爵 等 編, 《淮南子逐字索引》, 香港: 商務印書館, 1992, 6쪽.
15 천룽제陳榮捷(1901~1994)는 "The Evolution of the Neo-Confucian Concept Li as Principle"이라는 글에서 '리' 자의 의미 변천을 정리하였다. 그는 유가 오경에서는 '리' 자가 나타나지 않고, 《노자》에서도 '리' 자가 나오지 않는다고 지적하면서, 춘추에서 송명에 이르기까지 '리'의 의미가 복잡하게 바뀌어가는 과정을 논하였다. 《清華學報》, 新第4卷 第2期(1964), 123~149쪽. 우리의 통계는 천룽제의 부분적인 논점에 대해서는 증거를 제시하고 또한 일부분의 주장은 바로잡을 수 있는 것으로서 춘추에서 한대에 이르기까지 '리'의 의미 변화에 관한 비교적 완전한 그림을 제공한다. 이 밖에 대진戴震도 "《육경》, 공자와 맹자의 말과 전기 등의 여러 서적에서 '리' 자는 많이 보이지 않는다"라고 하였다. 戴震, 《孟子字義疏證》, 張岱年 主編, 《戴震全書》 第6冊, 合肥: 黃山書社, 1995, 154쪽.
16 陳學霖, 〈歐陽脩'正統論'新釋〉, 《宋史論集》, 臺北: 東大圖書公司, 1993, 133~135쪽.
17 '도덕'이라는 말은 《노자》에서 유래하였지만, 노장철학에서는 결코 오늘날 우리가 이해하는 의미가 아니라 '정의아[情意我]'를 가리켰다. 勞思光, 《中國哲學史》 第1卷, 臺北: 三民書局, 1984, 211쪽 참고.
18 이 부분에 관한 명확한 증거는 한대에 천인감응설과 미신이 성행하였다는 것이다. 상당히 많은 한대 유학자들은 천이 감정과 의지를 가지고 있고 자연의 이변과 재이는

상천上天이 군주의 실덕에 내리는 경고라고 생각하였다. 이는 합리성 기준이 이데올로기로부터 독립되어 있지 못하고, 또한 우주현상을 해석하는 기초가 되지 못하였기 때문일 것이다. 金觀濤·劉靑峰, 《中國現代思想的起源》, 30~31, 62쪽 참고.

19 湯一介, 《郭象與魏晉玄學》, 武漢: 湖北人民出版社, 1983, 71쪽.

20 金觀濤·劉靑峰, 《中國現代思想的起源》, 71~72쪽.

21 金觀濤·劉靑峰, 《中國現代思想的起源》, 115~158쪽.

22 金觀濤·劉靑峰, 《中國現代思想的起源》, 100~113쪽.

23 余英時, 〈名敎危機與魏晉士風的演變〉, 《中國知識階層史論·古代篇》, 臺北: 聯經事業出版公司, 1980, 358~367쪽.

24 이상의 예는 朱熹 撰, 徐德明 校點, 《四書章句集注》, 上海: 上海古籍出版社, 安徽敎育出版社, 2001, 60·404·84·22·91·384·442쪽 참조.

25 金觀濤·劉靑峰, 《中國現代思想的起源》, 129~162쪽.

26 金觀濤, 〈中國文化的常識合理精神〉, 457~472쪽.

27 金觀濤·劉靑峰, 《開放中的變遷 — 再論中國社會超穩定結構》, 香港: 中文大學出版社, 1993, 104~105쪽.

28 《만국공법》 제1장 〈석의명원釋義明源〉에서는 공법의 기초를 공의公義로 돌리면서 다음과 같이 논증하고 있다. "다만 만국에는 이미 통령統領으로서의 군주가 없고 ……, 역시 공적으로 선출된 유사有司도 없고 ……, 공법을 찾아서 일국의 군주가 권력을 잡거나 일국의 유사가 그 의미를 해석하는 것을 믿을 수도 없다. …… 이러한 공법이 어떤 권한에 의거하여 성립하는지 알고자 한다면, 각국이 상대할 때 당연히 지켜야하는 천연天然의 의법義法을 고찰할 수밖에 없다. …… 성법性法이라는 것은 다름이 아니라 세상 사람들이 자연스럽게 함께 거처하고 마땅히 지켜야 할 분수로서 응당 천법天法이라 불려야 할 것이다. 상제上帝가 정한 것이요, …… 공법은 상례常例에서 나온 것이다." Henry Wheaton, 丁韙良 主譯, 《萬國公法》, 京都: 崇實館, 1864, 1~2, 5쪽 참고.

29 朱熹 編, 《河南程氏遺書》 第18, 上海: 商務印書館, 1935, 257쪽.

30 朱熹, 《論語集注》, 《四書章句集注》, 171쪽.

31 溝口雄三, 〈中國與日本'公私'觀念之比較〉, 《二十一世紀》, 總第21期(1994年 2月號), 85~97쪽.

32 熊月之,《中國近代民主思想史》, 上海: 上海人民出版社, 1986, 113쪽.
33 이 책의 제156절에는 다음과 같은 서술이 있다. "此章所用伊哥挪謎字樣, 係希臘古時人語, 按是字希人訓爲治家之法, 近人則以節省之意釋之, 其見解不無小異, 然細參希人語意, 亦以節儉爲治家之本, 是近人所訓, 仍本之古義也. 因特合古今兩義, 拈此字以爲是書之目, 亦以別此章與前章有不同之處也." 傅蘭雅 口譯, 應祖錫 筆述,《佐治芻言》, 33쪽 참조.
34 金觀濤,〈中國近現代經濟倫理的變遷 — 論社會主義經濟倫理在中國的歷史命運〉, 劉小楓·林立偉 編,《中國近現代經濟倫理的變遷》, 香港: 中文大學出版社, 1998, 1~44쪽.
35 金觀濤·劉靑峰,《中國現代思想的起源》, 247~256쪽.
36 《新校本 三國志》, 卷57, 吳書 12, 張溫,《漢達電子文獻(二十五史)》, 臺北: 中央研究院, 1999.
37 이 시기에 '공리'는 주로《격치휘편》에 집중적으로 나타난다. 다음과 같은 예를 들 수 있다. "依萬物公理, 凡兩體熱度不同, 彼此相比, 則熱者傳其熱於冷者, 至兩體同熱而止." 傅蘭雅,〈格物略論〉,《格致彙編》第1册(1876. 8), 2쪽. '공리'라는 말은 또 산학산학算學, 화학위생론化學衛生論, 조석치일점장론潮汐致日漸長論, 연년익수론延年益數論 등에도 등장한다. 경제에 사용된 것은〈貿易穩法〉,《格致彙編》第2册(1877. 9), 7~9쪽 참조.
38 예컨대 국제법은 공리로 지칭되었다. 량치차오는 일찍이 다음과 같이 논하였다. "공리(사람과 사람이 서로 만나는 경우에 사용되는 것을 공리라고 한다)와 공법(국가와 국가가 서로 교류할 때 사용되는 것을 공법이라고 하며, 실제로는 역시 공리이다)을 주로 하고, …… 서양인의 공리와 공법에 관한 서적을 보조적으로 삼아 천하를 다스리는 도를 탐구한다." 梁啓超,〈上南皮張尙書書〉, 林志鈞 編,《飲冰室文集之一》第1册, 臺北: 中華書局, 1978, 105쪽. 이 구절에서는 '공리'와 '공법'이 함께 사용되고 있으며, 공법은 "실제로 공리이다"라고 분명히 밝히고 있다. 일찍이 1864년 총리아문에서 출판한《만국공법》에서 국제법은 공법으로 번역되었지만, 아직 '공리'는 사용되지 않았고 자연지리自然之理를 국제법의 근거로 삼았다. 국가와 국가의 관계가 최초로 사적 영역에도 속하지 않고 국가의 영역에도 속하지 않은 규칙, 즉 어떤 의미에서는 공적 영역의 규범으로 확정되었다. 그러므로 국제법은 중국과 서양의 공공의 원리가 되었고, 또한 공공영역의 원리는 서양 학문의 원리를 받아들이기 시작한 출

발점이었다.

[39] 다음과 같은 예가 있다. "向心吸力之公例, 曉格致者, 無不知之." 傳蘭雅, 〈潮汐論〉, 《格致彙編》第2册(1877. 10), 6쪽.

[40] 다음과 같은 예를 보라. "英法公例向不能出地中海." 張之洞, 〈司經局洗馬張之洞奏要盟不可曲從宜早籌禦侮摺〉(光緒 5年 12月 初5日, 1879), 王彥威 纂, 王亮 編, 《清季外交史料(光緒朝)》卷 18. 臺北: 文海出版社, 1963, 345쪽.

[41] 두 단어에 대한 설명은 이 글의 주53 참조.

[42] 예를 들면, 허치·후리위안은 1894년의 《신정통변新政通變》에서 "公事當以公理爲斷"이라고 말했다. 何啓·胡禮垣, 《新政通變》, 《新政眞詮六編》, 鄭大華 點校, 《新政眞詮: 何啓·胡禮垣集》, 瀋陽: 遼寧人民出版社, 1994, 461쪽. 쑹수도 또한 '공리'를 사용했다. "自公理漸晦, 俠風大開", 《六字課齋卑議(初稿), 相及章第十》(1892. 4), 胡珠生 編, 《末恕集》, 上册, 北京: 中華書局, 1993, 8쪽. 그가 말하는 것은 중국 고대의 상황이다.

[43] 康有爲, 《實理公法全書》, 朱維錚 編校, 《康有爲大同論二種》, 北京: 三聯書店, 1998年, 6쪽.

[44] 캉유웨이가 기하공리를 이용하여 합리성 논증에서 정당성의 최종 근거로 삼게 된 것은 《기하원본》의 추리방법으로부터 영향을 받았지만, 그가 사용한 '공리'라는 말은 이전의 번역을 답습한 것이 아니다. 우리는 서광계徐光啓와 이선란李善蘭이 차례로 번역한 《기하원본》을 검색하여 이 두 중국어 번역본에는 모두 '공리'라는 말이 사용되지 않았고 '공론'을 채택하고 있다는 것을 발견하였다. Euclid, 利瑪竇(Matteo Ricci) 譯, 徐光啓 筆授, 《幾何原本》, 郭書青 編, 《中國科學技術典籍通彙·數學卷五》, 鄭州: 河南教育出版社, 1993, 1151~1500쪽. 1906년 판잉치潘應祺의 《기하췌설幾何贅說》에서도 여전히 '공론'이라는 말을 사용하고 있으며, 〈예언例言〉에서도 '窮理·義理·所以然之理'를 여러 번 언급하고 결코 공리라는 말을 사용하지는 않았다. 潘應祺, 《幾何贅說: 六卷》, 番禺: 番氏扂癰館, 1906.

[45] 朱維錚, 〈從《實理公法全書》到《大同書》〉, 朱維錚, 《求索眞文明》, 上海: 上海古籍出版社, 1996, 236쪽.

[46] 1895년 이전에 공법은 국제법을 가리켰다. 1895년 이후에 사회제도와 법률은 모두 공법에 속했으며, 국제법은 공법에서 독립되었다. 예컨대 1904년 러일전쟁 중에 이

미 "본국인은 모두 국제법의 원칙과 부과된 조칙에 의거하여 진실로 이를 봉행하여, 공정중립의 뜻을 다해야 한다"와 같은 말이 명확히 있었다. 〈局外公法摘要〉, 《東方雜誌》 第1卷 第1期(1904. 3. 11), 3쪽.

47 梁啓超, 《變法通議》〈論譯書〉(1896), 《飮冰室文集之一》 第1冊, 71쪽[아리스토클레스는 플라톤의 본명인데 원문에는 중복되어 있음 — 옮긴이].

48 梁啓超, 《變法通議》〈自序〉(1896), 《飮冰室文集之一》 第1冊, 1쪽.

49 梁啓超, 〈論中國宜講究法律之學〉(1896), 《飮冰室文集之一》 第1冊, 93쪽.

50 상세한 내용은 2권 1장 2절 참조.

51 嚴復, 〈譯天演論序〉, 赫胥黎(Thomas H. Huxley), 嚴復 譯, 《天演論》, 北京: 商務印書館, 1981, ix쪽.

52 嚴復 譯, 《天演論》〈論16 群治〉, 92쪽.

53 중국근대사상사에서 '공례'는 언제나 '공리'와 통용되었지만, 실제로 이 단어의 정확한 함의는 서로 같지 않다. 공례는 비록 어떤 공공의 보편적 원리이지만, 그것은 구체적 사례로부터 추론된 것으로서 귀납법과 연관되고, 공리는 연역법과 연결된다. 옌푸는 일찍이 명확하게 공례를 정의했다. "공례는 이미 일어난 일에 근거하여 미래를 미리 알아내는 것이다." William S. Jevons, 《名學淺說》, 北京: 商務印書館, 1981, 4쪽. 여기의 '공례'는 보편적 의미를 갖추고 있는 사실이며, 보편의 원리는 이러한 사실의 세계로부터 도출된 것이지 그 자체는 추상적 원리가 아니다. 따라서 '공리'는 당연히 '공례'로부터 나왔지만, 일단 '공리'가 반드시 귀납법을 통해 도출되는 것이라고 강조한다면, '공례'가 '공리'보다 더 적확하다.

54 章太炎, 〈四惑論〉, 《民報》 第22號(1908. 7), 1쪽.

55 이 글이 처음 간행되었을 때는 아직 〈데이터베이스〉를 사용하지 않았다. 이번에 〈데이터베이스〉에서 '공리'의 예문을 찾아내게 되어 이 부분을 대폭 수정하였다.

56 通正齋生 譯述, 〈重譯富國策(續第十六冊)〉, 《時務報》, 第19冊(1897. 3. 3), 6쪽.

57 梁啓超, 〈論中國宜講究法律之學〉, 93쪽.

58 唐才常, 〈論各國變通政敎之有無公理・史學第三〉, 《湘學新報》(1897. 5. 31), 16쪽.

59 夷白, 〈平說〉, 《新民叢報》, 第3年 第22號(原第70號)(1905. 12. 11), 5쪽.

60 唐才常, 〈論熱力(下)〉, 湖南省哲學社會科學硏究所 編, 《唐才常集》 卷1, 北京: 中華書局, 1980, 145책.

61
梁啓超, 〈二十世紀之中國〉, 《國民報》第1期(1901. 5. 10), 《國民報彙編》, 34·37쪽에서 재인용.

62
白話道人(林獬), 〈國民意見書·論刺客的敎育〉, 《中國白話報》(1904), 《辛亥革命前十年間時論選集》第1卷 下冊, 915~916쪽.

63
湖南之湖南人(楊篤生), 〈湖南新舊黨之評判理論之必出於一途〉, 《新湖南》(1903), 《辛亥革命前十年間時論選集》第1卷 下冊, 632쪽에서 재인용.

64
金觀濤·劉靑峰, 《中國現代思想的起源》, 345~355쪽.

65
于式枚, 〈出使德國考察憲政大臣于式枚奏考察憲政謹議辦法宗旨摺〉, 《政治官報》第37號(1907. 12. 1), 9~10쪽.

66
사람들은 언제나 '중체서용'을 양무운동의 지도사상으로 말하지만, 실제로 '중체서용'이라는 주장은 청일전쟁 이후 장즈둥張之洞의 《권학편》에 나온다. 그는 체와 용을 두 개의 다른 영역으로 구분하는 경향을 띠고 있다. 이 경향은 1900년 이후 대대적으로 강화되어 이원론적 이데올로기로 변했다. 그렇지만 양무운동에서 서학을 대하던 태도는 그것을 '경세치용'의 범위에 끌어들인 것이다. 당시 가장 급진적 저작인 《성세위언》에서 정관잉鄭觀應은 중체서용을 주장한 것이 아니라, "중국의 학문은 근본이요, 서양의 학문은 말단이다. 중학을 주로 하고, 서학을 보조로 한다"라고 했다. 鄭觀應, 《盛世危言》, 沈陽: 遼寧人民出版社, 1994, 30쪽.

67
奕劻, 〈總司核定官制大臣奕劻等奏續訂各直省官制情形摺(附淸單)〉(光緖 33年 5月 27日, 1907), 故宮博物院 明淸檔案部 編, 《淸末籌備立憲檔案史料》上冊, 北京: 中華書局, 1979, 505쪽에서 재인용.

68
張仁黼, 〈大理院正卿張仁黼奏修訂法律請派大臣會訂摺〉(光緖 33年 5月 1日, 1907), 《淸末籌備立憲檔案史料》下冊, 834쪽에서 재인용.

69
이 그림은 새로 추가한 것이다.

70
精衛, 〈民族的國民〉, 《民報》第1號(1905. 11. 26), 1~31쪽.

71
鄒容, 《革命軍》(1903), 《辛亥革命前十年間時論選集》第1卷 下冊, 651쪽에서 재인용.

72
君平, 〈天演大同辨〉, 《覺民》第9·10期合本(1904), 《辛亥革命前十年間時論選集》第1卷 下冊, 874쪽에서 재인용.

73
金觀濤·劉靑峰, 《開放中的變遷》, 217~225쪽.

74
金觀濤·劉靑峰, 《中國現代思想的起源》, 345~355쪽.

75 金觀濤·劉青峰,〈五四的另一種圖象〉, 國立政治大學文學院 編,《五四運動八十周年學術研討會論文集》, 臺北: 國立政治大學, 1999, 809~843쪽.

76 《설문해자》〈진眞〉자에서는 "선인仙人이 형체를 바꿔 하늘에 오른다"라고 한다. 단옥재 주에서는 "이것이 진의 본래 의미이다. 경전에서는 단지 성실을 말했지만, 진실을 말한 것은 없다.…… 창힐 이전에는 이미 진인眞人이 있었던 것이 아닌가. 여기에서 진성眞誠으로 뜻이 확대되었다"라고 한다.《說文解字注》, 臺北: 宏業書局, 1969, 274쪽 상.

77 신문화운동 시기에 '천리' 라는 말은 이미 거의 사용되지 않았다. 《신청년》, 《향도주보》, 《매주평론》, 《소년중국》, 《신조》 등 5종의 잡지에 37번 나온다. 이렇게 잔존하는 '천리'는 명확한 의미를 지니고 있는데, 즉 자연합리이다. 이는 자연합리라는 함의가 계속해서 천리 속에 숨어 있다는 것을 말해 준다. '천리' 라는 말에서 주된 의미가 부정되어 사용되지 않는다 해도 사람들이 자연합리의 의미를 표현할 때는 여전히 '천리' 라는 말을 운용할 수 있는 것이다.

78 예를 들면, 5·4 시기에 분자원자론과 물질론은 현대적 상식이었다. 20세기 80년대에 이르러 생태학과 시스템론이 지식인의 상식이 되었지만, 이러한 새로운 상식은 5·4 시기의 지식인이 가질 수는 없었다.

79 胡適,〈實驗主義〉,《新青年》第6卷 第4號(1919. 4. 15), 344~345쪽.

80 瞿秋白,〈實驗主義與革命哲學〉,《新青年》季刊 第3期(1924. 8. 1), 15~16쪽.

81 毛澤東,〈實踐論〉,《毛澤東選集》第1卷, 北京: 人民出版社, 1970, 269쪽.

82 〈實踐是檢驗眞理的唯一標准〉,《光明日報》(1978. 5. 11).

2. 유교적 공공영역에 대한 시론
: 중국사회의 현대적 전환에 대한 사상사적 연구

* 이 장은 〈試論儒學式公共空間: 中國社會現代轉型的思想史研究〉라는 제목으로 《臺灣東亞文明研究學刊》 第2卷 第2期, 2005, 175~205쪽에 게재되었다. 이 책에 수록할 때 많은 부분을 수정 보완했다.

1 Jean L. Cohen and Andrew Arato, *Civil Society and Political Theory*, Cambridge,

Mass.: The MIT Press, 1992.

2 Jürgen Habermas, *The Structural Transformation of the Public Sphere: An Inquiry into a Category of Bourgeois Society*, Cambridge, Mass.: The MIT Press, 1989.

3 William T. Rowe, *Hankow: Commerce and Society in a Chinese City, 1796-1889*, Stanford, Calif.: Stanford University Press, 1984.

4 Mary B. Rankin, *Elite Activism and Political Transformation in China: Zhejiang Province, 1865~1911*, Stanford, Calif.: Stanford University Press, 1986, "The Origins of a Chinese Public Sphere: Local Elites and Community Affairs in the Late Imperial Period", *Etudes Chinoises* 9, no. 2 (1990), pp.13~60.

5 Frederic Wakeman, Jr., "The Civil Society and Public Sphere Debate: Western Reflections on Chinese Political Culture", *Modern China* 19, no. 2 (1993), pp.108~138.

6 Philip C. C. Huang, "'Public Sphere' / 'Civil Society' in China? The Third Realm between State and Society", *Modern China* 19, no. 2 (1993), pp.216~240.

7 William T. Rowe, "The Problem of 'Civil Society' in Late Imperial China", *Modern China* 19, no. 2(1993), pp.139~157.

8 Jürgen Habermas, *The Structural Transformation of the Public Sphere*.

9 이 통계는 우퉁푸 박사가 만든 것임을 밝히며 감사의 뜻을 표한다.

10 공쯔전은 우선 '하늘에 윤달이 있다[天有閏月]', '여름에 찬바람이 있다[夏有凉風]', '겨울에 따뜻한 날이 있다[冬有煥日]'라는 사실로부터 가장 큰 '공'을 대표하는 천도에 보편성이 있으면서도 특수성과 개별성이 있음을 증명했다. 이를 통해 세상에 '사'가 있음을 증명했다. 여기서의 '사'는 순전히 개별성을 의미한다. 공쯔전은 유교의 윤리법칙의 기초는 가정 영역과 개인에 대한 개인의 관계(충·효·정절 등임을 분명히 인식했다. 이를 근거로 충군忠君·효제孝悌·정절貞節은 모두 개인에 대한 개인의 감정임을 증명했고 유교윤리의 기초는 개별적 인간관계임을 증명했다. 그는 이를 '사'라고 불렀다. 공쯔전은 사는 공의 기초이며 사가 없으면 공이라고 할 수 있는 것도 없다고 생각했다. 여기에 개별성으로서의 '사'는 사사로운 개인의 영역을 구성하고 사적 정당성은 사사로운 개인 영역의 존재를 긍정한다. 龔自珍, 〈論私〉, 夏田藍 編, 《龔定盦全集類編》卷5, 臺北: 文海出版社, 1972, 108쪽.

[11] Norberto Bobbio, *Democracy and Dictatorship*, Minneapolis: University of Minnesota Press, 1989.

[12] 漢語大詞典編輯委員會·漢語大詞典編纂處 編纂, 羅竹風 主編, 《漢語大詞典》, 上海: 漢語大詞典出版社, 1997, 764쪽.

[13] 다음과 같은 주장은 그 전형적인 예이다. "시비와 곡직은 세상의 공통된 이치이다. 다만 신하와 자식은 임금과 아버지에게 시비와 곡직을 따질 수 없다. 이 세상에 옳지 않은 부모는 없다는 말이다. 춘추에서는 임금을 시해한 적은 36차례였지만 아버지를 죽인 사례는 3차례 있다. 문공 2년에 초나라 세자 상신商臣이 그 임금 군頵을 시해했다. 양공 30년에 채나라 세자 반般이 그 임금 고固를 시해했다. 소공 19년에 허나라 세자 지止가 그 임금 가賈를 시해했다. 죽임을 당한 세 사람은 모두 임금이면서 아비였다. 허나라의 지는 약을 올렸는데 약을 먹고 죽었으니 진정한 시해는 아니다." 皮錫瑞, 〈論孔子成春秋不能使後世無亂臣賊子而能使亂臣賊子不能無懼〉, 《經學通論·春秋》, 香港: 中華書局, 1961, 26쪽.

[14] 상세한 내용은 1장 4절 참조.

[15] 朱熹 編, 《河南程氏遺書》 第18, 257쪽.

[16] 전통시대 문헌에서 '공의'는 항상 '조정朝廷'과 함께 쓰였다. 다음과 같은 용법이 그 사례이다. "완고한 저도 오히려 옳지 못함을 아는데, 하물며 천하의 첨론僉論이나 조정의 공의이겠습니까?" 〈爲李給事讓起覆尙書左丞兼御使大夫第四表〉, 董誥 等 編, 《全唐文》 卷384, 太原: 山西教育出版社, 2002, 2317쪽. "대중에는 공정하지 않은 적이 없다. 인군人君은 천하 공의의 주인이다. 이와 같다면 위압과 복덕이 어디로 돌아갈까?" 蘇軾, 〈代呂申公上初卽位論治道二首·道德〉, 段書偉·趙宗乙 主編, 《蘇東坡全集》 卷34, 北京: 燕山出版社, 1998, 1855쪽.

[17] 일례로 《송사》에는 다음과 같은 구절이 있어 "해가 차지 않았는데 그만둘 뜻이 있어 10개의 중요한 도의를 올렸다. 사람을 쓸 때는 마음대로 쓰지 않는다. 공의로써 인재를 선발한다." 《新校本宋史》 卷382, 〈列傳第一百四十一·黃中〉, 《漢籍電子文獻(二十五史)》.

[18] 다음이 그 전형적인 예이다. "조상에 공이 있고 가문에 덕이 있으면, 천하 후세에는 저절로 공론이 있으니 간택을 꺼리지 않는다." 朱熹 撰, 黎靖德 編, 《朱子語類》 卷90, 臺北: 正中書局, 1973, 3643~3644쪽.

19 金觀濤·劉淸峰,《中國現代思想的起源》, 164~193쪽.
20 황종희는 군신관계를 큰 나무에 비유했다. 黃宗羲,〈原臣〉,《明夷待訪錄》, 上海: 商務印書館, 1937, 3~5쪽.
21 黃宗羲,〈原君〉,《明夷待訪錄》, 1~3쪽. 상세한 내용은 2권 1장 5절 참조.
22 Jürgen Habermas, 曹衛東 等 譯,《公共領域的結構轉型》, 上海: 學林出版社, 1999, 7쪽.
23 何冠彪,〈顧炎武·黃宗羲·王夫之入祀文廟始末〉,《漢學硏究》(臺北) 第9卷 第1期, 1991, 71~89쪽.
24 상세한 내용은 1장 5절 참조.
25 흥미롭게도 서양의 의회는 최초에는 '공의원公議院'이라고 불렸다. 1880년에 프라이어John Fryer(1839~1928, 중국명 傅蘭雅) 등은 "공의원은 시간에 맞추어 회의를 소집하고 의사를 진행했고, 모든 공공의 이익을 논의해서 정했다"라고 말하였다. 傅蘭雅·汪振聲 譯,〈論會議公法以息兵爭〉,《公法總論》, 求自强齋主人(梁啓超) 輯,《西政叢書》, 上海: 愼記書莊, 1897, 9쪽.
26 金觀濤·劉淸峰,〈紳士公共空間在中國〉,《二十一世紀》總第75期(2003年 2月號), 32~43쪽.
27 상세한 내용은 1장 5절 참조.
28 梁啓超,《新民說》, 第五節〈論公德〉, 18쪽.
29 〈데이터베이스〉를 검색해보면 1830년대의《동서양고매월통기전》과 웨이위안의《해국도지》(1843년과 1852년의 두 판본)에서 모두 '국민'이라는 용어가 아주 많이 발견된다. 따라서 일본의 '국민'이라는 용어 역시 중국에서 연원했을 가능성이 크다.
30 《해국도지》에 다음과 같은 구절이 있다. "도광27년에 백성의 반란이 일어났다. 국왕은 영국으로 도피했고 국민은 스스로 전권을 쥐고 다시는 군주를 옹립하지 않았다." 魏源,〈佛蘭西國總記下〉,《海國圖志》卷42, 中冊, 長沙: 嶽麓書社, 1998, 1217쪽. 웨이위안은 일본을 언급할 때에도 '국민'이라는 말을 썼다. "일본국은 본래 세 개의 섬을 이은 것이다. …… 국민은 땅을 파는 기술이 매우 훌륭하다. …… 국민은 아버지의 직업을 이어받고, 이것을 대대로 바꾸지 않는다." 魏源,〈日本島國〉,《海國圖志》卷17, 上冊, 620쪽.
31 양무운동 시기의 외교 문헌에는 수시로 다음과 같은 글이 등장한다. "중국 교민 중에 영사관에 들어가서 브라질 국민을 고발하는 이가 있다. 중국에 있는 이들도 영사관

에서 모든 요청에 응했다." 李鴻章, 〈直督李鴻章奏巴西修約情形摺(附條約及節略)〉 (光緒 7年 閏7月 10日, 1881), 《清季外交史料(光緒朝)》 卷26, 490쪽.

32 이에 관한 상세한 논의는 2권 4장 참조.

33 傷心人, 〈論中國國民創生於今日〉, 《清議報》 第67册(1900. 12. 22), 2쪽.

34 상세한 내용은 2권 3장 2절 참조.

35 예문은 다음과 같다. " …… 또한 이 교의 사람들은 여러 색의 깃발과 등촉, 그리고 여러 색의 기구를 많이 갖추기를 좋아했다. 각자가 화려한 무늬의 옷을 입고 그것을 들고 길을 돌아다니며 아름답다고 여겼다. 마치 중국의 모임[社會]과 같았다." 禆理哲, 《地球說略》, 王錫祺 輯, 《小方壺齋輿地叢鈔再補編第十二帙》, 臺北: 廣文書局, 1964, 11쪽.

36 그는 "국가의 관원이든 사민공사사회私民公司社會이든 사회의 각 명목에는 어떻게 부과하는가? 모두 가지고 있는 금은과 각종 서양 돈은 계산에서 제외해야 한다"라고 쓰고 있다. 張蔭桓, 〈全權大臣張蔭桓奏日本商約刪駁請卽定議畫押摺(附日本商約原送條款並改定條款各一件)〉(光緒 22年 6月 6日, 1896), 《清季外交史料(光緒朝)》 卷121, 328쪽.

37 예문은 다음과 같다. "사람들이 배움을 바탕으로 무리를 이룰까 두려워하여 백성들이 사회를 조직할 수 없도록 금지했다." 黎祖健, 〈駁龔自珍論私下〉, 《知新報》 第27册 (光緒 23年 7月 11日, 1897), 2쪽.

38 관련된 논의는 2권 3장 참조.

39 예를 들면, 한 부분에서는 "사회는 여러 사람의 재력, 여러 사람의 명망, 여러 사람의 기예, 여러 사람의 목소리를 합하여 그 뜻을 이루려는 것이다. 여기서 정치와 관련된 것으로는 자유회·공화당·입헌당·개진당·점진당이 있다"라고 했다. 黃遵憲, 〈禮俗志四〉, 《日本國志》 第10, 卷37, 上海: 上海古籍出版社, 2003, 393쪽.

40 李陳順姸, 〈晚清的重商主義運動〉, 《中央研究院近代史研究所集刊》 第3期 上册, 1972, 207~221쪽.

41 상세한 내용은 2권 6장 1절 참조.

42 張之洞, 《勸學編》 〈外篇·變科舉第八〉, 陳山榜, 《張之洞勸學篇評注》, 大連: 大連出版社, 1990, 127~128쪽.

43 〈立憲紀聞〉, 《東方雜誌》, 1906年臨時增刊 《憲政初綱》. 中國史學會 主編, 《辛亥革命》

第4冊, 上海: 上海人民出版社, 2001, 12쪽에서 재인용.

44 金觀濤・劉靑峰,《開放中的變遷》, 145쪽.

45 梁啓超,〈代段祺瑞討張勳復辟通電〉,《飮冰室文集卷之三十五》第12冊, 18쪽.

46 민국 초기 중국 군대의 사병화(즉 군대의 통수권자는 따르지만 국가는 따르지 않는 것)는 항상 군벌 할거의 원인으로 간주되었다. 이것은 상군湘軍과 회군淮軍처럼 신사가 자체적으로 조직한 무장과 비교할 수 있다. 겉으로 보기에 상군과 회군은 군사적 지휘에만 따랐으니 역시 사병화한 군대이지만 군벌할거의 국면으로까지 발전하지는 않았다. 그 핵심은 상군과 회군의 주장은 유신이었고 충군 관념은 유장儒將들이 황제에 복종하도록 했으며 이에 따라 이들 군대는 확실히 조정에 의해 통제를 받았다는 데 있다. 따라서 사상사에서 원인을 찾는다면 민국 초기의 군벌 할거는 중서이분이원론 이데올로기 안에서 군 고위간부 개인에게 충성하는 유교윤리만 남고 헌법을 따르는 공공의식이 결여되었기 때문이었다.

47 2권 1장 10절과 2권 2장 6절 및 7절 참조.

48 金觀濤・劉靑峰,〈試論中國式的自由主義〉, 167~200쪽.

49 이 부분에 관한 유명한 예는 천두슈가 진화론을 근거로 유교윤리를 비판하면서 가정윤리와 개인도덕은 시대의 차이에 따라서 부단히 진화하는 과정에 있다고 생각한 것이다. 신문화운동 이전에 사회다윈주의는 공적 영역의 원리일 뿐이었고 유교윤리는 사적 영역에서 효력이 있어서 진화론으로 유교윤리를 부정할 수는 없었다.

50 관련된 논의는 1장 참조.

51 웨이위안이 예수를 말할 때도 '진리'를 사용했다. "사해의 북쪽에는 갈릴리 호가 있다. 즉 구세주 예수가 이곳에서 진리를 설강하고 질병을 많이 고침으로써 종종 성스러움을 드러냈다." 魏源,〈南都魯機國沿革〉,《海國圖志》卷28, 中冊, 850쪽 참조.

52 예를 들면, 뮤히드William Muirhead(1822~1900, 중국명 慕維廉)는 프란시스 베이컨의 과학적 인식론을 언급할 때 자주 '진리'를 사용했다. "삼가 조사해 보니 명대 만력 연간 무렵에 베이컨이라는 영국 학자가 있었고 관직은 이부상서에까지 올랐다. 최초로 격치학의 법칙을 세워 사람들을 가르쳐 그 길을 밝혀 주었다. 애초부터 도에 통달하여 진리에 이르고자 하였다." 慕維廉,〈格致新法總論〉,《格致彙編》第1冊(1877. 3), 15쪽.

53 1896년 탄쓰퉁은 속박을 타파한다[衝決網羅]는 의미에서 '진리'를 사용하였다. "눈

으로 보지 않고 귀로 듣지 않고 코로 냄새 맡지 않고 몸으로 닿지 않고 마음으로 생각하지 않는다면 업식業識이 지혜로 바뀐다. 그 다음에 '일다상용一多相容'·'삼세일시三世一時'의 진리가 매일매일 앞에 보인다. 가는 자가 가는 것에 맡기지만 나는 가지 않고, 내가 가는 대로 두지만 가는 자는 간 적이 없다. 진리가 나오면 대대관계는 깨뜨리지 않아도 저절로 깨진다." 譚嗣同,《仁學》, 蔡尙思·方行 編,《譚嗣同全集》增訂本 下冊, 北京: 中華書局, 1981, 318쪽. 1903년 류스페이가 삼강오륜을 비판할 때도 '진리'를 사용했다. "송나라 유학자들 중 가장 잘못한 자는 여곤呂坤이다. 아버지가 비록 자애롭지 못해도 자식이 불효를 할 수는 없고 임금이 어질지 못해도 신하가 불충할 수는 없다. …… 진리를 알지 못함이 이보다 심할 수 없다." 劉師培,《攘書·罪綱篇》, 李妙根 編, 朱維錚 校,《劉師培辛亥前文選》, 香港: 三聯書店有限公司, 1998, 42쪽.

54 2장 2절에서는 '공론'이 역사에서 공인된 원리 혹은 공인된 결론을 표현하는 데 사용되었음을 밝혔다. 이 의미는 19세기 하반기까지 지속되었다. '공론'이 사회적 업무에 사용될 때는 대부분 공적 영역의 공인된 원리를 의미했다. 예를 들자면 국제법과 공공이성을 들 수 있다. 5·4신문화운동 이전에 기하와 논리의 공리 역시 '공론'이라고 불렀다. 이는 다시 19세기 '공리'의 의미인 '과학에서의 보편적 원리'로 되돌아간 것이다.

55 5·4운동 시기 마르크스레닌주의와 자유주의는 모두 과학적 인생관에 공감하여 통일된 진리를 공적 영역과 사적 영역에 적용시키는 데 동의했다. 자유주의와 마르크스레닌주의의 분기점은 다음과 같다. 마르크스레닌주의는 보편적 진리의 존재를 인정하지만, 후스로 대표되는 자유주의는 진리를 개별적인 것으로 보며 구체적이며 특수한 것으로 보고 보편적 원리는 공통점으로서 하나의 명칭에 불과하다고 보았다. 자유주의는 진리의 보편성을 부정하면서 개별성을 옹호했고 개인의 가치가 공적 영역의 보편적 원리가 개인적 선택을 강제하는 것을 피할 수 있도록 했다. 이는 중국적 특색을 갖춘 자유주의를 구성했다. 이 부분에 대한 상세한 논의는 金觀濤·劉靑峰,〈試論中國式的自由主義〉, 167~200쪽 참조.

56 서양 의회에서의 토론은 19세기에는 '공의'로 불렸고 의회는 '공의국公議局' 혹은 '공의소公議所'로 불렸다. '공의'라는 말은 20세기 초 중국에서 '공론'과 보편적으로 병용되었고, 정당정치의 토론을 의미하는 데 병용되었다. 신해혁명 이후 참의원

의 결정 역시 '공의' 라 불렸다. '의결' · '회의' · '공의' 라는 서로 다른 단어가 공공이
성의 토론과 그 결과를 나타내는 데 상용되었다.

57 白永瑞,〈中國現代史上民主主義的再思考: 一九二○年代國民會議運動〉, 中華民國史
料研究中心 編,《一九二○年代的中國》, 臺北: 中華民國史料研究中心, 2002, 12쪽.

58 孫中山,〈遺囑〉,《孫中山選集》下卷, 北京: 人民出版社, 1956, 921쪽.

59 陳獨秀,〈二十七年以來國民運動中所得教訓〉,《新青年》季刊 第4期(1924. 12. 20), 18
쪽.

60 Chen Fong-Ching and Jin Guantao, *From Youthful Manuscripts to River Elegy: The Chinese Popular Cultural Movement and Political Transformation 1979~1989*, HongKong: The Chinese University Press, 1997.

3. 5·4《신청년》 지식인 집단은 왜 '자유주의' 를 폐기했는가?
: 중대 사건과 관념 변천의 상호작용에 대한 연구

* 이 글은〈五四新靑年知識群體爲何放棄'自由主義'？— 重大事件與觀念變遷互動之硏
究〉라는 제목으로《二十一世紀》總第82期(2004年4月號), 24~35쪽에 게재되었다. 이
책에 수록하면서 부분적으로 수정했다.

1 周策縱, 陳永明 等 譯,《五四運動史》上冊, 臺北: 桂冠圖書股份有限公司, 1989, 1~9쪽.

2 Joseph T. Chen, "The May Fourth Movement Redefined", *Modern Asian Studies* 4, no. 1(1970), pp. 63~81.

3 呂實強,〈巴黎和會衝擊下國人的反應(1919) — 兼論五四運動的本質〉, 張啓雄 主編,
《'二十世紀的中國與世界' 論文選集》上冊, 臺北: 中央研究院近代史研究所, 2001, 457
~497쪽.

4 이 부분의 초기 논의는 Benjamin I. Schwartz, *Chinese Communication and the Rise of Mao*, Cambridge, Mass.: Harvard University Press, 1952, pp.7~27.

5 梁啓超,〈飮冰室詩話〉,《新民叢報》第4年 第13號(原第85號)(1906. 8. 20), 3쪽.

6 예를 들면, 다음과 같은 주장을 볼 수 있다. "우리 종족이 아니면 마음은 다를 수밖에
없다. 우리가 다른 종족 밑에서 몰락하면 좋을 리가 있겠는가. 국력은 약해지고, 사람

들은 모두 모욕을 당한다. 누가 나와 친하고 누가 나와 소원한가. 강권만 있고 공리는 없다. 이것이 세계의 공례이다. 열강은 우리에게 잘 해주고 못 해주고 하는 것이 없는데 친하거나 소원하다고 생각하는 것은 참으로 미몽이다. 撫瑟, 〈青島回顧記(續)〉, 《大中華》第1卷 第4期(1915. 4. 20), 3쪽.

7 陳獨秀, 〈發刊詞〉, 《每週評論》第1期, 1918. 12. 22, 第1版.

8 〈표 3.1〉에 언급된 사건 이외에 여러 번 언급된 사건은 다음과 같다. 어린이 노동자童工, 2월혁명, 러일전쟁의 밀약체결 담판, 실업實業/산업혁명/혁신, 문예부흥, 종교개혁/혁명, 보불전쟁普法戰爭/之戰, 헌법초안憲法草案(天壇憲法 포함), 농노해방, 여권운동/여자혁명/부녀혁명, 호국군護國軍, 십자군, 제2차 혁명癸丑之役/혁명/정변, 무술정변/변법/변법유신, 백가배척罷黜百家, 일본/메이지유신, 중일전쟁/갑오전쟁/갑오지역甲午之役/시모노세키조약馬關條約, 일황대관일皇加冕/경마대회馬賽大會, 러시아터키전쟁俄土戰爭, 헝가리혁명匈牙利革命, 헤이그회의海牙會議, 제노바회의柔魯會議, 코민테른대회共產國際大會, 금주운동禁酒運動, 북미/미주독립北美/美洲獨立, 영국혁명英國革命. 그리고 가끔 언급되는 것은 호법전쟁護法之戰, 극동회의遠東會議, 스톡홀름회의斯托克霍摩會議, 시크폭동錫黑暴動, 삼교분쟁三教之爭, 탕무혁명湯武革命, 토지운동田地運動 등이다.

9 원칙적으로 말하자면, 일체의 관념사 파노라마 속의 사건을 모두 고찰해야 한다. 당연히 사용빈도가 적을수록 중요하지 않기 때문에 이 글에서는 〈표 3.1〉에 나열된 사건만을 고찰하고 다른 사건은 다루지 않는다.

10 동일한 분석과 위상부여가 '워싱턴회의'라는 관념사 파노라마 속의 사건에 적용된다.

11 프랑스대혁명이 중국에 끼친 영향에 대한 상세한 내용은 2권 8장 2절 참조. 중국의 당대 혁명 관념의 형성에 관한 상세한 내용은 2권 8장 2절 참조.

12 高語罕, 〈青年與國家之前途〉, 《新青年》第1卷 第5號(1916. 1. 15), 5~6쪽.

13 高一涵, 〈近世三大政治思想之變遷〉, 《新青年》第4卷 第1號(1918. 1. 15), 2쪽. 차이위안페이는 다음과 같이 더욱 분명히 말한다. "이번 세계전쟁에서 연합국은 결국 최후의 승리를 거둠으로써 여러 가지 암흑 같은 주의를 소멸시키고 여러 가지 밝은 주의를 발전시킬 수 있다. 여기서 이번 전쟁의 가치를 볼 수 있다. 그러나 우리 4억 동포 중 직접 참여한 자는 프랑스의 15만 화교 노동자 외에 또 누가 있단 말인가!" 蔡元培, 〈關於歐戰的演說三篇: (二)勞工神聖!〉, 《新青年》第5卷 第5號(1918. 10. 15), 438쪽.

14 高一涵,〈羅素的社會哲學〉,《新青年》第7卷 第5號(1920. 4. 1), 1쪽.

15 그 밖에 金觀濤·劉靑峰,〈五四新靑年群體爲何放棄 '自由主義'?〉, 31쪽,〈그림 2〉를 참조할 수 있다.

16 상세한 내용은 2권 5장 4절 참조.

17 상세한 내용은 2권 5장 3절 참조.

18 陳獨秀,〈克林德碑〉,《新青年》第5卷 第5號(1918. 10. 15), 450쪽〔천두슈의 인용과 저자의 재인용에서는 "出則命市向東南拜"로 기재되어 있지만, "出則命市人向東南拜"가 맞는 구절이다 — 옮긴이〕.

19 北京大學檔案館 整理, 陶英惠 著,〈蔡元培與五四愛國運動〉注釋1, www.dag.pku.edu.cn/erjimb/pageshow.asp?articleid=594.

20 〈學界風潮愈鬧愈大〉,《晨報》(1919. 5. 20) 第2版.

21 毅(羅家倫),〈'五四運動' 的精神〉,《每週評論》第23期(1919. 5. 26) 第1版.

22 呂芳上,《革命之再起: 中國國民黨改組前對新思潮的回應, 1914~1924》, 臺北: 中央研究院近代史研究所, 1989, 414쪽.

23 李劍農,《中國近百年政治史》下冊, 臺北: 臺灣商務印書館, 1974, 607쪽.

24 羅家倫,〈一年來我們學生運動的成功失敗和將來應取的方針〉,《新潮》第2卷 第4號(1920. 5), 851쪽.

25 羅家倫,〈一年來我們學生運動的成功失敗和將來應取的方針〉, 848, 850쪽.

26 金觀濤·劉靑峰,〈五四新靑年群體爲何放棄 '自由主義'?〉, 31쪽,〈그림 2〉.

27 2권 8장 참조.

28 陳獨秀,〈實行民治的基礎〉,《新青年》第7卷 第1號(1920. 1), 12쪽.

29 〈'覺悟' 的宣言〉,《覺悟》第1期(1920. 1), 1~2쪽.

30 二八,〈三個半月的 '覺悟' 社〉,《覺悟》第1期(1920. 1), 12쪽.

31 彭明,《五四運動史》, 北京: 人民出版社, 1984, 509~510쪽.

32 惲代英,〈未來之夢〉,《惲代英文集》上卷, 北京: 人民出版社, 1984, 228~248쪽.

33 張允侯 等,《五四時期的社團》第2冊, 北京: 三聯書店, 1979, 361~496쪽.

34 獨,〈隨感錄(一○○): 虛無的個人主義及任自然主義〉,《新青年》第8卷 第4號(1920. 12. 1), 3~4쪽.

35 陳獨秀,〈新敎育是甚麼?〉,《新青年》第8卷 第6號(1921. 4. 1), 3쪽.

36 그 사례로 다음과 같은 주장을 볼 수 있다. "5·4운동 직후가 되어서야 국민당은 점차 민중에 가까이 다가갔으며, 진정 자유를 원하는 학생회와 진정 평등을 원하는 선원노동조합 등등에 다가갔다. 국민당은 이제서야 민주주의의 길로 나아가기 시작했으며, 점점 평민대중을 대표해서 항거하고 진짜 혁명을 시행하려 했다. 이전에는 낭만적인 혁명정당이자, 수령제 개인주의의 의협적 책략 — 가로동맹회哥老同盟會의 전승은 이와 같을 뿐이다. 지금의 국민당이 이와 같은 대체적인 경향을 가질 수 있는 것 역시 사회에 실제로 학생·노동자·상인 등의 운동이 있었기 때문일 뿐이다. — '사회적 물질'에는 이미 약간의 단서가 있다." 屈維它,〈自民治主義至社會主義〉,《新青年》季刊 第2期(1923. 12. 20), 99쪽.

4. '과거'와 '과학'
: 중대한 사회 사건과 관념의 변화에 관한 사례 연구

* 이 글은 이전에〈科舉和科學 — 重大社會事件和觀念轉化的案例研究〉라는 제목으로《科舉文化評論》第2卷 第3期, 2005, 5~15쪽에 발표한 것으로 이 책에 수록하면서 부분적으로 수정하였다.

1 상세한 내용은 2권 7장 참조.

2 Raymond Williams,《關鍵詞》, 346쪽.

3 송대 진량陳亮의〈送叔祖主筠州高安簿序〉,《漢語大詞典》, 4749쪽. 다음과 같은 예도 있다. 正嘉之間文體日偸, 楊愼極論其弊曰, 太祖始制科學詔擧子, 經義無過三百字, 不得浮詞異說, 近時擧子之文冗贅至有千餘言者, 不根程朱, 妄自穿鑿破題, 謂之馬籠頭, 處處可用也. 淸高宗敕 撰,《續通典》22卷〈選擧·雜議論下〉, 上海: 商務印書館, 1935, 1252쪽. 定生員三等高下, 凡通四書未通經者, …… 內積至八分者, 爲及格與出身不及分者, 仍坐堂肄業, 一如科學之制, 其後此制不用監生. 邱濬,〈說學校以立教五〉, 黃訓 編,《名臣經濟錄》卷26,《四庫全書·史部 詔令奏議類》第443冊, 521쪽.

4 歐陽仲濤,〈宗敎救國論〉, 5쪽.

5 島尾永康,〈漢語科技詞匯的中日交流與比較〉.

6 鈴木修次,《日本漢語と中國: 漢字文化圈の近代化》, 東京: 中央公論社, 1981, 63~68, 87~88쪽.
7 《漢語大詞典》, 4745쪽.
8 《孟子注疏》卷第14,〈盡心章句下〉, 260쪽.
9 張德彝,《使還日記》,《小方壺齋輿地叢鈔第十一帙》, 9쪽.
10 黃遵憲,〈學術志一〉《日本國志》, 第9 卷32, 341쪽.
11 1902년 이후, '과학' 의 사용빈도는 '격치' 를 훌쩍 넘어서며 1903년에는 두 단어 사이의 격차가 거의 10배에 달했다. 그러나 '격물'·'치지' 를 합하면 양자의 차이는 줄어든다. 이는 이 시기 '격치' 의 함의가 협소해져서 보통 '물리학' 을 지칭하는 데 사용되었기 때문이다.
12 郭廷以 編著,《近代中國史事日誌》第2册, 1153쪽.
13 卜技利大學留學生某 述,〈美洲游學指南(附錄二)〉,《新民叢報》臨時增刊《新大陸游記》(1904. 2. 14), 1·9·11·12쪽.
14 〈學部奏山東青島設立特別高等專門學堂磋議情商訂章程認籌經費摺併單〉,《外交報》第259期(1901. 11. 7),《外交報彙編》第27册, 9, 10쪽.
15 黃運藩,〈候補內閣中書黃運藩請變通學務科學與科學並行中學與西才分造呈〉(光緒33年 7月 18日, 1907),《清末籌備立憲檔案史料》下册, 983쪽.
16 戴鴻慈 等,〈出使各國考察政治大臣戴鴻慈等奏考察各國學務擇要上陳摺〉(道光32年 8月 26日, 1906),《清末籌備立憲檔史料》下册, 966~967쪽.
17 佛蘇,〈論責任心與名譽心之利害〉,《新民叢報》第4年 第8號(原第80號)(1906. 5. 8), 27, 28쪽.
18 《新校本明史》卷69,〈志第45 選擧一〉,《漢籍電子文獻(二十五史)》.
19 王德昭,《淸代科擧制度硏究》, 52쪽.
20 1830년대 출판된《동서양고매월통기전》에는 외국학교를 '학당' 이라 지칭하는 것이 모두 11차례이다. 이외에도 웨이위안은 1852년 이렇게 적고 있다. "欲進公學堂, 先必知二三異國音語". 여기에서도 '학당' 은 외국의 학교를 지칭한다. 魏源,〈耶瑪尼國沿革〉,《海國圖志》卷44 中册, 1273쪽.
21 沈葆楨,〈察看福州海口船塢大槪情形疏〉(同治6年 8月, 1867), 葛士濬 輯,《皇朝經世文續篇》卷72,〈兵政11 地利上〉, 11쪽.

22 周培棻,〈貴州大定府畢節縣拔貢周培棻呈〉(光緖24年 7月 26日, 1898),《戊戌變法檔案史料》, 90쪽.

23 邱煒蔉,〈創設星架坡華人大學堂募損册序(學堂大槪章程附)〉,《知新報》第72册(光緖24年 10月 11日, 1898), 5쪽.

24 예를 들면, 궈숭타오는 다음과 같이 소개하고 있다. 文部省所屬, 日東京太[大]學, 日東京大學豫備門, 日東京外國語學校, 日東京師範學校, 日東京女子師範學範[校], 日大坂英語學校, 日大坂師範學校, 日長崎師範學校, 日宮城師範學校. 郭嵩燾,《倫敦與巴黎日記》卷12(光緖3年 9月 22日, 1877), 341쪽.

25 梁啓超,《變法通議》〈論變法不知本原之害〉,《飮冰室文集之一》第1册, 10쪽.

26 梁啓超,《變法通議》〈論科擧〉,《飮冰室文集之一》第1册, 21・23쪽.

27 嚴復,〈原强(附〈原强〉修訂稿)〉, 30쪽.

28 張之洞,〈署江督張之洞奏時事日急萬難姑安謹陳九事急圖補救摺〉(光緖21年 6月 16日, 1895),《淸季外交史料(光緖朝)》卷116, 240쪽.

29 王德昭,《淸代科擧制度硏究》, 209쪽.

30 蔡鎭藩,〈戶部額外主事蔡(鎭藩)條陳新政摺〉,《知新報》第73册(光緖24年 10月 21日, 1898), 7쪽.

31 范軾,〈兵部學習主事范軾摺〉(光緖24年 7月 27日, 1898),《戊戌變法檔案史料》, 101쪽.

32 張之洞,《勸學編》,〈外篇・變科擧第八〉, 12쪽.

33 2권 6장 5절 참조.

34 본문의 관련 서술내용은 다음과 같다. 本年正月初七日 上諭已有各省學堂經濟科擧人・經濟科貢士各名號, 今擬通勅各省, 上自省會, 下及府州縣, 皆須一年內設立學堂, 府州縣謂之小學, 省會謂之中學, 京師謂之大學, 由小學卒業領有文憑者, 作爲經濟科生員升入中學, 由中學卒業領有文憑者, 作爲擧人升入大學, 由大學卒業領有文憑者, 作爲進士引見授官. 旣得擧人者, 可以充各處學堂敎習之職, 旣得進士者, 就其專門, 各因所長, 授以職事, 以佐新政, 惟錄用之愈廣, 斯成就之益多. 總理衙門,〈議覆李端棻推廣學校疏〉, 王樹敏・王延熙 輯,《皇淸道咸同光奏議》卷7 變法類學堂, 臺北: 文海出版社, 1969, 396쪽.

35 周培棻,〈貴州大定府畢節縣拔貢周培棻呈〉, 90쪽. 다음과 같은 예도 있다. "今我皇上變科擧興學堂汰營伍裁冗官, 天下懽聲雷動, 發奮鼓舞, 惟望皇上堅持初見, 始終如一,

天下幸甚, 社稷幸甚." 陳天錫 等, 〈四川瀘州擧人陳天錫等呈〉(光緖24年 7月, 1898), 《戊戌變法檔案史料》, 238쪽.

36 〈南洋公學學生出學始末彙記〉, 《新民叢報》第21號(1902. 11. 30), 7쪽.

37 蔡鎭藩, 〈奏請審官定職以成新政疏〉, 《皇朝蓄艾文編》卷12 官制, 1143쪽.

38 〈廢科擧問題〉, 《新民叢報》第31號(1903. 5. 10), 1쪽.

39 星架坡天南新報, 〈科擧宜速廢論〉, 《新民叢報》第21號(1902. 11. 30), 3~4쪽. 또 다른 예로는 다음의 1907년 문헌에 나온다. "又目今停止科擧, 廣興學堂, 而辦學堂者仍係 科擧之人"〈御史俾壽奏化除滿漢畛域在用當其才整頓官方摺〉(光緖33年 7月 16日, 1907), 《淸末籌備立憲檔案史料》下冊, 924쪽.

40 蘇雲峰, 《三(兩)江師範學堂: 南京大學前身, 1903~1911, 近代中國高等敎育硏究》, 臺北: 中央硏究院近代史硏究, 1998, 70~71쪽.

41 趙利棟, 〈1905年前後的廢科擧・學堂和士紳階層〉, 《二十一世紀》總第89期(2005年 6月號), 28~39쪽.

42 상세한 내용은 2권 7장 참조.

5. 역사의 진실성
: 새로운 데이터베이스 분석방법의 역사 연구 응용에 관한 시론

* 이 글은 2006년 일본 아이치愛知대학 국제중국학연구센터의 《21世紀COE工程最終報告集》에 게재한 논문이다(영어판 "On the authenticity of history: databases methods and paradigm shift in historical research", in Shinichi Kawai, *New Challenges and Perspectives of Modern Chinese Studies*, Tokyo: Universal Academy Press Inc., 57~107쪽, 2008. 일본어판 〈歷史の眞實性を論ず ― データベース方式および歷史硏究のモデルチェンジ〉, 加加美光行 編, 《中國の新たな發見》, 東京: 日本評論社, 2008, 110~168쪽). 이 책에 수록하면서 비교적 많이 수정하였다. 이 글에서 말하는 중국학 방법론의 주요 관점은 2005년 12월 마카오 리씨학회[利氏學社]가 주관한 학술회의의 발표문에 최초로 제시되었으며, 〈歷史硏究的客觀性 ― 論觀念史圖像中的眞實〉이라는 제목으로 《新史學》第18卷 第1期, 2007, 87~120쪽에

발표되었다. 청일전쟁에 관하여 논하는 부분은 〈19世紀中日韓的天下觀及甲午戰爭的爆發〉이라는 표제로 《思想》第3期, 2006, 107~128쪽에 발표되었다.

1 Bertrand Russell, 〈論歷史〉, 何兆武·肖巍·張文杰 譯, 《論歷史》, 北京: 三聯書店, 1991, 2쪽.

2 金觀濤, 〈奇異悖論 — 證僞主義可以被證僞嗎?〉, 《自然辯證法通迅》總第60期, 1989, 1~2쪽.

3 金觀濤, 《系統的哲學》, 北京: 新星出版社, 2005, 40쪽.

4 Heinz Von Foerster, On Construction a reality, in Paul Watzlawick, ed,, The Invented Reality: How Do We Know What We Believe We Know? Contributions to Constructivism, New York: Norton, 1984.

5 金觀濤, 《系統的哲學》, 北京: 新星出版社, 2005, 62~63쪽.

6 金觀濤, 〈奇異悖論〉, 1~10쪽.

7 金觀濤, 《系統的哲學》, 105~109쪽.

8 중국어에는 이러한 오해가 없는 것 같다. '객관'으로 objectivity를 번역하는 것은 일본어에서 시작되었는데, 1899년 량치차오가 처음으로 이 번역방식을 중국어 세계로 들여왔다. 梁啓超, 《自由書》, 39쪽.

9 Robin G. Collingwood, 何兆武·張文杰 譯, 《歷史的觀念》, 北京: 商務印書館, 1997, 174쪽.

10 Hayden V. White, 劉世安 譯, 《史元: 十九世紀歐洲的歷史意像》上冊, 臺北: 麥田出版股份有限公司, 1999, 207쪽.

11 顧頡剛, 《漢代學術史略》, 上海: 東方書社, 1941, 37~38쪽.

12 薄一波, 《若干重大決策與事件的回顧》下卷, 北京: 中共中央黨校出版社, 1993, 754~755쪽.

13 王友琴, 〈1966: 學生打老師的革命〉, 《二十一世紀》總第30期(1995年 8月號), 37쪽.

14 Robin G. Collingwood, 〈歷史哲學的性質和目的〉, 張文杰 等 編譯, 《現代西方歷史哲學譯文集》, 上海: 上海譯文出版社, 1984, 158쪽.

15 상세한 내용은 1권 3장 참조.

16 金觀濤, 《系統的哲學》, 80~84쪽.

17 여기에서 C와 Y는 확률상관을 갖는다.

18 Carl G. Hempel, "The function of general laws in history," *Journal of Philosophy*, 39, no.2, 1942, pp.35~42.

19 엄밀하게 말하면 두 번째 상황은 다음과 같이 표현되어야 한다. C 조건 하에서 관념 X에 근거한 행위자는 이 관념의 과정 L(1)을 실현하여 사건 Y를 발생시킨다. C는 외부조건으로, 보통 통제 불가능한 변량이 된다.

20 金觀濤・劉靑峰,〈中國共産黨爲甚麽放棄新民主主義—五十年代初中國社會結構的鉅變〉,《二十一世紀》總第13期(1992年 10月號), 13~25쪽.

21 다음에서 서로 인과가 되는 과정을 논할 때 우리는 인과관계에서 결과가 원인이 된다는 점을 중시한다. 목적에 도달하는 과정에서 이러한 관계는 '역사 해석에 독특한 인과율'과 결합하여 성립하기 때문에 우리는 L(1)와 L(2)를 엄격하게 구분할 수 없다.

22 주의할 점은 역사의 전체성에 대한 사회의 반성이 어떻게 보편관념을 바꾸는가 하는 것 또한 L(2)에 속한다는 것이다. 여기에서 관념의 변화를 야기하는 것은 하나의 구체적 사건이 아니라 특정한 기간 동안에 발생한 모든 사건이다.

23 金觀濤・劉靑峰,〈論歷史硏究中的整體方法〉,《知識分子》(New York), 春季號, 1987, 87~102쪽.

24 상세한 내용은 1권 1, 2장과 2권 참조.

25 키워드를 찾을 때 특히 주의해야 할 점은 언어가 변했기 때문에 오늘날 우리가 상용하는 키워드를 역사상 대응하는 관념이나 사건의 단어로 대체할 수 없으며 역사 문헌 안에서 당시의 용법을 찾아내야만 한다는 것이다. 예를 들면, 오늘날 여러 역사교과서에서는 1894년부터 1895년 간의 청일전쟁을 '갑오전쟁甲午戰爭'이라 부르지만, 당시에 이러한 용법은 거의 사용되지 않았고 '중일전쟁中日戰爭'이나 '황해대전黃海大戰', '일청전쟁日淸戰爭' 등이 사용되었다.

26 周善培,《辛亥四川爭路親歷記》, 重慶: 重慶人民出版社, 1957, 10쪽.

27 張朋園,《立憲派與辛亥革命》, 臺北: 中央硏究院近代史硏究所, 1969.

28 2권 8장 4절 참조.

29 李炳南,《辛亥革命起因之分析》, 臺北: 正中書局, 1987, 144쪽,〈표4-1〉.

30 梁啓超,〈罪言〉, 1912,《飮冰室文集之二十九》第1册, 89쪽.

31 상세한 내용은 2권 5장 3절 참조.

32 이 책에서 논증한 것처럼 청말 입헌정치와 민국 초의 공화정치의 시험을 주도한 관

념체계는 모두 공화주의였다. 상세한 내용은 2권 5장 3절과 4절 참조.
33 상세한 내용은 2장 5절 참조.
34 林明德, 《袁世凱與朝鮮》, 346, 349~350쪽[당시의 북양대신은 리훙장이었다 — 옮긴이].
35 林明德, 《袁世凱與朝鮮》, 366~368쪽.
36 郭廷以, 《近代中國史綱》上册, 182~187쪽.
37 2권 4장 3절 참조.
38 張佩綸, 《澗于集書牘》卷6, 10쪽, 林明德, 《袁世凱與朝鮮》, 394쪽에서 재인용.
39 野村浩一, 張學鋒 譯, 《近代日本的中國認識: 走向亞洲的航踪》, 北京: 中央編譯出版社, 1999, 48쪽.
40 野村浩一, 《近代日本的中國認識》, 110쪽.
41 信夫清三郎, 呂萬和 等 譯, 《日本政治史》第3卷, 上海: 上海譯文出版社, 1988, 158쪽.
42 信夫清三郎, 《日本政治史》第2卷, 400~401쪽.
43 盛邦和, 〈19世紀與20世紀之交的日本亞洲主義〉, 《歷史研究》第3期, 2000, 128쪽.
44 信夫清三郎, 《日本政治史》第3卷, 122~123쪽.
45 鄭容和, 〈從周邊視角來看朝貢關係 — 朝鮮王朝對朝貢體系的認識和利用〉, 《國際政治研究》第1期, 2006, 83~84쪽.
46 林明德, 《袁世凱與朝鮮》, 13쪽.
47 林明德, 《袁世凱與朝鮮》, 384~385쪽.
48 鄭容和, 〈從周邊視角來看朝貢關係〉, 87쪽.
49 陸奧宗光, 伊舍石 譯, 《蹇蹇錄》, 北京: 商務印書館, 1963, 132쪽.
50 張灝, 〈中國近代思想史的轉型時代〉, 《二十一世紀》總第52期(1994年 4月號), 29~39쪽.
51 역사적 기억을 예로 들면, 실제의 역사적 기억이 모든 참여자(와 관찰자)의 보편관념과 사회적 행위의 상호연쇄로 구성되는 것이라면, 우리는 왜 매번 역사 기억의 재구성이 발생하곤 하는지를 이해할 수 있다. 잊지 말아야 할 점은 사람은 언제나 특정한 보편관념과 가치체계 안에서 생활하고 있으며 오늘날 사람들이 신봉하는 관념체계는 단지 역사상 형성된 관념이나 사회적 행위의 상호연쇄의 일부분에 불과한 것으로, 이러한 상호작용이 끊임없이 지속되고 끝나지 않을 것이라는 점은 의심할 여지가 없다는 것이다.

무엇이 중요한 역사적 사건이며 나아가 그것들 사이의 관계가 어떠한지에 대한 우리의 견해와 우리가 오늘날 신봉하는 보편관념과 가치체계 사이에는 서로 분리될 수 없는 연계가 존재하기 때문에, 당대 사람들은 오늘날의 가치체계에 근거하여 역사 사건을 종종 재조정하고 역사 기억을 재구성한다. 이는 단순히 새로운 사료나 새로운 해석의 출현일 뿐 아니라, 사람들이 신봉하는 가치체계의 변화에서 비롯된 것이다. 바꿔 말하면, 어떠한 일이 중대한 역사 사건에 속해야 마땅한 것인지를 판단하는 것 또한 그 시기 사람들의 가치체계에 달려 있다. 바로 이 때문에 시기마다 새롭게 편집된 역사교과서가 필요한 것이다.

이 모든 것은 기본적으로 의심의 여지가 없는 것으로, 역사 기억은 인류지식과 양지良知의 일부분이며, 언제나 보편관념의 발전과 변화를 따른다. 그러나 우리가 주의해야 할 점은, 새로운 가치체계로부터 출발하여 과거의 관념과 사회의 상호연쇄를 다시 생각하는 목적은 역사 기억으로 하여금 진실의 방향으로 더욱 더 매진할 수 있도록 하기 위한 것이지, 오늘날의 관념으로 과거에 유행하던 관념을 대체하기 위한 것이 아니다. 여기에서 실제 역사적 기억을 세운다는 것은 두 가지 함의를 갖는다. 첫째, 역사상 발생하였던 중대 사건의 배후에 있는 실제 관념과 가치체계를 회복하는 것이다. 둘째, 과거의 관념과 가치체계를 오늘날의 가치체계 하에서 자세히 파악하는 것이다. 사실, 이 두 가지를 이루어야만 비로소 인류가 자신이 어떠한 가치체계 안에서 생활하는지를 분명하게 파악할 수 있고 과거와 현재의 한계를 발견할 수 있다.

역사적 기억 속에서 오늘은 과거의 거울이 되며 진실한 과거 또한 오늘의 거울이 된다. 이렇게 가치체계의 진실성이 상호 조응하는 것은 실제 역사 기억의 탐색을 통해서만 획득될 수 있다. 이러한 의미에서 역사상 중대 사건을 지배하는 배후의 실제 관념이 회복될 때마다, 그것은 동시에 일종의 진보가 되는 것이다. 왜냐하면 한편으로 그것은 오늘날 관념의 성찰에서 모든 과거에 은폐되었던 측면이 드러나게 되기 때문이며, 다른 편에서 보편관념과 사회적 행위 간의 상호연쇄를 분석하는 것은 바로 당대의 보편관념이 어떻게 형성되었는지를 이해함으로써 우리가 당대 가치체계에 존재하는 맹점을 효과적으로 인식하도록 도울 수 있기 때문이다.

[52] Sven Saaler, 〈日本的政治·回億和歷史意識〉, 《二十一世紀》總第90期(2005年 8月號), 32~37쪽.

[53] Émile Durkheim, 狄玉明 譯, 《社會學方法的準則》, 北京: 商務印書館, 1995, 23~35쪽.

[54] Fernand Braudel, 承中 譯, 〈歷史和社會科學: 長時段〉, 蔡少卿 主編, 《再現過去: 社

會史的理論視野》, 杭州: 浙江人民出版社, 1988, 48~78쪽.

55 Georg G. Iggers · Harold T. Parker 主編, 陳海宏 等 譯, 《歷史研究國際手册 — 當代 史學研究和理論》, 北京: 華夏出版社, 1989, 540쪽.

56 Georg G. Iggers, 趙世玲 · 趙世瑜 譯, 《歐洲史學新方法》, 北京: 華夏出版社, 1989, 85쪽.

57 趙世瑜, 〈傳說 · 歷史 · 歷史記憶 — 從20世紀的新史學到後現代〉, 楊念群 等 主編, 《新史學: 多學科對話的圖景》下册, 北京: 中國人民出版社, 2003, 650쪽.

58 林同奇, 〈與懷特談他的後現代史學〉, 《二十一世紀》總第90期(2005年 8月號), 115~124쪽에서 재인용.

59 '역사'라는 말은 희랍어 istoria를 어원으로 하는 라틴어 hitoria에서 나온 것으로 처음에는 순간의 inquiry라는 함의를 가지고 있었다. 그러나 이후 순간의 결과로 바뀌어 지식의 기재 · 기록과 동의어로 바뀌었다. 15세기 이후에는 history의 함의와 사건의 기록을 상상하는 story가 분화되어 '과거와 관련한 체계적 지식organized knowledge of the past'으로 여겨지게 되었다. 비코Giambattista Vico(1668~1744)는 과거의 사건은 더 이상 특수한 역사로 볼 수 없고 지속 · 상관적 과정이며 심지어 history를 인류의 자기 발전으로 간주하였다. Raymond Williams, 《關鍵詞》, 159~161쪽. 어떠한 순간이 만약 지식을 탐구하는 것이 아니고 지식을 탐구하는 것이 진상을 인식하는 것이 아니라면 무슨 의미가 있을 것인지를 질문할 수 있을 것이다. 역사 연구가 진실성의 추구를 잃어버리고서 story와 융합되고 나면 스스로의 사망을 의미한다는 것은 의심의 여지가 없다.

60 金觀濤, 《系統的哲學》, 70~73쪽.

61 진관타오는 《시스템의 철학》에서 다음과 같은 중요한 추론을 제시하였다. 즉 모든 주관적 사실이 공공성을 갖는 것은 아니며, 다른 사람의 주관적 사실이 될 수도 있다. 이때 다른 사람에 대해 말하면, 어떠한 사람의 주관적 사실과 허구 사이에 분명한 경계가 없다. 金觀濤, 《系統的哲學》, 61~73쪽 참조.

62 Georg G. Iggers, *Historiography in the Twentieth Century: From Scientific Objectivity to the Postmodern Challenge*, Hanover, N. H.: Wesleyan University Press, 1977, p.103.

63 Immanuel Kant, 鄧曉芒 譯, 《實踐理性批判》, 臺北: 聯經出版事業股份有限公司, 2004, 195쪽.

부록 1

1   《漢語大詞典》, 1345쪽.
2   웨이위안의 이 말은 다음 문헌에서 최초로 나타난다. Julius Aleni, 《職方外記》卷2, 歐羅巴總說. 臺北: 臺聯國風出版社, 1967, 5091~5094쪽. 《직방외기》에서 기독교회의 번역어로 사용된 것은 '천주당天主堂'으로, '천리당'은 무엇을 지칭하는 것인지 확실히 알기가 매우 어렵다.
3   《漢語大詞典》, 2127쪽.
4   《漢語大詞典》, 2127쪽.
5   《漢語大詞典》, 768쪽.
6   《漢語大詞典》, 801쪽.
7   《漢語大詞典》, 2388쪽.
8   《漢語大詞典》, 764쪽.
9   《漢語大詞典》, 772쪽. 전통 문헌에서 '공의'는 조정朝廷이나 관부官府 중 백관百官을 포괄하는 문서의 왕래를 통한 의론議論을 가리켰다. 예) 百官各敬其職, 大臣論道於朝, 公議日興, 而私利日廢矣. 嚴可均 輯, 《全晉文》卷47, 重爵祿, 북경: 商務印書館, 1999, 488쪽.
10 《漢語大詞典》, 771쪽.
11 《漢語大詞典》, 764쪽.
12 《漢語大詞典》, 1701쪽.
13 '數千年來通行之語, 只有以國家二字並稱者, 未聞有以國民二字並稱者'라는 량치차오의 주장은 부정확하다. 사실상 이미 선진시대의 고전 저작에 '국민'이라는 단어가 사용된 적이 있고, 이는 하나의 국國이나 번봉蕃封이 통치하는 백성을 가리켰다. 예) 令國民族葬.《周禮注疏》卷17 春官宗伯第三,《十三經注疏》第3冊, 262쪽.
14 《漢語大詞典》, 1336쪽.
15 《漢語大詞典》, 440쪽.
16 《漢語大詞典》, 4375쪽.
17 《日本國志》에는 세 차례 '입헌'이 등장하는데 두 차례는 보통의 법전을 가리킨다. 예) 日本 …… 自古形無專官, 用刑則令物部司其事. 亦無律法, 及推古時上宮太子攝

政, 始作憲法七十條, 後世以爲造律之祖. 黃遵憲, 〈刑法志一〉, 《日本國志》第8 卷27, 279쪽. 다른 한 곳은 그 의미가 명확하지 않다. 예) 凡地方官, 每年一度召集至京會議憲法, 名曰, 地方官會議. 開會之日, 國皇親臨, 議長以特旨揀派, 所議之事以多寡決從違焉. 黃遵憲, 〈職官志二〉, 《日本國志》第5 卷14, 177쪽.

18 '헌과 법이라는 두 글자는 고대에 연용된 적이 없었다'라는 옌푸의 말은 부정확하다. 선진시대 고전 문헌에 '헌법'은 여러 차례 등장한다. 예) 賞善罰奸, 國之憲法也, 《國語》〈晉語九〉, 《漢語大詞典》, 4375쪽.

19 《漢語大詞典》, 5284쪽.

20 《漢語大詞典》, 3070쪽.

21 마시니는 '회의'라는 단어가 1894년 황칭뎡黃慶澄의 《동유일기東遊日記》에서 최초로 사용되었다고 보았다. 마시니, 《現代漢語詞彙的形成》(아래부터는 Masini 책으로 부름), 258쪽. 〈데이터베이스〉에서는 1876년에 최초로 발견되며, 1870년대 이후 이러한 용법이 비교적 자주 발견된다(본문에서 인용한 예문을 보라).

22 《漢語大詞典》, 2722쪽.

23 《漢語大詞典》, 1010쪽.

24 《漢語大詞典》, 299쪽.

25 《漢語大詞典》, 772쪽.

26 마시니는 '의무'가 1864년 《만국공법》에서 최초로 사용되었다고 본다(Masini 책 261쪽). 그러나 〈데이터베이스〉에 수록된 《만국공법》에는 이 단어가 발견되지 않는다.

27 《漢語大詞典》, 636쪽.

28 《漢語大詞典》, 1411쪽.

29 《漢語大詞典》, 5380쪽.

30 같은 용법의 예로는 '君子, 群也'·'敬業樂群' 등이 있으며, 1894년 이전과 이후 모두 출현하지만, 그 의미는 같지 않은 것으로 보인다. 1895년 이후 '군'의 용법은 '사회'의 의미와 서로 같아지지만 더 이상 전통 용법은 아니다.

31 《漢語大詞典》, 5382쪽.

32 《漢語大詞典》, 1509쪽.

33 《漢語大詞典》, 5382쪽.

34 《漢語大詞典》, 4420쪽.

35 마시니는 '사회'라는 단어가 20세기 초에야 중국에 전래되었으며, 황쭌셴의 《일본잡사시》와 《일본국지》에서 상인 '협회協會'를 가리킨다고 보았는데(Masini 책, 238쪽), 이는 분명히 부정확하다. 황쭌셴이 《일본국지》에서 가장 먼저 '사회'를 society에 대응하는 말로 사용하기 시작하였고, 1890년대 후반에 이르면 더 많은 사람들이 이러한 의미로 '사회'를 사용하였다. 예) 其博士律師等, 又各以所操專門學業, 集同業者, 聯爲社會. 皆有會所, 如中國會館. 故國中凡有擧作議論著述, 屬次等社會者, 下議院皆周知. 屬上等協會者, 上議院政府無不周知. 宋育仁, 《泰西各國采風記》, 20쪽.

36 《漢語大詞典》, 3066쪽.

37 《漢語大詞典》, 4735쪽.

38 《漢語大詞典》, 770쪽.

39 《漢語大詞典》, 1333쪽.

40 《漢語大詞典》, 1713쪽.

41 《漢語大詞典》, 5500쪽.

42 《漢語大詞典》, 211쪽.

43 《漢語大詞典》, 212쪽.

44 《漢語大詞典》, 3984쪽.

45 《漢語大詞典》, 3985쪽.

46 마시니는 '민권'이라는 단어가 1879년 《일본잡사시》에 처음 보인다고 여겼지만 이는 정확하지 않다. Masini 책, 230쪽 참조.

47 《漢語大詞典》, 774쪽.

48 줄곧 1904년까지도 옌푸는 republic을 공화로 번역하는 것에 동의하지 않았다. 예) 五洲治制, 不出二端, 君主民主是已. 君主之國權, 由一而散於萬. 民主之國權, 由萬而彙於一. 民主有二, 別用其平等, 則爲庶建, 眞民主也. 用其貴貴賢賢, 則曰賢政. 要之, 是二者於亞洲皆不少槪見者也, 東譯姑以爲共和. 然共和見於周, 乃帝未出震之時, 大臣居攝之號. 此與泰西公治之制, 其實無一似者也. Montesquieu, 嚴復 譯, 《孟德斯鳩法意》上冊, 北京: 商務印書館, 1981, 21쪽 참조.

49 《漢語大詞典》, 1508쪽.

50 《漢語大詞典》, 5667쪽.

51 《漢語大詞典》, 5670쪽.

52 마시니는 "1901년 《역서휘편》에 〈경제학사〉라는 글을 발표했는데 이것이 아마 제목에 '경제'라는 단어가 나타난 첫 번째 경제학 번역문일 것이다"라고 하였다. Masini 책 223쪽 참조. 〈데이터베이스〉로 보면 '경제'는 1896년 12월 15일에 가장 먼저 나타나는데, 이는 고조 데이키치가 《시무보》에 발표한 〈일본명사논경제학〉에서이다.
53 《漢語大詞典》, 2108쪽.
54 《漢語大詞典》, 4703쪽.
55 《漢語大詞典》, 1137쪽.
56 《漢語大詞典》, 4749쪽.
57 《漢語大詞典》, 2567쪽.
58 《漢語大詞典》, 4717쪽.
59 《漢語大詞典》, 6263쪽.
60 《漢語大詞典》, 3533쪽.
61 이하는 '학교'와 '학당' 용법의 간단한 논의이다. 마시니는 "일본의 영향 아래서 이 단어(학교)는 완전히 '학당'·'서원'·'서숙'을 대체했다"고 말한다(Masini 책, 257쪽). 〈데이터베이스〉의 통계로 보면 1900년 이전 '학당'의 사용빈도는 '학교'보다 훨씬 많았다. 1900년 이후 두 단어의 사용빈도는 큰 차이가 나지 않았다. 청말의 신정에서 '학당'은 여전히 청 정부의 학제에서 교육기구의 정식명칭이었다. 1912년 민국에서 '학교'를 교육기구의 정식명칭으로 삼은 이후에서야 '학교'의 사용빈도가 '학당'을 넘어섰다. 마시니는 "(만국공보)에서 1893년부터 '학교'로 유럽의 학교를 지칭했지만, '학당'은 여전히 중국의 학교를 가리켰다"라고 하였다(Masini 책, 258쪽). 이 설은 정확하지 않다. '학교'와 '학당'은 모두 일본과 유럽 모델의 현대 학교를 지칭하는 데 쓰이는 동시에 중국 전통의 학교도 지칭하였다. 《만국공보》에서도 이와 같다. 예) "福君又於一千八百二十年, 在瑞士國盧撒爾拿部另立學堂. 留巴魯伯管理基勒好學堂事, 借郎格打勒前往盧撒爾拿. 但該處多係奉天主教之人, 疑福君欲離散其教友, 引入路得會, 相戒勿往. 故學堂不能大興." 秀耀春·汪振聲, 〈養蒙正軌·福若伯訓蒙法〉(1899), 李天綱 編校, 《萬國公法文選》, 632쪽. 예) "學校之興, 莫隆於三代, 亦莫備於三代. 其後世遠年湮, 風俗俞趨而俞下, 人心俞乖而俞離. 擧所謂黨庠術序之遺規, 幾令人有愛莫能傳之感." 李佳白, 〈創設學校意〉(1895), 《萬國公法文選》, 578쪽. 마시니는 또한 "량치차오가 '학교'로 일본과 유럽 모델의 현대적 학교를 지칭했지만, '학당'·'학사'

로 중국의 전통적 학교를 지칭했다"고 주장하였다(Masini 책, 258쪽). 이 설도 정확하지 않다. 적어도 1900년 이전 량치차오의 '학교'와 '학당'의 사용에는 마시니가 말한 이런 차이가 나타나지 않았다. 예)"古者學校皆國家所立, 敎師皆朝廷所庸, 故大戴七屬, 言學則任師. 周官九兩, 言以賢得民, 而學記一篇, 乃專標誨人之術, 以告天下之爲人師者." 梁啓超, 《變法通議》〈論師範〉(1896), 《飮氷室文集之一》第1冊, 35쪽. 예) "西人學堂悉有專書, 歲爲一編, 月爲一卷, 日爲一課. 小學有小學之課, 中學有中學之課. 專門之學, 各有其專門之課. 其爲課也, 舉學堂之諸生無不同也, 舉國之學堂無不同也." 梁啓超, 《變法通議》〈論譯書〉, 《飮氷室文集之一》第1冊, 69쪽. '학교'와 '학당'은 자주 혼용되지만 미세한 차이가 있다. '학교'는 훨씬 고전적이고 과거와 관계가 밀접하다. "古者科擧, 皆出學校, 學校制廢而科擧始敝矣. …… 故科擧合於學校, 則人才盛. 科擧離於學校, 則人才衰. 有科擧, 無學校, 則人才亡." 梁啓超, 《變法通議》〈論科擧〉, 《飮氷室文集之一》第1冊, 21, 23쪽. '학당'은 훨씬 현대적이며 과거와 대립관계이다. 예)"現學堂科擧, 新舊竝行, 有特科, 有常科, 有府廳州縣學, 有大小中等高等學, 有寓洋商籍小學, 有士紳倡設算藝文字小學, 有生員擧貢進士, 有學堂生員擧人進士, 又有特科出身譯書出身, 均應隷部另議. 學校歸入地方官考成, 尤關吏課, 至於祠祭所掌, 亦宜增定." 蔡鎭藩, 〈奏請審官定織以成新政摺〉(光緒24年 7月, 1898), 《戊戌變法》第2冊, 384쪽. '학교'는 도덕배양의 의미도 포함하지만 '학당'은 서학에 편중되어 지식교육을 강조한다. 예) "學校者, 國民之製造所也, 國風之淵源也, 國民職業之豫備校也. 苟欲組織全體以軍人乎, 則當先知學校始. 欲使將來國民有如何之起業心, 如何之鍛鍊力, 如何之軍人氣質精神, 則當先知學校敎育之方針奚若而後可." 百里, 〈軍國民之敎育〉, 《新民叢報》, 第22號(1902. 12. 14), 11쪽. 중국교육기구의 성쇠에 관해 어떤 사람은 다음과 같이 말했다. "三代育才興能, 悉由學校. 自學校之法敝, 而書院之事起. 因書院之規隘, 而學堂之議興. 然則今之學堂, 蓋卽宋元郡直省書院之制. 今之學堂總辨, 亦卽國子祭酒省會山長之任." 何通判(熙年), 〈上張香帥言武備學堂事宜書(附呈條陳八則)〉, 《時務報》第27冊(1897. 5. 22), 9쪽 참조.

62 《漢語大詞典》, 2251쪽.
63 《漢語大詞典》, 6332쪽.
64 《漢語大詞典》, 7192쪽.
65 《漢語大詞典》, 2903쪽.

66 《漢語大詞典》, 4896쪽.
67 《漢語大詞典》, 4896쪽.
68 《漢語大詞典》, 7418쪽.
69 《漢語大詞典》, 6955쪽.
70 《漢語大詞典》, 1136쪽.
71 《漢語大詞典》, 1131쪽.
72 《漢語大詞典》, 5279쪽.

참고문헌

*부록에 수록된 〈데이터베이스〉 문헌은 포함하지 않음

1. 중국어 문헌

1-1. 저서

《大淸德宗景(光緖)皇帝實錄》, 臺北: 新文楓豐出版公司, 1978.

中國大百科全書編輯委員會 編,《中國大百科全書·社會學》, 北京: 中國大百科全書出版社, 1991.

王利器 校注,《鹽鐵論校注》, 北京: 中華書局, 1992.

王家驊,《儒家思想與日本文化》, 杭州: 浙江人民出版社, 1990.

王爾敏,《上海格致書院志略》, 香港: 中文大學出版社, 1980.

王德昭,《淸代科擧制度硏究》, 香港: 中文大學出版社, 1982.

包默(Franklin L. Baumer) 著, 李日章 譯,《西方近代思想史》, 臺北: 聯經出版事業公司, 1988.

布寧(Nicholas Bunnin), 余紀元 編著, 王柯平 等 譯,《西方哲學英漢對照辭典》, 北京: 人民出版社, 2001.

永瑢 等 總裁, 紀昀 等 總纂,《四庫全書總目提要》, 臺北: 臺灣商務印書館, 1968.

伊士頓(Stewart C. Easton) 著, 李邁先 譯,《西洋近世史》, 臺北: 幼獅文化事業公司, 1989.

伊格爾斯(Georg G. Iggers)·派克(Harold T. Parker) 主編, 陳海宏 等 譯,《歷史硏究國際手冊 — 當代史學硏究和理論》, 北京: 華夏出版社, 1989.

─────, 趙世玲·趙世瑜 譯,《歐洲史學新方向》, 北京: 華夏出版社, 1989.

休謨(David Hume) 著, 關文運 譯,《人性論》, 北京: 商務印書館, 1980.

──, 關文運 譯,《人類理解研究》, 北京: 商務印書館, 1972.

朱震亨,《格致餘論》,《四庫全書·子部 醫家類》卷746冊, 上海: 上海古籍出版社, 1987.

朱熹 撰, 徐德明 校點,《四書章句集注》, 上海: 上海古籍出版社·安徽教育出版社, 2001.

──撰, 黎靖德 編,《朱子語類》, 臺北: 正中書局, 1973.

──編, 陳郁夫 導讀,《近思錄》, 臺北: 金楓出版有限公司, 1997.

──編,《二程外書》,《四庫全書·子部 儒家類》卷六百九十八冊.

──編,《河南程氏遺書》, 上海: 商務印書館, 1935.

朱謙之,《革命哲學》, 上海: 泰東圖書局, 1921.

艾爾曼(Benjamin A. Elman), 趙剛 譯,《經學·政治和宗族 — 中華帝國晚期常州今文學派研究》, 南京: 江蘇人民出版社, 1998.

艾儒略(Julius Aleni),《職方外紀》, 臺北: 臺聯國風出版社, 1967.

伯林(Isaiah Berlin) 著, 陳曉林 譯,《自由四論》, 臺北: 聯經出版事業公司, 1986.

伯瑞(John B. Bury) 著, 范祥燾 譯,《進步的觀念》, 上海: 上海三聯書店, 2005.

吳廷嘉,《戊戌思潮縱橫論》, 北京: 中國人民大學出版社, 1988.

呂芳上,《革命之再起: 中國國民黨改組前對新思潮的回應, 1914~1924》, 臺北: 中央研究院近代史研究所, 1989.

──,《從學生運動到運動學生: 民國八年至十八年》, 臺北: 中央研究院近代史研究所, 1994.

呂柟,《二程子抄釋》,《四庫全書·子部 儒家類》卷715冊.

李之藻 等 編,《天學初函》, 臺北: 臺灣學生書局, 1965.

李炳南,《辛亥革命起因之分析》, 臺北: 正中書局, 1987.

李恩涵·張朋園 等,《近代中國: 知識分子與自強運動》, 臺北: 食貨出版社, 1972.

李博(Wolfgang Lippert) 著, 趙倩 等 譯,《漢語中的馬克思主義術語的起源與作用: 從詞彙 — 概念角度看日本和中國對馬克思主義的接受》, 北京: 中國社會科學出版社, 2003.

李達, 《社會學大綱》, 《民國叢書》第1編 第14冊, 上海: 上海書店, 1989.
李劍農, 《中國近百年政治史》, 臺北: 臺灣常務印書館, 1974.
李銳, 《毛澤東的早年與晚年》, 貴陽: 貴州人民出版社, 1992.
沈濤, 《交翠幹筆記》, 《續收四庫全書·子部 雜家類》第1158冊, 上海: 上海古籍出版社, 1995.
沃克(David M. Walker), 北京社會與科技發展研究所組織 翻譯, 《牛津法律大辭典》, 北京: 光明日報出版社, 1988.
阮元 校勘, 《十三經注疏》, 臺北: 藝文印書館, 1976.
亞里士多德, 《政治學》, 苗力田 主編, 《亞里士多德全集》卷9, 北京: 中國人民大學出版社, 1994.
―――, 《政治學》, 苗力全 主編, 《亞里士多德全集》卷9.
周策縱, 周子平 等 譯, 《五四運動: 現代中國的思想革命》, 南京: 江蘇人民出版社, 1996.
―――, 陳永明 等 譯, 《五四運動史》, 臺北: 桂冠圖書股份有限公司, 1989.
周善培, 《辛亥四川爭路親歷記》, 重慶: 重慶人民出版社, 1957.
林明德, 《袁世凱與朝鮮》, 臺北: 中央研究院近代史研究所, 1984.
林美容, 《漢語親屬稱謂的結構分析》, 臺北: 稻鄉出版社, 1990.
金觀濤, 《系統的哲學》, 北京: 新星出版社, 2005.
金觀濤·劉青峰, 《中國現代思想的起源 ― 超穩定結構與中國政治文化的演變》 第1卷, 香港: 中文大學出版社, 2000.
―――, 《開放中的變遷 ― 再論中國社會超穩定結構》, 香港: 中文大學出版社, 1993.
―――, 《興盛與危機 ― 論中國社會超穩定結構》增訂本, 香港: 中文大學出版社, 1992.
阿倫特(Hannah Arendt), 竺乾威 等 譯, 《人的條件》, 上海: 上海人民出版社, 1999.
信夫清三郎 著, 呂萬和 等 譯, 《日本政治史》, 上海: 上海譯文出版社, 1988.
哈貝馬斯(Jürgen Habermas), 曹衛東 等 譯, 《公共領域的結構轉型》, 上海: 學林出版社, 1999.

威廉士(Raymond Williams), 劉建基 譯,《關鍵詞: 文化與社會的詞彙》, 臺北: 巨流圖書公司, 2003.

威廉斯(Raymond Williams), 彭淮棟 譯,《文化與社會 — 1780年至1950年英國文化觀念之發展》, 臺北: 聯經出版事業公司, 1985.

柯林武德(Robin G. Collingwood), 何兆武·張文杰 譯,《歷史的觀念》, 北京: 商務印書館, 1997.

胡春惠,《民初的地方主義與聯省自治》, 北京: 中國社會科學出版社, 2001.

胡渭,《洪範正論》,《四庫全書·經部 書類》第68冊.

胡適,《四十自述》, 臺北: 遠流出版事業股份有限公司, 1988.

迪爾凱姆(Émile Durkheim), 狄玉明 譯,《社會學方法的準則》, 北京: 商務印書館, 1995.

韋伯(Max Weber), 劉援·王子文 譯,《宗教社會學》, 臺北: 桂冠圖書股份有限公司, 1993.

桑兵,《晚清學堂學生與社會變遷》, 臺北: 稻禾出版社, 1991.

馬西尼(Federico Masini), 黃河清 譯,《現代漢語詞彙的形成 — 十九世紀漢語外來詞研究》, 上海: 漢語大詞典出版社, 1997.

高明士,《東亞古代的政治與教育》, 臺北: 臺大出版社, 2004.

基托(Humphrey D.F.Kitto), 徐衛翔·黃稻 譯,《希臘人》, 上海: 上海人民出版社, 1998.

康德(Immanuel Kant), 鄧曉芒 譯,《實踐理性批判》, 臺北: 聯經出判事業股份有限公司, 2004.

張允侯 等,《五四時期的社團》, 北京: 三聯書店, 1979.

張永堂,《明末清初理學與科學關係再論》, 臺北: 臺灣學生書局, 1994.

張玉法,《清季的立憲團體》, 臺北: 中央研究院近代史研究所, 1971.

張佛泉,《自由與人權》, 香港: 亞洲出版社, 1955.

張朋園,《立憲派與辛亥革命》, 臺北: 中央研究院近代史研究所, 1969.

梁啓超,《淸代學術槪論》, 朱維錚 校注,《梁啓超論淸學史二種》, 上海: 復旦大學
　　出版社, 1985.
(淸)高宗 敕撰,《續通典》, 上海: 商務印書館, 1935.
許希特(Wolfgang Schluchter), 顧忠華 譯,《理性化與官僚 ― 對韋伯之硏究與詮
　　譯》, 臺北: 聯經出版事業公司, 1986.
許愼 撰, 段玉裁 注釋,《段氏說文解字注》, 臺北: 宏業書局, 1969.
──── 撰, 段玉裁 注,《說文解字注》, 上海: 上海古籍出版社, 1988.
郭成棠,《陳獨秀與中國共產主義運動》, 臺北: 聯經出版事業公司, 1991.
郭廷以,《近代中國史綱》, 香港: 中文大學出版社, 1989.
──── 編著,《近代中國史事日誌》, 臺北: 正中書局, 1963.
郭穎頤, 雷頤 譯,《中國現代思想中的唯科學主義, 1900~1950》, 南京: 江蘇人民
　　出版社, 1995.
野村浩一 著, 張學鋒 譯,《近代日本的中國認識: 走向亞洲的航踪》, 北京: 中央編
　　譯出版社, 1999.
陳元龍,《格致鏡原》,《四庫全書·子部 類書類》第1031~1032冊.
陳建華,《'革命'的現代性: 中國革命話語考論》, 上海: 上海古籍出版社, 2000.
陳衛平,《第一頁與胚胎: 明淸之際的中西文化比較》, 上海: 上海人民出版社,
　　1992.
陸金奧宗光, 伊舍石 譯,《蹇蹇錄》, 北京: 商務印書館, 1963.
麥金太爾(Alasdair C. Macintyre), 龔群·戴揚毅 等 譯,《德性之後》, 北京: 中國社
　　會科學出版社, 1995.
勞思光,《中國哲學史》, 臺北: 三民書局, 1984.
博蘭尼(Karl Polanyi), 黃樹民 等 譯,《鉅變: 當代政治·經濟的起源》, 臺北: 遠流出
　　版事業股份有限公司, 1989.
彭明,《五四運動史》, 北京: 人民出版社, 1984.
彭明輝,《晚淸的經世史學》, 臺北: 麥田出版社, 2002.
斯當東(George T. Staunton), 葉篤義 譯,《英使謁見乾隆紀實》, 上海: 上海書店,

1997.

普塞(Michael Pusey), 廖仁義 譯,《哈柏瑪斯》, 臺北: 桂冠圖書股份有限公司, 1989.

湯一介,《郭象與魏晉玄學》, 武漢: 湖北人民出版社, 1983.

程頤,《伊川易傳》,《四庫全書‧經部 易類》第9冊.

程顥,《河南程氏遺書》, 程顥‧程頤 著, 王孝魚 點校,《二程集》第1冊, 北京: 中華書局, 1981.

馮契 注編,《哲學大辭典》, 上海: 上海辭書出版社, 1992.

黃克武,《自由的所以然 ── 嚴復對約翰彌爾自由思想的認識與批判》, 臺北: 允晨文化實業股份有限公司, 1998.

黃宗羲,《明夷待訪錄》, 上海: 商務印書館, 1937.

黃福慶,《清末留日學生》, 臺北: 中央研究院近代史研究所, 1975.

楊家駱 注編,《宋會要輯本》, 臺北: 世界書局, 1964.

葉保強,《人權的理念與實踐》, 香港: 天地圖書有限公司, 1991.

實藤惠秀, 譚汝謙‧林啓彥 譯,《中國人留學日本史》, 北京: 三聯書店, 1983.

漢密爾頓(Alexander Hamilton)‧麥迪遜(James Madison), 程逢如 等 譯,《聯邦黨人文集: 關於美國憲法的論述》, 北京: 商務印書館, 1980.

漢語大字典編輯委員會 編,《漢語大字典》, 武漢: 湖北辭書出版社; 成都: 四川辭書出版社, 1987.

漢語大詞典編輯委員會‧漢語大詞典編纂處 編纂, 羅竹風 主編,《漢語大詞典》, 上海: 漢語大詞典出版社, 1997.

熊月之,《中國近代民主思想史》, 上海: 上海人民出版社, 1986.

────,《西學東漸與晚清社會》, 上海: 上海人民出版社, 1994.

熊彼得(Joseph A. Schumpeter), 朱泱‧孫鴻敝 等 譯,《經濟分析史》, 臺北: 左岸文化事業有限公司, 2001.

廣東‧廣西‧湖南‧河南辭源修訂組 編,《辭源》修訂本, 香港: 商務印書館, 1980~1984.

歐幾里得(Euclid), 利瑪竇(Matteo Ricci) 譯, 徐光啓 筆授,《幾何原本》, 郭書青 編,《中國科學技術典籍通彙‧數學卷五》, 鄭州: 河南教育出版社, 1993.

潘應棋,《幾何贅說》, 番禺: 潘氏扈癲館, 1906.

盧梭(Jean-Jacques Rousseau), 何兆武 譯,《社會契約論》, 北京: 商務印書館, 1980.

龍冠海・張承漢,《社會思想史》, 臺北: 三民書局, 1979.

戴震,《孟子字義疏證》, 張岱年 主編,《戴震全書》第6冊, 合肥: 黃山書社, 1995.

薄一波,《若干重大決策與事件的回顧》, 北京: 中共中央黨校出版社, 1993.

賽班(George H. Sabine), 李少華・尙新建 譯,《西方政治思想史》, 臺北: 桂冠圖書股份有限公司, 1992.

懷特(Hayden V. White), 劉世安 譯,《史元: 十九世紀歐洲的歷史意象》, 臺北: 麥田出版股份有限公司, 1999.

羅素(Bertrand Russell),〈論歷史〉, 羅素 著, 何兆武・肯巍・張文杰 譯,《論歷史》, 北京: 三聯書店, 1991.

嚴可均 輯,《全晉文》, 北京: 商務印書館, 1999.

蘇雲峰,《三(兩)江師範學堂: 南京大學的前身, 1903~1911: 近代中國高等教育研究》, 臺北: 中央研究院近代史研究所, 1998.

顧炎武 撰, 黃汝成 集釋,《日知錄》, 臺北: 臺灣商務印書館, 1978.

顧頡剛,《漢代學術史略》, 上海: 東方書社, 1941.

1-2. 논문

〈大美國事〉,《萬國公報》, 同治13年(1874) 10月12日.

〈立憲紀聞〉,《東方雜誌》, 1906年臨時增刊《憲政初綱》, 中國史學會 主編,《辛亥革命》第4冊, 上海: 上海人民出版社, 2001.

〈列寧主義萬歲〉,《紅旗》(北京), 1960年4月16日.

〈局外公法摘要〉,《東方雜誌》第1卷 第1期(1904年3月11日).

〈非十二子〉, 葉衡 選注,《荀子》, 臺北: 臺灣商務印書館, 1966.

〈爲李給事讓起覆尙書左丞兼御史大夫第四表〉, 董誥 等 編,《全唐文》卷384, 太原: 山西教育出版社, 2002.

〈原道訓〉, 劉殿爵 等 編, 《淮南子逐字索引》, 香港: 商務印書館, 1992.

〈班孟堅典引一首〉, 蕭統 選, 李善 注, 《文選》第48卷, 香港: 商務印書館, 1960.

〈新書介紹〉, 《東方雜誌》第1卷 第1期(1904年3月11日).

〈實踐是檢驗眞理的唯一標準〉, 《光明日報》1978年5月11日.

〈學界風潮愈鬧愈大〉, 《晨報》, 1919年5月20日.

〈憲政編査館會同民政部奏擬訂結社集會律摺(附片並清單)〉, 《東方雜誌》第5卷 第4期(1908年5月).

于式枚, 〈出使德國考察憲政大臣于式枚奏考察憲政謹議辦法宗旨摺〉, 《政治官報》第37號(1907年12月1日).

土屋英雄, 〈梁啓超的 '西洋' 攝取與權利 — 自由論〉, 狹間直樹 編, 《梁啓超・明治日本・西方》, 北京: 社會科學文獻出版社, 2001.

毛澤東, 〈新民主主義的憲政〉, 《毛澤東選集》第2卷, 北京: 人民出版社, 1969.

——, 〈實踐論〉, 《毛澤東選集》第1卷, 北京: 人民出版社, 1970.

——, 〈論人民民主專政〉, 《毛澤東選集》第4卷, 北京: 人民出版社, 1970.

王友琴, 〈1966: 學生打老師的革命〉, 《二十一世紀》總第30期(1995年8月號).

王宏斌, 〈戊戌維新時期的 '群學'〉, 《近代史研究》(北京) 第2期(1985).

王爾敏, 〈清季學會彙表〉, 《晚清政治思想史論》, 臺北: 臺灣商務印書館, 1992.

方維規, 〈'議會'・'民主' 與 '共和' 概念在西方與中國的嬗變〉, 《二十一世紀》總第58期(2000年4月號).

北京大學檔案館 整理, 陶英惠 著, 〈蔡元培與五四愛國運動〉, www.dag.pku.edu.cn/erjimb/pageshow.asp?articleid=594

白永瑞, 〈中國現代史上民主主義的再思考: 一九二〇年代國民會議運動〉, 中華民國史料研究中心 編, 《一九二〇年代的中國》, 臺北: 中華民國史料研究中心, 2002.

皮錫瑞, 〈論孔子成春秋不能使後世無亂臣賊子而能使亂臣賊子不能無懼〉, 《經學通論・春秋》, 香港: 中華書局, 1961.

石元康, 〈二種道德觀 — 試論儒家倫理的形態〉, 劉述先 編, 《儒家倫理研討會論文集》, 新加坡: 東亞哲學研究所, 1987.
列寧, 〈無產階級革命和叛徒考茨基〉, 中共中央馬克思恩格斯列寧斯大林著作編譯局 編, 《列寧全集》第28卷, 北京: 人民出版社, 1965.
朱維錚, 〈從《實理公法全書》到《大同書》〉, 《求索眞文明 — 晚淸學術史論》, 上海: 上海古籍出版社, 1996.
———, 〈晚淸漢學: '排荀' 與 '尊荀'〉, 《求索眞文明: 晚淸學術史論》.
艾爾曼, 趙剛 譯, 〈中國文化史的新方向: 一些有待討論的意見〉, 《臺灣社會研究》(臺北) 總第13期(1992).
———, 蔣勁松 譯, 〈從前現代的格致學到現代的科學〉, 《中國學術》(北京) 卷2輯(2000).
余英時, 〈名敎危機與魏晉士風的演變〉, 《中國知識階層史論 · 古代篇》, 臺北: 聯經出版事業公司, 1980.
何冠彪, 〈顧炎武 · 黃宗羲 · 王夫之入祀文廟始末〉, 《漢學研究》(臺北) 第9卷 第1期 (1991).
吳稚暉, 〈一個新信仰的宇宙觀及人生觀〉, 丁文江 · 張君勱 等, 《科學與人生觀 — '科學與玄學' 論戰集》第2冊, 臺北: 問學出版社, 1977.
呂實强, 〈巴黎和會衝擊下國人的反應(1919) — 兼論五四運動的本質〉, 張啓雄 主編, 《'二十世紀的中國與世界' 論文選集》上冊, 臺北: 中央硏究院近代史硏究所, 2001.
李大釗, 〈聖人與皇帝〉, 《李大釗文集》下冊, 北京: 人民出版社, 1984.
李陳順姸, 〈晚淸的重商主義運動〉, 《中央硏究院近代史硏究所集刊》(臺北) 第3期 上冊(1972).
李澤厚, 〈啓蒙與救亡的雙重變奏〉, 《中國現代思想史論》, 北京: 東方出版社, 1987.
李競能, 〈論淸末西方資産階級經濟學的轉入中國〉, 《經濟硏究》(北京) 第2期(1979).
杜蘭(Alain Touraine), 〈文革是一場反社會運動〉, 《二十一世紀》總第36期(1996年8月號).
汪暉, 〈'賽先生' 在中國的命運 — 中國近現代思想中的 '科學' 槪念及其使用〉, 《學人》(江蘇) 第一輯(1991).

周昌龍,〈五四時期知識份子對個人主義的詮釋〉,《漢學研究》(臺北) 第12卷 第2期(1994).

林同奇,〈與懷特談他的後現代史學〉,《二十一世紀》總第90期(2005年8月號).

林和生,〈科玄論戰與胡適 '科學的人生觀'〉,北京: 中國科學院科技政策與管理科學研究所碩士論文(未刊稿), 1991.

林則徐,〈擬諭發檄諭英國國王稿〉,中山大學歷史系中國近代現代史教研組研究室編,《林則徐集·公牘》,北京: 中華書局, 1985.

邱濬,〈設學校以立教五〉,黃訓 編,《名臣經濟錄》,《四庫全書·史部 詔令奏議類》第443~444冊.

金永直,王道還 譯,〈中國傳統文化中的自然知識 — 中國科學史研究中的一些問題〉,《史學評論》(臺北) 第九期(1985).

金耀基,〈關係和網絡的建構: 一個社會學的詮釋〉,《二十一世紀》總第12期(1992年8月號).

金觀濤,〈中國文化的常識合理精神〉,《中國文化研究所學報》(香港), 新第6期(1997).

———,〈中國近現代經濟倫理的變遷 — 論社會主義經濟倫理在中國的歷史命運〉,劉小楓·林立偉 編,《中國近現代經濟倫理的變遷》,香港: 中文大學出版社, 1998.

———,〈奇異悖論 — 證偽主義可以被偽證嗎?〉,《自然辨證法通訊》(北京) 總第60期(1989).

———,〈革命觀念在中國的起源和演變〉,《政治與社會哲學評論》(臺北) 第13期(2005).

———,〈唯物史觀與中國近代傳統〉,《二十一世紀》總第33期(1996年2月號).

金觀濤·劉青峰,〈'科舉' 和 '科學' — 重大社會事件和觀念轉化的案例研究〉,《科學文化評論》(北京) 第2卷 第3期(2005).

———,〈中國共產黨爲甚麼放棄新民主主義?〉,《二十一世紀》總第13期(1992年10月號).

――――, 〈中國個人觀念的起源‧演變及其形態初探〉,《二十一世紀》總第84期(2004年8月號).

――――, 〈五四的另一種圖像〉, 國立政治大學院 編,《五四運動八十周年學術研討會論文集》. 臺北: 國立政治大學, 1999.

――――, 〈五四新青年群體爲何放棄'自由主義'?— 重大事件與觀念變遷互動之研究〉,《二十一世紀》(香港) 總第82期 (2004年4月號).

――――, 〈反右運動與延安整風〉,《二十一世紀》(香港). 總第40期 (1997年4月號).

――――, 〈天理‧公理和眞理 — 中國文化'合理性'論證以及'正當性'標準的思想史研究〉,《中國文化研究所學報》(香港). 新第10期 (2001).

――――, 〈近代中國'權利'觀念的意義演變 — 從晚清到《新青年》〉,《中央研究院近代史研究所集刊》(臺北) 第32期(1999).

――――, 〈從'天下', '萬國' 到'世界' — 晚清民族主義形成的中間環節〉,《二十一世紀》總第94期(2006年4月號).

――――, 〈從'格物致知'到'科學'‧'生產力' — 知識體系和文化關係的思想史研究〉,《中央研究院近代史研究所集刊》(臺北) 第46期(2004).

――――, 〈從'經世'到'經濟' — 社會組織原則變化的思想史研究〉,《中央研究院近代史研究所集刊》(臺北) 第32期(2003).

――――, 〈從'群'到'社會'‧'社會主義' — 中國近代共領域變遷的思想史研究〉,《中央研究院近代史研究所集刊》(臺北) 第35期(2001).

――――, 〈紳士公共空間在中國〉,《二十一世紀》總第75期(2003年2月號).

――――, 〈試論中國式的自由主義: 胡適實驗主義和戴震哲學的比較〉, 劉靑峰‧岑國良 編,《自由主義與中國近代傳統》, 香港: 中文大學出版社, 2002.

――――, 〈試論儒學式公共空間 — 中國社會現代轉型的思想史研究〉,《臺灣東亞文明研究學刊》(臺北) 第2港 第2期(2005).

――――, 〈論歷史研究中的整體方法〉,《知識份子》(紐約) 春季號(1987).

――――, 〈歷史研究的客觀性 — 論觀念史圖像中的眞實〉,《新史學》(臺北) 第18卷 第1期(2007).

阿倫特, 劉鋒 譯,〈公共領域和私人領域〉, 汪暉·陳燕谷 主編,《文化與公共性》, 北京: 三聯書店, 1998.

勃羅代爾(Fermand Braudel), 承中 譯,〈歷史和社會科學: 長時段〉, 蔡少卿 編,《再現過去: 社會史的理論視野》, 杭州: 浙江人民出版社, 1988.

哈貝馬斯·汪暉 譯,〈公共領域〉, 汪暉·陳燕谷 主編,《文化與公共性》.

──, 曹衛東 譯,〈公共領域的社會結構〉, 汪暉·陳燕谷 主編,《文化與公共性》.

姜義華,〈徬徨中的啓蒙,《新青年》德賽二先生析論〉,《文史知識》(北京) 卷5期 (1999).

科林伍德(Robin G. Collingwood),〈歷史哲學的性質和目的〉, 張文杰 等 編譯,《現代西方歷史哲學譯文集》, 上海: 上海譯文出版社, 1984.

胡適,〈《科學與人生觀》序〉, 丁文江·張君勱 等,《科學與人生觀》第1冊.

──,〈我國之 '家族的個人主義'〉,《胡適留學日記(一)》, 臺北: 遠流出版事業股份有限公司, 1986.

──,〈答陳獨秀先生〉,《胡適文存二集》,《民國叢書》第1編 第94冊.

范岱年,〈唯科學主義在中國 ― 歷史的回顧與批判〉,《科學文化評論》(北京) 第2卷 第6期(2005).

韋伯(Max Weber),〈以學術爲業〉, 韋伯, 馮克利 譯,《學術與政治 ― 韋伯的兩篇演說》, 北京: 三聯書店, 1998.

孫中山,〈遺囑〉,《孫中山選集》下卷, 北京: 人民出版社, 1956.

島尾永康,〈漢語科技詞彙的中日交流與比較〉第三屆國際中國科學史討論會論文, 北京: 中國科學院主辦, 1984.

徐光台,〈明末清初西方 '格致學' 的衝擊與反應: 以熊明遇《格致草》爲例〉, 臺灣大學歷史學系 編,《'世變·群體與個人': 第一屆全國歷史學學術討論會論文集》, 臺北: 國立臺灣大學歷史學系, 1996.

──,〈儒學與科學: 一個科學史觀點的探討〉,《清華學報》(臺北) 新第26卷 第4期 (1996).

耿雲志,〈清末資産階級立憲派與諮議局〉, 中華書局編輯部 編,《紀念辛亥革命七十周年學術討論會論文集》第2冊, 北京: 中華書局, 1983.

張東蓀, 〈由內地旅行而得之又一教訓〉, 《時事新報》1920年11月5日, 蔡尚思 主編, 《中國現代思想史資料簡編》卷1, 杭州: 浙江人民出版社, 1982.

張堂錡, 〈周作人與個人主義〉, 《鵝湖月刊》(臺北) 第20卷 第7期(1995).

張灝, 〈中國近代思想史的轉型時代〉, 《二十一世紀》總第52期(1999年4月號).

────, 〈中國近代轉型時期的民主觀念〉, 《二十一世紀》總第18期(1993年8月號).

────, 〈中國近百年來的革命思想道路〉, 《張灝自選集》, 上海: 上海教育出版社, 2002.

盛邦和, 〈19世紀與20世紀之交的日本亞洲主義〉, 《歷史研究》(北京) 第3期(2000).

郭廷以·劉廣京, 〈自強運動: 尋求西方的技術〉, 費正清(John K. Fairbank) 主編, 中國社會科學院歷史研究所編譯室 譯, 《劍橋中國清史, 1800~1911年》上卷, 北京: 中國社會科學出版社, 1985.

陳子龍, 〈凡例〉, 徐光啓, 《農政全書》, 任繼愈 主編, 《中國科學技術典籍通彙》, 鄭州: 河南教育出版社, 1994.

陳少白, 〈興中會革命史要〉, 陳錫祺 主編, 《孫中山年譜長編》上冊, 北京: 中華書局, 1991.

陳弘毅, 〈權利的興起: 對幾種文明的比較研究〉, 《法治·啓蒙與現代法的精神》, 北京: 中國政法大學出版社, 1998.

陳旭麓, 〈戊戌時期維新派的社會觀 ─ 群學〉, 《近代史研究》(北京), 總第20期(1984).

陳良佐, 〈從《格物麤談》來看宋明間的'格物致知'〉, 楊翠華·黃一農 主編, 《近代中國科技史論集》, 臺北: 中央研究院近代史研究所, 1991.

陳學霖, 〈歐陽修'正統論'新釋〉, 《宋史論集》, 臺北: 東大圖書公司, 1993.

陳獨秀, 〈我們爲甚麼要做白話文〉, 《晨報》1920年2月20日.

黃克武, 〈《皇朝經世文編》學術·治體部分思想之分析〉, 臺北: 國立臺灣師範大學歷史研究所碩士論文, 1985.

────, 〈民國初年孔教問題之爭論(1912~1917)〉, 《國立臺灣師範大學歷史學報》

(臺北) 第12期(1984).

惲代英,〈未來之夢〉,《惲代英文集》上卷, 北京: 人民出版社, 1984.

溝口雄三,〈中國與日本'公私'觀念之比較〉,《二十一世紀》總第21期(1994年2月號).

萬俊人,〈美國當代社會倫理學的新發展〉,《中國社會科學》(北京) 第3期(1995).

賈誼,〈六術〉, 王洲明·徐超 校注,《賈誼集校注》, 北京: 人民文學出版社, 1996.

廖平,〈公羊春秋補證後序〉, 鄭振鐸 編,《晚清文選》卷下, 北京: 中國社會科學出版社, 2002.

趙世瑜,〈傳說·歷史·歷史記憶 ─ 從20世紀的新史學到後現代〉, 楊念群 等 主編,《新史學: 多學科對話的圖景》下冊, 北京: 中國人民大學出版社, 2003.

趙利棟,〈1905年前後的廢科舉·學堂和士紳階層〉,《二十一世紀》總第89期(2005年6月號).

劉青峰,〈文化革命中的新華夏中心主義〉,《二十一世紀》總第15期(1993年2月號).

劉青峰·金觀濤,〈19世紀中日韓的天下觀及甲午中日戰爭的爆發〉,《思想》(臺北) 第3期(2006).

劉望齡,〈1896~1906年間中國留日學生人數補正〉, 陳錫祺 等,《辛亥革命論文集》, 廣州: 廣東人民出版社, 1980.

劉廣京,〈晚清人權論初探 ─ 兼論基督教思想之影響〉,《新史學》(臺北) 第5卷 第3期(1994).

祭仁堅,〈中國科學教育的先驅 ─ 顏習齋〉, 項維新·劉福增 主編,《中國哲學思想論集(清代篇)》第5冊. 臺北: 牧童出版社, 1978.

蔡少卿,《中國秘密社會》, 杭州: 浙江人民出版社, 1989.

鄭容和,〈從周邊視角來看朝貢關係 ─ 朝鮮王朝對朝貢體系的認識和利用〉,《國際政治研究》(北京) 第1期(2006).

魯迅,〈文化偏至論〉,《魯迅全集》第1卷, 北京: 人民文學出版社, 2005.

蕭統,〈令旨解二諦義〉, 劉殿爵 等 編,《梁昭明太子蕭統集逐字索引》, 香港: 中文大學出版社, 2001.

薩勒(Sven Saaler),〈日本的政治·回憶和歷史意識〉,《二十一世紀》總第90期(2005

年8月號).

蘇雲峰,〈張之洞的中國官僚系統民主化構思 ─ 對張之洞的再認識〉,《近代中國史研究通迅》(臺北) 第8期 (1989).

蘇軾,〈代呂申公上初即位論治道二首·道德〉, 段書偉·趙宗乙 主編,《蘇東坡全集》卷34. 北京: 燕山出版社, 1998.

龔自珍,〈論私〉, 夏田藍 編,《龔定盦全集類 編》, 臺北: 文海出版社, 1972.

譯嗣同,〈報唐才常書〉, 蔡尙思·方行 編,《譚嗣同全集》增訂本 上冊, 北京: 中華書局, 1981.

1-3. 전자데이터베이스

《漢達古文獻資料庫》, 香港: 香港中文大學中國文化研究所古文資料庫中心, 1998.

《漢籍電子文獻(二十五史)》, 臺北: 中央研究院, 1999.

2. 일본어 문헌

片山淳吉,《物理階梯》, 日本科學史刊行會 編,《明治前日本科學史總說·年表》, 東京: 日本學術振興會, 1978.

佐藤亨,《幕末·明治初期語彙の研究》, 東京: 櫻楓社, 1986.

沈國威 編著,《《六合叢談》(1857~58)の學際的研究: 付〈語彙索引〉影印文本》, 東京: 白帝社, 1999.

武部善人,《太宰春台》, 東京: 吉川弘文館, 1997.

金觀濤·劉靑峰,〈歷史の眞實性を論ず ─ データベース方式および歷史のモデルチェンジ〉, 加加美光行 編,《中國の新たな發見》, 東京: 日本評論社, 2008.

柳父章,《飜譯語成立事情》, 東京: 岩波書店, 1982.

酒井忠夫,〈中國史上の道敎と迷信批判〉, 牧尾良海博士頌壽記念論集刊行會編,《牧尾良海博士頌壽記念論集: 中國の宗敎・思想と科學》, 東京: 國會刊行會, 1984.

森時彦,《生計學和經濟學之間 — 梁啓超的political economy》, 日本: 京都大學人文科學研究所, 2000.

鈴木修次,《日本漢語と中國: 漢字文化圈の近代化》, 東京: 中央公論社, 1981.

福澤諭吉,《文明論の槪略》, 東京: 岩波書店, 1875.

齋藤毅,《明治のことは — 東から西への架け橋》, 東京: 講談社, 1977.

3. 영어 문헌

3-1. 단행본

Allen, Robert., ed. *Chambers Encyclopedic English Dictionary.* Edinburgh: Chambers, 1994.

Ashley, William J. *An Introduction to English Economic History and Theory.* New York: A. M. Kelley, 1966.

Bobbio, Norberto. *Democracy and Dictatorship.* Minneapolis: University of Minnesota Press, 1989.

Borgatta, Edgar F., ed. *Encyclopedia of Sociology.* Vol. 2. 2d ed. New York: Macmillan Reference USA, 2000.

Butterfield, Fox. *China: Alive in the Bitter Sea.* London: Coronet Books, 1983.

Brinton, Crane. *Ideas and Men: The Story of the Western Thought.* New York: Prentice-Hall, 1950.

Brown, Harold I. *Rationality.* London and New York: Routledge, 1988.

Chambers's Encyclopaedia. Vol. XI. New rev. ed. London: International Learning Systems Corporation Limited, 1973.

Chen, Fong-Ching, and Guantao Jin. *From Youthful Manuscripts to River*

Elegy: The Chinese Popular Cultural Movement and Political Transformation 1979~1989. Hong Kong: The Chinese University Press, 1997.

Chow, Tse-tsung. *The May Fourth Movement: Intellectual Revolution in Modern China*. Cambridge, Mass.: Harvard University Press, 1960.

Cohen, Jean L., and Andrew Arato. *Civil Society and Political Theory*. Cambridge, Mass.: The MIT Press, 1992.

Collingwood, Robin G. *The New Leviathan, or, Man, Society, Civilization, and Barbarism*. London: Clarendon Press, 1944.

Cranston, Maurice W. *What Are Human Rights?* London: The Bodley Head, 1973.

Dahl, Robert A., *On Democracy*. New Haven: Yale University Press, 1998.

Dworkin, Ronald, Taking Rights Seriously. London: Duckworth, 1977.

Greenleaf, W. H., *The British Political Tradition*. Vol. 1, The Rise of Collectivism. London: Routledge, 1988.

Habermas, Jürgen, *The Structural Transformation of the Public Sphere: An Inquiry into a Category of Bourgeois Society*. Cambridge, Mass.: The MIT Press, 1989.

Hsü, Immanuel C. Y., *China's Entrance into the Family of Nations: The Diplomatic Phase, 1858~1880*. Cambridge, Mass.: Harvard University Press, 1960.

Iggers, Georg G., *Historiography in the Twentieth Century: From Scientific Objectivity to the Postmodern Challenge*. Hanover, N.H.: Wesleyan University Press, 1997.

Lin, Yu-sheng, *The Crisis of Chinese Consciousness: Radical Antitraditionalism in the May Fourth Era*. Madison: University of Wisconsin Press, 1979.

Lukes, Steven, *Individualism*. Oxford: Blackwell, 1973.

McLeish, Kenneth., ed. *Key Ideas in Human Thought*. New York: Facts On File, 1993.

Nathan, Andrew J., *Peking Politics, 1918~1923: Factionalism and the Failure of Constitutionalism*. Berkeley: University of California Press, 1976.

Pye, Lucian W., *The Spirit of Chinese Politics: A Psychocultural Study of the Authority Crisis in Political Development*. Cambridge, Mass.: The MIT Press, 1968.

Weintraub, Jeff, and Krishan Kumar, eds., *Public and Private in Thought and Practice: Perspectives on a Grand Dichotomy*. Chicago: University of Chicago Press, 1997.

Wheaton, Henry, *Elements of International Law: With a Sketch of the History of the Science*. Philadelphia: Carey, Lea & Blanchard, 1836.

Rankin, Mary B., *Elite Activism and Political Transformation in China: Zhejiang Province, 1865~1911*. Stanford, Calif.: Stanford University Press, 1986.

Reardon-Anderson, James, *The Study of Change: Chemistry in China, 1840~1949*. Cambridge; N.Y.: Cambridge University Press, 1991.

Rowe, William T., *Hankow: Commerce and Society in a Chinese City, 1796~1889*. Stanford, Calif.: Stanford University Press, 1984.

Sandel, Michael J., *Liberalism and the Limits of Justice*. Cambridge: Cambridge University Press, 1982.

Schwarcz, Vera., *The Chinese Enlightenment: Intellectuals and the Legacy of the May Fourth Movement of 1919*. Berkeley: University of California Press, 1986.

Schwartz, Benjamin I., *Chinese Communism and the Rise of Mao*. Cambridge, Mass.: Harvard University Press, 1952.

3-2. 논문

Chan, Wing-tsit, "The Evolution of the Neo-Confucian Concept Li as Principle."《清華學報》新第4卷 第2期(1964).

Chen, Joseph T., "The May Fourth Movement Redefined." *Modern Asian Studies 4*, no. 1 (1970).

Foerster, Heinz Von., "On Constructing a Reality." In *The Invented Reality: How Do We Know What We Believe We Know?: Contributions to Constructivism*, ed. Paul Watzlawick. New York: Norton, 1984.

Gillespie, Michael A., "The Theological Origins of Modernity." *Critical Review 13*, no. 1-2 (1999).

Hempel, Carl G., "The Function of General Laws in History." *Journal of Philosophy 39*, no. 2 (1942).

Huang, Philip C. C., "'Public Sphere' / 'Civil Society' in China? The Third Realm between State and Society." *Modern China 19*, no. 2 (1993).

──, "The Paradigmatic Crisis in Chinese Studies: Paradoxes in Social and Economic History." *Modern China 17*, no. 3 (1991).

Isaac, Jeffrey C., "Republicanism Vs. Liberalism? A Reconsideration." *History of Political Thought 9*, no. 2 (1988).

Jansen, Marius B., "Konoe Atsumaro." In *The Chinese and the Japanese: Essays in Political and Cultural Interactions*, ed. Akira Iriye. Princeton: Princeton University Press, 1980.

Jin Guantao and Liu Qingfeng, "From 'Republicanism' to 'Democracy': China's Selective Adoption and Reconstruction of Modern Western Political Concepts (1840~1924)." *History of Political Thought 26*, no. 3 (2005).

──, "On the Authenticity of History: Database Methods and Paradigm Shift in Historical Research." In *New Challenges and Perspectives of Modern Chinese Studies*, ed. Shinichi Kawai. Tokyo: Universal Academy Press,

Inc., 2008.

Jin Guantao, Hongye Fan, and Liu Qingfeng, "The Structure of Science and Technology in History: On the Factors Delaying the Development of Science and Technology in China in Comparison with the West since the 17th Century (Part One)." In *Chinese Studies in the History and Philosophy of Science and Technology*. Vol. 179, *Boston Studies in the Philosophy of Science*, ed. Fan Dainian and Robert S. Cohen. Dordrecht, Boston: Kluwer Academic Publishers, 1996.

——, "Historical Changes in the Structure of Science and Technology (Part Two, A Commentary)." In *Chinese Studies in the History and Philosophy of Science and Technology*. Vol. 179, Boston Studies in the Philosophy of Science.

Rankin, Mary B., "The Origins of a Chinese Public Sphere: Local Elites and Community Affairs in the Late Imperial Period." *Etudes Chinoises 9*, no. 2 (1990).

Rowe, William T., "The Public Sphere in Modern China." *Modern China 16*, no. 3 (1990).

——, "The Problem of 'Civil Society' in Late Imperial China." *Modern China 19*, no. 2 (1993).

Sunstein, Cass R., "Beyond the Republican Revival." *Yale Law Journal*, no. 97 (1988).

Svarverud, Rune, "The Notions of 'Power' and 'Rights' in Chinese Political Discourse." In *New Terms for New Ideas—Western Knowledge and Lexical Change in Late Imperial China*, ed. Michael Lackner, Iwo Amelung and Joachim Kurtz. Leiden: Brill, 2001.

Swart, Koenraad W., " 'Individual' in the Mid-Nineteenth Century (1826-1860)." *Journal of the History of Ideas 23*, no. 1 (1962).

Ullmann, Walter, *The Individual and Society in the Middle Ages*. London: Methuen & Co Ltd., 1967.

Wakeman, Jr. Frederic, "The Civil Society and Public Sphere Debate: Western Reflections on Chinese Political Culture." *Modern China 19*, no. 2 (1993).

Wang, Gungwu. "Power, Rights and Duties in Chinese History." *The Australian Journal of Chinese Affairs*, no. 3 (January 1980).

Wilson, George G., "Henry Wheaton and International Law." In *Henry Wheaton, Elements of International Law*. Buffalo, N.Y.: William S. Hein and Co., Inc., 1995.

Wollheim, Richard, "Democracy." *Journal of the History of Ideas 19*, no. 2 (1958).

Yu, Ying-shih, "The Radicalization of China in the Twentieth Century." *Daedalus 122*, no. 2 (1993).

찾아보기

【잡지 및 책명】

《가의신서》 90, 92, 93
《갑인》 23
《개방 중의 변천》 6, 43, 71
《건설》 23
《격치휘편》 112, 184
《권학편》 174, 234
《노력주보》 23
《동방잡지》 175
《동서양고매월통기전》 183
《만국공법》 48, 53, 104
《매주평론》 23, 127, 139, 140
《맹자》 89, 91, 97, 153, 235
《명육잡지》 234
《명이대방록》 161~166
《모순론》 142
《모시》 81, 89, 153
《변법통의》 114, 115
《사고전서》 157
《사서집주》 96, 100, 101
《사회계약론》 49, 165
《상서》 89, 153, 266, 295

《설문해자》 105, 130
《성기평론》 23
《성사》 23
《소년중국》 23, 127, 133, 139, 140
《순자》 87, 90, 91, 153
《시무보》 117
《신조》 23, 127, 133, 139, 140
《신청년》 23, 72, 127, 128, 131, 133, 137, 139, 140, 141, 199~201, 207~218, 221~225, 275
《신호남》 119
《실리공법전서》 113~115
《실천론》 142
《여씨춘추》 90, 91, 153
《역사철학》 288
《일본국지》 171, 235
《장자》 90, 96, 130, 153
《장자주》 96, 97, 100
《종교사회학》 270
《좌치추언》 52, 107, 108
《주역》 80, 81, 86

《주향미래》 6
《중국 현대사상의 기원》 6, 47, 58, 60, 95, 99, 120, 126
《천연론》 116, 117
《초사》 85
《춘추번로》 90
《탈아론》 306
《하상》 5
《학문의 권장》 234
《한서》 136
《해국도지》 184
《해방과 개조》 23
《향도주보》 23, 127, 140
《혁명군》 66
《현대평론》 23
《흥성과 위기》 5, 6, 71

【ㄱ】

가국 동형구조 49, 156
가천하 163, 177
가치전도 49, 54, 225
강권 79, 117, 127, 201, 202, 213
개량 38, 40, 223
개인 6, 7, 16, 35, 37, 40, 47~52, 57, 61, 75, 81, 84, 105~109, 112, 113, 116~118, 120, 125, 127, 144, 151, 152, 154~156, 162, 163, 165~169, 173, 176, 178, 181~189, 202, 204, 223, 255, 260, 270, 272, 284, 290, 321~324
개혁개방 7, 10, 318
격의 49, 53, 165
격치 54, 55, 58~60, 110, 112, 114, 125, 184, 195, 231~239, 244, 250
경세제민 57, 174
경세치용 10, 61, 75, 110, 169, 173, 189, 190, 240~244, 303, 304, 311
경제 7, 16, 19, 35, 40, 44, 52, 56, 57, 62, 83, 107, 108, 112, 139, 172~175, 188, 226, 246, 282, 295, 306, 315, 317, 318
경제결정론 181, 214, 325
계급투쟁 33, 214
계몽/계몽사상/계몽운동/계몽사조 5~7, 10, 33, 38, 46, 68, 69~71, 143, 199, 200
공공영역 9, 11, 16, 51, 62, 75, 113, 120, 124, 147~152, 154~159, 161, 163~167, 169~172, 174~182, 184~186, 188, 189, 191
공독호조단 223, 224
공례 104, 112, 113, 116~119, 122~125, 127, 129, 131, 135, 167, 184, 201
공리 16, 44, 59, 60, 79, 80, 84, 85, 103~107, 111~130, 132, 135~137, 143, 144, 150, 152, 156, 157, 162, 164, 167, 169, 183~185, 200~203, 214, 215, 237, 306
공산혁명 7, 65

공적 영역 59, 62, 63, 106, 107, 112, 120, 125, 151~168, 175, 176, 178~185, 188, 191, 217, 299
공화 16, 55, 56, 61~64, 68, 171~173, 178, 181, 191, 216, 300, 301
공화주의 63, 64, 155, 164, 178, 180, 217, 221, 255, 298~300
과거제/과거제도 62, 126, 172, 174, 195, 231~233, 235, 237, 239~251
과거학교 57, 58, 232, 233, 238, 239, 241, 242
과학 5, 35, 44, 55~62, 71, 82, 110, 125, 129, 132, 133, 139, 140, 185, 195, 199, 231~239, 244, 250, 251, 255, 259, 274
과학주의 57, 58, 181, 278
관념 6, 8~11, 15~21, 26, 32, 35~57, 59~70, 72, 73, 78, 80, 83, 95, 106, 110, 123, 127, 143, 149, 151, 152, 154~156, 158, 166~168, 174, 181, 182, 185, 189~192, 200, 202~208, 211, 212, 214, 215, 219~221, 224~227, 230, 231, 236, 256~259, 262~276, 279~295, 297~302, 304, 307, 309, 310, 312~318, 320~325
관념사 36, 40, 42, 46, 70, 73, 75, 192, 195, 204~212, 215, 219, 220, 224, 227, 263, 270, 272~276, 279~281, 283~289, 292~294, 297, 302, 305, 307, 310~314, 316, 321, 323, 324

관념사 파노라마 속의 사건 322~324
관변이데올로기 88, 94, 99, 120, 122, 156, 187, 188
국민 150, 158, 164, 166, 168, 169, 175, 176, 186, 191, 219, 238
국민혁명 7, 32, 64, 186, 187
국방 현대화 103, 110, 190
군群 50, 170, 171
군벌 62, 128, 179, 187, 221
권리 6, 16, 34, 40, 44, 47~51, 112, 116~118, 122, 123, 125, 127, 167, 169, 176, 178, 181, 182, 191, 201, 202, 219
근공검학 224
근대 7, 9~12, 15, 17, 51, 75, 82, 101, 115, 117, 125, 139, 151, 155, 170, 189, 190, 309
금문경학 51, 114
급진주의 199, 212

【ㄴ】
뉴턴 128, 276
능정감 114, 118
니시 아마네 234

【ㄷ】
당대 10, 16, 32~36, 43~47, 50, 52, 57,

60, 64, 67, 69, 73, 75, 136, 143, 147,
  150, 183, 189, 192, 250
대약진운동 266, 268
대진 60, 61, 181
democracy 53, 54, 62, 72
네이너베이스 6, 8, 9, 10, 16~22, 24~26,
  29, 40~43, 71~73, 104, 112, 122, 135,
  150, 171, 195, 200, 207, 208, 227, 231,
  236, 241, 251, 285, 291, 293, 295, 297,
  298, 300, 324
독일관념론 36

【ㄹ】

right 47, 48, 50
랑케 256~258, 262
량치차오 113~115, 117~119, 167, 177,
  242, 274, 298
러브조이 16
러일전쟁 122, 175, 305, 310
루소 120, 164, 165
루쉰 34
리터 18
republic 53, 54, 62, 63

【ㅁ】

마르크스레닌주의 39, 44, 45, 60, 61, 85,
  103, 139, 142, 209, 211, 212, 214, 218,
  224, 225, 275
마르크스주의 34, 38, 57, 58, 138, 140,
  184, 200, 205, 210, 211, 225, 275, 276,
  295
마오쩌둥사상 32, 35, 39, 60, 140, 142,
  143, 323
마틴 52, 104
막스 베버 75, 198
메이지유신 178, 304, 306
모의 통제실험 원칙 264, 269, 270, 276,
  278, 279, 280
무술변법/무술유신 10, 46, 64, 114, 212,
  240, 246, 242, 311
무정부주의 124
문화대혁명 33, 38, 64, 67, 70, 71, 143,
  267, 269, 288, 317, 318, 323
물경천택 79, 127, 201
미슐레 264
미조구치 유조 106
민정 72, 122
민주 5, 16, 39, 44, 54, 53, 55, 56, 61~
  65, 181, 199, 216
민직 55

【ㅂ】

버트런드 러셀 256

베르사유조약 200, 202, 203
블로크 316

【ㅅ】

사덕 167, 178
사상사 182, 190, 200, 207, 233, 251, 266, 286, 287, 290, 291, 292, 301, 307, 310, 311
science 54, 55, 58, 59, 231~235, 237~239
사적 영역 59, 63, 68, 112, 120, 125, 151~158, 164, 166, 172, 173, 176~178, 180, 182~185, 188, 191, 217, 299
사회 5, 6, 10, 16, 18, 34, 35, 37~40, 44, 47, 49, 51, 52, 62, 66, 67, 70, 71, 79, 82, 94, 103, 108, 110, 120, 124, 126, 127, 138, 144, 148~151, 156, 158, 162, 164~166, 169~171, 179~183, 185~191, 202, 213, 216, 223, 231, 246, 248, 250, 267, 268, 282, 285, 286, 289, 298, 300, 318, 322
사회계약론 49, 165
사회다원주의 79, 117~120, 122~124, 127, 129, 130, 184, 201, 202, 214, 216, 225
사회사 57, 71, 318
사회적 사실 18, 204~206, 209, 219, 227, 315, 316, 319, 321, 324
사회주의 51, 57, 132, 143, 147, 181, 267, 275, 283
3단계 10, 11, 43, 45~47, 56, 63, 65, 68, 72
삼민주의 44, 45, 60, 65, 139
삼세설 115
상식이성 9, 10, 57, 58, 60, 69, 75, 95, 99, 101, 102, 105, 107~111, 116, 120, 122, 123, 125, 138, 144
상호연쇄 285, 288, 291, 293, 294, 300~302, 305, 310, 312, 313, 318, 322
생계 55, 56
샤를 푸리에 223
서학경제 174
선견포리 241
선택적 흡수 11, 47, 48, 49, 52, 57, 68
세계대전 78, 130, 202, 203, 207, 209, 208, 210, 212, 213, 214, 215, 217, 222
society 51, 169, 170
송명이학 58, 60, 68, 84, 95, 99, 100, 101, 132, 143, 179, 180, 190
스키너 11
시민사회 147, 163, 164, 170
civil society 170
시스템이론 287, 288
10월혁명 207~211, 224, 275, 295
신명사 56
신문화운동 7, 10, 11, 23, 35, 39, 44~46, 47, 50~52, 56, 57, 59, 60, 63, 64, 66, 68~71, 75, 80, 126, 127, 129, 132,

136, 137, 151, 171, 180~184, 192, 199, 208, 212, 216~218, 221, 224~226, 249, 300, 301
신민주주의 282, 283
신사 62, 121, 129, 147, 148, 150, 151, 154, 163, 164, 166, 167, 170~172, 174~180, 184~186, 190, 191, 295~300
신사 공공영역 62, 150, 151, 163, 164, 166, 167, 170~172, 174~180, 184, 185
신정 66, 68, 117, 120~122, 126, 127, 143, 144, 165, 166, 171, 172, 174, 177, 191, 235, 238, 244, 247, 248, 299
신조어 52, 55, 130
신촌운동 207, 208, 222, 223, 207, 208, 222, 223
신해혁명 63, 171, 172, 176, 177, 185, 187, 208, 221, 223, 294, 295, 297~301
심층구조 9, 11, 60, 151, 181, 251
쑨중산 185, 187
쑹수 113

【ㅇ】
아날학파 195, 227, 254, 314, 316~319, 324
아편전쟁 48, 189, 190, 311
양두성 119
양무운동 10, 45~48, 61, 62, 103, 104, 107, 110, 111, 121, 143, 169, 190, 241,
244, 288, 303~305
에밀 뒤르켐 204, 315, 316, 319
역사의미론 8, 15, 18, 19
예비입헌 63, 66, 68, 117, 120, 127, 143, 144, 148, 164, 165, 171, 175, 221, 300
옌안정풍운동 140
옌푸 181, 242
오리엔탈리즘 8
5·4운동 10, 11, 68, 143, 185, 186, 199~201, 208, 211, 212, 215, 218, 219~222, 225, 226, 250
왕부지 160, 161
왕징웨이 124
우위吳虞 126, 217
웨이위안 168, 184
위안스카이 177
윌리엄스 18
유교 6, 8, 52, 58, 60, 61, 88, 90, 92, 98, 100, 104, 106, 110, 112, 114, 118, 120, 124, 126, 128, 150~152, 154~156, 158, 159, 162, 163, 165, 167, 169, 172~174, 176~181, 183, 188~192, 239, 240, 249, 299, 304, 306, 307, 310, 311
유교적 공공영역 10, 150, 160 163, 166, 172, 179, 180, 189
유사이학 180
유토피아 67, 180, 182
윤상등급 64, 106, 109, 120, 162

의화단/의화단운동 62, 116, 117, 120,
　　165. 207, 208, 215, 217, 218
이데올로기 57, 60~63
이원론 62, 63, 68, 69, 94, 102, 120,
　　123~ 127, 139, 169, 177, 179~181,
　　191, 217, 248, 299~301
2월혁명 223, 224, 565
economy 52, 55, 174
인과율 261, 276~280, 282, 283, 286,
　　287, 291, 301
individual 49, 50
인지상정 58, 99, 101, 108, 109, 125, 139
일원론 102, 126, 138, 139, 180, 181, 192
입헌 10, 38, 46, 62, 63, 66, 68, 117, 120~
　　124, 127, 143, 144, 148, 164, 165, 166,
　　171~173, 175~180, 191 217, 221,
　　297~300

【ㅈ】

자연지리自然之理 97, 104, 108 132
자오쯔양 5
자유주의 58, 60, 61, 107, 130, 139, 140,
　　181, 200~203, 207, 209, 210, 212,
　　215, 217, 224, 225
장기지속 226, 227, 317, 318
장쉰 177, 215, 216
장즈둥 174, 244, 246

장타이옌 117
재구성 10, 11, 19, 45, 46, 50, 52, 56, 57,
　　60, 64~066, 68, 69, 83, 95, 99, 102,
　　149, 150, 161, 181~183, 189, 192, 274,
　　285, 320
재정 15, 55, 186
저우언라이 222
정명 53, 99
제3영역 148, 149
조공 302, 304, 307, 308, 309
조리 58, 81, 85~88, 90, 91, 96, 97, 100,
　　296
종족혁명 124
주권 56, 167, 169, 175, 186, 221
중상주의 62, 172, 174
중서이분이원론 62, 63, 68, 120, 123,
　　124, 165, 169, 176, 177, 179, 180, 181,
　　191, 217, 299, 300
중학경제 174
중화민국 62, 164, 186, 191, 294
진리 16, 39, 57, 60, 79, 80, 84, 126, 130,
　　132, 133, 135~140, 142~ 144, 182~
　　185, 187, 213, 214, 285, 325
진화론 79, 116, 124, 129, 167
쩌우룽 33, 66

【ㅊ】

차이위안페이 80

천두슈 126, 185, 187, 202, 213, 214, 217, 221, 223

천리 10, 16, 58, 60, 79, 84, 85, 88, 95, 99, 101, 103~105, 107, 110, 111, 115, 117, 118, 132, 133, 136, 137, 143, 144, 157, 161, 183

천안문사태 268

천톈화 66

청일전쟁 49, 61, 68, 107, 111~114, 122, 190, 201, 243, 245, 272, 273, 296, 301~307, 310, 311

초순 115, 118

초안정구조 5~9, 43, 44, 71

취추바이 138

【ㅋ】

칸트 325

캉유웨이 107, 113~115, 234, 333, 357, 358, 360, 363, 365, 367, 378, 384, 385, 401, 437, 440

코젤렉 11, 18, 312

콜링우드 263, 269, 288, 289

키워드 8, 11, 12, 15, 16, 18, 19, 26, 037, 38, 40~42, 44, 47~ 50, 56, 64, 72, 150, 170~172, 193, 206, 207, 221, 232, 236, 237, 242, 290~293, 303. 322

키케로 81

【ㅌ】

탕무혁명 65, 496

탕차이창 118, 457

통계분석 9, 40, 85, 96, 150, 157, 207, 232, 235, 290, 291, 303

【ㅍ】

파리강화회의 200, 201, 203, 207, 209, 210, 215, 218

페르낭 브로델 226, 317, 318

포섭법칙 276~278, 281, 284

포스트모던 255, 314, 319, 320, 322~325

푸코 320

프랑스혁명 10, 208, 210, 257

【ㅎ】

하버마스 10, 75, 83, 147, 148, 151, 154, 163~166

학습 4, 9~11, 19, 45, 46, 47, 49, 50, 51, 52, 55, 56, 57, 59, 62, 63, 66, 68, 75, 103, 110, 139, 148, 149, 150, 164, 178, 181, 182, 189, 191, 192, 216, 224, 245,

250, 288, 308
한나 아렌트 169, 170,
합리주의　75, 82, 101~103, 110, 111, 120, 121, 124, 125, 139, 140, 144
합리화　75, 81~85, 94, 95, 100~102, 125, 144
허군공화 216
허치 · 후리위안 113
헴펠 276, 277, 278, 281, 283, 316
혁명 8, 16, 33, 35, 38, 40, 44, 57, 61, 63, 65~67, 119, 123, 125, 139, 177, 186, 187, 199, 211, 221, 223~226, 275, 294, 297, 298, 300, 317
혁명이데올로기 33, 34, 40, 44, 67, 186
현대 6, 8, 10~12, 14, 16~18, 39, 44~47, 49, 50, 55, 64, 70, 75, 78, 103, 124, 139, 149, 163, 189, 190, 192, 193, 195, 199, 202, 216, 225, 231, 239, 244, 305, 310
현대성　7, 10, 11, 12, 17, 46, 47, 61, 69, 116, 144, 189
현대화　10, 46, 70, 75, 83, 84, 101~103, 110, 111, 121, 124, 140, 143, 144, 149, 166, 172, 182, 189~191, 225, 226, 250, 304, 310, 311
현학 57, 58, 94, 139
화이트 319, 320
황종희 160~166
황쭌셴 171
후스 58, 80, 137
후쿠자와 유키치 234, 306

중국 근현대사를 새로 쓰는 관념사란 무엇인가
1. 이론과 방법

- 2010년 10월 27일 초판 1쇄 발행
- 2011년 10월 15일 초판 2쇄 발행
- 글쓴이　　　관타오 · 류칭펑
- 옮긴이　　　양일모 · 송인재 · 한지은 · 강중기 · 이상돈
- 발행인　　　박혜숙
- 편집인　　　백승종
- 영업 · 제작　변재원
- 인쇄　　　　백왕인쇄
- 종이　　　　화인페이퍼
- 펴낸곳　　　도서출판 푸른역사
　　　　　　우 110-040 서울시 종로구 통의동 82
　　　　　　전화: 02)720 · 8921(편집부) 02)720 · 8920(영업부)
　　　　　　팩스: 02)720 · 9887
　　　　　　전자우편: 2013history@naver.com
　　　　　　등록: 1997년 2월 14일 제13-483호

ⓒ 양일모 · 송인재 · 한지은 · 강중기 · 이상돈, 2010

ISBN　978-89-94079-31-8　93900
　　　　978-89-94079-33-2　(세트)

· 잘못 만들어진 책은 교환해드립니다.